AVALON · SHAKTI UND SHĀKTA

SHRI YANTRA

ARTHUR AVALON
(Sir John Woodroffe)

SHAKTI UND SHĀKTA

Lehre und Ritual der Tantra-Shāstras

OTTO WILHELM BARTH VERLAG

Der englische Titel des im Verlag Ganesh und Co., Madras,
erschienenen Werkes lautet: SHAKTI AND SHĀKTA,
Essays and Addresses on the S'ākta Tantraśāstra
Die autorisierte Übersetzung besorgte Dr. Ursula von Mangoldt.
Schutzumschlag H. Heinold.

VORWORT

Der vorliegenden Übersetzung liegt die vierte, 1951 veröffentlichte Auflage des Werkes „Shakti und Shākta“ von A. Avalon zugrunde. Dieser Auflage folgte 1959 noch eine fünfte, die inhaltlich keine Veränderungen aufweist, aber Änderungen in der Transkription der Sanskrit-Worte nach einem internationalen Übereinkommen. Um die Ähnlichkeit mit der im gleichen Verlag erschienenen Übersetzung des Werkes „Die Schlangenkraft“ zu erhalten, wurde die Übersetzung des Werkes nach der vierten Auflage mit der alten Transkription ausgeführt. Daß in jeder Auflage bei der Niederschrift kein Unterschied gemacht wird zwischen dem absoluten, beziehungslosen Brahman und dem persönlichen Gott Brahma ist wohl darauf zurückzuführen, daß nach der Shākta-Lehre Brahman sowohl Gott, der Schöpfer und Lenker des Weltalls ist, wie in seiner eigenen Natur „noch mehr als dies.“

Das vorliegende Werk besteht aus Artikeln und Vorträgen über das Thema der Tantra-Shāstra, das von den verschiedensten Aspekten aus bearbeitet wurde. Einige Überschneidungen sind ausgelassen worden.

Als Vorwort zu der vorliegenden Ausgabe seien Sätze aus den Vorworten zu den fünf Ausgaben angeführt:

Das Shākta-Tantra ist ein Sādhanā-Shāstra des monistischen (advaitavāda) Vedanta. Es ist ein tiefes und mächtiges Shāstra, und seine Lehre von der Shakti als göttlicher Macht ist eine der erhabensten, die die geistige Intuition des Menschen entwickelt hat, dessen Denkorgan nach der Lehre des Shākta-Tantra eine Manifestation des göttlichen Bewußtseins (shiva) selbst ist. In diesem Buch wird der erste Versuch unternommen, vom indischen Standpunkt aus einen authentischen und allgemein verständlichen Bericht über die hauptsächlichen Lehren und Übungen jener indischer Anbeter zu geben, die Shāktas genannt werden, weil sie die göttliche Macht (mahashakti) als Mahadevi, die große Mutter (Magna Mater) des Weltalls anbeten. Da diese religiöse Gemeinschaft einige grundlegende Gedanken und Übungen mit anderen teilt, ist dieses Werk auch bedeutsam für die Verehrung und die geistige Schulung, die Sādhanā, die in verschiedenen Formen und von allen Schulen angenommen wird, deren Richtlinie der Āgama und seine zahlreichen Schriften sind.

Diese Shāktas sind in ganz Indien verbreitet, vorherrschend aber in Bengalen und Assam. In dieser einstmaligen Provinz habe ich die letzten 30 Jahre gelebt. Deshalb bin ich mit dem Glauben dieser Menschen enger vertraut als mit anderen. Noch ein Grund, warum ich diese Glaubensform behandle, ist der, daß ihre Lehre und Übung bisher nicht verstanden, sondern einiger Mißbräuche wegen verleumdet wurde.

Wenn es mir gelang, im vorliegenden und in anderen Werken einen gerechten

Bericht über diese Lehren zu geben und die falschen Vorwürfe gegen einige ihrer Anhänger zu zerstreuen, dann freue ich mich, daß ich auf solche Weise einem Land, das mehr als jedes andere meine Heimat war und dem ich in vielfacher Weise zu Dank verpflichtet bin, ein weniges habe zurückgeben können.

Wenn ich auch die Shākta-Lehre und (mit einigen Ausnahmen) die Shākta-Rituale hoch schätze, so begehe ich doch nicht den Fehler, alles anzunehmen, was jeder einzelne Shākta geglaubt oder getan hat. Und wenn ich auch Beweise für diesen oft mißbrauchten Glauben und seine Ausübung vorgebracht habe, so war es doch nicht mein Anliegen, die Wahrheit und Rechtmäßigkeit von beiden hier festzulegen. Es genügt mir aufzuzeigen, daß sie wohldurchdacht sind und daß weder die Shākta-Lehre noch „das Tantra" etwas Abwegiges und ganz und gar Unmoralisches ist, wie manche behaupten. Ich nehme eine objektive Haltung ein und bin nur bestrebt, meine Ausführungen so einfach und klar zu machen, wie es dieses wenig bekannte Thema zuläßt und von einem völlig unbefangenen und unvoreingenommenen Standpunkt auszugehen.

Wenn wir über indische Glaubensformen und Übungen berichten, dann müssen wir uns in die Lage des Hindu versetzen und mit seinen, nicht unseren Augen, seine Lehre und sein Ritual betrachten. Ich weiß, daß dies nicht leicht ist und die meisten es nicht vermögen. Solange aber fehlt ihrer Arbeit der richtige Wert. Das ist der Grund, warum die Berichte der westlichen Autoren über östliche Glaubensformen trotz ihres Fleißes und ihrer Gelehrsamkeit so selten den wahren Sinn wiedergeben. Viele machen meiner Meinung nach nicht einmal den Versuch hierzu, sondern betrachten die Dinge vom Standpunkt ihres eigenen Glaubens aus. Oder – was weit schlimmer ist – es hindern rassische Vorurteile die Anerkennung der Überlegenheit oder Einmaligkeit farbiger Völker auf irgendeinem Gebiet. Die Methode, die ich befolge, ist die eines indischen Kommentators, der sich auf den Standpunkt der Lehre stellt, die er zu erklären sucht.

Dieser Standpunkt ist folgender: Tantra-Shāstra bedeutet nicht einfach Shākta-Tantra. Letztere ist nur eine Unter-Abteilung des Āgama, der heute drei Hauptschulen umfaßt – die Shākta, Shaiva und Vaishnava.

Einige Gedanken sind allen gemeinsam, im anderen unterscheiden sie sich voneinander. Wenn es heißt, daß das Tantra-Shāstra die Schrift des Kāli-Zeitalters ist, dann bedeutet dies, daß der Āgama in allen seinen Schulen solches ist. Es gibt einige neue Schulen der Vaiṣhṇava-Āgama wie die Pañcharātra und es gibt verhältnismäßig moderne Entwicklungen der Vaiṣhṇava-Lehre und -Übung, wie die des großen Chaitanya. „Tantrik" bedeutet nicht nur „Shākta". Dies ist der Hauptirrtum der Kritiker, die mich angreifen, und auch anderer. Natürlich nehme ich die Shāktas nach „ihrer eigenen Bewertung", denn ich will nicht zeigen, daß sie recht haben und andere unrecht, oder das Gegenteil, sondern ich will ihre Gedanken aufzeigen. Eine aggressive Haltung gegenüber anderen Glaubensformen ist das Zeichen eines niederen Geistes, den die Shāktas Pashu nennen. Ich glaube, daß alle höheren Sādhakas, wie auch immer sie heißen mögen, eine andere Haltung einnehmen. Sicher ist die des Shākta weit und liberal. Das Sammohana-Tantra (Kap. IX) lehrt, daß „nur der Törichte einen Unterschied zwischen Rama und Shiva sieht". Jeder hat seinen Pfad, der, ernsthaft befolgt, zum fruchtbaren Ziel führt. Ob Pfade der indischen oder die einer anderen Religion die besseren, sicheren und erfolgreicheren sind, will ich hier nicht erörtern.

In der „Ostasiatischen Zeitschrift“ (1916, Heft 3 – vgl. Kap. V) bemerkt Prof. Dr. Winternitz:

„Aus dem Gesagten erhellt, daß Avalon recht hat, wenn er erklärt, daß man bisher über diese Literatur allzuoft geurteilt und noch mehr abgeurteilt hat, ohne sie zu kennen und daß die Tantras es verdienen, besser bekannt zu werden, als es bisher der Fall gewesen ist.“

Wir Abendländer können unsere eigene Kultur vervollkommnen und unsere Gedanken ergänzen und vermenschlichen, wenn wir Beobachtungen der östlichen Menschen einbeziehen und Kontakt aufnehmen mit dem Bewußtsein des modernen Asiaten. So kann unser Wunsch nach geistiger Allumfassung seine Befriedigung finden.

I. Kapitel

INDISCHE RELIGION ALS BHĀRATA-DHARMA

Ein Freund, der die erste Ausgabe dieses Buches las, gab mir den Rat, ein einführendes Kapitel hinzuzufügen, um die allgemeinen Grundzüge seines Inhaltes zum Verständnis des Folgenden aufzuzeigen und gleichzeitig seine verschiedenen Teile in den rechten Zusammenhang zu stellen. Mir steht zwar weder Zeit noch Raum zur Verfügung, um in angemessener Weise die Wünsche meines Freundes zu berücksichtigen, doch möchte ich diese nicht ganz außer acht lassen.

Dem westlichen Menschen erscheint die indische Religion im allgemeinen als ein „Dschungel" sich widersprechender Meinungen, in den er sich verliert. Nur, wer die wesentlichen Grundgedanken verstanden hat, kann den Weg weisen.

Es wurde behauptet, daß es überhaupt keine indische Religion gibt, wenn auch viele Religionen in Indien bestehen. Dies trifft nicht zu. Es gibt, wie ich schon anderorts zeigte („Ist Indien zivilisiert?"), eine allgemeine indische Religion, die ich Bhārata-Dharma nennen möchte, eine arische Religion (ārya-dharma), der alle Arier – die Brahmanen, Buddhisten, Jainisten zugehören. Dies sind die drei Haupt-Unterteilungen des Bhārata-Dharma. Andere Religionen in Indien, wie die semitischen – Judentum, Christentum, Islam – übergehe ich, auch wenn diese nicht alle rein semitisch sind. Das Christentum wurde zum Teil arisiert, als es von den westlichen Ariern angenommen wurde, ebenso der Islam, als östliche Arier wie Perser und Inder sich zu ihm bekannten. So ist das Sufitum entweder eine Art Vedānta oder diesem verpflichtet.

Nach der gemeinsamen indischen Religion, dem Bhārata-Dharma, ist die Welt eine Ordnung, ein Kosmos. Sie ist kein Chaos willkürlich zusammengewürfelter Dinge und Wesen ohne festen Bezug oder bindende Ordnung. Die Weltordnung ist Dharma, der die Welt erhält (dhāryata). Ohne Dharma würde sie in Stücke auseinanderfallen und sich in Nichts auflösen. Dies aber ist nicht möglich. Denn wenn es auch Unordnung (adharma) gibt, so herrscht diese doch nur an gewissen Orten und kann nur eine kurze Zeitlang an bestimmten Stellen des Gesamtraumes bestehen. Die Ordnung wird und muß sich, der Natur der Dinge entsprechend, letztendlich durchsetzen. Es liegt in der Natur der Dinge, daß Gerechtigkeit oder Dharma die Vorherrschaft behalten. Denn Dharma ist kein Gesetz, das von außen durch einen himmlischen Herrscher auferlegt wird, sondern ist die Natur der Dinge, jenes Etwas, das sie zu dem macht, was sie sind (svalakṣhaṇadhāraṇātdharma). Er ist Ausdruck ihres wahren Wesens und kann nur enden, wenn die Dinge selbst vergehen. Der Glaube an die Gerechtigkeit ist also nicht willkürlich von außen durch einen Gesetzgeber anbefohlen, sondern ist der Glaube an ein Prinzip der Vernunft, das alle Menschen, wenn sie wollen, begreifen können.

Dharma ist aber nicht nur das Gesetz eines jeden Wesens, sondern notwendigerweise auch das Gesetz des Ganzen und Ausdruck der rechten Beziehung eines jeden Teils zum Ganzen. Dieses ist in sich harmonisch, sonst würde es sich auflösen. Der Grundgedanke, der den mächtigen Organismus zusammenhält, ist Dharma. Jeder besondere Dharma verlangt Erkenntnis und Handlung, die mit diesem Grundprinzip in Einklang stehen. So bedeutet Religion – dem Wortsinn nach: das was verpflichtet oder zusammenbindet – grundsätzlich die Erkenntnis, daß die Welt eine Ordnung ist. Jeder Mensch, alle Wesen und Dinge sind ein Teil von ihr, und jeder steht in einer bestimmten, festgelegten Beziehung zu ihr. Das auf solcher Erkenntnis beruhende Handeln verläuft in Harmonie mit der gesamten kosmischen Tätigkeit. So ist also jener religiös, der sich in verschiedenster Weise allen Wesen verbunden fühlt, während der Irreligiöse alles egozentrisch vom Standpunkt seines begrenzten Ich und seiner Interessen aus betrachtet, ohne Rücksicht auf seine Mitmenschen oder auf die Welt im Ganzen. Der zutiefst irreligiöse Charakter solcher Haltung würde – wenn alle ihn annähmen – zur Verneinung des Kosmos, zum Chaos führen. Darum stimmen alle Religionen in den Grundlinien der Moral überein und halten Selbstsucht, im weitesten Sinn, für die Wurzel aller Sünde (adharma). Sittlichkeit ist somit die wahre Natur des Menschen. Der allgemeine Dharma (sāmānya-dharma) ist das universale Gesetz, das alles beherrscht, während der besondere Dharma (vishesha-dharma) sich jeder Art von Lebewesen entsprechend verändert und dieser eigentümlich ist.

Aus dem bisherigen folgt offensichtlich, daß Disharmonie Leiden ist. Fehlerhafte Haltung bringt Böses hervor, so wie rechte Haltung Gutes schafft. Wie der Mensch sät, so wird er ernten. Es gibt eine immanente Gerechtigkeit. Manchmal wird dies im Augenblick sichtbar, zu anderen Zeiten nicht. Doch geht die Frucht keiner Handlung zugrunde. Nach dem Gesetz von Ursache und Wirkung, das ein Gesetz der Vernunft ist, hat alles seine Wirkungen. Wenn der Handelnde nicht hier und jetzt, in diesem gegenwärtigen Leben leidet, so wird dies in einem zukünftigen geschehen. Geburt und Tod sind Schöpfung und Zerstörung von Körpern. Die verkörperten Geistwesen aber sind unendlich an Zahl und ewig. Das materielle Weltall kommt und geht. Dies heißt bei den Brahmanen (vgl. Sanātana Vaidika-Dharma von Bhagavān Das) „die Systole und Diastole des einen universellen Herzens, das selbst in Ruhe ist – das bewegungslose Spiel des Bewußtseins".

Erscheinen und Vergehen des Weltalls ist die Natur oder Svabhāva dessen, was es letztendlich ist. Der unmittelbare Grund seines Entstehens ist die Begierde, der Durst, den der Buddhismus Tṛishṇa nennt. Es ist das Begehren oder Dürsten nach den Freuden der Welt im Weltall der Formen. Handlung (karma) wird aus Begierde geboren und gebiert wieder Begierde, sei sie gut (dharma) oder schlecht (adharma), auf Freude oder Leid hingerichtet. Jede verkörperte Seele (jīvātmā) wird wieder und wieder in die Welt hineingeboren, bis sie von allen Begierden frei ist – dies ist die Lehre der Reinkarnation. Die vielfältigen Geburten und Tode in den vorübergehenden Welten heißen Saṁsāra oder Wanderungen. Die Welt ist Dvandva, eine Verbindung von Glück und Leid. Ein Glück von vergänglicher Art kann in dieser Welt gewonnen werden, wenn man sich an den Dharma hält und Kāma (Begehren) wie Artha (die Möglichkeiten) befolgt, durch die rechtmäßige Wünsche bewirkt werden können. Dieses sind die drei Ziele der Lebewesen, die im Buddhismus Trivarga des Purushârtha heißen. Während das Begehren Ausdruck in der Gestalt findet, verläßt die Begierdelosigkeit alle Formen. Sie sucht Moksha oder Nirvana (den vierten purushârtha), einen Zustand der Glückseligkeit jenseits der Welten wechselnder Formen. Denn es gibt ein Ausruhen vom Leiden, das das Begehren (zusammen mit einer natürlichen Neigung, dessen rechtmäßige Grenzen zu überschreiten), über die Menschen bringt. Dies tritt ein, wenn die Wünsche in Harmonie mit der Weltenordnung stehen oder wenn die nichts mehr Begehrenden die Welt der Erscheinungen übersteigen (denn jeder ist Herr seiner Zukunft) und zu dem werden, was Moksha oder Nirvana ist. Religion, und damit auch wahre Kultur, besteht im Befolgen des Dharma, des individuellen wie allgemeinen Guten und in der Sehnsucht nach geistigem Fortschritt, damit neben der Gerechtigkeit gegenüber allen Lebewesen wahre Glückseligkeit, das unmittelbare und letzte Ziel aller Menschlichkeit, und wahrlich aller Wesen, erreicht werden kann.

Wer solches glaubt, folgt dem Bhârata-Dharma oder den allgemeinen Grundsätzen aller arischen Glaubensinhalte. Ob wir Gottes Dasein leugnen (Atheismus), es bestätigen (Deismus) oder die Behauptung aufstellen, wir hätten für beides nicht genügend Beweise (Agnostizismus), ein ewiges Gesetz (dharma) in einem sich selbst beherrschenden Weltall können wir auch ohne Glauben an einen persönlichen Gott (Īshvara) annehmen. So wie Sāṅkhya, der nur intellektuellen Beweisen zugänglich ist, Gott nicht leugnet, sondern nur behauptet, das Sein des Herrn sei „nicht bewiesen“.

Auf dieser gemeinsamen Grundlage beruhen drei Hauptreligionen – Brahmanismus, Buddhismus und Jainismus. Vom Buddhismus, einem starken und universellen Glauben, wurde gesagt, daß er mit jeder neuen Erkenntnis dem Hinduismus näherkomme, aus dem er hervorgegangen sei und in den er (der nördliche Buddhismus) wieder einmünde. Natürlich bedeutet dies nicht, daß es zwischen beiden keine Verschiedenheit gäbe. Aber sie haben bestimmte Grundgedanken gemeinsam. Der Brahmanismus, zu dem die Shâkta-Lehre und -Übung als ein besonderer Teil gehören, betrachtet den Veda als höchste Autorität. Dieser Veda, der in vier Sammlungen zerfällt, offenbart die Lehre des Brahman, des „alles Durchdringenden“, der unendlichen Substanz, die in sich selbst (svarūpa) Bewußtsein (chaitanya oder chit) ist. Von Brahman geht Schöpfung, Erhaltung und Zurücknahme aus, die allgemein Zerstörung genannt wird. (Doch nicht Gott, sondern der Mensch zerstört.) In seiner Beziehung zum Weltall, das Er lenkt, ist Brahman als Ishvara bekannt, als der herrschende Herr oder der persönliche Gott. Veda als geistige Erfahrung wie als das Wort, das gehört wird (shruti) gibt hierfür Gewähr. Doch Shruti, die höchste Autorität, hat verschiedene Deutungen erfahren. So finden wir im Brahmanismus, wie auch im Christentum, unterschiedliche Schulen und Gemeinschaften, die das offenbarte Wort auf vielfältige Weise auslegen.

Der Veda lehrt: „Dies alles (das Universum) ist Brahman.“ Alle stimmen darin überein, daß Brahman, der Geist, in Beziehung zu uns Sein (sat), Bewußtsein (chit) und Seligkeit (ānanda) – Sachchidānanda ist. In welcher Weise aber ist

„Dieses“ (idam) Brahman? Die monistische Deutung (advaitavāda), die z. B. der große Gelehrte Shaṅkarāchārya gibt, lehrt die vollkommene Identität der Wesenheit beider. Es gibt einen Geist (ātmā) mit zwei Aspekten – dem übersinnlich höchsten (paramātmā) und dem immanenten und verkörperten (jīvātmā). Beide Aspekte sind in ihrer Wurzel eins, wenn wir Avidyā unter der Form von Denkorgan und Körper ausschalten. Nach dem relativen „Monismus“ (vishiṣhṭadvaita) des großen Gelehrten Rāmānuja ist „Dieses“ Brahman in seiner körperhaften Form, so wie wir auch bei uns Körper und inneres Selbst unterscheiden. Nach dualistischer Auffassung (dvaitavāda) spricht man von Nähe (samipya) und Ähnlichkeit (sadrishya). Denn obgleich Gott und Mensch voneinander unterschieden sind, durchdringt doch Gott als Schöpfer und Erhalter so sehr das Weltall, ist er so unauslöschlich in ihm eingeschlossen, daß man sagen kann, das Weltall sei durch seine Annäherung Brahma.

Es gibt auch die Vaiṣhṇava-Pancharatra-Lehre, Shuddha-dvaita, die von dem Zweig der Āgama ausgeht, der Shaivasiddhanta genannt wird, dem Advaita der Shaivagasna. Seine Anhänger kritisieren in feinsinniger Weise, obgleich sie Advaita-Schüler sind, mehrere Punkte der Lehre des Shāṅkara. Verschiedene Ansichten über diese Frage und über die Natur der Maya, die die Welt sein soll, schließen notwendigerweise auch Unterschiede in anderen Lehrfragen ein. Es gibt aber, neben vielen Ähnlichkeiten, auch einige Unterschiede in der rituellen Ausübung. Darum umfaßt der Brahmanismus viele Gruppen von Gläubigen, die sich verschieden nennen.

Es gibt die Smartas, die heutigen Vertreter der alten Veda-Lehre und ihrer rituellen Praxis, auf der anderen Seite gibt es eine Anzahl von verschiedenen Anhängern: die Shāktas, Shaivas, Vaishnavas und so fort. Auch diese sind wieder untergeteilt. Man kann keine harten und genauen Unterscheidungen zwischen den Sekten machen, die vieles gemeinsam haben und sich gegenseitig beeinflussen. Die umfassende Gemeinsamkeit vieler religiöser Lehren und Übungen ist eine feststehende Tatsache. Was heute in Indien oder anderswo existiert, wurde zu anderen Zeiten und an anderen Orten in unterschiedlichem Maße vorweggenommen.

„In der Religion“, so heißt es (in „Die Gnostiker und ihre Überreste“, Kap. VIII), „gibt es nichts Neues. Die gleichen Ideen werden immer wieder überarbeitet.“ In Indien, wie auch anderswo, aber ganz besonders in Indien, wo die religiöse Aktivität eher durch Verbindung als durch Sonderung entstand, gibt es vieles, das allen Sekten oder mehr noch, besonderen Sektengruppen gemeinsam ist. Letztere werden im allgemeinen, das heißt in ihren älteren Formen, von den Āgamas oder Tantra-Shāstras beherrscht, die mit Gewißheit heute und seit Jahrhunderten (wo immer sie herstammen mögen) die Autorität der Veden zugeben und auch andere Schriften verehren. (Hierzu vergleiche die Einleitung zu dem Kaulacharya-Sādanānda-Kommentar über die Isha-Upaniṣhaden, den ich veröffentlicht habe.)

Die Bedeutung des Veda wird nicht immer richtig verstanden. Doch ist dies ein grundlegendes und umfassendes Thema, das sozusagen den Bestand aller Autoritäten und Erkenntnisse berührt und auf das ich hier nicht näher eingehen kann. Es gibt vier Hauptsammlungen brahmanischer Schriften: Veda oder Shruti, die Smṛiti, Purāṇas und Āgamas. Es gibt auch vier Zeitalter oder Yugas, Teile eines Kalpa oder Tages Brahmas, der 4320000 Jahre umfaßt. Diese Dauer ist das Leben eines Weltalls, das von Brahma ausgeatmet, wieder in Brahma zurückkehrt, um erneut von Ihm auszuströmen. Ein Mahāyāga-Yuga besteht aus den vier Zeitaltern: Satya, Treta, Dvapara, Kāli. Das erste ist das goldene Zeitalter der rechtmäßigen Ordnung, aus dem alles – in physischem, moralischem und geistigem Sinn – allmählich herabsank. Jedem Zeitalter wurde ein ihm gemäßes Shāstra gegeben. Dem Satya oder Krita die Veden, dem Treta die Smṛiti-Shāstra, dem Dvapara die Puranas, dem Kalynga die Āgamas oder Tantra-Shāstras. So heißt es im Kularnava-Tantra:

Krite shratyukta āchārāstretāyam smṛiti – sambhavah
Dvāpare tu purānoktah, kalāvāgamasam matah

(vgl. auch Mahānirvāna-Tantra I – 28ff.). Nach dem Tārāpradīpa soll im Kāliyuga (unserem jetzigen Zeitalter) der tantrische – nicht der vedische Dharma im Leben und Ritual befolgt werden (vgl. „Grundregeln des Tantra“ von A. Avalon). Wenn es heißt, daß die Āgamas die besonderen Schriften des Kaliyuga sind, dann bedeutet dies nicht (auf alle Fälle nicht für irgendeine bestimmte Gruppe von Anhängern), daß etwas im Gegensatz zum Veda gelehrt wird.

Manchmal entsteht tatsächlich unter den Schülern eine Auseinandersetzung über die Frage, ob eine bestimmte Form der Āgama unvedisch (avaidika) sei oder nicht. Als gesamt aber erheben die Āgamas den Anspruch, eine Darstellung der Veden zu sein, ebenso wie die Pūraṇas und die Smṛitis. Es ist die Darstellung der vedischen Wahrheit, die für das Kāli-Zeitalter geeignet ist. Die Shakti-Anhänger der Āgamas erheben sogar den Anspruch, daß ihre Tantras das Herzstück des Veda enthalten, zu dem sie die gleiche Beziehung hätten, wie der höchste Geist (paramātmā) zu dem verkörperten (jīvātmā). In ähnlicher Weise bedeutet der Kaulāchāra unter den sieben tantrischen Āchāras (vgl. Kap. IV) das beherrschende und belehrende Leben des grobstofflichen Körpers, der Vedāchāra genannt wird. Jeder folgende Āchāra bis zum Kaulāchāra hinauf ist eine immer feinstofflichere Hülle. Das Tantra-Shāstra ist demnach die Darstellung der Wahrheit des Veda, die in Lebenshaltung und Ritual den charakteristischen Merkmalen und Schwächen des Kaliyuga angepaßt ist. Da die Menschen nicht mehr die Fähigkeit, Langlebigkeit und sittliche Kraft besitzen, die zur Ausführung des vedischen Karmakanda (des rituellen Teils) notwendig sind, schreiben die Tantras eine eigene Sādhanā vor, um das allen Shāstras gemeinsame Ziel zu erreichen: ein glückliches Leben auf Erden, später den Himmel und letztendlich die Befreiung. Religion ist in Wirklichkeit das wahre Streben nach Glück.

Wie in den folgenden Kapiteln erklärt wird, sind die Āgamas, die nach Meinung ihrer Anhänger das Kaliyuga beherrschen, in verschiedene Schulen oder Gruppen von Verehrern eingeteilt. Eine von diesen ist Shākta, die Lehre und Verehrung der Shakti, eine Form des Brahmanismus, die wiederum ein Ausdruck des allgemeinen Bhārata-Dharma ist, mit dem sich dieses Buch beschäftigt.

Shākta ist die Verehrung von Shakti (Kraft), das heißt Gottes in der Gestalt der Mutter als der höchsten Kraft, die das Weltall schafft, erhält und wieder zurücknimmt. Die Lebensregel des Shakti-Verehrers ist Shākta-Dharma; die Lehre der Shakti ist Shakti-Vāda oder Shākta-Darshana. Gott wird als die Große Mutter verehrt, weil Er in diesem Aspekt aktiv ist und alles hervorbringt, ernährt und erhält. Im theologischen Sinn ist Göttlichkeit ebensowenig mütterlich wie väterlich oder neutral. Für den Schüler aber, der ihre Lotus-Füße verehrt, auf denen der Staub von Millionen Weltallen liegt, ist Gott mütterlich. So heißt die Kraft, der aktive Aspekt des immanenten Gottes Shakti. In ihrem statischen, übersinnlichen Aspekt sind die Mutter, die Shakti oder Shiva von gleicher Natur wie Shiva oder „das Gute". Philosophisch gesprochen bedeutet dies, daß Shiva das unveränderliche Bewußtsein ist und Shakti Seine sich verändernde Kraft, die als Denkorgan oder Stoff erscheint. Shiva-Shakti ist somit das Bewußtsein und seine Macht. Dies ist die Lehre der zweifachen Aspekte des einen Brahman, der in Seiner Kraft-Dreiheit als Ichchhā, Wille; Jñāna, Weisheit; Kriyā, Handlung wirkt. In Seinem statischen übersinnlichen Aspekt (shiva) ist der eine Brahman unveränderlich. Nur in seinem wirksamen immanenten Aspekt (als shiva oder shakti) ist er wandlungsfähig. So liegt Unveränderliches im Veränderlichen. Der individuelle oder verkörperte Geist (jīvātmā) ist eins mit dem übersinnlichen Geist (paramātma). Ersterer ist Teil (aṁsha) des letzteren, und die Umhüllungen von Denkorgan und Körper sind Manifestationen der höchsten Kraft. Shākta-Darshana ist darum eine Form des „Monismus" (advaitavāda).

Beim Erschaffen wird etwas bewirkt, das nichts im Schöpfer verändert. Bei der Schöpfung „geht" die Kraft (shakti) „aus" (prasarati) in eine Reihe von Emanationen oder Verwandlungen, die in den Shaiva- und Shākta-Tantras die 36 Tattvas genannt werden. Diese bezeichnen die verschiedenen Zustände, durch die Shiva, das höchste Bewußtsein, sich als Shakti, als Objekt, Seinem subjektiven Selbst darstellt und dieses als Teil Seiner selbst, später aber, durch das Wirken der Māyā-Shakti, als von sich selbst unterschieden erfährt. Dies ist der endliche Zustand, in dem jedes Selbst (puruṣha) sich von jedem anderen ausschließt. Māyā, die solches erreicht, ist eine der Kräfte der Mutter oder Devī. Der Wille, viele zu werden (bahu syām prajāyeya), ist der schöpferische Antrieb, der nicht nur eine ewige Ordnung hervorbringt, sondern diese auch wiedergibt. Der Gott erinnert sich an die Verschiedenheiten, die in Seiner eigenen Māyā-Shakti ruhen – hervorgerufen durch frühere Karmas oder Jīvas – und erlaubt ihnen, sich mit Seiner Zustimmung zu entfalten. Es ist die Kraft, durch die das unendliche, formlose Bewußtsein sich vor sich selbst verschleiert, um sich als Form zu erfahren.

Diese Māyā-Shakti nimmt die Gestalt vom Prakṛiti-Tattva an, die aus den drei Guṇas oder Faktoren besteht, die Sattva, Rajas, Tamas genannt werden. Funktion der Prakṛiti ist zu verschleiern, zu begrenzen oder das reine unendliche formlose Bewußtsein e i n z u e n g e n, so daß es Gestalt annimmt. Denn ohne solche Begrenzung kann keine Gestalt in Erscheinung treten. Diese Guṇas arbeiten durch gegenseitige Unterdrückung. Es ist die Aufgabe von Tamas, das Bewußtsein zu verschleiern, von Sattva, es wieder zu enthüllen, während sich die Aktivität von Rajas darin äußert, daß Tamas Sattva oder Sattva Tamas unterdrückt. Die

Guṇas wohnen sowohl jeder besonderen Daseinsform, wie auch dem allgemeinen Urgrund, der Prakṛiti-Shakti inne. Entwicklung ist gesteigerte Wirksamkeit des Sattva-Guṇa. So ist die Mineralwelt mehr als andere Welten Tamas unterworfen. In der Pflanzenwelt herrscht mehr Sattva als Tamas. In der tierischen Welt nimmt Sattva zu, mehr noch im Menschen, der durch Ausbildung des Sattva-Guṇa zum reinen Bewußtsein (mokṣha) aufsteigen kann. Um den westlichen Sprachgebrauch zu benutzen: das Bewußtsein tritt immer stärker in Erscheinung, je höher sich die Formen entwickeln und zum Menschsein aufsteigen. Das Bewußtsein verändert sich nicht an sich, aber seine gedanklichen und körperlichen Umhüllungen wandeln sich, so daß sie dem Bewußtsein mehr Freiheit und Spielraum lassen. Da das reine Bewußtsein Geist ist, bedeutet seine Befreiung aus den Bindungen des Stoffes, daß die Gestalten, die aus der Kraft des Geistes (shakti) hervorgehen, mehr und mehr Sattva enthalten. Ein wahrhaft von Sattva erfüllter Mensch ist darum ein geistiger. Ziel des Sādhanā ist die Ausbildung des Sattva-Guṇa. Die Natur (prakṛiti) ist somit der Schleier des Geistes als Tamas-Guṇa, der Enthüller des Geistes als Sattva-Guṇa und die Aktivität als Rajas-Guṇa, die alles bewirkt. Die aufwärtsführende oder enthüllende Bewegung, die von der Vorherrschaft des Tamas zu jener des Sattva führt, stellt den geistigen Fortschritt des verkörperten Geistes, Jīvātmā, dar.

Das Verlangen nach gestaltetem Leben bringt das Weltall hervor. Dieser Wunsch besteht in dem kollektiven Vāsanā, die ,wie auch alles andere, latent in der Mutterkraft enthalten ist. Aus ihrem eigenen formlosen Zustand (svarūpa) bringt diese die Gestalten hervor. Nach dem Ausatmen jener langen Zeitperiode, die einen Tag des Brahma darstellt, wird das ganze Weltall wieder in den großen Urschoß (yoni) zurückgenommen, aus dem es hervorging. Die begrenzten Selbstheiten werden in ihn eingezogen, und wenn sich die schöpferischen Geburtswehen einstellen, wieder aus dem Schoß entlassen – in der Erscheinungsform jener Gestalt und jenes Zustandes, die das frühere Karma bewirkte. Wer gutes Karma schafft, aber noch Wünsche besitzt und sich selbst beachtet (sakāma), geht nach dem Tod in den Himmel ein und erntet seine Belohnung in einer guten künftigen Geburt auf Erden. Denn auch der Himmel ist ein vorübergehender Zustand. Die Bösen werden durch eine schlechte Geburt auf Erden bestraft und müssen in der Hölle leiden, die auch vorübergehend ist. Wer sich aber von jedem Ichgedanken und Wunsch befreit hat und selbstlos handelt (niṣhkāma karma), empfängt die Natur Brahmas, Sachchidānanda.

Die Befreiten erscheinen nie mehr in der Welt der Formen, die die Welt der Leiden ist, sondern gehen ein in das unendliche Meer der Glückseligkeit selbst. Das ist Mokṣha, Mukti oder Freiheit, Befreiung aus dem Weltall der Erscheinungen, die nur erreicht werden kann durch Lösung von der Welt und durch Begierdelosigkeit. Wer noch die Welt der Formen begehrt, kann nicht von ihr befreit werden. Das Leben ist deshalb der Bereich, in dem der Mensch, der allmählich durch die niederen Lebensformen von Mineral, Pflanze und Tier aufgestiegen ist, die Möglichkeit für das himmlische Leben und die Befreiung empfängt. Das Weltall hat einen sittlichen Zweck. Es gewährt jedem Dasein das Feld, auf dem es die Früchte seiner Handlungen ernten kann. Die Lebensformen sind deshalb die

Stufen (sopāna), auf denen der Mensch zum Zustand der unendlichen, ewigen und gestaltlosen Seligkeit aufsteigt. Dies also ist Ursprung und Ziel des Menschen. Er hat sich selbst, seine Vergangenheit und seine gegenwärtige Lage geschaffen und wird seine Zukunft aufbauen. Das Wesen seiner Natur ist Freiheit. Ist er weise, so nimmt er die Mittel (sādhanā) an, die zur immerwährenden Seligkeit führen. Denn das Glück der Welt können nicht alle finden, und selbst wenn sie es erreichten, ist es vergänglich und mit Leiden verbunden.

Diese Sādhanā besteht aus verschiedenen Hilfsmitteln und Lehren, die Reinheit des Denkorgans (chittashuddhi) und Ehrerbietung wie Verehrung für die große Mutter bewirken sollen. Mit diesen beschäftigen sich vor allem die religiösen Tantra-Shāstras. Das Shākta-Tantra-Shāstra enthält ein ausführliches und wunderbares Ritual, das zum Teil eigenen, zum Teil vedischen Ursprungs ist. Für einen Kenner des Rituals ist es von fesselndem Interesse.

Das Ritual ist eine Kunst, die Kunst der Religion. Rituale Kunst ist die äußere materielle Erscheinung religiöser Ideen und Gefühle, eine Möglichkeit, die religiöse Wahrheit darzustellen und in materiellen Formen und Symbolen dem Verstand begreifbar zu machen. Sie wendet sich an alle Naturen, die leidenschaftlich empfänglich sind für jene Schönheit, in der sich für einige Gott am stärksten offenbart. Aber sie ist mehr als dies. Sie verwandelt und reinigt das Denkorgan. Im besonderen ist sie, nach der indischen Grundlehre, das Werkzeug, mit dessen Hilfe das Bewußtsein des Verehrenden (sādhaka) in tatsächliche Erfahrungsformen eingekleidet wird, die die Wahrheit der Schriften verkörpern.

Der Verehrer der Shakti lernt somit, daß er eins ist mit Shiva und Seiner Kraft, der Shakti. Dies ist nichts, das man erörtern könnte; es muß erfahren werden. Ritual und Yoga-Übung führen zu solcher Erfahrung. Wie tiefgründig das indische Ritual ist, wird jeder zugeben, der die allgemeinen Grundsätze aller Rituale und Symbole verstanden und diese in ihrer indischen Form erforscht hat, im Wissen um die Grundgedanken, die sie ausdrücken. Wer in diesem Zusammenhang von Blendwerk, Unsinn und Aberglauben spricht, zeigt nur seine Unfähigkeit und Unwissenheit.

Die Āgamas sind keine philosophischen Abhandlungen, wenn sie auch eine bestimmte Lebenslehre enthalten. Es sind sogenannte Sādhanā-Shāstras, das heißt, praktische Schriften, die die Mittel beschreiben, durch welche die von der ganzen Menschheit erstrebte Glückseligkeit erreicht werden kann. Da immerwährende Seligkeit Gott ist, lehren sie, wie der Mensch durch Verehrung und Übung der vorgeschriebenen Lehren die Erfahrung Gottes erlangen kann. Aus gelegentlichen Berichten und der Beschreibung von Übungen wird der philosophische Inhalt herausgezogen.

Der Verkünder der Tantras und Offenbarer des Tantra-Shākta ist Shiva selbst oder Shivā-Devī. Shiva lehrt, die Devī hört (āgama). Oder sie übernimmt die Rolle des Gurus und antwortet auf die Fragen Shivas (nigama). Denn beide sind eins. Manchmal reden auch andere mit. So heißt ein Tantra Ishvarakārtikeya-Saṁvāda. Denn in ihm wendet sich der Herr an Seinen Sohn Kārtikeya. Das Tantra-Shāstra erhebt deshalb den Anspruch der Offenbarung und eines gleichen Wahrheitsgehalts, wie der ewige Veda, der sich selbst Autorität ist (svataḥsiddha). Die

Schüler, welche die in den Shāstras berichtete Erfahrung der Wahrheit empfingen, erwähnen auch die praktischen Mittel, die zu dieser Erfahrung führten. „Nimm diese Mittel an“, so sagen sie, „und du wirst die gleiche Erfahrung haben, wie wir selbst.“ Dies ist die Bedeutung der Sādhanā und aller Sādhanā-Shāstras. Der Guru sagt: „Tue, was ich dir sage. Folge der in den Schriften beschriebenen Methode. Zügle deine Wünsche, erlange eine reine Haltung; nur dann und auf diese Weise wirst du jene Sicherheit, jene Erfahrung erlangen, die alles Fragen unnötig macht.“ Die praktische Bedeutung der Āgama liegt in der Annahme solcher Grundsätze und in ihren Methoden, die zu jenem Zustand führen, in dem die Wahrheit verwirklicht wird. Die folgenden Kapitel erklären einige der Hauptzüge sowohl der Philosophie wie der Anwendung der Shākta-Lehre der Āgamas. Um diese vollkommen darzulegen, bedürfte es vieler Bände. Hier soll nur in allgemeinverständlicher Form ein Umriß dieses großen Themas gegeben werden.

Ich möchte dieses Kapitel mit Auszügen aus einem Brief schließen, den mir kurz vor seinem Tod – heute sind es viele Jahre her – Pandit Shiva-chandra Vidyārṇava schrieb, der Shākta-Autor des „Tantratattva“, das ich unter dem Titel „Grundzüge des Tantra“ veröffentlicht habe. (Die Einklammerungen stammen von mir.)

„In unserer Zeit weiß die Allgemeinheit nichts von den Grundlehren des Tantra-Shāstra. Ursache dieser Unwissenheit ist die Tatsache, daß das Tantra-Shāstra ein Sādhanā-Shāstra ist, dessen größter Teil nur in der Sādhanā begreifbar wird. Aus diesem Grund verbietet das Shāstra und seine Lehrer eine allgemeine Verbreitung. Solange die Lehren vom Guru allein weitergegeben wurden, tat diese goldene Regel unendlich viel Gutes. Im Lauf der Zeit aber ist diese alte geistige Übung (sādhanā) fast ganz vergessen und mit ihr ging auch das Wissen um die tiefen und mächtigen Grundlehren der Shāstras fast völlig verloren. Trotzdem sind leise Ahnungen davon (die nur durch die Sādhanā wirklich erfahren werden können) an die Öffentlichkeit gedrungen – zum Teil in der Hoffnung, diese Weisheit vor der Zerstörung zu bewahren, zum Teil aus wirtschaftlichen Gründen.

Das Tantra-Shāstra setzt sich – in großen Zügen gesprochen – aus drei Teilen zusammen: aus Sādhanā, Siddhi (die durch Sādhanā erlangten Kräfte) und Philosophie (darshana). Im Gegensatz zu anderen Systemen ist es nicht engherzig und erweckt keine Zweifel durch sich widersprechende Ansichten. Denn sein Lehrer ist der Eine, nicht die Vielen, Dieser aber ist allwissend. Die Philosophie ist in den Tantrik-Schriften verstreut und wird nur gelegentlich im Zusammenhang mit der Sādhanā und Siddhi behandelt. Würden solche Stellen (wie ich vorgeschlagen hatte) gesammelt und nach dem Inhalt geordnet, so ergäben sie das umfassende System einer wunderbaren, göttlichen, immerwährenden, wahren und überzeugenden Philosophie, die an der Spitze aller anderen stünde.

Sie haben zu Parameshvara (Gott), um ein langes Leben für mich gebetet, und der Wunsch, mein Vorhaben auszuführen, drängt mich auch, darum zu bitten. Aber meine Gesundheit läßt mich an der Erfüllung dieses Gebetes zweifeln. Doch je früher dieses Werk mit Hilfe der Mutter fertiggestellt wird, um so besser ist es.

Nach ihren Worten sind alle, die Parameshvara verehren, eine Familie. Lassen Sie darum alle Unterscheidungen fallen. Alle Sādhakas sind an sich eins.

Dieser edle Gedanke ist das letzte Wort aller Shāstras, aller Gemeinschaften, aller Religionen. Alle Unterscheidungen, die sich aus körperlichen Unterschieden ergeben, gelten nur für die menschliche Welt. Sie haben keinen Platz in der Welt, in der Parameshvara verehrt wird. Je mehr wir uns deshalb Ihm nahen, um so mehr werden die Unterschiede zwischen Ihnen und mir aufgehoben. Weil wir beide um den Fortfall aller solcher Unterscheidungen beten, vertraue ich Ihrer Aufmunterung und Hilfe, und wage es, diese schwierige und kühne Arbeit auf mich zu nehmen. Wenn mit Ihrer Hilfe das Tor dieser Tantrik-Philosophie im dritten Teil des Tantratattva geöffnet wird, dann werden die Gelehrten aller Länder staunen. Denn es ist die reine Wahrheit. Aus diesem Grund vermag ich diese Arbeit in größter Klarheit vor ihnen auszubreiten."

Unseligerweise konnte dieser Plan eines dritten Teils des Tantratattva nicht ausgeführt werden, da der Autor kurze Zeit nach diesem Brief starb. Natürlich erhob er, wie alle Gläubigen der Welt, den Anspruch auf Wahrheit und Güte aller Einzelheiten seiner Schrift. Mögen einige dieses auch nicht zugeben, so werden doch, meiner Meinung nach, die Wissenden und Verstehenden, die keine Vorurteile haben, diese tiefgründige und für die Praxis wunderbar ausgearbeitete Lehre anerkennen müssen. Einige Gedanken und Grundsätze werden von allen religiösen Menschen, wenn auch unter anderen Namen und Formen, geteilt, andere von allen oder zumindest von einigen indischen Schulen, die keine Shakti-Anhänger sind. Im Augenblick wollen wir außer acht lassen, was eigentümlich erscheinen könnte, um festzustellen, daß dieses System nicht so völlig abwegig, abstoßend und schändlich ist („Lust, Mummenschanz, Magie" nach Brian Hodgson), wie manche meinten. Eine zusammenfassende unparteiische Kritik mag besagen, daß neben Wertvollem einige Übungen enthalten sind, die nicht allgemein gebilligt werden und die zu Mißbrauch führten. Hierbei sei auf das Kapitel über Panchatattva oder das geheime Ritual verwiesen.

Ich möchte noch die Übersetzung eines Artikels hinzufügen, der von P. Bandyopādhyāya (in „Sāhitya", Shrabun 1320, Kalkutta, Juli–August 1913) stammt. Anlaß war die Veröffentlichung von Arthur Avalons Übersetzung des Mahānirvāṇa-Tantra und seine Einleitung hierzu. Es ist ein interessanter Bericht über das Shākta-Tantra und die bengalischen Ansichten darüber. Ich lasse einige erklärende Stellen und die sehr herzliche Danksagung aus.

„Einst hatte das Mahānirvāṇa-Tantra gewisse Verbreitung in Bengalien gefunden. Es wurde unter der Herausgeberschaft von Pandit Ānanda-chandra Vedantavāgīsha gedruckt und veröffentlicht. Rājā Rām Mohan Roy selbst war ein Anhänger der Tantras, verheiratet nach Shaiva-Art, ein ausübender Schüler der Tantrik-Verehrung. Sein geistiger Lehrer, Swāmī Hariharānanda war ein Heiliger, der Vollendung (siddha-puruṣha) erlangt hatte und der bestrebt war, den Mahānirvāṇa-Tantra zur heiligen Schrift der Braham-Samāj zu erheben. Bekenntnis und Formen der Brahma-Kirche sind der in diesem Tantra enthaltenen Einweihung in die Verehrung Brahmans entlehnt. Die späteren Brahmanen, die gleichsam sich selbst im Nachahmen christlicher Rituale verloren, gaben den

Pfad auf, den Rājā Rām Mohan ihnen gewiesen hatte. Trotzdem rezitieren auch heute noch viele von ihnen die Hymne an Brahman, die in dem Mahānirvāṇa-Tantra steht. In der ersten Zeit der unmäßigen Ausbreitung englischer Kultur und Erziehung hallte Bengalien wider von schimpflichster Kritik über den Tantrismus. Niemand der gelehrten Bengalen mochte dies gutheißen. Doch selbst jene, die sich Hindi nannten, waren nicht imstande, nach außen hin die tantrischen Lehren zu unterstützen. Auch damals gab es noch sehr große Sādhakas des Tantrismus und Gelehrte der Tantras, mit deren Hilfe die tantrischen Grundgedanken der Öffentlichkeit hätten dargelegt werden können. Aber die gebildeten Bengali dieser Zeit waren von der christlichen Kultur bezaubert, und niemand von ihnen interessierte sich für die Erforschung dessen, was zu ihrer väterlichen Erbschaft gehörte oder dieser fehlte. Um so mehr da jeder, der sich um das Studium der Tantras bemühte, Gefahr lief, sich dem Hohn der „gebildeten Allgemeinheit" auszusetzen. Der Mahārājā Sir Jatindra Mohan Tagore – geheiligter Name – war der einzige, der zwei oder drei Werke mit Hilfe des ehrwürdigen Pandit Jaganmohan Tarkālaṅkāra veröffentlichte. Hara-tattva-dīdhiti, das mit dem Namen seines Vaters verbunden ist, wird heute noch als eine wunderbare geniale Leistung der Pandits Bengalens anerkannt. Der ehrwürdige (bṛiddha) Pandit Jaganmohan veröffentlichte auch einen Kommentar zum Mahānirvāṇa-Tantra. Selbst in jener Zeit blieb das Studium der Tantras auf einen bestimmten Teil bengalischer Gelehrter beschränkt. Der Mahārājā Sir Jatindra Mohan allein suchte Männer wie Bāmā Khepā (den verrückten Bāmā), den nackten Vater (Nengtā Bābā) von Kaḍḍa und Swami Sadānanda zu verstehen und anzuerkennen. Die Gelehrten Bengaliens hatten nur Mißbilligung und Verachtung für Sādhakas wie Bishe Pāglā (den verrückten Bishe) und Ninu das Chaṇḍāla-Weib. Und doch wird Bengalien heute noch vom Tantrismus beherrscht. Selbst heute noch empfangen die Hindi Bengaliens tantrische Einweihung. Aber der Ruhm und die Ehre, die dem Tantrismus zu Zeiten des Mahārājās Kṛishṇa-chandra und Shiva-chandra zuteil wurden, ist vergangen. Darum sind die tantrischen Sādhakas von Bengalien unserer Zeit nicht sehr bekannt. Nun aber scheint es, als sei die Welt-Mutter wieder gewillt, ihre Kraft zu offenbaren, so daß Arthur Avalon die Tantras studiert und eine so wunderbare Fassung des Mahānirvāna herausgegeben hat. Wir hoffen darum, daß der englisch sprechende Bengale seine Aufmerksamkeit wieder den Tantras zuwenden wird.

Der besondere Verdienst des Tantra liegt in seiner Art der Sādhanā. Sie ist weder reine Verehrung (upāsanā) noch Gebet. Sie bedeutet nicht Klage, Zerknirschung oder Reue vor der Gottheit, sondern ist die Vereinigung von Purusha und Prakṛiti, die Verbindung des männlichen Prinzips mit dem mütterlichen Element im Körper, das Bestreben, die Eigenschaften eigenschaftslos zu machen. Was in mir ist und wofür ich da bin (dieses Bewußtsein ist immer in mir gegenwärtig), ist – wie Butter in der Milch – durch die ganze erschaffene Welt der bewegten und bewegungslosen Dinge, durch das grobstoffliche und feinstoffliche, das bewußte und unbewußte ausgebreitet und in allem vorhanden. Es ist das Ziel der tantrischen Sādhanā, diesen Gedanken des Selbst (svarāṭ) in das All (virāṭ) zu versenken. Solcher Sādhanā verlangt das Erwachen der Körperkräfte. Der Mensch wird in dieser Sādhanā zum Siddha, wenn er imstande ist, die Kuṇḍalinī aufzuwecken und die sechs Chakras zu durchdringen. Dies ist nicht nur „Philosophie", auch nicht ein Versuch, über Wortgebilde nachzudenken, sondern etwas, das auf völlig praktische Art ausgeführt werden muß. Die Tantras sagen: „Beginne unter der Leitung eines guten Gurus mit deinen Übungen. Wenn du nicht sogleich günstige Ergebnisse erzielst, magst du sie ungehindert aufgeben." Keine andere Religion würde einen so kühnen Rat geben. Wir glauben, daß die Sādhanā der Moslem und die „esoterische Religion" oder die geheime Sādhanā (und die Rituale) der römisch- und griechisch-katholischen Kirche auf diesem Fundament der Tantras aufbauen.

Wo immer Sādhanā herrscht, besteht, meiner Meinung nach, auch dieses tantrische System. Ich bin, als ich vor einiger Zeit im Sāhitya über die Tantras arbeitete, selbst zu dieser Überzeugung gekommen. Arthur Avalon hat es sicher auch bemerkt. Denn er drückt seine Überraschung über die Ähnlichkeit zwischen dem römischen Katholizismus und der tantrischen Sādhanā aus. Das Tantra hat dem Yoga-System des Patañjali seine praktische Ausführung erleichtert und ihm die tantrischen Rituale und zeremoniellen Vorschriften (karma-kaṇḍa) hinzugefügt. Aus diesem Grund wurde das System der tantrischen Sādhanā von allen religiösen Sekten Indiens angenommen. Wenn die Theorie der Alten recht hat, daß der Tantrismus aus Chaldäa oder Shākadvīpa nach Indien gebracht wurde, dann ist auch anzunehmen, daß er aus Chaldäa nach Europa kam. Der Tantrismus ist in allen Schichten des Buddhismus zu finden. Seine Sādhanā tritt im Konfuzianismus in Erscheinung, und der Shintoismus ist nur ein anderer Name für den tantrischen Kult. Manche Historiker bestätigen, daß die Verehrung der Shakti oder die tantrische Sādhanā, die von alters her in Ägypten vorherrschte, nach Phönizien und Griechenland übergriff. Folglich können wir annehmen, daß ihr Einfluß auch in der früheren Christenheit spürbar wurde.

Die Tantras enthalten nichts, was an Götzendienst erinnert, wie dies Avalon klar darlegt. Immer wieder lehrt der Tantrismus, daß man die Gottheit anbeten solle, indem man selbst zur Gottheit (devatā) wird. Die Iṣhṭa-Devatā ist das Selbst des Atman und nicht von ihm unterschieden. Er nimmt alles auf, und ist doch selbst in nichts enthalten. Er ist der große Zeuge, der ewige Puruṣha. Der wahre Gottesdienst des Tantrismus ist die Verehrung im Geist und durch den Geist. Eine weniger feinstoffliche Form der tantrischen Verehrung ist jene des Yantra. Yantra gebiert die Form, die durch Japa offenbar und durch Mantra-Shakti erweckt wird. Zehn Millionen herrlichster Gestalten der Mutter blühen auf in dem Himmel des Herzens der Siddhapuruṣha. Verehrer oder Schüler von niederer Befähigung (nimna-adhikārī) beten unter den Anweisungen des Gurus die große Māyā an, in der sie eine ihrer vielfältigen Gestalten, die nur in der Meditation (dhyāna) erschaut werden können, (sich selbst) offenbaren. Das ist nicht bloße Anbetung eines Idols! Wäre dies der Fall, so würde das Bild nicht ins Wasser geworfen. Niemand wäre so ehrfurchtslos, das Bild der Göttin im Wasser zu versenken.

Die Ur-Shakti soll durch Bhāva, Dhyanā, Japa und das Durchdringen der 6 Chakras erweckt werden. Sie ist ganz Wille. Niemand kann sagen, wann, wie und welchem Sādhaka sie sich offenbart. Wir wissen nur, daß sie ist und kennen ihre Namen und Gestalten. Voll wunderbarer Übersinnlichkeit ist ihre Gestalt – weit erhaben über jedes Wort und jeden Gedanken. Der bengalische Shakti klagt deshalb:

„Schwer ist es, dem Meer der Gestalten zu nahen und sich in ihm zu baden.
Weh mir, mein Kommen ist vielleicht umsonst."

Noch ein anderes Sondergebiet gehört zum Tantrismus: Mantra-Shakti. Ohne Übertreibung muß gesagt werden, daß kein bengalischer Gelehrter Mantra-Shakti so klar dargelegt hat wie Arthur Avalon in seiner Einleitung zum Mahanirvāṇa-Tantra. Wir dachten, Mantra-Shakti sei nur zu erleben, nicht zu erklären. Der Autor aber hat auf geniale Weise soweit wie möglich eine Erklärung gegeben. Die Tantras lehren, daß die Seele im Körper das eigentliche Selbst der Buchstaben, des Klanges (dhvani) ist. Die Mutter, die Verkörperung des fünften Buchstabens (varṇa), ist in den verschiedenen Buchstaben der Chakras gegenwärtig. Wie die Melodie erklingt, wenn die Saiten einer Laute angeschlagen werden, so erwacht die Mutter, die sich in den 6 Chakras bewegt und das wahre Selbst der Buchstaben ist, mit aller Klangfülle der Harmonie, wenn die Akkorde der Buchstaben (varṇas) in der rechten Reihenfolge angeschlagen werden. Und der Sādhaka empfängt, wenn sie erwacht, Siddhi ebenso leicht wie seine Hand die Āmalaka-Frucht pflückt. So erweckte der große Sādhaka Rāmaprasād die Mutter durch Anrufung: „Erhebe dich, Mutter Jāgṛihi, janani", so sang der Bhakta: „Wie lange noch willst du im Mūlādhāra schlafen, o Mutter Kulakuṇḍalinī?"

Die Zeremonie der Erweckung (bodhana) in der Durgā-Pūjā ist nichts anderes als das Erwecken der Shakti, der Mutter, das Aufrufen des Bewußtseins der Kuṇḍalinī. Dieses Erwecken geschieht durch Mantra-Shakti. Mantra ist der harmonische Ton der Körperklänge. Wenn die Symphonie vollkommen ist, dann erhebt sich die Mutter, die die Welten verkörpert (jaganmayī). Wenn sie erwacht, vereinen sich Shiva und Shakti. Übe Japa nach den Unterweisungen des Gurus, und die Wirkungen, von denen die Tantras sprechen, werden sich auf jeder Stufe als wahr erzeigen. Dann wirst du verstehen, daß der Tantrismus kein Betrug ist, kein Irrgeflecht von Worten. Notwendig ist nur der rechte Guru, das Mantra, das fähig ist, die Siddhis zu verleihen und die rechte Anwendung (sādhanā). Arthur Avalon hat die Bedeutung der Grundregeln der Mantras erkannt, die so schwer zu verstehen sind. Er konnte solches Unmögliche nur durch ihm innewohnende Kräfte (saṁskāra) vollbringen, die er in seinem früheren Leben erwarb.

Der Tantrismus nimmt die Lehre der Wiedergeburt an. Dies geschieht nicht durch verstandesmäßige Erörterungen: er breitet vielmehr wie auf einer geographischen Karte die nicht endende Kette der Daseinsformen eines Sādhaka aus. Er besteht aus zwei Teilen: dem Dharma der Gesellschaft (samāja) und dem Dharma der geistigen Bemühung (sādhanā). Die Regeln des Samāja-Dharma erkennen Geburt und Kaste an. Im Sādhanā-Dharma aber gibt es keine Unterschiede von Kasten, keine Brāhmaṇa oder Shūdra, keine Männer oder Frauen. Die Unterschiede zwischen hoch und niedrig richten sich nach dem Erfolg der

Sādhanā und der Siddhi. Es geht im Tantrismus nur um die Frage der Tauglichkeit und Würdigkeit (adhikāratattva). Die Tauglichkeit (adhikāra) ergibt sich aus den Saṁskāras der vergangenen Daseinsformen. Darum ist der Chaṇḍāla Pūrṇānanda ein Brahmane, Kṛipāsiddha, der Sādhaka, dem Sarvānanda gleich; darum wird Rāmaprasāda aus der Vaidya-Kaste selbst von Brahmanen verehrt. Das Tantra wird durch Unterweisungen des Guru gelehrt. Denn seine Sprache ist ungewöhnlich, und man kann seine Darlegungen unmöglich an Hand ungrammatikalischer Kenntnisse verstehen. Es ist ein System der Shakti-Sādhanā, in dem Vorschriften enthalten sind, nach denen Shakti aus allen geschaffenen Dingen herausgeholt werden kann. Alles darin ist annehmbar, was der Sādhanā dient, die sich nach der Fähigkeit des betreffenden Menschen (adhikārīanusāre) richtet. Er muß dem folgen, wozu er fähig und würdig ist. Shakti durchwirkt alles, Sie umarmt alle Wesen und Dinge, die unbelebten wie die beseelten, wilde Tiere wie Vögel, Männer wie Frauen. Das Entfalten der Kraft (shakti), die sowohl im Körper des Tieres (jīva) wie des Menschen eingeschlossen ist, wird nur mit Hilfe der dem Körper innewohnenden Anlagen ermöglicht. Nach diesen richtet sich die Art des Sādhanā. Die tiefste Bedeutung von Sādhanā ist Entfalten, Erwecken, Hervorbringen der Kraft (shakti). So gewinnt der Shākta Kraft aus allen weltlichen Tätigkeiten. Das Sādhanā des Tantrismus ist nicht nach dem kleinen Maß des Wohl- oder Übel-Befindens von dir oder mir zu bemessen.

Laß dich verstehen o mein Geist, und ich verstehe dich,
ob andere dich begreifen oder nicht.

Arthur Avalon ist sich dessen vollkommen bewußt. Dennoch hat er versucht, fast alle Punkte zu erklären und dem Verstand der materialistischen Gesellschaft unserer Zeit zugänglich zu machen. Für diesen Versuch sind wir ihm zu Dank verpflichtet.

Das Tantra kennt keinen gesonderten Gott, der das Weltall überschaut. Es predigt keine Lehre, nach der Gott, der Schöpfer, das Weltall vom Himmel aus lenkt. Nach tantrischer Schau ist der Sādhaka das Weltall; der autokratos (ātmā-shakti), der Selbstmächtige im Körper ist die ersehnte (iṣhṭa) und „gesuchte" (sādhya) Gottheit (devatā) des Sādhaka. Die Entfaltung der Eigenkraft soll durch Selbstverwirklichung (ātmā-darshana) bewirkt werden, zu der Sādhanā führt. Wer seines Selbstes inne wird, erlangt Befreiung (mukti). Arthur Avalon spricht von diesen Dingen (siddhānta) in seinem Werk Tantratattva. Viele der im Mahānirvāṇa-Tantra behandelten Themen können nur durch eindringliches Studium dieses Buches verstanden werden. Die Grundlehren des Tantrismus müssen von neuem dem Bengali gelehrt werden. Wenn das Mahānirvāṇa-Tantra in der Übersetzung von Avalon weithin verbreitet wird, und der Bengali es noch einmal zu hören begehrt, dann sollte dieser Versuch wohl unternommen werden.

Unser bengalisches Land wurde einst von tantrischen Werken wie Sāradātilaka, Shāktānandataraṅgiṇi, Prāṇatoṣhiṇi, Tantrasāra etc. beherrscht. Damals hatte das Mahānirvāṇa-Tantra keinen so großen Einfluß. Für die heutigen aber scheint uns dieses das rechte Tantra zu sein, wenn man die Denkweise des durch englische

Erziehung und Kultur geformten Bengali betrachtet. Rājā Rām Mohan Roy, der solches einsah, suchte das Interesse für dieses Tantra zu verstärken. Der englisch erzogene Bengali ist im allgemeinen ohne Religion (dharma) oder Handlung (karma) und hat keinen Sinn für Nationalität (jātīya-dharma) und Kaste. Darum ist das Mahānirvāṇa-Tantra allein geeignet für dieses Land und seine jetzige Rasse.

Das Tantra verkörpert die alte Religion (dharma) der Bengalen. Selbst wenn man es für immer ablehnt, sollte man es zuvor doch genau kennengelernt haben. Ein denkender und gebildeter Engländer von hoher Position hat es auf sich genommen, eine vollkommene Einführung in dieses Tantra zu geben. Wir können ehrlich sagen, daß er in dieser Einführung niemals den Versuch gemacht hat, auch nur ein Jota von der Lehre abzuweichen oder mit der Eitelkeit eines eingebildeten Kommentators ihre Ausführungen mit Anmerkungen zu versehen. Er war bestrebt, seinen Lesern zu zeigen, was tatsächlich im Tantra besteht – im guten oder schlechten Sinn. Sollte nicht dem Bengali solches dargebotene Geschenk (arghya) eines Bhakta aus fremdem Land willkommen sein?“

SHRI YANTRA
(Eine andere Form)

II. Kapitel

SHAKTI: DIE WELT ALS KRAFT

Es gibt in keiner Sprache ein Wort von umfassenderem Gehalt als diese Sanskrit-Bezeichnung für „Kraft". Denn Shakti ist im höchsten Sinn Gott als Mutter. In einem anderen Sinn ist sie das Weltall, das aus ihrem Schoß hervorgeht. Was aber gäbe es, das nicht das eine oder andere wäre? Darum begrüßt das Yoginīhṛidaya-Tantra sie, die alle Welten empfängt, trägt, hervorbringt und ernährt, mit den Worten: „Gehorsam Dir, die Du als Kraft reines Sein-Bewußtsein-Seligkeit bist, die Du in der Form von Zeit und Raum und von allem, das diesen innewohnt, existierst und das strahlende Leuchten in allen Wesen bist."

Wir können hier nur auf eine sehr allgemeine Weise einige der wichtigsten Grundregeln der Shakti-Lehre umreißen und müssen ihre fesselnde Anwendung (sādhanā) in den Formen der rituellen Verehrung und des Yoga auslassen. Die westliche Wissenschaft sieht heute in der Energie die letzte physikalische Form der Materie. Dies wußten seit Jahrhunderten die Shāktas, die Verehrer der Shakti. Aber sie fügten noch hinzu, daß diese Energie nur eine begrenzte Offenbarung (als Denksubstanz und Stoff) der allmächtigen, unendlichen, höchsten Kraft (mahā-shakti) des Werdens in jenem „Das" (tat) sei, welches das einheitliche Sein (sāt) selbst ist.

Diese Lehre ist mündlich und schriftlich überliefert in den Āgamas, die (zusammen mit Purāṇa, Smṛiti und Veda) einer der großen Hauptteile der heiligen Schriften der Hindus sind. Die Tantras sind Lehren der Āgama. Falsch ist die Ansicht, daß sie ein seltsames Nebenprodukt der Hindus seien und nicht ein einheitliches Ganzes. Die drei Hauptteile der Āgama werden örtlich benannt nach Bengalien (gauḍa), Kashmir und Kerala. Daß die Tantra-Shāstras in Bengalien zu Hause sind, ist wohl bekannt. Weniger, daß im Kashmir der Vergangenheit die tantrische Lehre und Übung weithin befolgt wurden.

Es gibt fünf Schulen der sogenannten „Tantrik"-Verehrer, entsprechend dem Kult der Sonne, des Ganesha, Viṣhṇu, Shiva oder der Shakti. Dem Wissenden aber bedeuten diese fünf Namen nicht unterschiedliche Gottheiten, sondern verschiedene Aspekte der einen Kraft oder Shakti. Der wissende Shākta ist alles andere als ein Sektierer. Er kann, wie es heißt, in allen Tempeln seine Verehrung darbringen. So sagt das Sammohana Tantra: „Töricht, wer irgendeinen Unterschied zwischen Rāma (ein avatāra von Viṣhṇu) und Shiva sieht. Im Kommentar zum Shaṭchakrani-Rūpaṇa, der die Skala dieser Namen aufzählt, steht: „Was machen diese Namen aus?"

Der Shākta hat sich zur Gottheit seiner Verehrung (iṣhṭa-devatā) Shakti erwählt. In ihrem Kult – in Lehre wie Übung – wird jener Aspekt des Einen betont, der

Quelle der Veränderungen und, die Veränderung selbst – unter den Formen von Zeit und Raum und allen darin beschlossenen Gegenständen – ist. Das Wort Shakti ist der Grammatik nach weiblich. Aus diesem Grund kritisierte ein amerikanischer Orientalist diese Lehre als ein nutzloses System, als eine reine Verweiblichung des orthodoxen (was immer dies sein mag) Vedānta, eine Lehre, die das Primat des Weiblichen herausstelle und deshalb nur für „monistische Sufragetten" geeignet sei. Völlig abwegig ist eine solche Kritik, die den Hindu manchmal fragen läßt, ob der Europäer überhaupt die Fähigkeit besitzt, seinen Glauben zu verstehen. Von der Mutter steht (im Hymnus an sie aus der Mahākāla-Saṁhitā): „Du bist weder Mädchen, noch Jungfrau, noch bist du alt, du bist nicht weiblich, noch männlich, noch ein Neutrum. Du bist unbegreifbare, unmeßbare Kraft, das Wesen von allem, was existiert, bar jeder Dualität, höchster Brahman, allein in der Erleuchtung zu erlangen." Wer solche erhabenen Gedanken im Kleid von Ritual und Symbolen nicht zu verstehen vermag, sollte am besten nicht darüber sprechen.

Der Schüler, der Shiva als Gottheit sich erwählte, den wandellosen Aspekt des Einen, dessen Kraft des Handelns und der Tätigkeit Shakti ist, wird Shaiva genannt. Da aber Shiva und Shakti notwendigerweise zusammengehören, erkennen alle Schulen auch Shakti an. Doch es ist ein Irrtum anzunehmen, daß ein „Tantrik" oder Anhänger der Āgama unbedingt ein Shākta sein muß, und daß „Tantra" nur eine Shākta-Schrift sei. Shākta ist ein Zweig der Āgama-Schule, und sowohl die heiligen Schriften der Shaiva im Norden und Süden werden Tantras genannt wie auch die Schriften jener alten Vaishna-Form, die Pañcharātra heißt. Die Lehre dieser Schulen, die bestimmte gleiche Ideen haben, wechselt zwischen dem Monismus der Shāktas und nördlichen Shaivas und den mehr oder weniger dualistischen Systemen anderer Schulen. Das Ritual ist bis zu einem weiten Ausmaß in allen Gemeinschaften das gleiche, wenn auch notwendige Veränderungen bestehen, die bedingt sind durch die Natur des göttlichen Aspektes, der verehrt wird, wie durch die besondere Form der theologischen Lehre. Die Shākta-Lehre und -Übung ist vor allem in den Shākta-Tantras aufgezeichnet oder in mündlichen, zum Teil geheimen Überlieferungen weitergegeben worden. Da die Tantras vor allem Schriften der Verehrung sind, ist ihre Lehre im Ritual enthalten. Man kann aber auch zu anderen Schriften greifen, soweit diese gleiche Lehren und Übungen wie jene der Shākta-Anhänger haben. Die eigentlichen Tantras sind das Wort von Shiva und Shakti. Es gibt aber auch wertvolle tantrische Arbeiten, die als Kompendien und Kommentare nicht göttlichen Ursprungs sind.

Der Begriff „Shakti" gehört nicht nur dem Vorstellungsbereich des Shākta an. Jeder Hindu glaubt an Shakti als die Kraft Gottes, mag er auch anderer Ansicht über die Natur des Weltalls sein, das durch diese geschaffen wurde. Die Shākta-Lehre ist eine besondere Darstellung des sogenannten „Monismus" (advaita: wörtlich „nicht-zwei"), und das Shākta-Ritual ist auch noch in seinen verurteilten Formen, die zu jenem Mißbrauch führten, unter dem diese Schrift im allgemeinen bekannt ist, eine praktische Anwendung der „monistischen" Lehre. Wie auch der Ursprung der Āgama-Kulte gewesen sein mag, als ihre Grundlage gilt heute, wie vor Jahrhunderten, der Veda. Mit diesem hängt das Wort von Shiva-Shakti, das in den Tantras verkündet wird, eng zusammen. Nach westlichem Sprachgebrauch wäre die Shākta-Lehre (wie der Vedānta im allgemeinen) eine Theologie, die auf Offenbarung beruht, das heißt eine sogenannte „geistige" oder übersinnliche Erfahrung im ursprünglichen oder abgeleiteten Sinn. Denn das ist Veda.

Hier müssen wir eine Betrachtung über das Maß an menschlichem Wissen und über die Grundlage der Erkenntnis des Vedānta einschalten. Es ist ein schwerer Irrtum, wolle man den Vedānta einfach als eine spekulative Metaphysik nach heutiger westlicher Anschauung betrachten. Wäre dies der Fall, so könnte er nicht mehr Anerkennung verlangen als irgendeines der vielen anderen Systeme, die sich zu unserem Gebrauch auf dem Jahrmarkt der Philosophie gegenseitig ablösen. Der Vedānta erhebt den Anspruch, daß seine übersinnlichen Lehren mit Gewißheit durch Übung erfahren werden können. Theorie allein genügt nicht. Der Shākta ist vor allem ein praktischer und aktiver Mensch, der die göttliche Tätigkeit verehrt. Seine Losung ist Kriyā oder Handlung. Belehrt, daß er aus Kraft bestehe, verlangt er, sich selbst tatsächlich als solche zu erfahren. Ein tantrisches Gedicht (ānanda-stotra) spricht mit belustigter Verachtung von den gelehrten Schwätzern, die ihre Zeit mit vergeblichen Erörterungen an den Ufern des „Teiches des Zweifels" verbringen.

Die Grundlage des Wissens, sei es in übersinnlicher oder in sinnenhafter Weise, ist wirkliche Erfahrung. Diese gründet auf der ganzen, vollkommenen und auf der unvollkommenen Teilerfahrung. Letztere aber besteht nicht aus Stücken der ganzen, sondern aus Teilen innerhalb der ganzen Erfahrung. Bei der ersten Erfahrung heißt es, daß das Bewußtsein nach „aufwärts" blickt (unmukhī) und „nicht den anderen anschaut". Bei der zweiten blickt es nach „außen" (bahirmukhī). Erstere ist nicht eine Erfahrung des Ganzen, sondern eine ganzheitliche Erfahrung. Letztere ist nicht die Erfahrung von Teilen des Ganzen, da dieses ungeteilt ist, sondern von Teilen im Ganzen, die aus der unendlichen Kraft ausgehen, um sich in und als endliche Zentren, als das Viele zu erkennen. Die Werke eines indischen Philosophen, meines Freundes Professor Pramatha Nātha Mukhyopādhāya, nennen zutreffenderweise die erstere die Erfahrung der Tatsache, die zweite die der Tatsachen-Ausschnitte. Die Ishā-Upaniṣhad bezeichnet die höchste Erfahrung als Pūrṇa, die Fülle, das Ganze.

Man beachte, daß die Erfahrung nicht ein Überrest des aussondernden Verstandes ist, der selbst nur eine begrenzte Rolle im Bewußtsein spielt, sondern einen Raum ausfüllt, den das All-Sein als ein Ganzheitliches einnimmt. Theologisch gesprochen ist diese vollkommene Erfahrung Shiva-Shakti im Zustand der Ruhe oder der möglichen Wirksamkeit. Die zweite Erfahrung ist jene der endlichen Zentren, der zahlreichen Puruṣhas oder Jīvas, die Shiva-Shakti in der Auswirkung ihrer Kraftmöglichkeit sind. Beide Erfahrungen sind wirklich. Tatsächlich gibt es nirgendwo etwas Unwirkliches. Alles ist die Mutter, und sie ist Wirklichkeit an sich. „Sā'-ham" („Sie bin ich") sagt der Shākta, und alles, was er empfindet, ist sie in der Gestalt, in der er sie erblickt. Sie trinkt in ihm und als er selbst den geweihten Wein, und sie ist der Wein. Alles ist offenbarte Kraft, die die Wirklichkeit des Seins besitzt, der sie entstammt. Die Wirklichkeit der Offenbarung aber besteht aus etwas, das erscheint und wieder vergeht, während die ursächliche

Kraft der Erscheinung von Dauer ist. Das Vergehen erscheint nur dem begrenzten Bewußtsein als Ende des Seins. Der Samen der Kraft, die solchem Bewußtsein als gegenständlich erscheint, bleibt als Möglichkeit im unendlichen Sein selbst enthalten. Die unendliche Erfahrung ist als Fülle Wirklichkeit (pūrṇa), das heißt, ihre Wirklichkeit ist Fülle. Die endliche Erfahrung ist als solche wirklich. Vielleicht gibt es kein Thema des Vedānta, das unverständlicher ist als die sogenannte „Unwirklichkeit" der Welt. Jede Schule nimmt die Wirklichkeit aller endlichen Erfahrung an (selbst der strenggenommen „trügerischen"), solange diese andauert. Shaṅkarāchārya aber bezeichnet als wahre Wirklichkeit das, was sich nicht verändert. In diesem Sinn hat die Welt als ein sich Wandelndes nur relative Wirklichkeit. Shaṅkara bezeichnet Wirklichkeit auf seine Weise, weil er vom Standpunkt des übersinnlichen Seins ausgeht. Das Shākta-Shāstra andererseits ist eine praktische Lehre der Verehrung, die vom Standpunkt der Welt aus diese für wirklich halten muß. Auf diese Weise kann ein Ding wirklich und doch der Veränderung unterworfen sein. Aber seine gegenständliche Wirklichkeit endet mit dem Verlöschen dessen, der die Erfahrung hatte, die ihm Wirklichkeit bedeutete. Auf der anderen Seite ist die höchste Shiva-Shakti eine wirkliche, vollkommene, immerwährende Erfahrung. Der Verehrende muß an die Wirklichkeit seiner selbst, der Welt als Feld und Werkzeug seiner Handlung, an ihren Ursprung aus Gott und an Gott selbst als den Gegenstand der Verehrung glauben. Für ihn ist die Welt überdies Wirklichkeit, weil Shiva-Shakti, ihre materielle Ursache, wirklich ist. Diese Ursache wird, ohne sich aufzugeben, zur Wirkung. Weiterhin ist die Welt die Erfahrung Gottes. Er als Herr (pati) ist die ganze Erfahrung; als Kreatur (pashu) erfährt er sie in Teilen. Die Erfahrung Gottes ist niemals unwirklich. Die Wirklichkeit aber, die unverändert andauert, kann (wenn wir wollen) Wirklichkeit in vollster Bedeutung genannt werden.

So wirklich auch alle Erfahrung ist, so ist doch die Erkenntnis von ihr unterschiedlich, je nachdem, ob die Erfahrung unendlich oder endlich ist. Im letzteren Fall gibt es auch verschiedene Grade des Wissens. Vollkommene Erfahrung ist auf jede Weise umfassend. Selbst wenn zu irgendeiner „Zeit" überhaupt kein Weltall mehr bestünde und eine völlige Auflösung aller Welten, nicht nur eines Weltalls einträte, selbst dann bliebe die Kraft, die vergangene Welten hervorbrachte und kommende hervorbringen wird, eins mit dem höchsten Bewußtsein, dessen Shakti sie ist. Wenn dann diese Kraft wieder als Weltall in Tätigkeit tritt, ist das Gottes-Bewußtsein, aus dem und in dem sie hervorgeht, das Allwissende. Als Sarvajña kennt es das Umfassende und als Sarvavid alle Einzelteile. Doch alles wird von ihm als höchstes Selbst erkannt, und nicht, wie dies bei den endlichen Bewußtseins-Zentren der Fall ist, als Gegenstände außerhalb des begrenzten Selbst.

Endliche Erfahrung ist schon durch diese Definition begrenzt. Da solche Erfahrung einen Teilcharakter hat, ist es offensichtlich, daß nur Teile erkannt werden, nicht das Ganze. Denn das Teil kann das Ganze nicht kennen, dessen Teil es ist. Das Endliche aber ist nicht immer nur ein Teil. Es kann sich auch ins Unendliche ausdehnen mit Hilfe von Vorgängen, die den einen Teil zum anderen hin überbrücken. Das Wesentliche der Teil-Erfahrung ist das Wissen innerhalb von Zeit und Raum. Die höchste Erfahrung aber ist ohne Veränderung, jenseits von Zeit und Raum, die Aspekte der Veränderung sind. Diese betrifft die Teile, die in der unveränderbaren Welt in Beziehung zueinander stehen. Vollkommene Erfahrung ist nicht Erfahrung der Sinne. Dieses ist weltliche Kenntnis (laukika-jñāna), gewonnen durch ein begrenztes Erkenntnis-Zentrum materieller Dinge von grobstofflicher oder feinstofflicher Art. Vollkommene Erfahrung ist das höchste erkennende Selbst, das überhaupt kein Gegenstand ist. Es ist die unweltliche Erkenntnis (alaukika-jñāna) oder Veda. Sinnenhaftes Erkennen verändert sich entsprechend der Fähigkeit und den Erfolgen des Erfahrenden. Die natürliche Erfahrung aber kann in zweierlei Weise gesteigert werden: physisch durch wissenschaftliche Instrumente wie Teleskop und Mikroskop, die das natürliche Sehvermögen vergrößern, psychisch durch Erlangen sogenannter psychischer Kräfte. Alles ist Shakti. Psychische Kraft aber bedeutet jene Verstärkung der natürlichen Fähigkeit, die den Stoff in seiner feinstofflichen Form erkennen läßt, während der Durchschnittsmensch Materie nur in ihrer grobstofflichen Form als eine Masse greifbarer Stofflichkeit (bhūtas) wahrnehmen kann. Somit ist psychische Kraft die Ausfaltung natürlicher Fähigkeiten. Sie ist nichts „Übernatürliches". Alles ist natürlich, ist wirklich. Es ist nichts anderes als eine Kraft, die der natürlichen übergeordnet ist. So kann der Hellsichtige erschauen, was die natürliche Sinneserfahrung nicht wahrzunehmen vermag. Er schaut mit Hilfe des Denkorgans. Nach dem Vedānta sind die grobstofflichen Sinnesorgane nicht die Sinne (indriya). Der Sinn ist das Denkorgan, das gewöhnlich durch die ihm zugeordneten physischen Organe wirkt, aber als der wirkliche Urheber der Empfindungen auch ohne diese Sinnesorgane wirken kann, wie in der Hypnose und im Yoga. So wird der Spielraum der Erkenntnis geweitet. Sie kann durch subtile Chemie, feinstoffliche Physiologie (durch chakras oder die feinstofflichen Zentren), durch verschiedene Kräfte der „Geisterwelten" und anderes mehr erworben werden. Aber wenn wir hier auch mit feinstofflichen Dingen zu tun haben, es sind noch immer Dinge und damit Teile der gegenständlichen Sinneswelt, das heißt, der Welt Māyā. Māyā ist, wie später erklärt wird, nicht „Täuschung", sondern Erfahrung des Selbst und des Nicht-Selbst in Zeit und Raum. Dies muß nicht unbedingt Täuschung sein. Das Ganze aber kann nicht durch die Erkenntnis der Sinne erfaßt werden. Kurz gesagt: die sinnliche oder weltliche Erkenntnis kann nicht das Übersinnliche, also das Ganze, seine Natur und ganz allgemein gefaßt, die „andere Seite" der Vorgänge verstehen, das heißt prüfen. Urteil in Metaphysik oder Wissenschaft beruht auf Feststellungen der Sinne und wird durch jene Formen der Erkenntnis bestimmt, die aus der Natur des endlichen Denkorgans stammen. Das Denken kann Wahrscheinlichkeits-Schlüsse ziehen, aber keine Gewißheit geben. Gründe für die Wahrscheinlichkeit können aus Idealismus, Realismus, Pluralismus und Monismus oder jedem anderen philosophischen System abgeleitet werden. Aus dem, was wir sehen, kann der Schwerpunkt der Wahrscheinlichkeit tatsächlich mehr auf den Realismus und Pluralismus gelegt werden. So kann der Verstand behaupten, daß die Wirkung eine Ursache haben muß, nicht aber, daß es eine einheitliche Ursache gibt. Denn für alles kann es ebenso viele Ursachen wie Wirkungen geben. Darum heißt es im Vedānta, daß „nichts (in diesen Fragen) durch Schlußfolgerungen bestimmt würde". Die westlichen Systeme, die keine tatsächliche geistige Erfahrung zur Grundlage haben, können keine zuverlässigen Aussagen über etwas machen, das durch keine Sinnes-Erkenntnis und keine auf dieser beruhenden Schlußfolgerung bezeugt werden kann.

Dem Shākta und jeder Vedānta-Lehre bedeutet der Veda die einzige Quelle und Autorität (prāṁana) für übersinnliche Aussagen. Hierzu gehört die Aussage über die Natur des Seins an sich. Die Bezeichnung Veda stammt aus der Wurzel vid, wissen. Es ist die Erkenntnis an sich, das heißt die übersinnliche Erfahrung, die nach Ansicht des „Monisten" die ganzheitliche Erfahrung ist. Diese kann eine ursprüngliche oder abgeleitete sein. Erstere ist die tatsächliche geistige Erfahrung (sākṣhātkāra). Als „Monist" behauptet der Shākta, daß der Veda die einheitliche Fülle der Erfahrung ist. Diese ist nicht Gegenstand einer Erkenntnis, sondern Erkenntnis als Sein. „Brahma erkennen heißt Brahma s e i n." Der Shākta ist nicht nur auf Grund von rationalen Argumenten „Monist" (wenn er auch das Denken zu Hilfe nehmen kann), sondern weil er oder seine Anhänger tatsächlich eine solche „monistische" Erfahrung hatten und deshalb (im Lichte solcher Erfahrung) die Vedānta-Texte ausdeuten.

„Geistige" Erkenntnis aber kann, sowohl nach Dauer wie Natur, unvollkommen sein. So gibt es aus der unvollkommenen Ekstase (savikalpa-samādhi), selbst wenn diese „monistischer" Natur ist, eine Rückkehr zur Welt-Erfahrung. Sie kann in ihrer Art auch nicht vollkommen „monistisch" sein, oder von unmißverständlich dualistischer Natur. Dies aber bedeutet nur, daß die innerste Erfahrung kurz vor ihrem letzten Ziel angehalten hat. Das Ziel kann dennoch durch die Formen der Dualität, die der Einstellung des Erfahrenden entstammen, noch wahrgenommen werden. So gibt es Vedānta-Schulen und andere, die nicht „monistisch" sind. Ihre geistigen Erfahrungen aber, welcher Art sie auch sein mögen, sind wirklich und wahr, entsprechend der Wahrheit jener Stufe, auf der sie der Erfahrende empfing. In Bezug auf ihre Übereinstimmung bedenke man, daß die Erfahrung eines Berges von 50 Meilen Entfernung aus nicht falsch ist, weil sie sich von jener unterscheidet, die ein Mensch gewinnt, der den Berg bestiegen hat. Was ein jeder sieht, ist die Ansicht von seinem Standort aus. Die erste Frage also lautet: besteht tatsächlich eine „monistische" Erfahrung und nicht, ob der „Monismus" vernunftsgemäß ist und dem Verstand als wahrscheinlich erscheint. Wie aber können wir dies wissen? Mit Sicherheit nur, wenn wir selbst diese Erfahrung haben.

Der Wert einer Erfahrung kann für den Erfahrenden nicht anders bestätigt werden, als durch Ausschalten jeden Selbstbetruges. Und der Beweis? Dem Erfahrenden ist seine Erfahrung wirklich, und anderes zählt nicht. Aber die geistige Erfahrung des einen ist kein Beweis für den anderen, der diese nicht annehmen will. Nur ein Mensch, der Vertrauen in die Erfahrung eines anderen hat, wird dessen Worten glauben. Dies ist die abgeleitete Bedeutung des Veda, das heißt die Erkenntnis der übersinnlichen Wahrheit aus zweiter Hand, die nicht auf tatsächlicher Erfahrung beruht, sondern auf der Erfahrung eines anderen, die der Vertrauende annimmt. In diesem Sinn ist der Veda den Brahmanen in den heiligen Schriften, den Vedas, überliefert. Diese enthalten die grundlegende Erfahrung jener, die der Brahmanismus als seine Rishis und Seher anerkennt.

Die Ausdeutung der Vedas aber steht in Frage, ebenso wie jene der Bibel. Warum soll man eher die eine als die andere annehmen? Dies ist ein schwieriges Problem. Es mag hier genügen, daß jeder die geistige Nahrung wählt, die sein geistiger Körper benötigt, die er aufzunehmen, sich anzupassen vermag. Dies ist die Lehre von Adhikāra. Hier bestätigt sich, wie auch anderswo, daß dem einen Gift ist, was dem andern zum Heile gereicht. Die Natur wirkt in allen, die nicht jenseits ihres Einflusses stehen. Der sogenannte „Wunsch zu glauben" schließt die Bestätigung ein, daß die Art des menschlichen Glaubens Ausdruck seiner Natur ist. Der Glaube ist der Mensch. Nicht der Verstand des Menschen allein führt zur Annahme eines bestimmten religiösen Glaubens, es ist der ganze Mensch, auf der Stufe seiner derzeitigen Entwicklung. Die Bekräftigung seines Glaubens ist eine Bekräftigung seiner selbst in Ausdrücken des Glaubens. Der Shākta ist deshalb ein „Monist", weil er entweder selbst geistige Erfahrungen hatte oder weil er die Lehre jener annimmt, die behaupten, daß sie solche Erfahrungen hatten. Dies ist Āpta-Erkenntnis, das heißt Erkenntnis aus einer autoritären Quelle, so wie man Wissen von einem Wissenschaftler oder einem anderen Experten empfängt. Es ist wahr, daß dieser sein Wissen bezeugen kann, aber jener vermag es auch. Offenbarung ist für den Hindu nicht etwas von „oben" Bestätigtes, das nicht auch im „unten" bezeugt werden kann. Wer die Offenbarung als Lehre von der Einheit des Vielen im Einen annimmt, kann diese durch eigene Erfahrung nachprüfen.

Wenn aber der Schüler nicht „geeignet" ist, die Wahrheit in dieser „monistischen" Form zu empfangen, dann wird er wahrscheinlich erklären, sie sei nicht wahr und wird sich unbekümmert an das halten, was ihm als wahr erscheint. Nimmt er aber die Lehre der „monistischen" Religionsphilosophie an, dann geschieht dies, weil seine eigene geistige und psychische Natur auf einer Stufe angelangt ist, die unmittelbar (wenn auch in längerer oder kürzerer Zeit) zur tatsächlichen „monistischen" Erfahrung führen wird. Eine besondere Art „geistiger" Erkenntnis kann, ebenso wie eine bestimmte psychische Kraft, nur in dem entwickelt werden, der dafür die Fähigkeit besitzt. Fragt dieser, wie er die Früchte seiner Bestrebungen erlangen kann, dann wird ihm der Guru antworten: „folge dem Pfad derer, die Vollendung (siddha) erreicht haben, und du wirst erlangen, was sie erlangten." Das ist „der Pfad der Großen". Wir achten diese so hoch, weil sie erreichten, was uns als wertvoll und auch als möglich erscheint. Ein angeblicher Schüler, der nicht der Lehre (sādhanā) folgen will, wird ihre Früchte nicht erlangen. Wenn auch der Verstand selbst nur Wahrscheinlichkeiten festzustellen vermag, so kann doch gezeigt werden, daß die übersinnliche, durch den Veda gelehrte Wahrheit mit dem Verstehbaren übereinstimmt. Dies muß auch zutreffen, da alle Wirklichkeiten eins sind. Der Verstand ist eine begrenzte Manifestation jener Shakti, die vollkommen erkannt wird in der Ekstase, die das Denken übersteigt (samādhi). Das Irrationale kann nicht geistige Wahrheit sein. Das Licht der Offenbarung erhellt den Pfad, und alles Erschaute weist auf das nicht Erschaubare. Die Tatsachen des täglichen Lebens können solche Beweisführungen unterstützen. So viele verfehlen die Wahrheit, die vor ihren Augen liegt, weil sie diese abseits suchen oder weil sie nach einem eingebildeten „Himmel" aufwärts blicken. Der trügerische Verstand fürchtet das Offensichtliche. „Hier ist es, hier" – sagt der Shākta, und andere auch.

Jedes Wesen ist ein Mikrokosmos. Darum lehrt das Vishvasāra Tantra: „Was hier ist, ist auch anderswo. Was hier nicht ist, ist nirgends." Das Ungesehene ist das Gesehene. Es verhüllt nichts Fremdes, das hinter ihm verborgen läge. Erfahrung des Erschauten ist die Erfahrung des nicht Sichtbaren in Zeit und Raum. Das Leben des Einzelnen ist Ausdruck des gleichen Gesetzes, das das Weltall beherrscht. So weiß der Hindu aus Erfahrung seines eigenen täglichen Ruhens, daß die Kraft, die das Weltall projiziert, in Ruhe verharrt. Sein traumloser Schlaf, in dem er nur Seligkeit empfindet, kündet ihm in gewisser Weise von dem Urzustand des ruhenden Weltalls. Aus der Art seines Erwachens und aus anderen psychologischen Vorgängen errät er die Natur des schöpferischen Denkens. Der Schauer der Vereinigung mit seiner Shakti bedeutet für den Shākta einen schwachen Abglanz der unendlichen Shiva-Shakti-Seligkeit, in der und mit der jedes Weltall geboren wird.

Alle Materie ist eine relativ feste Form von Energie. Sie bleibt eine Zeitlang bestehen und löst sich dann wieder in Energie auf. Eine Zeitlang wird das Weltall erhalten durch Shakti als Vaiṣhṇavī, den Erhalter. Jeden Augenblick wirkt die Schöpfung durch Erneuerung der molekularen Tätigkeit als Shakti-Brahmāṇī weiter. In jedem Augenblick sterben die Moleküle, lösen sich die Formen auf. Das ist das Werk der Rudrāṇī-Shakti. Die Schöpfung fand nicht nur in einer bestimmten Vergangenheit statt, auch löst sie sich nicht erst in der Zukunft auf. In jedem zeitlichen Augenblick vollzieht sich beides. Wie es jetzt und hier vor uns geschieht, so war es auch „am Anfang".

Kurz gesagt: die Welt ist wirklich. Sie ist wahre Erfahrung. Beobachtung und Vernunft sind ihre Führer. Selbst der Veda ist keine Autorität in Dingen, die unter die Sinnes-Erkenntnis fallen. Würde der Veda solcher Erkenntnis widersprechen, wäre er, wie Shāṅkara sagt, in dieser Hinsicht überhaupt nicht Veda. Der Hindu wird nicht durch „biblisches Wissen" beunruhigt. Hier und jetzt offenbart sich das Dasein des Vielen für den mit den Sinnen Erkennenden. Es kann aber auch eine andere, eine vollkommene Erfahrung hier und jetzt geben, die ebenso wirklich ist: wenn das Selbst sich (in Ekstase) „außerhalb" des Denkens und des Körpers befindet. Beide Erfahrungen kann derselbe Mensch gewinnen. Es ist das eine gleiche, das zum vielen wird. So heißt es im Veda: „Er sagte: ‚Möge ich Viele sein'." Der Wunsch „Viele zu sein" ist Kraft oder Shakti, die als Māyā wirkt. Im vorhergehenden wurde gezeigt, daß die Kraft, durch die der Eine seinen Wunsch zur Vielfalt wirksam werden läßt, Māyā-Shakti ist.

Die sogenannten 36 Tattvas (die Shāktas wie Shaivas annehmen) sind die Stufen der Entwicklung des Einen in die Vielfalt als Denkorgan und Materie. Doch auch hier stellt sich wieder die Frage, auf Grund welcher Vollmacht solche Behauptung aufgestellt wird. Der abgeleitete Beweis ist das Wort von Shiva und Shakti, offenbart in den Tantra-Shāstras und ausgelegt in den Lehren der Meister (āchārya), die in den Āgamas enthalten sind.

Diese Lehren können durch Beobachtung und Beurteilung psychologischer Zustände im natürlichen Leben bestätigt werden, die ihrerseits wieder eine individuelle Darstellung der allgemeinen kosmischen Vorgänge sind. „Wie hier, so anderswo." Der Hauptbeweis ist die tatsächliche Erfahrung der Zustände um und über uns. Der Mensch springt nicht auf einmal von der gewöhnlichen endlichen Sinnes-Erfahrung zur vollkommenen Erfahrung über. Er schreitet stufenweise voran, und stufenweise geht er wieder zurück in die Welt, bis die Fülle an Erfahrung im Feuer der Selbst-Erkenntnis den Samen der Begierde, der der Keim der Welt ist, ausgebrannt hat. Das Bewußtsein des Menschen hat keine feste Grenzen. Im Gegenteil: es ist im Grund das unendliche Bewußtsein, das sich zusammenzieht (saṅkocha) und als Shakti sich unter der Gestalt von Denkorgan und Materie begrenzt. Eine solche Zusammenziehung mag stärker oder geringer sein. Wenn sie sich allmählich wieder löst, breitet sich das Bewußtsein stufenweise aus, bis alle Bindungen fallen, und es eins wird mit der Bewußtseinsfülle oder Pūrṇa. So gibt es, nach der allgemeinen Lehre, sieben aufsteigende Lichtebenen der Erfahrung, Lokas oder Orte, die „gesehen" (lokyante) oder „erfahren" werden können, und sieben dunkle absteigende Ebenen, „Orte" oder Talas. Einmal werden diese vom subjektiven, das andere Mal vom objektiven Standpunkt aus benannt. Die mittlere dieser Ebenen ist der Erdbereich (bhūrloka). Dieser ist nicht gleichbedeutend mit der Erfahrung auf Erden, denn alle Erfahrung, einschließlich der niedrigsten und höchsten, kann auf dieser Ebene gewonnen werden. Die Ebenen sind nicht geologische Schichten, wenn man sie sich auch so vorstellen mag. Der Erd-Bereich ist die natürliche Erfahrung. Die aufsteigenden Ebenen sind Stufen übernatürlicher, die absteigenden Stufen unternatürlicher Erfahrung. Die höchste Ebene ist die Ebene der Wahrheit (satya-loka). Jenseits dieser liegt die höchste Erfahrung, die über allen Ebenen das Licht selbst ist, und die Liebe von Shiva und Shakti, „das Herz des höchsten Gottes" (hṛidayam parameshituḥ). Der unterste Ort auf der dunklen Seite wird in den Purāṇas mit wunderbarer symbolischer Bildhaftigkeit als Finsternis beschrieben, in der Riesenschlangen, mit einer Krone aus trübem Licht, in ununterbrochener Ärgernis leben. Unter diesem Ort ruht die Shakti des Herrn, Tamomayī-Shakti genannt, das bedeutet die verschleiernde Macht des Seins in ihrer unendlichen Kraft.

Was aber ist Wirklichkeit – das Ganze oder Pūrṇa? Sie ist gewiß keine reine Abstraktion des Verstandes, denn dieser ist nur eine Teilkraft oder Shakti in ihr. Solche Abstraktion ist für den Menschen auch wertlos. In der höchsten Wirklichkeit aber, die das Ganze ist, liegt alles, was Wert für den Menschen besitzt. „Das Außerhalb" erscheint, wie es in einer Schrift aus Kashmir heißt, nur „äußerlich, weil es im Innern ist". Das Wertlose ist nicht als wertloses im Ganzheitlichen vorhanden, sondern die Erfahrung der Dualität, mit der das Böse zusammenhängt, entsteht in dem seligen Ganzen. Die Fülle ist nicht einfach die Zusammenfassung (samaṣhti) alles Daseienden; sie liegt im Weltall und übersteigt es zugleich. Es ist eine Binsenwahrheit, daß diese Fülle nur sich selbst erkennbar ist. Shiva sagt im Yoginīhṛidaya-Tantra: „Wer kennt das Herz einer Frau? Nur Shiva kennt das Herz der Yoginī (der höchsten Shakti)." Aus diesem Grund nennen es die buddhistischen Tantrik-Schulen Shūnya, die Leere. Dies ist kein „Nichts", sondern nichts, das dem Denken oder den Sinnen erkennbar wäre. Shakti- wie Viṣhṇu-Anhänger gebrauchen den Ausdruck Shūnya, ohne daß irgend jemand sie für Nihilisten halten würde. In Relationen gesprochen aber wird das Eine: Sein (sat), Seligkeit (ānanda) und Chit genannt. Dies ist ein nicht übersetzbarer Ausdruck, der am zutreffendsten als das unveränderliche Prinzip aller sich wandelnden Erfahrung bezeichnet wird, ein Prinzip, dessen begrenzte Erscheinungsweise Empfindung, Wahrnehmung, Begreifen, Selbstbewußtsein, Gefühl, Erinnerung, Willen und alle anderen psychischen Zustände sind. Darum ist Chit nicht Bewußtsein oder Gefühl in unserem Sprachgebrauch; denn diese sind gerichtet und begrenzt. Es ist die endliche Blüte der unendlichen Wurzel, und doch kommen die Definitionen von Bewußtsein und vielleicht auch (nach älterer Ansicht) von Gefühl diesem Ausdruck am nächsten, wenn wir beide nicht in menschlichem Sinn verstehen. Wir könnten dann (als Unterscheidung) Chit reines Bewußtsein oder reines Gefühl nennen und die Seligkeit (ānanda), die um ihre eigene vollkommene Wirklichkeit weiß und sich ihrer erfreut.

Dieses reine Bewußtsein oder Gefühl bleibt bestehen, selbst wenn in ihm endliche Zentren des Bewußtseins oder des Gefühls entstehen. Wenn es (wie dieses System annimmt) einen wirklichen kausalen Zusammenhang zwischen beiden gibt, dann ist das Sein als Shiva auch eine Kraft, ist es Shakti, die Quelle allen Werdens. Die Fülle der Wirklichkeit hat also zwei Aspekte: der eine wird Shiva genannt und ist der statische Aspekt des Bewußtseins. Der andere ist Shakti, sein beweglicher Aspekt. Aus diesem Grund wird Kālī-Shakti, dunkel wie eine Gewitterwolke, aufrecht und in Bewegung auf dem weißen unbewegten Körper Shivas dargestellt. Er ist weiß wie die Erleuchtung (prakāsha) und unbeweglich, da das reine Bewußtsein ohne Tätigkeit in Ruhe verharrt. Shakti, seine Kraft, bewegt sich. Sie wird hier dunkel dargestellt, weil sie als Kālī alles in Finsternis auflöst, in die Leere des Daseins, die das Licht des Seins selbst ist. Sie ist schöpferische Kraft. Fünf Leichnam-ähnliche Shivas tragen ihren Thron, der in den Wünsche-erfüllenden Hainen der Insel der Edelsteine (maṇidvīpa) aufgestellt ist. Die stillen Wasser im Meer des Nektars (amṛita) der Unsterblichkeit umspülen ihren goldenen Sand. In beiden Fällen wird in theologischer Form eine bildhafte Darstellung der wissenschaftlichen Lehre gegeben, daß zu jeder Form von Tätigkeit ein bewegungsloser Hintergrund gehört.

Doch bis nicht tatsächlich die Verwandlung eintritt, ist Shakti nur die Möglichkeit des Werdens, die im Sein liegt, und als solche mit diesem vollkommen eins. Die Kraft (shakti) und der Besitzer der Kraft (shaktimān) sind eins. Wenn er Sein – Seligkeit – Bewußtsein ist, so ist sie es auch. Auch sie ist die Fülle (pūrṇa), die nicht von den ausgefalteten Erscheinungsformen abstrahiert werden kann. Im Gegenteil heißt es im Mahākālī-Stotra: „Wenn auch ohne Füße, so bewegst Du Dich doch schneller als die Luft. Wenn auch ohne Ohren, so hörst Du doch. Wenn auch ohne Nasenlöcher, so riechst Du doch. Wenn auch ohne Augen, so siehst Du doch. Wenn auch ohne Zunge, so schmeckst Du doch jeden Geschmack." Wer von den „leblosen Abstraktionen" des Vedānta spricht, versteht ihn nicht. Der Grund des menschlichen Seins ist das höchste „Ich" (pūrṇōham), das, in sich selbst jenseits aller endlichen Persönlichkeiten, in den Wesen des Weltalls zu endlichen Persönlichkeiten wird. „Sāham – sie bin ich." Das ist die höchste Shakti, der die erhabenste Anbetung der Shāktas gilt, wenn sie auch unter verschiedenen Formen – einmal gnädig, einmal erschreckend – erscheint.

Auch die Kraft, die sich als Weltall verwirklicht, ist Shakti, denn Wirkung ist veränderte Ursache. Der „monistische“ Vedānta lehrt, daß Gott die materielle Ursache der Welt sei. Die Behauptung, daß die höchste Shakti auch in jenen Gestalten existiert, die von ihr ausgehen, scheint der Lehre zu widersprechen, daß die Kraft letztendlich eins ist mit Shiva, dem wandellosen Sein. Shāṅkara antwortet hierauf, daß dieser Kausalzusammenhang Māyā ist und daß es (vom übersinnlichen Standpunkt aus) nur scheinbar Ursache und Veränderungen oder Wirkungen gibt. Der Shākta, der von seinem Welt-Standpunkt aus die Wirklichkeit Gottes als Ursache des Weltalls betrachtet, gibt zur Antwort, daß, auch wenn in Wahrheit die Wirkung (als solche) eine veränderte Ursache ist, diese (als Ursache) doch bleibt, was sie war, ist und sein wird. So unterscheidet sich die schöpferische Entwicklung des Weltalls von der Entwicklung in ihm. In diesem Fall hört die materielle Ursache, wenn sie eine Wirkung ausgelöst hat, auf, zu sein, was sie war, so wie die geronnene Milch aufhört, Milch zu sein. Für die schöpferische Entwicklung aber gilt das Bild „Licht vom Licht“. Es besteht eine Ähnlichkeit zwischen dem „herkömmlichen“ Standpunkt Shāṅkaras und der Erklärung des Shākta. Der Unterschied aber ist, daß die Wirkung, die für den ersteren (vom übersinnlichen Standpunkt aus) „unwirklich“ ist, vom immanenten Standpunkt des Shākta aus „wirklich“ ist.

Man wird beobachtet haben, daß die kosmische Entwicklung eine Art von Polarisation in statische und bewegte Aspekte innerhalb des Seins ist. Dies wird in den Shākta-Tantras durch den Vergleich von Shiva-Shakti mit einem Korn (cḥanaka) symbolisch dargestellt. Dieses hat zwei Samen, die so eng beisammen liegen, daß sie wie eins wirken, und die von einer einzigen Hülse umgeben sind. Die Samen sind Shiva und Shakti. Die Hülse ist Māyā. Bleibt diese geschlossen, das heißt, wirkt Māyā-Shakti, dann trennen sich beide Samen. Die Hülse öffnet sich, wenn die Samen bereit zum Keimen sind, das heißt, wenn im traumlosen Schlaf (sushupti) des Welt-Bewußtseins die Erinnerung an die vergangenen Erscheinungsformen der Freude den göttlichen schöpferischen „Gedanken“ oder die „Einbildungskraft“ (sṛishṭikalpanā) erweckt, die „Schöpfung“ ist. So wie das Weltall bei seiner Auflösung in eine Erinnerung zurückfällt, die vergeht, so wird es wieder aus dem Samen der zurückgeholten Erinnnerung oder der Shakti geboren. Warum? Diese Frage wird beantwortet, wenn wir uns mit dem Ganzheitlichen beschäftigen, das ohne Ursache ist. Denn was noch verursacht wird, ist nicht das Ganze. Die Erscheinungen stammen aus der Natur der Seinskraft, so wie es deren Natur ist, zu sich selbst zurückzukehren, nachdem die Kraft in Tätigkeit getreten ist. Für den Frommen, der die theologische Sprache gebraucht, ist es „Sein Wille“. So steht im Yoginihridaya: „Er malte das Weltbild auf sich selbst mit dem Pinsel, der Sein Wille ist, und war damit zufrieden.“

Die Welt wird auch Prapancha genannt: die Ausdehnung der fünf Formen der feinstofflichen Materie (bhūta). In der Auflösung fällt diese in einem Punkt (bindu) zusammen. Wir können ihn einen metaphysischen Punkt nennen, der die vollkommene „Subjektivierung“ des göttlichen „Ichs“ oder der „Ich“-Fülle (pūrṇāhauta) ist oder ihn objektiv als einen mathematischen Punkt ohne Umfang bezeichnen. Um diesen Punkt schlingt sich eine mathematische Linie, die mit ihm zusammenfällt, da sie mit jedem Teil seiner Oberfläche in Berührung kommt. Was aber bedeuten diese Symbole von Punkt und Linie? Es heißt, daß der höchste Shiva sich selbst in Seiner eigenen Kraft oder als diese Seine Shakti sieht. Er ist der „weiße Punkt" oder „Mond" (chandra), die Erleuchtung, und wenn der Vorgang sich vollendet hat, ist er die „Ich"-(aham)Seite der Erfahrung, der „rote Punkt". Beide Farben werden sichtbar bei der mikrokosmischen Zeugung des Kindes. Rot ist auch die Farbe der Begierde. Sie ist „Feuer" als Gegenstand der Erfahrung oder „Dies" (idam) als objektive Seite der Erfahrung. Hier ist „Dies" nichts anderes als die Dichte von Shivas eigenen Strahlen der Erleuchtung. Diese werden in ihm als Shakti widergespiegelt, die im Kāmakalāvilāsa, der „reine Spiegel" Shivas genannt wird. Das Selbst sieht das Selbst, da die Strahlen auf ihre Quelle zurückgeworfen werden. „Dies" ist der Samen der sogenannten „Andersheit"; hier aber ist das „Andere" das Selbst und wird als solches erkannt. Die Beziehung und Vereinigung dieser zwei Punkte, des weißen und roten, ist der gemischte Punkt oder die „Sonne". Es sind die drei höchsten Lichter: A = Shiva, Ha = Shakti, zusammen „Aham" oder „Ich". Die „Sonne" ist demnach der Zustand der vollkommenen „Ichheit" (pūrṇāham-bhāva). In diesem Punkt fällt die Welt bei ihrer Auflösung zusammen, und aus ihm erhebt sie sich wieder zur gegebenen Zeit. Dieses Wieder-Hervortreten ist das Gottes-Bewußtsein als das „höchste Ich" und die Kraft zur Schöpfung.

Bindu wird eine verdichtete oder massive Form der Shakti genannt. Denn er ist der geballte Zustand der Kraft, unmittelbar vor ihrer ersten Auswirkung. Der Aspekt der Shakti wiederum, der dies bewirkt, ist Māyā – die Linie, die den Punkt umgibt. Um ihn zusammengerollt, ist sie die höchste Schlangenkraft (mahākuṇḍalinī), die den Shiva-Linga einkreist. Aus dieser Kraft stammt das Raunen von den Freuden in der Welt der Erscheinungsformen, wenn die Erinnerung der vergangenen Welten in ihr erwacht. Dann „sieht" Shakti. Sie öffnet ihre Augen, wenn sie aus dem kosmischen Schlaf (nimeṣha) der Auflösung erwacht.

Zuerst ist die Linie zusammengerollt und eins mit dem Punkt. Denn noch verharrt die Kraft in Ruhe. Schöpfung aber ist Bewegung, ein Aufrollen der Māyā-Shakti. Daher heißt die Welt Jagat, „was sich bewegt". Die Natur dieser Kraft ist kreisförmig oder eine Spirale. So entsteht die Rundung und „Krümmung" der Dinge. Nichts bewegt sich in einer wirklich geraden Linie. Darum wird das Weltall sphäroid (brahmāṇḍa) genannt. Die grobstofflichen Welten sind kreisförmige, weltumfassende Bewegungen im Raum, in dem das Äther(ākāsha)-Bewußtsein als die Fülle (pūrṇa) niemals zweigeteilt ist. Die endlichen Zentren aber, die in ihm entstehen, sind es. Durch den Punkt oder Bindu wird auf verschiedene Weise die Dreiteilung bewirkt, deren bedeutsamste die Teilung in Erkennender, Erkennen und Erkenntnis ist. So entsteht die Dualität der Welt-Erfahrung durch das Denkorgan und die Materie.

Unübertroffen in ihrer tiefen Darlegung ist die Aufzählung der 36 Tattvas oder Zustände der kosmischen Entwicklung (von Shaivas wie Shāktas gleicherweise angenommen), die von der nördlichen Shiva-Schule der Āgama gelehrt wird. Diese Schule blühte nach jener Zeit auf, die westliche Orientalisten für den Shankaracharya ansetzen. So konnte sie diesen kritisieren. Nach ihrer Lehre (die ich in großem Maße abkürze) sind Subjekt und Objekt in reinem Sein nicht unterscheidbar miteinander verbunden als höchste Shiva-Shakti. Das Auseinanderfallen dieser Verbindung in Subjekt und Objekt geschieht nicht sofort. Es besteht ein Zwischenzustand des Überganges, in dem es ein Subjekt und ein Objekt gibt, beide aber noch Teile des „Selbst“ sind, das seinen Gegenstand nicht als ein Äußeres betrachtet. In der menschlichen Erfahrung aber sind beide vollkommen getrennt. Das Objekt wird hier als außerhalb des Selbst wahrgenommen, da die Mehrzahl der Selbstheiten sich gegenseitig ausschaltet. Dieser Vorgang und sein Erfolg sind Werk der Shakti, deren besondere Aufgabe die Negation, das heißt die Leugnung ihrer eigenen Fülle ist, so daß diese zum endlichen Zentrum wird, zusammengezogen zu einem begrenzten Subjekt, das ein begrenztes Objekt wahrnimmt, während doch beide Aspekte des einen göttlichen Selbstes sind.

Die der höchsten Stufe folgende ist jene, in der sich Shakti zurückzieht und sozusagen die „Ich“-Seite (aham) von dem, was in seiner Vollständigkeit die „Ich-Dies“-(aham-idam) Erfahrung ist, für sich allein bestehen läßt. Zugleich aber stellt sie sich auch (denn das „Ich“ muß seinen Inhalt haben) als ein „Dies“ (idam) dar, zu Beginn noch schwach, dann aber in voller Klarheit – indem die Betonung zuerst auf das „Ich“ und dann auf das „Du“ gelegt wird.

Letzteres ist der Zustand von Ishvara-Tattva oder Bindu, wie ihn das Mantra-Shāstra, das sich mit dem Urzustand des „Klanges“ (shabda) beschäftigt, nennt. Auf der zweiten und dritten Stufe, wie auch auf der folgenden vierten Stufe, werden das „Ich“ und das „Dies“, auch wenn es ein „Ich“ und ein „Dies“ gibt und nicht das ununterscheidbare „Ich-Dies“ der höchsten Erleuchtung, als Aspekte des Selbst und in ihm erfahren. Dann wird als Vorbereitung für die folgende Teilung die Betonung ebenso auf das „Ich“, wie auf das „Dies“ gelegt. Nun greift Māyā-Shakti ein und trennt beide vollkommen voneinander. Denn diese Kraft ist der Sinn der Unterscheidung (bheda-buddhi). So entstehen die endlichen Zentren, die sich gegenseitig ausschalten. Jedes von ihnen nimmt, nach Ausmaß seiner Kraft, endliche Mittelpunkte als Gegenstand außerhalb des Selbst und von ihm verschieden wahr. So wird das Bewußtsein zusammengezogen. Anstatt allwissend zu sein, wird es zum „gering Wissenden“ und an Stelle der allmächtigen Kraft tritt „der geringe Tätige“.

Es ist nicht richtig, Māyā mit „Täuschung“ zu übersetzen. Zu Beginn erscheint sie als wirkliche Seins-Kraft und ist als solche eins mit der ganzen Wirklichkeit. Die Fülle, die frei ist von aller Täuschung, erfährt in ihrem unveränderlichen, ungeteilten Sein die Zeugung der endlichen Zentren und die Zentren selbst. Die individuellen Zentren, die aus der Kraft der Māyā-Shakti entstehen, sind „Unwissenheit“ oder Avidyā-Shakti. Sie werden so genannt, weil sie nicht die volle Erfahrung sind, sondern nur die Erfahrung von Teilen im Ganzen. Im gewissen Sinn ist diese „Unwissenheit“ ein Wissen, das aber nur dem Menschen eigen ist. Auch Gott kann nicht die menschliche Weise des Wissens und der Freude kennen, ohne selbst Mensch geworden zu sein. Durch Seine Kraft und als diese Kraft wird Er Mensch und bleibt doch Er selbst. Der Mensch ist als Avidyā Kraft in begrenzter Form. Der Herr ist als Māyā unbegrenzte Kraft. In wem liegt dann die „Täuschung“? Nicht (wie alle zugeben werden) in Gott. Tatsächlich auch nicht im Menschen (was man auch hierüber sagen mag), der von Natur aus seine Begrenzungen für wirklich hält. Denn diese ist er selbst. Seine Erfahrung als Mensch bietet keine Richtschnur, nach der etwas als „Täuschung" bemessen werden kann, das heißt als ein nicht Übereinstimmen mit der natürlichen Erfahrung, oder die natürliche Erfahrung müßte Täuschung sein. Gäbe es keine Avidyā-Shakti, gäbe es auch keinen Menschen. Kurz gesagt: das Wissen als ganze Erfahrung ist das eine, und das Wissen als begrenzte Erfahrung das andere. Letzteres ist Avidyā; und die Kraft, dieses hervorzubringen, ist Māyā. Beides sind ewige Aspekte der Wirklichkeit, wenn auch die Gestalten, die Avidyā-Shakti sind, entstehen und vergehen. Würden wir versuchen, beide in Beziehung zueinander zu setzen, wer sollte dann die Vergleiche ziehen und wo sollte dieses geschehen? In der Erfahrungsfülle, jenseits aller Beziehungen und durch sie ist dies nicht möglich, da in ihr keine Fragen gestellt und keine Antworten gegeben werden. Es ist nur vom Standpunkt der gegenwärtigen endlichen Erfahrung aus möglich, für den alle Subjektivität und Objektivität wirklich ist und deshalb Täuschung an sich verneint wird. Die beiden Aspekte sind also niemals zur gleichen Zeit einem Vergleich zugänglich.

Das Weltall ist für den begrenzt Erfahrenden, der selbst ein Teil von ihm ist, in seiner Begrenzung wirklich. Die Erfahrung der höchsten Person (parāhantā) aber muß notwendigerweise eine andere sein, sonst wäre sie überhaupt nicht die höchste Erfahrung. Ein Gott, der die gleiche Erfahrung hätte wie der Mensch, wäre kein Gott, sondern ein Mensch. Es gibt deshalb keinen Erfahrenden, für den die Welt Täuschung ist. Die Sicht der Welt im normalen Wachzustand geht in der Ekstase (samādhi) verloren. Und doch kann (mit dem Shākta) behauptet werden, daß die höchste Erfahrung ganzheitlich, unveränderlich und damit die volle Wirklichkeit ist, während die begrenzte, auch wenn sie in ihrer eigenen Weise wirklich ist, eine Erfahrung der Veränderlichkeit in ihren Zwillingsaspekten von Zeit und Raum ist. Darum ist Māyā, die Kraft, die in sich selbst endliche Zentren in Zeit und Raum erzeugt und Avidyā die tatsächliche Erfahrung des in der Endlichkeit von Raum und Zeit Stehenden. Dieses ist so zutreffend, daß die Zeit-Theoretiker (kālavādin) dem Schöpfer, der auch vom Shākta „Große Zeit" (Mahākāla) genannt wird, den Namen „Höchste Zeit" (parakāla) geben. So heißt es im Bhairava Yamala, daß Mahadeva (Shiva) die Strahlen Seiner Kraft in Form des Jahres verteilt. Dies bedeutet, daß sich die zeitlose Erfahrung in den endlichen Zentren als Zeitabschnitte bricht. Dies ist die „geringere Zeit". Die entsteht mit Sonne, Mond, den sechs Jahreszeiten und sofort. Sie alle sind Shaktis des Herrn, und ihr Dasein und Bewegung erwecken im begrenzten Beobachter die Vorstellung von Zeit und Raum.

Dieser Beobachter aber ist seinem Wesen nach das Selbst, „der Geist", getragen von Seiner eigenen Shakti unter der Form des Denkorgans und der Materie. Diese beiden sind Sein Körper, der erste feinstofflicher – der zweite grobstofflicher Art. Beide Formen haben einen gemeinsamen Ursprung –: die höchste Kraft, und jede ist eine wirkliche Erscheinung von ihr. Deshalb bringt die eine nicht die andere hervor, beide werden vielmehr von der gleichen Ursache hervorgebracht und bestehen als ihre Erscheinungsformen. Es gibt eine notwendige Parallele zwischen dem Wahrgenommenen und dem Wahrnehmenden, und es kann, da Denkorgan und Materie als Erscheinungen der gleichen Kraft im Grunde eins sind, die eine auf die andere einwirken. Das Denkorgan ist der subjektive, die Materie der objektive Aspekt des einen zweipoligen Bewußtseins.

Mit der unbedeutenden Ausnahme der Lokayatas haben die Hindus niemals die (von William Jones) sogenannte „gewöhnliche Ansicht über Materie" geteilt, nach der diese ein grobstoffliches, dauerhaftes, unabhängig existierendes äußeres Ding sei.

Die moderne westliche Wissenschaft entmaterialisiert jetzt auch die wägbare Materie des Weltalls zur Energie. Diese und die Formen, in der sie sich entfaltet, sind die Kraft des Selbst, das sie als Gegenstand eines begrenzten Erkenntnis-Zentrums erscheinen läßt. Das Denkorgan wiederum ist das Selbst als „Bewußtsein", das durch seine Kraft in ein solches Zentrum eingeengt und verringert wird. Wem diese Art, die Dinge zu betrachten, von Natur aus schwerfällt, mag die höchste Shakti vom objektiven Standpunkt aus als Kraft betrachten, die in sich selbst den Keim aller in ihr sich entwickelnden Materie enthält.

Beide, Denkorgan wie Materie, sind in jedem kleinsten Teilchen des Weltalls enthalten, wenn sie auch nicht in allen auf gleiche Weise nach außen in Erscheinung treten. Es gibt keinen Winkel im Weltall, der nicht als Möglichkeit oder Wirklichkeit irgend etwas enthält, das nicht auch anderswo zu finden wäre. Der eine oder andere Aspekt der Materie oder des Denkorgans aber mag in höherem oder geringerem Grade ausgefaltet sein. So heißt es in den Mahtra-Schriften, jeder Buchstabe des Alphabetes enthalte alle Töne; der Klang eines bestimmten Buchstabens aber trete deutlicher hervor, als die anderen. Dieser ist eine besondere, physisch hörbare Weise des Shabdabrahman (Brahman als Ursache von ghabda oder „Klang"), in dem alles Klang ist, in Wirklichkeit und als Möglichkeit. Das reine Bewußtsein ist auch in der dichtesten Form der grobstofflichen oder organischen Materie ganzheitlich enthalten. Diese ist nicht „träge", sondern voller Bewegung (spanda); denn nichts ist – bewegungslos außer dem höchsten Bewußtsein. Das Bewußtsein (chit-shakti) wohnt dem Denkorgan und der Materie inne. So ist unorganische Materie Bewußtsein in voller Unterwerfung unter die Kraft der Unwissenheit. Es ist Bewußtsein, das sich mit solcher unorganischen Materie identifiziert. Materie ist in allen ihren fünf Formen der Dichte in jedem Ding gegenwärtig. Auch das Denkorgan ist überall anwesend, wenn auch, dank seiner Gefangenschaft in der Materie, in unentwickeltem Zustand. „Brahman schläft im Stein." Auch das Leben, das sich bei der Gestaltung der Materie entfaltet, ist als wirkliche Kraftmöglichkeit im Sein enthalten, dessen unorganische Stofflichkeit einigen als „leblose Form" erscheint. Aus diesem verschlossenen Zustand entfaltet sich Shakti zu immer höher organisierten Formen. Prāṇa oder Vitalität ist Shakti. Ihre Mantra-Gestalt ist „Hangsaḥ". Im Mantra „Hang" strömt der Atem aus, im „Sah" wird er eingezogen, eine Tatsache, die jeder prüfen kann, wenn er beim Einatmen den Mund so formt, als wolle er den Buchstaben „H" aussprechen. Der Rhythmus der schöpferischen Kraft als Atem (eine mikrokosmische Form dieser Kraft) ist zweifach: ein Ausströmen (pravṛitti) und Einziehen als Weltall; ein Entfalten und in sich Zurücknehmen (nivṛitti), als höchste

Kraft selbst. Shakti, das große Herz des Weltalls, strömt aus und ein in kosmischer Zusammenziehung und wieder Ausdehnung. Dies ist die Kraft in ihrem Prozeß der Entwicklung. Das Bewußtsein steigt auf aus der scheinbaren, nicht aber wirklich unbewußten Materie durch das leise Bewußtsein der Pflanze zum größeren des Tieres und zum höher entwickelten Bewußtsein des Menschen hin. Dieser wird in der Vollendung seiner individuellen Entwicklung frei vom Denkorgan und der Materie, die die Formen des Bewußtseins sind. So wird er eins mit dem höchsten Bewußtsein selbst. Es gibt keine Sprünge in diesem Vorgang, denn das Dasein kennt keine Teilungen. Wohl tritt die vitale Erscheinung, die wir „Leben" nennen, erst mit der organischen Materie auf. Leben aber ist nicht etwas vollkommen Neues, das zuvor überhaupt nicht bestand. Es ist nur eine begrenzte Art des Seins, das an sich nichts Totes ist, sondern das unendliche Leben aller Lebensformen. Für den Hindu ist der Unterschied zwischen Pflanze und Tier und zwischen Tier und Mensch mehr ein gradmäßiger. Es gibt ein Bewußtsein und ein Denkorgan, wenn auch die Materie gestaltet und das Denkorgan in verschiedener Weise ausgerüstet ist. Die eine Shakti ist das Selbst, im Bild einer Schnur (sūtrātaṁa), auf der alle Formen wie Perlen aufgereiht sind, und diese wieder sind die begrenzten Erscheinungsweisen der Shakti, die die „Schnur" ist. Entwicklung ist also das Lösen der Bindungen, in denen das Bewußtsein (das selbst unveränderlich ist) gehalten wird. Solches Entbinden wird verstärkt, und das Bewußtsein entfaltet sich in dem Maß, als dieser Vorgang voranschreitet. Zuletzt wird der menschliche Zustand erlangt, den die Schrift einen so schwer erreichbaren nennt. Denn er bedarf vieler Bemühungen und Leiden. Darum ermahnt die Schrift den Menschen, nicht die günstige Gelegenheit dieser Stufe zu vernachlässigen, die die notwendige Vorbereitung ist für die Erlangung der vollen Erfahrung. Der Mensch muß nach dem ganzen Menschsein verlangen und es dann überschreiten zur göttlichen Fülle hin, jenseits aller Erscheinungen mit ihrem Gut und Böse. Dies ist das Werk der Sādhanā (ein Wort, das aus der Wurzel „sadh" – sich anstrengen – stammt), der Zucht, der rituellen Verehrung und des Yoga. Sādhanā ist nötig für jeden Erfolg (siddhi). Das Tantra-Shāstra ist eine Sādhanā-Schrift. Da es vielerlei Kräfte gibt, mag auch die Sādhanā von verschiedener Art und Stufenfolge sein. Manche suchen die Mutter-Kraft in ihren begrenzten Formen als Gesundheit, Stärke, langes Leben, als Reichtum, magische Kraft und anderes. Das sogenannte „Neugeist-Denken" und ähnliches, das dem Menschen rät Kraft zu denken und somit Kraft zu werden, ist sehr alt. Es geht zumindest auf die Upanishaden zurück, in denen geschrieben steht: „Was ein Mensch denkt, das wird er."

Wer nach der unendlichen Mutter an sich verlangt, die ohne jede Erscheinungsform ist, sucht unmittelbar das anbetungswürdige Eine, in dem das Wesen liegt von allem, das endlichen Wert besitzt. Der wesentliche Sinn der Kūlasādhanā wird im folgenden Vers aufgezeigt, der aus der Hymne des Mahākālarudra an Mahākālī stammt:

„I c h q u ä l e m e i n e n K ö r p e r n i c h t m i t B u ß ü b u n g e n (Ist nicht mein Körper der ihre? Wenn der Mensch Gott in menschlicher Verkleidung ist, warum ihn dann quälen?). I c h e r m ü d e m e i n e F ü ß e n i c h t d u r c h P i l g e r s c h a f t zu heiligen Orten. (Der Körper ist devālaya oder Tempel der Gottheit. In ihm sind alle geistigen tīrthas oder heiligen Plätze. Warum dann die Mühe, anderswo hinzugehen?) Ich verbringe meine Zeit nicht mit dem Lesen des Veda. (Der Veda, den der Schüler studiert hat, ist die Sammlung der grundlegenden geistigen Erfahrung anderer. Nun sucht er diese Erfahrung unmittelbar selbst zu erlangen. Was hilft allein das Lesen? Das Kulārṇava-Tantra empfiehlt die Beherrschung des Wesenskerns aller Schriften, die dann beiseite gelegt werden sollten, ebenso wie nach dem Dreschen des Korns Hülsen und Stroh fortgeworfen werden.) Aber ich sehne mich danach, Deine beiden geheiligten Füße zu berühren."

III. Kapitel

DIE BEDEUTUNG DER TANTRAS

„Tantra“ bedeutet Einschärfung (vidhi), Verordnung (niyama), ganz allgemein Shāstra oder Abhandlung. So bezeichnet Shāṅkara ein Shāṅkya als Tantra. Es kann aber auch eine weltliche Schrift sein. Für die folgende Bemerkung bin ich Prof. Surendranath Das Gupta zu Dank verpflichtet: Das Wort Tantra wird im Kāshikā-Vṛitti (7, 2, 9) von der Wurzel tan – sich ausbreiten, abgeleitet mit dem Zusatz „tran“. Vāchaspati, Ānandagiri und Govindānanda aber führen dieses Wort auf die Wurzel „tatri“ in „tantri“ zurück im Sinn von Vyutpādana, Ursprung oder Wissen. Im Ganapātha dagegen hat „Tantrik“ dieselbe Bedeutung wie „tan“, „sich ausbreiten“, und es ist wahrscheinlich, daß die erste Wurzel eine Abart der zweiten ist. Zu der Erklärung Vyutpadana kommt man wahrscheinlich auch durch Einengung der allgemeinen Bedeutung der Wurzel „tan“ (vistāra).

Als Ableitung von „tan“ ausbreiten, bedeutet „Tantra“ jene Schrift, durch die Erkenntnis (jñāna) verbreitet wird (tanyata, vīstaryate, jñānam anena, iti tantram). Die angehängte Silbe „tra“ stammt von der Wurzel „retten“. Jene Erkenntnis wird verbreitet, die Erlösung bringt. Kann dies eine andere als die religiöse sein? Darum bedeutet Tantra hier und im allgemeinen Sprachgebrauch, eine bestimmte Art von religiöser Schrift. Die Kāmika-Āgamas des Shaiva-Siddhānta (tantrāntara paṭala) lehren:

Tanoti vipulān arthān tattramantra -samanvitān
Trānnoncha kurute yasmāt tantram ityabhidhīyate.

(Sie heißt Tantra, weil sie großes Wissen über Tantva und Mantra verbreitet und Erlösung bringt.)

Ein allgemeines Mißverständnis hält die Tantras nur für Schriften der Shāktas, der Verehrer der Shakti. Dies trifft nicht zu. Es gibt Tantras von anderen Sekten der Āgama, Tantras von Shiva und Vishṇu-Anhängern wie von anderen. Wir können ebensowenig von der „Abhandlung“ oder dem „Tantra“ sprechen wie von dem „Purāṇa“, dem „Saṁhitā“, wir können nur von den Tantras, von den „Purāṇas“ sprechen. Diese Tantras sind Shāktras der sogenannten Āgama. In der Beurteilung von einem meiner Werke wurde behauptet, daß die Āgamas Schriften seien, die die Verehrung des Saguṇa-Īshvara betreffen; sie seien am Ausgang des Zeitalters der Upanishaden entdeckt und zum Teil deshalb benutzt worden, weil der Vaidika-Āchāra außer Gebrauch kam, zum anderen, weil die zunehmende Menge der zur Hindu-Gemeinschaft Übergetretenen für diesen Āchāra nicht mehr geeignet war (adhikari). Ich will mich aber nicht mit dieser historischen Frage beschäftigen, nur feststellen, daß die Āgamas allen Menschen jeder Kaste und jeden Geschlechtes zugänglich sind und sie nicht den Beschränkungen des Vaidika-Āchāra unterliegen. Dieser Ausdruck ist ein allgemein üblicher und stammt von der Wurzel „char", deren Bedeutung bewegen, handeln ist. Die Vorsilbe „a" wird wahrscheinlich im Sinn von Einschränkung benutzt. So bedeutet Āchāra Übung, Weg, Regel der Lebensbeherrschung eines Sādhaka oder eines, der Sādhanā und Übungen um eines gewünschten Zieles (siddhi)-Willen ausführt.

Die Āgamas werden in drei Hauptgruppen eingeteilt, je nachdem ob Shakti, Shiva oder Viṣhṇu als Iṣhṭadevatā verehrt werden. Die erste ist die Shākta-Āgama, die zweite Shaiva-Āgama, die dritte die Vaishnava-Āgama oder Pañcharatra. Einige Āgamas werden vedische Vaidika (vaidika-āgama), andere nichtvedische Avaidika genannt. Zur letzteren rechnen nach der Kurma-Purāṇa (Kap. XVI, 1): Kapāla, Lākula, Vāma, Bhairava, Pūrva, Pashni, Pañcharatra, Pashupata und viele andere. Pashupata wiederum soll sowohl Vaidika wie Avaidika sein, ebenso wie Lākula.

Kurma-Purāṇa (Uttarabhaga, Kap. XVI, 38) lehrt: „Von mir wurde zuerst zur Erlangung der Befreiung, Shrauta (vaidika)-Pashupata, der hervorragende, subtile und geheime Kern des Veda (vedasara) entworfen. Der gelehrte Schüler des Veda sollte über Shiva-Pashupati meditieren. Dies ist der Pashupata-Yoga, den die nach Befreiung Suchenden üben sollten. Ich habe auch Pashupata, Soma, Lākula und Bhairava verkündet, die dem Veda entgegengesetzt sind (vedavadaviruddhani). Diese sollten nicht geübt werden. Sie stehen „außerhalb des Veda".

Die Sanatkumara Samhita (S. 56) lehrte, Shaivāgama bestehe aus zweierlei: dem Shrauta und Ashrauta. Shrauta ist Shrutisaramāyā und aus Svatantra und Itara zusammengesetzt. Svatantra ist zuerst von zehnfacher Art und dann Siddhānta von achtzehn Arten. Dies ist die Shaivasiddhānta-Āgama mit 28 Mula-Āgamas und 207 Upagamas. Es ist Shuddhadvaita, weil in ihm kein Visheshana ist. Jtara ist Shrutisara mit zahlreichen Unterschieden.

Auf diese Menge von Sekten möchte ich hier nur ganz allgemein eingehen. Mein Thema ist Lehre und Ritual der Shāktas. Es soll Shaiva-, Vaishnava- und Shākta-Upanishaden geben, die die eine oder andere Lehre stärker begünstigen. Wir müssen aber in allen Fällen unterscheiden zwischen dem, was eine Schule von sich aus sagt und dem, was andere von ihr behaupten. Soweit ich im Bilde bin, führen alle Āgamas, woher sie auch stammen mögen, angeblich ihren Ursprung auf Shruti zurück. Da es aber naturgemäß verschiedene Deutungen der Offenbarung gibt, können die einen Schulen andere für häretisch erklären. Die Hauptgruppen haben wieder Unterteilungen. So gibt es verschiedene Schulen der Shaivas, dann gibt es Shāktas mit ihren neun Āmnāyas und vier Sampradāyas (Kerala, Kashmir, Gauda und Vilāsa), die wieder untergeteilt sind in eine innere und eine äußere Verehrung (sammohana-Tantra, Kap. V). Es gibt z. B. die nördliche Shaiva-Schule, Trika von Kashmir genannt. In diesem Land standen zu einer gewissen Zeit die Tantra-Shāstras sehr im Vordergrund. Wieder gibt es die südliche Shaiva-Schule, Shaivasiddhānta. Die Shāktas, die in Indien angetroffen werden, leben vorwiegend in Bengalen und Assam. Diese sind eher mit den nördlichen Advaita-Shaiva verwandt als mit anderen, wenn sie auch Shakti verehren. Shiva und Shakti sind eins, und wer die eine Gottheit verehrt, wird notwendigerweise auch die andere verehren. Doch während die Verehrung der Shaiva vorwiegend Shiva gilt, verehrt der Shākta vor allem die Shakti-Seite der Ardhanārīshvara-Mūrti, die beides, Shiva wie Shakti ist.

Mahāvishṇu und Sadāshiva sind auch eins. Wie das Sammohana-Tantra sagt (Kap. VIII): „Ohne Prakṛiti kann Sam'sāra (die Welt) nicht sein. Ohne Purusha kann wahre Erkenntnis nicht gewonnen werden. Darum sollten beide verehrt werden; mit Mahākālī, Mahākāla." Einige, so heißt es dort weiter, sprechen von Shiva, andere von Shakti, einige von Nārāyaṇa (vishṇu). Der höchste Nārāyaṇa (ādinārāyaṇa) aber ist der höchste Shiva (parashambhu), der Nirguṇa-Brahman, rein wie Kristall. Die beiden Aspekte des Höchsten spiegeln das eine im anderen wider. Die Widerspiegelung (pratibimba) ist Māyā, aus der die Herren der Welt (lokapālas) und die Welten hervorgehen. Die Ādyā-Lalitā (mahāshakti) nahm einmal die männliche Gestalt von Krishṇa, ein anderes Mal die des Rāma an (Kap. IX). Denn alle Aspekte gehören der Mahākālī, die eins ist mit Bhairava-Mahākāla, dem Mahāvishṇu. „Nur der Tor sieht einen Unterschied zwischen Rāma und Shiva." So betrachtet man diese Frage vom höchsten Vedānta-Standpunkt der Shākta-Lehre aus. Trotzdem haben die Sekten gesonderte Verehrungen und Rituale. Eine gemeinsame philosophische Grundlage für Shaivas und jene Shāktas, die Āgamavādin sind, bildet die der Lehre der 36 Tattvas. Von dieser spricht (Kap. VII) das Kulārṇava-Tantra, das in Bengalen sehr bekannt ist. Auch werden diese Tattvas in anderen Shākta-Schriften und deren Kommentaren erwähnt, wie im Ānandalaharī. Shāradā-Tilaka, dem eine große Autorität unter den bengalischen Shāktas zugesprochen wird, ist das Werk des Lakshmaṇāchārya, eines Autors der Shaiva-Schule in Kashmir. Diese gehört, ebenso wie die Shāktas, zu den Advaitin. Der Shaiva-Siddhānta und Pañcharātra sind Shuddhādvaita und Vishishtādvaita. Es gibt auch eine große Sammlung von buddhistischen Tantras verschiedener Schulen (ich habe aus ihr das Shrīchakra-Sambhara-Tantra als Band VII der Tāntrik-Texte veröffentlicht). Alle diese Schulen haben eigene Tantras. Der ursprüngliche Zusammenhang der Shaiva-Schulen wird unter anderem durch die Tatsache erhärtet, daß ihnen – so heißt es – einige Tantras gemeinsam sind; so die Mṛigendra- und Mātaṅga-Tantras. Es wurde behauptet, daß die Shākta-Schule geschichtlich nicht mit den Shaivas zusammenhängt, doch gibt es keine Beweise für diese Behauptung. Wo auch die Shākta-Schule herstammen mag, gegenwärtig scheinen beide in mehrerer Hinsicht miteinander verbunden zu sein, wie jeder, der die Shākta-Literatur kennt, selbst feststellen kann. Die Shākta-Literatur ist sogar zum Teil nicht verständlich für jemand, der nicht mit einigen Zügen des sogenannten Shaiva-Darshana bekannt ist. Wie wäre auch sonst zu erklären, daß die 36 Tattvas und Shaḍadhvā (vgl. meinen „Blütenkranz der Buchstaben") beiden gemeinsam ist?

Die Shāktas wurden wieder in drei Gruppen eingeteilt. So spricht der hochgeschätzte Pandit. R. Ananta Shāstri in der Einführung zu seiner Ausgabe des Ānandalaharī über die Kaula- oder Shākta-Shāstras mit 64 Tantras, den Mishra mit acht Tantras und die Samaya-Gruppe, die die bedeutendste der Shākta-Āgamas sein soll, von denen fünf erwähnt werden. Diese Einteilung richtet sich nach der Art des erstrebten Zieles, das zu dem einen oder anderen der Purushārthas gehören kann. Die Pañcharātra-Literatur ist sehr beachtlich. Der gleiche Pandit erwähnt im dreizehnten Band des „Theosophisten" 108 Werke. Ich möchte den Leser auch auf die sehr wertvolle Ausgabe der Ahirbudhnya Samhitā – von meinem Freund Dr. Otto Schrader – aufmerksam machen, deren Einführung von dem gelehrten Doktor des Pañcharātra-Systems stammt. In dieser sind viele Vaishṇava-Tantras und Saṁhitās angeführt. Die Trika-Schule hat viele Tantras, von denen das bedeutsamste Mālinīvijaya, danach das Svachchhanda-Tantra ist. Jagadīsha Chandra Chattopādhyāya Vidyāvāridhi hat mit Weisheit und Erleuchtung über diese Schule geschrieben. Der Shaivasiddhānta enthält 28 führende Tantras und eine große Anzahl von Upāgamas wie das Tāraka-Tantra, das Vāma-Tantra und andere, die in Schomerus': „Der Shaivasiddhānta", in Nallasvami Pillai's: „Studien über Shaivasiddhānta" (S. 294) und im „Shivajñānasiddhiyar" (S. 211) aufgezählt werden.

Das Sammohana-Tantra (Kap. VI) erwähnt 64 Tantras, 327 Upatantras, wie auch Yāmalas, Ḍāmaras, Saṁhitās und andere Schriften der Shākta-Schule, 32 Tantras, 125 Upatantras, wie auch Yāmalas, Ḍāmaras, Samhitās und andere Schriften der Shaiva-Schule; 75 Tantras, 205 Upatantras, ebenso Yāmalas, Ḍāmaras, Saṁhitās der Vaishṇava-Schule; zahlreiche Tantras und andere Schriften der Gāṇapatya- und Saura-Schulen wie eine Anzahl von Purāṇas, Upapurāṇas und andere, verschieden benannte Schriften der Baudha-Schule. Weiter (Kap. VII) erwähnt es über 500 Mantras und fast die gleiche Anzahl von Upatantras, etwa 22 Āgamas, Chīnāgama, Buddhāgama, Jaina, Pāshupata, Kāpālika-Pancharātra, Bhairava und andere Schriften. So gibt es eine große Anzahl von Tantras in den Āgamas, die Schulen von verschiedenen Lehren und Übungen zugehören und die alle studiert werden müssen, ehe wir mit Sicherheit von dem sprechen können, was die mächtigen Āgamas sind. In diesem Buch behandle ich nur einen Teil davon. Dennoch glaube ich, daß eine Prüfung und bessere Kenntnis der Āgamas zeigen wird, daß sie im ganzen nur verschiedene Aspekte der gleichen allgemeinen Gedanken und Übungen sind.

Als Beispiele für die gemeinsamen Gedanken möchte ich anführen: die Vorstellung von der Gottheit als höchster Persönlichkeit (parāhantā) und von den zwei Aspekten Gottes, deren einer das Weltall ist oder wird; die Entfaltung Gottes in seinem schöpferischen Aspekt; die aufeinanderfolgenden Emanationen (ābhāsa, vyūha), als „Feuer vom Feuer", vom Feinstofflichen zum Grobstofflichen hin; die Lehre der Shakti; die reine und die unreine Schöpfung; die Leugnung der unbewußten Māyā, die Shaṅkara lehrte; die Lehre von Māyā-Kosha und den Kañchukas (den sechs Shaiva-Kañchukas, die nach Ansicht von Dr. Schrader, in einer möglicherweise früheren Einteilung in Pañcharātra der drei Saṅkochas dargestellt werden). Weiter gehört zu den gemeinsamen Gedanken, daß der Ursprung der Dinge über und jenseits Purusha-Prakṛiti hinaus verlegt wird, der spätere Glaube an Purusha-Prakṛiti, an die Sānkhyān-Guṇas und die Entwicklung der Tattvas in ihrer Anwendung auf die Lehre der Shakti, die Behauptung, daß das Weltall wirklich sei, die Betonung der liebenden Hingabe (bhakti), die Sorge für alle Kasten und für beide Geschlechter.

Beispiele für gemeinsame Übungen sind unter anderem: Mantra, Bīja, Yantra, Mudrā, Nyāsa, Bhūtashuddhi, Kuṇḍalīyoga, Errichtung und Weihung von Tempeln und Bildern (kriyā), religiöse und soziale Vorschriften (charyā), wie Āhnika, Varṇāshramadharma, Utsava und angewandte Magie (māyā-yoga). Wo von Mantra, Yantra, Nyāsa, Dīkṣhā, Guru und ähnlichem gesprochen wird, handelt es sich um Tantra-Shāstras. Tatsächlich ist einer der Namen, der den Tantra-Shāstras zugeteilt wird: Mantra-Shāstra. Neben diesen Ähnlichkeiten gibt es in den Schulen gewisse Unterschiede der Lehre und Übung. Notwendigerweise bestehen auch einige unwesentliche Verschiedenheiten in Ausdrücken und Darstellungen, selbst dort, wo im allgemeinen Gleichartigkeit herrscht. Wenn wir die großen Züge nicht aus dem Auge lassen, ist es ohne Belang, ob wir mit dem Pancharātra von der Lakṣhmī-Shakti, von Vyūha, Saṅkocha sprechen oder – in der Vorstellung anderer Schulen – von Tripurasundarī und Mahākālī, von Tattvas und Kañchukas. Auch sind die Unterschiede, die im Ritual bestehen, nicht wesentlich, mit Ausnahme von einer einzigen großen Unterscheidung. Dies ist die bekannte Teilung der Verehrer in Dakṣhināchāra und Vāmāchāra. Die geheime Sādhanā, der einige der Vāmāchāra folgen (und die, wie ich hier erwähnen möchte, im allgemeinen nicht verstanden wird), hat eine solche Berühmtheit erlangt, daß für die meisten die Bezeichnung „Tantra“ nur dieser besonderen Verehrung mit ihren Mißbräuchen zukommt.

Ich möchte hier auch erwähnen, daß es ein Fehler ist, anzunehmen, daß Irrwege in Lehren und Übungen nur für Indien gelten. Vor einigen Jahren schrieb mir ein Missionar, dieses Land sei ein „von Dämonen heimgesuchtes“. Wohl gibt es hier Dämonen, aber dies sind nicht die einzigen Bewohner, und Eigentümlichkeiten, die hier gefunden werden, bestehen auch anderswo. Der Westen hat manche Lehre und Übung von widersprechendem, sogar sehr ungewöhnlichem Charakter hervorgebracht. Übrigens ist es eine, wenn auch von wenigen anerkannte Tatsache, daß diese Kaula-Riten ihre philosophische Grundlage in der monistischen Lehre haben. Diese Lehre, die wahrscheinlich als Geheimlehre zu allen Zeiten nur verhältnismäßig wenigen zugänglich war, wurde als „Tantrismus“ bekannt, was aber völlig unzutreffend ist. Ihr gehört nur eine kleine Gruppe von Schülern an, die wiederum nur ein Teil sind der zahlreichen Verehrer der Āgamas, Shaiva, Shākta und Vaiṣhṇava. Wenn es auch einige gemeinsame tantrische Züge gibt, so kann man doch nicht von dem „Tantra“ sprechen, als handle es sich um eine vollkommen gleichartige Lehre und Übung. Noch weniger können wir „Tantrismus“ mit den besonderen Übungen und Theorien eines Teils seiner Verehrer identifizieren. Außerdem beschäftigen sich die Tantras mit Wissenschaft, Recht, Medizin und einer Vielfalt von Gegenständen, die nichts mit geistiger Lehre oder Verehrung zu tun haben. Auch die indische Chemie und Medizin ist in großem Maße dem Tantrik verpflichtet.

Nach einer allgemeinen Ansicht ist das Wort „Tantra“ (um mich in der Sprache eines bekannten Werkes auszudrücken) „beschränkt auf die Zauberbücher des späten Mystizismus der Shiva- oder Shakti-Anhänger“ (Waddell: „Der Buddhismus Tibets“). Ebenso wie die Barmherzigkeit viele Sünden bedeckt, so bedecken die Worte „Mystik“ und „Mystizismus“ viel Unwissenheit. Das Wort „Zauberei“

erscheint auch unnötig oft bei jenen, die über diese Schule schreiben. Es ist jedoch Tatsache, daß westliche Autoren im allgemeinen die Bezeichnung „Tantra" in solcher Weise verstehen, was aber, wie zuvor dargelegt, ein Irrtum ist.

Ich möchte mich nur kurz mit der Bedeutung der Tantra-Shāstras beschäftigen, die naturgemäß auch mißverstanden werden, da man sie im allgemeinen für ein Gemisch von „schwarzer Magie" und „erotischem Mystizismus" hält, zusammengekittet mit einem Ritual, das „sinnloser Mummenschanz" ist. Eine große Menge von Menschen, die in solcher Weise sprechen, haben niemals eine tantrische Schrift in ihren Händen gehabt, und Orientalisten, die einige Teile dieser Schriften gelesen haben, werden sie im allgemeinen nicht verstanden haben, sonst könnten sie nicht von ihrer „Bedeutungslosigkeit" sprechen. Die Tantrik-Schriften mögen schlecht oder gut sein, jedenfalls aber haben sie einen Sinn. Die Menschen sind nicht so töricht, jahrhundertelang an etwas Sinnloses zu glauben. Dieser Ausdruck besagt nur, daß ihr Inhalt für gewisse Menschen ohne Bedeutung ist. Ihre Definition von Mantras als „mystische Worte", von Mudrās als „mystische Gesten" und Yantras als „mystische Diagramme" zeugt nicht von tieferem Wissen. Diese irrtümlichen Vorstellungen über die Natur der Āgamas stammen aus der fälschlichen Gleichstellung des ganzen Umfangs dieser heiligen Schriften mit einem Teil von ihnen, der nur bekannt wurde durch den Mißbrauch, zu dem seine gefährlichen Übungen, die unverantwortliche Menschen ausführten, Anlaß gab. Sogar in der Shāstra, in denen diese beschrieben werden, steht, daß dieser Weg voller Schwierigkeiten und Gefahren ist und, wer versagt, in die Hölle kommt. Daß es solche Fehlenden gibt und andere, die sich der bösen Magie schuldig gemacht haben, ist wohl bekannt. Ich will mich aber in diesem Kapitel nicht mit diesem besonderen Ritual oder dieser bestimmten Magie beschäftigen, sondern mit den Übungen, die das Leben der großen Menge des indischen Volkes heherrschen und die in den Tantras der Āgamas jener verschiedenen Schulen zu finden sind, die ich aufgezählt habe.

Ein westlicher Schriftsteller schreibt in der Besprechung einer meiner Bücher, daß das Tantra-Shāstra (ich glaube, er meinte Shākta) zumindest in seinem Ursprung dem Veda fremd und feindlich war. „Wir sind der festen Überzeugung, daß die beiden Grundlehren in ihrem Kern vollkommen entgegengesetzt sind, und daß die Tantras nur vedische Formen benutzten, um ihren wesentlichen Gegensatz zu verbergen." Ich will diese Frage hier nicht erörtern. Es ist aber jetzt, wie vor Jahrhunderten, Tatsache, daß die Āgamavādins den Anspruch erheben, ihre Lehre gründe auf dem Veda. Der Vedānta ist letzte Autorität und Grundlage der Lehren, die in den Tantras dargelegt werden, obgleich diese den Vedānta in verschiedener Weise auslegen. Den wirklichen Sinn des Vedānta enthalten die Upaniṣhaden – keine Schrift sonst. Viele aber sprechen vom Vedānta, als sei er die Philosophie von Shaṅkara oder einem anderen Philosophen, dessen Schüler sie sind. Dies ist natürlich ungenau. Vedānta ist Shruti. Shaṅkaras Philosophie ist nur eine Auslegung der Shruti, ebenso wie die von Rāmānuja eine andere ist und die der Shaivāgama oder Kaulāgama eine dritte. Es gibt überhaupt keine Vergleichsmöglichkeit zwischen dem Vedānta als Shruti und dem Tantra-Shāstra. Trotzdem ist es Tatsache, daß die Anhänger der verschiedenen Schulen der Āgama ihre Deutung der Shruti-Texte für die wahre und den anderen Schulen überlegene halten. Jeder nimmt das an, was ihm am meisten entspricht. Diese Tatsachen stelle ich nur fest. Nach der Ahirbudnya-Saṁhitā des Pañcharātra-Āgama sind die Aspekte Gottes unendlich, und kein Philosoph kann mehr als einen erfassen und richtig ausdrücken. Dies ist vollkommen wahr. Alle Systeme der Deutung haben ihre Vorzüge wie ihre Fehler, auch jenes des Shāṅkara. Dieser vermag durch Māyāvāda vollkommener als andere Deuter die Unwandelbarkeit und Unbeflecktheit des Brahman darzustellen. Er tut dies aber auf Kosten von Fehlern, die in anderen Schulen nicht vorkommen, deren Vorzüge und Unzulänglichkeiten andere sind. Grundlage und Ausgangspunkt der Autorität ist Shruti oder die Erfahrung; die Āgama legt Shruti auf ihre Weise aus. So sind die Shaiva-Shākta-Lehren besondere Lösungen des Vedānta-Themas, die in gewissem Sinn von denen des Shāṅkara abweichen, wenn sie auch wieder (ich spreche von der nördlichen Shaiva-Schule) in der grundlegenden Frage nach der Einheit von Jīvātmā und Paramātmā übereinstimmen, und deshalb Advaita sind.

Die zweite Frage beschäftigt sich damit, wie die Erfahrung, von der die Āgama spricht, erlangt werden kann. Auch dies wird in den Shāstras in Form von bestimmten Sādhanās oder Vorschriften dargelegt. An erster Stelle steht ein gesundes physisches und moralisches Leben. Im tiefsten Sinn etwas zu erkennen, bedeutet, dieses zu sein. Brahman zu kennen, ist nach Advaita, Brahman sein. Man kann Brahman, den Reinen, nicht wahrnehmen, wenn man nicht selbst rein ist (shuddachitta). Aber um diesen Zustand zu erlangen, darin zu verbleiben und auch Fortschritte in ihm zu machen, sind bestimmte Mittel, Übungen, Rituale oder Vorschriften notwendig. Erfolg kann nicht durch rein philosophische Gespräche über Brahman erlangt werden. Religion ist eine praktische Tätigkeit. Ebenso wie der Körper der Übung, Schulung und Gymnastik bedarf, braucht dies auch das Denkorgan. Es kann eine rein intellektuelle oder geistige Schulung sein. Die hierbei angewandten Mittel heißen Sādhanā. Dies Wort stammt von der Wurzel „sādh", üben. Sādhanā ist der Weg, der zu Siddhi führt. Sādhanā ist die Entwicklung der Shakti. Der Mensch ist Bewußtsein (ātmā) im Gefäß von Shakti als Denkorgan und Körper. Shakti aber ist im Grunde reines Bewußtsein, so wie es Ātmā ist. Denn Ātmā und Shakti sind eins. Der Mensch ist demnach ein großes Sammelbecken von sowohl latenter wie wirksamer Kraft. Ziel der Sādhanā ist es, die Shakti des Menschen zu entfalten, gleichgültig ob dies für weltliche oder geistige Zwecke geschieht. Wo aber ist Sādhanā zu finden? Nachdem wir gesehen haben, daß Vaidaka-Āchāra praktisch nicht mehr zu gebrauchen ist, können wir Sādhanā nirgends anders finden, als in den Āgamas und Purāṇas, die voller Tantrik-Rituale sind. Die Tantras dieser Āgamas enthalten deshalb sowohl eine praktische Ausführung der geistigen Lehre wie die Mittel, durch welche die von ihr verkündete Wahrheit verwirklicht werden kann. Ihre Autorität hängt nicht, wie westliche Schriftsteller und einige ihrer östlichen Anhänger annehmen, von der Zeit ab, in der sie offenbart wurden, sondern von der Frage, ob Siddhi durch sie gewonnen wird. Auch dies ist das Zeugnis für Āyurveda. Der Prüfstein einer Arznei ist, daß sie hilft. Wenn Siddhi nicht erlangt wird, dann gelten Worte wie „Shiva uvācha" (Shiva spricht) oder ähnliches nichts. Āgama ist deshalb eine praktische Darlegung und Anwendung der Lehre, die, den verschiedenen Schulen entsprechend, unterschiedlich ist.

Das jüngste Bestreben der modernen westlichen Philosophie ist die Betonung der Intuition, so wie früher die Neigung bestand, die Dialektik zu verherrlichen. Die Intuition aber muß durch Sādhanā zu immer höheren Möglichkeiten geführt werden. Dies bedeutet Arbeit und Übung, deren Erfolg das allmähliche Entfalten des großen latenten Kraftvorrates der Shakti, der Freude und Schau ist, über die jeder in sich selbst verfügt. Die Philosophie der Āgamas ist, wie ein Freund und Mitarbeiter von mir, Professor Pramathanātha Mukhyopādyāya sehr gut formuliert, eine praktische Philosophie. Er fügt noch hinzu, daß die intellektuelle Welt heute nach solcher Art von Philosophie verlangt, nach einer Philosophie, die nicht nur Erörterungen, sondern Erfahrung vermittelt.

Die Form, die Sādhanā annimmt, steht an zweiter Stelle. Ein Ziel kann auf verschiedenen Wegen erreicht werden. In jedem besonderen Fall hängt solcher Weg von den persönlichen Fähigkeiten und Temperamenten, von Rasse und Glauben ab. Für den Hindu enthalten die Āgamas jene Art von Vorschriften, die seine Rasse entwickelt hat und die deshalb zuallererst für ihn geeignet sind. Dies aber bedeutet nicht, daß solche Formen unverändert annehmbar für alle sind. Andere werden andere Formen der Sādhanā benutzen, die ihnen entsprechen. So schreibt die katholische Kirche dem Christen eine umfassende und mächtige Sādhanā in ihren Sakramenten (saṁskāra), ihrer Verehrung (pūjā, upāsanā), in ihrer Meditation (dhyāna), ihrem Rosenkranzgebet (japa) und ähnlichem vor. Jedes System, das fruchtbar sein will, muß Versuche machen, um Erfahrung zu erlangen. Die Bedeutung der Tantra-Shāstras liegt darin, daß sie Mittel zur Verfügung stellt, die von jeder Kaste, jedem Geschlecht angewendet werden können, und daß die Wahrheit, die sie lehren, praktisch erfahrbar ist.

Die Tantras in Indien und Tibet drücken Grundregeln aus, die von weltweiter Anwendungs-Möglichkeit sind. Eine bloße Aufstellung religiöser Wahrheiten ist keine Hilfe. Notwendig für alle, auch für den Okkultisten, ist eine praktische Methode der Verwirklichung. Überdies versteht die gewöhnliche Masse von Menschen nicht rein metaphysische Begriffe und findet keine Befriedigung in ihnen. Sie werden nur in einer persönlichen Form angenommen. Dem Durchschnitts-Menschen ist der Begriff Shūnyatā, Leere ebenso gleichgültig wie Sachchidānanda reines Bewußtsein-Sein-Seligkeit. Sie wenden sich an Bodhisattvas, Buddhas, an Shiva, Vishṇu, Devī, die ihre Gebete hören und ihnen Hilfe geben. Sie können nicht allein stehen, sondern bedürfen Rat und Führung der Priester und Gurus und der stärkenden Kräfte der Sakramente. Sie brauchen ein bestimmtes Bild des Gegenstandes, den sie verehren, so wie dies im Dhyāna der Devatās ausgeführt wird. Sie brauchen ein Bild, ein Yantra, ein Maṇḍala und so fort, ein entwickeltes Ritual und eine bildhafte Religion. Dies natürliche Verlangen besteht nicht zu unrecht. Doch wird es im Lauf der Zeit zu einem Punkt hingesteigert, an dem „Aberglauben", mechanische Verehrung und lebloser Formalismus wie andere Mißbräuche entstehen. Dann beginnt die sogenannte „Reform" zu einer vergeistigteren Religion hin. Diese wiederum wird zugespitzt bis zur Dürftigkeit. Dann wird die Religion unfruchtbar und vermag keine praktischen Erfolge mehr hervorzubringen. Nun kehren Ritual und bildhafte Religion wieder. So konnte der Buddhismus, der zu Anfang eine Reaktion gegen den übermäßigen und trockenen Ritualismus war, nicht bei der Lehre von den edlen Wahrheiten und dem achtfachen Wege stehenbleiben. Etwas Praktisches war notwendig. Es entstand das Mahāyāna (theg-pa chhen-po).

Nāgārjuna soll im zweiten Jahrhundert n. Chr. (?) Gedanken verbreitet haben, die in den Tantras stehen. Um das erstrebte Ziel zu verwirklichen, sollten alle Kräfte des Menschen, die physischen wie verstandesmäßigen, eingeschaltet werden. Theistische Vorstellungen wie auch Yoga traten im Yogācharyā und in anderen buddhistischen Systemen in den Vordergrund. Die Anbetung von Bildern und ein ausgearbeitetes Ritual wurden eingeführt. Die Verehrung der Shaktis breitete sich aus. Mantrayāna und Vajrayāna wurden angenommen mit (wie es der englische Schriftsteller Waddell in „Buddhismus Tibets" in allgemeiner Redensart ausdrückt) dem „unsinnigen Mummenschanz von sinnlosem Kauderwelsch und Geschwätz, das die verderbteste Form buddhistischer Lehre" ist. Der sogenannte Tantrik-Buddhismus wurde nun voll entwickelt. Ein tantrischer Reformer, Tsong-kha-pa, sammelte die Tantras in seinem Werk Lam-rim Chhenmo. Der große Kodex Kaḥ-ḥgyur enthält in einem seiner Teile die Tantras (rgyu), die Ritual, Verehrung der Göttlichen Mutter, Theologie, Astrologie und Naturwissenschaft umfassen, wie dies auch andere indische Lehren tun. Diese Tantras sind in vier Klassen eingeteilt: in die Kriyā-, Charyā-, Yoga- und Anuttara-Tantras. Letztere umfassen Mahā-, Anu- und Ati-Yoga-Tantras. In ähnlicher Weise enthält der Tan-hgyur viele Bände über Tantras (rgyud). Dann endlich wurde der Buddhismus aus Indien vertrieben, während der Brahmanismus mit seinen Ritualen überlebte und bis zur jüngsten Vergangenheit, selbst bis zu unserer Zeit hin an Macht zunahm. Heute suchen sogenannte reformierte Sekten eine – wie man behauptet – geistigere Religion zu gründen.

Durch alle Jahrhunderte hindurch wiederholen sich Aktion und Reaktion. Das Rechte liegt in der Mitte. Einige praktische Methoden und Rituale sind notwendig, wenn die Religion nicht erstarren soll; Art, Methode wie Ritual verändern sich aber nach Fähigkeit und Entwicklung der Menschen. Auf der anderen Seite ist es das Bestreben des „verderblichen Einflusses der Zeit", den Kern der geistigen Wahrheit mit dummem und totem Formalismus zu überdecken. Die Tantra-Shāstra verbürgt sehr wertvolle Grundsätze, wenn sie auch, wie andere anerkanntermaßen gute Dinge, dem Mißbrauch ausgeliefert ist und ihn erleidet. In diesem Zusammenhang sollte noch ein wesentlicher Punkt beachtet werden: wir finden in Europa eine äußerst puritanische Reaktion mit dem Ergebnis, daß die religiösen Bewegungen, die diese hervorbringen, einseitig werden und den gewöhnlichen menschlichen Nöten nicht mehr Rechnung tragen.

Der Brahmanismus hat stets alles umfangen und eine Sādhanā von vielfältiger Art auf materieller wie erkenntnismäßiger Ebene hervorgebracht, die den verschiedenen Stufen geistiger Entwicklung angepaßt ist und von weiteren Ritualen jene befreit, die auf Grund ihrer Entwicklung diese nicht mehr benötigen.

IV. Kapitel

TANTRA-SHĀSTRA UND VEDA

Die Niederschrift dieses Kapitels ist vor allem veranlaßt durch die Meinungsverschiedenheit über die Frage, ob die Āgamas zu dem Veda gehören oder nicht.

Ich will mich hier nicht mit der Art und den Schulen der Tantras oder Āgamas beschäftigen, noch mit ihrem geschichtlichen Ursprung. Einiges hierüber steht in den Einführungen zu den englischen Übersetzungen des Tantratattva von Pandit Shiva Chandra Vidyārṇava. Ich habe mich auch mit diesem Thema in den zwei Kapiteln: „Die Bedeutung der Tantras“ und „Shakti und Shākta“ beschäftigt. Ich möchte mich nicht wiederholen, oder nur insoweit, als dies unbedingt notwendig ist zur Erhellung dieser besonderen Frage, bei der vor allem zweierlei auseinandergehalten werden muß: 1. der Ursprung der Āgama und 2. ihre jetzige Bedeutung. Ich werde die erste geschichtliche Frage nicht behandeln, sondern die zweite, soweit sie die Shākta-Āgama betrifft. Nehmen wir zum Beispiel an, die Shākta-Verehrung der Kālī und anderer Devīs lasse auf das Vorhandensein nichtarischer Elemente in ihrer Āgama schließen, so ist – hier wie überall – nicht die wesentliche Frage, wie dies in vergangenen Zeiten war, sondern wie es sich jetzt verhält. Darauf lautet die Antwort: gleichgültig, welches der Ursprung der Shākta-Āgama auch gewesen sein mag, heute ist die Verehrung der Shākta ein vollständiger Bestandteil des allgemeinen Hinduismus und bestätigt als solcher die Autorität des Veda, trotzdem, wie später erklärt wird, auch jeder andere Glaube angenommen wird, der ganz allgemein für die Hindus Gültigkeit hat.

In einem vor kurzem stattgefundenen Verfahren (Paragraph 292, 293 des indischen Strafgesetzes) gegen einen Angeklagten – er wurde freigesprochen –, der ein Tantra veröffentlicht hatte, behauptet der stellvertretende indische Richter, der die Anklage veranlaßt hatte und der sich für einen rechtgläubigen Hindu hielt, im Zeugenstand (wie ich unterrichtet bin), daß er weder eine Begriffsbestimmung des Tantra-Shāstra geben noch feststellen könne, ob es eine Hindu-Schrift aus der Kālī-Zeit sei, oder ob ein einzelnes, sehr bekanntes Shāstra, das ihm vorgelegt wurde, zu den Tantras gehöre. Solche Unwissenheit ist typisch für viele Heutige und das Erbteil eines vergehenden Zeitalters. Wie ist es möglich, daß ein Shāstra, dessen Schüler in ganz Indien vom Himalaya (dem Wohnsitz von Shiva und der Pārvatī-Devī) bis zum Kap Komorin (eine Entstellung von Kumārī-Devī) verteilt waren und das jahrhundertelang von so starkem Einfluß war, daß wir von einer tantrischen Epoche sprechen können – selbst heute beherrscht es noch Haus- und Tempel-Ritual jedes Hindu –, daß ein solches Shāstra in völlige Vergessenheit und in Verruf bei den meisten englischen Gelehrten geraten ist? Ich erinnere mich an die Zeit, wo nur mit Herzklopfen (in diesem gleichen Kreis) dieses Shāstra erwähnt wurde, und jeder, der sich mit ihm beschäftigte, in Verruf kam, daß er zügellos Trinken und Weibern verfalle. Es gibt hierauf eine allgemeine und eine besondere Antwort. Die erstere lautet, daß die englisch erzogenen Menschen dieses Landes früher fast ausschließlich, und später bis zu einem gewissen Grade, unter dem Einfluß ihrer englischen Lehrer standen, deren Schöpfung sie in gewissem Sinn waren. Sie waren – und einige sind es noch heute – Mānasaputra der Engländer. Ihnen galt als Richtschnur, was englisch und westlich war. Religion, Philosophie und Kunst der Hindu war, ihrer Meinung nach, nur gut für die sogenannten „ungebildeten" Frauen und Bauern und für die eingeborenen Pandits, die, wohl in ihrer nutzlosen Kunst hochgelehrt, doch nicht der erleuchtenden Vorteile westlicher Erziehung teilhaft waren. Zu meiner eigenen Zeit erhoben, wie ich wohl unterrichtet bin, die indischen Kollegen der Kalkutta-Universität Einwand gegen die Berufung des gelehrten Pandit Chandrakānta Tarkānlaṅkāra auf den Lehrstuhl für Philosophie, weil er ein geborener Pandit war, doch wendeten sich englische Kollegen und der damalige Vizekanzler gegen solchen abwegigen und snobistischen Einwand.

Als die Autorität der englischen Lehrer ihren Höhepunkt erreichte, galt, was sie lehrten, als Gesetz, wenn auch ihre Urteile in bezug auf indische Dinge, über die sie nur kärgliche und unvollkommene Kenntnis besaßen, mangelhaft waren. Wenn sie im Gefolge eines Professors behaupteten, der Veda sei das „Geschwätz einer kindlichen Menschheit" und die „Brāhmaṇas" seien „das Lallen eines Irren", oder wenn sie erklärten, daß die Gedanken der Upaniṣhaden so „niedrig" seien, daß sie in der hochentwickelten englischen Sprache nicht richtig wiedergegeben werden könnten, daß die „indische Philosophie Gedanken ausspräche, die auf einer viel tieferen Stufe stünden" als jene des durchschnittlichen Europäers, daß die Smṛiti priesterliche Tyrannei, die Purāṇas nichts als Legenden und die Tantras nur Gottlosigkeit und Ausschweifungen seien, daß die Hindu-Philosophie (um die Worte eines anderen englischen Professors über Sāṅkhya zu benutzen) „mit allen ihren Verrücktheiten und mit ihrem Fanatismus wenig besser sei als eine chaotische Frechheit" und Yoga, nach dem gleichen Gelehrten „die fanatischen Einfälle der Theokratie" sei, daß indisches Ritual nichts anderes wäre, als „Aberglaube, Mummenschanz und Götzenanbetung", und (indische) Kunst unelegant, ungeheuerlich und grotesk sei, dann wurde dies alles bereitwilligst als Gelehrsamkeit und Weisheit angenommen. Nur hier und da mag gelegentlich ein leises, entschuldigendes Bedenken hörbar geworden sein. In diesem Zusammenhang erinnere ich mich an einen etwas hinkenden und schamhaften Protest des verstorbenen Rajendra Lal Mitra. Dabei will ich gar nicht behaupten, daß diese oder andere feindliche Kritiken völlig grundlos wären. Hier wie anderswo sind Unvollkommenheiten, Torheit, Aberglaube, Schlechtigkeit zu finden. Besonders ist dies der Fall in den Ländern, aus denen diese Kritiken stammen. Doch ist es offensichtlich, daß solche Einwände so ungeheuerlich sind, daß man sie nur als abwegig bezeichnen kann.

Der Abendländer nimmt, selbst wenn er östliche Gedanken berichtet, oft eine „überlegene" Haltung ein, weil er sich dementsprechend fühlt. Der Bischof von Durham zeigt diese Überlegenheit sehr deutlich (in „Christliche Aspekte des

Lebens“ von B. F. Westcott, S. 175), wenn er nach der Feststellung, daß es Pflicht des christlichen Missionars sei, anstelle „des unfruchtbaren Theismus des Islam und der schattenhaften Unklarheit der Hindu-Philosophie den Glauben an einen lebendigen, sprechenden Gott zu setzen“, weiter ausführt, daß „unsere Vorteile“, hervorgerufen durch „das Bewußtsein unserer sozialen wie intellektuellen Überlegenheit“ und „die nationale Macht, die uns zu Eroberern macht, wo wir als Evangelisten begannen“, eine Gefahr für die Mission bedeuten. Dieses Gefühl der „Überlegenheit“ verhindert das rechte Verständnis und erweckt durch Unkenntnis der Tatsachen die Beschuldigungen, die, würden sie zu Recht bestehen, den Ruf von der Unterlegenheit der farbigen Rassen aufrechthalten müßten. Dieser wiederholte Anspruch auf Überlegenheit hat viele der östlichen Völker veranlaßt, den Europäer unter anderem für einen sicheren und gelehrten Kritiker selbst ihrer Glaubensformen und Übungen zu halten.

Rājā Rammohan Roy war der erste, der sich der Sache seines Glaubens annahm und ihn von den abergläubischen Zusätzen befreite, die im Lauf der Jahre sich um alle Religionen sammeln. Die gleiche Verteidigung unternahm in jüngsten Zeiten der sehr mutige Swāmī Vivekānanda. Fremde Kritiker der indischen Religion sind jetzt auch in einiger Hinsicht um ein besseres Verständnis bemüht. Ich betone: in einiger Hinsicht, denn selbst in den letzten Jahren wurden noch englische Bücher veröffentlicht, über die man erschüttert wäre, wüßte man nicht um die tiefe Unwissenheit und das Vorurteil gegenüber diesen Themen. In einem dieser Bücher wird die Religion der Hindus beschrieben als eine „Mischung von unsinnigem Alpdruck und zeitraubendem Geschwätz, das völlig zwecklos ist – eine zusätzliche Verstärkung der allgemeinen Daseinslast, die der Menschheit in ihrem Existenzkampf aufgebürdet ist“. In einem anderen Buch wird die Hindu-Religion „ein Wirrwarr und Chaos voller Schrecken, Dunkelheit und Ungewißheit“ genannt. Sie wäre eine Religion ohne moralische Entwicklung, ohne bestimmte Gebote, ohne religiöse Moralgesetze, ohne einen Sittenkodex und ohne Gott, da der sogenannte Gott eine „Mischung von Bacchus, Don Juan und Dick Turpin“ sei. Sie wird ferner beschrieben als materiellste und kindlich abergläubischste Vertiertheit, die sich jemals in die Maske des Idealismus gekleidet habe – nicht ein Pfad zu Gott hin, sondern eine Grube des Abschaums, so weit von Gott entfernt, wie dies dem menschlichen Denken nur möglich ist. Diese Religion mache das Gehirn eines vernünftigen Menschen schwindlig und erfülle es mit wilder Verachtung für sein Geschlecht. Nur um ihrer Fehler willen bestehe sie noch. Dabei sollte man annehmen, daß – mit Ausnahme von fanatischer Polemik – der Fortbestand eines Glaubens in gewisser Weise seine Rechtfertigung sei.

Noch seltsamer ist es, aus diesem Werke von Harold Begbie: „Das Licht von Indien“ (herausgegeben von der christlichen literarischen Gesellschaft für Indien) zu lernen, daß aus diesem verwirrenden Chaos von allem, was schmählich, unmoralisch, verrückt und abergläubisch ist, Männer hervorgingen, die (nach den Worten des Autors) „beim Gebet an die Bilder Christi erinnern – mit großen strahlenden und ruhigen Augen, das Gesicht von auserlesener Kühnheit und geistiger Majestät“. Man wundert sich, wie diese vollkommenen Menschen aus einer so wertlosen und fauligen Quelle hervorgehen konnten. Solche grellen und abwegigen Bilder aber wurden aus journalistischer Propaganda zu einem ganz bestimmten Zweck erdichtet. Andere Kritiken stammen aus anmaßender Unwissenheit. So heißt es bei einem anderen Autor (die Sperrungen stammen von mir): „Es ist nicht leicht für einen Engländer, genau zu erfahren, was der Brahmanismus in Wirklichkeit ist. Das einzig Wunderbare ist, daß Menschen, die von wenig Pfennigen in der Woche leben, die mit zehn Jahren heiraten und meistens, wenn nicht immer, aus den niedrigsten Kasten stammen, überhaupt eine Religion besitzen." Wie der Bischof von Peterborough vor kurzem feststellte, fällt es einigen schwer, Werte in anderen Begriffen als in geldlichen abzuwägen. Möge die Hoffnung bestehen, daß solcher snobistischer Materialismus nicht in dieses Land eindringt. Solche Bemerkungen zeigen die Tiefe der Unwissenheit und der Vorurteile, die noch bestehen. Doch nicht alle Kritik der Engländer ist so unwissend und voller Vorurteile, auch wenn wesentliche Fehler sie verderben. Es gibt im Gegenteil eine zunehmende Anzahl von Engländern, die die Glaubensformen der Inder hochschätzen und annehmen, oder, wenn sie dies nicht vermögen, doch anerkennen. Darüber hinaus gewinnt das östliche Denken einen spürbaren Einfluß auf das westliche, wenn dies auch nicht oft zugegeben wird, da viele noch die Vorstellung haben, daß sie außerhalb unserer Halbkugel nichts lernen können. Dies alles aber soll nicht die Unabhängigkeit unseres Urteils stören. Mögen andere sagen, was sie wollen, wir wollen von uns aus die Dinge feststellen, die uns betreffen. Die Inder werden das gleiche tun, wenn sie sich von der hypnotischen Magie freimachen, mit der sie oft blind der Autorität von Fremden vertrauen, die trotz ihres Anspruchs auf Gelehrsamkeit nicht immer frei sind von religiösen oder rassischen Vorurteilen. Solcher Rat ist auch heute nicht unnötig, glücklicherweise aber weniger dringend als in der Vergangenheit. Doch es gibt noch viele Inder, vor allem in meiner eigenen Generation, die vollkommen abhängig sind von ihren englischen Gurus und deren Lehren. Ihr Denken ist von der westlichen Art (dem philosophischen, religiösen, künstlerischen, sozialen und politischen Denken) so bestimmt und geformt, daß sie kaum eine größere Fähigkeit als ihre Lehrer besitzen, um ihre eigene kulturelle Tradition zu schätzen. Einige unter ihnen legen überhaupt keinen Wert auf ihre Shāstras. Andere verstehen sie nicht. Die Menschen, von denen ich spreche, sind – wie schon erwähnt – tatsächlich die Mānasaputra der Engländer im strengen Wortsinn. Der Inder, der seine indische Seele verloren hat, muß sie wieder zurückgewinnen, will er jene Unabhängigkeit seines Denkens und seiner Lebensordnung bewahren, die Kennzeichen eines Menschen ist, der Svarājya-siddhi sucht. Wie kann ein Nachahmer auf derselben Stufe stehen wie sein Vorbild? Besser sollte er als Schüler zu dessen Füßen sitzen. Wenn wir auch alle voneinander lernen können, so müssen doch einige unseres Landes erst lernen, daß ihre kulturelle Erbschaft trotz aller Fehlerhaftigkeiten (und keine ist von Fehlern frei) eine edle ist. Zumindest gleich im Rang mit jenen großen vergangenen Zivilisationen, die Leben und Denken des Westens geformt haben. Dies alles wird von Indern mit genügend Unterscheidungsvermögen zugegeben. Der Wert meiner eigenen Bemerkungen bemißt sich danach, daß ich von außen wie ein Fremder sehen und urteilen kann und doch (ich muß dies in gewissem Sinn zugeben) ein interessierter Beobachter bin – interessiert, weil mir das Wohl Indiens am Herzen liegt und das Wohl aller anderen, die in der heutigen Welt mit Indien verbunden sind.

Über das Tantra-Shāstra herrscht auch heute noch größte Unwissenheit. Ihre Übung des Vāmāchāra aber war so seltsam und von ihren Mißbräuchen wurde soviel geredet, daß man darüber fast alles andere vergaß. Hinzukommt, daß dieses Shāstra schwer zu verstehen ist. Wenn es auch in seinen Āchāras die wesentlichen Begriffe allen Menschentypen – den einfachsten wie den fortgeschrittensten – darlegt, so sind doch die Aspekte, die diese Begriffe offenbar machen und die Rahmen, in die sie eingefügt sind (wie Professor de la Vallée Poussin von dem buddhistischen Tantra sagt) von metaphysischem und subtilem Charakter. Vor allem um der Feinheiten ihrer Grundgedanken und der Schwierigkeiten ihrer rituellen Ausführungen willen wurde das Studium der Tantras, trotz der relativen Einfachheit ihres Sanskrit, bisher von westlichen Gelehrten vernachlässigt. Vielleicht dachte man auch, daß die aufgeführten Übungen das Studium der Lehre, der sie eingefügt sind, nicht benötigten. Es gab und gibt noch andere Gründe für die feindliche Kritik gegen die Tantras. Doch vermag diese die Shāstras im Ganzen nicht richtig einzuschätzen und ein genaues Urteil über das besondere Ritual zu geben, das, auf diese Weise aus dem Zusammenhang gestellt, verurteilt wird. Wenn jemand das Shāstra verdammt, so ist es seine Sache. Doch zuvor möge er es studieren und verstehen.

Ich habe in mehreren Ausführungen das Thema der Tantras behandelt. Hier sei nur erwähnt, daß das sogenannte „Tantra“ fälschlicherweise mit den Shākta-Tantras gleichgesetzt wurde, und hierbei die ganze Aufmerksamkeit dem Vāmāchāra-Ritual und der Magie (shaṭkarma) zugewendet, dieses Ritual aber, was immer auch dagegen zu sagen ist, nicht verstanden wurde. Auch wurde völlig vergessen, daß die Tantras eine bemerkenswerte Darstellung religiöser Lehren enthalten, tiefgründig angewendet in einem Ritual von psychologischem Wert, und die Shāstras auch Alchemie, Medizin, Recht, Religion, Kunst und andere Gebiete ihrer Zeit umfassen. Es genügte, das Wort „Tantra“ auszusprechen, und die Unterhaltung war zu Ende.

Oft bin ich gefragt worden, warum ich das Studium des Tantra-Shāstra begann, und von englischer Seite (im Gegensatz zum Kontinent) nahm man an, ich hätte meine Zeit und Kräfte besser verwenden können. Eine Antwort hierauf ist: im Verfolgen äußerster Mißbräuche bin ich immer auf etwas Gutes gestoßen. Der vorliegende Fall bildet keine Ausnahme. Ich protestiere – und tat es immer – gegen ungerechte Verleumdungen der Zivilisation Indiens und seines Volkes. Wenn etwas tadelnswert ist, so verlangt die Gewissenhaftigkeit eine sachgemäße Kritik. Da ich mein ganzes Leben lang die Religionen und Philosophien der Welt erforschte, habe ich mir das besondere Studium dieses Shāstra vorgenommen, um für mich selbst herauszufinden, was es lehrt und ob es, wie es hieß, im völligen Gegensatz zu allen übrigen mir vertrauten indischen Lehren steht. Denn man nannte es die Kultivierung oder Übung von Gier, Lust und Bosheit („Grausamkeit, Lust und Mummenschanz“ wie es bei Brian Hodgson heißt), von Begierden, die, wie ich wußte, gerade die indischen Shāstras, wie auch alle anderen religiösen Schriften der Welt, verbieten.

Ich fand, daß dieses Shāstra eine große Rolle in der Geschichte der indischen Religion spielte. Das Tantra-Shāstra oder die Āgama ist nicht, wie manche meinen, eine unbedeutende kleine Schrift, ein unwichtiges Beispiel für die vielfältigen religiösen Offenbarungen aus dem Mund der für alle Arten von religiösen Sekten Schwärmenden. Es ist, ganz im Gegenteil, zusammen mit Veda, Smṛiti und Purāṇa, eines der wichtigsten Shāstras Indiens und beherrscht in verschiedenem Ausmaß und auf verschiedene Weise die Tempel- und Haus-Rituale ganz Indiens heute wie seit Jahrhunderten. Diese Tatsache läßt die heftigen Gegner den Einfluß dieser Schrift erkennen und fürchten. Schon vom geschichtlichen Standpunkt aus ist es wertvoll, sie als einen wichtigen Teil der indischen Kultur zu studieren, ganz abgesehen von ihrem inneren Wert. Geschichte kann nicht geschrieben werden, wenn wir darin ausschließen, was wir persönlich nicht mögen. Wie es Terenz großartig ausdrückt: „Wir sind Menschen, und nichts, was ein Mensch tut, ist uns fremd." Die Schüler mögen persönlich Inhalt und Geist einiger Tantras nicht billigen, aber der Lauf der Geschichte sollte nicht durch persönliche Vorliebe beeinflußt werden. Doch dies geschah. Einige benützten das Shāstra als nützliche Angriffswaffe gegen die indische Religion und ihre Bestrebungen. Sprach man von den Höhen geistiger Erfahrung in Indien, so konnte man zur Antwort bekommen, daß die schamlosen Tiefen, zu denen das Tantra-Shāstra, die Pushṭimārga, die Vaishṇava Sahajīya und andere hinabführen, eine größere Rolle spielen. Lobte man die hohe Sittlichkeit der indischen Shāstras, so mochte zugegeben werden, daß Indien nicht ganz des Lichts des Guten beraubt sei, aber zugleich erhob sich die Frage, wie es um die Dunkelheit der Tantras bestellt wäre, und so weiter.

Wir wollen diese Einwände nicht ausschalten, sondern aufgreifen. Natürlich enthalten sie einen Kern von Wahrheit. Solche Gegner aber wollen gar nicht (selbst wenn sie die Fähigkeit des Verständnisses besäßen) die Lehren des Shāstra darlegen. Doch dies verlangt die Aufrichtigkeit. Neben seiner geschichtlichen Bedeutung besitzt das Shāstra in mancher Hinsicht innere Werte, die sein Studium rechtfertigen. So ist es die Schatzkammer des indischen Okkultismus. Diese okkulte Seite der Tantras ist von wissenschaftlicher Bedeutung, vor allem im Hinblick auf das gegenwärtig neuerwachte Interesse des Westens am Okkultismus. „Neugeist-Denken" und ähnliche Bewegungen sind eine Art von Mantravidyā. Vashīkaraṇam ist Hypnotismus, Faszination. Es wird von „Spiritualismus", „Kräften" und dergleichen in den Tantras gesprochen. Für mich selbst aber ist die philosophische und religiöse Seite der Schriften die wesentliche. Denn nicht „Kräfte" (siddhi) sind das Hauptanliegen der meisten Menschen. Tatsächlich sind Studium und Übung des Okkultismus voller Gefahren, und die Suche nach okkulten Kräften ist ein Hindernis auf dem Weg zur Erlangung des vollkommenen Siddhi, der das Ende aller Shāstras ist. Von größerem Interesse und Nutzen ist deshalb die wertvolle Darlegung der Vedānta-Weisheit, vor allem im Shākta-Tantra (ich habe den Vedānta niemals ganz verstanden, ehe ich nicht die Tantras studiert hatte), und das Ritual, das zur inneren Erfahrung führen soll (aparokṣha-jñāna). Die Bedeutung des Shākta-Tantra mag zusammengefaßt werden in der Behauptung, daß es ein Sādhanā-Shāstra des Advaitavāda ist. Dies werde ich später ausführen. Hier möchte ich nur sagen, daß die hauptsächlichste Frage des täglichen Lebens darin besteht, wie man praktisch die Wahrheiten jeder Religion verwirklichen kann. Dies gilt für alle, für Hindus, Mohammedaner oder Christen. Philosophische Spekulationen und Reden allein erreichen nichts anderes als eine intellektuelle Klarstellung. Das aber ist, wie wir alle wissen, nicht genug. Nicht was wir erörtern, sondern was wir sind, zählt. Die grundlegende Frage also ist, wie die religiöse Lehre (sākṣhātkāra) verwirklicht werden kann. Dies ist die Frucht der Sādhanā, mag ihre Form christlich, hinduistisch, mohammedanisch, buddhistisch oder anderer Art sein. Das hauptsächlichste Sādhanā-Shāstra des rechtgläubigen Hindu ist das Tantra-Shāstra, die Āgama in ihren verschiedenen Schulen. Auf dieser Tatsache beruht ihr Hauptgewicht und ihre praktische Bedeutung für den Hindu. Das Shāstra und der Advaitavādā, auf dem das Shākta-Ritual beruht, sind nach meiner Meinung der Hauptgrund, warum Shākta-Darshana, die Shākta-Lehre, des Studiums wert ist.

In der Meinung, die ich mir über das Shāstra gebildet habe, wurde ich von vielen, mit denen ich darüber sprach, bestärkt. Ich möchte hier den letzten Brief anführen, den ich erst vor einem Monat von einem indischen Freund bekam, der sowohl Sanskrit-Kenner wie Philosoph ist – eine sehr seltene Verbindung. Er schreibt: „Sie (die Tantras) haben eine solche Flut von neuem Licht vor mir ausgebreitet, daß ich wirklich die Empfindung habe, als hätte ich eine neue Welt entdeckt. Viel Nebel und Dunkelheit haben sich jetzt aufgeklärt, und ich finde in den Tantras nicht nur eine große und durchgeistigte Philosophie, sondern entdecke viele fehlende Glieder in der Entwicklung der verschiedenen Systeme der Hindu-Philosophie, die ich zuvor nicht finden konnte, die ich aber seit Jahren suche.“ Diese Feststellung mag vielleicht manchen zu dem Gedanken verleiten, das Shāstra würde etwas in jeder Hinsicht Neues lehren. In seinen Grundlehren aber enthält das Tantra-Shāstra (der Bequemlichkeit halber beschränke ich mich auf die Shākta-Form) vieles, was in dem Advaita-Vedānta steht. Darum werden diejenigen enttäuscht sein, die der Meinung sind, daß sie in dem Shāstra völlig neue grundlegende Wahrheiten über die Welt finden werden. Die Bemerkung bezieht sich aber nicht auf Lehre, Darlegung, Methoden oder Einzelheiten, von denen mein Freund zweifellos auch in seinem Brief spricht. Wer wirklich die indischen Shāstras als Ganzes verstanden hat, wird in den verschiedenen Formen und Graden des geistigen Fortschritts den gleichen, allen Lehren zugrunde liegenden Kern finden.

Das Shākta-Tantra beruht mit den vier Veden, den Āgamas und Nigamas ebenso wie alle anderen wirklich indischen Shāstras auf dem Veda. Veda, im Sinn von Wissen, ist letzte geistige Erfahrung, ist Chit, Brahman in dem einen ungeteilten unendlichen Meer, aus dem die Welt als ein begrenzter Punkt im Bewußtsein aufsteigt. So steht über die Devī im Kommentar zum Trishatī:

Vedāntamahārākya-janya
sākṣhātkārā-rūpa-brahmavidyā.

Sie ist Brahman-Erkenntnis (brahmavidyā) in Form einer unmittelbaren Erfahrung, die hervorgerufen wird durch das große Wort des Vedānta (mahāvākya): „Tat tvam asi" („Das bist Du") und alle ähnlichen Worten wie „So' ham" („Er bin ich"), „Brahmāsmi" („Ich bin Brahman") und so fort. Mit anderen Worten: Selbsterkenntnis ist Selbst-Erleuchtung und Grundlage aller anderen Erkenntnis. Ihre Übersinnlichkeit erhebt sie jenseits des Prüfenden und der Prüfung. Sie ist Selbst-Verwirklichung (svānubhava). Aber Sruti ist die Quelle, aus der diese Erkenntnis stammt, wie Shāṅkara sagt, der damit (wie es auch in gewissem Grade die Vernunft vermag) falsche Begriffe über diese Selbst-Erkenntnis forträumt. Sruti ist die Offenbarung, die durch Entfernen der aufeinander gehäuften menschlichen Fehler gewonnen wird. Der Veda ist im ursprünglichen Sinn die Welt als ein Gedanke im kosmischen Geist des schöpferischen Brahman und schließt alle Formen des Wissens ein. Er ist ewig, da er mit den Saṁskāras und als diese zu Beginn jeder Schöpfung aufsteigt. Dies ist Vedamūrti-Brahman. Als zweites enthält der Veda die verschiedenen Teiloffenbarungen, die sich auf Tattva, Brahman oder Gott und den Dharma, die Sittlichkeit beziehen. Diese wurden zu verschiedenen Zeiten und an verschiedenen Orten einigen Riṣhis zuteil und sind in den vier Vedas: Ṛik, Yajus, Sāma und Atharva enthalten. Der Veda erschöpft sich nicht in den vier Vedas. Wenn diese auch als „früheste" Offenbarungen betrachtet werden müssen, sind sie denn die einzigen? Offenbarung (ākāshavānī) endet nie. Wann und wo auch immer wahre Riṣhi oder Seher leben, dort ist Offenbarung. Shabdabrahmamūrti ist Nigamādishāstramaya: denn es heißt, daß die Āgama der Paramātmā dieser Mūrti ist; die vier Vedas mit ihren Aṅgas sind sein Jīvātmā; die sechs Philosophien seine Indriyas, die Purāṇas und Upapurāṇas sein grobstofflicher Körper. Smṛiti sind seine Hände und die übrigen Glieder; alle anderen Shāstras sind die Haare seines Körpers. Im Herz-Lotus sind die 50 Tejomayī-Mātṛikā, im Samengehäuse die Āgamas, die wie Millionen von Sonnen und Monde glitzern. Diese sind Sarvadharmamāyā, Brahmajñānamāyā, Sarvasiddhimāyā und Mūrtimān. Sie wurden den Ṛiṣhis offenbart. Tatsächlich sollen alle Shāstras eine große, vielmillionenfache Sammlung (shatakoṭi-saṁhitā) bilden, von denen jede eine besondere Offenbarung des einen wesentlichen Veda an die Menschen ist. Hieraus folgt die Meinung, daß sie sich nicht widersprechen, sondern miteinander übereinstimmen. Denn es gibt nur eine Wahrheit, mag sie auch in verschiedenen Stufen empfangen und in verschiedener Weise durch die Seher (ṛiṣhis) denen verkündet worden sein, deren geistige Sicht nicht genügend stark war, um sie unmittelbar und für sich allein zu unterscheiden. Wie aber kann, nach indischer Vorstellung, das, was als Offenbarung verkündet wurde, sich auch als solche erweisen? Die Antwort ist die des Aryurveda: Eine Arznei ist gut, wenn sie heilt. In gleicher Weise ist auch ein Shāstra wahr, wenn die Siddhi, die es zu vermitteln sucht, als Früchte seiner praktisch angewandten Unterweisungen, entsprechend der Zulänglichkeit des einzelnen und unter den vorgeschriebenen Bedingungen erworben werden. Dieser Grundsatz ist ein praktischer und weithin gültig. Der Baum muß nach seinen Früchten beurteilt werden. Wird diese Regel auf das allgemeine tägliche Leben angewendet, so mögen einige tantrische Übungen mit Recht nachteilig beurteilt werden. Dennoch wäre es falsch, würde man annehmen, daß selbst solche verurteilte Übungen eine andere Grundlage hätten als den Veda. Die Gelehrten des Tantra-Shāstra halten es für Unwissenheit (avidyā), wenn man einen Unterschied zwischen Āgama und Veda macht.

Es bestehen falsche Vorstellungen über die Beziehung der Tantras zum Veda und den Vedas. Ich las vor einigen Jahren in einem bengalischen Buch, das von einem Brahmanen geschrieben war, daß „der Unterschied zwischen beiden der zwischen Hölle und Himmel sei". Worauf nun beruht ein solcher verdammender Vergleich? Man soll den Beweis einer solchen Behauptung herausfordern. Darum wollen wir prüfen, was das Shākta-Tantra (auf das man sich bezog) lehrt.

Zuerst: die „Hölle" erkennt den „Himmel" an, denn, wie ich zeigte, erkennt das Shākta-Tantra die Autorität des Veda an. Alle indischen Shāstras tun dies, oder es wären keine indischen Shāstras. Die Stellen, die dies besagen, sind so zahlreich und der Standpunkt ist so klar, daß ich nur einige wenige anführen will.

Das Kulārṇava-Tantra lehrt (II. 85, 140, 141), daß Kuladharma auf der Wahrheit des Veda gründet und von ihr inspiriert ist. *Tasmāt vedātmakam shāstram viddhi kaulātmakam priye.* Prapañchasāra und andere Tantras zitieren den vedischen Mahāvākya und Mantras. Da diese ein Teil des Veda sind, sagt das Meru-Tantra, das Tantra sei ein Teil des Veda (Prāṇatoṣhiṇī 70). Das Nirruttara-Tantra nennt das Tantra den fünften Veda, und Kūlāchāra heißt das fünfte Āshrama (ebenda), das heißt, er folgt allen anderen. Im Matsyasūktamahātantra (XIII) steht, daß der Schüler von reiner Seele (shuddhātmā) und ein Kenner des Veda sein muß. Ohne Vaidikakriyā (vedakriyā-vivarjita) ist man zu nichts fähig (Mahārudrayāmala, I Khaṇḍa, Kap. 15; II Khaṇḍa, Kap. 2; Prāṇatoṣhiṇī 108). Das Gandharva-Tantra (Kap. 2; Prāṇatoṣhiṇī 6) sagt, daß der tantrische Sādhaka ein Gläubiger des Veda (astika) sein muß, stets an Brahman gebunden, unaufhörlich von Brahman sprechend, in Brahman lebend und bei Brahman Schutz suchend. Übrigens ist dies eine seltsame Forderung für die, deren Riten angeblich reine Ausschweifung zum Inhalt haben. Im Kulārṇava steht, daß kein Wissen höher sei als das des Veda und keine Lehre Kaula entspräche (Kap. III, 113):

Nahive dādhikā vidyā na kaula-samadarshanam.

Hier wird ein Unterschied zwischen Vedas, der Vidyā ist, und der Kaula-Lehre, die Darshana heißt, gezogen. Vgl. auch das Mahānirvāṇa-Tantra (I, 18, 19 u. II. 8–15). Im Mahānirvāṇa-Tantra (III, 72) wird das Mantra Om sachchidekam Brahma überliefert, und im Prapanchasāra (Kap. XXIX) wird dieses (sogenannte) „Geheimnis der Vedas" erklärt.

Daß das Shākta-Tantra den Veda als seine Grundlage angibt, ist ohne Zweifel. Kulluka Bhaṭṭa, der berühmte Kommentator des Manu sagt auch, daß Shruti von zweierlei Art sei, vedisch und tantrisch: vaidikī tāntrikī chaiva dvividhā shrutih kīrtitā.

Natürlich besteht die Tatsache, daß verschiedene Sekten sich über den Punkt ereifern, ob sie Shruti tatsächlich richtig ausdeuten und mit ihr übereinstimmende Übungen befolgen. Sich widerstreitende Schulen behaupten, daß bestimmte Shāstras der Shruti entgegengesetzt sind, auch wenn sie sich auf sie beziehen. So spricht Bhāskararāya im Kommentar zum V. Kap. (76) des Lalitāsahasrnāma von einigen Tantras, die „dem Veda widersprechen" (vedaviruddhāni). Vāyu Samhitā behauptet, Shaivāgama sei von zweierlei Art, einmal auf Shruti gegründet, das andere Mal nicht. Im ersten sei das Wesen des Shruti enthalten. Shrauta ist Svatantra und Itara *Shaivagamo'pi dvividhah Shrautash cha saṁsmritaḥ shrutisārmayaḥ shrautaḥ svatantras tvitaro Shrauto' mataḥ.*

So heißt es auch wieder, die Bhāgavata- oder Pancharātra-Āgama sei nicht vedisch. Dies wurde von Shaṅkārachārya und Rāmānuja, in Anlehnung an Yamunāchārya, erörtert.

Wir müssen in allen Fällen zwischen dem unterscheiden, was eine Schule von sich selbst behauptet und dem, was andere sagen. Im Christentum erheben Katholiken wie Protestanten den Anspruch, ihre Lehre auf der Bibel zu begründen, und beide halten die andere Richtung für eine falsche Auslegung. Jede protestantische Sekte behauptet auch das gleiche von anderen Sekten.

Ist nun das Shākta-Tantra tatsächlich dem Veda entgegengesetzt? Wir wollen kurz die Hauptpunkte seiner Lehre überblicken. Es lehrt, daß Paramātmā Nirguṇa Shiva Sachchidānanda sei (Prapanchāsara, Kap. XXIX: Kulārṇava, Kap. I, 6–7). Im Kulārṇava steht: „Shiva ist der ungeteilte höchste Brahman, der Alles-Wissende (sarvajña) Schöpfer von allem. Er ist der Eine ohne Zweiten (advaya), das Licht selbst, unveränderlich, ohne Anfang und Ende. Er hat keine Eigenschaften und ist erhaben über dem Höchsten. Er ist Sachchidānanda (I. 6–7, vgl. auch dhyāna und pancharatnastotra im mahānirvāṇa tantra III. 50, 59–63).

Brahman ist Sachchidānanda, ewig (nitya), unveränderlich (nirvikāra), ungeteilt (niṣhkala), von Māyā unberührt (nirmala), ohne Eigenschaften (nirguṇa), ohne Form (arūpa), unvergänglich (akṣhara), überallhin ausgebreitet wie der Raum (vyomasannibha), sich selbst erleuchtend (svyamjyotiḥ), die Wirklichkeit (tattva), jenseits von Gedanken und Worten, der man allein durch geistiges Fühlen nahen kann (bhāvanāgamya) (Kulārṇava I, 6–8; III. 92, 93; IX. 7. Mahānirvāṇa III. 50, 59–63, 67–68, 74; III. 12). In Seinem Aspekt als Herr (Īshvara) über allem, ist Er der alles Wissende (sarvajña). Sein Körper ist reines Sattva (shuddhasattvamāyā), die Seele des Weltalls (vishvātmā) (Mahānirvāṇa I. 61, III. 68). Solche Bestimmungen bestätigen die Lehre des Veda. Brahman durchdringt das Weltall ohne Begrenzungen (Prapañchasāra XXIX; Mahānirvāṇa III. 33–35) wie Öl den Sesamsamen (Shāradā Tilaka I, Shāktānandararaṅñgiṇī I, Prāṇatoṣhiṇī 13). Dieser Brahman hat einen zweifachen Aspekt als Parabrahma (nirguṇa, niṣhkala) und als Shabdabrahma (saguṇa, sakala). Sammohana, eine sehr fesselnde Tantra-Schrift, sagt (Kap. I.), daß Kubjikā von zweifachem Aspekt sei: Niṣhkalā als Chandra-vaktrā und Sakalā, wenn sie Paramukhī genannt wird. Das gleiche gilt für die Guhyakālī, die in ihrem ersten Aspekt Ekavaktrā mahāpashupatīshī advaitabhāvasampannā und in ihrem zweiten Dashavaktrā ist. Nach dem gleichen Tantra ist Sadāshiva ohne Grenzen (der Māyā) und Jīva begrenzt (pāshabadho bhavej jīvah pāshamuktah, Sadāshivahi IX. 42). Hierüber sagt der Autor des Prāṇatoṣhinī, der diese Stelle anführt: „So ist die Gleichheit von Jīva und Shiva aufgezeigt (iti shiva-jīvayoraikyam uktam). Das Shākta-Tantra ist also Advaita-vāda, denn es verkündet, daß

Paramātmā und Jīvātmā eins sind. Das ist die Bestätigung der „großen Worte" (mahāvākaya) des Veda: „Tat tvam asi", „So'ham", „Brahmāsmi" (Mahānirvāṇa VIII. 264–265; V. 105. Prapañchasāra II), wobei Hrīm mit Kuṇḍalī und Hangsaḥ, dann mit So'ham gleichgesetzt wird. Yah Sūkṣhmaḥ So'ham (ebenda XXIV. Jnānārṇava Tantra XXI. 10. Zu Brahmāsmi siehe Kulārṇava IX. 32, 41. so hambhāvena pūjayet). Das Mantra: „Dies alles ist gewiß Brahman (sarvam khalvidam brahma)", ist nach dem Mahānirvāṇa (VII. 98) Ende und Ziel der tantrischen Kulāchāra. Die Verwirklichung dieser Lehren ist nach der Beschreibung des Prapañchasāra-Tantra der fünfte oder höchste Zustand (Kap. XIX); denn die Gleichheit von Jīvātmā und Paramātmā ist Befreiung, die der Vedāntasāra als Jīvabrahmanoraikyam bezeichnet. Das Kulārṇava erwähnt den Advaita, von dem Shiva spricht (Advaitantu shivenoktam I. 108. Vgl. auch Mahānirvāṇa II. 33–34; III. 33–35; 50–64. Prapañchasāra II, XIX, XXIX). Gandharva-Tantra lehrt, daß der Sādhaka ein Nicht-Dualist (dvaitahīna) sein muß (vgl. Kap. II, ebenda. Prāṇatoṣhiṇī 108. Mahārudrayāmala I. Khaṇḍa, Kap. 15. II Khaṇḍa, Kap. 2). Es ist nutzlos, immer mehr Bestätigungen für diesen Punkt anzuführen. Sie wären ohne Ende. Tatsächlich erhebt diese besondere Form der Verehrung, die den Shākta-Tantras ihren Mißkredit eingebracht hat, den Anspruch, eine praktische Anwendung des Advaitavāda zu sein. Das Sammohana-Tantra (Kap. VIII) spendet dem Philosophen Shaṅkarāchārya großes Lob, indem es behauptet, in ihm habe sich Shiva verkörpert, um den Buddhismus zu zerstören. Kaulāchārya soll die Erkenntnis der vedantischen Lehre treu befolgen. Shiva sagt im Kulārṇava (I. 110): „Einige suchen den Dualismus (dvaita), andere die Nicht-Zweiheit (advaita), meine Wahrheit aber ist jenseits von beiden (dvaitādvaitavivarjita)."

Advaitavedānta ist der ganze Tag, das ganze Leben des Shākta-Sādhaka. Wenn er bei Morgendämmerung (brahmamūhurta) erwacht, sitzt er auf seinem Bett und meditiert: „Ich bin die Devī und nichts anderes, Ich bin Brahman, jenseits aller Sorgen. Ich bin eine Form von Sachchidānanda, dessen wahre Natur ewige Befreiung ist."

Aham Derī na chānyo'smi, brahmairāhamana shokabhāk,
Sachchīdānandarūpo'ham nitya muktasrabhāvavān.

Am Nachmittag sitzt er in Pūjāsana zur Zeit der Bhūtashuddhi und meditiert über die Auflösung der Tattvas im Paramātmā. Da er keinen Unterschied zwischen Paramātmā und Jīvātmā sieht, bestätigt er Sā'ham: „Ich bin sie." Wieder am Abend, nach den rituellen Verrichtungen, bekräftigt er sich selbst, daß er Akhilātmā und Sachchidānanda ist und schläft mit diesen Gedanken ein. In ähnlicher Weise (möchte ich hier einfügen) bildet sich im buddhistischen Tantra der Sādhaka, der sich in den Zustand des Devadeha (l Hayi-sku) erhebt, ein, daß die Doppeltrommeln in den Himmeln die Mantras der 24 Viras (d Paḥvo) verkünden, und er betrachtet alle Dinge um sich als das Maṇḍala seiner selbst in Gestalt des Buddha-Vajrasattva. Vor dem Einschlafen bildet er sich wieder ein, sein Körper wäre Buddha Vajrasattva, und versinkt dann in den ruhigen Zustand der Leere (shūnyatā).

Das Gandharva-Tantra lehrt: „Nachdem der weise Sādhaka den Guru, wie befohlen, gegrüßt und ‚So'ham' gedacht hat, sollte er beim Vollbringen des Ritus die Einheit von Jīva und Brahman bedenken."

Gurīm natvā vidhānena so'ham iti purodhasaḥ
Aikyam sambhāvayed dhīmān jīvasya brahmaṇo'pi cha.

Im Kālī-Tantra heißt es: „Nachdem der Sādhaka in solcher Weise meditiert hat, sollte er die Devī als seinen eigenen Ātmā verehren, im Gedanken: „Ich bin Brahman." Das Kubjikā-Tantra lehrt (die Devī wird Kubjikā genannt, weil sie Kuṇḍali ist): „Ein Sādhaka sollte über sein eigenes Selbst meditieren, als sei es mit ihr identisch (Tayā sahitam ātmānam ekībbhūtam vichintayet) und so fort.

Die Hauptlehre dieses Shākta-Tantras handelt von Shakti als Svarūpa (in der Form, die sie in sich selbst ist), als Chidrūpiṇī, die Parāprakṛiti des Paramātma ist (Mahānirvāṇa IV. 10) oder als Māyā und Prakṛiti (vgl. hierzu die große Hymne an Prakṛiti im Prapanchasāra Kap. XI). Shakti ist, wie das Kubjikā-Tantra lehrt (Kap. I), Bewußtsein (chaitanyarūpiṇī) und Seligkeit (ānandarūpiṇī). Zugleich ist sie Trägerin der Guṇas (guṇāshrayā) und besteht aus diesen (guṇamayī). Māyā wird hier vom Standpunkt der Sādhanā aus erklärt, da das Tantra-Shāstra ein Sādhanā-Shāstra ist und nicht vom Māyāvāda, das heißt vom übersinnlichen Standpunkt des Shāṅkara aus.

Was sollte in dem großen Devī-Sūkta des Rigveda (Maṇḍala X, Sūkta 125), stehen, was das Shākta-Tantra nicht lehrt? Der Riṣhi, der diese Offenbarung verkündet, war eine Frau, die Tochter des Riṣhi Ambhṛiṇa. Zur Frau gehört die Offenbarung der göttlichen Mutterschaft. So lautet ihre Hymne: „Ich bin die erhabene Königin, die Schatzkammer aller Schätze; der Hauptgegenstand aller Verehrung. Mein alles durchdringendes Selbst offenbaren alle Devatās. Mein Geburtsplatz liegt inmitten der Urwasser; ausatmend gebe ich allen erschaffenen Welten Gestalt und doch entfalte ich mich weit über sie hinaus – so umfassend bin ich in meiner Größe." (Die ganze Hymne ist in der französischen Ausgabe von A. und E. Avalon „Hymne an die Gottheit", Bossard, Paris übersetzt.)

Es ist nutzlos Aussprüche anzuführen, die zeigen sollen, daß das Shākta-Tantra die Karma-Lehre anerkennt, die, wie es in dem Kulārṇava-Tantra (IX. 125) heißt, Jīva nicht aufgeben kann, es sei denn er verzichte auf ihre Früchte – auf die unendliche Zahl der Weltalls und ihre Vergänglichkeit (Mahānirvāṇa III. 7), auf die Vielzahl der Welten, auf Himmel und Hölle, auf die sieben Lokas, die Devas und Devīs, die – wie es im Kulachūdāmaṇi-Nigama (nach der Devī-Sūkta, Kap. I) heißt – nur Teile der großen Shakti (Shāktānandataraṅginī III) sind. Mokṣha, der Zustand der Befreiung ist als Advaitavāda Paramātmā. Das Shākta-Tantra erkennt auch die Smṛiti und Purāṇas an, ebenso Mahānirvāṇa und andere Tantras, die es für die herrschenden Shāstras des Tretā- und Dvāpara-Zeitalters hält, so wie das Tantra die Schrift des Kaliyuga ist. So heißt es im Tārāpradīpa (Kap. I), daß im Kaliyuga die Tantras und nicht der vedische Dharma zu befolgen sind. Im Satya-Zeitalter soll der Veda noch ungeteilt gewesen sein. Im Dvāpara teilte Kṛiṣhṇadvaipāyana den Veda in vier Teile. Im Satya war der vedische Upāsanā Pradhāna, das heißt, hatte er die Vorherrschaft. Die Sādhakas verehrten Indra, um Reichtum, Kinder und ähnliches zu erlangen, während die Nishkāma-Rishis den Sarvashajjtimān anbeteten (devīsukta ist advaitasiddhipūrna). Im Tretā wurde die Verehrung von den Smṛiti bestimmt.

Damals soll Vashishṭha die Sādhanā der Brahmavidyā nach dem Chīnāchārakrama vollbracht haben. Wenn auch im Dvāpara die Smṛiti wie die Purāṇas anerkannt waren, so wurden die Riten doch im allgemeinen nach den Purāṇas ausgeführt. Auch damals gab es, wie immer, Verehrer des Pūrṇachaktimahāvidyā. Am Ende des Dvāpara und zu Beginn des Kali-Zeitalters wurden die Tantra-Shāstras den Menschen gelehrt. Damals wurden, wie auch heute noch, die zehn Saṁskāras, Shrāddha und Antyeshṭikriyā nach dem Vaidikadharma ausgeführt; Āshramachāra nach dem Dāyabhāga und nach anderen Smṛiti-Texten; die Vratas nach den Purāṇas; Dīṇshā und Upāsanā des Brahman mit Shakti und verschiedene Arten von Yoga-Sādhanā nach den Āgamas, die in drei Teile gegliedert sind: in Tantra (sattvaguṇa), Yāmala (rajoguṇa) und Dāmara (tamoguṇa). Es gab 64 Tantras für jede der drei Unterteilungen: Ashvakrāntā, Rathakrāntā, Vishṇukrāntā.

Dieses ist die tantrische Überlieferung von den Zeitaltern und den ihnen gemäßen Schriften. Es muß noch erforscht werden, ob diese Überlieferung eine geschichtliche Grundlage hat, ein schwieriges Unterfangen, da viele Tantras verlorengingen, andere von ihren Gegnern vernichtet wurden. Mir aber genügt es festzustellen, woran die Tantras glauben. Denn ich möchte zeigen, daß das Tantra-Shāstra den Veda und jedes anerkannte Shāstra bestätigt und nicht im Gegensatz zu ihnen steht. Es glaubt an die sechs Philosophien (darshana), die nach Shiva die sechs Glieder von Kula und Teile Seines Körpers sind, so daß derjenige, der diese beschädigt, Seine Glieder zerstört (Kulārṇava II. 84–85). Dies bedeutet, daß die sechs Philosophien und die sechs Denkorgane, wie auch alles andere, Teile Seines Körpers sind. Das Tantra-Shāstra nimmt ferner die Shabda-Lehre des Mīmāmsā an, die ein wenig verändert wurde, um mit seiner Shakti-Lehre übereinzustimmen. Es erkennt, gemeinsam mit dem Shaiva-Tantra, die Lehre der 36 Tattvas und Shadaḍhavā an (tattva, kalā, bhuvana, varṇa, pada, mantra; vgl. meinen „Blütenkranz der Buchstaben").

Dies ist eine ausführliche Erklärung des Ursprungs der Purusha- und Prakṛiti-Tattvas des Sāṅkhya, die als Zwillingsfacetten des Einen dargelegt werden. Ebenso wird die „Entwicklung" der Shakti im Purusha Prakṛitti-Tattva aufgezeigt. Die Tantras nehmen auch die Lehre der drei Körper (des ursächlichen, feinstofflichen und des grobstofflichen) an und die drei Stufen (jāgrat, svapna, sushupti) in ihren individuellen und kollektiven Aspekten. Es folgt die Art der Entfaltung (pariṇāma) des Sāṅkhya, soweit sie die Entwicklung des Jīva betrifft, ebenso ein Ābhāsa, nach Art des Vivartta von „Feuer zu Feuer" in der reinen Schöpfung. Eine Darstellung des Körpers schließt die fünf Prāṇas, die sieben Dhātus, die Doshas (vāyu, pitta, kapha) ein und noch anderes. An Ritualen enthält das Tantra-Shāstra das allgemein angenommene Ritual des heutigen Hinduismus: Mantra, Yantra, Pratimā, Liṅga, Shālagrāma, Nyāsa, Japa, Puja, Stottra, Kavacha, Dhyāna und so fort, ebenso die vedischen Riten, wie die zehn Samskāras,

Homa und dergleichen. Die meisten der heute allgemein angenommenen Rituale sind tantrischer Natur. Auch Yoga wird in allen seinen Formen anerkannt als Mantra, Haṭha, Laya, Jñāna. Insbesondere wird Laya- oder Kuṇḍalī-Yoga geübt.

So wird nicht nur die Autorität des Veda mit den Āgamas, Nigamas und Tantras anerkannt, sondern es gibt auch nicht eine einzige Lehre oder Übung unter den bisher erwähnten, die nicht ganz allgemein befolgt wird oder nicht die Zustimmung einer großen Anzahl indischer Gläubiger besitzt. Das Shāstra erkennt alle Vorstellungen an, die dem Hinduismus als Ganzem eigen sind. Auch keine einzige der zuvor erwähnten Lehren steht im Gegensatz zum Veda, das heißt, entgegen der Wahrheit des Advaitavada. Es steht natürlich den Dualisten und Vishishtadvaitas frei, zu behaupten, daß die monistische Erklärung des Vedānta nicht die wahre Auslegung der vedischen Wahrheit sei. Kein Shākta aber wird solches sagen. Mit diesem Vorbehalt wüßte ich nichts, was das Tantra ausließ, von dem was es hätte einbeziehen sollen oder daß es etwas aussagt, was dem Veda widerspricht. Sollte dies der Fall sein, so wäre ich als Schüler des Shāstra jedem verpflichtet, der mich darauf aufmerksam machen würde. Das Shāstra hat sich deshalb bisher nicht als „Hölle" erwiesen, im Gegensatz zum Himmel des Veda. Es sei aber festgestellt, daß ich jene Hauptsache ausgelassen habe, die zu dem schlechten Ruf des Tantra und der Behauptung führte, daß es nicht vedisch sei: den berüchtigten Gottesdienst (panchatattva) mit Fleisch, Wein, Fisch, Korn und Frauen. Ich habe auch die Magie außer acht gelassen, die in einigen der Shāstras enthalten ist. Zuerst sei über diese gesprochen. Magie ist nicht in besonderer Weise den Tantras eigentümlich, sondern wird in hohem Maße im Atharvaveda gefunden. Tatsächlich ist die Definition von Abhichāra „das Karma, das in den Tantras und im Atharvaveda beschrieben wird".

Abhichāra ist ein magischer Vorgang, dessen Zweck Zerstörung oder Schädigung ist. Es ist Himsa-Karma oder die Tat, die anderen Schaden zufügt. So liegt in dieser Magie nichts, das dem Veda entgegengesetzt wäre. Ich möchte aber auch zeigen, daß in der Magie (ṣhaṭkarma) an sich nichts von Übel ist. Wie bei vielen Dingen, ist es der rechte oder falsche Gebrauch, der etwas recht oder falsch macht. Wenn ein Mensch durch Māraṇa- Karma einen geschäftlichen Rivalen tötet, um ihn aus dem Weg zu räumen und seine Kunden zu übernehmen, dann begeht er eine schwere Sünde, eine der schwerwiegendsten. Angenommen aber, man sähe einen Tiger ein Kind umschleichen oder einen Räuber, der um eines goldenen Schmuckes willen ein Kind erschlagen will, so wäre es eine zu rechtfertigende Tat, wenn man Tiger oder Räuber erschlüge.

Magie aber wird leicht von Tantra-Anhängern mißbraucht. Dies ist meiner Meinung nach der größte Vorwurf, der ihnen gemacht werden kann. Denn üble Magie, die aus Bosheit stammt, ist ein größeres Verbrechen als irgendein Mißbrauch natürlicher Begierden.

Wir müssen aber hier wie überall, zwischen der Lehre des Shāstra und den Ausführungen seiner Schüler unterscheiden. Dem Sādhaka wird befohlen, daß er „anderen Wesen Gutes tue, als wären sie sein eigenes Selbst": *Ātmavat sarvabhūtebhyo hitam kuryāt kuleshvari:* (Kulārṇava-Tantra XII, 63). In der Kulārṇava-Samhita – ein anderes, dem gleichbenannten Tantra unterlegenes Werk, vollführt Shiva schreckliche Riten mit dem Fleisch von Ratten und Fledermäusen, mit dem schmutzigen Leinen eines Chandala-Weibes, mit dem Leichentuch eines Toten und so fort. Dann spricht er die Worte: „Mein Herz zittert (hridayam kampate mama), meine Glieder zittern (gātrāṇi mama kampante), mein Mund ist trocken, oh Pārvatī (mukham shuṣhyate pārvatī)! O, Du Gütige, mein Denken ist ganz verwirrt (kṣhobho me jāyate bhadre). Was soll ich noch mehr sagen? Besänftige es, besänftige es, besänftige es (na vaktavyam)." Dann fährt er fort: „Im Kali-Zeitalter sind die Sādhakas meist gierig nach Geld. Nachdem sie große sündvolle Taten begangen haben, zerstören sie lebende Wesen. Denn gibt es weder Guru noch Rudra, noch Dich, noch Sādhikā. Mein liebes Leben! Sie sind bereit Handlungen zu begehen, die die Menschen vernichten. Darum ist es falsch, diese Dinge aufzudecken, oh Devī. Ich habe dir dieses aus Liebe gesagt, weil mich Deine Küsse und Umarmung tief beglücken. Aber es sollte so sorgfältig von Dir verschlossen werden, wie Dein eigener geheimnisvoller Körper. Oh Pārvatī, alles dies ist sehr sündhaft und ein sehr schlechter Yoga (mahāpātakayuktam tat kuyogo' yam udāhṛitah)."

Kalikāle sādhakāstu prāyasho dhanalolupāh
Mahākṛityām vidhāyaiva prāṇinām badhabhāginah
Na gurur nāpi Rudro vā naiva tvam naiva sādhikā
Mahāpraṇivināshāya samarthaḥ prāṇavallabhe
Etat prakāshanam devi doṣhāyā parikalpyate
Snehena tava deveshi chumbanālinganaistathā
Santuṣhyaiva mayā devi sarvam etat prakāshitam
Tvayā gopyam prayatnena svayoniriva Pārvati
Mahāpātaka-yuktam tat kuyogo'yam udāhritaḥ.

„Nichts von allen diesen Dingen sei jemals von Dir getan, o Tochter des Berges (sarvathā naiva kartavyas tvayā parvatanandini). Wer solches tut, begeht die Sünde, mich zu zerstören. Ich werde sie alle vernichten, wie das Feuer trockenes Gras verbrennt. Solche begehen die Sünde, einen Brāhmaṇā zu erschlagen. Sie alle begehen die Sünden einen Brāhmaṇā zu erschlagen.

Sarvathā naiva kartavyas tvayā Parvatanandini
Badhabhāk mama deveshi krityāmimām samācharet
Tasya sarvam harāmyāshu vahniḥ shushkatṛiṇam yathā
Avyārthām brahmahatyāncha brahmahatyām savindatī.

Wenn wir deshalb die Sünde der bösen Magie verdammen, so müssen wir uns notwendigerweise sowohl der Lehren erinnern, die in einem solchen Zitat enthalten sind, wie auch der Übung jener, die mit einem guten Leben den Shāstras folgen. Dies ist ehrliches und sorgfältiges Tun. Auf jeden Fall aber ist der magische Inhalt des Tantra-Shāstra in keinem Punkt dem Veda entgegengesetzt. Wer solche Anklage erhebt, muß dies auch gegen den Atharvaveda tun.

Tatsache ist, daß die Magie allen frühen Religionen zu eigen ist. Sie wurde, wenn auch verurteilt, im christlichen Europa geübt. Man braucht nicht auf die alten Hexenprozesse zurückzugreifen, denn auch heute kämpft man gegen ein Wiederaufblühen der Zauberei an. Man hat zwei wesentliche Tatsachen beim Okkultismus festgestellt, einmal seine Allgemeinheit (er tritt in allen Ländern und zu allen Zeiten auf) und zweitens die erstaunliche Kraft, mit der er sich immer wieder erholt, nachdem man ihn als reinen „Aberglauben" längst widerlegt zu haben glaubt. Selbst vor einem Vierteljahrhundert gab es wahrscheinlich nur wenig Menschen in London (und diese hielten dies geheim), die sich überhaupt mit diesem Thema abgaben, es sei denn aus Interesse für die Vergangenheit. Magie wurde eigentlich von allen Gebildeten als etwas offensichtlich Unsinniges abgelehnt, so daß sie keiner Aufmerksamkeit und keiner Forschung bedurfte.

Seit kurzem aber hat sich die Lage im Westen völlig geändert, und man beklagt sich über das Wiederaufleben von Zauberei und Okkultismus in unseren Tagen. Grund hierfür ist die moderne wissenschaftliche Forschung, die das objektive Vorhandensein einiger Haupterscheinungen des Okkultismus festgestellt hat. Es wurde zum Beispiel vor etwas mehr als einem Jahrhundert noch daran geglaubt, daß ein Mensch einem anderen durch nicht-physische Mittel körperlichen Schaden zufügen kann. Solches steht auch in dem Teil des Tantra-Shāstra, der über Shaṭkarma handelt. Hexen beichteten, daß sie solche Verbrechen begangen hätten und wurden dafür bestraft. Später wurde über Zauberei zu Gericht gesessen, um den Aberglauben der Angeklagten wie der Kläger aufzuzeigen. Heute aber läßt die Psychologie den Grundsatz zu, daß der Gedanke selbst eine Kraft ist, und daß allein durch ihn, wenn richtig gelenkt, ohne Benutzung eines physischen Mittels das Denken eines anderen und dadurch auch seine ganze Verfassung beeinflußt werden kann. Unter physischen Mitteln meine ich unmittelbare körperliche Einwirkungen, denn der Okkultismus mag physische Mittel benutzen – und tut dies auch –, um die Kraft und Richtung der Gedanken zu beeinflussen. Das ist die Bedeutung der magischen Rituale, die so oft lächerlich gemacht wurden. Warum ist die Farbe des Māraṇa-Karma schwarz? Weil diese Farbe den Willen zum Töten anregt, erhält und verstärkt. So benutzt die Hypnose (vashīkaranam) zur Verstärkung der Gedankenkraft Gebärden, kreisförmige Bewegungen und anderes mehr.

Der Magier, der einen festen Glauben an seine Kraft hat (denn Glaube ist im Okkultismus ebenso notwendig wie in der Religion), benutzt alles, was einen konzentrierten, anhaltenden und (in der bösen Magie) böswilligen Gedanken erregen kann. Ein Abbild oder ein anderer Gegenstand des Opfers, ein Teil seiner Kleidung, seines Haares, seiner Nägel und so fort, stellt die Person dar, die auf magische Weise angegriffen werden soll. Dies sind die „unmittelbaren Gegenstände", auf die sich der Gedanke richtet. Der Magier wird durch diese und ähnliche Hilfsmittel in einen konzentrierten Zustand böswilliger Aufmerksamkeit versetzt, der noch verstärkt wird durch die Handlung, die gegen den stellvertretenden Gegenstand gerichtet ist. Natürlich sind nicht die Schäden, die diesem Gegenstand zugefügt werden, die direkte Ursache des Unheils, das die betroffene Person erreicht, sondern es ist das Denken des Magiers, das sich in diesen Verletzungen materialisiert. Somit sind alle Umstände gegeben, die ein moderner Psychologe für seinen Erfolg bei einem telepathischen Versuch benötigt. Wie die Hexenprozesse zeigen, werden die Opfer von den Gedanken, die gegen sie geschleudert werden, zuerst im Denken und dann im Körper getroffen. Manchmal werden keine sichtbaren Mittel benutzt, wie bei einem Fall, den mir mein Freund berichtete. Er trug sich in einem Hotel in Bombay zu. Ein in Indien wegen „seiner Kräfte" (siddhi) wohlbekannter Mann vertrieb allein durch die Macht seines Gedankens eine Gesellschaft von Menschen, die an einem Nachbartisch saß und deren Gegenwart einem seiner Gefährten unerträglich war. Wenn dies die Wirkung magischer Kräfte war, so ist es ein Beispiel dessen, was die Tantras Uchchātaṇa nennen. In allen Fällen ist die Grundregel die gleiche: Machtvolle Gedanken werden durch geeignete Mittel bewirkt und gelenkt.

Die Ansicht derer, die eine sogenannte psychologische Erklärung für diese Erscheinungen geben, ist, daß die magische Symbolik keine eigene Kraft besitzt und nur, den rassemäßigen und individuellen Grundzügen entsprechend, das Denken beeinflußt, das alles übrige veranlaßt. Andere aber glauben, daß den magischen Vollzügen selbst eine Wirksamkeit innewohnt, und das „Symbol" nicht nur als solches zu werten, sondern tatsächlicher Ausdruck okkulter Gesetze ist, wie auch Werkzeug für ihre Wirksamkeit. Mit anderen Worten: Die Macht der symbolischen Darstellung stammt nicht nur aus der Wirkung, die sie auf bestimmte, ihr zugängliche Denkweisen ausübt, sondern aus ihr selbst und arbeitet nach einer Gesetzmäßigkeit, die außerhalb des menschlichen Denkens liegt. Andere wieder (darunter indische Magier) glauben an das Vorhandensein und an die Hilfe nichtverkörperter Wesen (wie die unsauberen pishāchas), die die okkulten Wirkungen ausführen. In ähnlicher Weise wird von einigen angenommen, daß die sogenannten „spiritualistischen" Erscheinungen, wenn sie wirklich und nicht Betrug sind (wie es manchmal der Fall ist) nicht von Verstorbenen, sondern von höllischen Geistern stammen, die diese nachahmen, um die Menschen in den Abgrund zu stoßen. Dem Okkultismus als Glauben an gewisse, scheinbar vornatürliche Kräfte, die wirksam gemacht werden können, hängen nicht nur wilde und rohe Völker an (die immer an ihn glauben), sondern auch eine zunehmende Anzahl von „zivilisierten" Menschen verschiedenster Länder. Wenn diese sich auch sonst in allem anderen unterscheiden, so stehen sie doch in solcher Annahme zusammen. Selbst das, was die meisten als offensichtlichen Aberglauben ansehen würden, ist im Westen noch weit verbreitet. Zeugnis hierfür sind die hundert und tausend „Amulette", die Angst vor dem dreizehnten am Tisch und ähnliches. Tatsächlich ging seit frühesten Zeiten Magie Hand in Hand mit Religion, und wenn man auch eine Zeitlang annahm, die Magie sei ausgestorben, so lebt sie doch immer wieder auf. Ist dies, wie manche meinen, Zeichen einer eingeborenen törichten Leichtgläubigkeit der Menschheit oder zeigt es, daß etwas richtiges in dem Anspruch liegt, den der Okkultismus zu allen Zeiten erhob?

Indien (ich spreche nicht von den englisch Erzogenen, die an dem Auf und Ab der englischen Meinung teilnehmen) hat immer an den Okkultismus geglaubt, und einige Teile der Tantra-Shāstras sind Fundgruben seines Rituals. Magie und reiner Aberglaube herrschen in diesem Land, aber sie werden auch im Westen angetroffen. Die gleiche Bemerkung gilt für jede geringschätzige Kritik über das indische Volk. Manche hielten den Okkultismus für ein Zeichen von Ungebildetheit und Roheit auf der einen, von dekadenter Zivilisation auf der anderen Seite. In Indien gab es ihn immer und wird ihn immer geben. Nur reine Leichtgläubigkeit sollte bei diesem Thema ausgeschaltet werden. Die Einstellung zum Okkultismus hat sich geändert und tut es noch weiter, seitdem die psychologische Kenntnis und die wissenschaftliche Erforschung objektiver Tatsachen zugenommen haben. Es wurden einige ausgleichende Versuche unternommen, um den alten Glauben aus seinen manchmal recht rohen und unwissenden Formen herauszulösen. Diese mögen nicht genügend Beweiskraft besitzen, doch sollten sie angenommen werden. Denn sie tragen auf der einen Seite den Ansprüchen des Okkultisten, auf der anderen denen des wissenschaftlichen Psychologen Rechnung. Jedenfalls sind sie, nach dem heutigen Stand der Erkenntnisse, nicht mehr als völlig abwegig abzulehnen. Männer in anerkannter wissenschaftlicher Stellung haben trotz der Lächerlichkeit und wissenschaftlichen Engstirnigkeit, der sie sich auslieferten, diese Fragen einer Untersuchung für würdig erachtet. Und auf der psychologischen Seite werden immer mehr Entdeckungen gemacht, die den Kern der alten Glaubensüberzeugungen verstärken, wenn sie auch nicht immer mit der Art ihres Ausdrucks übereinstimmen. Wir müssen der Tatsache ins Auge sehen, daß der Okkultismus (neben der Religion) in dieser oder jener Form ein weitverbreiteter Glauben der Menschheit ist. Dabei werden alle darin übereinstimmen, daß die unheilbringende Magie eine große Sünde ist. Zum Abschluß dieses Themas möchte ich noch hinzufügen, daß die moderne Psychologie und ihre Ergebnisse auch andere indische Vorstellungen bekräftigen wie jene von der Macht des Gedankens und seiner Wirksamkeit in einem größeren Bewußtseinsumkreis, als es dem gewöhnlichen Denken zugänglich ist. Wir sollten uns auch klarmachen, daß mit Hilfe der Vorstellung von zweifachen und mehrfachen Persönlichkeiten die Frage beantwortet werden kann, wie in einem einheitlichen Wesen verschiedene Aspekte vorhanden sein können.

Der zweite Vorwurf gegen das Tantra ist der dem Veda entgegengesetzte Charakter der geheimen Panchatattva-Sādhanā in bezug auf Wein, Fleisch, Frauen, die Unsittlichkeit seiner Grundregeln und das schlechte Leben seiner Schüler. Ich kann mich in diesem Buch nicht eingehend mit dieser Frage beschäftigen – nicht weil ich davor zurückschrecke –, sondern weil ich dieses Thema späteren Kapiteln über die tantrische Sādhanā des Shākta überlassen möchte, zu dem es gehört. Ich möchte jetzt nur folgendes bemerken: Wir müssen an erster Stelle zwischen einem Grundsatz und seiner Anwendung unterscheiden. Ein Grundsatz mag vollkommen richtig und fehlerfrei sein, die angebliche Anwendung aber mag nicht zutreffen, sittliche wie physische Gesetze verletzen oder gefährlich und untauglich sein und somit zu Mißbrauch führen. Ich werde später zeigen, daß das Grundprinzip mit der Wahrheit des Veda in Einklang steht und tatsächlich unter verschiedenen Formen von allen Hindus, selbst auf dualistische Weise, anerkannt wird. Die Sādhanā des Shākta-Tantra ist, richtig oder falsch verstanden, eine Anwendung der Grundgedanken des Advaitavāda, und man sollte, wie es heißt, nicht ganz in sie eindringen, bevor nicht die Gedanken des Veda vollkommen beherrscht werden. Aus diesem Grund wurde Kauladharma der fünfte Āshrama genannt.

Als zweites möchte ich aufzeigen, daß dieses Ritual mit Wein und Fleisch nicht, wie einige meinen, etwas neues ist, das die Shākta-Tantriks eingeführt haben. Im Gegenteil ist dieser Brauch sehr alt und wird in vedischen Übungen gutgeheißen, wie sich aus den Zeugnissen im Anhang dieses Kapitels ergeben wird. Dies trifft so genau zu, daß ein tantrischer Sadhu, der diese Frage mit einem bengalischen Freund von mir erörterte, von sich aus, als Anhänger dieses Rituals, sagte, er sei ein Hindu, während diejenigen, die es ablehnten, Jainas wären. Was er damit meinte und was auch zu stimmen scheint, ist die Tatsache, daß das heute geltende allgemeine Verbot von Wein und die allgemein vorherrschende Ablehnung oder Beschränkung von fleischlicher Kost dem Einfluß des Jainismus und Buddhismus zuzuschreiben sind, die nach dem Veda entstanden und im Gegensatz zu dessen Brauchtum stehen. Natürlich ist deren Einfluß besonders ausgeprägt im Vishṇu-Kult, aber auch sonst nicht ohne Wirkung. Wenn wir alte vedische Bräuche prüfen, dann müssen wir feststellen, daß Fleisch, Fisch und Mudrā (in Gestalt von Purodāsha) in den vedischen Yajñas genossen und berauschende Getränke (in Form von Soma) getrunken wurden. Wir finden auch einige vedische Riten, in denen Maithuna gebraucht wurde. Hierüber schrieb ich in meinem Kapitel über „Shakti und Shākta“.

Die oben erwähnten Tatsachen zeigen, meiner Meinung nach, daß es berechtigt ist, wenn die Lehren der Tantras eine Trennung von Veda und Tantra für ein Zeichen von Unwissenheit (avidyā) halten. Ich ziehe hieraus aber nicht die Schlußfolgerung, daß man diese oder irgendeine andere rituelle Form gebrauchen sollte. Ich will nur Tatsachen feststellen. Zwei Beobachtungen möchte ich dennoch hinzufügen.

Vom Standpunkt des Außenseiters aus (und nur als solcher beschäftige ich mich mit dieser Frage) müssen wir die Zeit berücksichtigen, in der ein bestimmtes Shāstra entstand, folglich auch die Zeitverhältnisse, den damaligen gesellschaftlichen Zustand, die allgemeine sittliche und geistige Entwicklung und so fort. Um gewisse Riten der vergangenen Geschichte in diesem oder in anderen Ländern zu verstehen, muß man an Stelle von oberflächlichen Erklärungen ihre okkulte Bedeutung in der Geschichte der Menschheit erforschen. Das Denken muß zurückgehen in jene Zeiten, in denen es geformt wurde, und zwar auf jenen Spuren, die noch in seinen Tiefen liegen und in den alten Bräuchen ihren Ausdruck fanden.

Man nähme als Beispiel das menschliche Opfer, das – nach der Kālikalpalatā – der Rājā allein ausüben darf (rājā naravalim dadāyenna yo' pi parameshvari), an dem aber kein Brahmane, wie es im Tantrasāra steht, teilhaben darf (brāhmaṇānang naravalidāne nādhikārah). Solches Tieropfer ist nicht dem „Tantrik“ eigentümlich, sondern ein Beispiel für das Überleben eines in der alten Welt weitverbreiteten Ritus, der älter ist als der Tag, an dem Jehovah Abraham das Opfer seines Sohnes befahl (Gen. XXII) oder Sunaḥsepa, Isaak gleich, losgebunden wurde (Aitareya Brāhmaṇa VII, 3). Es stimmt, daß in den Shāstras hierauf Bezug genommen wird, aber – mit ganz wenig Ausnahmen (ich selbst habe einen Fall vor Gericht vor einigen Jahren begutachtet) – gibt es solche Opfer heute nicht mehr, und die Mehrzahl will sie auch nicht wieder aufleben sehen. Ebenso verschwindet das Chakra-Ritual oder wird dort, wo es mißbraucht wurde, in geistigem Sinn umgewandelt.

Von wesentlichem Wert sind in den Tantra-Shāstras gewisse Grundregeln, mit denen ich mich anderswo beschäftigt habe, die ich aber zum Teil in diesem und in den folgenden Kapiteln wieder behandeln will. Die rituelle Anwendung dieser Grundsätze ist eine Frage der Gestaltung. Jede Form aber geht vorüber. Im Ritual ist ihre Gültigkeit begrenzt durch Ort und Zeit. In solcher Beschränkung wird sie solange andauern, wie sie einem nutzvollen Zweck dient und den Notwendigkeiten ihrer Zeit, wie dem Grad ihrer geistigen Entwicklung oder der Entwicklung jener Gruppe von Menschen entspricht, die dieses Ritual ausüben. Im anderen Fall werden die Erscheinungsformen vergehen, während die Grundgedanken des Vedānta, auf denen sie beruhen, bleiben. In gleicher Weise heißt es, daß wir mit unseren Verdiensten und Fehlern kommen und gehen, der Geist aber jenseits von Gut und Böse verharrt.

Die folgende Ausführung über Tantra-Shāstra und Veda wurde auf meine Bitte hin freundlicherweise von Sj. Braja Lal Mukherji M. A. verfaßt:

Ich möchte damit der Öffentlichkeit keine vorgefaßte Meinung darlegen, sondern gewisse Tatsachen zusammenstellen, die zu einer genauen Ansicht über dieses Thema führen können. Die Tatsachen stammen aus Quellen, an deren Autorität kein Zweifel besteht. Mit Sicherheit schildern die meisten dieser Werke den Stand der Veda-Schulen vor dem 6. Jahrhundert v. Chr. Zur Zeit, als diese Werke geschrieben wurden, sind die Rituale des Veda beachtet und vollzogen worden. Gewisse Elemente, die man für nicht vedisch hält und die in den angeführten Werken oder zumindest in vielen von ihnen aufgezeichnet sind, wurden von einigen Gelehrten als Ergänzungen (parishishta) oder Einschaltungen (prakshipta) abgetan. Die Theorie, daß diese Teile Einschaltungen sind, beruhen auf der Annahme, daß diese Elemente nicht vedisch oder nachvedisch sind, ebenso auf der Annahme, daß zur Zeit ihrer Entstehung Anuṣhṭubh-chhandaḥ noch nicht bekannt war, und deshalb jene Teile in den genannten Werken, die im Anuṣhṭubh erscheinen, spätere Einschaltungen sein müssen. Wir wollen auf diese Annahmen hier nicht näher eingehen. Es möge genügen, daß die erste noch in Frage steht und die zweite ohne Bedeutung für den Inhalt dieser Ausführungen ist. Um so mehr als die Behauptungen, die in den Anuṣhṭubh-Teilen angeführt sind, durch frühere Zeugnisse verstärkt werden, deren Alter nicht in Frage steht. Auf alle Fälle genügt auch die Tatsache, daß solche Behauptungen aufgestellt wurden, als Beweis für die Anwendung dieser Bräuche in früheren Zeiten.

Die Opferungen werden nach den Veden in drei Klassen eingeteilt: 1. Pākayajnas, 2. Haviryajnas und 3. Soma-Opfer. Diese Gruppen werden wieder unterteilt. Die Soma-Opfer werden in drei Hauptgruppen gegliedert, die der Zahl der Tage entsprechen, an denen sie vollzogen werden: in Ekāha, Ahina und Satra. Ekāha-Opfer sind solche, die an einem Tag von drei Savanas ausgeführt werden, genau wie beim Jagaddhātrī-Puja. Ahina-Opfer werden zwei bis elf Tage lang dargebracht; Satras während eines langen Zeitraums, dessen geringstes Ausmaß dreißig Tage, dessen längstes tausend Jahre sind. Die zwölf Tage Opfer gehören zu einer besonderen Gruppe. Die hauptsächlichen Somayajñas sind- 1. Agniṣhṭoma, 2. Atyagniṣhtoma, 3. Ukthȳāh, 4. Shodashī, 5. Vājapeyah, 6 .Atirātrah, 7. Āptoryāma. Die Ishti oder Haviryajnas sind vorwiegend auch sieben: 1. Agnyādheyam, 2. Agnihotram, 3. Darsha-paurnamāsa, 4. Chāturmāsyam, 5. Agrayaṇeṣhṭi, 6. Niruddhapashubandha und 7. Sautrāmanī. Es gibt auch 7 Pākayajnas, nämlich: 1. Aṣhṭakā, 2. Pārvanam, 3. Srāddham, 4. Srāvaṇi, 5. Agrahāyani, 6. Chaitri und 7. Ashvayuji. Die letzten sieben sollen mit Hilfe des Grihya-Feuers ausgeführt werden und sind in den Grihya-Werken, die anderen in den Srauta-Werken beschrieben.

Welche Unterschiede auch in diesen Yasñsa in Hinsicht auf die Zahl der Stomas oder Stotras und des Sāmans bestehen, die gesungen werden sollen und in Hinblick auf die Kapālas, Grahas oder die Anzahl und Art der Opfer oder auf andere Besonderheiten, es liegt doch allen der gleiche Gedanke zugrunde, daß Mithunīkarana zu geistiger Glückseligkeit führt. Sexueller Verkehr ist Agnihotra (S. B. XI. 6, 2, 10). Mithunīkaraṇa ist Weihe (S. B. III. 2. 1. 2ff.). Sie umfassen im geheimen die Sadas, denn Umfassen ist Mithunīkaraṇa und muß deshalb im geheimen geschehen (S. B. IV. 6, 7, 9 und 10). Ziegelsteine (vishvajvotis) werden hergestellt, weil Herstellen von Ziegeln Zeugung bewirkt (S. B. VI. 5, 3, 5). Zwei Pādas oder Charaṇas eines Anuṣhṭubh-Verses werden auf besondere Weise gelesen, die zwei übrigbleibenden werden zusammen gelesen, um die Art sexueller Vereinigung nachzuahmen (A. B. II. 5, 3). Es wird keine weibliche Devatā verehrt, wenn diese nicht mit einem männlichen Deva verbunden ist (A. B. III. 5, 4). Die Yajñas benutzen ein Chandas-Paar und trennen ein männliches von einem weiblichen; beide werden dann zusammengeführt als Symbol von Maithuna, und durch solches Maithuna wird das erwünschte Ziel des Rituals erreicht (A. B. V. 3, 1). Sie glauben, daß das Lesen des Ahanasyā-Mantra (S. S. S. XII. 24, 1–10; A. V. XX. 136) Seligkeit verleiht (A. B. VI. 5, 10), und behaupten, die höchste und beste Form von Maithuna sei Shraddhā und Satya, Frömmigkeit und Wahrheit (A. B. VII. 2, 9). Diese Art von abstrakten Maithuna ist für Agnihotrīs bestimmt, die sich durch religiöse Handlungen und das Halten religiöser Gebote gereinigt haben.

Die Gebote und Handlungen des Maithuna gelten als religiöser Ritus oder als Teile von ihm (L. S. S. IV. 3, 17; K. S. S. XIII. 42; T. A. IV. 7, 5; X. 62, 7; A. A. I. 2, 4, 10; V. 1, 5, 13 – G. G. S. II. 5, 6, 9, 10; S. G. S. I. 19, 2–6; K. G. S. I. 4, 15; H. G. S. I. 24, 3; Ap. G. S. III. 8, 10; P. G. S. I. 11, 7; Ap. S. S. S. S. V. 25, 11; Tan. Br. VIII. 7, 12; Chh. Up. II, 13, 1–2). Beim Vollzug dieser Riten werden Mantras aufgesagt (Br. D. V. 90; VIII. 82; R. V. V. 82, 4; R. V. X. 85, 37; R. V. Kh. 30, 1; Rik P. II. 15, 1–8; As. S. S. VIII. 3, 28; G. B. VI, 15). Es gehörte zum Glauben der Veda-Schüler, daß sexuelle Vereinigung künftige Seligkeit bringt und in einem wahrhaft religiösen Sinn ausgeführt werden muß, um geistiges Wohl zu sichern. Ausgelassene Befriedigung aber wurde streng mißbilligt. Von Iḍā (einer Frau) stammt das Wort: „Willst Du mich beim Opfer benutzen, dann wird aller Segen, den Du durch mich erbittest, Dir geschenkt“ (S. B. I. 88, 9, 9ff.).

Die Schüler der Veden vollzogen ihre Somayajñas und Haviryajñas einschließlich Sautrāmaṇī mit Trankopfern und berauschenden Getränken (L. S. S. V. 4, 11; K. S. S. XIX. 1ff.; S. S. S. XV, 15; XIV. 13, 4; S. B. V. 1, 2, 12; V. 1, 5, 28; XII. 7, 3, 14ff.; XII. 8, 1ff.; XII. 8, 2, 21, 22; V. 5, 4, 19ff.; XII. 7, 3, 8; Ap. S. S. XVIII. 1, 9). Surā reinigt den Opfernden und wird dabei selbst gereinigt (S. B. XII. 8, 1, 16). Der Riṣhi Kakṣhivān preist Surā (R. V. I. 116, 7), das etwas Wünschenswertes sei (R. V. X. 107, 9; VIII. 2, 12). Die Schüler aber ziehen Soma vor, den süßen Trank, Paramāhutih (S. B. VI. 6, 3, 7), den Nektar der Unsterblichkeit (S. B. IX. 4, 48). Doch sie verachten und bestrafen den ausgelassenen Gebrauch von berauschenden Getränken (Ap. Dh. S. I. 25, 3; Ga. Dh. S. XXIII. 10; Va Dh. S. XX, 19; Ba. Dh S. II, 1, 18ff.; S. V. B. I, 5). Surā und Soma sollen Seligkeit verleihen. Es wird Art und Zweck dieser Getränke vorgeschrieben, auch Maß und Zahl, die beim Opfer geboten oder genommen werden sollen (S. B. V. 1, 2, 9ff.; V. 5, 4). Es wird hinzugefügt, daß ein Mißachten dieser Regeln die Wirksamkeit des Ritus zerstöre. Sie bringen Trinkopfer von Surā den Vätern dar (A. B. III. 1, 5; S. B. V. 5, 4, 27ff.). Sie opfern Surā den Ashwins (R. V. B. I, 44) und der Mutter des Vināyāka (Yag. I. 288). Während das Opfer dargebracht wird, sitzen Priester und Hausvater zusammen; sie berühren ihre Schalen und führen sie zum Mund, während sie ununterbrochen Mantras aufsagen, die an die Devas gerichtet sind (A. B. VI. 3, 1). Dann trinken sie (A. B. VII. 5, 7).

Die Schüler der Veden pflegten ihren Devatās bei den Opferungen tierische und pflanzliche Nahrung darzubringen. Die pflanzlichen Bestandteile sind Taṇḍula, Piṣhṭāka, Phalīkarana, Purodāsha, Odana, Yavāgūh, Prithuka, Lāja, Dhāna und Saktu. Tierische Nahrung ist Payag, Dadhi, Ajyam, Amikṣhā, Vājinam, Vapā, Māmsam, Lohitam, Pashurasah; darunter als wichtigste: Dhāna, Karambha, Paribāha, Purodāsha und Payayā (A. B. II. 3, 6). Man würde nicht mit Unrecht behaupten, daß kein vedischer Ritus ohne diese Opferungen vollzogen werden kann. Form und Art der Vorbereitungen und die Zahl der dargebotenen Kuchen ist unterschiedlich für jeden Fall (A. B. I. 1; II. 1–9; II. 3, 5; II. 3–6; S. B. I. 2, 2; L. S. S. V. 4, 1ff.; Ap.

S. S. XII. 3, 12; XII. 4, 9, 14; K. S. S. V. 309; Tait. Br. III. 2, 6ff.). Tieropfer werden dargebracht (Kat. S. S. Kap. VI; S. B. III. 6, 4; III. 8, 1; V. 1, 3, 2, 14; V. 3, 1, 10; VI. 2, 2, 15. Kanda XIII; As. G. S. L. 11; P. G. S. III. 11; G. G. S. III. 10, 18; Kh. G. S. III. 4; H. G. S. II. 15), darunter Pferde, Ziegen, Schafe, Ochsen (Tait. Br. II. 8, 1ff.), auch Menschenopfer (Tait. Br. III. 4, 1). Sie glauben, daß durch Darbringen tierischer Opfer der Opfernde sich loskauft (S. B. XI. 7, 1, 3; A. B. II. 1, 3) oder alle Welten gewinnt (Ap. S. S. VII. 1, 1). Das Tier ist der Opfernde selbst (A. B. II. 2, 1). Es gibt bestimmte Regeln, nach denen es getötet, aufgeteilt und geopfert werden soll (A. B. II. 6; S. B. III. 8, 1, 15). Man war sich aber auch bewußt, daß ein zügelloses Töten von Tieren falsch sei (A. B. II. 1, 7). Das Tieropfer für die Devatās sollte ein Mittel sein, um künftige Glückseligkeit zu erlangen (Ba. Dh. S. II. 4, 23). Doch nur für bestimmte Yajñas durften Tiere geschlachtet werden (Va. Dh. S. IV. 5–8; S. G. S. II. 16; 1 Ba. S. S. IV). Sinnloses Töten von Tieren wurde sehr streng bestraft (Ap. Dh. S. I. 25, 13–26; Ga. Dh. S. XXII. 18ff.; Va. Dh. S. 18, 23ff.; Ba. Dh. S. I. 19, 6).

Die Schüler der Veden mißbilligten zur Zeit der frühesten Yajñas aufs strengste jede Art von Begierde. Sie erlaubten Maithuna, Māmsa und Mudrā nur zur religiösen Zwecken und nur als Opfergaben für die Devas. Die Anordnungen der Chakras im Tantrismus (M. N. T. Kap. VI) haben unmißverständliche Ähnlichkeit mit dem Vājapeya und Sautrāmani (S. B. V; K. S. S. XIV; A. B. III. 4, 3; S. B. XII. 7, 1ff.; K. S. S. XIX). Selbst die Art des gemeinsamen Trinkens wurde bestimmt, wie aus den oben gegebenen Hinweisen hervorgeht.

Wenn Yajña gemeinsam vollzogen wird, dann werden die Glieder der Gemeinschaft zu Brahmanen, und es gibt keinen Unterschied der Kaste (A. B. VII. 4, 1).

Der Gottesdienst in den vedischen wie tantrischen Riten beginnt in gleicher Weise mit Achamana, einer Art von Waschung, bei der bestimmte Körperstellen vom Wasser berührt werden (G. G. S. 1, 2, 5; Tait. A. II. 11; M. N. T. Kap. V). Die Gläubigen reinigen sich, indem sie Mantras als Bījas aufsagen, während sie die Gottheiten bestimmter Teile ihres Körpers betrachten und diese mit ihren Fingern berühren (A. A. II. 2, 1, 2; III. 2, 5, 2; RV. B. II. 16). Sie versenken sich in jede Gottheit mit Hilfe der dieser zugehörenden Mantras (R. V. III. 62, 10), die in den Parishishta zu den Taittirīya Aranyaka gesammelt sind. Sie benutzen gewisse Töne, wie Khat, Phat, Hum, um unsaubere Geister auszutreiben (T. A. IV. 27; S. V. St. I. 2, 1; I. 1, 3; Aranyagaṇa VI. 1–8; IV. 2, 19; S. B. L. 5, 2, 18; L. 3, 3, 14; I. 7, 2, 11–14; I. 7, 2, 21; XI. 2, 2, 3 und 5; M. N. T. Kap. III) und auch zu anderen Zwecken (A. B. II. 3, 6). Jeder Buchstabe eines Mantras wird einer Gottheit zugesprochen.

Die Schüler machen bestimmte Gebärden der Finger, die zu den religiösen Riten gehören (S. B. III. 1. 3, 25; III. 4, 3, 2) und weisen den Devatās bestimmter Klänge entsprechende Körperteile zu (P. S. 54, 56; K. S. S. VII. 71, 73). Sie verrichten rituelle Waschungen, um ihren Devas zu gefallen (G. Sn. S.; M. N. T.) und bringen sich im Achamana selbst zum Opfer dar, vom Gedanken erfüllt, daß sie Teil und Stück des großen Brahma sind (T. A. X. 1). Dreimal am Tag verehren sie den großen Brahma. Eine solche Verehrung wird Sandhyā-bandanā oder Ahnika-kriyā, Gebete zur Dämmerung oder tägliche Riten, genannt. Wie und wann die Formen des vedischen Sandhyā, die jetzt geübt werden, entstanden, ist nicht gewiß, aber es besteht kein Zweifel, daß diese Übung in ihrer jetzigen Form schon vor Zusammenstellung des Taittiriya-Aranyaka bestand. Es sei daran erinnert, daß nur in diesem Werk die Sandhyā-Mantras aufgezählt sind. Die Übung des Prānāyāma und des Tarpana für Rishis, Väter und Devas bestand auch schon vor Baudhāyana. Diese Übung der vedischen Sandhyā-Verehrung sollte mit der tantrischen Art verglichen werden, um Einsicht in die Beziehung von Veda und Tantra zu gewinnen.

In den Yajñas verehrten die Schüler der Veden vor allem 1. Saravatī (S. B. II. 5, 4, 6; III. 1, 4, 9; III. 9, 1–7; V. 2, 2, 14; V. 3, 5, 8; V. 4, 5, 7; V. 5, 2, 7), der Tiere geopfert wurden (S. B. III. 9. 1, 7; V. 5, 4, 1; XII. 7, 2, 3). Sie ist identisch mit Vāk oder Vāgdevī, die eine Löwin wurde und auf die Zusicherung hin, daß ihr noch vor Agni geopfert würde, zu den Devatās überging (S. B. III. 5, 1, 21). Sie ist die Spenderin der Nahrung (S. B. XII. 8, 2, 16); 2. Mahādeva oder Mahesha, eine andere Form von Agni in allen seinen acht Erscheinungsweisen (S. B. VI. 1, 3, 10ff.); 3. Rudra; 4. Vishṇu; 5. Vināyaka (Ganesha); 6. Skanda (Kārtikeya) (S. V. B. L. 4, 31ff.); 7. Lingam oder Phallus (T. A. X. 17), über den in der täglichen Sandhyā-Verehrung meditiert wurde. Singam ist identisch mit Shambhu, der auf einem Bullen reitet; 8. Shiva (S. V. B. L. 22). Die Schüler verehrten auch 9. die Kuh, die sie

Bhagavatī (A. B. V. 5, 2) nannten, ebenso 10. Indra, Varuṇa, Agni, Soma, Rudra, Pushan, die Ashwins, Suryya und andere Gottheiten. Um ewige Glückseligkeit zu erlangen, brachten sie Rātridevī (S. V. B. III. 8) ihre Verehrung dar. Diese wird als ein Mädchen beschrieben, die zur Frau heranreift und Freude verleiht. Sie hat langes, wallendes Haar und hält in der Hand eine Schleife. Wenn sie voll Freude ist, sind es alle Devas. Dann verschenkt sie Wohltaten, die aber der Opfernde ausschlagen muß. Auf diese Weise erlangt er Befreiung von der Wiedergeburt. Dies ist die Verehrung der Rātri; sie verlangt kein Fasten und muß bei Nacht vollzogen werden. Die Mantras, die man aufsagen muß, sind die Rātri-Sukta, die mit Rātrir-bakyad beginnen (Rig Veda X. 127, 1).

Nach dem Rig-Vidhāna-Brāhmaṇa (IV. 19) der dem Sāma-Vidhāna-Brāhmaṇa folgt, müssen die Rātri-Sūkta aufgesagt werden. Die Verehrung erfolgt als Sthālipāka-Yajña, Rātri ist dem Wesen nach Vāgdevī, doch von verschiedener Gestalt. Manchmal werden beide als die gleiche verehrt (Tait. Br. II. 4, 6, 10ff.). Die Rātri-Sūkta beschreibt sie in schwarzer Farbe (R. V. X. 127, 2–3). Der Teil der Rātri-Sukta, der im Khila des Rig-Veda (R. V. Kh. 25) enthalten ist, nennt die Rātridevī Durgā; dieses Mantra steht im Taittirīya Aranyaka (X. 1). Hier wird die Göttin als Trägerin der Opfergaben beschrieben. Darum ist sie die gleiche wie Agni (Feuer) und hat als solche Zungen mit folgenden Namen: 1. Kālī, 2. Karālī, 3. Manojaba, 4. Sulohitā, 5. Sudhūmravarṇā, 6. Sphulingini, 7. Shuchismitā. Diese Zungen hängen heraus und empfangen die Opfergaben (grihya-sangraha I. 13, 14). Brihas-devatā erwähnt, daß Aditi, Vāk, Sarasvatī und Durgā die gleichen sind (II. 79).

In Übereinstimmung mit dem Veda erkennt die tantrische Verehrung Om als höchsten Bīja an (A. B. VII. 3, 6; II. 1, 2; V. 5, 7; A. A. II. 3, 8; Chh. Up. I. 1, 1ff; T. A. VII. 8; X. 63, 21ff.; Shakatayana, S. 106; Pâṇini VIII. 2, 87; Br. D. II. 127, 133; G. B. IX. 1, 24; I. 1, 17, 19; M. N. T. II. 32). Sie erkennt auch den Hinkāra des Veda an und verwendet ihn. Er wird Hum ausgesprochen (S. B. I. 4, 1, 2; IX. I. 2, 3, 4; A. B. III. 2, 12; L. S. S. I. 10, 25; I. 1, 27; II. 1, 4; 3, 22). Regeln und Übungen des Achamana und das Bad sind dieselben. Dies ergibt sich bei einem Vergleich von Kapitel V des Mahānirvāṇa-Tantra mit den Snānāsūtra des Gobhila. Die Tantras benutzen lieber einzelne zusammengesetzte Worte anstelle von langen Sätzen, um einen Gedanken auszudrücken und bilden Mantras aus einem Buchstaben, sehr ähnlich wie im Veda. Wir finden auch die Übung von Nyāsa und Shuddhi, die in den Vedas – wie schon gezeigt – vorausgenommen ist (vgl. auch S. B. VII. 5, 2, 12). Die Haupt-Devī des Veda ist Sarasvatī. Sie wird im Nighantunagna genannt, um ihre Nacktheit auszudrücken und auch das Alter einer Frau, in der die Weiblichkeit noch nicht ausgereift ist. Wenn wir diese Gedanken mit denen der Sāma-Vidhāna-Brāhmanas zusammenfassen, dann haben wir die fast vollkommene Gestalt der Devī, die heute Kālī genannt wird.

Eine andere Devī, deren Verehrung in unseren Tagen sehr volkstümlich ist, ist Durgā, die von einem Löwen getragen wird. Vāch selbst verwandelte sich in einen Löwen und ging nach ernsthaftem Bitten zu den Devas ein. Darum sind Vāch und Löwe das gleiche, wie wir schon zuvor belegten. Darum auch wird Vāch von einem Löwen getragen. Die Verehrung der Rātri muß des nachts geschehen und muß alle Züge einer nächtlichen Vorstellung haben, deren Bestandteile aus dem vedischen Atirātra stammen. Es sind drei Paryyāyas oder Runden von vier Strotas und Shāstras. Während jeder dieser Runden und an ihrem Ende werden Trinkopfer dargebracht, denen der Somatrunk folgt. Im wesentlichen werden Regeln und Übungen des Atirātra bei der Verehrung der Devī-Kālī, dem Bhāng, benutzt, der auch oft Vijayā und Amrita genannt wird. Es sei erinnert, daß die Devī der Atirātra die Sarasvatī ist. Die männliche Hauptgottheit der Tantras ist Mahādeva, auch Shiva, Mahesha, Shambhu, Soma und unter einem anderen Aspekt Rudra genannt. Rudra und Mahādeva sind Götter, die der Veda anerkennt. Rudra wird dargestellt mit Bogen und Pfeilen und mit hundert Köpfen und tausend Augen (S. B. IV. 1, 1, 6; Yajut Veda III. 27). Mahādeva ist Māhan-devah, der große Gott (S. B. VI. 1, 3, 16). Scheinbar wurden Mantras über die verschiedenen Aspekte des Mahādeva, die auch jetzt noch von Anhängern der Tantras verwendet werden, von Schülern des Veda gekannt und angewendet. Trotzdem kann ich den Namen Mahesha nicht in der vedischen Literatur finden. Shiva kann mit Rudra-Susheva gleichgesetzt werden, einem gütigen Gott (S. B. V. 4, 4, 12), Mahādeva (soma) ist in ein Tigerfell gekleidet, das man in der vedischen Literatur wiederfindet (S. B. V. 3, 5, 3; V. 4, 1, 11). Rudra ist in den Tantras wie im Veda von schwarzer Farbe. Er ist der gleiche wie Manyu, zu dessen beiden Seiten eine Devī steht (S. B. IX. 1, 1, 6; XI. 6, 1, 12, 13). In diesem Zusammenhang seien noch einige Attribute der vedischen Nirritti erwähnt. Nirritti ist schwarz, eine furchtbare Devī, die alle bestraft, die ihr keinen Somatrank darbringen. Sie ist die Devī der Unglücklichen, denn sie nimmt alles Unglück fort. Verbrennungsorte sind ihr lieb (S. B. VII. 2, 1; A. B. IV. 2, 4). Zugleich ist sie die Zeugende.

Die Tantras bestimmen auch die Verehrung von Gaṇesha, Kārtika und Vishṇu, bei dessen Verehrung die Sāma-Vidhāna-Brāhmaṇa das Singen bestimmter Sāmans vorschreibt, die bekannt sind als Vināyaka-Samhitā (S. V. 4, 5, 3, 3), Skanda-Samhitā (S. V. 3, 2, 1, 4) und Vishṇu-Samhitā (S. V. 3, 1, 3, 9).

Die Tantras lehren ferner den Gebrauch bestimmter Figuren, die Yantra heißen. Diese können von vielfältiger Art und Form sein. Man kann sie auch für verschiedene Zwecke gebrauchen. Ununterbrochen angewendet wird ein Dreieck im Viereck (M. N. T. Kap. V). Dieses Zeichen kann zurückverfolgt werden auf die Anordnungen zur Vorbereitung des Agnikṣhetra oder Feueraltars durch die Schüler des Veda (S. B. VI. 1, 16). Ein anderer seltsamer Umstand, der in Beziehung zu dem Altar steht, ist das Verwenden von fünf Tierköpfen bei den Vorbereitungen, das sowohl dem Veda- wie dem Tantra-Ritual zu eigen ist (S. B. VI. 2, 1, 5–8). Die Verehrung des Lingam ist von der vedischen Gottheit Vishna Sipivishṭa vorweggenommen (R. V. VII. 1001ff.; Nirukta V. 2, 2), und die Schlange, die sich um Devas oder Devīs schlingt, ist vorweggenommen von Sarparājñī, der Schlangenkönigin (S. B. IV. 6, 9, 17), die die gleiche ist wie Vāch. Die hier zusammengetragenen Belege werden hoffentlich dem unparteiischen Leser helfen, eine gültige Schlußfolgerung zu ziehen über die Beziehung zwischen dem Ritual des Veda und des Tantrik.

ABKÜRZUNGEN

A. A. = Aitareya Araṇyaka. A. B. = Aitareya Brāhmaṇa. As. S. S. = Ashvalāyana Shrauta Sūtra. Ap. S. S. = Apastamba Shrauta Sūtra. Ap. Dh. S. = Apastamba Dharma Sūtra. Ap. G. S. = Apastamba Grihya Sūtra. A. V. = Atharva Veda. Ba. Dh. S. = Baudhāyana Dharma Sūtra. Ba. S. S. = Baudhāyana Shrauta Sūtra. Br. D. = Brihaddevatā (Calcutta edition). Chh. Up. = Chhāndatra Upanishad. Ga. Dh. S. = Gautama Dharma Sūtra. G. B. = Gopatha Brāhmaṇa. G. G. S. = Gobhila Grihya Sūtra. G. Sn. S. = Gobhila Snāna Sūtra. H. G. S. = Hiraṇyakeshīya Grihya Sūtra. K. S. S. = Kātyāyana Shrauta Sūtra. Kh. G. S. = Khādira Grihya Sūtra. L. S. S. = Lātyāyana Srauta Sūtra. M. N. T. = Mahānirvāṇa Tantra. N. S. = Nāradīya Shikshā. Ngh. = Nighantu. Nir. = Nirukta. P. S. = Pāṇinīya Shikshā. P. G. S. = Parāshara Grihya Sūtra. R. V. = Rig Veda. R. V. B. = Rig Vidhāna Brāhmaṇa. Rik. P. = Rik-Parishishṭa. R. V. Kh. = Rig Veda Khila. S. B. = Shatapatha Brāhmaṇa. S. G. S. = Sānkhyāyana Grihya Sūtra. S. V. B. = Sāma Vidhāna Brāhmaṇa. S. V. St. = Sāma Veda Stobha portion. S. V. = Sāma Veda. S. S. S. = Sankhyāyana Shrauta Sūtra. T. A. = Taittirīya Araṇyaka. Tait. Br. = Taittirīya Brāhmaṇa. Tan. Br. = Tāṇḍya Brāhmaṇa. Va. Dh. S. = Vāsishṭha Dharma Sūtra. Yag. = Yājñavalkya.

V. Kapitel

DIE TANTRAS UND DIE RELIGION DER SHĀKTAS

Es folgt der Aufsatz eines deutschen Sanskritforschers, des Professors Winternitz, der unter dem Titel: „Die Tantras und die Religion der Sakta" in Berlin, in der „Ostasiatischen Zeitschrift" (1916, Heft 3) erschienen ist. Dieser Artikel beweist kein vollkommenes Verständnis dieser Materie; auch war dies nicht zu erwarten. Nach europäischer Weise wird Sādhaka mit „Magier", Sādhanā mit „magischer Anrufung" und Mahāyogini mit „großer Magier" übersetzt. Dies ist um so mißverständlicher, da der Professor offensichtlich eine Abneigung gegen „Magie" hat. Tatsächlich gibt es im Indrajalavidyā eine Sādhanā zum Erlangen magischer Ziele. Hier aber ist dies natürlich in religiösem Sinn als Weg zum Ziel zu verstehen. Auch von Götzendienst spricht Professor Winternitz. Diesem aber begegnet man, wenn auch nicht im Sinn, wie es der Autor meint, überall in der Welt.

Es heißt auch, die Mantras seien „Unsinn", „leeres Geschwätz" und so fort. Viele solcher Aussagen sind mehr Fragen des Temperaments als Beweisführungen und gleichen der Einstellung des Protestanten, der die katholische Messe „Hokuspokus" nennt. Für ihn ist sie abergläubisches Gewäsch, während sie dem Gläubigen heilige Wirklichkeit bedeutet. Eine solche Kritik zeigt das Fehlurteil jeder Beurteilung vom subjektiven Standpunkt aus an. Überdies ist unter Tausenden kaum einer fähig, die innere Bedeutung der Tantra-Lehre zu erfassen. Deshalb wird sie geheimgehalten, und keine Schrift vermag sie dem Unwissenden zu enthüllen. Der gelehrte Professor hat offensichtlich auch keine Vorliebe für den „Okkultismus" und für „Indien-Schwärmer".

Der Okkultismus aber besteht, ob wir seine Ergebnisse mögen oder nicht. Trotzdem spricht aus diesem Artikel ein Gelehrter, der den Willen hat, vorurteilslos zu sein und den das erschreckende Wort „Tantra" nicht vor eingehender Forschung zurückhält. Einiges wird auch richtig eingeschätzt. Bemerkenswert ist vor allem die Erkenntnis, daß die Tantra-Shāstras oder Āgamas nicht rein pathologische Auswüchse des „Hinduismus" sind, sondern eine ihrer vielfältigen Darstellungen. Sie sind auch nicht einfach Schriften der Shāktas. Ihre Metaphysik und Ethik stammt aus dem allgemein üblichen Brahmanismus, dem alle Sekten entspringen, wie immer auch die besondere Eigenart in der Darstellung ihrer Lehre oder ihrer Anwendung sein mag. Vor Winternitz bemerkte Professor Albert Grünwedel in seinem „Der Weg nach Sambhala" (München 1915): „Die Tantras sind nichts anderes als die Fortsetzung des Veda." Er nennt auch die Tantras den Aktsaal indischer Kunst und fügt hinzu, daß diese Schriften ästhetischer Art sind und wir tatsächlich in den späteren Büchern (des Kālachakra) die bildhafte mythologische Darstellung (des Systems) auf diesem Schema aufgebaut finden. Woher diese Entfaltung der Formen stammt, ist für ihn eine andere Frage, die seiner Meinung nach den Freunden der „nationalen indischen Kunst" (!) manche Überraschung bereiten wird. Reden wäre leichter. Auch die Jainas hätten solche Darstellungen.

Ich möchte hinzufügen, daß nicht allgemein bekannt ist, daß die Jainas einige sogenannte „tantrische Riten" ausüben. Vishṇu- und Buddha-Anhänger dagegen kennen solche Riten. Erkenntnisse und Übungen aber, die im allgemeinen den Shāktas zugeschrieben werden, gehören zu anderen Sekten. Es sei auch erinnert, daß es viele Schulen der Āgama gibt. Einige von diesen behaupten, daß andere Āgamas zur „Täuschung der Menschen" verbreitet wurden. Unnötig hinzuzufügen, daß hier wie überall der Anhänger einer bestimmten Āgama seine Schrift für die richtige hält, während die Schrift seines Gegners für ihn „Täuschung" ist. Rechtgläubigkeit ist „meine Gläubigkeit" – in Indien wie in manchen Sekten. Die freie Meinung des Shākta (advaita-vedānta) aber läßt jeder Meinung Raum.

Man kann deshalb nicht sagen, daß die Āgamas als Gesamt gesehen, vollkommen wertlos und schlecht seien, ohne den ganzen Hinduismus damit zu belasten. Im Gegenteil entdeckt der Professor, daß wohl hinter dem „Unsinn" ein tiefer Sinn liegt, und daß „Unsterblichkeit" nicht Ende oder Ziel des Kultes der Mutter ist (vgl. zu dem geheimen Ritual und seinen Gegenständen: Kap. XXVII ebda). Er behauptet auch, daß Stellen in den tantrischen Schriften, gegen die er und andere Einwände erheben, keinesfalls deren ganzen Inhalt ausmachen." Eine solche Entdeckung ist nicht bewundernswert – jeder kann sie für sich selbst machen, wenn er die Dokumente liest und versteht; das Wunderbare aber liegt darin, daß man es bisher nicht für notwendig hielt (dort wo es möglich war) die Tantra-Shāstras zuerst zu lesen, zu verstehen und sie dann zu kritisieren. Um so größer aber ist unser Dank an den gelehrten Sanskritforscher für seinen Anteil an diesem Werk der Gerechtigkeit.

Immer noch bleibt Indien das wichtigste Land der Erde für den Religionsforscher. Alle Arten und Formen religiösen Denkens und Fühlens, die wir auf der Erde finden, begegnen uns in Indien, und nicht nur zu verschiedenen Zeiten, sondern auch alle zusammen selbst heute noch. Hier finden wir den primitivsten Glauben an Ahnengeister, Dämonen und Naturgötter mit einem uralten bilderlosen Opferkult, hier aber auch einen ins Grenzenlose gehenden Polytheismus mit dem ausschweifendsten Götzendienst, Tempelkult, Wallfahrten usw. Und neben und über diesen rohesten Formen religiösen Lebens finden wir das Tiefste und Abstrakteste, was religiöse Denker aller Zeiten je über die Gottheit gedacht haben, die erhabensten pantheistischen und die reinsten monotheistischen Vorstellungen. In Indien finden wir auch eine Priesterherrschaft wie nirgends auf der Erde neben einer religiösen Toleranz, die Sekten über Sekten mit den wunderlichsten Heiligen nebeneinander erstehen läßt. Hier gab es und gibt es Waldeinsiedler, Asketen und Bettelmönche, denen es wirklich und wahrhaft bitter ernst ist mit dem Verzicht auf diese Welt, neben Heeren von müßigen Bettelmönchen, eitlen Gecken und Scheinheiligen, denen die Religion nur ein Deckmantel für selbstsüchtige Bestrebungen zur Befriedigung der Geldgier, des Ehrgeizes oder der Sucht nach Macht ist.

Von Indien aus hat sich auch ein mächtiger Strom religiöser Ideen über den Westen und namentlich über den Osten ergossen, hat Zentralasien überflutet, sich über Tibet, China, Korea und Japan ausgebreitet und ist über Hinterindien hin bis in die fernsten Inseln des indischen Archipels gesickert. Und endlich haben sich in Indien und außerhalb Indiens indische Religionen mit dem Christentum und mit dem Islam mannigfach bald gebend, bald nehmend berührt.

Wahrlich Gründe genug, um jedes Werk willkommen zu heißen, das in der einen oder anderen Weise zur Bereicherung, Vertiefung oder Verbreitung der Kenntnis indischer Religionen beiträgt. Auf einige in jüngster Zeit erschienene Werke dieser Art möchte ich in folgendem hinweisen.

Es sind dies die überaus verdienstlichen Veröffentlichungen von Arthur Avalon zur Tantraliteratur. Durch diese Werke gewinnen wir zum erstenmal einen tieferen Einblick in die Literatur der Tantras, der heiligen Bücher des Shāktismus, und in das Wesen dieser vielgeschmähten Religion selbst. Eine kurze, aber verhältnismäßig verläßliche und gerechte Darstellung dieser Religion hat allerdings schon H. H. Wilson[1] in seinen 1828 bis 1832 erschienenen Abhand-

[1] Works, Vol. I, London 1862, pp. 240–265.

lungen über die religiösen Sekten der Hindus gegeben. M. Monier-Williams[1], der über Shāktismus, Göttinnenverehrung und den Inhalt der Tantras ausführlicher gehandelt hat, weiß darüber nur Schreckliches und Abscheuliches zu berichten. Er beschreibt den Glauben der Shāktas, der Verehrer der weiblichen Gottheiten als ein Gemisch von blutigen Opfern und Orgien mit Wein und Weibern. Ähnlich ist die Schilderung dieser Sekte bei A. Barth[2], der zwar zugesteht, daß dem Kult der Mütter ein tiefer Sinn zugrunde liegt und daß die Tantras auch voll sind von theosophischen und moralischen Betrachtungen und asketischen Theorien, was ihn aber nicht hindert, zu sagen, daß der Shākta „fast immer ein Heuchler und ein abergläubischer Wüstling" sei, wenn auch unter den Verfassern der Tantras manche wirklich geglaubt haben mögen, daß sie ein heiliges Werk vollbrächten[3]. R. G. Bhandarkar[4], dem wir die neueste und zuverlässigste Darstellung des indischen Sektenwesens verdanken, behandelt gerade die Shāktas etwas stiefmütterlich. Während der größere Teil seines vorzüglichen Buches sich mit der Vaiṣṇavareligion und den Shaivasekten beschäftigt, widmet er der ihm offenbar unwichtig scheinenden Sekte der Shāktas nur wenige Seiten. Er spricht jedoch sowohl über die metaphysischen Lehren als auch über den Kult dieser Sekte durchaus mit der kühlen Ruhe und Objektivität des Historikers. Nur ist die Darstellung etwas zu kurz und dürftig. Um so mehr sind uns die Bücher von Avalon willkommen.

Am wertvollsten ist die vollständige englische Übersetzung eines Tantra, des Mahānirvāṇa-Tantra[5], mit einer Einleitung von 146 Seiten, die uns mit den Hauptlehren der Shāktas und mit der äußerst verwickelten, vielleicht absichtlich verworrenen Terminologie der Tantras bekannt macht. War man bisher gewohnt, im Shāktismus und in den Tantras, den heiligen Büchern dieser Sekte, nichts als wüsten Aberglauben, okkultistischen Schwindel und Stumpfsinn, öde Zauberei und einen durch Orgien entstellten Kult mit einer höchst verwerflichen Moral zu sehen, so lehrt uns ein Einblick in die uns durch Avalon zugänglich gemachten Texte, daß alle diese Dinge zwar tatsächlich in dieser Religion und ihren heiligen Texten zu finden sind, daß aber damit ihr Inhalt doch keineswegs erschöpft ist.

Es stellt sich vielmehr heraus, daß hinter dem Unsinn doch auch manch ein tiefer Sinn steckt und daß die Unmoral nicht das Um und Auf des Mutterkultes ist. Wir sehen, daß die Mystik der Tantras auf dem Grunde jener mystischen Lehre von der Einheit der Seele und des Alls mit dem Brahman aufgebaut ist, die in den ältesten Upaniṣads verkündet wird und zu dem Tiefsten gehört, was der indische Geist ersonnen hat. Von dem Brahman spricht das Mahānirvāṇa-Tantra nicht anders, als die Upaniṣads. Dieses Brahman, das höchste göttliche Prinzip, ist aber nach den Lehren der Shākta-Philosophen nichts anderes als die ewige,

[1] Brāhmanism and Hinduism, 4th Ed., London 1891, p. 180ff.
[2] The Religions of India, 2nd Ed., London 1889, p. 199ff.
[3] a. a. O., S. 204.
[4] Vaiṣṇavism, Shaivism and Minor Religions Systems. (Grundriß der indo-arischen Philologie und Altertumskunde III, 6), Straßburg 1913, S. 142ff. Über das Werk habe ich ausführlich gesprochen in der Deutschen Literaturzeitung 1915, Nr. 2.
[5] Tantra of the Great Liberation (Mahānirvāṇa Tantra) a Translation from the Sanskrit, with Introduction and Commentary by Arthur Avalon. London, Luzac & Co. 1913.

uranfängliche Kraft (Shakti), aus der alles geschaffen, alles entstanden, alles geboren ist. Shakti, „die Kraft", ist aber nicht nur grammatisch ein Feminin, sondern die menschliche Erfahrung lehrt auch, daß alles Leben aus dem Schoße des Weibes, aus der Mutter, geboren wird. Daher glaubten die indischen Denker, von denen der Shāktismus ausgegangen ist, daß die höchste Gottheit, das erhabenste schaffende Prinzip nicht durch das Wort „Vater", sondern durch das Wort „Mutter" dem menschlichen Denken am nächsten gebracht werden müsse. Und alle philosophischen Begriffe, denen die Sprache weibliches Geschlecht gegeben hat, sowie alle mythologischen Gestalten, die dem volkstümlichen Glauben weiblich erscheinen, werden zu Göttinnen, zu göttlichen Müttern. Da ist vor allem die der Sāmkhya-Philosophie entnommene Prakṛti, die Urmaterie, die „Natur", die dem Puruṣa, dem männlichen Geist, gegenübersteht, die mit der Shakti identisch ist. Und diese Shakti wiederum wird mythologisch als die Gemahlin des Gottes Shiva, des Mahādeva, des „großen Gottes", aufgefaßt. Die Mythologie kannte aber schon Umā oder Pārvatī, „die Bergestochter", die Tochter des Himālaya, als Gemahlin des Shiva. Und so ist denn Prakṛti, Shakti, Umā, Pārvatī immer nur eine und dieselbe. Es sind nur verschiedene Namen für die eine große Allmutter, die Jaganmātā, „die Mutter alles Lebendigen". Der indische Geist war ja längst gewohnt, alles Vielfache als Eines zu erkennen. Wie ein Mond sich in zahllosen Gewässern widerspiegelt, so ist Devī, „die Göttin", mit welchem Namen sie auch sonst benannt werden mag, die Verkörperung aller Götter und aller „Kräfte" (Shaktis) der Götter. In ihr ist Brahman, der Schöpfer und seine Shakti, in ihr ist Viṣṇu, der Erhalter, und seine Shakti, in ihr auch Shiva als Mahākāla, „der große Vater Zeit", der große Vernichter; da aber dieser von ihr selbst verschlungen wird, ist sie auch Ādyā Kālikā, „die uranfängliche Kālī", und als eine „große Zauberin", Mahāyoginī, ist sie zugleich Schöpferin, Erhalterin und Zerstörerin der Welt. Sie ist auch die Mutter des Mahākāla, der, trunken von Madhūkablütenwein, vor ihr tanzt[1]. Da aber die höchste Gottheit ein Weib ist, wird auch jedes Weib als eine Verkörperung dieser Gottheit gedacht. Devī, „die Göttin", ist in jedem weiblichen Wesen. Diese Vorstellung ist es, die zu einem Weiberkult geführt hat, der in manchen Kreisen ohne Zweifel die Form von wilden Orgien angenommen hat, der aber auch – wenigstens nach dem Zeugnis des Mahānirvāṇatantra – in einer reineren und veredelteren Form auftreten konnte und gewiß auch aufgetreten ist.

Zum Kult der Devī, der Göttin, welche die freudig schaffende Naturkraft ist, gehören die „fünf wahren Dinge" (pañcatattva), durch welche die Menschen froh genießen, ihr Leben erhalten und sich fortpflanzen: der Rauschtrank (madya), der ein großes Heilmittel der Menschen, ein Sorgenbrecher und ein Freudenquell ist; das Fleisch (māṃsa) der Tiere in den Dörfern, in der Luft und in den Wäldern, das nahrhaft ist und die Kraft des Geistes und des Körpers mehrt; der Fisch (matsya), der schmackhaft ist und die Zeugungskraft stärkt; das geröstete Korn (mudrā), das, leicht erhältlich, in der Erde wächst und die Wurzel des Lebens der drei Welten ist; und fünftens die geschlechtliche Vereinigung (maithuna)[2], „die

[1] Mahānirvāṇatantra IV, 29–31; V, 141.
[2] Da alle „fünf wahren Dinge" mit m anfangen, heißen sie auch „die fünf m".

Ursache der Hochlust aller Lebewesen, der Schöpfung Urgrund und die Wurzel der ewigen Welt“[1]. Diese „fünf wahren Dinge“ dürfen aber nur im Kreise der Eingeweihten gebraucht werden und nur, nachdem sie durch heilige Sprüche und Zeremonien gereinigt sind. Das Mahānirvāṇatantra legt Gewicht darauf, daß mit diesen fünf Dingen kein Mißbrauch getrieben werde. Wer übermäßig trinkt, ist kein wahrer Verehrer der Devī. Übermäßiges Trinken, wodurch das Sehen und Denken gestört wird, macht den Erfolg der heiligen Handlung zunichte. Im sündigen Kālīzeitalter soll auch nur die eigene Gemahlin als Shakti genossen werden. Überhaupt gibt sich das Tantra alle erdenkliche Mühe, die Pañcatattva-Zeremonien zu beschönigen oder deren Mißbrauch zu verhindern. Im Kali-Zeitalter sollen Süßigkeiten (Milch, Zucker, Honig) statt des Rauschtrankes gebraucht werden und die Verehrung der Lotusfüße der Devī soll an Stelle der geschlechtlichen Vereinigung treten. Der Kult soll kein geheimer sein, Unanständigkeiten dürfen nicht vorkommen und schlechte, gottlose Menschen dürfen in den Kreis der Verehrer nicht aufgenommen werden[2]. Freilich, dem „Helden“ (vīra), der zum Sādhaka oder „Zauberer“ geeignet ist, steht auch das Recht zu, sich im geheimen Kult mit anderen Shaktis zu vereinigen. Nur im höchsten „himmlischen Zustand“ (divyabhāva) des Heiligen treten rein symbolische Handlungen an die Stelle der „fünf wahren Dinge“.

Zum Kult der Devī gehören aber in erster Linie Mantras (Sprüche) und Bījas (einsilbige geheimnisvolle Wörter wie aum, klim, brim usw.), ferner auch Yantras (Diagramme von geheimnisvoller Bedeutung, auf Metall, Papier oder anderem Material gezeichnet), Mudrās (besondere Fingerstellungen und Handbewegungen) und Nyāsas. (Letztere bestehen darin, daß man die Fingerspitzen und Flächen der rechten Hand mit gewissen Mantras auf die verschiedenen Körperteile setzt, um dadurch seinen Körper mit dem Leben der Devī zu erfüllen). Durch die Anwendung aller dieser Mittel macht sich der Verehrer die Gottheit willig, er zwingt sie in seinen Dienst und wird zum Sādhaka, zum Zauberer. Denn Sādhanā, Zauberei, ist ein Hauptziel, wenn auch nicht das letzte Endziel der Devī-Verehrung.

Dieses höchste Endziel ist dasselbe wie das aller indischen Sekten und Religionssysteme: Mokṣa oder Erlösung, das Einswerden mit der Gottheit im Mahānirvāṇa, dem „großen Erlöschen“. Der vollendete Heilige, der Kaula, erreicht diesen Zustand schon in diesem Leben und ist ein „Lebenderlöster“ (jîvanmukta). Der Weg zur Erlösung kann aber nur durch die Tantras gefunden werden. Denn Veda, Smṛti, Purāṇas und Itihāsas sind je die heiligen Bücher der verflossenen Weltzeitalter, während für unser jetziges böses Zeitalter, das Kālī-Zeitalter, zum Heil der Menschheit von Shiva die Tantras offenbart worden sind (I, 20ff.). Die Tantras bezeichnen sich dadurch selbst als verhältnismäßig moderne Werke. In diesem Zeitalter haben vedische und andere Riten und Gebete keinen Wert, sondern nur die in den Tantras gelehrten Mantras und Zeremonien (II, 1ff.). Und sowie der Kult der Devī sowohl zu recht materialistischen Erfolgen durch

[1] Mahānirvāṇatantra VII, 103ff. (S. 156).
[2] Mahānirvāṇatantra VI, 186ff. (S. 135ff.); VI, 14ff. (S. 104f.); VIII, 171ff., 190ff. (S. 177, 180).

Zauberei als auch zu dem höchsten Nirvāṇaideal führt, so ist im Kult selbst Sinnliches und Geistiges stark gemischt. Bezeichnend ist Mahānirvāṇatantra V, 139 bis 151 (S. 86ff.): Der Verehrer bringt der Devi zuerst geistige Verehrung dar, indem er ihr sein Herz als Sitz, den Nektar seines Herzens als Waschwasser für ihre Füße, seinen Geist als Ehrengeschenk, die Rastlosigkeit seiner Sinne und Gedanken als Tanz, Selbstlosigkeit, Leidenschaftslosigkeit usw. als Blumen spendet, dann aber – ein Meer von Rauschtrank, einen Berg von Fleisch und getrockneten Fischen, einen Haufen von gerösteten Körnern in Milch mit Zucker und Butter, den Nektar der „Frauenblume" (strīpuspa) und das Wasser, das zum Waschen der Shakti verwendet worden ist, der Devī opfert. Neben den „fünf wahren Dingen" und anderen Elementen des sinnlichsten und auf Sinnenrausch berechneten Kultes, in dem auch Glocken, Weihrauch, Blumen, Lichter und Rosenkränze nicht fehlen, gibt es auch stille Betrachtung (dhyāna) über die Gottheit. Und ebenso finden wir neben Mantras, die völlig sinnlos und abgeschmackt sind, so schöne Sprüche, wie z. B. V, 156: „O Ādyā Kālī, die Du in der innersten Seele von allem wohnst, die Du das innerste Licht bist, o Mutter! Nimm hin dieses Gebet meines Herzens. Ich neige mich vor Dir."

Die Shāktas sind eine Sekte der Religion, die man mit einem bequemen, aber nicht sehr glücklich gewählten Wort als „Hinduismus" zu bezeichnen pflegt. Man fasst damit alle Sekten und Glaubensbekenntnisse zusammen, die aus dem Brahmanismus durch Mischung mit den Kulten der Aboriginer Indiens hervorgegangen sind und eine Art Degeneration der alten brahmanischen Religion darstellen, die aber doch noch mehr oder weniger an dem orthodoxen Brahmanismus festhalten[1] und sich dadurch von den ketzerischen Sekten (Buddhisten und Jainas) unterscheiden. In Wirklichkeit hat es keinen rechten Sinn, von „Hinduismus" als einem „System" oder als einer „Religion" zu reden. Denn es ist unmöglich zu sagen, wo der Brahmanismus aufhört und der „Hinduismus" anfängt. Wir wissen auch gar nicht, was schon die alte brahmanische Religion von dem Glauben und den Bräuchen der nichtarischen Bevölkerung aufgenommen hat. Denn es geht nicht an, allen Tierkult, Dämonenkult, Fetischismus usw. ohne weiteres als „nichtarisch" zu bezeichnen. In Wirklichkeit sind alle die Sekten des „Hinduismus", die an die Verehrung des Viṣṇu oder des Shiva anknüpfen, nichts anderes als Abzweigungen vom ursprünglichen Brahmanismus, den sie aber nie verleugnen. So hat denn auch der Shāktismus nur den Kult der Shaktis, der weiblichen Gottheiten, mit seinem Beiwerk (der „fünf wahren Dinge", der Verehrung im cakra oder „Kreis" der Eingeweihten u. a. m.) als besondere Eigentümlichkeit. Im übrigen ist seine Dogmatik – oder wenn man will, seine Metaphysik – ebenso wie seine Ethik ganz und gar die des Brahmanismus, von dem auch die wesentlichen rituellen Satzungen beibehalten sind. In der Dogmatik sind es die Lehren der orthodoxen Systeme des Vedānta und des Sāṃkhya, die uns auch in den Tantras – zuweilen selbst unter dem Wust unsinniger Zauberformeln – deutlich genug entgegentreten. Und was die Ethik anbelangt, so erinnert uns die Pflichtenlehre im VIII. Kapitel des Mahānirvāṇatantra auf Schritt und Tritt an Manus Gesetz-

[1] Vgl. die Definition von „Hinduismus" bei Monier Williams, Hinduism, London (Society for Promoting Christian Knowledge) 1882, S. 84f.

buch, die Bhagavadgītā und die buddhistischen Predigten. Trotzdem es im eigentlichen Shakti-Rituell keine Kastenunterschiede gibt, sondern im Kult der Shakti alle Kasten sowie alle Geschlechter gleich sind, werden doch in Übereinstimmung mit dem Brahmanismus die Kasten anerkannt, nur daß zu den gewöhnlichen vier Kasten noch eine fünfte, die durch Mischung der vier älteren entstandene Kaste der Sāmānyas hinzugefügt wird. Während aber Manu vier Āshramas oder Lebensstände unterscheidet, lehrt das Mahānirvāṇatantra, daß es im Kālīzeitalter nur zwei Āshramas gebe, den Stand des Hausvaters und den des Asketen. Im übrigen könnte alles, was in unserem Tantra über die Pflichten gegen die Eltern, gegen Weib und Kind, gegen die Verwandten und gegen die Nebenmenschen überhaupt gelehrt wird, genauso in irgendeinem anderen religiösen Buch oder selbst in einem weltlichen Handbuch der Moral stehen. Nur einige Verse aus diesem Kapitel VIII seien beispielsweise hervorgehoben:

24. Der Hausvater soll nie eine Unwahrheit sagen oder Betrug üben und soll stets die Götter und die Gäste ehren.

25. Er ehre stets und mit aller Macht Mutter und Vater, sie als zwei sichtbar verkörperte Gottheiten betrachtend.

33. Der Hausvater soll, selbst wenn er schon dem Hungertode nahe wäre, nicht essen, ohne zuerst Mutter, Vater, Sohn, Gattin, Gast und Bruder gespeist zu haben.

35. Der Hausvater soll seine Gattin lieben, seine Kinder erziehen, seine Verwandten und Freunde erhalten: das ist die höchste ewige Pflicht.

39. Der Hausvater soll seine Frau nie strafen, sondern sie wie eine Mutter ehren. Wenn sie tugendhaft und treu ist, soll er sie selbst in Zeiten der tiefsten Not nie verlassen.

45–47. Ein Vater soll seine Söhne bis zum vierten Lebensjahr liebkosen, hegen und pflegen und dann bis zum sechzehnten Jahr in der Wissenschaft und ihren Pflichten unterrichten. Bis zum zwanzigsten Jahr sollen sie zu den Pflichten im Hause angehalten werden, und von da an soll er sie als seinesgleichen betrachten und ihnen in Liebe zugetan sein. In derselben Weise soll auch eine Tochter mit großer Sorgfalt gehegt und erzogen und dann einem verständigen Bräutigam mit Geld und Edelsteinen übergeben werden.

63. Wer Teiche gestiftet, Bäume gepflanzt, Rasthäuser am Wege oder Brücken gebaut hat, der hat die drei Welten besiegt.

64. Wer die Seligkeit seiner Mutter und seines Vaters ist, wem seine Freunde ergeben sind und dessen Ruhm von den Menschen besungen wird, der hat die drei Welten besiegt.

65. Wer sich die Wahrheit zum Ziele gesteckt hat, wer stets mildtätig gegen die Armen ist und Leidenschaft und Zorn beherrscht hat, der hat die drei Welten besiegt.

66. Wer nicht des Nächsten Weib oder Gut begehrt, wer von Trug und Neid frei ist, der hat die drei Welten besiegt.

67. Wer sich in der Schlacht nicht fürchtet und nicht zögert, in den Kampf zu gehen, wenn es nötig ist, und wer im Kampf für eine heilige Sache stirbt, der hat die drei Welten besiegt.

Die Pflichten der einzelnen Kasten sowie die Pflichten des Königs werden nicht viel anders als bei Manu vorgeschrieben. Das Familienleben stellt das Mahānirvāṇatantra sehr hoch. So wird streng vorgeschrieben, daß niemand sich dem Asketenleben widmen dürfe, der Kinder, Frauen oder sonstige nahe Verwandte zu erhalten habe[1]. Ganz nach den Vorschriften der brahmanischen Texte werden auch im IX. Kapitel des Mahānirvāṇatantra die „Sakramente" (Saṃskāras) von der Empfängnis bis zur Hochzeit beschrieben und ebenso im X. Kapitel die Vorschriften für die Totenbestattung und den Totenkult (Shrāddhas) gegeben. Eine Eigentümlichkeit der Shāktas in bezug auf die Ehe besteht darin, daß es neben der Brāhma-Ehe, für welche die brahmanischen Vorschriften gelten, auch eine Shaiva-Ehe gibt, d. i. eine Art Ehe auf Zeit, die nur Mitgliedern des Kreises (Cakra) der Eingeweihten erlaubt ist. Aber Kinder aus einer solchen Ehe sind nicht legitim und erben nicht. So sehr gilt auch für die Shāktas das brahmanische Recht, wie denn auch der Abschnitt über das Zivil- und Kriminalrecht im XI. und XII. Kapitel des Mahānirvāṇatantra mit Manu im wesentlichen übereinstimmt.

Natürlich wird trotzdem der im Tantra vorgetragene Kauladharma in überschwenglicher Weise für die beste aller Religionen erklärt und die Verehrung des Kula-Heiligen als höchstes Verdienst gepriesen. Und so wie es in einem bekannten buddhistischen Text heißt: „Sowie, ihre Mönche, für jegliche Art von Fußspur beweglicher Lebewesen in der Elefantenfußspur Platz ist, weil ja bekanntlich die Elefantenfußspur an Größe die erste von ihnen ist, also, ihr Mönche, sind alle heilsamen Lehren in den vier edlen Wahrheiten eingeschlossen", so heißt es im Mahānirvāṇatantra[2] (wahrscheinlich in Erinnerung an die buddhistische Stelle): „Wie die Fußspuren aller Tiere in der Elefantenfußspur verschwinden, so verschwinden alle anderen Religionen (dharma) in der Kulareligion (kuladharma)."

Aus dem Gesagten erhellt, daß Avalon recht hat, wenn er erklärt, daß man bisher über diese Literatur allzu oft geurteilt und noch mehr abgeurteilt hat, ohne sie zu kennen, und daß die Tantras es verdienen, besser bekannt zu werden, als es bisher der Fall gewesen ist. Religionsgeschichtlich sind sie ja schon deshalb von Wichtigkeit, weil sie den Mahāyāna-Buddhismus und insbesondere den Buddhismus von Tibet stark beeinflußt haben. Es ist daher sehr zu begrüßen, daß Avalon es unternommen hat, eine Serie von Texten und Übersetzungen dieser Literatur herauszugeben. Freilich möchten wir nicht wünschen, mit allen 3×64 Tantras, die es geben soll, bekannt gemacht zu werden. Denn – das soll nicht geleugnet werden – zum größeren Teil enthalten diese Werke doch nur Stumpfsinn und Kauderwelsch. Dies gilt namentlich von den Bījas und Mantras, den geheimnisvollen Silben und Wörtern und den Zaubersprüchen, welche diese Bände füllen. Um dieses Kauderwelsch nur einigermaßen zu verstehen und in den Stumpfsinn einigen Sinn zu bringen, ist es notwendig, die tantrische Bedeutung der einzelnen Vokale und Konsonanten zu kennen. Denn zu den Hauptmitteln der Zauberei, die in diesen Texten eine so große Rolle spielt, gehört das gesprochene

---

[1] In dem Kautilya-Arthashāstra, dem alten Lehrbuch der Politik (II, 1, 19, S. 48), wird eine Geldstrafe für denjenigen vorgeschrieben, der Asket wird, ohne vorher für Weib und Kind vorgesorgt zu haben.

[2] XIV, 180, vgl. Majjhimanikāya 28.

Wort. Nicht der Sinn, der in dem Mantra liegt, übt auf die Gottheit Gewalt aus, sondern das Wort, der Laut. Jeder Laut hat eine besondere geheimnisvolle Bedeutung. Es gibt daher eigene Glossare, in denen diese geheimnisvolle Bedeutung der einzelnen Vokale und Konsonanten gelehrt wird. Einige solche Glossare, unentbehrliche Hilfsmittel für den Sādhaka oder den Jünger, der sich zum Sādhaka ausbilden will, sind im I. Band der von Avalon herausgegebenen Serie Tantrischer Texte[1] veröffentlicht: das zum Rudrayāmala gehörige Mantrābhidhāna, der dem Puruṣottamadeva zugeschriebene Ekākṣarakoṣa, der Vījanighaṇṭu von Bhairava und zwei Mātṛkānighaṇṭus, einer von Mahīdhara, der andere von Mādhava[2]. Beigefügt ist noch ein weiterer Hilfstext derselben Art, der zum Vāmakeshvaratantra gehörige Mudrānighaṇṭu, ein Verzeichnis der Fingerstellungen, wie sie beim Yoga verwendet werden.

Der zweite Band derselben Serie von Texten enthält den Text des Ṣaṭcakranirūpaṇa, „Beschreibung der sechs Kreise", mit nicht weniger als drei Kommentaren. Die „sechs Kreise" sind sechs lotusförmig gedachte Stellen des menschlichen Körpers von großer mystischer Bedeutung und darum für den Yoga von größter Wichtigkeit. Der erste dieser Kreise ist mūlādhāra, beschrieben als ein Dreieck in der Mitte des Körpers mit der Spitze nach unten, gleich der yoni eines jungen Mädchens, gedacht als ein roter Lotus mit vier Blütenblättern, auf denen die vier goldenen Buchstaben vaṃ, shaṃ, ṣaṃ und saṃ geschrieben sind. Im Mittelpunkt dieses Lotus ist svayambhūliṅga. An der Wurzel dieses rötlichbraunen liṅga öffnet sich die citriṇīnāḍī, durch welche die Devī Kuṇḍalinī, feiner als eine Lotusfaser und leuchtender als der Blitz, aufsteigt, usw. usf.[3]. Das Satcakranirūpaṇa ist das VI. Kapitel des von Pūrṇānanda Svāmī verfaßten Shrītattvacintāmaṇi. Außerdem enthält der Band den Text eines Pādukāpañcakam betitelten Hymnus, der von Shiva offenbart sein soll, mit einem umfangreichen Kommentar.

Der dritte Band der Serie enthält den Text des Prapañcasāratantra, das dem berühmten Vedānta-Philosophen Shaṅkarācārya, von anderen dem Gott Shiva in seiner Inkarnation als Shaṅkarācārya, zugeschrieben wird. Der Name Shaṅkara erscheint in der Tantra-Literatur ziemlich oft, es ist aber durchaus nicht sicher, daß die betreffenden Werke wirklich von dem Philosophen stammen. Dem Text schickt Avalon eine ausführliche Inhaltsangabe des Werkes voraus. Prapañca bedeutet „die Ausbreitung", „das ausgebreitete Weltall", daher prapañcasāra, „das innerste Wesen des Weltalls". Das Werk beginnt mit einem Schöpfungsbericht, an den sich in den beiden ersten Kapiteln Ausführungen über Chronologie, Embryologie, Anatomie, Physiologie und Psychologie schließen, die ebenso „wissenschaftlich" sind, wie die beiden folgenden Kapitel, welche die geheimnis-

---

[1] Tantrik Texts edited by Arthur Avalon, Vol. I, Tantrābhidhāna with Vīja-Nighaṇṭu and Mudrā-Nighaṇṭu edited by Tārānātha Vidyāratna. Vol. II, Shaṭchakranirūpana and Pādukāpanchaka, ed. by Tārānātha Vidyāratha. Vol. III, Prapanchasāra Tantra, ed. by Tārānātha Vidyāratna. Calcutta, Sanskrit Press Depository, and London Luzac & Co. 1913–1914.

[2] Vgl. zu diesen Glossaren auch Th. Zachariae, Die indischen Wörterbücher (Grundriß der indo-arischen Phil. I, 3 B, 1897) § 27.

[3] Wer sich für diese „sechs Kreise" interessiert, findet sie beschrieben in Avalons Einleitung zum Mahānirvāṇatantra, S. LXII–LIXIII.

volle Bedeutung der Buchstaben des Sanskrit-Alphabets und der Bījas behandeln. Von größerer religionsgeschichtlicher Bedeutung sind die weiteren Kapitel, die teils Ritualien, teils Gebete, Meditationen und Stotras enthalten. Wie sehr in dem Kult des Shāktismus das Erotische im Vordergrund steht, zeigt IX, 23ff., wo geschildert wird, wie die Frauen der Götter, Dämonen und Halbgötter, von Mantras bezwungen, zum Zauberer kommen, „indem sie im Liebesrausch ihre Kleinodien hinstreuen, ihre Seidengewänder herabgleiten lassen und sich in das Netz ihrer fliegenden Haare hüllen, alle ihre Glieder bebend vor unerträglichen Liebesqualen, die Schweißtropfen wie Perlen über Schenkel, Busen und Achselhöhlen rollend, . . . von den Pfeilen des Liebesgottes zerrissen, ihre Leiber in den Ozean der Liebesleidenschaft getaucht, die Lippen vom Sturm ihrer schweren Atemzüge bewegt“ usw. Im XVIII. Kapitel werden die Mantras und Dhyānas (Meditationen) für die Verehrung des Liebesgottes und seiner Shaktis gelehrt, und die Vereinigung von Mann und Weib wird als eine mystische Vereinigung des Ichs (ahaṃkāra) mit der Erkenntnis (buddhi) und als eine heilige Opferhandlung dargestellt. Wenn der Mann seine geliebte Frau in solcher Weise ehrt, wird sie ihm, von den Pfeilen des Liebesgottes getroffen, wie ein Schatten selbst in die andere Welt folgen (XVIII, 33). Dem Ardhanārīshvara, dem Gott, der zur Hälfte ein Weib ist – Shiva als ein wilddreinschauender Mann dargestellt, bildet die rechte, seine Shakti, als wollüstiges Weib dargestellt, die linke Hälfte des Körpers –, ist das XXVIII. Kapitel gewidmet. Das XXXIII. Kapitel, mit dem das Werk ursprünglich geschlossen zu haben scheint, beschreibt in seinem ersten Teil Zeremonien gegen die Kinderlosigkeit, als deren Ursache Nachlässigkeit in der Verehrung der Götter und Schmähung der Gattin bezeichnet wird. Der zweite Teil bezieht sich auf das für die Shaktireligion überaus wichtige Verhältnis von Lehrer und Schüler. Die Verehrung des Guru, des Lehrers, spielt ja bei dieser Sekte eine Hauptrolle.

Die in diesem Tantra beschriebenen Ritualien und Mantras beziehen sich aber nicht ausschließlich auf die verschiedenen Formen der Devī und des Shiva, sondern auch Viṣṇu und seine Avatāras kommen vielfach zu Ehren. Das XXXVI. Kapitel enthält eine Betrachtung über Viṣṇu Trailokyamohana (den Verwirrer der Dreiwelt) in den von Avalon[1] übersetzten Versen 35–47. Es ist eine Beschreibung voll sinnlicher Glut: Viṣṇu strahlt wie Millionen Sonnen und ist von unendlicher Schönheit. Voll Güte ruht sein Auge auf Shrī, seiner Gemahlin, die ihn liebevoll umschlingt. Auch sie ist von unvergleichlicher Schönheit. Alle Götter und Dämonen und deren Frauen bringen dem erhabenen Götterpaar ihre Verehrung dar. Die göttlichen Frauen aber drängen sich voll glühender Liebessehnsucht an Viṣṇu heran, indem sie rufen: „Sei unser Gatte, unsere Zuflucht, erhabener Herr!“ Außer dieser Stelle hat Avalon auch die Hymnen an Prakṛti (Kapitel XI), an Viṣṇu (Kapitel XXI) und an Shiva (Kapitel XXVI) übersetzt[2].

Von diesen Hymnen gilt dasselbe, wie von der Sammlung von Hymnen an die Devī, die Avalon zusammen mit seiner Frau in einem besonderen Bande übersetzt

---

[1] Introduction, S. 61ff.
[2] Introduction, S. 29ff., 45ff., 52ff.

hat[1]. Während manche dieser Texte bloß geistlose Litaneien von Namen und Beiwörtern der verehrten Gottheiten sind, gibt es andere, die sich, was Gedankentiefe und Schönheit der Sprache betrifft, den besten Erzeugnissen religiöser Lyrik der Inder an die Seite stellen lassen. So beginnt der Hymnus an die Prakṛti im Prapañcasāra XI, 48 mit den Worten:

„Sei mir gnädig, o Pradhānā, die du eins bist mit dem Weltall,
Die du Prakṛti bist und aller Lebewesen Leben,
Dich, o Herrin, zu preisen, heb' ich flehend meine Hände –
Dich, die stets es liebt zu tun, was unerforschlich für uns Menschen."

Es ist begreiflich, daß die Dichter viel innigere Herzenstöne gefunden haben, wenn sie von der Gottheit als ihrer „Mutter" sprachen, als wenn sie sich an Gott als Vater wandten. So heißt es z. B. in einem dem Shaṅkara zugeschriebenen Hymnus an die Göttin[2]:

„War's Unkenntnis deiner Befehle,
War es Armut oder Trägheit,
Daß ich die Kraft nicht fand, zu tun, was ich sollte,
Daß ich versäumte, deine Füße zu ehren, –
Gütige Mutter, die du alle von Schuld befreist,
Mir auch wirst du vergeben:
Ward doch ein schlechter Sohn schon manchmal geboren,
Eine schlechte Mutter gibt es nicht."

„Mutter! Viele würdige Söhne hast du auf Erden,
Aber ich, dein Sohn, bin ohne Wert;
Dennoch darfst du, Gute, mich nicht verlassen:
Ward doch ein schlechter Sohn schon manchmal geboren,
Eine schlechte Mutter gibt es nicht."

„Mutter! Weltenmutter! Deine Füße hab' ich
Nicht geehrt, dir reiche Gaben nicht gespendet;
Dennoch hast du Liebe mir bezeigt ohn' Ende:
Ward doch ein schlechter Sohn schon manchmal geboren,
Eine schlechte Mutter gibt es nicht."

Avalon steht der Shakti-Religion, die in dem Begriffe „Mutter" den höchsten Ausdruck für das göttliche Prinzip gefunden hat, mit großer Sympathie gegenüber. Wenn der Europäer, meint er[3], eine Erniedrigung der Gottheit darin findet, daß sie weiblich aufgefaßt wird, so kann das nur darin seinen Grund haben, daß er „seiner Mutter Geschlecht für geringer hält als sein eigenes", und daß es ihm der

[1] Hymns to the Goddess translated from the Sanskrit by Arthur and Ellen Avalon. London Luzac & Co. 1913.
[2] Hymns to the Goddess, S. 94ff., Verse 2–4.
[3] Hymns to the Goddess, Preface.

Gottheit unwürdig dünkt, sie anders denn als männlich vorzustellen. Daß die Auffassung des Inders und besonders des Shākta in dieser Beziehung die unbefangenere und vorurteilslosere ist, wollen wir Avalon gerne zugeben. Er geht aber noch weiter und glaubt, daß die Tantras nicht bloß religionsgeschichtliches Interesse haben, sondern auch einen selbständigen Wert als Lehrbücher des Sādhana, d. h. der Zauberei, besitzen[1]. So dankbar wir dem Herausgeber und Übersetzer dieser Texte dafür sein müssen, daß er uns mit einem wenig bekannten und viel verkannten indischen Religionssystem näher bekannt gemacht hat, so möchten wir doch ja davor bewahrt zu bleiben wünschen, daß zu den Vedāntisten, Neobuddhisten, Theosophen und anderen Indienschwärmern in Europa und Amerika sich noch etwa Anhänger der Sādhana oder gar des Shakti-Kultes gesellen. Der Religionsforscher kann und darf die Tantras und den Shāktismus nicht unbeachtet lassen. Sie haben ihren Platz in der Geschichte der Religion. Aber unserem Geistesleben möge dieser oft aus sehr trüben Quellen fließende Okkultismus – man übersetze das Wort doch nicht, den geheiligten Namen der Wissenschaft mißbrauchend, durch „Geheimwissenschaft", sondern lieber durch „Geheimtuerei" – fernbleiben.

Zu dem Obenstehenden sei noch eine neue Kritik von Masson Oursel vom französischen College aus der Zeitschrift „Isis" (III, 1920) hinzugefügt, die zusammengefaßt lautet: „Die Unverständlichkeit der Sprache, die Seltsamkeit der Gedanken und Riten, die manchmal als schamlos verurteilt werden, haben selbst die kühnsten Gelehrten vom Studium der ungeheuren Tantrik-Literatur zurückgehalten. Wenn es den Anschein hatte, als wären die Tantras nur eine Masse von Unvernunft, so liegt dies an der Unkenntnis des Zugangs zu ihnen. Die Tantras bilden den Höhepunkt der ganzen indischen Literatur. In sie flossen sowohl die vedischen wie die volkstümlichen Kulte ein. Der Tantrismus hat sich der ganzen Hindu-Denkart aufgeprägt. Arthur Avalon hat mit völligem Erfolg eine Aufgabe unternommen, die scheinbar undankbar, in Wirklichkeit aber reich an Ergebnissen ist."

Der Artikel von Dr. Winternitz beschäftigt sich weitgehend mit dem Mahānirvāṇa-Tantra. Da nicht leicht Einwände gegen dieses Tantra zu erheben sind, wurde in jüngster Zeit von Dr. Farquhar in seinem letzten Werk über indische Literatur die Ansicht vertreten, daß es eine Ausnahme darstellt und von Ram Mohun Roy's Guru Hariharānanda Bhārati stammt. Seine Beweisführung lautet: „Alle Tantras sind schlecht; dieses ist es nicht: Also ist es kein Tantra." Zuerst aber sei festgestellt, daß das Manuskript, das nach dem Vorwort zu A. Avalons Übersetzung dieses Tantras nach Kalkutta gebracht worden sei, ein altes war, datiert: Shakabda einige 1300, d. h. vor einigen hundert Jahren. Zweitens wird das Mahṣnirvāṇa-Tantra, das zum Vishnukrāntā, oder wie einige meinen zum Rathakrāntā gehört, im Mahāsiddhisāra-Tantra erwähnt. Diese alte Abschrift war im Besitz von Rāja Sir Radhakant Dev (1774–1867), einem Zeitgenossen von Raja Ram Mohun Roj (1774–1833), der den Sohn des letzteren überlebte. Die früheste Ausgabe dieses Tantras von Anandachandrā Vedāntavāgīsha wurde aus einem Text der Sanskrit-College-Bibliothek übersetzt. Diese aber wird nicht sehr wahrscheinlich unter ihren Manuskripten die Arbeit eines Mannes besessen haben, der, wann immer auch sein Todestag gewesen sein mag, doch verhältnismäßig kurz nach Veröffentlichung dieser Ausgabe gestorben war. Tatsächlich wird es im Katalog als ein altes Manuskript und ursprüngliches Tantra bezeichnet.

Dr. Rajendralala Mitra sagt über ein Manuskript der Tagore-Sammlung in seiner Aufzeichnung, dieses enthielte nur die erste Hälfte von vierzehn Kapiteln. Das ist zutreffend, da die zweite Hälfte nicht veröffentlicht wurde und sehr selten ist. Die Anschrift des Pandit, auf die Bezug genommen wird im Vorwort zu A. Avalons

[1] Tantrik Texts, Vol. I, S. IV.

Übersetzung des Mahānirvāṇa, enthält beide Teile. Wie aber kommt es, daß wir, wenn das Tantra von Raja Ram Mohun Roy's Guru geschrieben wurde, nur die erste Hälfte besitzen und nicht die zweite, die unter anderem das sogenannte magische oder Shat-Karma umfaßt? Es sollte auch beachtet werden, daß es drei Tantras gibt – das Nirvāṇa-, Brihannirvāṇa- und Mahānirvāṇa-Tantra –, ähnlich wie es die Gruppe Nila-, Brihannila- und Mahānila-Tantras gibt. Auch sei bemerkt, daß im Jahre 1886 eine Ausgabe des Mahānirvāṇa veröffentlicht wurde mit dem Kommentar eines Sannyāsin, der sich Shankarāchārya nannte – unter dem Beistand von Danda Sabha vom Maṇikatnika Ghāṭ, Benares –, das mehr Verse enthält als der Text, der von Hariharānanda kommentiert wurde, und daß die Erläuterung von Hariharānanda und die von Jagamohan Tarkālankara in einigen Dingen einander widerstreiten. Wir glauben annehmen zu können, daß Hariharānanda sowohl der Autor wie der Kommentator des Tantra war.

Offensichtlich hat das Mahānirvāṇa seine Vorzüge, aber es gibt auch andere verdienstvolle Tantras. Die gleiche Kritik spricht von dem Prapanchasāra als von einem „ziemlich faulen Ding". Diese Kritik ist lächerlich. Jeder kann dies beurteilen, da der Text veröffentlicht ist. Alles, was man sagen kann, hat Dr. Winternitz ausgesprochen, nämlich, daß einige wenige Stellen von sinnlich erotischer Phantasie zeugen. Sie beschreiben den Zustand der Frau, wenn sie liebt. Was aber ist hierbei falsch? Es ist nichts „faul", es sei denn für Menschen, denen alle erotischen Phänomene als faulig erscheinen. „Dies ist ein sehr unpassendes Bild", sagte eine ältere Dame zu Byron, der ihr darauf erwiderte: Madam, das Unpassende besteht in ihrer Bemerkung." Man kann nicht oft genug versichern, daß der frühe Osten in diesen Dingen viel reiner war als der moderne Westen, bei dem unter der Decke eines bescheidenen Äußeren eine Kloake von außerordentlich vielfältigem psychopathischem Schmutz fließen kann. Dies war in früheren Zeiten weder im Osten noch im Westen so, damals, als ein Spaten noch ein Spaten und nicht ein Gartenbauwerkzeug genannt wurde. In Amerika erscheint es, wie mir gesagt wurde, noch immer unpassend, das Wort „Bein" zu gebrauchen. Man muß „Glied" sagen. Bei Tertullian heißt es: „Natura veneranda et non erubescenda" – das heißt: „Wo der Wissende verehrt, schämt sich seine unwissende Kritik."

Der Prapañchasāra, der sich nicht einmal mit dem Ritus beschäftigt, gegen den sich die meisten Einwände erhoben (im Gegensatz zum Mahānirvāṇa, der dies tut), behandelt die Schöpfung der Welt, die Erzeugung der Körper, die Physiologie, die Einordnung der Buchstaben, die Kalas, Einweihung, Japa, Homa, das Gāyatrī-Mantra, die rituelle Verehrung der verschiedenen Devatās und so fort, kurz: Tatsachen, die nicht „faul" sind – dies mit oder ohne den Zusatz „ziemlich".

VI. Kapitel

SHAKTI UND SHĀKTA

Shakti, in sich selbst reines seliges Bewußtsein (chridrupiṇi), ist auch die Mutter der Natur und die Natur selbst, geboren aus dem schöpferischen Spiel ihrer Gedanken. Der Shākta-Glaube oder die Verehrung der Shakti ist, meiner Meinung nach, in ihren wesentlichsten Zügen eine der ältesten und verbreitetsten Religionen der Welt. Trotz ihres Alters stimmt sie in der entwickelten Form, die wir heute kennen, zutiefst mit einigen Lehren der modernen Philosophie und Wissenschaft überein, wenn dies auch nicht unbedingt Zeugnis für ihre Wahrheit sein muß. Es sei hier bemerkt, daß im Westen, vor allem in Amerika und England, eine Menge von Büchern veröffentlicht wird über „Neugeist-Denken", „Willenskraft", „Vitalismus", „Schöpferische Gedanken", „Rechtes Denken", „Selbst-Entfaltung", „Das Geheimnis des Erfolges", „Geistige Therapie" und ähnliches, deren Grundgedanken im wesentlichen einigen Formen der Shakti-Sādhanā in ihrer höheren oder niederen Entwicklung gleichen. Es gibt auch Bücher, die verkleidete Magie enthalten: wie man z. B. Leute zwingt (vashīkaraṇa), zu kaufen, was sie gar nicht wollen oder wie man „Zuneigung" hervorruft und anderes mehr. Ungeachtet einiger Verlogenheiten stehen diese in gewissem Sinn auf der gleichen Stufe wie die Tantrik-Shavara, eine niedere Klasse von Büchern über Magie. Shavara und Chaṇḍāla gehören zu der niedersten menschlichen Stufe. Die alte, klar zu unterscheidende Glaubensform umfaßt: Tempel-Verehrung (der alte vedische Gottesdienst wurde im allgemeinen zu Haus oder draußen an einem Fluß abgehalten), Kult von Bildern, Lingam und Yoni (die beide nicht zu der ursprünglichen vedischen Verehrung gehört haben sollen), Verehrung der Devīs und der großen Mutter (die große Devatā der Veden war der männliche Indra) und andere Lehren und Übungen.

Vor vielen Jahren versuchte Eduard Sellon, mit Hilfe eines gelehrten Orientalisten aus dem Staatsdienst in Madras, die Mysterien der Tantras zu erlernen. Aber aus Gründen, die ich hier nicht zu erörtern brauche, ging er nicht vom richtigen Gesichtspunkt aus. Dennoch verglich er die Shāktas mit den griechischen Mysterien des Dionysos, das „Feuer, das in der Höhle der Einweihung geboren wird" mit dem Shakti-Pūjā, dem Shakti-Sādhanā und der Reinigung, die in d'Hancarville's „alten griechischen Vasen" dargestellt wird. Nachdem er sich auch auf die häufigen Erwähnungen dieses Rituals in den Schriften der Juden und anderer alter Autoren bezieht, kommt er zu dem Schluß, daß offensichtlich in der Shākta-Verehrung Indiens noch eine sehr alte, wenn nicht überhaupt die älteste Form der Mystik weiterlebt. Welchen Wert man auch einem solchen einzelnen Beweis zuerkennen mag, so stimmt doch die hieraus gezogene

Schlußfolgerung. Wenn wir zurückdenken an die Geschichte dieser Shākta-Verehrung, so sehen wir, daß die Gestalt der mächtigen Mutter Natur, die uralt ist unter den Alten, zurückgeht auf eine verblassende ferne Vergangenheit. Sie ist die Ādya-Shakti, die dunkle Gottheit mit den vielen Brüsten, von Türmen gekrönt, deren Schleier nie gelüftet wird; sie ist Isis, „die eine, die alles ist, was war, ist und sein wird", Kālī, Hathor, Kybele, die Kuhmutter-Göttin Iḍā, Tripurasundarī, die ionische Mutter, Tef, die Gattin des Shu, der durch sie alle Dinge erzeugt. Sie ist Aphrodite, Astarte, in deren Hainen die Götter Phöniziens weilten, die babylonische Melitta, die buddhistische Tārā, die mexikanische Ish, die Osia der Griechen, die heilige, freie und reine afrikanische Salambo, die wie Pārvatī die Berge durchstreift, die römische Juno, ägyptische Bast, die lohende Herrin des Lebens, des Denkens und der Liebe, deren Fest mit ausgelassener Freude gefeiert wurde, die assyrische Mutter Succoth Benoth, die Freia des Nordens, Mūlaprakriti, Semele, Māyā, Jshtar, Neith, die Mutter der Götter, der ewige tiefste Grund aller Dinge, Kuṇḍalī, Guhyammahābhairavī und alle übrigen.

Dennoch gibt es Menschen, die den tantrischen Kult für neuzeitlich halten. Dies leugnen, will nicht besagen, daß es keine Veränderung oder Entwicklung dieses Kultes gab. So wie sich der Mensch verändert, wandeln sich auch die Formen seines Glaubens. Ein alter Grundzug dieses Glaubens, der zu den alten Mysterien gehört, ist die Unterscheidung zwischen den Eingeweihten, in denen Shakti erwacht ist (prabuddha) und dem Pashu, dem nicht erleuchteten „tierischen", „materiellen" Menschen, wie ihn die Gnostiker nennen. Das Natürliche, das die Manifestation der Mutter Natur ist und das Geistige oder die Mutter an sich und durch sich selbst sind eins, aber nur der Eingeweihte versteht wirklich diese Einheit. Er erkennt sich selbst in allen seinen natürlichen Funktionen als das eine Bewußtsein, sei dies Freude (bhukti) oder Befreiung (mukti). Ein wesentlicher Grundsatz der tantrischen Sādhanā besagt, daß der Mensch im allgemeinen durch das Natürliche hindurch und mit seiner Hilfe, nicht durch asketische Verleugnung der Natur sich entwickeln muß. Dies ist ein wahrer Grundsatz, was immer auch über seine Anwendungen gesagt werden mag. Als Orpheus den alten Bacchus-Kult verwandelte, ging der Gereinigte, nach den herrlichen Worten des Euripides, über die Hügel tanzen mit den Töchtern des Jacchos.

Ich kann aber hier nicht weiter in diese Materie eindringen, da ich mich mit einigen allgemeinen Dingen und mit dem gewöhnlichen Ritual beschäftigen will. Die Beispiele beziehen sich aber nicht allein auf die Mysterien des Shakti-Pūjā. Es gibt charakteristische Merkmale der allgemeinen sichtbaren Verehrung, die sehr alt und verbreitet sind, ebenso andere, die aus der esoterischen Lehre stammen. In diesem Zusammenhang sei ein seltsames Beispiel angeführt, das ein Vorhandensein der tantrischen Lehre und Übung außerhalb von Indien beweist. Die amerikanisch-indianische Schrift der Zunis, Popul Vah, spricht von Hurakan oder Erleuchtung, die (wie mir gesagt wurde) Kuṇḍalīshakti ist, von der „Luftröhre" oder „weißen Schnur", der Suṣumnā-Nāḍi, von der „zweifachen Luftröhre" Iḍā und Piṅgala und von verschiedenen Körperzentren, die durch tierische Symbole bezeichnet werden.

Vielleicht ist das Pañchatattva-Ritual, das einige Anhänger der Tantras befolgen, schuld daran, daß in einigen Gegenden die Autorität dieser Schriften nicht angenommen und deshalb die Gottesverehrung für neuzeitlich erklärt wird. Im Gegensatz hierzu ist die Benutzung von Wein, Fleisch und so fort selbst sehr alt. Es gibt Menschen, die über solche Riten sprechen, als seien sie eine vollkommen neue und verhältnismäßig moderne Erfindung der „Tantra", völlig fremd dem Geist und der Übung alter Zeiten. Wenn man aber in dieses Thema eindringt, dann wird man, wie ich annehme, herausfinden, daß die Andächtigen, die solche Riten üben (vielleicht mit Ausnahme von Maithuna), sehr alte Bräuche fortsetzen. Diese haben ihr Gegenstück im frühen Vaidikāchāra, wurden aber nach und nach aufgegeben. Vielleicht geschah dies unter dem Einfluß des Jainismus und Buddhismus. Ich sage „Gegenstück", denn ich möchte keineswegs behaupten, daß die Riten die gleichen waren. In Einzelheiten und in bezug auf einige in Frage kommende Gegenstände unterscheiden sie sich. In diesem Pañchatattva-Ritual finden wir z. B. ein Gegenstück zu dem vedischen Brauch von Wein und Tiernahrung. Als Wein galt der Genuß von Soma. Fleisch wurde im Māmsāṣhṭaka-Shrāddha dargeboten, Fisch im Aṣhṭakashrāddha und Pretashrāddha. Maithuna war ein anerkannter Ritus im Vāmadevyavrata und im Mahāvrata, allgemein anerkannten vedischen Texten, und nicht nur in dem fremden und allgemein unbekannten Saubhāgyakāṇḍa des Atharvaveda, zu dem angeblich Kālikopaniṣhad und andere „tantrische" Upaniṣhaden gehören. Möglicherweise aber ist Maithuna ein fremder, von Chīnāchāra (vgl. Kap. V) eingeführter Bestandteil. Wie der bekannte Gelehrte Professor Ramendra Sundara Trivedi in seinem Vichitraprasaṅga aufzeigte, entsprechen die Mudrā des Pañchatattva dem Purodāsha-Kuchen des Soma und anderen Yāgas. Meiner Meinung nach ist die heutige Regel der Enthaltsamkeit von Wein und in manchen Fällen auch von Fleisch auf den ursprünglichen Buddhismus zurückzuführen. Sogenannte „Tantriks" folgen (in ihrem Ritual und nur in diesem) dem früheren Brauch.

Es ist wahr, daß die Samhitā des Ushanāh sagt: „Wein soll nicht getrunken, ausgeteilt oder genommen werden (madyam apeyam adeyam agrāhyam)", aber der noch größere Manu lehrt: „Es ist kein Unrecht, Fleisch zu essen und Wein zu trinken (na māmsa bhakṣaṇe dosho na madeya)", wenn er auch mit Recht ebenso wie viele Heutige, hinzufügt, daß Enthaltung von diesen sehr nützlich sei (nivrittistu mahāphalā). Die tantrische Übung erlaubt kein Trinken außerhalb des Rituals und überhaupt kein „sinnloses" Trinken (vrithāpāna).

Es ist ein allgemeiner Irrtum, zwei verschiedene Dinge miteinander zu vermischen, nämlich Glauben und Übung mit den Berichten, die diese beschreiben und die verhältnismäßig jung sein mögen, im Gegensatz zu dem recht alten Inhalt. Wenn ich von dem frühen Glauben spreche, beziehe ich mich nicht nur auf die Schriften, die heute vorhanden sind und Tantras genannt werden. Diese sind meist in einfachem Sanskrit von Männern verfaßt worden, deren Absicht es war, verstanden zu werden, nicht Gelehrsamkeit zu zeigen. Diese Einfachheit ist ein Zeichen des Alters.

Es ist auch Laukika – nicht Ārṣha-Sanskrit. Überdies enthalten sie Feststellungen, die (sollten es nicht Einschaltungen sein) die Grenzen ihres Alters bestimmen lassen. Ich spreche aber nicht von den Schriften selbst, sondern von ihrem

Inhalt. Der Glaube, den sie beschreiben, mag zumindest in seinen frühen Formen längst bestanden haben, bevor ihn die Kulas, die Volksgemeinschaft, die ihn durch Tradition empfing (pāramparyya) niederschrieb, wie dies bei den vedischen Gotras der Fall war. Daß solche Glaubensformen und Übungen, wie auch alles andere, im Lauf der Zeit sich weiter entwickelten, muß als wahrscheinlich angenommen werden.

Eine große Anzahl von Tantras ist wahrscheinlich für immer verschwunden. Von den übriggebliebenen sind sehr viele unbekannt, und die meisten, die erhältlich sind, nur bruchstückhaft vorhanden. Selbst wenn diese später als andere Shāstras erschienen sind, würden sie nach indischen Grundsätzen nichts von ihrer Autorität verlieren. Denn diese bemessen die Autorität einer Schrift nicht nach ihrem Alter. Warum, so fragt man, sollte etwas, das vor 1000 Jahren existierte, allein aus diesem Grund wahrer sein als etwas, das vor hundert Jahren gesagt wurde? Im Gegensatz zur Lehre der Āgama, die sich nie verändert, nimmt man an, daß bestimmte Tantras immer von neuem offenbart und wieder zurückgenommen werden. Es ist daher nichts gegen ein Tantra einzuwenden, weil es erst heute offenbart wurde. Wenn es heißt, daß Shiva die Tantras verkündete oder Brahmā das bekannte Vaiṣhṇava-Gedicht – Brahmasamhitā – verfaßte, so bedeutet dies nicht, daß Shiva und Brahmā sich materialisierten und mit einem Schilfrohr auf eine Birkenrinde oder ein Birkenblatt schrieben, sondern daß das göttliche Bewußtsein, das auch mit anderen Namen bezeichnet wird, einem bestimmten Menschen eingab, eine besondere Lehre oder Arbeit darzulegen oder aufzuschreiben und damit an die ewig seiende Wahrheit zu rühren. Dies will aber nicht besagen, daß es sich um Einflüsterungen handelte, vielmehr erwachten solche Erkenntnisse im Bewußtsein des Menschen. Was in der Welt vollbracht wird, geschieht durch den Menschen. Es liegt eine tiefere als zumeist angenommene Weisheit in dem Wort: „Gott hilft dem, der sich selber hilft." Auch die Eingebung endet nie. Was aber, so könnte man fragen, ist das Zeugnis, daß etwas richtig und wahr ist. Die Antwort lautet: „seine Früchte". Die Autorität eines Shāstra wird durch das Zeugnis bestimmt, ob seine Anweisungen zum Erlangen von Sidhi führen oder nicht. „Shiva uvācha"; Shiva sagt: „Zeugnis ist Āyurveda." In Indien ist der Prüfstein für alles die tatsächliche Erfahrung. Der höchste Beweis des Advaitavāda ist Samādhi.

Wie kann man vom Dasein der Kalpas wissen? Es heißt durch Erinnerung. So rief Buddha sich 91 Kalpas ins Gedächtnis zurück. Es gibt Argumente für die Wiedergeburt, der wirkliche Beweis aber ist einerseits die tägliche Erfahrung, die, wie es heißt, nur durch die Annahme früherer Existenzen erklärt werden kann, andererseits die tatsächliche Erinnerung selbst-entwickelter Menschen an ihre früheren Leben. Moderne westliche Methoden arbeiten mit magnetischem Schlaf, um die Erinnerung zurückzuholen (vgl. A. de Rochas: „Die aufeinanderfolgenden Leben" und Lancelin: „Das Leben nach dem Tod"). Völlig bedeutungslos ist dennoch das Alter nicht, weil die Menschen darauf achten, ob ein Shāstra in Werken berühmter Gelehrter anerkannt oder zitiert wurde. Solches Zeugnis kann natürlich nur nach einer beträchtlichen Zeitspanne verlangt werden. Hieraus aber folgt nicht, daß eine Feststellung wertlos sei, weil sie aus jüngster Zeit stammt und deshalb solcher Prüfung nicht unterworfen werden kann. Dies sind die indischen Grundregeln für Alter und Autorität einer Schrift.

Ein umfassender Überblick über den sogenannten heutigen „Hinduismus“ (woher auch dessen Ursprünge stammen mögen) wird zu folgenden Ergebnissen führen: Es gibt den Vedānta, im Sinn des Upanishad, als allgemeines, wenn auch verschieden ausgedrücktes Lehrfundament, und es gibt eine große Menge von unterschiedlichen Lehrsätzen oder Arten der Anwendung, mit deren Hilfe die Lehren des Vedānta in die Praxis umgesetzt werden. Wir müssen sorgfältig zwischen diesen beiden unterscheiden. So sagt der Vedānta: „So'ham“, was Haṃsa bedeutet. „Hakāra ist ein Flügel, Sakāra der andere. Wenn beide Flügel abgenommen werden, ist sie die Tārā Kāmakalā“ (Tantrarāja-tantra). Die Āchāras zeigen dem Sādhaka, wie es möglich ist, das So'ham anzuwenden.

Sādhaka-Sādhanā stammt von der Wurzel „sādh“ – anstrengen, vollenden. Anstrengung wofür und auf was hin? Die Antwort lautet: zur Befreiung aus jeder Form. Es gibt eine Hierarchie von Formen, weil sich das Bewußtsein so sehr begrenzt hat, daß dadurch seine eigene Wirklichkeit, die „So'ham“ oder „Shivo'-ham“ bestätigen, verdunkelt wird. Warum aber soll sich der Mensch von materiellen Formen befreien? Weil es heißt, daß nur auf diesem Weg immerwährende Glückseligkeit erlangt wird, wenn auch jene, die sich mit dem tätigen Brahman (shakti) identifizieren, schon hier ein vorübergehendes, doch fruchtloses Glück erfahren können. Die tatsächliche Erfahrung dieser Bestätigung des „So'ham“ ist Veda in seinem grundlegenden Aspekt als Erkenntnis (vid) oder wirkliche geistige Erfahrung. Denn im monistischen Sinn bedeutet etwas wahrhaft erkennen, dieses selbst zu sein. Veda oder Erkenntnis ist nicht zu gewinnen, indem man sich einfach hinsetzt, unbestimmt an den großen Äther denkt und weiter nichts tut. Der Mensch muß sich verwandeln, das heißt, er muß handeln, um zu erkennen. Darum ist die Zauberformel der Tantras Kriyā oder Handlung.

Die nächste Frage bezieht sich darauf, welchen Kriyā man annehmen muß, um dieses Ziel des Jñāna zu erreichen. „Tanyata, vistāryate jnānam anena iti Tantram.“ Zurückgeführt auf die Wurzel „tan“ – „verbreiten“, wird Tantra als das Shāstra definiert, durch das Wissen (jñāna) verbreitet wird. Man beachte das Wort Jñāna. Das Ziel der praktischen Anwendungen dieser Shāstras ist die Verbreitung des vedischen Jñāna. Hier finden wir die Vielfalt, die denen so rätselhaft erscheint, die nicht auf die Wurzel des religiösen Lebens in Indien zurückgegangen sind. Das Ziel ist dem Wesen nach eins. Die Mittel, die zu ihm führen, unterscheiden sich notwendigerweise nach Wissen, Fähigkeit und Temperament. Dennoch können wir sie in zwei Hauptgruppen einteilen: in vedische und tantrische, und als dritte noch hinzufügen die vermischte oder Mishra-Gruppe. Das Kernstück des Hinduismus liegt sozusagen in einem doppelten Rahmenwerk von vedischen und tantrischen Āchārās, die in gewissen Fällen miteinander vermischt wurden.

Das Wort „Tantra“ an sich meint ganz einfach, wie ich schon darlegte, „Abhandlung“ und muß nicht unbedingt eine religiöse Schrift sein. Wenn es diese Bedeutung annimmt, meint es die Schrift einiger Glaubens-Schulen, die sich in Lehre und Übung unterscheiden. So gibt es Tantras von Shiva-, Vishṇu- und Shakti-Anhängern und deren verschiedenen Untergruppen. Unter den Shiva-Anhängern gibt es z. B. die Shaivas des Shaiva-Siddhanta, die Advaita-Shaivas der Kashmir-Schule, Pashupatas und eine Menge anderer Sekten, die ihre eigenen Tantras besitzen.

Wird mit „Tantrik“ ein Anhänger des Tantra-Shāstra gemeint, dann hat dies keine besondere Bedeutung. Ein Mensch, der so genannt wird, mag Anhänger von einer der fünf Devatās (surya, ganesha, vishṇu, shivam, shakti) sein und mag diese Devata mit ihrer besonderen Lehre und Übung verehren. Solche Bezeichnung ist verwirrend, wenn auch allgemein gebraucht. Soweit ich unterrichtet bin aber benutzen die sogenannten „Tantriks“ im allgemeinen nicht selbst diesen Namen, sondern nennen sich Anhänger der Shakti, des Shiva und so fort, entsprechend dem Sampradaya, zu dem sie gehören.

Tantra kann aber auch der Name von einer einzigen Gruppe von Schriften sein, die von den „Tantriks“ befolgt werden. Es gibt andere Schrift-Gruppen wie Nigamas, Āgamas, Yamalas, Damaras, Uddhishas, Kakshaputas und so fort. Keiner dieser Namen wird benutzt, um die Anhänger dieser Shāstras zu bezeichnen, mit Ausnahme – wenn ich mich nicht irre – von Āgama, das in den Ausdrükken Agamavadin und Agamanta, den Umschreibungen von Agamanta-Shaiva wiederkehrt. Ich werde später diese Schriften aufführen, soweit sie in den verschiedenen Āgamas enthalten sind. Wenn wir sie kurz unter der Bezeichnung Tantra-Shāstra oder noch besser Āgama zusammenfassen, dann haben wir vier Hauptgruppen indischer Schriften: Veda (samhita, brahmana, upanishad), Āgama oder Tantra-Shāstra, Purāṇa und Smṛiti. Unter diesen Shāstras wird heute der Āgama oder dem Tantra-Shāstra die Autorität abgesprochen. Diese Ansicht wird sich als Irrtum erweisen, wenn man sich auf Shāstras von anerkannter Autorität bezieht, die von der Āgama als von dem fünften Veda sprechen. Kulluka Bhatta, der berühmte Kommentator von Manu sagt: „Shruti ist zweifach, vedisch und tantrisch (vaidkiki, tantriki ghaiva dvividha shrutih kirtita).“ Dies bezieht sich auf den Mantra-Teil der Āgamas.

Im großen Vaishnaya-Shāstra sagt Shrimad Bhagavata, Bhagavan: „Meine Verehrung ist dreifacher Art – vedisch, tantrisch und gemischt (mishra)“ und im Kaliyuga muß Keshava nach dem Befehl des Tantra angerufen werden. Devibhagavata spricht vom Tantra-Shāstra als einem Vedanga. Raghunandana führt es als Autorität im Ashtavimshati-Tattva auf und ordnet es für die Verehrung der Durga an. So taten es vor ihm Shridatta, Harinatha, Visyadhara und viele andere. Noch andere solcher Hinweise werden im Mahamahoadhyaya Yadaveshvara Tarkaratna's Tantrer Prachinatva in der Sahitya Samhita von Aswin 1317 gegeben. Färapradipa und andere tantrische Werke sagen, daß im Kaliyuga der tantrische und nicht der vedische Dharma befolgt werden soll. Den Einwand der späten Entstehung und den damit verbundenen Zweifel an der Autorität der Tantra-Shāstras ganz allgemein (ich spreche nicht von einer ihrer besonderen Formen) haben die Inder von ihren europäischen Gurus übernommen.

Nach den Shākta-Schriften umfaßt der Veda insgesamt nicht nur Rik Jajus, Sama, Atharva – die jetzigen Veröffentlichungen –, sondern mit diesen zusammen den allgemein unbekannten und nicht veröffentlichten Uttara-Kanda des Atharva Veda, den Saubhagya und den an diesen angehängten Upanishad. Sayana's

Kommentar bezieht sich auf die Purva-Kanda, die, wenn ich es auch noch nicht geprüft habe, aus 64 Schriften bestehen soll. Einige von ihnen wie Advaitabhava, Kaula, Kalika, Tripura, Tara, die Aruna-Upanişhaden, Bahvrichopanishad und Bhavanopanishad habe ich im 11. Kapitel der Tantrik-Texte veröffentlicht. Aruna bedeutet: „Sie, die rot ist." Röte (lauhityam) ist Vimarsha (vgl. Band XI der Tantrik-Texte von A. Avalon). Ich möchte meine Leser hier auch an den Kommentar zu dem großen Isha Upanişhad erinnern. Im „Veda" sind (nach gleicher Ansicht) auch die Nigamas, Āgamas, Yamalas und Tantras enthalten. Von diesen stammen alle anderen Shāstras ab, die die Bedeutung (artha) des Veda erklären, wie Purāṇa, Smṛiti, auch Itihasa und so fort. Diese Shāstras bilden die sogenannten „vielmillionenfache" (shatakoti) Samhita, da sie sich gleichsam in ununterbrochener Reihenfolge – eine aus der anderen – entfalten. Im Tantrik-Sahgraha, dem sogenannten Sarvollasa des Sarvavidyasiddha Sarvanandanatha führt dieser als Autorität das Narayani-Tantra für seine Behauptung an, daß die Āgama aus der Nigama stamme. Hier möchte ich anhalten, um zu bemerken, daß nach Sammohana der Kerala Sampradāya Dakshiṇa ist und dem Veda folgt (vedamārgastha), während Gauda (zu dem Sarvānandanātha gehörte) Vāma ist und Nigama folgt. Weiter behauptet er, daß Yāmala von Āgama, und die vier Vedas von Yāmala stammen, von diesen die Purāṇas, von den Purāṇas Smṛiti und von Smṛiti alle anderen Shāstras hervorgingen. Es gäbe, so schreibt er, fünf Nigamas und 64 Āgamas. Vier Yāmalas werden erwähnt, die sozusagen die Rohform (sthūlarūpa) bilden. Da einige sich darüber wundern werden, daß die vier Vedas aus dem Yāmala stammen (das heißt Antargata zu den Yāmalas waren), die im wörtlichen Sinn das Verbindende oder Umfassende heißen, füge ich den Sanskrit-Vers aus dem Nārāyaṇī-Tantra hinzu:

Brahmayāmalasambhūtam sāmaveda-matam shive
Rudrayāmalasamjāta rigveda paramo mahān
Vişhṇuyāmalasambhūto yajurvedah kuleshvari
Shaktiyāmalasambhūtam atharva paramam mahat.

Einige Tantras werden von ihnen feindliche Sekten Vedaviruddhāni (dem Veda entgegengesetzt) genannt. Dies leugnen natürlich ihre Anhänger. Ebenso bezeichnet der Kommentar zu den Nityāshodashikārṇava den Pañcharātrin als Vedabhraşhṭa. Daß einige Sekten ursprünglich Avaidika waren, ist wahrscheinlich, aber im Lauf der Zeit entstanden vielfältige Verschmelzungen von Schrift, Glauben und Übung.

Ob wir Āgamas und verwandte Shāstras, ebenso wie die vier Vedas als Autoritäten anerkennen oder nicht, wir müssen auf jeden Fall folgende Tatsachen annehmen: Es ergibt sich, wie schon gesagt, bei näherer Untersuchung, daß das eine Hauptstück des Hinduismus sozusagen in einen doppelten Rahmen eingefaßt ist. Dies möchte ich nun vom Gesichtspunkt des Außenstehenden aus betrachten, der nicht ein Shakti-Anhänger ist. Auf der einen Seite befinden sich die vier Vedas mit ihren Samhitās, Brāhmaṇas und Upanişhaden, auf der anderen Seite der sogenannte „fünfte Veda" – Nigama, Āgama und verwandte Shāstras, ferner die besonderen „Tantrik“-Upanishaden, die dem Saubhāga Kāṇḍa des Atharvaveda angehängt sind. Es gibt vedische und tantrische Kalpa-Sūtras und -Sūktas wie die Tantrika Devī und Matsya-Sūktas. Gegenstück zu den Brahmasūtras sind die Shakti-Sūtras des Agastya. Ferner gibt es sowohl vedische wie „tantrische“ Rituale; die zehn vedischen Saṁskāras und die tantrischen Saṁskāras; die Abhisheska; die vedische und tantrische Gāyatrī; das vedische Om, die sogenannten „tantrischen“ Bījas wie z. B. Hrīng; vedische Gurus, Deshika-Gurus und so fort. Dieser Dualismus besteht auch in der Medizin, im Recht, im Schrifttum und in anderen Dingen. Während zum Beispiel der vedische Ayurveda im allgemeinen pflanzliche Drogen verwendete, benutzten die „Tantriks“ metallische Substanzen. Ein Gegenstück zur vedischen Dharmapatni war das Shaiva-Weib, das heißt, sie, die durch Begierde (kama) gezeugt wird. Ich habe schon die Gegenstücke zu den Pañchatattva in den Vedas aufgezeigt. Einige wollen vor allem im Gauda-Desha eine besondere Form der Tantrik-Schriften sehen, und so fort.

Was bedeutet aber dieses alles? Es ist im Augenblick nicht möglich, eine bestimmte Antwort zu geben. Der Gegenstand ist so vernachlässigt worden und zu wenig bekannt. Ehe wir eine, mit gewisser Wahrscheinlichkeit richtige Schlußfolgerung ziehen können, müssen wir die tantrischen Texte untersuchen, die die Zeit übriggelassen hat. Gibt es nun – wie ich annehme – ein solches doppeltes Rahmenwerk, so muß man auf das Vorhandensein von ursprünglich zwei Religionsquellen schließen, von denen die eine (vielleicht in gewisser Hinsicht die ältere) Teile der anderen sich aneignete und mit der Zeit diese weitgehend verdrängte. Solches ist die stillschweigende Annahme der „Tantriks“ in Hinsicht auf die vier Vedas und ihre Beziehung zu den Āgamas. Wären nicht beide als Autoritäten anerkannt, warum sollte man sich dann auf die Deshika-Gurus und die Tantrik-Diksha beziehen?

Wahrscheinlich gab es viele Advaidika-Kulte, die eigenes, tiefes und altes Wissen besaßen. Das heißt, Kulte außerhalb der vedischen Religion (vedabahya), die im Laufe der Zeit gewisse vedische Riten annahmen, wie etwa Homa; die Veda-Anhänger dagegen nahmen einige Advaika-Übungen an. Es mag sein, daß gewisse Brahmanen sich den sogenannten Anarya-Sampradayas anschlossen, so wie heute es Brahmanen gibt, die Ämter niederer Kasten annehmen und nach diesen benannt werden. Zumindest aber wurde den Shāstras beider Kulte gleiche Autorität zugesprochen. Später verschwand ein großer Teil der vedischen Praxis, lebte aber weiter, vor allem in den heutigen Smarta-Riten und im Ritual der Āgamas. Dies sind Annahmen, auf die ich mich aber nicht mit Sicherheit festlegen will. Sie mögen nur als Anregungen dienen, wenn man nach dem Ursprung der Āgamas fragt. Sollten sie stimmen, dann haben bodenständige Glaubensformen und Übungen sich bis auf den heutigen Tag gegenüber den eingeführten Kulten jener „Arier“ durchgesetzt, die den vedischen Riten folgten und die ihrerseits die verschiedenen nichtvedischen religiösen Schulen beeinflußten.

Die heutigen Smārtas stellen die sogenannte Shrauta-Seite dar, wenn auch in diese Riten viele Bestandteile des Purāna eingefügt sind. Der arische Samāja ist eine andere heutige Darstellung des alten vedischen Āchārya, scheinbar vermischt mit puritanischem Modernismus und anderem. Die tantrische Seite wird dargestellt vom allgemeinen Kernstück des heutigen Hinduismus, und im besonderen von den verschiedenen sektiererischen Untergruppen der Shaivas, Shāktas, Vaiṣhṇavas und so fort, die an diesem mitwirken.

Jede Sekte von Gläubigen hat ihre eigenen Tantras. In einem früheren Kapitel (I) nahm ich kurz Bezug auf die Tantras der Shaivasiddhānta, der Pañcharātra-Āgama und des nördlichen Shaivaismus, für die das Mālinīvijaya-Tantra typisch ist. Die alte fünffache Einteilung der Verehrer war nach dem Pañchopāsana: Saura, Gāṇapatya, Vaiṣhṇava, Shaiva und Shākta, deren Mūla-Devatās jeweils Sūrya, Gāṇapati, Viṣhṇu, Shiva und Shakti waren. Heute ist die dreifache Einteilung in Vaiṣhṇava, Shaiva und Shākta von mehr praktischer Bedeutung, da die beiden anderen nur noch in begrenztem Ausmaß vorhanden sind. In Teilen des westlichen Indiens ist die Verehrung von Gāṇesha noch volkstümlich, und ich glaube, daß einige Sauras oder Spuren von Sauras hier und dort noch existieren, vor allem in Sind.

Sechs Āmnāyas werden in den Tantras erwähnt (shaḍāmnāyāh). Es sind die sechs Gesichte von Shiva, die nach Osten (pūrvāmnāya), Süden (dakshināmnāya), Westen (pashchimāmnāya), Norden (uttarāmnāya), nach oben (urddhvāmnāya) und nach unten ins Verborgene (adhāmnāya) blicken. Sie wurden nach der Reihenfolge ihrer Entstehung benannt und werden nach der Devyāgama, die in den Tantrahasya zitiert wird, wie folgt beschrieben (vgl. auch, mit einigen Abänderungen, die wahrscheinlich auf Textentstellungen beruhen, Paṭala II des Samnayāchāra-Tantra): „1. Das Gesicht im Osten (d. h. nach vorn) ist von perlenreinem Glanz. Es hat drei Augen und ist mit dem aufsteigenden Mond gekrönt. Mit diesem Gesicht offenbarte ich (Shiva) (den Devīs) Shrī Bhuvaneshvarī, Triputā, Lalitā, Padmā, Shūlinī, Sarasvatī, Tvaritā, Nityā, Vajraprastārinī, Annapūrṇa, Mahālakshmī, Lakshmī, Vagvādinī mit allen ihren Riten und Mantras. 2. das südliche Gesicht ist von gelber Farbe mit drei Augen. Mit diesem Gesicht offenbarte ich Prasādasadāshiva, Mahāprāsadamantra, Dakṣhiṇāmurti, Vatuka, Mañjughoṣha, Bhairava, Mṛitasañjīvānividyā, Mrityuñjayā mit ihren Riten und Mantras. 3. Das Gesicht im Westen (das heißt im Rücken) ist wie eine frisch sich bildende Wolke. Mit diesem Gesicht offenbarte ich Gopāla, Krishṇa, Nārāyaṇa, Vāsudeva, Nṛisimha, Vāmana, Varāha, Rāmachandra, Viṣhṇu, Harihara, Gāṇesha, Agni, Yama, Sūrya, Vidhu (Chandra) und andere Planeten, Garuḍa, Dikpālas, Hanumān und andere Suras mit ihren Riten und Mantras. 4. Das Gesicht im Norden ist von blauer Farbe und hat drei Augen. Mit diesem Gesicht offenbarte ich die Devīs, Dakṣhiṇakālikā, Māhākālī, Gujyakāli, Smashānakālikā, Bhadrakālī, Ekajatā, Ugratārā, Tāritnī, Kātyāyanī, Chhinamastā, Nīlasarasvatī, Durgā, Jayadurgā, Vāshulī, Dhūmāvātī, Vishālākshī, Gaurī, Bagalāmukhī, Pratyaṅgirā, Mātanggī, Mahīṣhamardinī mit ihren Riten und Mantras. 5. Das obere Gesicht ist weiß. Mit diesem Gesicht offenbarte ich Shrīmattripurasundarī, Tripureshī, Bhairavī, Tripurabhairavī, Smashānabhairavī, Bhuvaneshībhairavī, Shatkutabhairavī, Annapūrṇābhairavī, Pañchamī, Shoḍashī, Mālinī, Valāvalā mit ihren Riten und Mantras. 6. Das sechste Gesicht (unten), das in vielen Farben erstrahlt, ist verborgen. Mit seinem Mund sprach ich von Devatāsthāna, Āsana, Yantra, Mālā, Naivedya, Validāna, Sādhanā, Purashcharaṇa, Mantrasiddhi. Dieses Gesicht wird Ishānāmnāya genannt."

Das Samayāchāra Tantra (Kap. II) behauptet, daß die ersten vier Āmnāyas für Chaturvarga oder Dharma, Artha, Kāma, Mokṣha gelten, das obere (Urddhvāmnāya) und untere (Adhāmnāya) aber allein für die Befreiung. Das Sammohana-Tantra (Kap. V) erklärt zuerst Pūrvāmnāya, Dakṣhiṇāmnāya, Pashchimāmnāya, Uttarāmnāya, Urddhvāmnāya nach dem sogenannten Deshaparyyāya. Ich bin unterrichtet, daß gewöhnlich kein Pūja des Adhāmnāya verrichtet wird, sondern daß Shadanvaya-Shāmbhavas, sehr hohe Sādhakas, am Tor der Befreiung Nyāsa mit dem sechsten verborgenen Gesicht vollziehen. Pātāla Āmnāya soll Sambhoga-yoga sein. Der Niṣhkala-Aspekt im Shaktikrama gilt für Pūrva, Tripurā; für Dakṣhiṇa, Saura, Gāṇapatya und Vaiṣhṇava; für Pashchima, Raudra, Bhairava; für Uttara, Ugrā, Āpattārinī. Im Shaivakarma gilt der gleiche Aspekt zuerst für Sampatpradā und Mahesha; zum zweiten für Aghora, Kālikā und Vaiṣhṇava-Darshana; zum dritten für Raudra, Bhairava, Shaiva; zum vierten für Kuvera, Bhairava, Saudarshaka; und für Urddhvāmnāya, Ārddhanārisha und Pranava. In dem Niruttara-Tantra heißt es, daß die ersten zwei Āmnāyas Riten für die Pashu-Sādhaka enthalten (als Sinndeutung dieser und anderer Gruppen von Sādhakas, vgl. das Kapitel über das Pañchatattva Ritual Pūrvāmnāyoditam karma pāshavam kathitam priye desgleichen beim nächsten Text). Das dritte oder Pashchimāmnāya ist eine Verbindung von Pashu und Vīra (pashchimāmnāyajam karma pashu-vīrasamāshritam). Uttarāmnāya gilt für Vīra und Divya (uttarāmnāyajam karma divya-vīrāshritam priye). Der obere Āmnāya ist für Divya (urddhvāmnāyoditam karma divyabhāvāshritam priye). Es wird noch hinzugefügt, daß der Divya selbst am Verbrennungsort die Sādhanā im Vīrabhāva vollbringt (das ist in heroischer Denkart und Haltung), aber solche Verehrung geschieht ohne Vīrāsana. Im Sammohana findet sich eine Einteilung der Tantras nach den Āmnāyas. Es gibt aber noch besondere Einstufungen, z. B. die Einteilung nach dem Vatukāmnāya. Da mir nur ein Text des Sammohana zur Verfügung steht, während ich dieses schreibe, kann ich nicht mit Sicherheit die Richtigkeit der einzelnen Punkte bezeugen.

Jede Schule besitzt ihre eigenen Tantras, wie es auch bei den Jainas und den Buddha-Anhängern der Fall war. Verschiedene Sekten hatten eigene Unterteilungen und Tantras, die wieder verschieden eingestuft wurden nach Krañtā, Deshaparyāya, Kālaparyāya und so weiter. Das Sammohana-Tantra erwähnt 22 verschiedene Āgamas, einschließlich Chināgama (eine Shākta-Form), Pāshupata (eine Shaiva-Form), Pañcharātra (eine Vaiṣhṇava-Form), Kāpālika, Bhairava, Aghora, Jaina, Bauddha; jede von diesen soll eine gewisse Anzahl von Tantras und Upatantras enthalten.

Wie es im Sammohana-Tantra heißt, gehörten, nach Kālaparyāya, zu den Tantras 64 Shākta Tantras mit 327 Upatantras, 8 Yāmalas, 4 Dāmaras, 2 Kalpalatās und einigen Samhitās, mit Chūdāmaṇis (100) Arnavas, Purānas, Upavedas, Kakṣhapūtas, Vimashinī und Chintāmaṇis. Die Shaiva-Schule hat 32 Tantras mit eigenen Yāmalas, Uddīshas und anderen Werken. Die Gāṇapatya-Schule besitzt 30 Tantras mit Upatantras, Kalpas und anderen Shāstras, einschließlich einem Dāmara und einem Yāmala. Die Bauddha-Schule enthält Kalpadrumas, Kāmadhenus, Sūktas, Kramas, Ambaras, Purāṇas und andere Shāstras.

Nach den Kulārṇava- und Jñānadīpa-Tantras gibt es sieben Āchāras, von denen die ersten vier – Veda, Vaiṣhṇava, Shaiva und Dakṣhiṇa – dem Pashvāchāra zugehören; dann folgt Vāma, diesem Siddhānta, der sich allmählich dem Kaulāchāra, dem berühmtesten nähert. Anderswo werden sechs und neun Āchāras erwähnt und verschiedene Arten von Bhāvas: Sabhāva, Vibhāva, Dehabhāva und so fort, auf die sich Bhāvachūḍāmaṇi bezieht.

Ein Bericht über die Āchāras steht im Haratattvadīdhiti (S. 339–342, vgl. insbesondere auch das Vishvasāra-Tantra, Kap. 24, das Nityā-Tantra und Prāṇatoshinī. Der erste ist der beste Bericht).

Vedāchāra nimmt die niedrigste, Kaulāchāra die höchste Stelle ein (Kulārṇava-Tantra II). Ihre besonderen Merkmale sind im 24. Paṭala des Vishvasāra-Tantra aufgeführt. Die ersten vier gehören zu Pashvāchāra (vgl. das Kapitel über Shākta-Sādhanā), die letzten drei sind für Vīra- und Divya-Sādhakas. Zusammengefaßt sind folgende die Hauptpunkte des Vishvasāra: ein Sādhaka sollte während des Vedāchāra die Vorschriften des Veda ausführen, mit seiner Frau keinen sexuellen Verkehr halten, kein Fleisch und keinen Fisch an den Parva-Tagen essen. Er sollte die Deva nicht des Nachts verehren. Im Vaiṣhṇavāchāra folgt er den Geboten (niyamas) des Vedāchāra. Er muß das Fleischessen aufgeben (im Nityā-Tantra steht, er solle keine Tiere töten), sexuellen Verkehr meiden, selbst nicht darüber sprechen – zweifellos bedeutet dies eine Leugnung des Vīra-Rituals – und Viṣhṇu verehren. Dieses Āchāra unterscheidet sich vom vorhergehenden durch die lange Zeit des Tapas und die Kontemplation des Höchsten an allen Orten. Im Shaivāchāra ist Vedāchāra vorgeschrieben, mit dem einen Unterschied, daß kein Tier geschlachtet wird und die Meditation auf Shiva gerichtet ist. Es heißt, der Riṣhi Dakṣhiṇāmūrti habe Dakṣhiṇāchāra geübt, das nach ihm genannt ist. Dieses Āchāra ist eine Vorbereitung für Vīra- und Divya-Bhāvas. Die Meditation wird auf den höchsten Ishvarī gerichtet. Das Japa des Mantra wird nachts vollzogen. Siddhi wird erreicht, indem man einen Rosenkranz von menschlichen Knochen (mahāshaṅkha) an bestimmten Orten, einschließlich einer Shaktipītha, benutzt. Vāmāchāra wird von Vīras und Divyas gutgeheißen. Man sollte am Tag enthaltsam sein (brahmachārī) und des Nachts mit dem Pañchatattva die Verehrung darbringen („pānchatatt-vākramenaiva rātrau devīm prapūjayet"). Die Behauptung von Nityā (pañchatattyānukalpena ratrau devīng prapūjayet), ist, falls richtig überliefert, meiner Meinung nach, nicht zutreffend. Dies ist Vīra-Sādhanā, und der Vīra darf im allgemeinen nur Ersatzmittel benutzen, wenn die wirklichen Tattvas nicht gefunden werden können. Chakra-Verehrung wird vollzogen, aber Siddhi wird zerstört, wenn man diese enthüllt; darum ist der Vāma-Pfad geheim. Der Siddhāntācharī ist dem letzteren überlegen, weil er die Erkenntnis hat, die „in den Vedas, Shāstras und Purāṇas wie Feuer im Wald verborgen liegt, weil er sich nicht vor dem Pashu fürchtet, weil er der Wahrheit folgt und öffentlich das Pañchatattva-Ritual vollzieht. Offen und frei, kümmert er sich nicht um das, was gesagt wird". Ohne Heimlichkeit bringt er Pañchatattvas dar. Dann folgt eine bemerkenswerte Stelle: „Ebenso wie es nicht tadelnswert ist, offen im Sautrāmaṇi-Yajña (ein vedischer Ritus) zu trinken, so wird Wein im Siddhāntāchāra vor aller Augen getrunken. Da es im Ashvamedha-Yajña (ein Veda-Ritus) nicht tadelnswert ist, Pferde zu töten, so ist es keine Beleidigung, wenn man in diesem Dharma Tiere tötet."

Das Nityā-Tantra lehrt, daß Reines wie Unreines durch Reinigung rein wird. Eine Schale aus Menschenschädel in der Hand, gekleidet im Rudrākṣha, so schreitet der Siddhāntāchārī über die Erde in Gestalt des Bhairava. Durch die Kenntnis des letzten Āchāra, des Kaula, wird man zum Shiva. Ebenso wie die Fußspuren jedes Tieres in denen eines Elefanten verschwinden, so verliert sich jeder Dharma in der Größe des Kuladharma. Hier gibt es keine Gebote oder Verbote, keine Beschränkungen auf Zeit und Ort, überhaupt keine Regeln mehr. Ein Kaula ist sich selbst Guru, und niemand ist ihm übergeordnet. Es gibt drei Gruppen von Kaulas, den niederen (gewöhnlichen oder Prākrita-Kaula), der Rituale wie Japa, Homa, Pūja vollzieht und dem Vīrāchāra (mit Pañchatattva) folgt, um das Hochland der Erkenntnis zu erreichen; den mittleren, der Sādhanā mit Pañchatattva übt und tief in Meditation (dhyāna) und Samādhi versunken ist, und den höheren Kaula, der ,,das unvergängliche und alles durchdringende Selbst in allen Dingen und alle Dinge im Selbst" erblickt. Ein guter Kaula unterscheidet nicht zwischen Schlamm und Sandelpaste, zwischen Gold und Stroh, einem Haus und dem Verbrennungsort. Der höhere Kaula meditiert über das Selbst mit dem Selbst, achtet alle, ist voller Zufriedenheit, Vergebung und Mitgefühl. Das Nityā-Tantra (Patala III) sagt, daß der Kaula in verschiedenen Formen einhergeht – einmal als gewöhnlicher Mensch der Welt, der sich gesellschaftlichen Regeln unterwirft (shishta), ein anderes Mal als einer, der diese nicht befolgt (braṣhṭa); wieder ein anderes Mal erscheint er gespensterhaft unirdisch wie ein Geist (bhūta). Kaulāchāra – so sagt man – ist der Wesenskern, der gewonnen wird aus dem Meer der Vedas und der Āgamas, nachdem dieses mit dem Stoff der Weisheit zusammengequirlt wurde.

In einem neuzeitlichen Bericht der Āchāras (vgl. Sanātana-Sādhana-Tattva oder Tantra-Rahasya von Sachchidānanda Svāmī) heißt es, daß einige von Aghorāchāra und Yogāchāra als von zwei weiteren Unterteilungen des Kaulāchāra, dieses einen, endgültig letzten, sprechen. Wie dies auch sei: die heutigen Aghoras sind eine gesonderte Sekte, die, wie man meint, zu bloßen Verzehrern von Leichnamen herabgesunken ist, wenn auch Aghora angeblich nur einen aus dem furchtbaren (ghora) Samsāra Befreiten bezeichnet. Im Yogāchāra wurden die höchsten Höhen des Sādhanā und die Mysterien des Yoga gelehrt – so die Bewegungen des Vāyu im körperlichen Mikrokosmos (kṣhudrabrahmāṇḍa), dessen Beherrschung die Neigungen und Strebungen (vṛitti) lenkt. Yogāchāra wird durch Yoga-dīkṣhā betreten, und die Vollkommenheit im Aṣhṭāṅgayoga macht für Kaulāchāra geeignet. Ob es weitere Unterteilungen gab, kann ich im Augenblick nicht sagen. Ich möchte zur Zeit lieber dem Kulārṇava folgen. Der Svāmī berichtet hierüber, wie folgt: Vedāchāra, der aus täglicher Übung des vedischen Ritus (mit, wie ich hinzufügen möchte, einigen tantrischen Übungen) besteht, ist die grobstoffliche Hülle (sthūla-deha), die alle anderen Āchāras umfaßt. Diese sind gleichsam sein feinstofflicher Körper (sūkshamadeha) in verschiedenen Abstufungen. Die Verehrung ist zum großen Teil äußerlicher Natur. Ihr Gegenstand ist die Stärkung des Dharma. Dies ist der Pfad der Handlung (Krīyāmārga). Solche und einige andere Bemerkungen mögen eine neuzeitliche Lesart der alten Feststellungen sein und sind im ganzen, meiner Meinung nach, gerechtfertigt.

Die zweite Stufe des Vaiṣhṇavāchāra ist der Pfad der Liebe (bhaktimārga), dessen Ziel die Vereinigung der Hingabe mit dem zuvor erlangten Glauben ist. Der Verehrende geht vom blinden Glauben zum Verständnis der höchsten schutzbietenden Kraft Brahmans über, dem sich seine Liebe zuwendet. Mit dem wachsenden Entschluß, den Dharma zu halten und Adharma zu zerstören, betritt der Sādhaka die dritte Stufe – Shaivāchāra –, die der angeführte Autor die kriegerische (kṣhattriya) nennt. In dieser werden eifriges Bemühen und rechte Anwendung der Macht der Liebe und dem Mitleid hinzugefügt. Glauben, Hingabe und innere Entschlußkraft (antarlakṣha) sind hier vereint. Es ist der Eintritt auf den Pfad der Erkenntnis (jñānamārga). Ihm zu folgen ist die vierte Stufe oder Dakṣhiṇāchāra. Dieser Āchāre bedeutet ursprünglich und auch im Tantra-Shāstra nicht „rechtmäßige Verehrung", sondern ist, nach dem angeführten Autor, der Āchāra, der die Vollendung der höheren Sādhanā „begünstigt", deren Devī Dakshina-Kālika ist. (Der schon angeführte Vishvasāra leitet das Wort von Dakṣhiṇāmūrtimuni ab, Dakṣhiṇa aber hat in jedem Fall die gleiche Bedeutung. Dahṣhiṇakālī ist eine Devī des Uttarāmnāya, und hier nähert man sich den Vīra-Ritualen). Diese Stufe beginnt, wenn der Verehrende Dhyāna und Dhāṛāṇa der dreifachen Shakti Brahmans (Ichchhā, Krīyā, Jñāna) darzubringen vermag, wenn er die Verbindung der drei und ihren Ausdruck in den Guṇas versteht und noch bevor er den Ritus der Einweihung, Pūrṇabhichekha empfangen hat. Auf dieser Stufe ist der Sādhaka Shākta und für die Verehrung der dreifachen Shakti Brahmans (Brahmā, Viṣhṇu, Maheshvara) geeignet. Er verehrt die Ādya-Shakti als Dakṣhiṇa-Kālikā, in der die drei Shaktis vereint sind. Ziel dieser Stufe ist die Vereinigung von Glauben, Hingabe und Entschlußkraft mit dem Wissen von den dreifachen Kräften. (So entsteht der Übergang von dem Deva-Aspekt zur Deva-Ganzheit.)

Bis zu dieser Stufe ist der Sādhaka Pravritti-Mārga gefolgt, dem nach außen gerichteten Pfad weltlicher, wenn auch vom Dharma begrenzter Freuden. Nun betritt er, nachdem sich die Kräfte des äußeren Kreislaufs erschöpft haben, den Pfad der Rückkehr (nivrittimārga). Da dieser Wechsel von wesentlichster Bedeutung ist, haben einige die Āchāras in die zwei großen Unterteile von Dakṣhiṇāchāra (die ersten vier) und Vāmāchāra (die letzten drei) eingeteilt. Strenggenommen aber gehören die ersten drei nur insofern hierzu, als sie Vorbereitungen für den eigentlichen Dakṣhiṇāchāra und als Teile des Pravritti-Mārga nicht Vāmāchāra sind. So heißt es, daß die Menschen in den Dakṣhiṇāchāra hineingeboren, aber durch Einweihung in den Vāmāchāra aufgenommen werden. Ebenso wie Dakṣhiṇāchāra nicht „rechtmäßige Verehrung" bedeutet, so bedeutet Vāmāchāra nicht, wie gewöhnlich angenommen, „unrechtmäßige Verehrung". Das Shāstra, das diesen Āchāra-Weg beschreibt, kann ihn unmöglich selbst so negativ bezeichnen. Vāma wird auf verschiedene Weise gedeutet. Einige behaupten, es sei die Verehrung, in der die Frau (vāma) mithineingenommen ist, also: Latāsādhanā. Hiernach bedeutet Vāma „gegnerisch", das heißt der Pravritti entgegengesetzt, die in verschiedenen Abstufungen die vorangegangenen Āchāras beherrscht. Denn nun betritt man den Nivritti-Pfad der Wiederkehr, der zurückführt zur Quelle des Ausgangs. (In diesem Āchāra herrscht auch Verehrung der Vāmā-Devī). Im Vāmāchāra beginnt der Sādhaka Pravritti unmittelbar zu zerstören und mit Hilfe des Gurus Nivritti aufzubauen. Die Hilfe des Gurus ist hierbei notwendig. Es ist verhältnismäßig leicht, Regeln für den Pravritti-Mārga niederzulegen, aber im Vāmāchāra kann nichts ohne Hilfe des Gurus erreicht werden. Einige der Lehren werden für gefährlich gehalten, und wenn man sie ohne Führung und Unterscheidung anwendet, arten sie in Mißbrauch aus. Die Methode des Gurus auf dieser Stufe besteht darin, die Kräfte von Pravritti so anzuwenden, daß sie zu ihrer Selbstzerstörung führen. Die bindenden Triebe (vor allem die grundlegenden Instinkte des Essens, Trinkens und der sexuellen Befriedigung) können, wie es heißt, so eingesetzt werden, daß sie Macht gewinnen, das besondere Leben, dessen körperlicher Ausdruck sie sind, zum universalen Leben emporzuheben. Die Begierde, die bisher nach unten und außen wirkte (oft sich zerstreuend), wird nach innen und nach aufwärts geführt und in Macht verwandelt. Es sind aber nicht nur die niederen physischen Begierden des Essens, Trinkens und des sexuellen Verkehrs, die man unterjochen muß; der Sādhaka muß vielmehr auf dieser Stufe damit beginnen (und dieser Vorgang wird fortgesetzt bis die Frucht von Kaulā-Chāra erreicht ist), alle acht Fesseln (pāsha) abzuschneiden, die ihn zu einem Pashu machten. Denn bis zum Dakṣhiṇāchāra, und einschließlich dieses, herrscht Pashu-Verehrung. Diese Pāsha, Fesseln oder „Leiden" werden verschieden benannt; die zahlreichen Bezeichnungen aber sind nur ausführlichere Darstellungen der kleineren Unterteilungen. So ist nach dem Devī-Bhāgavata, Moha Unwissenheit oder Verwirrung und Mahāmoha die Begierde nach weltlichen Vergnügen, die diesen entspringt. Das Kulārṇava-Tantra erwähnt acht ursprüngliche Bindungen; Dayā (Mitleid als ein Gefühl, das bindet, im Gegensatz zu der göttlichen Barmherzigkeit, oder karuṇā), Moha (Unwissenheit), Lajjā, Scham (dies bedeutet nicht, daß der Mensch ein schamloser Sünder sein sollte, es ist vielmehr die schwache weltliche Scham, die sich scheut, jemanden auf uns herabsehen zu wissen, Konventionen zu verletzen usw.), Familie (kula, die aufhört, eine Bindung zu sein), Shīla (hier Gewöhnung, Konvention) und Varṇa (Kaste; denn der Erleuchtete steht über allen Unterscheidungen). Als Shrī Kriṣhṇa (um das Beispiel des Svāmī zu gebrauchen), die Kleider der badenden Gopīs oder Milchmädchen und die Kuhherden stahl, um die Mädchen zu zwingen, sich ihm unbekleidet zu nahen, da entfernte er die künstlichen Hüllen, die dem Menschen im Saṁsāra auferlegt sind. Es waren acht Gopīs, wie es acht Bindungen sind, und die Irrtümer, durch die der Jīva falschgeleitet wird, sind die Kleider, die Kriṣhṇa stahl. Von diesen befreit, ist der Jīva frei aller Bindungen, die aus seinen Begierden, seiner Familie und der Gesellschaft entstehen. Früher genügte es, wenn man nach weltlicher Art die Gebote der Sittlichkeit befolgte, die das Leben in der Welt beherrschen. Jetzt muß der Sādhaka weitergehen und die Welt übersteigen, oder besser: den Versuch machen, dies zu tun. Er steigt mit Hilfe jener Dinge empor, die gewöhnlich Ursache seines Falles sind.

Wenn er seinen Zweck vollkommen erreicht hat und freigeworden ist von allen Bindungen, dann erlangt er den Zustand des Shiva (Shivatva). Es ist Ziel des

Nivritti-Sādhanā, den Menschen von den Fesseln zu befreien, die ihn an Saṁsāra binden, und den Vīra-Sādhaka durch Rājasika-Upāsanā (vgl. das Kapitel über Pañchatattva) für die höchsten Stufen der Sādhanā bereit zu machen, auf denen Sāttvika-Guṇa vorherrscht. Dann ist er divya – göttlich. Für den wahren Sāttvik gibt es weder Bindung, Furcht noch Ekel (ghṛiṇā). Was durch Vāmāchāra beginnt, wird allmählich vollendet durch die Rituale des Siddhāntāchāra und Kaulāchāra. In den letzten drei Āchāras wird der Sādhaka immer mehr von der Dunkelheit des Saṁsāra befreit und hängt an nichts mehr, haßt nichts mehr, schämt sich über nichts mehr (wirklich schändliche Taten bleiben an sich auf den niederen Stufen zurück) und hat sich von den künstlichen Bindungen an Familie, Kaste und Gesellschaft befreit. Er wird ein Avadhūta, einer, der alles „abgewaschen" und die Welt aufgegeben hat. Für den Avadhuta, der wie später aufgezeigt wird, mehreren Gruppen angehören kann, gibt es keine Bindung mehr an Zeit und Ort. Wie Shiva selbst wohnt er am Verbrennungsort (shmashāna). Er erlangt Brahmajñāna oder die Erkenntnis in vollendeter Form. Wenn er Mahāpūrṇadīkṣhā empfängt, dann vollzieht er seine eigenen Begräbnisriten und ist für Saṁsāra gestorben. An einem ruhigen Ort sitzt er versunken in immerwährendem Sāmādhi und empfängt die erhabenste (nirvikalpa) Form der Ekstase. Die große Mutter, die höchste Prakriti'-mahashakti wohnt in seinem Herzen, das jetzt der innere Verbrennungsort ist, an dem alle Begierden ausgebrannt sind. Er wird ein Paramahamsa, ein schon im Leben Befreiter (jivanmukta).

Aus dem Vorgenannten ergibt sich, daß die Āchāras nicht verschiedene Sekten in europäischem Sinn, sondern Stufen sind in einem andauernden Prozeß, den der Sādhāka durchschreiten muß, bevor er den höchsten Zustand des obersten Kaula (denn die Kaulas sind von verschiedenen Graden) erreicht. Die grobe äußere Form des Vedachara überschreitend, erfährt er das innerste Kernstück der Lehre, das nicht mehr auszudrücken ist. Nicht jeder Jīva muß oder kann im Lauf eines einzigen Lebens diese Stufen durchschreiten. Im Gegenteil: er wird dies in der Regel im Lauf einer Vielzahl von Geburten tun. In jeder neuen Geburt wird das Weben des geistigen Gewandes an der Stelle wieder beginnen, wo es in der vorangegangenen Geburt durch den Tod unterbrochen wurde. Der Sādhāka beginnt auf irgendeiner Stufe seines Lebens. Ein echter Kaula wird er nur, wenn er in früheren Geburten durch die Sādhāna der vorbereitenden Stufen seinen Eintritt in diesen Zustand erworben hat. Die Erkenntnis der Shakti wird, wie es im Niruttara-Tantra heißt, nach vielen Geburten erlangt, und nach dem Mahānirvāṇa-Tantra wird der Geist durch Verdienste aus früheren Geburten zum Kaulāchāra hingeführt.

Kauladharma ist in keiner Weise Sektierertum, sondern erhebt im Gegenteil den Anspruch, Haupt aller Sekten zu sein. Es heißt: „Im Herzen Shākta, nach außen hin Shaiva, in der Gemeinschaft Vaiṣhṇava (die sich zusammenfinden wollen, um Hari zu verehren und zu lieben) – in solch vielerlei Verkleidung wandern die Kaulas auf Erden."

Antah-shaktah vahih-shaivah sabhayam vaishnabamatah
Nana-rupadharah kaulah vicharanti mahitale.

Diese Worte drücken solchen Anspruch aus und zeigen überdies – meiner Meinung nach –, daß im Geheimen lebt und sich sektiererischen Formen anpassen kann, wer zu dem Kern aller Erkenntnisse vorgedrungen ist, die die Sekten in unterschiedlicher, wenn auch besonderer Weise auslegen. Ein Kaula hat diese und andere Stufen durchschritten, denen (gleichgültig, ob es die Verehrenden wissen oder nicht) die Lehre von Kaulāchāra zugrunde liegt. Gleichgültig, was die sichtbare Sekte der Kaulas sein mag, die Form ist nichts und alles. Sie ist nichts in dem Sinn, daß sie keine Macht hat, das innere Leben des Kaula einzuengen. Sie ist alles in jenem Sinn, daß sie durch Erkenntnis die scheinbaren Begrenzungen des Lebens mit einer weltumfassenden Sinndeutung erfüllen kann. So kann ein Mensch in allen Sekten leben, ohne daß ihre Form ihn bindet.

In den Zeiten der Vedas gab es vier Āshramas, das heißt Zustände und Stufen im Leben eines Ariers, nämlich (ihrer Reihenfolge nach): jene des keuschlebenden Schülers (brahmachārya), des verheirateten Haushalters, der in der Welt lebt (gṛihastha), des Einsiedlers, der sich mit seiner Frau von der Welt zurückgezogen hat (vānaprastha) und letztlich des Bettlers (bhikṣhu oder advadhūta), der der Welt vollkommen entsagt hat und sein Leben, als Vorbereitung auf den nahenden Tod, in der Meditation über den höchsten Brahman verbringt. Alle vier Stufen waren der Brahmanenkaste zugänglich, die ersten drei den Kṣhattriya, die ersten zwei den Vaishya, dem Shudra aber nur die zweite (yogiyājna-valkya, Kap. I). Da weder Lebensbedingungen, Charakter, Fähigkeit, noch Kräfte der Menschen unserer Zeit den ersten und dritten Āshrama zulassen, stellt der Mahānirvāṇa-Tantra fest (VIII, 8), daß im Kali-Zeitalter nur zwei Āshramas möglich sind: der zweite und der letzte. Diese sind allen Kasten ohne Unterschied zugänglich (ebd. 12). Das gleiche Tantra (XIV. 141ff.) spricht von vier Gruppen von Kula-yogīs oder Avadhūtas. Dies sind die Shaivāvadhūta und Brahmāvadhūta, die beide von zweierlei Art sind: vollkommen (apūrṇa) und unvollkommen (pūrna). Die ersten drei kennen Freuden und üben Yoga. Die vierte oder Paramahamsa verlangt vollkommene Enthaltsamkeit und kein Berühren von Metall. Menschen dieser Stufe kennen keine Haushaltspflichten, keine Kaste, kein Ritual wie Opferungen von Nahrung und Getränken an die Devatā. Der Bhairavadāmara teilt den Advadhuta ein in: a) Kulāvadhūta, b) Shaivāvadhūta, c) Brahmāvadhūta, d) Haṁsāvadhūta. Einige sprechen von drei Unterteilungen sowohl der Shaivāvadhūta- wie der Brahmāvadhūta-Gruppe (vgl. Kap. XLIII, XLIV der Einleitung zu A. Avalon's Ed. von Mahānirvāṇa). Die Shaivāvadhūta sind weder vom Standpunkt des Westens noch von dem des Shāstra aus so hoch zu bewerten wie die Brahmāvadhūta. Der niederste dieser Gruppe darf nur mit seiner Frau geschlechtlichen Verkehr haben (Svakīya-Shakti im Gegensatz zu Shaiva-Shakti); der zur mittleren Gruppe Gehörende hat im allgemeinen mit keiner Shakti Umgang, während der höchste unter keinen Umständen eine Frau oder ein Metall berühren darf. Er vollzieht auch keine Riten und beobachtet keine Gebote.

Die Haupteinteilungen sind hier Vedāchāra, Dakṣhiṇāchāra und Vāmāchāra. Vedāchāra ist im Shrauta-Sinn nicht Vaidikāchāra, denn Shrauta-Vaidikāchāra scheint außerhalb dieser siebenfachen Tantrik-Einteilung zu liegen. Sein tantrisches Gegenstück ist Vedāchāra. Er ist tantrischer Upāsanā mit vedischen Riten und Mantras und Agni als Devatā (wie mir gesagt wurde). Wir können annehmen, daß dieser Āchāra für solche galt, die nicht Adhikārī waren. Darum wird er Shrauta-Vaidikāchāra genannt. Der zweite und dritte gehören zum vollkommenen Dakṣhiṇāchāra und führen zu ihm. Dies ist Pashvāchāra.

Mit Vāmāchāra beginnt die andere Art der Verehrung, die zum vollkommenen Kaula führt: Kaulāvadhūta, Avadhūta und Divya. Hier erreichen wir durch Erlangen von Brahmajñāna die Ebene jenseits aller Āchāras, die als Svechchhāchāra bekannt ist. Alles, was die Menschen, die zu dieser Stufe gehören, tun oder berühren, ist rein. Während des Vāmāchāra und danach wird als Teil der Verehrung gegessen, getrunken und Maithuna vollzogen. Nach dem Pashu findet Vīra, danach Divya statt. Pashu ist der Ausgangspunkt, Vīra liegt auf dem Weg, Divya ist das Ziel. Jede Sekte wird eingeteilt in Dakshina und Vāma. Man nimmt gewöhnlich an, dies sei eine Eigentümlichkeit der Shāktas. Doch dies trifft nicht zu. So gibt es Vāma, Gāṇapatyas, Vaiṣhṇavas und andere. Vāmāchāra selbst wird wieder in eine rechte und eine linke Seite eingeteilt. Auf der einen wird Wein aus einer Schale von Stein oder anderer Substanz getrunken, und die Verehrung wird mit Svakīya-Shakti oder der Frau des Sādhaka vollzogen. Auf der anderen, höheren Stufe trinkt man aus einem Totenschädel, und die Verehrung wird mit Parastrī, das heißt mit einer anderen Shakti vollzogen. Bei einigen Sekten aber, die zur Vāmāchāra-Gruppe gehören, wird, wie mir gesagt wurde, wohl Fleisch gegessen und Wein getrunken, doch es fehlt die Shakti, da die Mitglieder keusch leben (brahmachārī). Soweit ich es bezeugen kann, gehören diese Sekten, die später erwähnt werden, anscheinend zu den Shaiva, die der Shākta-Gruppe entgegengesetzt sind.

Der als Shāktānanda-Taraṅginī bezeichnete tantrische Saṅgraha des Brahmānanda Svāmi besagt (Kap. 2), der Āgama sei sowohl Sadāgama, wie Asadāgama. Im ursprünglichen Wortsinn aber sei überhaupt nur der erste Āgama (sadāgama eva āgamashabdasya mukhyatvāt). Weiter führt er aus, daß Shiva in der Āgama-Samhitā den Asadāgama mit den Worten verurteilt: „Oh, Deveshi, die Menschen des Kali-Zeitalters sind im allgemeinen von rajashafter und tamashafter Gesinnung, und da sie zu verbotenen Wegen neigen, betrügen sie viele andere. Oh, Sureshvari, jene, die in Mißachtung ihres Varṇāshramadharma uns Fleisch, Blut und Wein darbringen, werden zu Bhūtas, Pretas und Brahmarākshasas", das heißt zu verschiedenen Arten von bösen Geistern. Dies verhindert jene Verehrung, die Gegenstück des Varṇāshramadharma ist.

Man nimmt allgemein an, daß Vāmāchāra jener Āchāra ist, zu dem Vāmā oder Frauen Zutritt haben. Dies stimmt aber nur zu einem gewissen Grade. Das heißt, es trifft für die Sādhakas zu, die nach den Vāmāchāra-Riten mit Shakti die Gottesverehrung vollziehen. Es scheint aber dort nicht zu gelten, wo die Verehrer der Vāmāchāra-Gruppe keusch leben (Brahmachārī sind). Vāmāchāra meint wörtlich: „Linker Weg", nicht „linke Hand" – also nicht das Unrechtmäßige, Schlechte. Da die Sādhakas sich diesen Namen selbst zulegten, sollte man nicht annehmen, daß sie einen verächtlichen Ausdruck wählten. Es sollte einfach bedeuten, daß dieser Āchāra das Gegenteil ist des Dakṣhiṇāchāra. Dies heißt, philosophisch ausgedrückt, daß er stärker monistisch ist. Selbst im höchsten Siddhi eines Dakṣhiṇācharī soll es „noch immer einen Höheren geben", während es Ziel des Vāmāchāra und Ergebnis der folgenden, wie der höchsten Stufe ist, daß der Sādhaka der „Herr selbst wird". Dieser Bhāva ist verschieden, und die Kraft seiner Methode steht zum Dakṣhiṇāchāra im Verhältnis von Milch zu Wein.

Man sollte auch beachten, daß die verehrte Devī zur Linken Shivas sitzt. Im Vāmāchāra finden wir Kāpālikas, Kālamukhas, Pāshupatas, Bhāndikeras, Digambaras, Aghoras, Anhänger von Chīnāchāra und ganz allgemein Kaulas, die Einweihung empfangen haben. In einigen Fällen, wie bei der fortgeschrittenen Gruppe der Kaulas, werden alle fünf Tattvas verehrt (Pañchatattva). In anderen herrscht Brahmacharya wie bei der Aghora und Pāshupata, wenn diese auch Wein trinken und Fleisch essen. Einige Vāmāchārīs bleiben, wie ich unterrichtet bin, keusch (brahmachārī), so die Oghada, Sadhus, die Verehrer von Batuka, die Bhairava, Kanthadhārī und die Anhänger von Gorakṣhanātha, Sitanātha und Matsyendranātha. Im Nīlakrama gibt es keinen Maithuna. Einige Sekten vollziehen unterschiedliche Übungen. So bin ich unterrichtet, daß bei den Kālamukhas die Kālavīras nur Kumārīs bis zu neun Jahren verehren, während die Gottesverehrung der Kāmamohanas mit erwachsenen Shaktis vollzogen wird.

Fortgeschrittene Mitglieder dieser Vāmāchāra-Gruppe (ganz allgemein) nehmen, wie man mir sagt, Fleisch und Wein zu sich. Der große Vāmāchārī-Sādhaka Rājā Kriṣhṇachandra von Nadia und der Upāsaka der Chhinamastā-Mūrti sollen keinen Wein getrunken haben. Solche und ähnliche Sādhakas haben die vorbereitende Stufe des Vāmāchāra überschritten und auch (in seinem besonderen Sinn) Vāmāchāra selbst. Sie mögen Brāhma-Kaulas sein. Im Hinblick auf die Sādhakas, sollte man sich daran erinnern, was der Māhākāla-Samhitā, das große Shāstra der Madhyastha Kaulas im elften Ullāsa, dem Sharīra-Yoga-Kathanam sagt: „Es gibt einige Kaulas, die das Gute dieser Welt suchen (aihikārthadhritātmānah). So freuen sich auch die Vaidikas an dem, was es hier gibt (aihikārtham kāmayanta – wie es, wenn ich dies einfügen darf, die große Menge der heutigen Menschheit tut) und streben nicht nach Befreiung (amrite ratim na kurvanti). Nur durch Niṣhkāmasādhanā wird Befreiung erlangt."

Die Pañchatāttva sind entweder wirklich (pratyakṣha) – „idealisierende" Behauptungen des Gegenteils sind, wenn nicht der Unwissenheit entstammend, falsch –, gleichnishaft (anukalpa) oder esoterisch (divyatattva). Als Gleichnis würde selbst ein Vegetarier nichts gegen „Fleisch" einzuwenden haben, wenn er tatsächlich Ingwer ißt, noch der Enthaltsame gegen „Wein", der in Wirklichkeit Kokosnußwasser in einem Metallgefäß ist. Beim esoterischen Tattva gibt es keine materiellen Gegenstände oder Übungen, sondern nur Symbole der Yoga-Vorgänge. Dennoch sind einige Begriffe und Übungen maßvoller, andere übertriebener. Der Bericht im Mahānirvāṇa über die Bhairavī- und Tattva-Chakras kann verglichen werden mit einer weniger maßvollen Übung. Die erste kann einer modernen Chakra-Übung gegenübergestellt werden, die im 13. Kapitel der Lebensbeschreibung des Bejoy Kṛiṣhṇa Gosvāmī von Jagadbandu Maitra beschrieben wird. Hier bildete ein Tantrika-Siddha ein Chakra in Gegenwart des Gosvāmī. Dieser erklärte, alle Anwesenden hätten das Gefühl gehabt, die Shakti sei ihre eigene Mutter, die sie geboren, und auf Anrufen des Chakreshvara erschienen die

Devatās im Kreis, um die Opfergaben zu empfangen. Ob dies für Wirklichkeit gehalten wird oder nicht – offensichtlich ist jedenfalls, daß hier ein Chakra von ungewohnter Art beschrieben wird.

Einige Übungen werden mißverstanden, einige Grundsätze von der Menge falsch aufgenommen. Denn zum Verständnis muß neben dem Wissen auch jener unbestimmbare Bhāva vorhanden sein, der die Erklärung vermittelt, die keine Worte geben kann. Hierüber habe ich im Kapitel über Pañchatāttva geschrieben. Es gibt Ausdrücke, die nicht an ihrer oberflächlichen Bedeutung zu bemessen sind. Gomāngsa-bhakshaṇa z. B. heißt nicht „Rinder – essen", sondern die Zunge in die Halswurzel zurückrollen. Was einige als „Witwenschändung" bezeichnen, bezieht sich nicht auf eine Frau, sondern auf einen Vorgang des Kuṇḍalī-Yoga und so fort. Als Letztes und Wichtigstes: Selten, wenn überhaupt, wird ein Unterschied gemacht zwischen der Grundregel und der tatsächlichen Anwendung eines Shāstra. Auch werden nicht die besonderen Bedingungen betrachtet, die der Anbetung und ihrem Mißbrauch zugrunde liegen. Es ist leicht verständlich, daß, wenn der Hinduismus allmählich degenerierte, auch hier ein Absinken vorliegt. Es wäre aber falsch, wolle man behaupten, daß das einzige Ziel dieser Riten die Lust war. Um diese zu genießen, braucht man nicht ein „Tantrik" zu sein. Die Moral von diesem allen ist, daß man sich besser an die Tatsachen hält, als fälschliche Verallgemeinerungen zu machen.

Es soll drei Krāntas oder geographische Einteilungen Indiens geben. Grob gesprochen wäre der nordöstliche Teil Vishṇukrānta, der nordwestliche Rathakrānta und der übrige, südliche Teil Ashbakrānta. Nach den Shāktamaṅgala- und Mahāsiddhisāra-Tantras breitet sich der Vishṇukrānta (einschließlich Bengalen) von den Vindhya-Hügeln nach Chattala oder Chittagong aus. Rathakrānta geht von Vindhya nach Tibet und China. Über die Lage von Ashvakrānta herrscht zwischen diesen beiden Tantras einige Unstimmigkeit. Nach ersterem breitet sich dieser Krānta von Vindhya zum Meer aus und mag den Rest von Indien einschließen. Nach dem Mahāsiihisāra-Tantra reicht er vom Karatoyā-Fluß zu einem Punkt hin, der nicht mit Sicherheit im angeführten Text identifiziert werden kann; es mag aber Java sein. Jedem dieser Teile werden 64 Tantras zugesprochen. Eine noch auf Antwort wartende Frage bezieht sich darauf, ob die Tantras dieser drei geographischen Unterteile sich durch besondere Lehren und Rituale auszeichnen, und worin diese bestehen. Diese Frage wurde im ersten Band der „Grundsätze des Tantra" berührt, in dem eine Aufstellung von Tantras gegeben wird.

Die Shākta-Teilung umfaßt vier Sampradāyas: Kerala, Kāshmir, Gauda und Vilāsa. Jede dieser Gruppen hat eine äußerliche und eine innerliche Gottesverehrung. Das Sammohana-Tantra teilt diesen vier Sampradāyas auch die Anzahl der Tantras zu – nicht nur den ersten Sampradāyas, sondern auch China und Drāvida. Es wurde mir gesagt, daß von 56 Deshas (die neben Hunas auch Orte außerhalb von Indien wie China, Mahāchina, Bhota, Simhala umfassen) 18 Gauda folgen und sich von Nepal nach Kalinga ausbreiten und 19, Kerala folgend, sich von Vindhyāchala nach dem südlichen Meer erstrecken. Die übrigbleibenden Länder sind Teil des Kāshmir-Desha. In jedem Sampradāya soll es Paddhatis geben wie Shuddha, Gupta, Ugra. Unterscheidungen bestehen in den Devatās und Ritualen, von denen einige im Tārasukta- und Shaktisangama-Tantra erklärt werden.

Es gibt auch verschiedene Matas wie Kādi-Mata, Virādanuttara genannt, deren Devatā Kālī ist (vgl. die Einleitung zu Band VIII – Tantrarāja – der tantrischen Texte), Hādi-Mata, Hamsarāja genannt, deren Devatā Tripurasundarī ist und Kahādi-Mata die Verbindung beider, deren Devatā Tārā ist; dies ist Nīlasarasvatī. Bestimmte Deshas werden Kādi-, Hādi-, Ka-Hādi-Deshas genannt, und jede Mata hat verschiedene Āmnāyas. Die Hamsatārā-Mahāvidyā soll die höchste Herrin des Yoga sein, die Devatā Jainas wird Padmāvatī, der Shāktas Shakti, der Dauddhas Tārā, der chinesischen Sādhakas Mahogrā und der Kaulas Chakreshvarī genannt. Die Kādis nennen sie Kālī, die Hādis Schrīsundarī und die Kādi-Hādis Hamsah. Band VIII und XII der „Tantrik-Texte“ enthalten jenen Teil des Tantrarāja, der zur Kādi-Mata gehört. Mit diesem Thema habe ich mich in der englischen Einleitung beschäftigt.

Nach dem Gauda-Sampradāya ist Kādi die höchste Mata, während Kāshmir und Kerala Tripurā und Tārā verehren. Vielleicht gab es ursprünglich Deshas, die ausschließlich Sitze besonderer Tantra-Schulen waren, aber wie weit diese später und auch heute noch bestehen, kann nicht festgestellt werden. Man kann in jedem Desha verschiedene Sampradāyas finden, wenn auch zweifellos an bestimmten Orten, wie in Bengalen, besondere Sekten den Vorrang haben.

Meiner Meinung nach ist es noch nicht möglich, mit Sicherheit und in vollkommenem Ausmaß die Lehre und Übung irgendeiner besonderen tantrischen Schule darzulegen und aufzuzeigen, inwiefern sie sich von anderen Schulen unterscheiden. Es ist auch nicht möglich, im Augenblick vollständig und genau anzugeben, welches die Original-Shāktas waren und die Natur ihrer Untergruppen wie deren Beziehung zu oder Unterscheidung von einigen Shaiva-Gruppen aufzuzeigen. So sind die Kaulas in Bengalen gewöhnlich in der Brahmajñānī-Shākta-Gruppe mit enthalten; der Sammohana aber erwähnt an einer schon angeführten Stelle Kaula und Shākta einzeln. Wahrscheinlich wird dort ein Unterschied zwischen den gewöhnlichen Shāktas und der besonderen Gruppe der Kaula-Shāktas gemacht. In Kashmir nennen sich, wie ich glaube, einige Kaulas Shaivas. Als Antwort auf diese und andere Fragen müssen wir auf eine weitere Prüfung der Texte warten. Im Augenblick führe ich meine Aufklärungs-Arbeit (paṅkoddhara) nicht in der Hoffnung aus, daß ich allen Schmutz und alles Unkraut forträumen kann, sondern im Wunsch, den Anfang zu setzen, den andere vollenden mögen.

Wer das Tantra-Shāstra nicht verstanden hat, weiß nicht, was der heutige Hinduismus bedeutet, da es ein bedeutsamer Teil der indischen Kultur und wert ist, von geeigneten Kennern erforscht zu werden. Was ich angeführt habe, sollte genügen, um den Unwissenden vor schnellen Verallgemeinerungen zurückzuhalten. Im Augenblick können wir nur sagen, daß derjenige, der die Mantras und Yantras der Shakti ehrt, ein Shākta ist und daß es verschiedene Sampradāyas dieser Anbeter gibt. Vor allem aber können und sollten wir den Shākta-Darshana in seiner heutigen Form studieren, und somit vom Bekannten auf das Unbekannte zurückgehen. Was ich beschreiben will, ist der Shākta-Glaube, so wie er heute besteht, das heißt Shaktivāda, der nicht etwas vollkommen neues ist, sondern die Entwicklung und Verschmelzung verschiedener Kulte, die ihm vorangingen.

Zusammenfassend möchten wir zuerst feststellen, daß die Shākta-Lehre Advaitavāda oder monistisch ist. Diese Annahme entstammt der Tatsache, daß sie sich in Bengalen entfaltete, das, wie der alte Gauḍa Desha, den Advaitavāda wie das Tantra-Shāstra überliefert. Von Gauḍa stammen Gaudapādāchārya, Madhusūdana Sarasvatī, der Autor des großen Advaitasiddhi, Rāmachandratīrthabhāratī, Chisukhāchārya und andere. Es scheint, als ob im bengalischen Temperament der Brahmaparāyaṇa eine starke Veranlagung zum Advaitavāda liegt. Für alle Advaitin bilden der Shākta-Āgama und der Advaita Shaiva-Āgama die höchste Form der Verehrung. Eine genaue Ausführung der Advaita-Lehren der Shāktas ist sehr umfassend und von einem so hohen esoterischen Charakter, das dies den Standpunkt dieses Werkes übersteigen würde. Ich möchte noch bemerken, daß die Shākta-Tantras von 94 Tattvas sprechen, die aus 10, 12 und 16 Kalās von Feuer, Sonne und Mond bestehen, die ihrerseits die Kāmakalā bilden. Ferner sprechen sie von 19 Kaulas des Sadāshiva, von 6 des Ishvara und von jeweils 10 des Rudra, Viṣhṇu und Brahma. Die 51 Kalās oder Mātrikās, die das Sūkṣhmarūpa der 51 Buchstaben (varṇa) sind, bilden einen Teil dieser 94 Tattvas. Es sind die 51 Einrollungen der Kuṇḍalinī von Bindu bis zu Shrīmātrikotpatti-Sundarī, die ich in meinem „Blütenkranz der Buchstaben“, einer Studie über das Mantra-Shāstra, erwähne. Sie werden alle im Weinkrug von jenen Shāktas verehrt, die Wein trinken. Die Shāstras stellen auch die 36 Tattvas heraus, die den Shāktas und Shaivas gemeinsam sind, die fünf Kalās, die Sāmānya zu den Tattvas sind: Mirutti, Pratiṣhṭha, Vidyā, Shānta, Shāntyatīta, die Shadadhvās: Varṇa, Pada und die Mantra, Kalā, Tattva, Bhuvana, die den Artha- und Shabda-Aspekt darstellen (vgl. den „Blütenkranz der Buchstaben“).

Um zu volkstümlicheren Dingen überzugehen: Eine wunderschöne und zarte Vorstellung der Shāktas ist die Mutterschaft Gottes, das heißt Gottes als Shakti oder Kraft, die das Weltall hervorbringt, erhält und zurücknimmt. Solche Gedanken erfüllen den Anbetenden. Wenn auch das Sammohana-Tantra dem Shāṅkara eine hohe Stelle einräumt (als Eroberer des Buddhismus, als Manifestation Shivas, der sich und seine vier Schüler mit den fünf Mahāpetras identifiziert), so lehren die Āgamas als Shāstras der Verehrung doch nicht den Māyāvāda nach der übersinnlichen Methode des Shāṅkara. Māyā ist für den Shākta-Verehrer weder etwas Unbewußtes, Unwirkliches, noch etwas Wirkliches, oder etwas wirklich Unwirkliches; sie ist mit Brahman in seinem Ishvara-Aspekt verbunden, aber nicht Brahman selbst. Denn Brahman ist niemals mit etwas außer sich selbst verbunden. Für den Shākta ist Māyā Shakti, die sich als Bewußtsein verschleiert, aber als Shakti Bewußtsein ist. In allem erblickt der Shākta die Mutter. Alles ist Bewußtsein. Dies ist der Standpunkt der Sādhanā. Die Advaitin der Shāṅkara-Schule behaupten, daß ihre Lehre vom Standpunkt des Siddhi aus gegeben sei. Ich will hier diese Frage nicht erörtern. Wenn Siddhi erlangt ist, gibt es keine Erörterung mehr. Bis zu dieser Vollendung aber ist der Mensch, wie man annimmt, Māyā unterworfen und muß nach der Weise denken und handeln, die sie ihm auferlegt. Es ist weit wichtiger, die universale Gegenwart des göttlichen

Bewußtseins tatsächlich zu erfahren, als sie mit philosophischen Begriffen erklären zu wollen.

Die göttliche Mutter erscheint zuerst in Gestalt der irdischen Mutter des Anbetenden. Dann als seine Frau, drittens als Kālikā. Sie offenbart sich in Alter, Krankheit und Tod. Sie manifestiert sich, nicht ohne Absicht, im weithin reichenden Einfluß der Samhāra-Shakti, der sich in dem großen Weltkonflikt unserer Zeit bezeugte. Die schreckliche Schönheit solcher Formen aber wird nicht verstanden. Daher konnte vor kurzem ein Missionar, Professor in Madras, den der Anblick der (ich glaube) Chāmundāmūrti entsetzte, diese Devī einen „weiblichen Teufel" nennen. Als letztes trägt sie den Leichnam in den flammenden Feuerzungen, die den Scheiterhaufen entfachen, zu sich hin.

Der Monist ist naturgemäß kein Sektierer. So ist der Shākta-Glaube, wenn er auf rechtem Verständnis aufgebaut ist, frei von einem engen sektiererischen Geist.

Ferner nimmt dieser Shākta-Glaube Rücksicht auf alle Kasten und beide Geschlechter. Was auch immer die wahre Lehre der Vaidikas sein mag, ein wesentliches Merkmal ihrer Anwendung ist ihre Ausschließlichkeit. So schließt sie Frauen und Shūdras aus. Es ist leicht verständlich, warum die sogenannten Anārya-Sampradāyas dieses nicht taten. Ein hervorragender Zug des Shākta-Glaubens ist die Achtung, die er den Frauen zollt. Dies erscheint denjenigen, die die große Mutter verehren, deren Vertreterin (vigraha) alle irdischen Frauen sind, ganz natürlich. *(striyo devāh striyah prāṇāh)* – „Frauen sind Devas; Frauen sind das Leben selbst", so heißt es in einer alten Hymne der Sarvollasa. Weil die Frau Amba-Devī vertritt (vigraha) und ihr ähnlich ist in Fleisch und Blut, erweisen die Shākta-Tantras Frauen und Mädchen (kumārīs) Ehre und Verehrung. Darum verbieten sie, z. B. im Sati-Ritus, daß ihnen irgendein Schaden zugefügt wird; sogar kein weibliches Tier darf geopfert werden. Aus der gleichen Fürsorge für die Frau schreibt der Mahārnirvāṇa vor, daß ein Mann, der seine Frau auch nur hart anspricht (durvvachyang kathayan), einen ganzen Tag lang fasten muß. Für die Erziehung seiner Töchter vor der Heirat hat der Vater zu sorgen. Der mohammedanische Autor des Dabistan (II 154, Ed. 1843) sagt: „Der Āgama ehrt beide Geschlechter in gleicher Weise. Mann und Frau bilden die Menschheit. Diese Sekte schätzt die Frau sehr hoch und nennt sie Shakti. Sie schlecht zu behandeln, ist ein Verbrechen."

Die Shākta-Tantras erlauben auch den Frauen, daß sie Gurus werden, geistige Führer, was im Westen (mit wenigen Ausnahmen) nicht der Fall ist. Einweihung durch eine Mutter trägt achtfache Früchte. Dem erleuchteten Shākta bedeutet das ganze Weltall Strī oder Shakti. „Aham strī" heißt es im Advaitabhāva-Upaniṣhad. Eine hohe Verehrung, die der Mutter heute gezollt werden sollte, bestünde darin, daß man die Mißbräuche aufhebt, die weder von den alten Shāstras noch von der modernen Gesellschaftsordnung erlaubt sind, daß man die Frauen (shakti) ehrt, liebt, erzieht und ihren Fortschritt unterstützt. *(striyo devāh striah prānāh)*. Im Gautamīya-Tantra heißt es: *(sarvavarṇādhikārashcha nārīnām yogya eva cha)* – „das Tantra-Shāstra gilt für alle Kasten und Frauen, und das Mahānirvāṇa lehrt, daß der niedere Kaula, der sich aus Mißachtung weigert, eine Chaṇḍāla, Yavana oder eine andere Frau einzuweihen, den Pfad abwärts geht. Niemand ist von irgend etwas ausgeschlossen, es sei denn auf Grund einer wirklichen und nicht künstlich ausgeklügelten oder eingebildeten Unzulänglichkeit."

Ein amerikanischer Orientalist kritisiert „die Unwürdigkeit der tantrischen Philosophie" als „verrückt gewordenen religiösen Feminismus" und fügt hinzu: „Was ist dies anderes als die Verweiblichung des orthodoxen Vedānta? Es ist eine Lehre für monistische Frauenrechtlerinnen, die von keinem Beweis unterstützt, dem weiblichen Prinzip den Vorrang geben, das männliche darin einschließen, und dieses weibliche Prinzip als höchste Gottheit verehren. Die „Wertlosigkeit" der tantrischen Philosophie ist eine persönliche Ansicht, über die nichts zu sagen ist, um so mehr als die Orientalisten, die, ohne genügend Kenntnis, sich ihr verschrieben haben, sie nicht so leicht mehr aufgeben werden. Die hier angeführte Kritik aber, die den Grund solcher Angriffe aufdeckt, zeigt, wie sinnlos sie ist. Es ist deshalb kaum nötig, gegen solche unwissenden Ansichten anzuführen, daß der Shākta-Sādhaka nicht daran glaubt, daß es im Himmel Frauenrechtlerinnen oder ähnliches gäbe, die, umgeben von den Mitgliedern einer himmlischen Frauenvereinigung, die männlichen Mitglieder des Weltalls beherrschten. Der Yāmala belehrt die „Unwissenden: *„neyam yoshit na cha pumān na shando na jadah smṛitah* – Gott ist weder weiblich noch männlich, nicht hermaphrodit noch etwas Unbewußtes." Auch beschäftigt sich seine Lehre nicht mit solchen Theorien wie denen des amerikanischen Professors Lester Ward oder anderer, die von der Vorherrschaft des weiblichen Prinzips sprechen. Wir behandeln hier nicht Fragen der Wissenschaft oder Soziologie. Es ist ein allgemeiner Fehler der westlichen Kritik, daß sie die indischen Schriften materiell ausdeutet und sie dadurch mißversteht. Die Shākta-Lehre beschäftigt sich mit geistigen Prinzipien, die vor Mann und Frau bestehen und ihnen zugrunde liegen. Sie fragt nicht danach, ob beim Erscheinen der Tiere das weibliche dem männlichen „voranging". Sie behauptet auch nicht, daß das „weibliche Prinzip" die höchste Gottheit sei. Shiva, der „männliche", ist gleichbedeutend mit Shivā, dem „weiblichen", denn beide sind ein und dasselbe. Ein Orientalist müßte sich erinnern können, daß im Sāṅkhya von Prakṛiti als „weiblich" und von Puruṣha als „männlich" gesprochen wird. Und im Vedānta sind Māyā und Devī weiblichen Geschlechts. Shakti ist weder eine männliche noch eine weibliche „Person", weder ein männliches noch ein weibliches „Prinzip" im Sinn einer materialistisch gebrauchten soziologischen Begriffsbestimmung. Shakti ist in symbolischem Sinn „weiblich", da sie das produktive Prinzip ist. Shiva ist, insofern er Chit oder den Bewußtseins-Aspekt darstellt, tatenlos (niṣhkrīya). Beide aber sind in der Schöpfung unzertrennlich miteinander verbunden. Das Höchste ist der eigenschaftslose (nirguṇa) Shiva oder das sachliche Brahman, das weder „männlich" noch „weiblich" ist.

Die üblichen falschen Ansichten über diese Lehre lassen es nicht wahrscheinlich erscheinen, daß ihre feineren Aspekte durch einen Vergleich mit dem Māyāvāda Shāṅkāras oder dem Sāṅkhya-Darshana geschätzt werden. Die Lehre der Shakti hat mit „Feminismus" ebensowenig zu tun wie mit „Altersversorgung" oder irgendeiner sozialen Bewegung unserer Tage. Hier zeigt sich der Fehler der so vortrefflich und sicher erscheinenden Beurteilungen von Orientalisten und anderen über indische Dinge.

Ihre Irrtümer wären weniger lächerlich, wenn sie gelegentlich bescheidener in ihren Ansprüchen auf Wissen und Verstehen wären. Und was noch wichtiger ist: Sie würden in solchen Fällen wahrscheinlich nicht unnötigen Grund zu Beleidigungen geben.

Der charakteristische Zug des Shākta-Dharmas ist sein Monismus, seine Vorstellungen der Mutterschaft Gottes, sein unsektiererischer Geist, seine Sorge für Shūdras, und Frauen, die er hoher Ehren für würdig hält, letztendlich auch die Sādhanā, die seine Lehren verwirklichen soll.

Wie ich an vielen Stellen aufgezeigt habe, ist die Frage der Sādhanā von höchster Wichtigkeit. In neuerer Zeit wurde sie viel zu sehr übersehen, dabei verleiht sie den Āgamas oder Tantra-Shāstras erst ihren besonderen Wert. Bloßes Reden über Religion ist nur eine intellektuelle Übung. Was nutzen hohe Phrasen über Ātma auf den Lippen derer, die sich gegenseitig hassen oder schaden und nicht den Armen helfen wollen. Religion ist Güte und praktisches Handeln. Geist und Körper müssen geschult werden. Es gibt geistige Übungen, Denkübungen und physische Übungen. Nach der Shākta-Lehre tragen Mann und Frau in sich eine latente Fülle von Kraft oder Shakti. Dieses Wort stammt von der Wurzel „shak" – fähig sein, Kraft haben etwas zu tun und zu handeln. Beide sind Shakti und nichts als Shakti, denn das Svarūpa der Shakti, das heißt Shakti an sich, ist Bewußtsein; Denkorgan und Körper sind Shakti. Die Frage ist also, wie Shakti geweckt und lebendig gemacht werden kann. Dies ist die Arbeit der Sādhanā in der Religion der Kraftentfaltung. Āgama ist eine praktische Philosophie, und, wie mein bengalischer Freund und Mitarbeiter, den ich wieder anführen möchte, Professor Pramathanātha Mukyopādhyāya sehr richtig dargelegt hat, verlangt die heutige intellektuelle Welt eine Philosophie, die nicht nur erörtert, sondern erfährt. Dies ist Kriyā. Die Form, die Sādhanā annimmt, ändert sich notwendigerweise nach Glauben, Temperament und Fähigkeit. So besitzt der Hinduismus, in gleicher Weise wie unter den Christen die katholische Kirche, eine vollständige und machtvolle Sādhanā in ihren Sakramenten, den Samskāra, in ihrem Tempel (Kirche) ihrer besonderen Verehrung (pūjā, upāsanā) mit Upachāra „Glocken, Licht und Weihrauch" (ghaṇṭā, dīpa, dhūpa), in ihren Bildern oder Pratimā (daher wurde sie Götzendienst genannt), in den frommen Riten wie den Novenen (vrata), dem dreifachen Angelus am Morgen, Nachmittag und Abend (sandhyā) dem Rosenkranz (japa), dem Tragen von Kavachas (Kutten, Amuletten), in den Pilgerfahrten (tīrtha), dem Fasten, der Enthaltsamkeit und Abtötung (tapas) oder in der klösterlichen Askese (sannyāsa) und Meditation (dhyāna) bis hin zur mystischen Vereinigung (samādhi) und so fort.

Es gibt auch noch andere Einzelheiten wie Shānti-Abhisheka (Besprengen mit Weihwasser), auf die ich hier nicht einzugehen brauche. Ich möchte nur noch den Priester erwähnen, der die Stelle des Gurus einnimmt, die Verehrung (hyperdulia) der jungfräulichen Mutter, die Svāmī Vivekānanda bewog, die italienischen Katholiken Shāktas zu nennen, und den Gebrauch von Wein (madya) und Brot (bei der mudrā), die der Eucharistie oder Kommunion entsprechen. Doch, wenn auch der heiligen Jungfrau eine ebenso tiefe Verehrung wie der Devī dargebracht wird, so ist sie doch nicht Devī. Sie ist nicht Gott, sondern ein Geschöpf, ausersehen als Gefäß Seiner Verkörperung (avatāra).

Wie in der Eucharistie Brot und Wein Körper und Blut Christi, in Elementen materieller Substanz sind, so ist auch Tārā Dravamayī, das heißt „der Erlöser in Gestalt des Flüssigen" (Mahānirvāṇa Tr. XI. 105–107). In der katholischen Kirche (wenn auch der frühere Brauch anders war) empfangen die Laien nicht mehr den Wein, sondern das Brot allein, während der zelebrierende Priester beides nimmt. Wenn auch in diesem Fall die äußeren Formen die gleichen sind, so ist der innere Gehalt doch verschieden. Jene aber, die Essen und Trinken für unvereinbar halten mit der „Würde" der Anbetung seien an Tertullians Ausspruch erinnert, daß Christus Sein großes Sakrament bei einem Mahl einsetzte. Diese Vorstellungen sind dualistischer Art, voller Unterscheidungen. Denn für den Advaitin kann jeder Dienst und jede Handlung zu einem Yajna werden. Agape oder „Liebesfeste", eine Art von Chakra, wurden in früheren Zeiten gefeiert, dann aber als orthodoxe Übung eingestellt, weil sie zu Mißbräuchen führten, wenn sie auch noch in einigen kleineren christlichen Sekten unserer Tage fortbestehen.

Andere rituelle Vorgänge, die den Tantra-Shāstras eigen sind, haben kein Gegenstück in dem katholischen Ritual wie etwa Nyāsa und Yantra. Das Mantra besteht in Form von Gebet und Einsegnungsformeln, hat aber eine andere Bedeutung. Es gibt auch rituelle Gesten (Mudrā) beim Weihen, Segenspenden und so fort, aber diese sind nicht so zahlreich oder wesentlich wie im Westen. Ich werde diese wichtigen Entsprechungen eines Tages genauer darlegen, die hier angeführten aber mögen genügen, um die zahlreichen Ähnlichkeiten aufzuzeigen, die zwischen dem katholischen und dem indischen Tantrik-Ritual bestehen. Aus solchen Gründen haben die reformierten Christen die katholische Kirche als „Heidentum" abgelehnt. Sie hat tatsächlich das Erbe sehr alter Bräuche angetreten, aber nicht unbedingt zu ihrem Schaden.

Der Hindu findet seine Sādhanā, die in den Tantras des Āgama niedergelegt ist, unter den Formen, die seine Rasse entwickelt hat. Es gibt theoretisch keinen Grund, warum sich diese Formen nicht verändern oder neu entwickeln sollten; unbedingt notwendig aber ist es, daß eine Art der Sādhanā besteht. Jedes System, will es fruchtbar bleiben, muß Experimente machen, aus denen Erfahrungen hervorgehen. Dank ihrer machtvollen Sakramente und Regeln hat die katholische Kirche im Westen bis auf unsere Tage überlebt. Sie hat inmitten aller auflösenden Sekten, die aus sogenannten „Reformen" entstanden sind, fest an ihrem „Felsen" gehalten und wird wahrscheinlich auch weiter bestehen bleiben, wenn diese Sekten längst verschwunden sind. Alle Dinge überleben kraft der ihnen innewohnenden Wahrheit. Die besondere Wahrheit, die ich hier meine, ist die Tatsache, daß ein Glaube nicht bestehen kann, wenn man nur Hymnen singt und fromme Sprüche schreibt. Aus diesem Grund ist auch der Hinduismus am Leben geblieben.

Es ist nicht nötig zu erwähnen, daß beide Glaubensformen in ihren heute bestehenden Formen bis zum Ende der Zeiten fortdauern werden. Die sogenannten reformierten oder protestierenden Sekten aber, im Osten wie im Westen, sind im Hinblick auf den Menschen, ganz allgemein verstanden, der unvollkommene Ausdruck einer mißverstandenen und falsch angewendeten Wahrheit, nämlich jener, daß der Mensch je höher er steigt, um so weniger der Formen bedarf. Der

Fehler, den solche Sekten begehen, liegt darin, daß sie die Sache nur von einer Seite aus betrachten und annehmen, alle Menschen seien in ihren Forderungen gleich. Der Āgama begeht nicht solchen Fehler. Er bietet Formen in reicher Fülle und Entfaltung allen jenen an, die noch nicht die Stufe des Yoga erreicht haben. Auf dieser erlangt der Mensch den Varṇa und Āshrama des Lichtes (jyotirvarṇāshramī), wie es im Kulārṇava-Tantra heißt und befreit sich allmählich von allen Formen, um sein Selbst mit dem formlosen Einen zu vereinen. Ich weiß nicht, was mehr der Bewunderung würdig ist: die gewaltigen Aussagen der indischen Lehre oder die wunderbare Vielfalt der Vorschriften, die sie zu deren tatsächlicher Verwirklichung angibt.

Die Buddhisten nannten den Brahmanismus Shīlavrataparāmarṣha, das heißt ein System, das an die Wirksamkeit ritueller Handlungen glaubt. Dies trifft auch zu. Dies war zumindest der Buddhismus, als er durch den Mahāyāna hindurchging und die ganze tantrische Sādhanā der Vajrayāna-Schule beendete. Wohl gibt es menschliche Bestrebungen, die nicht unterdrückt werden können; der Hinduismus aber wird schwinden, wenn die Sādhanā (in welcher Form auch immer) aufhört. Denn dies wird der Tag sein, an dem er nicht mehr Wirklichkeit ist, sondern nur noch Gegenstand philosophischer und geschichtlicher Gespräche. Neben seiner großartigen Lehre von der Shakti liegt die Hauptbedeutung des Shākta-Tantra-Shāstra darin, daß es den Grundsatz von der Notwendigkeit der Sādhanā bestätigt und den Anspruch erhebt, über die Mittel für jede Kaste und jedes Geschlecht zu verfügen, die die Lehre des Vedānta zur praktischen Verwirklichung führen.

Niemand aber sollte irgendeine Behauptung – auch nicht von mir – blind annehmen, ohne sie zu prüfen und zu untersuchen. Ich bin nur bestrebt, Tatsachen festzustellen, so wie ich sie kenne. Es ist Vorrecht des Menschen, daß er nachdenkt. Das Sanskritwort für Mensch kommt von der Wurzel „denken“. Die Shāktas mögen zufrieden sein mit meinen Aussagen über ihren Glauben, dennoch darf man nicht annehmen, daß eine Lehre notwendigerweise wahr sein muß, nur weil sie alt ist. Es gibt einige zeitliche Irrtümer. Die Schlußfolgerungen der Wissenschaft verändern sich von Jahr zu Jahr. Die neuzeitlichen Erfindungen haben ihren Stolz soweit herabgemindert, daß sie in beträchtlichem Maße aufhörten, sich jenes überlegene Gebahren zu geben, daß einige von uns verärgerte. Die meisten werden die Empfindung haben, daß sie sich, wenn überhaupt, nur einem geistigen Meister beugen wollen. Die Philosophie ist eine der edelsten Bestrebungen, aber auch sie müssen wir nach ihren Begründungen fragen. Es ist ein allgemeiner Grundsatz, daß nichts so unsinnig sei, als daß es nicht von diesem oder jenem Philosophen behauptet werden könnte. Wir müssen selbst urteilen und unsere Wahl treffen. Geschieht dies in ehrlicher Absicht, so kann uns niemand dafür tadeln. Alles muß geprüft werden. Wir wollen uns hier an die Worte der Shruti erinnern: (shrotavyah, mantavyah, nididhyāsitavyah) – „höre, urteile, wäge ab.“ Denn, wie Manu sagt: (yastarkenānusandhatte sa dharmam veda, netarah) – „Wer durch Erörterungen erforscht, kennt den Dharma und niemand anderes.“ Letzten Endes aber gibt es nur die Erfahrung. In der Sprache des Shākta heißt dies Sāham: „Sie ist ich.“

NACHSCHRIFT ZU KAPITEL VI

Ich habe mich auf die Äußerungen des Veda und des Āgama über den indischen Dharma bezogen, und möchte nun noch einige wesentliche Bemerkungen hinzufügen, die aus der Vedānta-Zeitschrift „Prabuddha-Bhārata" (Māyāvati, U. P., Juli 1914) stammen. Sie wurden ausgelöst durch die Veröffentlichung von Arthur Avalons „Grundlehren des Tantra". Nachdem der Autor der Zeitschrift dargelegt hat, daß eine Rechtfertigung der Tantras unmittelbar zum Segen für den ganzen Hinduismus gereicht, daß ferner der Tantrismus im wirklichen Sinn nichts anderes ist als die Religion der Veden, die mit wunderbarem Erfolg sich zu behaupten sucht inmitten der neuen Probleme des religiösen Lebens und der Vorschriften, die geschichtliche Ereignisse und Entwicklungen auf sie werfen, schreibt er in bezug auf die Einleitung zu diesem Werk:

„Der wesentlichste Zug in der neuen Einleitung zu dieser Veröffentlichung über den Tantratattva ist die anerkennende Darstellung der orthodoxen Ansichten über Alter und Bedeutung der Tantras. Der Wert solcher Darlegungen kann gar nicht genug geschätzt werden.

Denn bisher wurden alle Theorien über Ursprung und Bedeutung der Tantras mehr oder weniger belastet durch ein falsches Vorurteil gegen den Tantrismus, das auf einige dunkle Entwicklungen späterer Zeiten zurückzuführen ist. So wirkten diese Theorie und Untersuchungen als Verurteilung oder Verteidigung. Auf Grund solcher Entwertung ist eine wirkliche Geschichte des Tantrismus bisher noch nicht geschrieben worden. Meistens neigen die Gebildeten dazu, den Tantrismus, den sie für einen ursprünglichen Zweig des buddhistischen Mahāyāna oder Vajrayāna ansehen, für einen Kult verderbter und in Selbsttäuschung lebender Mönche zu halten oder für ein unvermeidliches Mittel zur Einschläferung, das primitive, nicht arische Völker dem Hinduismus einflößten. Nach diesen beiden Ansichten ist die Form, die der Tantrismus – entweder als buddhistische Ausfaltung oder als eine primitive unentwickelte Einfuhr – allmählich in der Literatur des Hinduismus angenommen hat, eine verbesserte Ausgabe von ihm, hervorgegangen aus dem Tiegel des umgeformten Veda oder Vedānta. Aber diese Theorie von einer seltsamen Vermischung des Veda und Vedānta mit buddhistischer Verderbtheit oder nichtarischer Primitivität ist völlig ungeeignet, um den alles durchdringenden Einfluß zu erklären, den die Tantras auf das heutige religiöse Leben Indiens ausüben. Sie entstammen keinem zögernden Kompromiß, den wir erklären müßten, sondern sind eine kühne, organische Synthese, eine rechtmäßige Neubelebung der vedischen Kultur, um neue Probleme und Schwierigkeiten, die das Aufdämmern eines neuen Zeitalters verkünden, zu lösen.

Beim Aufzeigen der Entwicklung des Hinduismus überspringen die modernen Geschichtsschreiber die Zeit, die unmittelbar zwischen dem Ritualismus der Veden und dem Buddhismus liegt, als wären alle neugebildeten Gemeinschaften, die sich seit dem Ende der verhängnisvollen Ära des Kurukṣhetra-Krieges über ganz Indien verbreiteten und denen das Recht der vedischen Opferungen, dieses Vorrecht der höheren dreifachen Kasten rein orthodoxer Abstammung, abgesprochen wurde, die ganze Zeitlang ohne religiöse Betätigung geblieben. Diese arisierten Gemeinschaften stürzten, wie wir uns erinnern müssen, die vedische Rechtgläubigkeit, die schon allmählich zu einer hilflosen Minderheit in allen ihren verstreuten Einflußzentren herabgesunken war und nur noch den letzten Stoß von dem aufsteigenden Buddhismus erwartete. So bedeutete das Heranwachsen dieser neuen Gemeinschaften und ihre Ausbreitung über das ganze Land ein mächtiges Ereignis, das schweigend an den Grenzen des täglich zusammenschrumpfenden rechtgläubigen Rituals des Veda stattfand, noch lang bevor der Buddhismus in Kraft trat. Diesem bedeutungsvollen Ereignis schenken unsere neuzeitlichen Geschichtsschreiber nicht genügend Aufmerksamkeit, entweder dank eines seltsam blinden Selbstgefallens, oder weil der plötzliche Triumph des Buddhismus und die überwältigende Menge historischer Ereignisse, die dieser auslöste, ihre Augen blenden. Der überlieferte Zeitpunkt des Kaliyuga geht auf den Beginn dieser Gemeinschaften zurück. Die religiöse Kultur des Veda im vorangegangenen Yuga erfuhr eine wunderbare Verwandlung, und zugleich wurde der herrliche Versuch unternommen, diese aufkommenden Gemeinschaften zu arisieren.

Die Geschichte, so wie sie bisher verstanden und gelesen wird, spricht von den Brahmanen des vorbuddhistischen Zeitalters, von ihrer wachsenden Entfremdung zu dem Jñāna-kāṇḍa oder der Weisheit der Upanishaden, von ihrem Unvermögen, die rechtgläubigen vedischen Gemeinschaften aus der Umklammerung der nichtvedischen Horden und Rassen zu befreien, von ihrem immer tiefer eindringenden religiösen Formalismus und ihrer sozialen Ausschließlichkeit. Aber diese Geschichte schweigt über die wunderbaren Taten, die die Einsiedlersekten der Upanishaden im Geheimen an den Grenzen der streng vedischen Gemeinschaften vollbrachten, um das aus der Asche des Kurukshetra-Brandes neuerstehende Indien zu arisieren.

Dieses neue Indien war nicht streng vedisch wie das Indien der früheren Zeiten. Denn es konnte nicht auf die religiöse Mitwirkung der rechtgläubigen vedischen Brahmanen Anspruch erheben und deshalb nicht wie diese Yayñas vollbringen. So stellt sich die Frage, wie dieses neue Indien allmählich arisiert wurde. Denn dies war im wesentlichen ein geistiger Vorgang, der darin bestand, neue Gemeinschaften in die Gemeinde der vedischen Religionen aufzunehmen. Das Ritual der Veden, das in jenen Tagen vorherrschte, war, wie wir sahen, nicht mächtig, irgend etwas für diese neuen Gemeinschaften zu tun, die über das ganze Land sich verbreiteten. Um diese Veränderungen zu erklären, die die vedische Religion in den aufsteigenden Gemeinschaften zum Zweck ihrer Arisierung bewirkte, müssen wir den einzigen anderen Faktor der vedischen Religion berücksichtigen, der neben dem Karma-kaṇḍa besteht. Diesen Jñāna-kāṇḍa der vedischen Religion stellen die Upanishaden dar, und wenn wir diese durchforschen, ergibt sich, daß nicht nur das früheste Ritual der Yajñas eine philosophische Bearbeitung der frühen Upanishaden war, sondern auch, daß der Grundstein für ein neues und nicht weniger ausgearbeitetes Ritual in vielen der späteren Upanishaden gelegt wurde. Wir lernen z. B. in diesen Upanishaden, wie die Philosophie des Pañchaupāsana (fünffache Verehrung, d. h. die Verehrung von Shiva, Devī, Sonne, Gaṇesha und Vishṇu) aus dem Mysterium des Praṇava (om) entwickelt wurde. Diese Philosophie kann nicht als eine nachbuddhistische Einschaltung abgetan werden, da einige ihrer Züge selbst im Brahmanismus aufgezeigt werden können (z. B. die Abhandlung über die Vorstellung von Shiva).

In einigen späteren Upanishaden sind die Versuche vorbuddhistischer Einsiedler aufgezeichnet, einen nachvedischen Ritualismus aus der Lehre des Prāṇava und aus der vedischen Theorie der Yoga-Übungen herauszuarbeiten. In diesen Upanishaden wurden die Bīja-Mantras und die Shaṭchakras der Tantras in ihrer ursprünglichen Form entwickelt. Denn auf dem Prāṇava oder Udgītha war von frühesten Zeiten an eine besondere Lehre und Schule der Philosophie aufgebaut worden, und in den frühesten Upanishaden und den ihnen entsprechenden Brāhmaṇas wurden einige der das Rückgrat entlangliegenden Zentren der Yoga-Meditation behandelt. Die Upakaranas der Tantrik-Verehrung, das heißt solche materiellen Zusätze wie Gras, Blätter, Wasser und so fort, wurden offensichtlich aus der Veda-Verehrung übernommen, zugleich mit den ihr eigentümlichen Beschwörungen. So erhebt sich selbst aus den Brāhmaṇas und Upanishaden ein System geistiger Lehre, das wir ohne Zögern als tantrisch bezeichnen können. Denn sein Herzstück ist der Pañcha-Upāsana, den Rituale wie Riten umkreisen, die aus Bīja-Mantras und vedischen Beschwörungsformeln bestehen, aus eigenen Meditations-Übungen und aus Anwendungen heiliger Attribute der Verehrung, die den Riten des Veda entstammen. Dies mag als die früheste Ausgestaltung des Tantrismus am Vorabend jener stillen aber mächtigen sozialen Erhebung gelten, durch die die Arisierung großer und wachsender Mengen neuer Völker im vorbuddhistischen Indien voranschritt, deren Höhepunkt in den ereignisreichen Jahrhunderten des buddhistischen „Gnadenstoßes" lag.

Dieser vorbuddhistische Tantrismus, der damals vielleicht als vedischer Pañcha-Upāsana erkannt wurde, hätte nichts beitragen können zur Entstehung eines neuen Indiens, wäre er vollkommen eingebunden geblieben in den Grenzen klösterlicher Sekten. Er verbreitete sich aber, ähnlich dem Jainismus, über das ganze Land, um ultra-vedische Gemeinschaften unter seinen geistigen Einfluß zu bringen. Selbst wenn wir sorgfältig in die sozialen Verhältnisse der streng vedischen Zeiten eindringen, finden wir, daß überall dort, wo der rein vedische Karma-kāṇḍa sich nicht ausbreiten konnte, sondern der umbildende Einfluß vedischer Ideale eine geeignete geistige Tätigkeit entwickelte, die arisierte Gesellschaft sich entfaltete. Immer verdankte die vedische Religion ihre wunderbare Ausbreitung und ihre fortschreitende Anpassung dem Jñāna-kāṇḍa und seinen klösterlichen Gelübden. Alle religiöse Entfaltung innerhalb der vedischen Gemeinschaft, wenn auch außerhalb des Rituals der Homa-Opferungen, ist auf die geistige Weisheit der allem entsagenden Wald-Einsiedler zurückzuführen. Nach dieser „Wald"-Weisheit herrschte nachdrückliches Verlangen, nachdem hinter dem Kurushetra ein neues Zeitalter aufdämmerte, in dem die nichtarischen und halbarischen Rassen gegen ganz Indien anstürmten. Ein Widerhall hiervon mag in dem Bericht des Mahābhārata liegen, nach dem Arjuna seine Gāndiva nicht einzusetzen vermochte, um seine Schützlinge aus den Händen der nichtarischen Räuberbanden zu befreien.

Das größte Problem der vorbuddhistischen Zeiten war die Arisierung des neuen Indiens, das sich erhob im wilden Kampf gegen die schnell dahinschwindenden Zentren der alten vedischen Rechtgläubigkeit, die tapfer, aber vergebens mit Hilfe sozialer Verordnungen darum kämpfte, ihre gefährdete Isolierung zu bewahren. Ohne die religiösen Bewegungen der Bhāgavatas, Shāktas, Sauryas, Shaivas, Gāṇapatyas und Jainas, die dieses Problem der Arisierung höchst erfolgreich in Angriff nahmen, wäre alles, was die vedische Rechtgläubigkeit im wirklichen Sinn verteidigte, allmählich spurlos verschwunden. Denn viele der nichtarischen Völker nahmen diese Bewegungen, vor allem die fünf Kulte der vedischen Verehrung, auf und vermischten sie mit den geistigen Idealen des Veda. So verringerten sie die Kluft zwischen ihnen und der vedischen Rechtgläubigkeit und ermöglichten damit eine allmähliche Anpassung. Wo diese Aufgabe nicht erfüllt wurde, weil die Form noch zu wenig angepaßt war an die Lebensart einiger nichtarischer Völker oder Gemeinschaften, mußte der Buddhismus das Problem der Arisierung zu geeigneter Zeit lösen. Dennoch müssen wir im Gedächtnis behalten, daß zu jener Zeit, als der Buddhismus entstand, die vorbuddhistische Phase der tantrischen Verehrung sich schon in Indien so weit festgesetzt hatte, daß der Buddhismus, anstatt sie durch seinen ungestümen Ansturm zu vertreiben – übrigens wurden alle Kräfte hauptsächlich auf die verfallende Rechtgläubigkeit des vedischen Rituals gelenkt –, selbst im Zeitraum von drei bis vier Jahrhunderten von dem vielleicht am wenigsten verdächtigten Gegner dieser tantrischen Verehrung aufgesogen und dann, in wunderbarer Weise verwandelt, als Mahāyāna auf den Kampfplatz geworfen wurde.

Die Veröffentlichung dieser beiden Bände ist ein Ereignis von großem Interesse und tiefer Bedeutsamkeit. Die religiösen Glaubensformen des modernen Hinduismus wurden dem westlichen Leser von verschiedenen Gesichtspunkten aus dargelegt, aber die besondere Form, in die sie in verhältnismäßig neuzeitlichen Jahrhunderten hineingegossen wurden, ist nicht genügend beachtet worden. Die Exponenten der Religion des Hinduismus legen mehr Wert auf Gegenstand und Ursprung ihres Glaubens als auf die Veränderung der Form, dem dieser in den vielen Jahrhunderten anheimfiel. Diese Bände aber, wie auch andere Veröffentlichungen von Arthur Avalon, stellen die wichtige Frage nach der Form so sehr in den Vordergrund, daß in Zukunft jede erschöpfende Darlegung der Hindulehren sich fast verpflichtet fühlen muß, den formgebenden Einfluß der tantrischen Neubildungen zu erkennen und zu unterscheiden. Im Tantratattva schließen sich die Darstellungen und Rechtfertigungen der hinduistischen Religionsformen und Übungen eingestandenermaßen sehr eng den Tantra-Methoden an, und der gelehrte Pundit stellte mit vollem Erfolg fest, daß hinter diesen nicht Vorurteil oder Aberglauben liegen, sondern ein tief philosophisches System, das auf den Veden beruht. Jeder Schüler des neuzeitlichen Hinduismus sollte sich hiermit vertraut machen, vor allem mit seinem unmittelbaren Hintergrund, der aus Philosophie und Ritual des Tantrismus besteht.

Das religiöse Bewußtsein des Hindu gleicht dem mächtigen Ganges, der vom Himalaya der vedischen Weisheit ausströmt und während seines Laufes an vielen Stellen Zuflüsse empfängt und Zweigströme aussendet. Wenn auch Natur, Farbe, Stärke oder Nutzung des Stromes an manchen Stellen verschieden ist, so bleibt doch der Ganges der gleiche, ob er an Hardwar, Allahabad oder Kalkutta vorbeifließt. Er ist nicht nur der gleiche, sondern behält trotz der vielen Zuflüsse und Abzweigungen den einen wesentlichen Fluß. Der ganze Strom des Hinduismus ist geheiligt, wenn auch verschiedene Sekten bestimmten Stellen und Zusammenflüssen besondere Heiligkeit zusprechen und von diesen besondere Eingebungen für die Entwicklung ihrer sektiererischen Eigenwege empfangen. Wohl ließ in früheren Zeiten die Entfaltung der Tantrik-Philosophie und ihres Rituals neue Flüsse und Seitenzweige am Strom des Hinduismus entstehen, doch diese verstärkten vor allem und im wesentlichen den Hauptstrom. Anstatt eine andauernde Gabelung des Stromes zu bewirken, verband sich der Tantrismus mit ihm und färbte und erneuerte mehr oder weniger stark die ganze Beschaffenheit des religiösen Bewußtseins im Hinduismus. Als Ergebnis finden wir ebenso wirksame tantrische Gedanken und Empfindungen im metaphysischen Höhenflug des Hinduismus wie auf seinen niederen der Wirklichkeit entsprechenden Stufen.

Diese tatsächliche Durchdringung des hinduistischen religiösen Bewußtseins mit tantrischen Gedanken und Empfindungen sollte heute von den Gelehrten voll und ganz anerkannt werden".

VII. Kapitel

IST SHAKTI MACHT?

Es gibt Menschen, die früher und auch heute noch denken, daß Shakti Macht bedeutet und daß die Verehrung der Shakti Verehrung der Macht ist. So schrieb Keshub Chunder Sen („New Dispensation“, S. 108): „Vor vier Jahrhunderten räumten die Shāktas den Bhāktas das Feld. Chaitanya’s Heer bewies sich als unbesiegbar und bemächtigte sich aller Bengalen. Selbst heute noch hat seine Lehre der Liebe lebendige Kraft, wenn auch seine Anhänger in Glauben wie Moral stark abgesunken sind. Genau das Gegenteil finden wir in England und in anderen europäischen Ländern. Hier vertreiben die Shāktas die Bhāktas. Man denke an die Huxleys, die Tyndalls, die Spencers unserer Tage. Was sind diese anderes als Shāktas, Verehrer der Shakti oder Macht? Die einzige Gottheit, die sie – wenn überhaupt – anbeten, ist die ursprüngliche Kraft des Weltalls. Ihr erweisen sie nüchterne Verehrung. So sind die Wissenschaftler und Materialisten von heute noch eine Sekte von Shakti-Verehrern. Sie verdrängen die wahren Christen, die den Gott der Liebe anbeten. Die europäischen Vaiṣhṇavas ziehen sich vor den anstürmenden Millionen westlicher Shaktis zurück. Wir vertrauen aber mit Gewißheit darauf, daß die Niederlage der Liebe und der Bhakti nur eine Zeitlang dauern und daß ein Chaitanya im Westen auferstehen wird, um die Shāktas zu vernichten, die nur die Macht als Gottheit anerkennen und in Fleischlichkeit und Wollust hinabgesunken sind. Möge er die Menschen wieder zum liebenden Glauben, zur Geistigkeit und Einfachheit und zur leidenschaftlichen Liebe der Vaiṣhṇava zurückführen.“

Auch Professor Monier Williams („Hinduismus“) nennt die Shākta-Lehre eine Lehre der Macht. In jüngster Zeit hat der Dichter Rabindranath Tagore mit seinem Namen noch diesen Irrtum unterstützt („Modern Review“, July 1919). Nachdem er aufzeigte, daß Selbstsucht der Preis ist, der für das Dasein gezahlt wird, und das ganze Weltall zusammenarbeitet im Verlangen nach der Geburt des „Ich“, führt er aus, daß der Mensch dieses Verlangen auf zweifache Weise betrachtet hat: als Laune der schöpferischen Kraft oder als freudigen Selbstausdruck der schöpferischen Liebe. Ist demnach die Tatsache seines Daseins, so fragt er, eine Offenbarung der Kraft oder der Liebe? Diejenigen, die die erste Ansicht vertreten, müssen, seiner Meinung nach, auch den Kampf als unvermeidlich und ewig anerkennen. Denn für sie bedeuten Friede und Liebe nur zweifelhafte Waffenrüstungen, hinter denen die Schwachen Schutz suchen, während das, was der Furchtsame als Unrecht verdammt, allein der Weg zum Erfolg ist. „Der Stolz des Reichtums richtet das menschliche Denken nach außen, das Elend und die Schmach der Entbehrung drängt ebenfalls das hungrige Verlangen des Menschen ins Außen. Beide stellen auf schamlose Weise Shakti über alle anderen Götter, diese grausame Göttin der Macht, deren rechte Hand das Schwert des Betruges schwingt. In der Politik der Europäer, die getränkt ist von Macht, erkennen wir die Verehrung der Shakti."

In gleicher Weise behauptet der Dichter, daß in den Tagen seines politischen Niedergangs das feige und niedergetretene indische Volk durch den Mut seiner Dichter das Lob der gleichen Shakti sang. „Die Chandi von Kavikangkan und Annadāmangala, die Balladen von Mānasā, der Göttin der Schlangen, sind nichts anderes als Siegeslieder des Bösen. Der Sinn ihrer Lieder ist der Niedergang Shivas, des guten, durch die grausame hinterlistige, verbrecherische Shakti. Die männliche Gottheit war in ihrer Macht noch harmlos. Plötzlich aber erhob sich eine weibliche Gottheit und verlangte an Stelle des Gottes Verehrung. Mit Beharrlichkeit drängte sie sich dorthin, wo sie kein Recht hat. Unter welchem Namen? Als Macht. Auf welche Art? Auf jede, die ihr dienen kann."

Die Gottheit des Friedens und der Entsagung überlebte nicht. So fügt Tagore hinzu, daß in Europa der moderne Kult der Shakti der Beweis ist, daß der blasse, blutleere Jesus nicht genügt. Mit großem Prunk und starkem Einsatz feiert Europa seine Shakti.

„Auch die Inder von heute beginnen mit der Verehrung der europäischen Gottheit. Im Namen der Religion behaupten einige, es sei feige, Angst vor Unrechttun zu haben. Die weltlichen Erfolg erlangt haben, wie auch jene, die es nicht vermochten, singen dasselbe Lied. Beide suchen die Rechtschaffenheit zu zerstören als ein Hindernis, das durch physische Kraft zu überwinden ist."

Ich beschäftige mich hier nicht mit allgemeinen Irrtümern, die es geben mag. Aber wenn wir ein Wort aus der Sprache des Shāstra benützen, müssen wir dieses nach seiner Bedeutung fragen. Shakti kommt von der Wurzel „shak", „fähig sein", „tun". Dies bezeichnet sowohl Tätigkeit wie die Befähigung dazu. Die Welt ist als solche Tätigkeit, und es wäre ein Irrtum, den Ausdruck Shakti auf irgendeine besondere Art von Tätigkeit anzuwenden. Im Gegenteil: Shakti bedeutet sowohl Macht im allgemeinen wie jede besondere Art der Macht. Denken ist eine Kraft, ebenso der Stoff. Das Denkorgan arbeitet immerfort in der Form von Vritti, Urteil, Wille und Fühlen (bhāva). Unter Gefühl ist hierbei Liebe, Abneigung und anderes zu verstehen. Dies alles sind Aspekte der Denk-Kraft im allgemeinen Sinn. Kraft ist Macht auf materieller Ebene, und deshalb nur ein, und zwar der grobstofflichste Aspekt von Shakti. Diese besonderen Kräfte sind aber nur begrenzte Formen der großen schöpferischen Kraft, die die Mutter (ambikā) des Weltalls ist. Verehrung der Shakti ist nicht Verehrung dieser begrenzten Formen, sondern Anbetung des göttlichen Willen, der göttlichen Weisheit und Handlung, die Ursache aller dieser Auswirkungen ist. Die Mahāshakti ist vollkommenes Bewußtsein (chidrūpinī) und Seligkeit (ānandamayī), die aus sich selbst das vereinigte Bewußtsein, das Freude wie Leid empfindet, hervorbringt. Diese Zeugung ist keineswegs eine „Laune", sondern ist die Natur (svabhāva) des Höchsten.

Glückseligkeit ist Liebe (niratishayapremāspadatvam ānandatvam). Das Hervorbringen des Weltalls ist nach dem Shākta ein Akt der Liebe, dargestellt in der sogenannten erotischen Einbildungskraft des Shākta. Das Selbst liebt sich selbst vor und in der Schöpfung. Die Begeisterung der menschlichen Liebe, die das Leben der Menschheit fortsetzt, ist ein unendlich kleines Bruchstück und ein schwacher Abglanz des schöpferischen Aktes, in dem Shiva und Shakti sich vereinen, um den Bindu hervorzubringen, den Samen des Weltalls.

Ich bejahe ganz, daß die Verehrung der reinen Kraft āsurisch ist und ohne Nutzen, es sei denn in einem vergänglichen Sinn. Die Macht kann aber sittlichen Wert gewinnen durch den Zweck, dem sie dient. Es ist nicht richtig, Macht und Recht entgegenzusetzen. Es gibt nur den Gegensatz zwischen Macht im Dienst von Recht und Macht im Dienst von Unrecht. Die reine Kraft verehren, heißt die Materie verehren. Wer aber die Mutter in ihrer materiellen Gestalt verehrt (sthūlarūpa) weiß, daß sie auch andere Formen annimmt und man sie in allen diesen verehren kann. Er weiß auch, daß sie jenseits aller begrenzten Formen das ist, was diesen ihr Dasein gibt. So können wir sagen, daß Macht eine grobstoffliche Form der Shakti ist, daß sie aber mehr ist als dieses „hier" (iha), daß sie die unendliche Kraft des Bewußtseins „dort" ist (amutra). Diese Shakti, der die Verehrung gilt, wird von dem Shāstra Pūrṇāhaṃbhāva genannt oder die Erfahrung: „Alles bin Ich."

VIII. Kapitel

CHĪNĀCHĀRA
(Vaśhiṣhta und Buddha)

Es wird darüber gestritten, ob das tantrische Pañchatāttva-Ritual, das Wein und anderes verwendet, Frucht des Buddhismus und ob es dem vedischen Dharma entgegengesetzt ist. Manche nehmen an, daß diese Riten ursprünglich aus dem gelben Asien in Indien eindrangen, dort ihre besondere Prägung erhielten und dann wieder nach Norden vordrangen, wo sie früheren ursprünglichen Formen begegneten. Ich habe anderswo einige Tatsachen dargelegt, nach denen man annehmen kann, daß diese Riten, wenn auch in anderer Form, die Fortsetzung alter vedischer Bräuche sind, bei denen Soma, Fleisch, Fisch und Purodāsha eine Rolle spielen. Wenn die Veden auch einige Maithuna-Riten kennen, so ist es doch möglich, daß das bengalische Shākta-Ritual in dieser Hinsicht seinen Ursprung im Chīnāchāra hat. Vielleicht kommt das ganze Ritual von dort. Ich habe von Bengalen gesprochen, weil wir dieses Ritual von anderen Formen der Shākta-Verehrung unterscheiden sollten. Diese Frage ist heute so verdunkelt, daß jede bestimmte Festlegung auf einen geschichtlichen Ursprung der Rechtfertigung ermangelt.

Höchst bedeutsam aber ist für die enge Beziehung der Tantras zum Buddhismus die Geschichte von Vashiṣṭha, die in ihnen aufgezeichnet ist. Dieser soll nach Mahāchīna (Tibet) gegangen sein, was nach dem Volksglauben halbwegs gen Himmel heißt. Am Ende des Manasarova-Teiches in der Nähe des Kailāsa soll Mahādeva zu sehen sein. Diesbezügliche Texte sind im Anhang zur Ausgabe des Tārā-Tantra gesammelt, die von Varendra Anusandhana Samīti veröffentlicht wurden. Das Tārā-Tantra beginnt (I, 2) mit folgender Frage der Devī Tārā oder Mahānīla-Sarasvatī: „Du sprachst von den beiden Kula-Bhairavas, Buddha und Vashiṣṭha. Sage mir, durch welches Tantra sie zu Siddhas wurden." Das gleiche Tantra (IV, 10) bestimmt einen Bhairava wie folgt: „Wer diese fünf (d. h. Pañchatāttvas) gereinigt hat und nach der Opferung (an Devatā), an ihnen teilnimmt, ist ein Bhairava." Es heißt, daß Buddha ein Kula-Bhaivara war. Buddhistische Tantras, die dieses Ritual ausüben, sind verantwortliche Kaulas. Shiva antwortete: „Er, der Janārdana (Viṣhṇu) ist der erhabene Deva in der Gestalt von Buddha (buddharūpī)." Im Samayāchāra-Tantra heißt es, daß Tārā und Kālikā in ihren verschiedenen Gestalten wie auch Mātangī, Bhairavī, Chhinnamastā und Dhūmāvatī zu dem nördlichen Amnāya gehören. Das sechste Kapitel der Sammohana-Tantra erwähnt eine Anzahl von Schriften, der Bauddha-Gruppe, zusammen mit anderen der Shākta-, Shaiva-, Vaiṣhṇava-, Saura- und Gāṇapatya-Gruppen.

Von Vasiṣṭha wird im XVII. Kapitel des Rudrayāmala und im I. Paṭala des Brahmayāmala gesprochen. Es folgt hier der Bericht aus der Tantrik-Schrift:

Vashiṣṭha, der Selbstbeherrschte, der Sohn Brahmās übte sich jahrhundertelang in der Enthaltsamkeit. Sechstausend Jahre vollbrachte er Sādhanā, und doch erschien ihm nicht die Tochter der Berge. Zornig ging er zu seinem Vater und erzählte ihm seine Art der Übung. Dann bat er ihn: „Gib mir ein anderes Mantra, Herr, da dieses Vidya (mantra) mir nicht Siddhi (Erfolg) verleiht, oder ich werde in deiner Gegenwart einen furchtbaren Fluch ausstoßen."

Ihn besänftigend, antwortete Brahma: „Mein Sohn, der Du ein Schüler des Yoga-Pfades bist, tu dies nicht. Bete sie noch einmal an aus vollem Herzen, damit sie Dir erscheint und Dein Gebet erhört. Sie ist die höchste Shakti. Sie rettet Dich aus aller Gefahr. Sie erglänzt mit dem Licht von zehn Millionen Sonnen. Tief blau (hīlā) ist sie und kalt wie zehn Millionen Monde. Sie gleicht zehn Millionen aufflammender Blitze. Sie ist die Gattin von Kāla (kālakāminī), der Ursprung von allem. In ihr gibt es weder Dharma noch Adharma. Sie liegt jeder Form zugrunde. Sie ist an das reine Chīnāchāra (shuddhachīnāchāraratā) gebunden und gibt Einweihung in das Shakti-Chakra (pravarttikā). Ihre Größe ist unendlich, ohne Grenzen. Sie hilft beim Überqueren des Meeres von Saṃsāra. Sie ist Buddheshvarī (vermutlich Buddhīshvarī, Herr von Buddhi). Sie ist Buddhi (Intelligenz) selbst (buddhirūrā). Sie erscheint im Atharva-Zweig der Vedas (atharvavedashākhinī). Zahllose Berichte der Shāstras verbinden das Tantra-Shāstra mit dem Atharvaveda (vgl. hierzu meine Zitate aus dem Shaktisangama-Tantra in „Grundzüge des Tantra"). Sie beschützt die Wesen der Welten. Ihre Tätigkeit breitet sich aus durch das Bewegte und das Bewegungslose. Verehre sie, mein Sohn. Sei guten Mutes. Warum so schnell mit dem Fluchen? Du bist das Kleinod der Güte. Mein Sohn, verehre sie ohne Unterlaß mit allen Gedanken (chetas). Wirst du ganz von ihr in Anspruch genommen, dann wirst du gewiß ihrer ansichtig werden."

Nachdem er diese Worte seines Gurus vernommen und sich wieder und wieder vor ihm verbeugt hatte, begab sich der Reine (vashiṣṭha), der eingedrungen war in die Bedeutung des Vedānta, an das Ufer des Meeres. Tausend Jahre lang vollbrachte er das Yapa ihres Mantras. Noch immer aber erhielt er keine Kunde von ihr (ādesha). Da erfaßte den Muni Vashiṣṭha Zorn, und in verstörtem Geist beschloß er, der Mahāvidyā (devī) zu fluchen. Nachdem er Wasser eingesogen hatte (achamana), stieß er einen großen furchtbaren Fluch aus. Darauf erschien Kuleshvarī (die Göttin der Kaulas) Mahāvidyā vor dem Muni.

Sie, die die Furcht der Yogi vertreibt, sprach zu ihm: „Wie nun, Vipra (are vipra), warum hast du ohne Grund einen so schrecklichen Fluch ausgestoßen? Du verstehst meinen Kulāgama nicht und weißt nicht, wie du anbeten sollst. Wie können Mensch oder Deva allein durch Yoga-Übung meine Lotusfüße erblicken? Meine Anbetung (dhyāna) geschieht ohne Askese und Pein. Für den, der meinen Kulāgama begehrt, der Siddha in meinem Mantra ist, und meinen reinen Vedāchara kennt, ist meine Sādhanā rein (pūṇya) und selbst erhabener als die des Veda (Vedānāmapyagochara). (Dies bedeutet nicht, den Veden unbekannt oder entgegengesetzt, sondern jenseits des vedischen Rituals des Pashu, wie sich aus dem nun folgenden Befehl, dem Atharvaveda zu folgen, ergibt.) Gehe nach Mahāchīna (Tibet) und in das Land der Bauddhas und folge unermüdlich dem Atharvaveda (bauddha dēshe'tharvavede mahāchīne sadā braja). Dort wirst du meine Lotusfüße sehen, die Mahābhāva sind (das große segensreiche Gefühl, das sie in ihrer wahren Natur ist) und wirst, o Maharshi, in meinem Kula bewandert, ein großer Siddha werden."

Nach diesen Worten entschwand ihre Gestalt im Äther und durchstreifte die Bereiche der Luft. Der große Riṣhi, der diese Worte der Mahāvidyā-Sarasvatī vernommen hatte, ging in das Land China, in dem Buddha verehrt wird (buddhapratiṣhthita), verbeugte sich wiederholt bis zum Boden hinab und sprach: „Beschütze mich, Mahādeva, Du Unvergängliche in Gestalt des Buddha (buddharūpa). Ich bin der sehr demütige Vashiṣṭha, der Sohn Brahmas. Meine Gedanken sind verwirrt. Ich bin hierher gekommen (nach China) um die Sādhanā der Mahādevī auszuführen. Ich kenne nicht den Pfad, der zur Siddhi führt. Du aber kennst den Pfad der Devas. Doch betrachte ich die Art deines Lebens (āchāra), dann steigen Zweifel in mir auf (bhayāni santi me hṛdi: weil er das – für ihn – außergewöhnliche Ritual mit Wein und Frauen sah). Zerstreue sie und meine elenden Gedanken, die am Ritual der Veden hängen (vedagāminī: das gewöhnliche Pashū-Ritual). O Herr, in deiner Wohnung gibt es Riten außerhalb des Veda (vedavahiṣhkrita: das vedische Ritual und was mit dem Veda, nach Vasiṣṭha's Meinung, zusammenhängt). Wie können keusche Siddhas (digambara), die erhaben (vara) sind und ehrfurchtgebietend (raktapānodyata) Wein trinken, Fleisch essen und sich an schönen Frauen (hūrmuhuh prapivanti ramayanti varānganām) freuen oder ihnen Freude gewähren? Mit geröteten Augen sind sie immerfort voller Heiterkeit und angefüllt mit Fleisch und Wein (sadāmāngsāsavaih pūrṇāh). Sie sind mächtig, Gunst zu erweisen und zu strafen. Sie stehen jenseits der Veden (vedasyagocharāh) und genießen Wein und Frauen (madyastrīsevane ratāh)." (Vashiṣṭha sah nur die Außenseite des Rituals.)

So sprach der große Yogi, nachdem er die Riten gesehen hatte, die außerhalb des Veda sind (veda-vahiṣhkrīta). Dann verbeugte er sich tief und fuhr demütig fort: „Wie können solche Neigungen das Denken reinigen? Wie kann es Siddhi ohne vedische Riten geben?

Manah-pravrittireteshu katham bhavati pāvani
Kathang vā jāyate siddhir veda kāryyang vinā prabho.

Da sprach Buddha: „O, Vashiṣṭha, höre mir zu, während ich dir von dem erhabenen Kula-Pfad künde. Ihn kennen, genügt, um in kurzer Zeit Rudra selbst gleich zu werden. Ich spreche zu dir ohne Umschweife von dem Āgama, der der Wesenskern von allem ist und zu Kulasiddhi führt. Zu allererst muß der Vira (Held) rein sein (shuchi)." Buddha stellt hier die Bedingungen fest, unter denen allein die Riten erlaubt sind. Das Denken des Schülers muß durchdrungen sein vom Unterscheidungsvermögen (viveka) und frei von allem Pashubhāva (Zustand eines nicht eingeweihten Pashu oder tierischen Menschen). Er sollte den Umgang mit Pashu meiden und an einem einsamen Ort allein bleiben, frei von Begierde, Ärger und anderen Leidenschaften. Unaufhörlich gebe er sich der Yogaübung hin. Fest im Entschluß, Yoga zu lernen, soll er den Pfad des Yoga betreten und den Sinn des Veda vollkommen erkennen (vedārthanipuṇo mahān). Auf diese Weise sollte der Fromme (dharmātma) in gutem Wandel und mit großzügigem Herzen (audārya), allmählich seinen Atem zurückhalten und auf dem Weg der Atmung die Vernichtung der Gedanken erreichen. Durch diese Übung wird der Selbstbeherrschte (vāshi) zum Yogi.

Solcher Übungsgang läßt den Körper zuerst in Schweiß geraten. Dies ist die unterste Stufe (adhama). Auf der nächsten, mittleren Stufe (madyama) beginnt der Körper zu zittern (kampa). Auf der dritten oder höchsten Stufe vermag man sich in die Höhe zu heben (bhūmityāga). Durch Erlangen der Siddhi im Prāṇayāma wird man zum Meister des Yoga. Nachdem der Schüler durch die Übung des Kumbhaka (Anhalten des Atems) ein Yogi geworden ist, sollte er schweigen lernen (maunī) und sich anbetend (ekānta-bhakti) Shiva, Kṛishṇa und Brahma ganz hingeben. Der Reine sollte im Denken, Handeln und Sprechen innewerden, daß Brahma, Vishṇu und Shiva flüchtig sind wie die bewegte Luft (vāyavīgatichañchalah: Vielleicht soll hiermit die flüchtige Natur dieser Devatās, im Vergleich zu der höchsten Shakti, ausgedrückt werden). Wer konzentrierten Geistes ist, sollte seine Gedanken auf Shakti richten, die Bewußtsein ist (chidrūpā). Hiernach sollte der Mantrin Mahāvīrabhāva (das Gefühl des großen Helden) üben und dem Kula-Pfad, dem Shakti-Chakra, dem Vaishṇava Sattva-Chakra und Navavigraha folgen. Er sollte Kulakātyāyanī verehren, die erhabene Pratyakṣha-Devatā (das ist die Gottheit, die dem Gebet antwortet), die Fülle schenkt und alles Böse vernichtet. Sie ist Erkenntnis (chidrūpā) und das Haus der Weisheit (jñāna), Bewußtsein und Glückseligkeit. Sie strahlt zehn Millionen Blitzen gleich. Alle Tattvas sind ihre Verkörperungen. Sie ist Raudrī mit den achtzehn Armen, die sich am Wein erfreut und an Bergen von Fleisch (der Text lautet Shivāmāngsāchalapriyām, aber die erste Silbe sollte Surā heißen).

Man sollte das Japa des Mantra üben, bei ihr Zuflucht suchen und dem Kula-Pfad folgen. Wer kennt in den drei Welten einen Pfad, der höher als dieser ist? Auf ihm erlangte der große Brahma die Gnade, selbst zum Schöpfer zu werden. Als Vishṇu, dessen Wesen Sattva-guṇa ist, wird er von allen angebetet, und ist dieser Verehrung auch wahrhaft würdig – der große Herr von Yayurveda, der Beschützer. Durch diesen Pfad wurde Hara, der Herr der Vīras, der Zornvolle, der Herr des Grimmes und der machtvollen Kraft, zum Zerstörer von allem. Dank der Gnade des Vārabhāva wurden die Dikpālas (die Beschützer der Freundschaften), Rudra gleich. Nach einem Monat Übung wird die Kraft der Anziehung erlangt (ākarṣhaṇasiddhi). Nach zwei Monaten wird man zum Herrn des Wortes. Nach vier Monaten gleicht man den Dikpālas, nach fünf Monaten wird man zu den fünf Pfeilen (wahrscheinlich Meister der fünf Tanmātras), nach sechs Monaten zu Rudra selbst. Die Frucht dieser Übung (āchāra) übertrifft alles. Dies ist Kaulamārga. Nichts kann größer sein. Mit Hilfe der Shakti wird der Vipra nach sechsmonatiger Übung zu einem vollkommenen Yogi. Ohne Shakti vermag selbst Shiva nichts. Was sollen wir dann von den Menschen niederen Denkens sagen?"

Nach diesen Worten ließ er, dessen Gestalt Buddha ist, (buddharūpī) Vashiṣṭha Sādhanā üben. Er sprach zu ihm: „O, Vipra, diene der Mahāshakti. Übe Sādhanā mit Wein (madyasādhanā), und du wirst die Lotusfüße der Mahāvidyā erblicken." Vashiṣṭha, der diese Worte seines Gurus vernahm, und über die Devī Sarasvatī meditierte, ging zum Kulamaṇḍapa, um das Wein-Ritual auszuführen (madirāsādhanā). Nachdem er wiederholt Sādhanā mit Wein, Fleisch, Fisch, gedörrtem Korn und Shakti vollbracht hatte, wurde er ein vollkommener Yogi (pūrnayogī).

Ein ähnlicher Bericht steht im Brahmayāmala – nur mit einigen Veränderungen. Während es im Rudrayāmala heißt, daß Vashiṣṭha sich zum Ufer des Meeres begab, geht er im Brahmayāmala nach Kāmākhyā, dem großen tantrischen Piṭha und Altar der Devī (das Vorherrschen ihrer Verehrung in der mongolischen Assamese ist beachtenswert). Hier mag noch hinzugefügt werden, daß dieser Yāmala feststellt, daß Wein außer zu den Zeiten der Verehrung nicht genossen werden und der Shakti nicht unbekleidet sein darf. Wenn man diese Maßnahmen verletzt, so wird, wie es heißt, das Leben verkürzt und der Mensch zur Hölle fahren.

Nach dem Bericht des Brahmayāmala wurde dem Vashiṣṭha, als er sich über seinen Mißerfolg beklagte, geheißen, er solle zu den blauen Bergen gehen (nīlāchala) und die Parameshvarī bei Kāmākhyā (Kamrup in Assam) verehren. Nur Viṣhṇu in Gestalt von Buddha (buddharūpī) – so hieß es – kenne diese Verehrung nach dem Chīnāchāra. Darum sprach die Devī: „Ohne Chīnāchāra kannst du mir nicht gefallen. Gehe zu Viṣhṇu, der Udbodharūpī (erleuchtet) ist und verehre mich nach dem Āchāra, das er lehrt." So ging Vashiṣṭha zu Viṣhṇu in das Land Machāchīna, das neben dem Himalaya liegt (himavatpārshve), ein Land, in dem große Sādhakas leben und Tausende von schönen jungen Frauen, deren Herzen durch Wein beglückt und deren Gedanken mit Freude erfüllt wurden (vilāsa). Sie werden mit Kleidern geschmückt, die Liebe eingeben (shriṅgāraveṣha), und die Bewegung ihrer Hüften läßt ihre Gürtel aus kleinen Glocken erklingen. Frei von Furcht und spröder Scham begeistern sie die Welt. Sie umgeben Ishvara und verehren die Devī.

Vashiṣṭha war voller Verwunderung, als er Viṣhṇu in Gestalt von Buddha (buddharūpī) mit weintrunkenen Augen sah. „Was", rief er, „tut Viṣhṇu hier in seiner Buddhagestalt, wo dieser Weg (āchāra) dem Veda entgegengesetzt ist (vedavādaviruddha)? Ich kann dies nicht billigen (asammato mama)." Während er dies dachte, hörte er eine Stimme aus dem Äther: „Du, der du guten Handlungen hingegeben bist, denke nicht so. Dieser Āchāra hat ausgezeichneten Erfolg in der Sādhanā der Tāriṇī. Ihr gefällt nichts, was ihm entgegengesetzt ist. Wenn du auf schnellstem Wege ihre Gnade erlangen willst, dann verehre sie nach dem Chīnāchāra." Bei diesen Worten sträubten sich Vashiṣṭhas Haare, und er fiel zu Boden. Voller Jubel betete er zu Viṣhṇu in der Gestalt Buddhas (buddharūpa). Buddha, der Wein getrunken hatte, freute sich über ihn und sprach: „Warum bist du hergekommen?" Vashiṣṭha verbeugte sich vor ihm und sprach von seiner Verehrung für Tāriṇī. Buddha, der Hari und voller Weisheit ist (tattvajñāna), redete zu ihm von den fünf Makāras (M: das sind die fünf mit M beginnenden Worte, Madya oder Wein usw.), die zum Chīnāchāra (majnānam chīnāchārādikāranam) gehören, befahl ihm aber, diese nicht zu enthüllen (ein allgemeines Gebot, das dieses Ritual betrifft und, vom Standpunkt des Gegners aus, beargwöhnt wird). „Wenn du es übst, sollst du nicht wieder in das Meer des Seins zurückfallen. Es hat die volle Erkenntnis des Wesensgrundes (tattvajñāna) und verleiht unmittelbare Befreiung (mukti)."

Nun fährt Buddha fort, einen Hauptzug dieses Kultes zu erklären, nämlich seine Freiheit von den rituellen Regeln der gewöhnlichen Verehrung, über die sich der Sādhaka erhoben hat. Es ist Verehrung in Gedanken. Baden, Reinigen, Japa und zeremonielles Anbeten werden allein im Geist vollzogen (keine äußeren Handlungen sind notwendig: das Baden und so fort geschieht in Gedanken und nicht in tatsächlichem Wasser, wie dies bei niederer und weniger fortgeschrittener Verehrung der Fall ist). Es gibt keine Regeln über günstige und ungünstige Zeiten oder über das, was bei Tag und was bei Nacht getan werden soll. Nichts ist rein oder unrein (es gibt keinen rituellen Makel der Unreinheit); keine Nahrung wird verboten. Die Devī sollte verehrt werden, auch wenn der Verehrende Nahrung zu sich genommen hat und der Ort unrein ist. Ebenso sollte die Frau als ihr Abbild verehrt werden (pūjānām striyah). Niemals sollte ihr Schaden zugefügt werden (strīdvesho naiva kartavyah).

Handelt es sich hier um etwas, das Shākyamuni oder einen anderen Buddha des Buddhismus betrifft? Nach dem Glauben der Hindus wurde das Rāmāyana im Tretā-Zeitalter verfaßt, und Vashiṣṭha war der Familienpriester von Daśharatha und Rāma (Ādikāṇḍa VII, 4, 5, VIII, 6; Ayodyākaṇḍa V, 1). Das Mahābhārata wurde im Dvāpara verfaßt. Kṛiṣhṇa erschien in der Sandhyā zwischen diesem und dem Kali-Zeitalter. Nach dieser Berechnung lebte Vashiṣṭha, der der Guru von Dasharatha war, früher als Shākyamuni. Es gab aber auch vor diesem noch Buddhas. Der Text erwähnt nicht Shākyamuni oder Gautama Buddha, und nach buddhistischer Tradition gab es viele andere Buddhas vor diesem – unter ihnen Dīpankara „der Leuchtende" und Krakuchhanda –, denn die Bezeichnung Buddha galt für jeden Erleuchteten, wer immer es sei.

Zweifellos werden die westlichen Orientalisten behaupten, daß diese beiden Yāmalas nach der Zeit des Shākyamuni verfaßt wurden. Aber, wäre dies so, dann müßten ihr Autor oder ihre Autoren als Hindu wissen, daß nach der Hindu-Chronologie Vashiṣṭha dem Shākyamuni vorausging. Abgesehen von der Tatsache, daß es noch andere Buddhas gibt, sind im Hinduismus „Typen" zu unterscheiden von den „Formen" der verschiedenen Dinge. Ideen und Glaubensbekenntnisse verändern sich ebensowenig wie die platonischen Ideen oder die ewigen Archetypen, während die Formen immer verschiedene sind. In diesem Sinn hatten weder der Veda oder die Tantra-Shāstras noch der Buddhismus zu irgendeiner Zeit einen absoluten Anfang. Als Typen von Ideen oder Glaubensformen sind sie anfangslos (anādi), wenn sich auch die Formen von Zeitalter zu Zeitalter verändert haben, und vielleicht einige der Typen latent schon in früheren Zeitaltern vorhanden waren. Wenn die Veden Anādi sind, so sind dies auch die Tantra-Shāstras. Der Yoga-Schau eines Riṣhi, der verborgene Dinge erblickt, offenbaren die verschiedenen Formen ihre geheimen Typen. Deshalb ist nichts absolut neu. Ein Riṣhi des Tretā-Yuga weiß, was im Kali oder Dvāpura sichtbar wird und in seinem eigenen Zeitalter schon latent vorhanden ist. Viṣhṇu offenbart sich ihm als die Verkörperung dieses im Verborgenen schon vorhandenen, in der

Zukunft aber erst in Erscheinung tretenden Kultes. Überdies mag in einem bestimmten Zeitalter das in einem Land noch Verborgene (z. B. in Ārvāvarta) in einem anderen schon offenbar sein (z. B. in Mahāchīna). In diesem Sinn bleibt nach den Hindu-Shāstras das Wesen der Typen erhalten, auch wenn diese den Bedingungen von Zeit, Ort und Personen unterworfen sind (Deshakālapātra).

Und mehr noch: Nach diesen Shāstras besitzt die schöpferische Kraft die Fähigkeit der Nachbildung. Dies bedeutet, daß der Weltprozeß nach einem sich immer wiederholenden Gesetz im Kreis verläuft. Der Vorgang in einem Kalpa wird substanziell in einem anderen wiederholt, so daß Vashiṣṭha, Buddha und die übrigen nicht nur im jetzigen, sondern auch in den vorangegangenen großen Weltkreisläufen oder Kalpas erschienen sind. Ebenso, wie es keinen ersten Anfang des Weltalls gibt, ist nichts unter der Sonne vollkommen neu. Darum mag sich Vashiṣṭha an vergangene Buddhas erinnert, wie auch kommende vorausgesehen haben. In der Yoga-Schau kann Vergangenheit wie Zukunft ihre Schatten in die Gegenwart hineinwerfen. Jedes Purāṇa und jede Saṃhitā beschreibt diese Grundgesetze der Yoga-Intuition, die nach rückwärts und nach vorwärts geht. Dem Bewußtsein Ishvaras sind Vergangenheit und Zukunft bekannt. Dies trifft auch für jene zu, die in dem ihnen gemäßen Grad an dem Bewußtsein und den Eigenschaften des Göttlichen teilhaben. Von diesem Gesichtspunkt aus ist das Datum, an dem ein besonderes Shāstra verfaßt wurde, unwichtig. Selbst ein neuzeitliches Shāstra kann einen alten Stoff behandeln. Man sollte sich an diese Grundregeln erinnern, wenn man Verstößen gegen die Zeitrechnung in Hindu-Shāstras begegnet. Natürlich ist dies nicht die Ansicht von „orientalischen Gelehrten" oder von solchen Indern, die durch sie veranlaßt wurden, den Glauben ihres Landes für widersinnig zu halten. Aber es ist die rechtgläubige Ansicht. So antwortete mir ein Freund, den ich nach seiner Meinung fragte: „Was die parapsychische Gesellschaft des Westens ihren guten „Medien" zugesteht, kann nicht unseren alten frühen Übermenschen, den Riṣhis, vorenthalten werden."

Die besonderen und an dieser Geschichte beachtenswerten Züge sind folgende: Vashiṣṭha muß gewußt haben, was die Veden und die vedischen Riten im allgemeinen Sinn waren. Er wird als Vedāntavid bezeichnet. Dennoch war er überrascht, als er die Chīnāchāra-Riten sah und mißbilligte sie. Für ihn stehen sie „außerhalb des Veda" (vedavahiṣhkṛita) und sind ihm sogar entgegengesetzt (vedavādaviruddha). Auf der anderen Seite zeigt sich ihre Beziehung zum Veda darin, daß die Devī, die diesen Āchāra verkündet, mit dem Atharvaveda in Verbindung steht und Vashiṣṭha immer dahingehend beeinflußt, daß er diesen Veda befolgt, und vom Āchāra nicht als Gegensatz zum gewöhnlichen vedischen Ritual spricht, sondern ihn für weit überlegen hält (vedānāmapyagocharah). Er erfuhr die Bedeutung des Veda in vollkommener Weise (vedārthanipuṇo). Durch die Gnade der Lehre und die Übung des Chīnāchāra wurde Viṣhṇu zum Herrn des Yajurveda. Dies scheint zu bedeuten, daß seine Lehre und Übung in den Veden enthalten ist, aber das allgemein Gelehrte übersteigen. Darum sagt Viṣhṇu, er solle nicht enthüllt werden.

Was aber bedeutet das Wort Viṣhṇubuddharūpa? Buddha heißt „erleuchtet"; hier aber scheint ein bestimmter Buddha gemeint zu sein, wenn man auch von

Vișhṇu als Udbodharūpī und von der Devī als Buddheśhvari spricht. Der Tārā-Tantra nennt ihn Kulabhairava. Wie wohl bekannt ist, war Buddha eine Inkarnation von Vișhṇu. Vashișṭha wurde befohlen, über den Himalaya in das Land der Bauddhas (bauddhadesh) nach Mahāchīna zu gehen. Die Bauddhas, die dem Pañchatattva-Ritual folgen, werden Kaulas genannt. Es ist eine beachtliche Tatsache, daß die Blume der Devī die scharlachrote Chinarose (hibicus) ist. Wie dieser Name zeigt, ist sie wohl nicht in Indien, sondern in China heimisch, und wurde von dort möglicherweise über Nepal eingeführt. Diese Legende, die in dem Shāstra selbst steht, erscheint mir von wesentlichster Bedeutung für die Bestimmung des geschichtlichen Ursprungs des Pañchatattva-Rituals.

IX. Kapitel

DIE TANTRA-SHĀSTRAS IN CHINA

Ich möchte in dieser Abhandlung – ohne Erörterungen über ihre Genauigkeit – die allgemeine Ansicht der Orientalisten über Zeitfolge und Entwicklung der buddhistischen Schulen angeben und somit in kurzer Zusammenfassung die Geschichte des buddhistischen Tantra aufzeigen: Das Mahāyāna (dessen Beginn niemand genau weiß) wurde im ersten und zweiten Jahrhundert von bedeutenden Lehrern wie Ashvaghoṣha und Nāgārjuna vertreten. Seine Hauptschrift ist der Prajñāpāramitā. Daß er unter dem Schutz von Kaniṣhka gedieh, zeigt die ersten Schritte zu einer metaphysischen, theistischen und rituellen Religion hin, die immer im Bestreben des Menschen liegt, wie ich früher ausführte.

In der zweiten Hälfte des ersten Jahrhunderts n. Chr. breitete sich der Buddhismus, wahrscheinlich in seiner Mahāyāna-Form, nach China, von dort nach Korea, und im sechsten und siebenten Jahrhundert nach Japan und Tibet aus. Zwischen dem vierten und fünften Jahrhundert n. Chr. soll Asaṅga, ein buddhistischer Mönch aus Gāndhāra, den buddhistischen Yogāchāra verbreitet haben, der, wie sein Name zeigt, eine Anpassung an Pantãnjali's indischen Yoga-Darshana war. Nach Dr. Waddell entwickelte dieser „Yoga-Parasit" (die meisten Europäer mißbilligen, was sie von Yoga verstehen), der in sich die Keime des Tantrismus enthält, bald „Riesenauswüchse", die „wie ein Krebsgeschwür das kleine Leben des rein buddhistischen Stammes" in Mahāyāna, das er als einen reinen „sophistischen Nihilismus" bezeichnet, überwucherten. Was immer dies auch bedeuten mag, es soll anscheinend das Mahāyāna verringern. Dann wird uns gesagt, daß „der Tantrismus oder Shiva-Mystizismus (ein unklares Wort) mit seiner Verehrung weiblicher Energien (shakti) und teuflischer Bosheiten — am Ende des sechsten Jahrhunderts – auf den Hinduismus und Buddhismus abzufärben begann. Dieser habe den Buddhismus noch mehr entwertet zu törichtem, verabscheuungswürdigem Aberglauben, sinnlosem Geschwätz, zu Zauberformeln (dhāranī) und magischen Kreisen (maṇḍala), deren „Gefäß" das Mantrayāna war, das Nāgārjuna gegründet haben soll, nachdem er es vom Dhyāni-Buddha Vairochana durch den Bodhisattva Vajrasattva am „eisernen Tor" in Südindien empfing.

Weiter führt Dr. Waddell aus, daß sich im zehnten Jahrhundert während der „Entfaltung der dämonischen Buddhas des Kālachakra (Systems) das Mantrayāṇa zum Vayrayāna entwickelte, der „verderbtesten Form buddhistischer Lehren", in der „der fromme Schüler" bestrebt ist, mit Hilfe der „dämonischen Buddhas" und der „Bosheiten" (Dākinī) „verschiedene Siddhis" zu erlangen.

Der Missionar Reverend Graham Sandberg, der dem Buddhismus so wenig günstig gesinnt ist, daß er in ihm (S. 260) „keinen Plan einer Metaphysik oder

Moral entdecken kann, dem der Name eines ethischen Systems gebühren könnte", sagt dagegen beim Erwähnen dieser „höchst verderbten Form" in einem kurzen Kapitel über die Tantras und die Tantrik-Riten („Tibet und die Tibetaner", 218): dieses neue Gefäß (ngag-kya thegpa) habe nicht das altehrwürdige Vajrayāna (dorje-thegpa) absetzen, sondern die alten Tantrik-Methoden durch einen umfassenden mythologischen Entwurf und faszinierende, selbst höchst erhabene mystische Vorstellungen zu einer richtigen, wenn auch ebenso schwierigen wie hilfreichen Wissenschaft zusammenfassen wollen.

Naturgemäß freuen wir uns alle, wenn wir in anderen Lehren Ähnlichkeiten mit der unseren finden. So zeigt der ehrwürdige Autor, daß ein wesentlicher Zug des Kālachakra (dus-kyi-khorlo) die Idee eines persönlichen Wesens war und fährt fort, „daß viele gute und genaue theistischen Merkmale der Gottheit, ihre Veranlagung, Reinheit, Väterlichkeit, ihr Wohlwollen und ihre gesonderte Macht in den Kālachakra-Abhandlungen dargestellt werden". Aber, wie nicht anders zu erwarten, ist er der Meinung, daß dies nur eine Bemühung auf dem Weg zu seinem wirklichen Ziel hin ist, wahrscheinlich unter dem Einfluß christlicher und mohammedanischer Lehren. Wir finden im allgemeinen, daß eine semitische Quelle herangeholt wird für das, was unleugbar gut im Hinduismus oder seinem Kind, dem Buddhismus ist. Man wundert sich aber, wie „die dämonischen Buddhas" und „die Bosheiten" sich in diese lobenswerten christlichen Ideen hineingearbeitet haben. Auch unter der Gefahr, daß ich von meinem Thema abweiche, möchte ich aufzeigen, daß die Devatās im Buddhismus friedvolle (ihi) und zornvolle (khro) Aspekte haben. Letzterer ist der schreckenerregende (in Indien Bhairava genannte) Aspekt der Gottheit. Doch dieser verwandelt sie nicht in einen Dämon, zumindest nicht im buddhistischen oder indischen Glauben.

Selbst für den Christen hat Gott einen furchterregenden und einen wohltätigen Aspekt. Einige Darstellungen des zornvollen Aspektes in Nordindien mögen dem westlichen Menschen als dämonisch erscheinen. Dies aber ist die Art, in der tibetisches Denken diese Seite auszudrücken sucht, ebenso wie es die Hindus in ihren Göttinnen Kālī, Chhinnamastā und Chaṇḍī tun. Eine andere, künstlerisch erfaßte Idee des Bhairava wird in einer wunderbaren indischen Kangra-Zeichnung dargestellt, die ich besitze. In dieser hüllt ein schwelender zurückgehaltener Zorn, sozusagen eine herabsinkende dunkle Sturmwolke, das sonst zusammengehaltene Gesicht und die unbewegliche Haltung der Devatā ein.

Über die esoterische Verehrung der Dākinīs habe ich etwas im Vorwort zu dem siebenten Buch meiner „Tantrik-Texte" geschrieben. Ohne uns bei den Mißbräuchen aufzuhalten, können wir abschließend feststellen, daß der Tantrik-Kult eine theistische Form organisierter Verehrung mit Gebet, Litanei, Musik, Blumen, Weihrauch, mit Aufsagen von Mantras (japa), und Kavachas, mit Beschützern in Gestalt der Dhāraṇīs, mit Opferungen und Totenhilfen einführt: kurz gesagt mit allen praktischen Hilfen für eine Religion des Einzelnen gemeinsam mit einem reichen und ausgeschmückten öffentlichen Ritual für die Gemeinschaft der Gläubigen.

Für die folgenden Ausführungen, so weit sie China betreffen, bin ich in der Hauptsache dem gelehrten Werk des Jesuiten-Pater L. Wieger „Geschichte der religiösen Glaubensformen und der philosophischen Meinungen in China" verpflichtet (Paris Challamel 1917). Dieser Autor stellt fest, daß der indische Tantrismus, „die Schule wirksamer Formeln", sich in China während des siebenten und achten Jahrhunderts unserer Zeitrechnung entwickelt hat als eine chinesische Anpassung an den alten theistischen Yoga des Patañjali (im zweiten Jahrhundert v. Chr.), der von Samanta Bhadra umgeformt und von Asamgha (gegen 400 oder 500 n. Chr.) „in eine polytheistische (?) Form gezwängt" wurde. Eine Abhandlung des letzteren, die 647 n. Chr. ins Chinesische übersetzt wurde, hatte wenig Erfolg. Im Jahr 716 aber kam der indische Shubhakara an den chinesischen Hof und gewann die Unterstützung des berühmten Tshangsoei, der unter seinem Mönchsnamen I-hing bekannt ist. Diesem übermittelte er die indische Lehre, während I-hing ihm mit Übersetzungen half. Shubhakara dachte auf tantrische Weise, daß die buddhistischen Mönche Chinas ihre Zeit durch reines Philosophieren verlören, da (ich zitiere den erwähnten Autor) das chinesische Volk nicht fähig zu abstrakten Spekulationen sei.

Wahrscheinlich war Shubhakara, wie alle seiner Art, praktisch veranlagt und erkannte wie jeder vernünftige Mensch, daß angesichts des augenblicklichen Charakters der menschlichen Natur die Religion organisiert und den Menschen in einer Form dargebracht werden muß, die Früchte zeitigt. Metaphysische Spekulationen haben weder in China noch anderswo viel Wert. Shubhakara und seine Schule lehrten dem Volk, daß der „Mensch nicht wie eine Banane eine Frucht ohne Kern sei". Sein Körper enthielte eine Seele. Deshalb sei sittliches Leben notwendig. Denn nach dem Tod würde die Seele gerichtet und, wenn als schlecht befunden, in die Hölle geworfen. Wie aber sollte sich der Mensch hiergegen und gegen die ihn umgebenden bösen Geister bewahren? Wie konnte er Gesundheit, Wohlergehen, Verzeihung für seine Sünden, ein gutes Leben in dieser Welt und danach erlangen? Die Menschen wurden deshalb vom Dasein göttlicher Beschützer überzeugt, zu denen auch einige Hindu-Gottheiten gehörten; und man lehrte sie die Art, ihre Hilfe anzurufen, auch den Gebrauch der Mantras, Dhāranīs und Mudrās, deren Bedeutung nicht durch die Definition Dr. Waddells als „gewisse Verdrehungen der Finger" abgetan werden kann. Sie lernten auch beten, opfern und die verschiedenen anderen Rituale vollbringen, die in allen Tantra-Shāstras zu finden sind.

Pater Wieger zeigt, daß die chinesischen Tantriks dieser Schule die Vergebung der Sünden und Rettung von den Höllenstrafen nicht für ein Nachlassen der Gerechtigkeit halten, sondern für die Frucht der Anrufung des himmlischen Beschützers. Dieser erlangte für den sündigen Menschen eine neue Lebensdauer, eine Art von Aufschub, während der er sich durch gutes Tun wieder loskaufen konnte, anstatt seine Sünden durch Höllenqualen abzubüßen. Der fromme Tantrik, der sich mühte, nach dem Tod im Himmel dieses oder jenes Buddha wiedergeboren zu werden, erlangte die Erfüllung seines Wunsches. Selbst den Sündern, die nichts für sich getan hatten, konnte nach ihrem Tod noch geholfen werden durch die Gebete von Verwandten, Freunden und Priestern. Die Aufopferung der Tantriks für die Erlösung der Verstorbenen war sehr groß. „Nimm an", heißt es in einem der Texte, „ein Mitglied deiner Familie würde ins Gefängnis geworfen. Was tätest du nicht alles, um ihm dort Erleichterung zu verschaffen oder ihn herauszubekommen. In gleicher Weise müssen wir uns für die Toten einsetzen, die im großen Gefängnis der Hölle sind." Gebet und Erbarmen, im Wunsch ihnen zu helfen, gehört zu den Verdiensten. Vor allem ist es nötig, die Hilfe der Priester zu erlangen. Sie befreien diese gebundenen Seelen durch das Ritual an sich, das von Musik begleitet wird, die einen wesentlichen Teil der buddhistischen Tantrik-Riten ausmacht.

Die Ähnlichkeit dieser Riten mit dem katholischen Ritual für die Seelen im Fegefeuer ist offensichtlich. In indischen Auszügen wie in den Tantrasāra wurden Gebete, Mantras und Dhāraṇīs angeführt, die Schutz gewähren sollen gegen alle Arten von Übel, gegen böse Geister, wilde Tiere, Naturkatastrophen, menschliche Feinde und so fort. Man glaubte an deren Wirksamkeit, vorausgesetzt, daß sie in richtiger Verfassung, zur rechten Zeit und in rechter Weise ausgeführt wurden. Wirksamer aber noch als dieses alles war die Einweihung mit Wasser (abhiṣheka). Denn zahllose gute Geister umgeben die Eingeweihten an allen Orten und zu allen Zeiten, so daß nichts Böses sie berührt. Es wurde auch empfohlen, auf dem Körper den Namen eines Beschützers (Iṣhṭadevatā) zu tragen oder eines jener Zeichen, das „übersinnliches Siegel, Bezwinger aller Dämonen" genannt wird. Auch dieser Brauch ähnelt dem Kavacha der indischen Tantrik und den Mönchskutten, dem „Agnus Dei", den geweihten Medaillen der Katholiken. Um zu häufigen Anbetungen aufzumuntern und diese zu zählen, verwendeten die buddhistischen Tantriks Rosenkranzkugeln, wie die Inder Mālā und die Katholiken den Rosenkranz gebrauchen. Die Kugeln wechselten zwischen 1080 und 27 Stück. Beim Anrufen des Beschützers hielt der Andächtige eine Kugel mit vier Fingern (Daumen und Zeigefinger beider Hände) fest und konzentrierte seine Gedanken auf die Gebetsformel. Auf dem Körper getragen, schützten diese Rosenkranzkugeln vor jedem Übel und machten alles, was man sprach, zum Gebet. Um den indischen Ausdruck zu benutzen: alles, was dann gesagt wurde, war ein Mantra.

Der Tantrismus wurde durch das Auftreten von zwei indischen Brahmanen, Vajrabodhī und Amogha, im Jahr 719 n. Chr. verstärkt. Zu jener Zeit wurde das Verlangen nach Tantras so groß, daß Amogha offiziell von der kaiserlichen Regierung aufgefordert wurde, möglichst viele aus Indien und Ceylon zurückzubringen. Amogha, der der Günstling von drei Kaisern war, den Rang eines Ministers innehatte und mit vielen Titeln geehrt wurde, lebte bis 774. Er machte aus dem Tantrismus eine beliebte Sekte. Pater Wieger schreibt, daß unter zahlreichen Werken, die seinen Namen tragen, nicht einer jener indischen oder tibetischen Riten erwähnt wurde, die unter dem allgemeinen Begriff Vāmāchāra, d. h. Verehrung mit Wein und Frauen fallen. Er weiß aus buddhistischen Quellen, daß man den Mißbrauch dieser Dinge in Indien beklagt. Im Zustand des Verfalls, der heute beobachtet wird, bleibt dort im allgemeinen nur eine Liturgie von Anrufungen übrig, die von Mudrā und Musik, von Laternen und Fahnen begleitet wird, und die dem Bonzen niederen Grades als Lebenserwerb dient, wenn sie zum Heilen von Kranken, zum Erfolg von Geschäften und so fort herbeigeholt werden. Amogha aber verlangte mehr von denen, die nach Einweihung begehrten. Auf indische Weise prüfte er (parīkṣhā) den zukünftigen Schüler und weihte nur diejenigen ein, die geeignet waren und die Eigenschaft eines Vajra besaßen. Zweifellos wurden nur ihnen die höheren Lehren und das Ritual gegeben. Einweihung geschah, indem auf rituelle Weise auf das Haupt (abhiṣheka) des Schülers – nach einem feierlichen Akt der Reue und Anbetung – Wasser gegossen wurde.

Das Folgende ist die Beschreibung eines Einweihungsritus (abhiṣheka). Buddha spricht: „So wie ein kaiserlicher Prinz anerkannt wird als jener, der die Herrschaft ausüben soll, so werden meine zuvor geprüften und vollkommen ausgebildeten Schüler mit Wasser geweiht." Bei dieser Zeremonie richtet man auf einem Hügel oder zumindest auf einem erhöhten Grund eine Plattform von sieben Fuß Durchmesser auf und bestreut sie mit Blumen und Weihwasser. Überall herrscht Schweigen. Persischer Weihrauch wird verbrannt. Ein Spiegel aus Bronze und aus sieben Pfeilen soll die dämonischen Geister vertreiben. Der Schüler, der zuvor durch strenge Enthaltsamkeit vorbereitet, gebadet und in frischgewaschene Gewänder gekleidet wurde, kniet auf der Plattform nieder und hört einer Vorlesung zu, die ihm die Bedeutung des Ritus erklärt. Seine rechte Schulter ist unbedeckt, seine beiden Hände sind gefaltet. Innerlich muß er in einer gespannten Aufmerksamkeit verharren. Dann gießt der Meister der Zeremonie, der ihn fest an der rechten Hand hält, mit der linken das rituelle Wasser auf sein Haupt." Diese Einweihung macht den Schüler zum Sohn Buddhas und zum Verkünder seiner Lehre. Denn man hielt die Tantras für die esoterische Lehre Buddhas, wie sie auch in Indien den Wesenskern aller Erkenntnisse enthalten, die Shiva oder Devī lehrt.

Die von Amogha Eingeweihten zeichneten sich durch ihr zurückgezogenes Leben und ihre geheimen Bräuche aus, die ihnen den Namen „Schule des Mysteriums" gab. Es sickerte durch, daß sie einen Heiland in künftigen Zeiten erwarteten. Dies machte sie verdächtig in den Augen der Regierung, die in ihnen eine revolutionierende Sekte vermutet haben mochte. So wurde sie verboten, aber nicht ausgerottet. Im Gegenteil: Denn in China ist nach Meinung des ehrwürdigen Paters (und wir können hinzufügen, auch anderswo), die verbotene Frucht die köstlichste. Die niederen Grade vermieden diese höhere Einweihung und verfielen zum großen Teil in einen mechanischen Formalismus, während sich die wahren Adepten in ein noch tieferes Geheimnis hüllten und auf das Kommen des künftigen Buddha Maitreya warteten, der, ihrer Meinung nach, Asaṅgha die Lehre eingegeben hatte, der sie folgten. Nach Pater Wieger sind sie von strenger Sittlichkeit und großer Enthaltsamkeit. Es gibt eine Hierarchie von Lehrern, die die Häuser in vorgeschriebenen Abständen besuchten – immer bei hereinbrechender Nacht – und sie nach Tagesanbruch verließen, beladen mit den Almosen ihrer Schüler. Der gelehrte Missionar fügt hinzu, daß Tantrik-Adepten dieser Art sich oft zum Christentum bekehrten und sehr bald ausgezeichnete Christen wurden, „da ihre Moral gut war und sie einen lebendigen Glauben an das Übernatürliche besaßen".

Hier möchte ich noch hinzufügen, daß es hieß, die Dhāraṇīs seien nur während der Tang-Dynastie nach China eingeführt worden. Pater Wieger (S. 385) zeigt, daß ein authentisches Ṛiddhi-Mantra in den Übersetzungen von Leou-Keatch'an im zweiten Jahrhundert n. Chr. zu finden sei. Buddha soll seinem Schüler Ānanda verkündet haben, daß fünfhundert Jahre nach seinem Nirvāṇa eine Sekte von Magiern (die der Autor Sivaite-Tantriks nennt) das Herumschwärmen böser Geister verursachen würde. Es wurden deshalb Anweisungen zu ihrer Austreibung gegeben. Dies läßt auf einen frühen Ursprung der „Sivaites" schließen.

X. Kapitel

EIN TIBETISCHES TANTRA

Dieses Kapitel ist eine besonders verständnisvolle Untersuchung – nachgedruckt aus dem „Theosophist", Juli 1919 – des tibetischen Gelehrten Johan van Manen. Sie befaßt sich mit dem siebenten Band der tantrischen Texte, der das erste veröffentlichte tibetische Tantra enthält. Das für diese Reihe ausgewählte Tantra war das Shrichakra-Sambhara, da der Herausgeber zufällig Manuskripte von diesem und andere Werke der gleichen Schule besitzt.

Alle Liebhaber der indischen Philosophie sind mit den großartigen Werken über Tantra vertraut, die unter der allgemeinen Herausgeberschaft von „Arthur Avalon" in den letzten wenigen Jahren veröffentlicht wurden. Seither sind einige 15 Bände – Texte, Übersetzungen oder Studien – herausgekommen, und Titel weiterer Werke sind in Vorbereitung oder im Druck. Eben jetzt ist ein neuer Band zu dieser Reihe hinzugekommen, der den siebenten Band der „Texte" bildet, und dieses Buch ist zweifellos eines der interessantesten, bisher veröffentlichten.

Zuvor hatte sich die Reihe nur mit Werken und Gedanken beschäftigt, die ursprünglich aus dem Sanskrit stammen. Dieser neue Band geht weiter und bringt uns Text und Übersetzung eines tibetischen Werkes, das sich mit dem Thema befaßt, dessen Studium die ganze Reihe gewidmet sein soll. Der tibetische Tantrismus ist zweifellos eine Entwicklung seines indischen Vorbildes, und bei zunehmender Kenntnis des gesamten Themas wird die historische Entwicklung dieser Gedankenschule ohne Zweifel genauestens erforscht werden. Wenn auch der vorliegende Band wertvolles Material zu einer solchen geschichtlichen Studie bietet, ist doch unsere Kenntnis des Tantra unter diesem Gesichtspunkt noch zu begrenzt, um genügend aussagen zu können über die Fragen, die seine Veröffentlichung hervorruft oder ihr Raum zu geben bei der jetzigen Durchsicht des Werkes. Dringender ist im Augenblick dieses Buch, so wie es vorliegt, zu prüfen, die allgemeine Richtung seines Inhalts herauszufinden und zu versuchen, eine allgemeine Bewertung in Ausdrücken moderner Sprache und Gedanken zu geben. In unseren Erörterungen wollen wir uns deshalb überhaupt nicht mit Fragen technischer Gelehrsamkeit beschäftigen, sondern den Versuch wagen, in den Kern des Themas einzudringen, und dies auf eine Art, die jeden intelligenten Menschen angeht, der philosophischen und religiösen Gedanken aufgeschlossen ist. Bei diesem Werk ist dies vielleicht einfacher als bei vielen anderen dieser Reihe, weil es sich mehr als jene unmittelbar an das Denken wendet und sich als sehr menschlich und logisch erweist. So spricht es selbst solche Leser an, die nicht durch eine ausführliche Kenntnis des Systems und der Terminologie vorbereitet sind, eine gelehrte äußere Form von ihrem inneren Gehalt abzulösen. Wohl ist auch hier jede Seite und fast jede Linie mit Namen und technischen Ausdrücken angefüllt, aber der mit diesen verbundene Gedanke kommt klar heraus. Sie erfüllen eine Aufgabe wie die algebraischen Begriffe bei mathematischen Formeln, und jeder Leser kann sie leicht mit den Werten auffüllen, die seiner eigenen religiösen oder philosophischen Erfahrung entstammen.

Man hat oft wenig freundlich von den Tantras gesprochen. Es heißt, sie glichen einem Dschungel, den jeder Indologe ängstlich vermeidet. Noch härter soll dies ein großer Geschichtsschreiber ausgesprochen haben, der es für das „unglückliche Los einiger zukünftiger Gelehrter hielt, durch die Ekel-erregenden Einzelheiten von Trunkenheit und Ausschweifung hindurchzuwaten, die ein großer Teil der indischen Gemeinschaft noch bis vor kurzem für einen wesentlichen Teil ihrer Religion hielt". – Und Grünwedel sagt in bezug auf die tibetischen Tantras („Mythologie", S. 106), von deren riesiger Literatur bisher noch nichts übersetzt worden ist, daß es ein „sacrificium intellectus" sein wird, diese Dinge herauszuarbeiten, daß sie aber, im ganzen genommen, nicht törichter wären als die Brāhmaṇas, für die so viel Arbeit aufgewendet wurde". Hier nun liegt die erste Übersetzung von einem dieser Tantrik-Texte in einer europäischen Sprache vor. Weit davon entfernt, schamlos oder töricht zu sein, fällt sie uns als ein Werk von einzigartiger Schönheit und Erhabenheit auf, als eine Schöpfung von religiöser Kunst, die in ihrer edlen Größe fast unerreichbar scheint. Es ist ein Werk, das so völlig anders ist wie jedes sonstige religiöse Schriftstück, mit dem wir vertraut sind, so daß man fast nicht begreifen kann, daß dies nur ein kurzes erstes, der allgemeinen Leserschaft zugängliches Beispiel einer so umfangreichen Literatur ist, daß ihr Ausmaß (in Tibet) noch nicht einmal ermessen werden kann. Die Behauptung, dieses Buch sei einzigartig, soll aber nicht einschließen, daß es keine Entsprechungen in der religiösen Welt-Literatur und Praxis hätte. Solche Sonderstellung würde auch mißtrauisch machen. Denn wirkliche religiöse Erfahrung ist naturgemäß weltumfassend und muß überall ähnliche Ausdrücke finden, da sie den gleichen Elementen des menschlichen Herzens entstammt und dem gleichen Ziel zustrebt. Diese tibetische Schöpfung aber hat einen besonderen und einzigartigen Stil, vergleichbar – um ein Beispiel zu gebrauchen – einem besonderen, von allen anderen unterschiedenen assyrischen oder ägyptischen Kunststil.

Wenn wir die vorliegende Schrift prüfen, so fällt uns zu Anfang eine Kritik ein, nach der das Tantra das sorgfältigst ausgearbeitete System einer Autosuggestion sein soll. Diese Kritik war als Verdammung gedacht, wir aber können, trotz Bestätigung dieser Aussage, nicht zur gleichen Schlußfolgerung kommen. Autosuggestion ist das Hervorrufen von geistigen und gemüthaften inneren Zuständen, die Ergebnis äußerer Eindrücke sind. Es muß offensichtlich zwei Arten solcher Autosuggestion geben, eine richtige und eine falsche. Die richtige ist jene, die Bewußtseins-Zustände hervorbringt, die denen entsprechen, die durch Wirklichkeiten der äußeren Welt hervorgerufen werden. Die falsche Art ist jene, die Bewußtseinszustände hervorbringt, die keiner Reaktion auf irgendeine äußere Wirklichkeit entsprechen.

Gewöhnlich ist die Art des menschlichen Bewußtseins eine Antwort auf Eindrücke von außen und beruht somit letztendlich auf Empfindungen. Theoretisch aber ist die Behauptung nicht unmöglich, daß diese „Veränderungen des Denkprinzips“ durch den schöpferischen Willen hervorgebracht werden können und eher auf Einbildung und Intuition als auf Empfindung beruhen. Diese Theorie ist nicht nur philosophisch und wissenschaftlich erörtert, sondern auch praktisch in vielen mystischen und Yoga-Schulen angewendet worden. Wenn ich mich recht erinnere, gibt es das sehr interessante Buch eines deutschen (nicht mystisch eingestellten) Professors – Staudenmeyer –, das sich mit diesem Thema befaßt. Die gleiche Idee scheint auch Steiners Lehre einer imaginativen Hellsicht zugrunde zu liegen. In der christlichen Mystik wurde sie umfassend ausgearbeitet in den geistigen Übungen des Ignatius von Loyola, die sich auf die Passion Christi beziehen. Im sogenannten „Neugeist-Denken“ unserer Zeit findet dieser Grundsatz vielfältige Anwendung. Im vorliegenden Buch wird diese Theorie in Ausdrücken des tantrischen Buddhismus so vollkommen und ausführlich dargelegt, daß alle anderen Beispiele solcher Meditation übertroffen werden. Um diesen Gedanken an sich glaubwürdig erscheinen zu lassen, müssen wir zuerst das Rationale, das jedem solcher Systeme zugrunde liegt, kurz umreißen. Dies ist ohne Schwierigkeit möglich.

Wir können dieses Weltall als ein unermeßliches Meer von Bewußtsein oder Intelligenz betrachten, in dem die einzelnen Organismen, einschließlich der menschlichen Wesen, sich bewegen, leben und ihr Dasein haben. Wenn wir annehmen, daß diese Menge von Bewußtsein Gesetzen unterworfen ist, die denen der Schwerkraft entsprechen, und daß sie zu gleicher Zeit ihrer Natur nach flüssig ist, dann könnte man beim Mechanismus aller intellektuellen Tätigkeit in gewisser Hinsicht von einem Wasserdruck sprechen. Es braucht nur ein Organismus, der Bewußtsein aufzunehmen vermag, sich diesem zu öffnen, und der Druck des umgebenden Bewußtseinmeeres wird es in jene Form hineinpressen, die der Struktur des Organismus entspricht. Welle und Meer, Gefäß und Wasser dienen dem Osten häufig als Symbol, um die Beziehung zwischen dem Allbewußtsein und dem individuellen auszudrücken. Wenn das menschliche Gehirn das Gefäß ist, das im Meer des göttlichen Bewußtseins versinkt, dann wird die Form dieses Gefäßes die Art bestimmen, die das All-Bewußtsein in diesem Gehirn annehmen wird.

Einbildung oder Autosuggestion kann solche Form bestimmen. Auch Ahnen, Intuition, Spekulation, Tradition, Autorität oder irgendein anderer Faktor. Der Mensch kann sich jede beliebige Form erschaffen und durch Erwartung, Stille, Passivität, Liebe, Sehnsucht oder welche Bezeichnung wir wählen mögen, das kosmische Bewußtsein hineinziehen. Er kann die Form für sich bestimmen, die Kraft aber, die nicht aus ihm selbst stammt, sondern von außen kommt, empfängt er auf unpersönliche Weise. Dieser Vorgang gleicht der Gußform, in die geschmolzenes Metall hineinfließt – mit dem einen Unterschied, daß dieses Metall nicht selbsttätig und lebendig ist, nicht immer bereit und von allen Seiten drängend wie das lebendige Bewußtsein, das unser Weltall ausmacht.

Wir können ein Beispiel aus der Werkstatt des Weltalls nehmen. Dieses Weltall ist eine brodelnde Masse von Kräften, die sich gegenseitig bewirken. Die Kräfte sind vorhanden und jederzeit wirksam, aber sie objektivieren sich nur, wenn sie in passende Gefäße eingefangen werden. Wenn die Windkraft nicht von den Armen der Windmühle aufgenommen, wenn die Kraft der Ströme und Wasserfälle nicht in einem geeigneten Mechanismus aufgefangen wird, dann zerstreut sie sich und findet keinen Sammelpunkt. Damit wird jede Übertragung auf eine objektive Leistung unmöglich. Das gleiche gilt für Schwingungen, die durch die Drähte der telegraphischen oder telephonischen Verbindungen entsendet werden oder für drahtlose Schwingungen. In einem Weltall, das von Intelligenzen, höheren Mächten, von Göttern und einer ganzen Hierarchie von Wesenheiten höchster Kraftentfaltung und Vollendung bis zu unserer eigenen begrenzten Gemeinschaft herab bevölkert ist, müssen ununterbrochen Ströme von Intelligenz und Bewußtsein durch den Raum fließen und das Dasein erfüllen. Nehmen wir nun an, daß alles Bewußtsein in seinem Wesen ein und dasselbe ist, dann scheint es tatsächlich theoretisch sehr wahrscheinlich, daß das mechanische Phänomen der sympathischen Schwingungen sowohl für das Bewußtsein wie für die scheinbar rein mechanischen Schwingungen angewendet werden kann. Wenn wir also die angeführten Überlegungen zusammenfassen, so ist es zumindest eine annehmbare Theorie, daß der Mensch durch einen Vorgang der Autosuggestion die Organe seines Bewußtseins so verändern und zugleich sein individuelles Bewußtsein so einstellen kann, daß er fähig wird, in eine sympathische Beziehung zu den Kräften des kosmischen Bewußtseins zu treten, die sich gewöhnlich außerhalb von ihm manifestieren und nicht wahrgenommen werden, weil sie sozusagen durch ihn hindurchgehen, anstatt daß er sie auffängt und anschirrt. Dies ist nicht nur eine Theorie, sondern mehr als das. Es ist eine Feststellung, die sich aus der Erfahrung von Mystikern und Meditierenden aller Zeiten und Orte ergibt.

Nun könnte man fragen, wie diese Methode auf unser Werk angewendet wurde. Eine sorgfältige Analyse seines Inhalts läßt uns einige interessante Merkmale entdecken. Zuerst müssen wir uns daran erinnern, daß unser Text eine Vertrautheit mit den religiösen Begriffen, Namen, Personen und philosophischen Grundregeln des nördlichen Buddhismus voraussetzt, die alle freizügig in dem Werke benutzt werden. Was dem westlichen Leser darin seltsam und fremd erscheint, stammt aus dieser ihm nicht vertrauten Umwelt. Den Grundzug dieser Arbeit aber könnte, wenn auch mit großen Unterschieden, mit entsprechenden westlichen Werken verglichen werden, wie etwa dem Passionsspiel in Oberammergau oder den mittelalterlichen Mysterienspielen. Nur daß bei einigen dieser Spiele das geschichtliche Element vorherrscht, während das mystische Element (ich weiß kein besseres Wort) Grundlage und Inhalt der tibetischen Darstellungen bildet. Mit anderen Worten: In diesem Ritual der Meditation sind Götter, Mächte und Prinzipien die Handelnden und nicht geschichtliche oder symbolische Personen der religiösen Tradition. Zum zweiten wird das Spiel innerlich im Denkorgan dargestellt und nicht auf einer äußeren Bühne. Die Handelnden sind nicht Personen, sondern Begriffe.

Zuerst muß der Meditierende sein Bewußtsein zu einem bestimmten Grad von Intensität, Festigkeit, Ruhe, Entschlossenheit und Erwartung erheben. In solcher Höhe fixiert er es auf ein einfaches Zentrum der Aufmerksamkeit, das als Ausgangspunkt dienen soll oder als Tor, durch das seine Einbildungskraft hindurchströmt, so wie das Quellwasser durch den geöffneten Wasserschlauch dringt. Von diesem Mittelpunkt gehen die geistigen Bilder aus und reihen sich um den Zentralbegriff. Die Phantasie geht in fortschreitender Reihenfolge vom Einfachen zum

Zusammengesetzten über. Nacheinander erscheinen die Hauptgötter, gefolgt von den niederen Gottheiten. Raum, Gegend, Richtung werden sorgfältig bestimmt. Attribute, Farben, Symbole, Töne sind genau vorgeschrieben, geschickt eingearbeitet und sorgfältig erklärt. Eine Miniaturwelt wird entwickelt, erfüllt mit elementaren Kräften, die im Weltall als kosmische Mächte und im Menschen als Kräfte des Körpers und des Geistes arbeiten. Die meisten dieser sorgfältig ausgearbeiteten Bezeichnungen entstammen der einheimischen religiösen Lehre und Mythologie. Einige sind so allgemein und durchsichtig, daß die nichttibetischen Leser sie auch ohne Kenntnis der religiösen Ausdrücke Tibets verstehen können. Jedenfalls offenbart ein aufmerksames Lesen und Wiederlesen selbst dem Außenstehenden etwas von der Kraft dieses symbolischen Aufbaus und läßt ihn intuitiv fühlen, daß wir hier der Entfaltung eines großartigen geistigen Dramas beiwohnen, das die Gedanken zu erhabenen und reinen Höhen emporträgt.

Für die Begriffsbestimmungen erweisen sich die vielfältigen Anmerkungen des Herausgebers als ebenso wertvoll wie nützlich. Zuerst mögen sie die erhabene Einheit des Ganzen stören. Doch wenn man mit ihnen vertraut geworden ist, wird ein volleres und tieferes Verständnis erwachsen. Selbst ein einmaliges Lesen genügt, um den Eindruck zu gewinnen, daß sich ein großartiges und feierliches Drama vor unseren Augen abspielt – ebenso ergreifend wie für den Christen der Vollzug eines Rituals –, in dem hauptsächlich biblische Personen menschlicher und übermenschlicher Art auf eine ihnen entsprechende Art als Schauspieler eingeführt werden. Und wie überaus weise ist dieser Aufbau! Von einem einzigen Grundton ausgehend, entwickelt sich ein Chor, der sich ausfaltet zur Melodie, die harmonisch durchgearbeitet wird. Tatsächlich ist die Meditation ihrem Wesen nach ebenso musikalisch wie rituell. Die Eingangsmotive werden entwickelt, wiederholt, ausgearbeitet, neue werden eingefügt und auf gleiche Weise behandelt.

So entfaltet sich eine Symphonie und wird zu einer machtvollen Fülle gesteigert. Dann wird diese volle Welt der Töne, Formen, der Sinndeutung, Farbe und Macht zurückgenommen, wieder eingefaltet und aufgelöst, so daß sie, nach innen gekehrt, am Ende wieder in die äußerste Stille und Ruhe eingeht, in jene schweigende Leere, aus der sie ursprünglich hervorgerufen wurde, und die ihre ewige Mutter ist. Ich kenne keine Literatur, die ihrer Natur nach eine so vollkommene Symphonie ist, so unmittelbar der Musik verwandt als dieses Beispiel einer tibetischen Meditationsübung. Seltsamerweise erinnert sie uns an eine andere Offenbarung der religiösen Kunst Indiens. Denn diese Schrift sagt in Worten Verwandtes aus wie die Ausschmückung indischer Tempel, vor allem die Gopura in Süd-Indien, die mit ihren endlosen Wiederholungen und feinsten Ausarbeitungen dem gleichen Geist entstammen wie dieser Entwurf der Einbildungskraft, der in den Tantras Ausdruck findet. In Stein und Mörtel aber ist der mythologische Gast unfruchtbar und unbeweglich, während er im Denkorgan, schöpferisch gestaltet, innerlich und äußerlich an dessen Leben teilhat. Die Verkörperung in der bildhaften Sprache eignet sich deshalb mehr für den weniger entwickelten, das Tantra für den religiösen Denker, der über Einbildungskraft verfügt.

Wie wir schon andeuteten, ist der Aufbau unserer Meditation auch dem Ritual verwandt. Das heißt, daß alle Gestalten und Bilder, die bei dieser Meditation im

Geiste hervorgerufen werden, eigentlich nur als die Worte, Gewänder und Gesten eines Rituals gemeint sind. Sie sollen Gefühle eingeben, Bewußtseinszustände hervorrufen und Nägel einschlagen (wenn dieses Bild nicht zu pathetisch klingt), an denen Gedanken aufgehängt werden können.

Wie ein gutes musikalisches oder schauspielerisches Stück nur richtig wiedergegeben werden kann, wenn es immer von neuem wiederholt und so gut eingeübt wurde, daß die äußere Form fast mechanisch abläuft und alle Kraft dem Einfall der Eingebung geöffnet bleibt, so kann diese Meditation nur vollkommen ausgeführt werden, wenn Übung und Hingabe unerwähnt vorausgesetzt sind. Es wäre eine vollkommen falsche Idee, würde man dieses Buch als ein rein literarisches Werk nehmen, das man einmal durchgeht, um seinen Inhalt kennenzulernen und dann aus der Hand legt. Ebenso wie die Meisterstücke der Musik Hunderte von Malen gehört werden können, wie die Rituale der Welt an Kraftwirkung für den einzelnen zunehmen, je vertrauter sie ihm werden, je mehr er sich mit dem kleinsten Teil ihrer Form und Beschaffenheit identifiziert, so wird dieses Ritual der Meditation nur durch Wiederholung beherrscht und vervollkommnet. Es muß zur „zweiten Natur" des einzelnen werden, ebenso wie die großen schöpferischen Leistungen der Kunst und der Natur.

Diese Meditationsübung ist nicht für die Engherzigen bestimmt, nicht für die Geschwätzigen oder für die immer Gehetzten. Sie hat einen esoterischen Zug und gehört zu jenen Lehren, die in das Gebiet der „Ruhe", der „Stille", des „Schweigens" fallen, das der taoistischen Religion zu eigen ist. Für den Unwissenden wird dies nur Geschwätz sein. So ist es tatsächlich esoterisch und verhüllt sich naturgemäß in sich selbst, wenn es auch scheinbar allen zugänglich und offen ist. Bei dieser Meditation denken wir nicht an Schüler, die sie ein- oder zweimal lesen, vielleicht auch zehn- und hundertmal, sondern an ernsthafte Denker, die sie als Lebenswerk betrachten, und mühsame Jahre härtester Arbeit an sie verwenden. Denn, wie kann diese Meditation verwirklicht werden? Jede ihrer Vorstellungen muß beseelt und mit Leben und Kraft erfüllt werden. Jeder in ihr enthaltene Gott muß Leben, jede Kraft, die in ihr angewendet wird, muß Machtfülle erlangen. Den ganzen Aufbau müssen Kräfte durchdringen, die in sympathische Beziehung zu den größeren kosmischen Kräften des Weltalls zu treten vermögen, die der Meditierende auf einer niederen Stufe in sich selbst nachahmend erschafft. Für den religiös Denkenden ist das Weltall mit den Gedanken der Götter erfüllt, mit den Mächten großer Denk- und Bewußtseinskräfte, die unablässig den Raum durchstrahlen und das tatsächliche Bild der Welt gestalten. „Die Welt ist nur ein Gedanke im Geiste Gottes."

Es bedarf Jahre strengster Übung, um allein nur die Kraft aufzubringen, die in diesem Buch ausgeführte Meditation als ein inneres Drama sich vorzustellen und in rechter Weise wiederzugeben. Ihr Leben zu geben und dieses Leben mit Kraft zu erfüllen, ist einem kleinen Geist nicht möglich. Kein Schwacher vermag solches zu leisten. So ist diese Meditation ein feierliches Ritual ähnlich der römisch-katholischen Messe. Nur daß es im Geist des einzelnen vollzogen wird und nicht in der Kirche und das zelebrierte Mysterium ein individuelles, nicht ein allgemeines Sakrament ist.

Im vorhergehenden haben wir versucht, die Hauptmerkmale dieser bemerkenswerten Arbeit zu umreißen, die nunmehr allen zugänglich ist, insbesondere segensreich für jene, die am Studium der vergleichenden Religionen interessiert sind. Wir schulden Arthur Avalon großen Dank. Seine Begeisterung für die indische Religion und Philosophie und seine Einsicht in ihren Geist haben dieses einmalige Kleinod für uns ausgegraben. Besonders dankbar sind wir, daß seine Begeisterung sich keine Grenzen gesetzt hat, so daß er sich nicht nur mit Sanskrit-Kenntnissen begnügte, sondern auch jenseits des Himalayas nach Schätzen suchte. In diesem Zusammenhang möchten wir noch erwähnen, daß es seine Absicht ist, diese alles umfassende Einstellung weiter zu bewahren. Denn er ist eben dabei, auch ein wichtiges japanisches Werk über den Vajrayāna in seine tantrischen Reihen aufzunehmen.

Bei diesem ersten tibetischen Text war seine Wahl ausgesprochen glücklich; ebenso war es das Heranziehen eines fähigen Mitarbeiters, der den philologischen Teil seiner Arbeit, Übersetzung und Herausgabe übernahm. Diese Zusammenarbeit mit einem fähigen einheimischen Gelehrten war ein großer Erfolg, eine Leistung von praktischem Wert, der auf Jahre hinaus im wesentlichen nicht gemindert werden kann. Denn dieses Werk ist nicht nur in und für sich selbst von Interesse und von einer großen eigenen Schönheit. Es hat neben dem Studium der Meditation und seiner religiös-künstlerischen Leistung noch einen ganz anderen Wert.

Es bietet einen wesentlichen Schlüssel zu einer neuen Art des Verständnisses vieler Wandlungen und Leistungen der indischen Philosophie. Die Projektion der mythologischen Ausschmückungen nach innen in das Denkorgan hinein, um als Werkzeug der Meditation zu dienen, das Hineinnehmen dessen, was in den Purāṇas oder Epen äußerlich als Mythologie erscheint, wirft, meiner Meinung nach, ein neues, erhellendes Licht auf die indische Symbolik. Ein Beispiel: Wir finden in diesem Tantra einen sehr sorgfältig ausgearbeiteten Gebrauch von Waffen, Schildern, Rüstungen zum Schutz des Bewußtseins. Solche Hilfsmittel spielen in umfassender und ausführlicher Weise in Werken wie dem Ahirbudhnya Samhitā eine große Rolle, den Dr. Schrader in seiner Einführung in den Pañcharātra in ausgezeichneter Weise zusammenfaßt. Im Pañcharātra aber sind diese Hilfsmittel nur Eigenschaften der Götter, während wir in unserem Text Hinweise darauf finden, wie alle äußeren mythologischen Gegebenheiten auch als innere Auswirkungen des menschlichen Bewußtseins angewendet und verstanden werden können. In diesem Licht gewinnt die indische Mythologie eine neue und reichere Bedeutung. Ich möchte hier nur diesen Punkt andeuten; jeder Schüler indischer Mythologie, der auch an der Denkweise und dem Seelenleben der Hindus interessiert ist, wird sofort sehen, wie fruchtbar dieser Gedanke sein kann.

Eins der Rätsel des indischen Denkens ist die Beweglichkeit und nichtstatische Festlegung seiner Symbolik, die den objektiven Formalismus des westlichen Denkens ausschließt. Darum ist jeder Hindu-Gott immer wieder und wieder ein anderer. Sagte nicht Kipling etwas von „Kālī, die Parvati ist und Sitala und die auch angebetet wird, um gegen Pocken zu schützen?" So ist fast jedes philosophische Prinzip der „Aspekt" eines anderen Prinzipes, und niemals genau umschrieben, klar bestimmt und von unabhängiger Selbständigkeit. Unser Text weist sogar darauf hin, wie alle diese Götter und Prinzipien, die in den Purāṇas und in anderen Schriften als außerordentliche Elemente erscheinen, auch als Aspekte des menschlichen Denkens (selbst des menschlichen Körpers) betrachtet werden können, und somit eine psychologische Mythologie an die Stelle der kosmischen tritt.

Dieser Gedanke ist nicht völlig neu; er wurde schon früher von Mystikern dargelegt. Im „Cherubimischen Wandersmann" heißt es, daß es nichts hülfe, wäre Christus hundertmal in Bethlehem geboren und nicht dem Menschen in ihm. Die Bhagavad-Gītā wird in gewissem Sinn das Drama der Seele genannt. Wenn durch ihre Meditation das Feld des Kurukshetra in das menschliche Bewußtsein hineingenommen wird, so könnte alles in diesem Buch Gelehrte erfahren und die darin geschilderte Herrlichkeit erschaut werden. „Erschaffe ein Weltall in dir, damit du fähig bist, das Echo des Weltalls von außen zu hören, das in seinem Wesen eins ist mit dem Weltall in dir." Wenn es wirklich Seher, Okkultisten, Meditierende gibt, dann können sie Weg und Methode beschreiben, durch die sie Verwirklichung erlangten. So tat es Ignatius von Loyola in seinen „geistigen Übungen", und es gibt keinen Grund, warum dies nicht auch in diesem Buch geschehen kann.

Wir wollen und können nicht entscheiden, wieweit es sich hier um das Ergebnis praktischer Erfahrung oder nur um eine geistreiche Theorie, sozusagen um einen großen „Versuch" handelt. Um dieses festzustellen, bedarf es vorausgehender Prüfungen. Wir aber haben dieses Buch nur von außen gelesen, nicht seinen Inhalt innerlich erlebt. Doch es genügt schon solches äußere Lesen, um die Größe der dargelegten Gedanken zu erkennen und den herrlichen Zusammenklang eines künstlerischen wie religiös-philosophischen Werkes zu spüren. Schon dies genügt, um die Arbeit für ein Meisterwerk und ein Dokument von erstklassigem Rang im Bereich der religiös-mystischen Literatur zu halten. Die Form des Werkes ist sehr unwestlich und in vieler Weise befremdend, selbst verwirrend. Aber die Harmonie der Gedanken, die Größe der zugrundeliegenden Begriffe, die edlen Bestrebungen, die darin enthalten sind, genügen sicher, um Bewunderer und Freunde zu gewinnen, vielleicht hier und dort auch einen Schüler – selbst in unseren Zeiten, die so schlecht vorbereitet sind zur Aufnahme dieses tibetischen Echos aus einer anderen Welt, das auf so viele Arten zu vergessen und zu mißachten wir für eine unserer wichtigsten Aufgaben halten.

XI. Kapitel

SHAKTI IM TAOISMUS

Sehr alt ist der Glaube an Shakti oder die göttliche Kraft, die unterschieden ist von der göttlichen Wesenheit (svarūpa) und, vor allem aus Gründen der Verehrung, weiblich gedacht wird. Die Vorstellung der Shakti im chinesischen Taoismus ist nicht nur ein Beweis ihres Alters (denn diese Vorstellung ist noch viel älter), sondern ein Zeichen für den früh-indischen Charakter dieser Lehre. Einige glauben fälschlicherweise, daß die Vorstellung der Shakti ihren Ursprung in dem „Shiva-Mystizismus" habe, und aus dem sechsten Jahrhundert n. Chr. stamme. Laotse oder der „alte Meister" aber war zwanzig Jahre älter als Konfuzius und soll zwischen 570 und 490 v. Chr. gelebt haben, ein Datum, das im allgemeinen von europäischen Orientalisten für den Tod Buddhas angegeben wird (die Meinungen der Inder und Tibeter hierüber werden für „extravagant" gehalten). So würde sein Leben in das sechste Jahrhundert v. Chr. fallen, das eins der wunderbarsten in der Weltgeschichte ist.

Laotse soll den Taote-king geschrieben haben, den grundlegenden Text des Taoismus. Dieser Titel bedeutet Abhandlung über den Tao und Tei. Tao, den Laotse den „Großen" nennt, ist im Sanskrit gleichbedeutend mit Brahman, und Tei ist Seine Kraft, Seine Aktivität oder Shakti. Wie Pater O. L. Wieger, S. J., dessen Werk („Geschichte der religiösen Glaubensformen und philosophischen Meinungen in China", S. 143ff., 1917) darlegt, hat Laotse den Taoismus ebensowenig erfunden wie Konfuzius (557–419 v. Chr.) den Konfuzianismus. Es ist bezeichnend für diese wie für andere alte Meister des Ostens, daß sie nicht mehr sein wollten als „Vermittler" einer Weisheit, die älter war als sie selbst. Laotse war nicht der erste, der den Taoismus lehrte. Er hatte Vorgänger, wenn diese auch nichts niedergeschrieben haben. Das erste Buch über den Taoismus, das als Grundlage diente für die weitere Entwicklung der Lehre, stammt von Laotse. Deshalb wird er der Vater dieser Lehre genannt. In den offiziellen Archiven soll auf diese Bezug genommen worden sein.

Die Vorgänger des Taoismus waren Chronisten und Astrologen des Tcheou. Zu ihnen gehörte Laotse, der diese Lehre formulierte. In den Archiven wurde alles registriert, was, dem Taoismus gleich, aus fremden Gegenden kam. Denn – nach Aussagen von Pater Wieger – ist der Taoismus in seinen Hauptzügen eine chinesische Anpassung an die zeitgenössische Lehre der Upaniṣhaden. Die tatsächliche Einführung des Taoismus kann nicht bewiesen werden, da es an Unterlagen fehlt, aber nach Ansicht des gelehrten Autors bietet die Tatsache, daß die Lehre nicht chinesisch, in Indien aber weit verbreitet war und plötzlich nach China übergriff, einen fast sicheren Beweis für die Behauptung, daß sie eingeführt wurde. Die Ähnlichkeit der beiden Lehren ist offensichtlich für jeden, der mit den Upanișhaden und der Lehre der Shakti vertraut ist. Der Dualismus der sich offenbarenden Einheit (Tao), der Yin-Yang genannt wird, erscheint zum ersten Mal in einem Text von Konfuzius, einem Zeitgenossen von Laotse, von dem ihn dieser übernommen haben mag. Der gesamte chinesische Monismus stammt von Laotse. Die patriarchalischen Texte wurden von den großen Vätern des Taoismus Lie-theu und Tchon-tzeu entwickelt (vgl. „Les Pères du système Taoiste" vom gleichen Autor). Diese nennt der ehrwürdige Pater die einzigen wirklichen Denker, die China hervorbrachte. Zuerst entwickelte sich der Taoismus im Süden. Später ging er auf den Norden über und hatte dort einen großen Einfluß.

Nach dem Taoismus gab es von Anfang an, in der Gegenwart und für immer eine höchste Wirklichkeit, die verschiedentlich Huan, das Mysterium, genannt wird, aber nicht näher bezeichnet oder bestimmt werden kann. Denn die menschliche Sprache stammt von begrenzten Wesen, die begrenzte Dinge begreifen, Tao aber kann nicht mit Sinnen wahrgenommen werden. Es ist die nicht erschaffene Ursache von allem, jenseits deren es nichts gibt: Ou, das Formlose oder Tao, das Grundprinzip, die unbegrenzte, unerschöpfliche Quelle, der alles entströmt. Es selbst entspringt aus nichts, aber alles aus ihm. So heißt es von Brahman, Es sei in sich selbst jenseits von Gedanke und Wort, formlos und (wie es im Brahmasūtra steht) „Das", aus dem das Weltall geboren, von dem es erhalten wird und in das es sich wieder auflöst.

Aus dem Abgrund seines Seins entläßt Es alle Formen des Daseins und ist niemals leer. Es ist eine unendliche Quelle, die aus sich selbst durch eigene Kraft (tei) alle Formen herausstellt. Diese Formen nehmen nicht ab, noch fügen sie dem Tao etwas hinzu, das immer das gleiche bleibt. Die begrenzten Wesen sind gleichsam Wassertropfen in seinem Ozean. Tao ist die Summe aller individuellen Wesenheiten und doch in seiner Unendlichkeit jenseits von ihnen. Tao ist das Eine, ewig, unendlich, aus sich selbst bestehend, allgegenwärtig, unveränderlich (das Unwandelbare) und vollkommen (pūrṇa). In einem bestimmten Augenblick (um in unserer Sprache zu sprechen, denn es war jenseits aller Zeit) entließ Tao aus sich selbst Tei, seine Kraft (Shakti), die abwechselnd als Yin oder Yang wirkt und sozusagen durch Verdichtung ihrer Feinstofflichkeit (shakti ghanībhūta) Himmel, Erde und die Luft zwischen ihnen, hervorbringt, denen alle Wesen entstammen. Die beiden Arten von Tätigkeit, Yin und Yang, sind im Ur-Das enthalten und manifestieren sich als Weisen seines Tei, seiner Shakti. Yin ist Ruhe und deshalb nach Erschaffung der Welt der Erscheinungen, ein Zurücknehmen, Zurückziehen und Konzentrieren zur ursprünglichen Einheit (nivṛitti) zurück, während Yang Handlung ist und deshalb das Gegenprinzip, das Hinausgehen, die Ausfaltung (pravṛitti).

Diese beiden Weisen erscheinen in der Schöpfung unter den sichtbaren Formen von Erde (yin) und Himmel (yang). Das eine ursprüngliche Prinzip oder Tao wird somit in seiner Offenbarung, gleich Shiva und Shakti, ein zweifaches: Himmel und Erde, aus denen andere Daseinsformen hervorgehen. Der Zustand von Yin ist Ruhe, Konzentration, der nicht wahrnehmbare Zustand der dem Tao eigen war (svarūpa), ehe Zeit und Dinge wurden. Der Zustand von Yang ist Handlung,

Ausfaltung, Offenbarung in den Lebewesen, der Zustand des Tao in der Zeit, der in gewissem Sinn nicht sein wahrer Zustand ist.

Dies alles ist wieder indisch. Der Urzustand von Brahman oder Shiva-Shakti vor ihrer Manifestation ist jener, in dem Es in sich selbst ruht (svarūpa-vishrānti), das heißt der Zustand der Ruhe und der unendlichen Formlosigkeit. Dann offenbart Brahman durch Seine Kraft (Shakti) das Weltall. In dieser Kraft liegen zwei Bewegungen oder Rhythmen – das Hinausgehen oder sich Entfalten (pravṛitti) und das Zurückkehren oder die zentrierende Bewegung (nivṛitti). Dies ist der ewige Rhythmus, der Puls des Weltalls, in dem es ausgeht von dem, und zurückkehrt zu dem, das keine dieser Bewegungen selbst ausführt. Aber ist diese Bewegung wirklich oder nur erdacht? Nach Pater Wieger ist der Taoismus ein realistischer und nicht idealistischer Pantheismus, in dem Tao kein Bewußtseins-Prinzip, sondern eine gesetzmäßige Notwendigkeit bedeutet. Es gab zu Anfang ein einheitliches Sein, nicht geistig, sondern stofflich, wenn auch in seiner Feinstofflichkeit und Unbeweglichkeit nicht wahrnehmbar.

Ich spreche voller Achtung über die Ansicht eines Gelehrten, der besondere Forschungen über dieses Thema betrieben hat, was ich, soweit es den chinesischen Aspekt betrifft, nicht tat. Aber wenn auch zu jener Zeit die ganze idealistische Bedeutung des Vedānta noch nicht erkannt war, so bezweifle ich doch die Genauigkeit einer Ausdeutung, nach der Tao materiell und unbewußt sein soll. Nach Pater Wieger dehnt sich Tao aus, und jedes Lebewesen ist eine Verlängerung von ihm, die ihn nicht vermindert. Tao erscheint ihm als universale Natur, als die Summe (samaṣhṭi) aller individuellen Naturen, die seine Endpunkte sind. Ähnlich lesen wir in den Upaniṣhaden von Brahman, das die Welt aus sich selbst hervorbringt, so wie die Spinne ihr Netz. Tao ist die Mutter von allem, das existiert, die Mutter von Gedanke, Wille, Empfindung und von jeder Form des Bewußtseins. Wie aber können diese von einem nur „materiellen" Prinzip abgeleitet werden? Sollte nicht Laotse, der den Upaniṣhaden verpflichtet war, ebenso wie diese materielle Bilder benutzt haben, um die Schöpfung auszudrücken, dabei aber doch ein geistiges Bewußtseins-Prinzip vorausgesetzt haben (wenn auch nicht in unserem begrenzten Sinn)? Zeigt sich dies nicht auch in der gnostischen Lehre der Taoisten?

Der Autor führt an, daß im Denken des Menschen Ruhe und Tätigkeit den kosmischen Zuständen von Yin und Yang entsprechen. Wenn das menschliche Denkorgan arbeitet, dann füllt es sich mit Formen oder Bildern und wird von Wünschen bewegt. Es nimmt nur die Auswirkungen des Tao wahr: die voneinander unterschiedlichen Lebewesen. Wenn dagegen die Tätigkeit des menschlichen Denkorgans anhält, sich festlegt und von Bildern begrenzter Formen entleert, dann ist das Denkorgan der reine Spiegel, in dem sich das unauslöschliche und unaussprechliche Wesen des Tao selbst widerspiegelt. Von solcher Intuition sprechen die Väter des Taoismus. Dieses allgemein gebräuchliche Bild des Spiegels benutzt auch der Kāmakalāvilāsa (V. 4), der von Shakti als dem reinen Spiegel spricht, in dem sich Shiva selbst spiegelt (pratiphalati vimarsha darpane vishade).

Das bewußte Denken spiegelt nicht ein materielles Prinzip als seinen Wesenskern wieder, sondern seinem Wesen muß das gleiche Bewußtseinsprinzip innewohnen, das dem Denkorgan selbst zu eigen ist. Dem Tei, der Fähigkeit oder Kraft, die Tao aus sich selbst entläßt, sollten wir das scheinbar Unbewußte und Materielle zusprechen. Aber beide sind eins, ebenso wie Shiva, der die Kraft besitzt (shaktimān), und Shakti, die Kraft, eins sind. So gehen die Unterscheidungen verloren. In gleicher Weise finden sich in den Upaniṣhaden Behauptungen, die nicht die genauen Unterscheidungen zwischen Brahman und seiner Prakṛiti erkennen lassen, die wir in den späteren Entwicklungen des Vedānta, vor allem in seiner Shākta-Form, antreffen.

Überdies handelt es sich um das Eine in seiner Eigenschaft sowohl als Ursache wie als Wirkung in der Substanz der Welt. Wir könnten Prakṛiti-Shakti, und wahrscheinlich auch Tei, ein scheinbar materiell unbewußtes Prinzip nennen, das wegen seiner Feinstofflichkeit und Bewegungslosigkeit (die so stark ist, daß es keine objektive Wirkung hervorbringen kann) nicht wahrgenommen werden kann. Weiterhin versichert Pater Wieger, daß alle Gegensätze aus dem gleichen unwandelbaren Tao hervorgehen und nur dem Anschein nach bestehen. Er meint damit, sie seien keine subjektiven Täuschungen des menschlichen Denkens, sondern objektive Erscheinungen, doppelte Aspekte des einheitlichen Seins, die den sich abwechselnden Veränderungen von Yin und Yang entsprechen. Dies trifft auch zu. Denn nach Shāṇkara sind äußere Gegenstände nicht nur Projektionen des individuellen menschlichen Denkorgans, sondern des kosmischen Geistes, der Ishvari-Shakti.

Wir dürfen natürlich den Taoismus des sechsten Jahrhunderts v. Chr. nicht so lesen wie den entwickelten Vedānta des Shāṇkara, der nach europäischer Zeitbestimmung mehr als tausend Jahre später lebte. Aber die Auslegung des Vedānta ist für uns eine Hilfe zur Erkenntnis dessen, was zumindest stillschweigend in früheren Sinndeutungen der ihnen allen gemeinsamen Quelle, den Upaniṣhaden, enthalten ist, deren Lehre bekanntlich Shāṇkara in einer idealistischen Weise entwickelte. Darum sieht er als die beiden Bewegungen der Schöpfung Avidyā, die ursprüngliche Unwissenheit und Vidyā, die Erkenntnis, die solche Unwissenheit vertreibt und zu dem Wesen und der Einheit hinführt, die das Geist-Bewußtsein selbst ist. Die Lehre der Upaniṣhaden mag vom weltlichen und materiellen Gesichtspunkt aus betrachtet werden oder aber von einem nichtweltlichen und geistigen Standpunkt aus. Die Menschen haben auf beiderlei Art gedacht, Shāṇkaras Weise aber ist der Versuch, diese miteinander zu verbinden.

Der Tao-Meister Ki (das oben angeführte Werk, S. 168) lehrte, daß die himmlische Harmonie zum gemeinsamen Sein aller Lebewesen gehöre. Alles ist eins, wie wir im tiefen Schlaf (sushupti) erfahren. Alle Gegensätze sind Klänge aus der gleichen Flöte; Pilze, die derselben Feuchtigkeit entspringen; nicht wirkliche unterschiedliche Wesen, sondern nur verschiedenartige Aspekte des einen universalen „Wesens". „Ich", hat keine Bedeutung, es sei denn im Gegensatz zum „Du" und „Das". Wer aber bewegt diese? Alles geschieht, als ob es einen wirklichen Lenker gäbe. Diese Annahme ist auch möglich, wenn man den Lenkenden nicht zu einem besonderen Wesen macht. Er (ich übersetze Pater Wiegers Worte) ist eine Hinwendung, die nicht greifbare Form hat, ist die dem Weltall innewohnende Ordnung, seine immanente Formel der Entwicklung. Die Weisen wissen, daß einzig wirklich das universale Gesetz ist. Die unüberlegte allgemeine Ansicht aber glaubt an das Dasein unterschiedlicher Wesenheiten. Im Hinblick auf den Vedānta bestehen viele Mißverständnisse, da der Begriff Bewußtsein im Osten und Westen verschieden ist, wie ich in der Abhandlung über Chit-Shakti näher ausführen werde.

Der Raum zwischen Himmel und Erde, in dem die Kraft (Fähigkeit, Shakti, Tei) sich offenbart, wird von den Taoisten mit dem Hohlraum eines Blasebalgs verglichen, dessen zwei hölzerne Seiten Himmel und Erde darstellen. Dieser Blasebalg bläst, ohne sich zu erschöpfen. Die sich ausdehnende Kraft des Tao in der Mitte ist unvergänglich. Es ist die geheimnisvolle Mutter aller Lebewesen. Das Kommen und Gehen dieser geheimnisvollen Mutter, das heißt die sich abwechselnden zwei Weisen des Einen bewirken Himmel und Erde. Unermüdlich vollbringt sie diese Tätigkeit. Aus dem Tao treten Himmel und Erde, geht die schöpferische universale Kraft oder Shakti hervor, die ihrerseits alle Wesen erschafft, ohne sich selbst zu erschöpfen oder zu ermüden. Nachdem einmal ihre Kraft herausgestellt wurde, handelt diese nach den zwei sich abwechselnden Weisen des Entfaltens und Zurücknehmens. Diese Tätigkeit bringt die Luft in der Mitte hervor, Ki, die feinstoffliche Materie. Durch Yin und Yang entstehen alle grobstofflichen Wesen. Ihr Werden wird einem Ausrollen aus dem „Das" oder dem Tao verglichen, ähnlich dem Faden, der von einer Rolle oder Spule abgewickelt wird.

In gleicher Weise spricht das Shākta-Tantra von dem „Aufrollen". Shakti ist um den Shiva-Punkt (Bindu) gerollt (Kuṇḍalinī) und im gelösten Zustand eins mit ihm. Bei der Schöpfung beginnt sie sich in einer spiralförmigen Bewegung aufzurollen – das ist die Bewegung der Schöpfung. Der taoistische Weise Lieu-tze legt diese schöpferische Bewegung in folgende Stufen auseinander: „Die große Verwandlung", die dem Erscheinen der feinstofflichen Materie (der Bewegung der zwei Weisen im noch unbestimmten Sein) vorangeht; „der große Ursprung" oder der Zustand der feinstofflichen Materie; „der große Beginn" oder der Zustand der wahrnehmbaren Materie; „der große Strom" oder der Zustand der plastischen Materie und die tatsächlich gegenwärtigen, aus Stoff zusammengesetzten Daseinsformen. Im primitiven Zustand der noch unsichtbaren Materie waren alle kommenden Lebewesen latent in einem gleichartigen Zustand enthalten.

Ich möchte noch zu dem Thema Bewußtsein hinzufügen, daß der angeführte Autor feststellt, die Taoisten würden großen Wert auf Intuition und Ekstase legen, die dem unbewußten Zustand der Kindheit, des Rausches, der Narkose zu vergleichen sind. Diese Vergleiche mögen vielleicht mißverständlich sein, ebenso wie ein Vergleich zwischen dem Zustand des Yogi und dem eines Holzblockes (kāṣhṭhavat). Denn dieser bedeutet nicht, daß das Bewußtsein des Yogi das eines Klotzes ist, sondern daß der Yogi die äußere Welt ebensowenig wahrnimmt wie jener. Dies geschieht, weil er das Samadhi-Bewußtsein erlangt hat, das heißt die Erleuchtung, das wahre Sein selbst. Nun ist er eins geworden mit Tao und Tei oder Shakti in ihrem wahren Zustand.

XII. Kapitel

STREITIGKEITEN ÜBER DIE SHĀSTRAS

Eine nicht selten geübte Kritik an den indischen Shāstras richtet sich gegen vorhandene Unstimmigkeiten. Sie stammt aus der Unkenntnis der Lehre von Adhikāra und Bhūmikā, die vor allem bei den westlichen Kritikern besteht, deren allgemeine Gesichtspunkte und Denkweise gewöhnlich stark von der indischen abweichen. Der Gedanke, daß die ganze Welt einem Pfad folgen solle, ist für den Hindu unsinnig und steht im Widerspruch zu seiner Natur und ihren Gesetzen. Jeder muß dem Weg folgen, für den er geeignet, das heißt, Adhikārī ist. Adhikāra oder Zulänglichkeit bedeutet wörtlich „sich über etwas ausbreiten", das heißt „Besitz nehmen von etwas". Was zu wissen (jñātavya), zu tun (kartavya), zu erwerben (prāptavya) ist, wird nicht einmal und gemeinsam für alle festgelegt, sondern richtet sich in jedem Fall nach Eignung und Befähigung des einzelnen. Jeder kann nicht alles wissen, tun und erlangen, auch nicht etwas allen gemeinsames, sondern nur das, wozu er fähig ist (adhikārī). Was der Jīva denken, tun oder erlangen kann, ist das, wozu er fähig ist (adhikāra). Dies ist eine tiefe und praktische Lehre, auf der alle indischen Vorschriften und Sādhanā aufbauen. So verschieden die Menschen sind, so verschieden sind auch für jeden Adhikāra die Arten der Lehre und Übung. Solche Lehre kann Shrauta oder Ashrauta sein. Da wir uns hier mit dem ersteren beschäftigen, müssen wir voraussetzen, daß der Herr aller Vidyās Ishāna ist, und daß die verschiedenen Formen für verschiedene Fähigkeiten gemeint sind, wenn sie auch alle den gleichen Gegenstand und dasselbe Ziel haben. Dies wurde gut und eingehend von Bhāskararāya, dem Kommentator der tantrischen und der Upanishaden Texte, in seinem Bhāṣhya über den Nityāshodashikārṇava ausgearbeitet. Dieser ist, nach seinen Ausführungen, ein Teil des großen Vāmakeshvara Tantra. Der zweite Teil des Nityāshodashikārṇava ist auch als Yoginīhṛidaya bekannt. Diese wertvollen tantrischen Texte wurden als 56. Band der Poona Ānandāshrama-Reihe veröffentlicht, die auch (Band 69) das Jñānārṇava Tantra enthält. Die Bedeutung des Vāmakeshvara erhellt sich aus der Tatsache, daß Bhāskararāya dafür die Stellung des unabhängigen 65. Tantra beansprucht, das im 31. Vers der Ānandalaharī erwähnt wird. Nach anderen ist das Svatantra, von dem dort gesprochen wird, das Jñānārṇava Tantra, und wieder andere sind der Meinung, daß der Tantrarāja das große unabhängige Tantra sei, von dem Ānandalaharī (dem Shrīmadāchāryyabhagavatpāda, d. h. Shaṅkarāchāryya zugeschrieben) spricht. Bhāskararāya, der in der ersten Hälfte des 18. Jahrhunderts lebte, führt folgendes in seinem Kommentar aus:

„In dieser Welt sehnen sich zweifellos alle nach Glück, dem einzigen Ziel des

Menschen. Dieses Glück ist von zweierlei Art – einmal, geschaffen und vergänglich (kṛitrima), das andere Mal nicht geschaffen und immerwährend (akṛitrima); mit anderen Worten: Begierde (kāma) und Befreiung (mokṣha). Dharma bringt Glück von beiderlei Art und Artha verhilft zur Erlangung des Dharma. Deshalb werden sie von allen begehrt." Es gibt also vier Ziele des Menschen (puruṣhārtha), die, wenn auch in sich selbst verschieden, eng miteinander verbunden sind. Nach dem Kalpasūtra ist Selbsterkenntnis Ziel und Ende des Menschen (svavimarshah puruṣhārthah). Es heißt auch, daß die Befreiung das höchste Ziel sei, da sie allein wirkliche und andauernde Glückseligkeit bringt. Dies bedeutet keinen Widerspruch. Denn jedes der vier Ziele kann ein dafür geeignetes Jñāna oder Vijñāna erlangen, und zwar nach dem Maße oder der Befähigung des individuellen Chitta des Suchenden (tādṛisha-tādṛisha-chittaikasādhyāni). Dieses hängt wieder von dem Grad seiner Reinheit ab.

Der sehr barmherzige Bhagavān Parameshvara, der danach verlangte, den Menschen zu helfen, deren Denken und Veranlagung (chitta) je nach den Früchten ihrer Handlungen verschieden sind, verkündete scheinbar sich unterscheidende Arten von Vidyā, die dennoch ein gemeinsames Ziel haben – das höchste Ziel alles menschlichen Lebens: die Befreiung.

Auch die Shruti lehrt (Nṛisiṅghapūrvatāpani Up. 1–6; Mahānārāyaṇa Up. XVII–5): „Der Herr aller Vidyās ist Ishāna" (īshānah sarvavidyānām) und (Sveta. Up. VI–18) „Ich, der ich Befreiung erstrebe, suche Zuflucht in dem Deva, der Brahma erschafft, der die Vedas und alle anderen Lehren offenbart" (yo brahmāṇam vidadhātī pūrvan yo vai vedāngshcha prahinoti). Die Silbe „cha" schließt die Gesamtheit aller anderen Vidyās ein. Wir finden solche Bestätigung auch an weiteren Stellen: „Ihm, dem Erstgeborenen gab Er die Vedas und Purāṇas." Auch die Smṛiti bestätigt, daß der allwissende Dichter (Kavi), der den Dreispitz trägt (shiva shūlapāṇi), der erste Verkünder jener 18 Vidyās ist, die verschiedene Pfade einschlagen (bhinnavartma). Hieraus folgt, daß alle Vidyās, insofern Paramashiva, der Wohltäter der Welten, sie verkündet hat, Vollmacht besitzen, wenn auch jede für eine andere Art von Befähigung anzuwenden ist (adhikāribhedena). Dies wurde klar dargelegt in der Sūtasamhitā und in ähnlichen Werken.

Die Befähigung (adhikāra) eines Menschen ändert sich nach der Reinheit seines Chitta. So sehen wir, daß die Lehren über den Dharma nach Āshrama und Kaste verschieden sind (varṇa-bheda). Texte, die einen bestimmten Vidyā loben, wenden sich an Schüler, die darin Adhikārī sind, damit sie ihm folgen. Texte, die irgendeine Vidyā verächtlich machen, wenden sich an Menschen, die darin nicht Adhikarī sind, um sie davon abzuhalten. Solche Worte des Tadels (oder Lobes) sollen nicht in einem absoluten Sinn genommen werden, nicht ohne Bezug auf den Menschen, an den sie gerichtet sind.

Yāni tattad vidyāprashangsakāni vachanāni tāni tattadadhikāriṇam pratyeva pravartakakāni. Yani cha tannindakāni tāni tattadanadhikārinam prati nivarakāni. Na punarnahi nindānyāyena vidheyastāvakāni (Bhāskararārāya's einleitender Kommentar zum Nityāshodashikārṇava Tantra, S. 2).

In der Kindheit ermutigen Eltern und Aufseher ein Kind bei seinem Spiel. Ist die Schulzeit gekommen, schelten es – wie wir alle wissen – die gleichen Eltern und Erzieher, wenn es zu ungelegener Zeit spielt. Ein Junge der drei höheren Kasten sollte, wenn er aus dem Alter des Spielens herausgewachsen ist, die Buchstaben lernen und dann die Silbenmasse (chhandas), um die Sprache zu beherrschen. Das Agnī Purāṇa hat hierfür viele Aussprüche, wie: „Fehlerlosigkeit ist ein guter Kāvya", um zum Studium des Kāvya zu ermuntern. Wir lernen auch Verbote kennen, z. B.: „Wer den Gegenstand beherrscht, soll alle Erörterungen über den Kāvya vermeiden." Wenn das Ziel erreicht ist, das das Studium des Kāvya vermittelt und die Befähigung für die nächsthöhere Stufe (ūttarabhūmikā) gewonnen ist, dann wäre es eine schädliche Zoitverschwendung, sich mit einer niederen Stufe zu beschäftigen (pūrvabhūmikā) und jene höhere Stufe der Sādhanā, zu der man fähig geworden ist, zu vernachlässigen. Dies ist die Bedeutung des Verbotes. Es wird auch betont, daß man das Nyāyashāstra studieren solle, um Kenntnis des Ātma in seinem wahren Zustand zu gewinnen, der anders ist als er im Körper erscheint und so fort. Es gibt viele Texte, wie: „Suche durch Überlegungen (shungga) Ātma." Shungga = Hetu = Avayavasamudayātmakanyāya, das heißt Logik mit ihren fünf Unterteilungen. Wenn der Mensch erkannt hat, daß Ātma an sich etwas anderes ist als der Körper, daß er von ihm getrennt ist und so fort, und wenn er die Mittel, die zu solcher Erkenntnis führen, beherrscht, dann wird ihm die Beschäftigung mit den Zielen früherer Stufen durch Aussprüche verboten (pūrvabhūmikā), wie: „Anvīkṣhikī und Logik (tarkavidyā) sind nutzlos" (anvīkshikīm tarkavidyāmanurakto nirarthikām). Einschärfungen wie: „Der Weise soll allein Dharma üben" (dharmam evācharet prājñah) führen den Menschen auf die nächste Stufe (uttarabhūmikā). Zu diesem Zweck ist das Studium der Pūrvamīmāṇsā und des Karmakāṇḍa in den Veden nützlich. Wenn hierdurch Dharma, Artha und Kāma erlangt worden sind, dann erwacht das Verlangen nach dem vierten Puruṣhārtha (der Befreiung oder Mokṣha). Um den Menschen von den früheren Stufen fernzuhalten (pūrvabhūmikā) gibt es Texte, die das Karma abzuwenden suchen, wie: „Durch das, was geschaffen wurde, kann das nicht erreicht werden, was nicht geschaffen ist" (nāstyakṛitah kṛitena). Vashiṣṭha lehrt, daß es sieben (frühere) Stufen gibt, die alle Stufen der Unwissenheit sind (ajñānabhūmikā). Jenseits dieser liegen die Stufen von Jñāna. Um diese zu erlangen, richten sich die Belehrungen an Brahmajñāna, der zur nächsthöheren Stufe führt (Mund. Up. I. 2, 12): „Er sollte allein zum Guru gehen" (sa gurum evābhigachchhet). „Höre (Br. Ar. II. 4, 5, IV. 5, 6), o Maitreyi, der Ātma sollte verwirklicht werden" (ātma vā are drashthavyah). Manche sagen, daß es viele Jñāna-bhūmikās gibt und diese sich auf folgenden Text stützen: „Nach den Weisen gibt es viele Stufen des Yoga." Der heilige Vasḥiṣṭha sagt, es gäbe sieben: Vividishā (die Begierde nach Erkenntnis), Vichāranā (Nachdenken), Tanumānasa (Konzentration), Sattvāpatti (Beginn der inneren Erfahrung), Asamsakti (Loslösung), Padārthābhāvinī (alleinige Erfahrung Brahmans) und Turyagā (vollkommene Erleuchtung auf der vierten Stufe). Die Bedeutung dieser Worte wird im Jñānashāstra des Vashiṣṭha gegeben und sollte dort erlernt werden.

Diese Bezeichnungen werden auch in Brahmānandas Kommentar zur Haṭhayoga Pradīpikā (1–3) erklärt. Sein Bericht unterscheidet sich von dem des Bhāskaravrāya dadurch, daß er die erste Stufe Bhūmikā Jñānabhūmi oder Subhechchhā nennt. Die sechste heißt bei ihm Parārthābhāvinī und nicht Padārthābhāvinī. Die Bedeutung aber ist beide Male die gleiche. Nach Brahmānanda ist Jñānabhūmi die Anfangsstufe des Yoga, den Viveka, Vairāgya und die sechs Sādhanās, die mit Shama beginnen und zu Mumukshā führen, charakterisieren. Vichāranā ist Shravaṇa und Manana (shravanamananātmikā) Tanumānasā = Nididhyāsana, der Zustand, in dem das Denkorgan, dessen natürliches Merkmal das Herumwandern ist, allein auf sein Yogaziel gerichtet ist. Diese drei vorbereitenden Stufen sind als Sādhanābhūmikā bekannt. Die vierte Stufe Sattvāpatti ist Samprajñātayoga-bhūmikā.

Nachdem das Denkorgan durch Übung in den drei vorangegangenen Bhūmikās gereinigt wurde, findet die Erfahrung des Yogi Verwirklichung, und er wird Brahmavit genannt. Die letzten drei Stufen gehören zum Asaṁprajñātayoga. Nachdem Sattvāpatti Bhūmikā erlangt ist, erreicht der Yogi die fünfte Stufe, die Asaṁsakti heißt. Auf dieser ist er völlig losgelöst und im Zustand des Erwachens (vyuttiṣhṭhate). Er wird Brahmavid-vara genannt. Auf der sechsten Stufe, der Parārthābhāvinī Bhūmikā, meditiert er über nichts anderes als Parabrahman (parabrahmātiriktam na bhavayati). Er ist vollkommen erweckt (paraprabodhita) und erwacht (vijutthita). Nun heißt er Brahmavid-varīyān. Auf der letzten, der siebenten Stufe (tūryyqga) ist er Brahmavidvariṣhṭa und erlangt nun wahrhaft die Erleuchtung in sich selbst (svatahparato vā vyutthānam prāpnoti). Die Upaniṣhaden und Uttaramīmānsā sind Hilfen zu diesem Ziel und sollten deshalb studiert werden.

Brahmajñāna ist von zweifacher Art. Es besteht aus Shābda und Aparokṣhānubhavarūpa. Verständnis der Bedeutung der Shāstras (shāstradṛiṣhṭi), das Wort des Guru (gurorvākyam) und die Gewißheit (niṣhchaya) der Einheit des individuellen Selbst (sva) mit Ātma vermögen die innere Dunkelheit zu vertreiben; reine Wortkenntnis (shābdabodha) vermag dies nicht (vgl. Yogavāshishṭha Utpatti Kh. IX. 7–16). Darum sollte man, wenn Shābdabhūmikā erreicht ist, seine Zeit nicht mehr auf dieser Stufe vergeuden. Es gibt Texte, die solches verbieten. So (Br. Ar. III, 5–1) folgender: „Nachdem er dem Lernen gegenüber gleichgültig geworden ist, möge er so einfach bleiben wie in seiner Kindheit" (pāṇḍityānnirvidya bālyena tishṭhāset).

Zwischen der zweiten und dritten dieser sieben Stufen (bhūmikā) liegt die große Stufe der Bhakti. Bhaktimīmamsā (Narada Sutra, Sanatsujātīya) ist hier eine Hilfe und sollte studiert werden. Bhakti besteht bis zum Ende der fünften Bhūmikā. Wenn diese erreicht ist, erlangt der Sādhaka die fünfte Stufe, Aparokṣhānubhavarūpa. Dies ist Jīvanmukti, der sich Videhakaivalya eng anschließt. Nach den Worten: „Aus Jñāna allein kommt Kaivalya" (jnānād eva tu kaivalyam) bedeutet Jñāna etwas anderes und Höheres als Anubhava (anubhavaparatva). Im Nyāya und in anderen Shāstras wird bestätigt, daß man Mokṣha durch Beherrschung solcher besonderen Shāstras erlangt, wenn auch die Erkenntnis der höheren Stufe dadurch nicht erschlossen wird. Ein solcher Ausspruch ist nicht zu tadeln. Denn er ist bestrebt, die Abneigung vor dem Studium solcher Shāstras aufzuheben, um eine dadurch hervorgerufene Verzögerung im Erlangen des Purushārtha zu vermeiden. (Denn diese würde eintreten, wenn der Sādhaka erführe, daß es ein höheres Shāstra als das jetzt zu erforschende gibt.) Es gibt Texte, wie: „Durch Karma allein (eva) wird Vollendung erlangt" (karmanaiva tū samsiddhih); „Den, den er erwählt, wird er erlangen" (yamevaisha vrinnute tena labhyah). Das Wort „eva" bezieht sich auf die Bhūmikā, von der gesprochen wird, und verbietet Sādhanā, wenn durch sie Ergebnisse erlangt werden sollen, die nur durch Beherrschung der nächsthöheren Bhūmikā (uttarabhūmikā) und die Befähigung in ihr (adhikāra) erreichbar sind. Diese Worte leugnen nicht, daß es eine höhere Stufe gibt (bhūmikā). Allein das Wort eva in „Jnānād eva tu" („allein durch Jñāna") zeigt, daß es eine Stufe der Sādhanā gibt, die der hier beschriebenen folgt. So besteht kein Gegensatz zwischen den Rishis, die Lehrer der verschiedenen Vidyās sind. Jeder dieser Bhūmikās hat viele Unterstufen (avāntarabhūmikā), die nicht ganz voneinander getrennt werden können, und die man nur durch Erfahrung unterscheiden kann (anubhava). So heißt es: „Oh, Rāghava, ich habe zu dir von den sieben Stufen (avasthā) der Unwissenheit (ajñāna) gesprochen. Jede ist hundertfach (das heißt, es gibt viele) und bringt viele Früchte (nānāvibhavarūpinī). Jede dieser zahlreichen Bhūmikās wird in vielen Geburten durch Sādhanā erreicht. Wenn ein Mensch durch große, in zahllosen Leben verlängerte Bemühung und nach der Ordnung der Dinge (kramena) völliges Verständnis der Bhūmikā gewonnen hat und gewisse Kenntnis von dem Shābdatattva des Parabrahman besitzt, dann empfindet er keine große Bindung oder Abneigung mehr zum Saṁsāra. Dies ist eine Form von außergewöhnlicher Chittashuddhi. Ein solcher Mensch ist fähig für den Pfad der Hingabe (bhakti)." Denn es heißt: „Wer weder gleichgültig (nirvinna) noch gebunden ist, dem gewährt Bhaktiyoga Vollendung (siddhida)."

Auch Bhakti ist von zweierlei Art: Gaunī (die abgeleitete) und Para (die höchste). Die erste Art umfaßt Dhyāna, Archana, Japa, Nāmakīrtana und ähnliches des Saguna Brahman. Parabhakti ist der besondere Zustand (anurāgavisheṣharūpa), der sich aus den vorangehenden ergibt. Der erste Teil von Bhakti schließt mehrere andere ein (avāntara-bhūmikā). Zuerst die Bhāvanāsiddhi. Dies sprechen Texte aus wie: „Laß ihn über die Frau als Feuer meditieren" (yoshāmagnim dhyāyīta). Die zweite Unterteilung gilt der Verehrung (ūpāsti). Dies besagen Worte wie (Chha. Up. III. 18–1): „mano brahmetyupāsīta". Der dritte Teil ist Īshvaropāsti (die Verehrung des Herrn). Nachdem die Aspekte Gottes sich verändern, je nachdem ob er als Sūryya, Gāṇesha, Viṣhṇu, Rudra, Parashiva oder Shakti erschaut wird, gehören die Formen der Verehrung zu verschiedenen Bhūmikās. Auch die Gestalten der Shakti sind ohne Ende, wie: Chhāyā, Ballabhā, Lakshmī und ähnliche. Auf diese Weise werden zahllose Zeitalter hindurch alle diese Bhūmikās beherrscht, nachdem Gaunabhakti für die Tripurasundarī erwacht ist. Als Höchstes wird ihr Parabhakti zuteil. Damit ist das Ende erreicht. Denn es heißt (Kulārṇava Tantra III, 82): „Kaulajñāna wird dem enthüllt, dessen Chitta vollkommen gereinigt wurde. Auch Arka, Gānapatya, Vaiṣhṇava, Shaiva, Daurgā (shākta) und andere Mantras enthüllen sich ihm in ihrer Reihenfolge.“ Bhāskararāya zitiert aus dem Kulārṇava Tantra (II. 7, 8): „Höher als Vedāchāra ist Vaiṣhṇavāchāra, höher als Vaiṣhṇavāchāra ist Shaivāchāra, höher als Shaivāchāra ist Dakṣhināchāra, höher als Dakṣhināchāra ist Vāmāchāra, höher als Vāmāchāra ist Siddhāntāchāra, höher als Siddhāntāchāra ist Kaulāchāra, jenseits davon es nichts Höheres, noch Besseres gibt.“

Viele Originaltexte könnten angeführt werden, die über die Reihenfolge der Stufen (bhūmikākrama) aussagen. Aus Angst vor Weitschweifigkeit aber wollen wir davon absehen. Einige davon stehen im Saubhāgya-bhāskara (das ist der Kommentar von Bhāskararāya über das Lalitāsahasranāma). Die Sundarī Tāpanīpanchakā, Bhāvanopaniṣhad, Kaulopaniṣhad, Guhyopaniṣhad, Mahopaniṣhad und andere Upaniṣhads (vedashirobhāga) beschreiben ausführlich die Gaunī Bhakti der Shrīmahātripurasundarī und diesbezügliche Dinge. Die Kalpasūtras des Ashva lāyana und andere, die Smṛitis des Manu und weitere kommen nach dem Pūrvakāṇḍa (karmakāṇḍa) des Veda. Auf gleiche Weise gehören die Kalpasūtras des Parashurāma und andere, wie die Yāmalas und weitere Tantras, zum späteren Teil des Veda oder des Upaniṣhadkāṇḍa. Die Purāṇas beziehen sich auf beide Kāṇḍas und folgen diesen. Weil die Smṛitis, Tantras und Purāṇas auf dem Veda beruhen (smṛiti-tantra purānām vedamūlakatvenaiva prāmānyam) haben sie Vollmacht. Die der Shruti scheinbar (pratyakṣha) widersprechenden Tantras (shrutiviruddha) bilden eine Gruppe für sich und haben keine Autorität. Man sollte sie nicht ohne Prüfung des Veda (mūlashruti) befolgen und nur wenn sie mit ihm übereinstimmen). Es gibt aber einige Tantras, die auf alle Fälle in Konflikt mit dem Veda stehen (yānitu sarvāmshena vedaviruddhānyeva). Ebenso gibt es Pāshupata Shāstras und Pañcharātras, die nicht geeignet sind für jene, die auf dieser Bhūmikā stehen (d. h. Veda Panthā). Wer zu den in den Shruti und Smṛiti angeführten Riten befähigt ist (shrautasmārta-karmādhikāra), ist nur für diese Adhikārī (Bāshupata und pañcharātra), wenn er durch irgendeine Sünde (pāpa) vom früheren Pfad abgefallen ist. Darum heißt es: „Der Herr des Kamala (Viṣhṇu) lehrte die Kamala-Lotus Pañcharātras, das Bhāgavata und das sogenannte Vaikhānasa (die Vaikhānasābhidhama Form des Viṣhṇuvismus) für diejenigen, die von den Veden abgefallen sind (vedabhraṣhṭa).“ Die folgenden Texte beziehen sich auf einige Shāstras der erwähnten Gruppen. So dieser: „Wer von der Shruti abgefallen ist, wer Angst hat vor den Sühneriten (prāyashchitta), die darin beschrieben werden, soll Zuflucht zu den Tantras nehmen, so daß er stufenweise für die Shruti geeignet wird (shruti-siddyartham).“ Wenn auch der allgemeine Begriff Tantra benutzt wird, so sind doch besondere Tantras gemeint (die der Shruti entgegengesetzt oder Ashrauta sind). Das Adhikaraṇa (sūtra) Patyurasāmanjasyāt (II, 2, 37) wendet sich an solche. Das Āgastya und solche Tantras, die unter anderem die Verehrung von Rāma, Kṛiṣhṇa, Nṛisingha, Rudra, Parashiva, Sundarī (shakti) beschreiben, stammen offensichtlich vom Rāmatāpani und anderen Upaniṣhaden. Es gibt deshalb keinen Grund, an ihrer Autorität zu zweifeln.

Die Verehrung (upāsti) der Sundarī Shakti ist von zweierlei Art: Bahiryāga oder äußere und Antaryāga oder innere Verehrung. Antaryāga wiederum ist von dreierlei Art: Sakala, Sakala-Nishkala, und Nishkala, so daß vier Bhūmikās entstehen. Wie schon festgestellt, steigt der Weg von einem niederen zu einem höheren und darüber hinaus zu einem noch höheren Bhūmikā auf. Es wird von fünf Formen des Bahiryāga gesprochen: von Kevala, Yāmala, Mishra, Chakrayuk und Virasaṅkāra, die wieder eine jede fünf Unterabteilungen haben unter der Führung von Abhigamana und Daurbodhya, je nach den verschiedenen Tantras. Bahiryāga gehört mit diesen Unterscheidungen ein und derselben Bhūmikā an. Die Unterschiede in den Vorschriften (vyavasthā) hängen ausschließlich von den Unterschieden bezüglich Ort, Zeit und Fähigkeit ab, nicht aber von dem Grad der Chittashuddhi (na punashchittashuddhi-bhedena). Andererseits werden die Vorschriften, die nach den verschiedenen Bhūmikās gegeben werden, deren Unterscheidung abhängig ist vom Grad der Reinheit des Chitta, als Autoritäten angesehen.

Um die Antwort auf die Frage dieses Kapitels zusammenzufassen: Es gibt viele und unterschiedliche Shāstras. Aber Ishvara ist Herr aller Vidyās, die somit Vollmacht besitzen und ein gemeinsames Ziel haben. Der Adhikāra der Menschen ist verschieden. Es gibt viele Stufen (bhūmikā) auf dem Pfad des geistigen Fortschrittes. Der Mensch steigt von dem niederen zum höheren Bhūmikā auf. Behauptungen irgendeines Shāstra, die scheinbar in Konflikt mit anderen Shāstras stehen, müssen in Hinblick auf den Adhikāra jener betrachtet werden, an die sie sich wenden. Lobworte für einen Vidyā wollen für ihn befähigte Schüler zur Nachfolge anregen. Herabsetzende Worte richten sich an Menschen, die für solche Vidyā nicht Adhikārī sind, weil sie die hierfür anzuwendenden Bhūmikā entweder noch nicht erreicht oder schon überschritten haben, um sie von diesem zurückzuhalten. Keine Feststellung darf im absoluten Sinn genommen werden. Denn was für den einen nicht geeignet ist, mag für den anderen gelten. Der geistige wie der körperliche Vorgang stehen in einer Entwicklung, und die Wahrheit wird in jedem Fall in der Form gegeben, die für den erreichten Zustand geeignet ist. Der Sādhaka steigt Stufe für Stufe empor, bis er durch alle Lehren der vedischen Wahrheit, die für ihn notwendig sind, das Vedasvarūpa erlangt hat, das Erkenntnis des Selbst ist.

Diese alten Lehren stimmen in vieler Hinsicht mit dem sogenannten „modernen" Gesichtspunkt überein. So sei beachtet, daß es (nach Bhāskararāyas Worten) Adhikāra für die Ashrauta-Shāstra, z. B. die Arhata gibt und eine heilige Schrift für die Vedabhrashta. Wenn diese Schriften auch nicht vedisch sind, so werden sie doch von jenen anerkannt, die für sie befähigt sind. Dies bedeutet mehr als das Zugeständnis, daß sie tatsächlich die Schriften dieser Menschen sind. Die Bedeutung einer solchen Anerkennung erhellt sich durch ein Ereignis, das einige Jahre zurückliegt. Ein anglikanischer Priester nahm an, daß der Islam die geeignete Lehre für die Neger sei, die nicht mehr am Fetischismus hingen, aber noch nicht reif für die christliche Lehre waren. Wenn er auch diese für die höchste und vollkommenste Wahrheit hielt, so brachte ihn doch die Anerkennung (die in ihrer Art ganz indisch war) einer niederen und weniger fortgeschrittenen Stufe in Schwierigkeit. Denn seine Kritiker wollten keinen anderen als ihren eigenen Glauben für rechtmäßig halten.

Der Hinduismus dagegen bestreitet nicht, daß andere Glaubensformen gute Früchte tragen. Aus diesem Grunde ist er in einem so starken Maße tolerant, daß man ihm vorwarf, „er sei der Wahrheit gegenüber gleichgültig". Jedem das Seine. Nach den Grundsätzen des Hinduismus wird eine fortschreitende Offenbarung angenommen, die das Selbst dir selbst enthüllt. Dies entspricht den verschiedenen Fähigkeiten (adhikāra) und Stufen (bhūmikās) des geistigen Fortschrittes. Wenn auch jede Lehre und Übung zu verschiedenen Ebenen gehört und deshalb die Wanderung entsprechend kürzer oder länger sein kann, so führen doch alle Wege letztendlich zu Vedasvarūpa oder der Erkenntnis des Selbst. Ein anderes Ziel gibt es nicht. Unmittelbar voraus geht dieser vollkommenen geistigen Erfahrung die Lehre des Vedānta und die Sādhanā; alles andere ist nur Einführung. Es gibt keinen wirklichen Konflikt, wenn man die Stufe in Betracht zieht, auf der die besonderen Anweisungen gegeben werden. Das Denken bewegt sich in immanenter Logik von einer geringeren zu einer vollkommeneren Erkenntnis der wahren Natur des Denkenden hin. Wenn dieser wirklich erkannt hat, was er ist, dann weiß er, was alles ist. Vedayite iti vedah. „Durch Veda wird das, was ist und was wahr ist, bekannt."

Wenn auch die Smṛitis der Weisen verschieden sind und deshalb nur diejenigen angenommen werden sollten, die mit dem Standpunkt der wahren Erfahrung, dem Veda, übereinstimmen, darf doch die Tatsache, daß ein Weiser wie Kapila Adividvan (auf dessen Smṛiti oder Erfahrung das Sāmkhya gegründet sein soll) den Dvaitavāda lehrte, (nach Hindu-Ansicht) noch nicht zu dem Schluß führen, daß dieser selbst nicht eine höhere Stufe erreicht hat wie etwa Advaitavāda. Ein Weiser mag freiwillig auf die Ebene gewöhnlicherer Menschen hinabsteigen und sie einen Dvaitavāda lehren, der ihren Fähigkeiten entspricht (adhikāra). Würden alle die höchste Erfahrung lehren, dann würde niemand sich um jene bemühen, die für diese nicht geeignet sind und die durch notwendige Vorstufen emporgeführt werden müssen. Sāmkhya ist das Wissen von Gliederung und Unterscheidung. Deshalb ist es die Vorbereitung des Vedānta, der das Wissen der Synthese und Anpassung ist. Kapila, Gotama und Kanāda bauen auf vertieftem und erweitertem Denken auf. Dies mag mit Hilfe von Smṛiti oder subjektiver Erfahrung geschehen. Wir finden in ihnen aber keine vollkommene Synthese der Shruti. Es wird nur allgemein auf Shruti hingewiesen und einige Texte werden angeführt, die mit einem in Wirklichkeit nur vorübergehend angenommenen Standpunkt übereinstimmen. Sie konzentrieren die Gedanken und den Willen ihrer Schüler auf diese Texte und halten (falls sie selbst weiter vorangeschritten sind) das übrige, als im Augenblick für die Befähigung des Shiṣhya nicht geeignet, von ihnen fern. So folgen sie dem, was Shaṁkara Arundhatī-darṣhaṇanyāya nennt. Trotz allem aber ist die höhere Wahrheit in der niederen enthalten. So sind auch Differential- und Integral-Rechnung in der elementaren Algebra und einfachen Geometrie enthalten. Diese verallgemeinern, was erstere einzeln herausarbeiten. Der Lehrer aber, der in den unteren Schulklassen Elementar-Mathematik lehrt, würde seine jungen Schüler nur verwirren, wenn er eine solche allgemeine Behauptung aufstellen würde. Er muß zurückhalten, wozu die Zeit noch nicht reif ist. Auf der anderen Seite aber verkünden die großen Lehrer Weitherzigkeit und Gründlichkeit, sowohl im Glauben wie im Handeln. Denn ohne diese wäre das Annehmen einer Lehre nutzlos. So stellt ein Lehrer des Dvaitavāda, wenn er auch selbst

Advaitadarṣhī ist, dem Adhikārī Shiṣhya Dvaita in solch eindringlicher Weise dar, daß dieser in Gedanken davon überzeugt und voller Interesse ist. Es ist sinnlos, einem Sādhaka der niederen Ebene zu sagen: „Advaita ist die ganze Wahrheit. Dvaita ist sie nicht; aber wenn sie es auch nicht ist, so ist sie doch geeignet für Deine Fähigkeiten und deshalb mußt Du sie annehmen." Natürlich wird der Schüler dann antworten, daß er Dvaita überhaupt nicht haben will und sich selbst verlieren, da er nicht fähig ist, Advaita zu verstehen. Dies ist, wie ich bemerken möchte, einer der Gründe für die Skepsis unserer Tage. Früher konnte man ein System lehren, ohne daß man etwas von dem höheren wußte. Durch die Bücher aber erfahren einige, daß alles Māyā ist, daß Upāsanā nur für die „niederen" Stufen gilt und so fort. Da sie nicht verstehen, was das zu bedeuten hat, sind sie geneigt, die Lehren der Shāstras ganz allgemein über Bord zu werfen. Sie würden dies nicht tun, wenn sie zuerst für die Wahrheit ihrer Ebene bereit geworden wären und somit fähig, die Wahrheit des weiter Fortgeschrittenen zu verstehen. Bis zum Brahma-sākshātkāra ist alle Wahrheit relativ. So sagt Bhagavān in der Gītā: „na buddhi-bhedam janayed ajnānam karma sanginām." Die Überlieferung unterstützt solche Ansichten. Darum haben Vyāsa, Kapila, Gautama, Jaimini, Kanāda und andere Unterschiedliches gelehrt, wenn ihre Erfahrung auch fast die gleiche gewesen sein mag. Jaimini unterscheidet sich in seiner Pūrva Mīmāṃsā in mancher Hinsicht von Vyāsa oder Bādarāyana und dessen Uttara-Mīmāṃsā, wenn er auch sein Schüler war. Vyāsa ist Advaitadarṣhī im Vedānta, aber Dvaita-darshī im Yogabhāṣhya. Soll man annehmen, daß der Shiṣhya Anadhikārī war und sein Guru deshalb die höhere Wahrheit von ihm fernhielt, oder war der Guru eifersüchtig und ließ seinen Shiṣhya in Tätigkeit verharren, ohne ihm Brahma-jñāna zu lehren?

Ein Riṣhi, der Advaita erlangt hat, mag Ayurveda oder Dhanuveda lehren. Er braucht nicht ein Sthūla-darshī zu sein, weil er Sthūla-vishaya lehrt. Die Shāstras können sich auch unterscheiden, weil ihr Standpunkt und ihr Ziel verschieden ist. So beschäftigt sich die Pūrva Mīmāṃsā mit Dharma-jignāsā und behauptet, daß der Veda praktische Pflichten auferlege, so daß ein Text, der nicht unmittelbar oder mittelbar Pflichten kennt und auferlegt, nichts gilt. Die Uttara-mīmāṃsā andererseits beschäftigt sich mit Brahmajignāsā. Deshalb heißt es im Sutra „Tattu samanvayāt" – ein Mantra ist bedeutsam, auch wenn es keine Pflichten auferlegt (wie „tue dies oder tue dies nicht"), sondern nur Jñāna erweckt („wisse, daß du bist"). Der Unterschied der Deutung richtet sich nach dem Unterschied von Standpunkt und Ziel. Das gleiche gilt für die verschiedenen Formen von Advaita, wie Vishiṣhṭādvaita und Shuddhādvaita, den Shaktivāda, den Shākta Āgama und den Vivarttavāda. Bei einigen Shāstras liegt die Betonung auf dem Karma, bei anderen auf Bhakti, wieder bei anderen, wie beim Māyāvāda, auf Jñāna. Wenn auch verschieden betont, ist jedes Shāstra im anderen enthalten. Letzten Endes gehen sie ineinander über und verbinden sich miteinander. Der Mahimnastava sagt: „Wenn auch die Menschen, ihrer Natur nach, verschiedenen Pfaden folgen, so bist Du doch das Ende von allen, so wie das Meer von allen Flüssen, die zu ihm hinströmen." Madhusūdana schrieb als Kommentar hierzu seinen Prasthānabheda, die Versöhnung der unterschiedlichen Lehren. Heute ist das allernotwendigste Anliegen (für diejenigen, die zu verstehen fähig sind), daß man das Ganzheitliche im Denken und im Geist (pūrṇa) herausstellt. Die Weisen, die in den erhabenen Bereichen der Ruhe leben, verstehen Wert und Bedeutung jeder Form von geistiger Bildung wie deren Gesamt und werden den weniger Fortgeschrittenen zur Erlangung ihrer Stufe verhelfen. Während die Unentwickelteren in einem Teilgebiet des Ganzen leben und deshalb Unterschiede und Konflikte sehen, nehmen die Erleuchteten, die verschiedene Grade von Erfahrung dieser ganzheitlichen Wahrheit besitzen und darin leben, alles als verwandte Teile eines einheitlichen Ganzen wahr.

XIII. Kapitel

SARVĀNANDANĀTHA

Der Sarvollāsa, von dem eine Abschrift vor etwa drei Jahren in meinen Besitz kam, ist ein seltenes Manuskript. Es ist ein Saṅgraha des Sarvavidyāsiddha Sarvānandanātha, der meiner Meinung nach dem großen Publikum fast ganz unbekannt ist, obwohl er bei den bengalischen Schülern der Āgamas sehr berühmt ist. Sein Leben ist in Sanskrit unter dem Namen Sarvāṅandataranginī von seinem Sohn Shivanātha beschrieben worden. Darin wird berichtet, wie er Siddhi erlangte. Ich verdanke die Kenntnis dieses Artikels einer kurzen unveröffentlichten Schrift von Sj. Dinesha Chandra Bhattāchāryya, einem gelehrten Forscher, der aus Tipperah stammt und den Wunsch hatte, Sarvānandanāthas Platz in der Geschichte des sogenannten „Tantrismus" in Bengalen gebührend zu ehren.

Es heißt, Sarvānanda habe während sieben früherer Geburten nach Siddhi gestrebt. In einem Vers sind noch die Namen der Orte erhalten, an denen er in diesen aufeinanderfolgenden Leben starb. Sein Großvater Vāsudeva lebte ursprünglich in Pūrvasthali im Distrikt Burwan, wurde aber durch göttlichen Anruf nach Mehar in Tipperah geführt, wo in vergangenen Zeiten Mātanga Muni Tapas geübt hatte. Es wird noch ein tiefes Loch gezeigt, das aus Mātangas Zeiten stammen soll. Auch heißt es, daß noch heute eingeweihte Sādhakas an dem Platz, an dem Sarvānandanātha seine Shavasādhanā vollbrachte, das verborgene Lingam wahrnehmen, das Mātanga errichtet hatte und das verborgene Grenzen oder Kīlakas kennzeichnen. Vāsudeva ging damals nach Kāmākhyā, wo er nach strengem Tapas verstarb. Er ließ seinen Sohn in Mehar. Dort kam dessen Sohn zur Welt. Der Großvater Vāsuveda soll als Sohn seines eigenen Sohnes wiedergeboren worden sein, das heißt als Sarvānanda.

In seiner Jugend war dieser dumm und ungebildet. Der Rājā seines Heimatortes schalt ihn wegen seiner Unwissenheit, da er von einem Neumondtag behauptete, es sei ein Vollmondtag. Nachdem er von seinen Verwandten streng bestraft worden war, beschloß er zu lernen und suchte Palmblätter, um darauf zu schreiben. Im Dickicht traf er einen Sannjasin. Es war Mahādeva selbst. Dieser flüsterte ihm ein Mantra ins Ohr und gab ihm Anweisungen. Sein Diener Puna, ein fortgeschrittener Sādhaka, der seine seelische Entwicklung unter Vāsudeva erlangt hatte, trennte den feinstofflichen Körper (sūkṣhmadeha) vom grobstofflichen, damit Sarvānanda auf dem Rücken des leblosen Körpers Shavasādhanā vollbringen und Siddhi in jener Neumondnacht erlangen konnte, in der zum Entsetzen aller der Vollmond über Mehar schien. Diese Episode ist das berühmteste und bekannteste Wunder von Sarvānanda.

Einige Zeit später verließ er Mehar mit dem Fluch auf den Lippen, daß seine ganze

Familie in der 22. Generation und die Familie des Rājā in der 15. Generation aussterben würde. Letztere Verkündigung soll sich bewahrheitet haben, da die Nachfolger des Rājā tatsächlich in der fünfzehnten Generation ausstarben, während seine Familie durch einen angenommenen Sohn weiter bestehen blieb. Sarvānanda machte sich auf den Weg nach Benares, hielt aber in Senhati in Jessore an, wo er gezwungen wurde, wieder zu heiraten und einige Jahre blieb. Der Ort, an dem er in Senhati seine Verehrung darbrachte, wird noch gezeigt. Mit 50 Jahren ging er nach Benares, zusammen mit seinem Diener Puna und seinem Neffen Sadānanda. In Benares hatten damals wie heute die Shaiva Daṇḍins die Vorherrschaft. Er geriet in Streit mit ihnen oder sie mit ihm infolge seiner Lehre und Übungen.

Als Antwort auf ihre Behandlung verwandelte er, wie es heißt, zu ihrem Erstaunen, wahrscheinlich auch zu ihrem Entsetzen, ihre Nahrung in Fleisch und Wein. Natürlich geben die Daṇḍins von Benares hierüber einen anderen Bericht. Nach ihrer Überlieferung wurde Sarvānanda nach einer Debatte über Shāstras von den Daṇḍins überzeugt, daß die Siddhi, mit der er sich brüstete, überhaupt kein wirklicher Glaube sei. Darauf trat er zu ihren Lehren über – eine in jedem Streit befriedigende Lösung. Es ist beachtlich, wie streitsüchtig zu allen Zeiten viele fromme und wunderwirkende Menschen waren. Vielleicht aber hören wir weniger von den stillen Heiligen, die lebten und leben ließen, indem sie ihre Ansichten nicht denen aufzudrängen suchten, die zufrieden waren mit dem, was sie dachten oder zu denken meinten, und nur denen brachten, die noch nicht gefunden hatten, sondern auf der Suche waren. Nach diesem Ereignis verschwand Sarvānanda aus Benares. Dies läßt eher darauf schließen, daß gegen die Schule der Daṇḍins nicht ausgesprochene Feindschaft herrschte. Die Überlieferung schweigt über das weitere Geschehen und über Zeit und Ort seines Todes.

Sj. Dinesh Chandra Bhattāchāryya hat für mich das Datum von Sarvānanda's Siddhi ausgerechnet. Es war an einer Pausha Samkrānti, die der Chaturdasi oder Amāvāsya entspricht und auf einen Freitag fiel. Zwischen 1200 und 1700 n. Chr. gibt es drei Zeitpunkte, an denen diese Verbindung stattfand und zwar 1342, 1426 und 1548 n. Chr. Das erste Datum ist zu früh, da die 15. oder 16. Generation nicht so weit zurückführt. Der letzte Zeitpunkt scheint zu spät zu sein. Denn nach der Überlieferung war Jānakīvallabha Gurvvāchāryya, selbst ein berühmter Siddha und der fünfte Nachkomme von Sarvānanda, ein Zeitgenosse von einem der „zwölf Bhuiyas" von Bengalen am Ende der Herrschaft von Akbar (ca. 1600 n. Chr.). So ist 1426 als Zeitpunkt anzunehmen. Es ergibt sich hieraus, daß er etwa ein Jahrhundert vor Erscheinen der drei großen bengalischen Tāntrikas: Krishnānanda, Brahmānanda und Purṇānanda lebte, die alle aus dem 16. Jahrhundert stammen. Diese Berechnung muß aber noch bestätigt werden durch Zeitbestimmungen, die sich aus einer Prüfung des Sarvollāsa und der Autoritäten, auf die sich sein Autor darin bezieht, ergeben.

Dieses letzte Werk soll sein bekanntestes gewesen sein. Auch zwei andere kürzere Tāntrikas werden einem Sarvānanda zugeschrieben; doch ist es nicht sicher, ob dies der gleiche ist. Es soll, wie mir gesagt wurde, eine Navārṇapūjapaddhati von Sarvānandanātha in einem Manuskript enthalten sein, das datiert ist: 1668,

Vikramābda aus der Raghunāth-Tempel-Bibliothek in Kashmir, und es wird von einem anderen Werk, der Tripurārchanadīpikā aus den Zentralprovinzen berichtet.

Nach der Legende soll Sarvānanda noch an einem verborgenen Ort leben. Der Autor der Schrift, aus der ich dieses zitiere, spricht von einem Sādhu, der meinem Gewährsmann erzählte, daß er vor einigen Jahren Sarvānandanātha an einem Ort traf, der Champakāranya heißt. Dies geschah aber nur einige Augenblicke, denn der Sādhu selbst wurde auf wunderbare Weise an einen anderen Ort entrückt.

Ähnliche seltsame Berichte, die für den Psychologen, der sich mit psychischen Phänomenen beschäftigt wie für den Religionsgeschichtler von großem Interesse sind, stehen in Erzählungen über Sādhus und Siddhas. Wenn auch nicht alles wirklich so geschah, wie dort berichtet wird, so steht doch fest, daß sie auf eine merkwürdige Weise lebten. Z. B. heißt es – um einen anderen Fall zu nehmen –, daß Brahmānanda, der Autor des Shāktānandataraṅgini, in seiner Jugend einer Prostituierten in ein Haus nachging, in dem ihm seine eigene Mutter entgegentrat, die das Opfer eines mohammedanischen Entführers geworden war. Das Entsetzen dieser Begegnung bekehrte Brahmānanda und machte ihn zu einem Sādhu, der Dhyāna im Körper eines verendeten und verwesenden Elefanten übte. Noch mehr Seltsames wird von ihm berichtet. Diese Erzählungen sollten gesammelt werden, doch, bis ihr Wert entdeckt wird, sind sie sicher schon verschwunden. Selbst wenn alle Tatsachen, die von diesen Sādhus und Siddhas berichtet werden, ein Werk der Einbildung sind (für einige mag es zutreffen, andere Berichte dagegen werden aller Wahrscheinlichkeit nach wahr sein), so sind sie doch wert, als solche aufbewahrt zu werden. Die Geschichte der menschlichen Gedanken ist ebenso wirklich wie irgend etwas „Objektives“, das gewöhnlich nur eine allgemeine Erfahrung bedeutet. Es ist anziehend, wenn auch manchmal erschreckend, Gedanken zu folgen, die sowohl im Licht wie im seltsamen Dunkel herumwandern, und die nur der kennt, der solche Pfade auskundschaftet. Wenn man seinen Weg nicht verliert (und hierin liegt eine Gefahr), dann gewinnt man ein Selbstvertrauen, das aus der bestandenen Prüfung hervorgeht und für die Zukunft fruchtbar ist. Jedenfalls gibt es, wie ich erwähnt habe, für diejenigen, die sich nur mit der Oberfläche rein geschichtlicher Tatsachen beschäftigen, Gelegenheiten, solchem nachzuforschen.

XIV. Kapitel

CHIT - SHAKTI

Der Bewußtseinsaspekt des Weltalls

Chit-Shakti ist Chit als Shakti, das heißt als die Kraft oder der Aspekt von Chit, in dem sie durch die ihr verbundene Māyā-Shakti die Schöpfung der Welt bewirkt. Es ist eine allgemein angenommene Lehre, daß die höchste Wirklichkeit Samvid, Chaitanya oder Chit ist.

Was aber ist Chit? Es gibt kein Wort, das sie angemessen beschreibt. Sie ist nicht das Denkorgan; denn dies ist ein begrenztes Werkzeug, durch das sie offenbar wird. Chit ist jenseits des Denkorganes, ist das, wodurch das Denkorgan gedacht, das heißt geschaffen wird. Brahman ist ohne Denkorgan (amanah). Wenn wir dieses ausschalten, dann schalten wir auch alle Formen des Denkvorganges aus: Begriffe, Wahrnehmungen, Gedanken, Urteile, Willen, Erinnerung, besondere Empfindungen und ähnliches. Uns bleiben dann drei brauchbare Worte übrig: Bewußtsein, Gefühl, Erfahrung. Gegen das erste ist viel einzuwenden. Meist wird unter „Bewußtsein“ Selbstbewußtsein verstanden oder zumindest etwas Besonderes, das Richtung und Form besitzt, konkret und bedingt ist, ein Ergebnis der Entfaltung, das die höheren Stufen der Entwicklung kennzeichnet. Für einige ist es nur eine Funktion der Erfahrung, eine zusätzliche Erscheinung, eine Beigabe des Denkverlaufes. In diesem Sinn gehört das Bewußtsein dem höher entwickelten Organismus an und schließt ein Subjekt ein, das sich mit einem Objekt beschäftigt, dessen es sich wie seiner selbst bewußt ist. Es heißt, daß wir am meisten Bewußtsein besitzen, wenn wir wach sind (jāgrat avasthā) und alle uns dargebotenen Gegenstände voll erfahren. Weniger Bewußtsein haben wir im Traum (svapna avasthā), und im traumlosen tiefen Schlaf sind wir vollkommen unbewußt (suṣhupti).

Ich möchte aber hier erwähnen, daß jüngste Untersuchungen gezeigt haben, daß dieser Zustand tiefen Schlafes nicht so allgemein ist, wie man gewöhnlich annimmt. Das heißt, vollkommene Traumlosigkeit ist selten. Meist sind einige Spuren von Traum vorhanden. Wenn man auch allgemein sagt, daß das Bewußtsein vergangen sei – und dies trifft naturgemäß auch zu, wenn wir unter Bewußtsein Wachsein und Kenntnis der Dinge verstehen –, so gibt es doch, nach indischer Ansicht, auch im tiefsten Schlaf eine Form von bewußter Erfahrung, die man mit Worten ausdrückt, wie: „Ich habe glücklich geschlafen und nichts gemerkt.“ Beim Erwachen erinnert sich der Schläfer daran, daß sein Zustand voller Glück war. Diese Erinnerung aber ist ihm nur möglich, wenn er zuvor eine Erfahrung hatte (anubhava), die die stoffliche Ursache der Erinnerung ist.

Im gewöhnlichen Sprachgebrauch halten wir niedere Tierformen, Pflanzen und Minerale nicht für „bewußt“. Im Westen verbreitet sich jetzt aber (durch Gedanken, die in Indien schon längst geläufig sind) ein umfassenderer Gebrauch des Begriffes „Bewußtsein", nicht nur in Verbindung mit tierischem, sondern auch mit pflanzlichem und mineralischem Leben; doch hat der Begriff „Bewußtsein" im allgemeinen noch nicht diese erweiterte Bedeutung angenommen. Benutzen wir nun (der Bequemlichkeit halber) den Ausdruck „Bewußtsein" für Chit, dann müssen wir ihm einen anderen als den gewöhnlichen Inhalt geben. Daneben müssen wir auch bedenken, daß Bewußtsein, was immer wir darunter verstehen, etwas Offenbartes und deshalb Begrenztes ist, das unserer endlichen Erfahrung entstammt. Brahman als Chit aber ist das Unendliche, das dieser Erfahrung zugrunde liegt.

Chit an sich (svarūpa) ist nichts Gesondertes, Bedingtes oder Konkretes. Besonderheit liegt in dem Aspekt, in dem sie sich als Māyā-Shakti und durch diese manifestiert. Chit offenbart sich als Jñāna-Shakti, die, wenn auch in anderer Bedeutung als in dieser lockeren Sinnverwandtschaft mit Chit, Kenntnis der Dinge bedeutet. Chit-Svarūpa ist weder Kenntnis der Gegenstände noch Selbstbewußtsein im Sinn einer Erscheinungsform. Wachen, Träumen und traumloser Schlaf sind Erscheinungsstufen, in denen verschiedene Erfahrungen herrschen. Diese Verschiedenheit ist nicht auf Chit zurückzuführen, sondern auf die Wirksamkeit oder das Aufhören einer besonderen Tätigkeit der Werkzeuge des Denkorgans (antahkaraṇa) und der Sinne (indriya). Aber Chit vergeht nie; sie verändert sich auch nicht in einem dieser drei Zustände. Immer und in allem bleibt sie ein und dieselbe. Wenn auch Chit-Svarūpa nicht Kenntnis von Dingen im Sinn von Erscheinungen bedeutet, so ist sie doch, nach Ansicht der Shaiva-Shākta (ich beziehe mich immer auf advaita-shaiva-darshana), nicht ein rein abstraktes Wissen (jñāna) ohne jeglichen Inhalt. Sie enthält die Vimarsha-Shakti, die Ursache der erscheinenden Gegensätze, die hier in Form der Chit (chidrūpinī) existiert. So erkennt das Selbst das Selbst.

Wir können auch nicht reines „Gewahrsein" als Entsprechung zu Chit annehmen. Man kann von einem Wurm oder einem anderen Tier niederer Gattung sagen, es nehme undeutlich wahr. Reines „Gewahrsein" (wie wir diesen Begriff verstehen), ist ein Zustand der Chit, in dem sie scheinbar die Māyā-Shakti in Gestalt von Tamoguṇa verdunkelt. Wenn wir aber nicht dem „Gewahrwerden" ebenso wie dem „Bewußtsein" einen anderen Inhalt geben als den unserer Erfahrung, sind beide Begriffe unzutreffend. In gewisser Hinsicht kann Chit besser mit Gefühl umschrieben werden, das ihre älteste Bedeutung gewesen sein mag. Fühlen ist das Ursprünglichere, da wir erst das bewußt wahrnehmen, von dem wir zuvor im Gefühl berührt wurden. So hat man das Gefühl das Rohmaterial des Denkens genannt, das wesentliche Element im Selbst, das wir Persönlichkeit nennen, die eine besondere Form des Gefühls ist. Im Sāṅkhya wird die Natur der Guṇas als Seligkeit (sukha), Leid (duhkha) und Täuschung (moha) verstanden, entsprechend der Weise, in der das Puruṣha-Bewußtsein diese erfährt. Im Vedānta sind Chit und Ānanda, Seligkeit und Liebe eins. Denn Bewußtsein ist dort nicht Bewußtsein d e s Seins (sat), sondern Seins-Bewußtsein (sat-chit); nicht ein Sein, das der Seligkeit bewußt ist (ānanda), sondern eine Seins-Bewußtseins-Seligkeit (sachchidānanda).

Außerdem hat „Gefühl" den Vorteil – selbst im allgemeinen Sprachgebrauch –, daß es mit allen Formen organischer Existenz verbunden wird und wissenschaftlich auch für die organische Materie verwendet werden kann. So sprechen wir vom Gefühl oder Empfinden einer Pflanze, während es eine Vergewaltigung der Sprache wäre, vom Bewußtsein einer Pflanze oder eines Steines zu sprechen. Auch ist die Reaktion, die die unorganische Materie auf Reize gibt, Zeichen für den in ihr vorhandenen Keim an Leben und Empfindung (und deshalb Chit), der sich in der Empfindsamkeit der Pflanzen und in Gefühlen und Empfindungen von Tieren und Menschen entfaltet. Auch jede Art unintelligenter Wesen hat die Möglichkeit, ein – wenn auch noch so dunkles – Gefühl zu empfinden. Dies muß auch der Fall sein, wenn ihnen Chit und Ānanda, selbst wenn sie von Māyā-Shakti zutiefst verschleiert sind, zugrunde liegen. Die Antwort, die die unorganische Materie auf die Reize gibt, ist die Offenbarung von Chit durch die Sattvaguṇa der Māyā-Shakti oder Shakti in ihrer Form als Prakṛiti-Shakti. Die Manifestation ist gering und scheinbar mechanisch, da Tamoguṇa in der gleichen Prakṛiti-Shakti vorherrscht.

Man nimmt gemeinhin wegen der begrenzten und streng festgelegten Art solcher Bewegung, die scheinbar alle uns bekannten Willensregungen ausschaltet, an, daß es sich nur um eine unbewußte mechanische Energie handelt. Da Vitalität auf diese Weise umschrieben und offensichtlich mit dem scheinbar mechanischen Vorgang gleichgesetzt wird, sprechen wir von einem rein unbewußten Mechanismus. Tatsächlich aber ist dieser nur die Form, die die bewußte vitale Kraft annimmt, die aller Materie, wie immer sie auch geartet sein mag, zugrunde liegt und die in ihr wirkt. Unserm Auge, wenn es ohne wissenschaftliche Werkzeuge arbeitet, die durch künstliche Mittel unsere Fähigkeit der Erfahrung ausweiten, erscheint die Materie als Jaḍa (unbewußt), und wir nennen nur das lebendig oder Jīva, was als organisierte Materie mit Körper und Sinnen begabt ist. Im philosophischen wie im wissenschaftlichen Sinn aber ist alles Jīvātma, was nicht Paramātma ist: also tatsächlich alles, was Gestalt hat, sei es ein einfaches Stoffmolekül oder die Verbindung dieser einfachen Formen zu Zellen und größeren Organismen. Die Antwort der metallischen Materie ist eine keimhafte Form der Empfindsamkeit, eine Manifestation von Chit, die durch die Tamoguṇa der Prakṛiti-Shakti äußerst verdunkelt ist.

In den Pflanzen ist Chit weniger verdunkelt, und in Tieren wie Menschen breitet sich das empfindende Leben nach und nach in dem Maße aus, in dem Chit freie Entfaltungsmöglichkeit durch die zunehmende Wirksamkeit der Sattvaguṇa in ihren Werkzeugen gewinnt. Diese sind Denkorgan, Sinne und die feiner durchgearbeitete Organisation der kleinsten Körperteile. Die zuerst nur keimhaft auftauchende Empfindsamkeit, die in der unorganischen Materie unbewußte mechanische Bewegung vortäuscht, entfaltet sich stufenweise in ein Gefühl, das – wenn auch zuerst noch entfernt – verwandt ist mit unserem eigenen, und in alle anderen psychischen Funktionen des Bewußtseins, wie Wahrnehmung, Urteil, Gedächtnis und Willen.

Dieser Sachverhalt wurde sehr klar dargelegt in einer Arbeit über die „vier kosmischen Elemente" von C. G. Sander, der (mit einigen Vorbehalten) zutreffend die indische Ansicht über diese Fragen behandelt. Mit Recht sagt er, daß Empfindung ein integrierender Bestandteil alles physischen wie metaphysischen Daseins sei und ihre Manifestation durch die mineralischen und chemischen ebenso wie durch die pflanzlichen und tierischen Welten zurückverfolgt werden könne. Sie umfaßt auf der niederen oder nichtorganischen Ebene die Funktionen der Beziehung zur Umwelt, die Antwort auf Reize und das Gedächtnis der Atome; auf der höheren oder organischen Ebene alle psychischen Funktionen wie Bewußtsein, Wahrnehmung, Gedanke, Urteil, Wollen und persönliches Gedächtnis. Die unorganische Materie ist durch das ihr innewohnende Element der Empfindung mit einer Feinfühligkeit begabt oder mit dem Gefühl, auf physische und chemische Reize, wie Licht, Temperatur, Klang, Elektrizität, Magnetismus und auf die Einwirkung von Chemikalien zu antworten.

Alle diese Erscheinungen sind Beispiele für die Fähigkeit der Wahrnehmung und Antwort auf äußere stoffliche Reize. Wir müssen hier auch chemisches „Empfinden" und Gedächtnis einbeziehen, das heißt die Erinnerung der Atome und Moleküle an ihre eigene Identität und ihr dementsprechendes Verhalten. Natürlich schließt das Gedächtnis der Atome kein Selbstbewußtsein ein, sondern nur den Gruppengeist, der in einer charakteristischen Weise auf äußere Reize reagiert. Wir könnten dies atomares oder physikalisches Bewußtsein nennen.

Das Bewußtsein der Pflanzen ist nur tranceartig (die indischen Bücher nennen es schlafsüchtig), wenn auch einige höhere Aspekte von Empfindung (und hier könnten wir das Wort „Bewußtsein" benutzen) der vegetativen Welt sehr beachtlich sind – wie das zur Sonne sich Hinneigen der Blumen, das Öffnen und Schließen der Blätter und Blumenblätter zu bestimmten Zeiten, die Empfindlichkeit gegen Temperatur und die offensichtlichen Zeichen von Bewußtsein, die die empfindlichen und die insektenfressenden Pflanzen aufzeigen. Die empfindsamen Mikro-Organismen, die zwischen den pflanzlichen und tierischen Welten leben, haben keine Sinnesorgane, sondern sind nur mit einem Reizvermögen des Tastsinns begabt, und doch sind sie voller Beseelung, Empfindung und Zuwendung, so daß sie ihre Umgebung und Lage, Annäherungen und Angriffe wahrnehmen, Nahrung verschlingen, schädliche Substanzen meiden und sich durch Teilung fortpflanzen. Ihre Bewegungen scheinen aktiv zu sein und sind keine Reflexe.

Die pflanzliche wie die animalische Zelle besitzt ein biologisches oder vegetatives Bewußtsein, das in gesundem Zustand zur Herrschaft des gesamten Organismus, dessen integraler Teil es ist, polar gespannt oder ihr untergeordnet ist. Bei Krankheit aber ist es örtlich beschädigt, und beim Tod des Organismus hört seine Tätigkeit vollkommen auf. Bei Pflanzen ist das Zellen-Bewußtsein (im Unterschied zu den Tieren) unter die Gewebe-Fasern verstreut oder verteilt; scheinbar fehlen bei ihnen bestimmte Führungs- oder Zentralorgane des Bewußtseins, die wir in höher entwickelten Formen finden. Das tierische Bewußtsein wird auf seiner höchsten Stufe zum Selbst-Bewußtsein. Der Seelen-Bereich der niederen Tiere ist noch Kampfplatz von vielerlei Gegensätzen. Manche halten sie für kartesianische Maschinen, andere schreiben ihnen eine hohe Stufe von seelischer Entwicklung zu. In den Tieren herrscht das Bestreben nach einer Zentrierung des Bewußtseins, das seine vollkommenste Ausbildung im Menschen erreicht, der das höchste organisierte Bewußtseins-System besitzt.

Dieses besteht aus dem Nervensystem, seinen Zentren und Funktionen wie Gehirn und Solarplexus, dem Sitz von Ajna und den oberen Zentren und aus dem Maṇipura-Chakra. Empfindung oder Gefühl ist allen Lebewesen zu eigen. Wir können es auch Bewußtsein nennen, wenn wir (mit dem angeführten Autor) in den Begriff „Bewußtsein" auch atomares und physikalisches Bewußtsein, das Trance-Bewußtsein des pflanzlichen Lebens, das tierische Bewußtsein und das vollkommene Selbst-Bewußtsein des Menschen mit einbeziehen.

Die Bezeichnung Empfindung oder Gefühl als Entsprechung zu der manifestierten Chit hat aber einen Nachteil: während mit Intelligenz und Bewußtsein die höchsten Eigenschaften der menschlichen Natur bezeichnet werden, teilen wir die reine Empfindung, die allen gemeinsam ist, auch mit den niedersten Manifestationen. Doch muß man bei den ersten Begriffen beachten, daß sie nicht Chit-Svarūpa oder die Chit an sich darstellen. Das Wort Svarūpa (eigene Form) wird verwendet, um das wahre Wesen in allem, die wahre Natur an sich auszudrücken. Wenn auch Brahman oder Shiva sich in den Formen der Welt als Māyā-Shakti manifestieren, so ist doch deren Svarūpa reine Chit.

Weder Empfindung noch Bewußtsein in dem Sinn, den wir ihnen beimessen, sind Chit-Svarūpa. Sie sind nur begrenzte Manifestationen der Chit, so wie Verstand, Wille, Erregung und Gedächtnis ihre Erscheinungsweisen sind. Chit ist der Hintergrund aller Erfahrungsarten, die ihre Erscheinungsweisen, das heißt die von Māyā-Shakti verschleierte Chit sind. Chit-Svarūpa darf niemals mit ihren besonderen Erscheinungsweisen verwechselt oder durch sie begrenzt werden. Auch ist sie nicht das Gesamt aller dieser. Selbst wenn sie sich in ihnen manifestiert, übersteigt sie sie in ihrer eigenen Natur. Weder Empfindsamkeit, Bewußtsein, noch irgendein anderer Begriff, der aus einem begrenzten und dualen Weltall entlehnt ist, kann in geeigneter Weise beschreiben, was Chit an sich ist (svarūpa). Vitalität, Denkorgan, Materie sind ihre begrenzten Erscheinungsformen. Diese verändern sich unaufhörlich, aber das nicht Unterschiedene, das diesen gesonderten Weisen zugrunde liegt, ist unveränderlich. Diese unterste, ewige, unwandelbare Schicht ist Chit, die man als das unveränderliche Prinzip aller unserer sich wandelnden Erfahrung bezeichnen könnte.

Alles ist Chit, die sich durch ihre eigene Kraft oder Chit-Shakti und Māyā-Shakti in Formen kleidet, und diese Kraft ist nicht von sich selbst unterschieden. Chit ist nicht das Subjekt des Wissens oder der Worte. Denn sie ist, wie es in der Varāha-Upaniṣhad heißt (Kap. IV), „die Wirklichkeit, die übrig bleibt, wenn alle Gedanken aufgegeben sind". Was sie in sich selbst ist, wissen nur diejenigen, die zu Chit werden. Nur in dem höchsten Zustand der Ekstase (samādhi) und in der körperlosen Befreiung (videha-mukti) wird sie ganz erfahren – dann, wenn der Geist frei wird von seinen Gefäßen des Denkorgans und der Materie.

Ein neuzeitlicher indischer Philosoph hat (vgl. „Annäherungen an die Wahrheit" und das „Offenkundige Wunder" von Professor Pramathanātha Mukhyopādhyāya) auf bewundernswerte Weise die Vorstellung vom universalen Äther des Bewußtseins (chidākāsha) und seine besondere Prägung durch Māyā-Shakti analysiert. Zuerst zeigt er, daß logisches Denken in sich dualistisch ist und deshalb Subjekt und Objekt voraussetzt. Darum ist das Bewußtsein für das sachliche Auge des westlichen Menschen, der nur von der einen ihm bekannten Erfahrung ausgeht, immer ein gesondertes, das eine eigene Form und Richtung hat. Wenn also keine Gestalt und keine Richtung zu unterscheiden sind, dann kann man sich einbilden, das Bewußtsein habe aufgehört. Wenn man annimmt, daß es im tiefen Schlaf keine Träume gibt, oder daß man bei völliger Bewußtlosigkeit nichts Eigenes mehr fühlt, dann räumt man auch ein, daß das Bewußtsein zeitweilig aufhören kann. Was aber in Wirklichkeit aufhört, ist das Bewußtsein von Gegenständen, das wir im Wachen und im Traum-Zustand haben. Das Bewußtsein an sich ist weder subjektiv noch objektiv. Es ist auch nicht gleichbedeutend mit Intelligenz oder Verständnis – das heißt mit gelenktem oder geformtem Bewußtsein. Jedes unintelligente Wesen aber, das Gefühle hat – und seien diese noch so chaotisch – ist (im hier gemeinten Sinn) zumindest in einem getrübten Zustand bewußt. Reines Bewußtsein, das heißt Bewußtsein an sich, ist der Hintergrund von jeder Art von Erfahrung.

Im praktischen Leben wie in Wissenschaft und Philosophie, deren Ziel vor allem die Nützlichkeit ist, hat ungeformte Erfahrung keinen Wert, sondern nur bestimmte Formen und Weisen von Leben und Bewußtsein. Wo diese vermißt werden, glauben wir, daß Leben und Gefühlsbewußtsein fehlen. Darum hielt man allgemein die wesentliche Grundlage des Lebens oder Chit für eine sehr spezialisierte und besondere Manifestation der Natur.

Doch im Gegenteil: Chit ist Sein oder Wirklichkeit an sich. Chit an sich ist gleichbedeutend mit dem Sein an sich. Brahman ist beides – Chit und Sat. Während in der gewöhnlichen Erfahrung Sein und Gefühls-Bewußtsein im wesentlichen miteinander verbunden sind, scheinen sie dennoch voneinander abzuweichen. Schon durch seine Beschaffenheit glaubt der Mensch hartnäckig an ein objektives Dasein jenseits und unabhängig von seinem Selbst. Und dies wird solange der Fall sein, wie er der Verschleierung (māyā-shakti) unterworfen ist. In der tiefsten Schicht der Erfahrung aber, die Paramātma ist, fallen die Unterscheidungen fort. Dort wird die nicht unterbrochene Fülle an Erfahrung auch tatsächlich erfahren. Das Selbst ist sein eigener Gegenstand. Für den entwickelten Yogi ist das ganze Weltall nicht von sich selbst, dem Ātma unterschieden. Dies ist der Pfad der „aufsteigenden“ Kuṇḍalinī (ūrdhva-kuṇḍalinī).

Es herrschte auch die Neigung, das Bewußtsein als eine reine Funktion der Erfahrung zu betrachten. Die Philosophie der unbewußten Ideen und Denkstoffe ging sogar so weit, das Bewußtsein als eine reine Beigabe des Denkvorganges zu betrachten. Das aber heißt die Tatsachen umkehren.

Man sollte das Bewußtsein als ein ursprünglich Gegebenes betrachten und nicht als eine spätere Entwicklung und besondere Manifestation. Wir müssen es in seinen untersten Formen erkennen und sein sichtbar pulsierendes Leben als eine Auflockerung der verhüllenden Macht (māyā-shakti) verstehen. Denn diese ist unaufhörlich im Menschen am Werk und macht sein Leben zu einer Reihe solcher Pulsschläge. Eine Erklärung, die nicht mit der ursprünglichen Ausweitung der Erfahrung beginnt, kann nicht erwarten, mit dieser zu enden. Liegt nichts Positives im Beginn, kann es am Ende auch nicht abgeleitet werden.

Wo aber, so könnte man fragen, liegt der Beweis für solche reine Erfahrung? Die Psychologie, die nur veränderliche Zustände kennt, bringt ihn nicht. Man kann aber aus solchen Zuständen, die der Unterschiedslosigkeit nahekommen, Schlußfolgerungen ziehen. Und die Erfahrung bleibt nicht an solche Zustände gebunden, sondern vermag diese zu überschreiten.

Es ist wahr, daß wir im allgemeinen keiner Bewußtseinslage begegnen, die ohne Richtung und Form ist, aber – so wurde argumentiert – Beweise, die aus Ereignissen des gewöhnlichen Lebens stammen, genügen nicht für die Behauptung, daß es überhaupt kein Bewußtsein gibt, wenn Richtung und Form aufgehoben zu sein scheinen. Eine folgerichtige Intuition kann keine eigenen Aussagen machen, trotzdem mag Nachdenken über die Intuition einige Hinweise geben, so daß sie miteinbezogen wird, wenn es sich erweist, daß das Bewußtsein tatsächlich die Grundlage des Daseins selbst ist und nicht nur ein Zubehör. Der einzige Beweis für das reine Bewußtsein stammt aus solcher Intuition, nicht aus einer Überlegung. Das Bewußtsein von diesem oder jenem, die Erfahrung des einfachen Schlafengehens und Erwachens, selbst das Bewußtsein des Seins selbst sind nur Annäherungen an den Zustand des Bewußtseins an sich, das reines Bewußtsein ist und nicht mit diesen identisch. Nun aber könnte man fragen, welchen tatsächlichen Beweis wir für die Behauptung haben, daß reines Bewußtsein ein wirklicher Seinszustand ist. In gewöhnlichen wie auch in unnatürlichen pathologischen Zuständen gibt es gelegentlich Strecken von Erfahrungen, in denen Ausdruck oder Entschluß so einfältig und unterschiedslos werden, daß die Erfahrung beinahe strukturlos ist. Damit ist aber die Grenze der reinen Erfahrung noch nicht erreicht. Auf der anderen Seite gibt es keinen überzeugenden Beweis, daß wir jemals im Leben einen völligen Bewußtseins-Ausfall erlebten. Das Auslöschen des Bewußtseins an sich ist jedenfalls nicht erkennbar. Der Anspruch aber, daß Bewußtsein an sich vorhanden ist, beruht nicht so sehr auf logischer Erwägung wie auf intuitiven Gründen, auf Offenbarung (shruti) und geistiger Erfahrung der Wahrheit dieser Offenbarung.

Dem indischen Monismus entsprechend, existiert nicht nur ein reines Prinzip der Erfahrung, sondern dies ist das eine und einzige letzthin bleibende Sein, oder die Wirklichkeit. Die Chit wird hiernach nicht als eine bloße Funktion, als eine Eigenschaft betrachtet, die zu den Erscheinungen hinzukommt, sondern als die immer vorhandene Fülle, die alle in Erscheinung tretende Existenz trägt und belebt. Sie ist die Grundlage selbst, auf der alle Formen der vielfachen Erfahrung – gleichgültig ob durch Empfindung, Instinkt, Willen, Verstehen oder Vernunft hervorgerufen – beruhen. Es ist in Kürze die Einheit und die unwandelbare Wirklichkeit hinter allen diesen sich vielfach verändernden Formen, die Jīva durch den Schleier der Māyā-Shakti annimmt. Chit-Svarūpa, die nicht hinreichend als glückselige Gefühlswahrnehmung beschrieben wird, ist die Grundlage des Denkorgans und erscheint in seiner Gestalt, das heißt von ihm bekleidet.

Die Bezeichnung Denkorgan wird allgemein nicht nur im Sinn einer rein denkerischen Funktion gebraucht, sondern als Ausdruck aller Formen, unter denen sich das Bewußtsein entfaltet und die sich von Chit selbst unterscheiden, die die Einheit hinter allen diesen Formen ist – seien dies Vernunft, Empfindung, Erregung, Instinkt oder Wille. Sie alle sind Ausdrucksweisen, in denen der noch ungeformte Ton des Lebens begrenzt wird. Denn alle Begriffe oder Willensäußerungen sind im wesentlichen eine scheinbare Umschreibung oder Begrenzung des Sat, das die Grundlage des in Erscheinung tretenden Lebens ist.

Professor P. N. Mukhyopādhyāya hat das reine Bewußtsein als eine Unendlichkeit von „Gewahrsein“ beschrieben, dem Name, Gestalt und jede Art von Bestimmung fehlen. Es ist ein Zustand vollkommener Ruhe, in dem die Möglichkeit an Kraft null oder unendlich ist – ein Zustand ohne Spannung oder Anstrengung. Diese treten sofort ein, wenn das geringste Gebäude darüber errichtet wird, das ein Bewußtsein von „dies“ oder „das“ errichtet. Es ist nicht das Bewußtsein von irgend etwas, sondern die Erfahrung von nichts Besonderem. Dies aber ist etwas anderes und nicht zu verwechseln mit keiner Erfahrung. Ersteres wird oft für das letztere gesetzt, da das Leben von Nützlichkeiten und Interessen bestimmt wird, die in besonderen Arten des Gewahrseins sich ausdrücken. Dem menschlichen Leben, das wenig mehr ist als ein System von Vorlieben, scheint die reine Erfahrung, in der es nichts Besonderes zu beobachten oder zu vermeiden gibt, scheinen Liebe oder Haß praktisch überhaupt keine Erfahrung zu sein.

Reines Bewußtsein ist ungeteilt. Es gibt im reinen Gewahrsein keinen Unterschied (bheda). Reines Bewußtsein ist eine Art von Erfahrung, jenseits der Gegensätze von Bewegung und Ruhe. Es kennt sich weder als veränderlich noch als statisch, da es das Bewußtsein an sich ist, ohne Bestimmungen oder irgendeine Erscheinungsweise. Um sich als veränderlich oder dauerhaft zu verstehen, muß es seine unlogische und unausdrückbare Natur verschleiern (māyā).

Jede Bestimmung oder Form macht die Erfahrung zu einer lenkbaren Größe. Das Bewußtsein nimmt dann eine Richtung oder besondere Beziehung an. Es ist nicht möglich, etwas in besonderer Weise zu lenken oder darauf hinzuweisen, ohne ein Gefühl der Anstrengung oder Spannung auszulösen, gleichgültig, ob hierbei die Bedingungen physischer oder psychischer Art sind. Das reine Bewußtsein wurde darum mit der gleichgepolten Oberfläche eines elektrischen Kraftfeldes verglichen. Es bestehen dort keine unterschiedlichen Kraft-Spannungen zwischen irgendeinem Punkt A und B. Auf dieser Bewußtseinsstrecke gibt es offensichtlich keine spürbare Verschiedenheit der Erscheinungen, keine Vorzüge, keine unterschiedlichen subjektiven Betrachtungen. Wie die mit gleicher Energie geladene Oberfläche befindet sich auch solches Bewußtsein in Ruhe. Um einen Strom hervorzurufen, müssen zwischen zwei Punkten unterschiedliche Kraftspannungen vorhanden sein. Ebenso muß, um eine Beziehung, eine Richtung, eine Bewegung der Aufmerksamkeit herzustellen, in der ganzheitlichen gegenwärtigen Erfahrung eine Begrenzung der gegebenen Bewußtseins-Menge entstehen. Absolute Ruhe ist ein Bewußtseinszustand des reinen Seins ohne besondere subjektive Richtung oder Beziehung. Es darf kein Unterschied der Ebene und der Kraftspannung zwischen dem einen Teil der Erfahrung und einem anderen bestehen. Sobald die Erfahrung auch nur die Form und Bestimmung eines „Dieses“ oder „Jenes“ annimmt, weist sie eine besondere subjektive Richtung und Beziehung auf. Damit kein Unterschied der Ebene und der Kraftspannung besteht, muß die Erfahrung völlig unterschiedslos sein – das heißt, sie darf nicht die geringste ideelle oder darstellende Struktur besitzen. Absolute Ruhe gibt es nur bei dem Bewußtsein, das reines Sein oder Paramātma ist.

Bei allen Beschreibungen eines solchen Zustandes muß man aber bedenken, daß sie nur in negativem Sinn ihrem Gegenstand entsprechen, da die charakteristischen Merkmale entfernt werden, die dem menschlichen Bewußtsein des Jīva eigen sind, dieses ausmachen und somit dem höchsten Bewußtsein fremd sind. Eine positive Erklärung über die Natur der reinen Chit fehlt. Diese wird nur im Yoga gewonnen, wenn die Unwissenheit (avidyā), unter der sich alles logische Denken und Sprechen vollzieht, aufgehoben ist. „Unwissenheit" ist nur eine Bezeichnung für die Begrenzungen, die das Geschöpf zu dem machen, was es ist.

In der indischen Religion und Philosophie ist es eine Selbstverständlichkeit, daß Brahman in sich selbst existiert, jenseits aller Gedanken und Worte und daß er nur im Samādhi des Yoga offenbar wird. So sagt das Mahānirvāṇa-Tantra (III. V. 6ff.): „Das Brahman wird in zwei Weisen erkannt: in Seinen Offenbarungen, die Gegenstand des Sādhanā sind, oder in Seinem eigenen Sein, im Samādhi-Yoga"; und im Kap. XIV, V. 135 heißt es weiter, daß Ātmajñāna das Mittel zur Befreiung sei, durch das Seine Natur erfahren wird.

Es ist – zumindest zum Teil – Folge der nicht genügenden Kenntnis der rein negativen und unvollkommenen Art solcher Beschreibung, daß das reine Bewußtsein, wie es der angeführte Autor darlegt, im allgemeinen kein ernsthaftes Interesse im praktisch eingestellten Westen erweckt hat, obgleich es zu den herrlichsten Formen östlichen Denkens gehört, und dieses sich im Besitz einer auf Erfahrung beruhenden Methode glaubt, durch welche der Zustand des reinen Bewußtseins erlebt werden kann. Es handelt sich also nicht um Spekulationen, sondern um Beweise. Der Zustand des reinen Bewußtseins ist in der Vorstellung des Ostens nicht ein langweilig trauriger, eine trockene Abstraktion oder Ausdruck des Widersinnigen alles Wert- und Sinnvollen unseres Lebens. Im Gegenteil, es ist der Ur-Zustand, in dem alles Sein als Kraftmöglichkeit enthalten ist und von dem es ausgeht. Deshalb ist die Annahme, daß alles, was das Leben an wahren Werten besitzt, in der Quelle allen Lebens selbst existiert, vernünftig. Das Leben ist nur eine Weise des Unendlichen, Höchsten mit seiner Seligkeit, die Sein und Bewußtsein in all ihrer metaphysischen Größe ist.

Durch die Schuld der notwendigerweise negativen Beschreibung des höchsten Brahman entsteht die Frage, ob Brahman vom Nichtsein unterschieden werden kann (Rev. K. M. Banerjee: „Dialoge über Hindu-Philosophie", S. 259), oder die Behauptung des englischen Orientalisten Colonel Jacob (dessen Ansichten mit denen anderer übereinstimmen), zu Recht besteht, daß Nirvāṇa ein unbewußter (!) und steinartiger (!) Zustand sei. Solche falsche Ansicht ist um so außergewöhnlicher, wenn sie im Werk eines Autors steht, der sich mit der Übersetzung einer Vedānta-Abhandlung beschäftigte. Diese und viele ähnliche Behauptungen scheinen zu beweisen, daß es möglich ist, eine Spezialstudie über den Vedānta zu betreiben und doch seine Hauptbegriffe falsch zu verstehen. Es stimmt, daß Brahman unbewußt in dem Sinn ist, daß Er nicht unser Bewußtsein ist. Denn in diesem Fall wäre Er Jīva und nicht Paramātmā. Dies will aber nur sagen, daß Er nicht unsere Begrenzungen besitzt. Er ist unbeschränkte Chit. Ein Stein stellt Seine Existenz in der größten Verschleierung dar. In Seinem Selbst ist es ganz Licht und sich selbst erleuchtend (svaprakāsha). So heißt es in der Shruti („Katha"

Up. 5–15): „Alle Dinge erglänzen durch Seinen Glanz. Alle Dinge strahlen, weil Er strahlt." Alle Dinge hängen von Ihm ab. Er selbst aber ist bei allen Seinen Erscheinungen von nichts abhängig. Es ist deshalb besser, wenn man mit der Hañsopaniṣhad und dem christlichen Evangelium sagt, daß Er der Friede jenseits aller Vernunft ist. Man hat einmal ganz nüchtern bemerkt, daß die Idee, Yoga sei ein langweiliger Zustand, vielleicht einem Mißverständnis seiner Erklärung durch Patañjali entstammt.

Der Mensch strebt aus Gewohnheit und kraft seiner natürlichen Veranlagung nach Formen und Erscheinungsweisen (bhaumānanda). Wenn auch alle Freude dem reinen höchsten Bewußtsein entstammt, so nimmt man doch an, daß dualistische Vielfalt und Polarität für die Freude notwendig sind. Was also in seiner Fülle dem Geist zugehört, der alles Leben erhält, wird auf das Leben allein übertragen. Alles Wissen und Sein wird mit Vielfalt, Wandel, Polarität gleichgesetzt. Während wir über die bewegte Oberfläche des Meeres gleiten, verleugnen wir sozusagen die unermeßlichen Tiefen, die in Ruhe verharren, von nichts aufgerührt. In ihnen liegt der höchste Frieden (shānta) und die Glückseligkeit (paramānanda).

In der Brihadāraṇyaka-Upaniṣhad heißt es: „Andere Wesen leben auf einem Bruchstück dieser großen Seligkeit". Die Seligkeit von Shiva und Shakti ist eins, da diese nicht voneinander zu trennen sind. Darum heißt sie (Trishati II, 32) Ekabhoga. Eka = Ishvara, Bhoga = Svasvarūpānanda.

Nach Nyāya und Sāṅkhya ist Hauptziel des Menschen die absolute Aufhebung des Leides, aber die Anhänger des Vedānta, die über diese negative Bestimmung hinausgehen, sagen, daß, wenn alles Leiden sich in der Einheit mit dem Höchsten aufgelöst hat, das Hauptziel jene Seligkeit ist, die aus Seinem Wesen stammt. Die Devī Kalyānī, die Mutter aller, ist selber Glückseligkeit. Das heißt, alle Seligkeit des irdischen Glücks (bhaumānanda) bis zur Glückseligkeit Brahmans (brahmānanda). Shāṅkara sagt in seinem Kommentar zur Trishatī (die Shruti zitierend): „Wer anders ließe uns atmen, wer anders ließe uns leben, wenn es diesen glückseligen Äther nicht gäbe?"

Fragt man weiter, was die reine Erfahrung sei, die sich in allen diesen verschiedenen Formen manifestiert, so muß man sagen, daß man von ihrer zutreffendsten Definition als reine Chit oder höchstes Brahman (parabrahman) nichts Gesondertes mehr aussagen kann. Denn alle Aussage ist Begrenzung oder eine Erscheinungsweise des Bewußtseins. In diesem Sinn sagt die Yogatattva-Upaniṣhad, daß diejenigen, die Erkenntnis hierüber in den Shāstras suchen, enttäuscht werden. „Wie kann das, was aus sich selbst scheint, von den Shāstras erleuchtet werden? Selbst die Devās können nicht diesen unbeschreibbaren Zustand beschreiben." Die Māṇḍūkya-Upaniṣhad nennt, wenn sie von dem vierten Aspekt (pāda) Ātmās spricht, diesen den nicht dualen Shiva, der kein Gegenstand ist, der gefühlt, benutzt, gewonnen, (durch irgendein Zeichen) bestimmt werden kann oder über den man Rechenschaft abzulegen vermag. Er ist unausdenkbar, und nur durch die Verwirklichung von Ātma erfahrbar. Negative Bestimmungen können falsche Vorstellungen forträumen, aber Er ist in Wahrheit unerforschbares Sein, auf das keine Kategorie angewendet werden kann.

Dies muß beachtet werden, wenn man den transzendenten Zustand erklären will, der aus sich selbst seiende (nirādhāra), nicht endende (nitya), unveränderliche (avikāri), raumlose (pūrna), zeitlose (shāsvata), allesdurchdringende (abhima), nicht unterscheidbare (sarvatrāvastha), sich selbst erleuchtende (svavamiyotih), reine (shuddha) Erfahrung ist. So sagt das Kulārnava-Tantra (I. 6, 7): „Shiva ist der ungeteilte höchste Brahman, der alles-wissende Schöpfer von allem. Er ist der Eine ohne Zweiten (advaya), Er ist Licht an sich. Er verändert sich nicht und ist ohne Anfang und ohne Ende. Er ist ohne Attribute und über allem. Er ist Sein (sat), Bewußtsein (chit) und Glückseligkeit (ānanda). Als Sat ist Er eine Erfahrung jenseits der Gegensätze von „dieses" und „jenes", von „hier" und „dort", „dann" und „jetzt". Als die Chit ist Er Erfahrung jenseits der Gegensätze von weltlichem Wissen und Nichtwissen. Als höchster Ānanda ist Er die Glückseligkeit, die erfahren wird, wenn der dualistische Zustand, der zwischen Freude und Leid wechselt und aus diesen besteht, vergangen ist. Erschaffene Freude ist nur ein unbeständiger, sich wandelnder Zustand (vikāra), ein Werden. Aber die höchste Glückseligkeit (paramānanda) bleibt. Sie ist die Natur selbst (svarūpa) dieses höchsten Bewußtseins und nicht, wie beim Geschöpf, die nur sich wandelnde Eigenschaft einer besonderen Form des Werdens.

Höchstes Sein (sat) ist Einheit ohne Teile (nishkala). Höchstes Gefühls-Bewußtsein (chit) ist unmittelbare Erfahrung. Im Jīva steht das Bewußtsein des Selbst gegenüber dem Nicht-Selbst. Denn das logische Denken errichtet eine Polarität von Subjekt-Objekt. Das nicht unterscheidende höchste Bewußtsein ist erhabener, und die höchste Glückseligkeit (paramānanda) ist jenseits der sich wandelnden Gefühle von Glück und Leid. Es ist der große Friede (shāntā), der in den Worten der Hañsopanishad (V. 12, Ed. Ānandāshrama, XXIX, S. 593) und des Neuen Testamentes alle weltliche Vernunft übersteigt.

Sachchidānanda oder reines Sein bleibt bestehen in allen Zuständen des Werdens, die seine Manifestationen als Shakti sind. Es mag einer ununterbrochenen, ungeteilten, ungesonderten Einheit verglichen werden, die die offenbarte Welt, wie der Äther oder der Raum, vollkommen durchdringt und der begrenzten, nicht zusammenhängenden gesonderten Natur der „stofflichen" Formen entgegengesetzt ist, die Ergebnis seiner Shakti-Kräfte sind. Es ist ein Zustand der Ruhe, der frei ist von aller Bewegung (nihspanda) und von jener Schwingung (spandana), die, als Auswirkung der ursprünglichen Energie, die Erscheinungswelt der Namen und Formen entfaltet. Es ist, kurz gesagt, das innerste Selbst in jedem Wesen – eine sich nicht wandelnde Wirklichkeit von der Natur eines allein auf Erfahrung ausgerichteten Prinzips (chaitanyam-ātma), das unterschieden ist von jeder Erscheinungsform des Erfahrenen oder jedem Mittel der Erfahrung. Die in den Körpern vorhandene Chit oder Ātma liegt als innerstes, immer gleiches Selbst allen Wesen zugrunde und ist, nach dem Vedānta, ungeteilt und unbegrenzt, wenn auch die Körper in Zeit und Raum voneinander getrennt sind. Sie durchdringt nicht nur alle, sondern übersteigt sie auch. So hat Chit einen zweifachen Aspekt: einen immanenten als Shakti (Kraft), in dem sie das Weltall durchdringt (saguna-brahman), und einen übersinnlichen, in dem sie jenseits ihrer weltlichen Erscheinungen existiert (nirguna-brahman). Chit an sich ist ohne Raum und Zeit und breitet sich über alle Begrenzungen von Zeit, Raum und anderen Kategorien des Daseins aus. Wir leben im Unendlichen. Alle Begrenzungen liegen in Chit, sind aber nur als Shakti ein anderer Aspekt von ihr. Sie ist ein unbegrenztes ruhiges Meer, auf deren Oberfläche zahllose verschiedene Erscheinungsweisen wie Wellen aufsteigen, sich aufbäumen und wieder versinken. Wenn sie auch die eine Ursache des Weltalls der Beziehungen ist, so ist sie in sich selbst doch ohne Beziehung und ohne das Gesamt von Bezogenheiten, eine vollkommen beziehungslose Selbst-Identität, die kein logischer Vorgang, wie auch immer dieser sein mag, verstehen kann.

Chit ist die unbegrenzte fortdauernde Fülle, die alles erhält und belebt. Sie ist der All-Geist, der, wie der Äther, alles durchdringt. Sie ist jede Erfahrung und jeder Vorgang in der Fortdauer der Erfahrungen und unterhält und erleuchtet diese. In ihr wird das Weltall geboren, wächst es und stirbt es. Diese Fülle oder ununterbrochene Fortdauer ist als solche alldurchdringend, ewig, nicht erschaffen und nicht zerstörbar. Denn Erschaffen und Zerstören setzen das Dasein und Trennen von Teilen voraus, die in einem ununterbrochenen fortdauernden Zusammenhang sich nicht von einem Platz zum anderen hin bewegen können. Ein solcher Zusammenhang kann auch keine andere Form von Bewegung wie Ausdehnung, Zusammenziehung oder Schwingung besitzen, da alle solche Erscheinungen sich aus dem Vorhandensein von Teilen und deren Verschiebung ergeben. Chit ist eine ungehinderte, ungeteilte, alles durchdringende, ewige, geistige Substanz. Im Sanskrit wird diese Fülle Chidākāsha genannt. Das höchste Bewußtsein wird als eine Art geistiger „Raum" (chidākāsha) vorgestellt, der aller erscheinenden und wieder schwindenden Vielfalt von Formen Raum gibt und sie umfaßt. Der Raum selbst ist ein Aspekt der geistigen Substanz. Er ist ein besonderer Ausdruck jener Lebensäußerung, die in dem unwandelbaren Bewußtsein stattfindet (P. Mukhyopādhyāya: „Das offensichtliche Wunder", 21–24). In diesem Meer von Seins-Bewußtsein leben und bewegen wir uns und haben unser Sein. Das Bewußtsein als solches (das heißt unterschieden von den Auswertungen seiner Macht oder Shakti) ist niemals endlich. Allumfaßend, ist es unbegrenzbar, wenn es auch durch die Kraft seiner Selbst-Leugnung oder Māyā-Shakti begrenzt zu sein scheint. Solche scheinbaren Begrenzungen aber drücken für uns niemals das ganze Bewußtsein aus und erschöpfen es ebensowenig, wie ein Raum von den Gegenständen in ihm ausgeschöpft wird. Die Erfahrung ist begrenzt, weil der Erfahrende durch Nützlichkeitsinteressen seine Aufmerksamkeit nur auf besondere Züge des Zusammenhängenden richtet. Das auf diese Weise Erfahrene ist nur Teil der ganzen Erfahrung. Diese ist eine unendliche Ausdehnung des Bewußtseins oder Gewahrwerdens, in der eine bestimmte Menge von einzelnen, begrenzten Gefühlen unterschieden werden kann.

Da Chit unendliche Fülle ist, und alle begrenzten Wesen in ihr existieren, da sie in allen diesen Wesen als Geist oder innerstes Selbst ebenso wie als Māyā-Shakti vorhanden ist, ist sie deren Denkorgan und Körper. Wird irgendwelches Dasein angenommen, so wird Brahman angenommen, das Sein selbst. Dieses reine Bewußtsein oder die Chit ist der Paramātma-Nirguna-Shiva, Seins-Bewußtseins-Seligkeit (sachchidānanda).

Bewußtsein ist Sein. Paramātma ist, nach dem Advaita-Vedānta, nicht das Bewußtsein vom Sein, sondern ist Seins-Bewußtsein selbst. Er ist auch nicht Bewußtsein von der Glückseligkeit, sondern ist Glückseligkeit selbst. Alles ist eins im reinen Bewußtsein. Die Natur des Paramātma wandelt sich nie, ungeachtet der schöpferischen Ideen (srishtikalpanā), die die Manifestation von Shakti als Chit-Shakti und Māyā-Shakti sind. Nach dem Shākta-Tantra sind es die Ausfaltungen der Shakti.

In einer unvollkommenen Entsprechung zum westlichen Denken, wäre Nishkala Paramātma Gottvater (brahmatva), Sakala oder Saguna-Ātma Gott (īshvara). Jeder der drei Systeme: Sāṅkhya, Māyāvāda-Vedānta und Shākta-Monismus stimmen darin überein, daß das reine Bewußtsein (chit) Wirklichkeit ist. Sie unterscheiden sich nur in der Frage, ob das Unbewußte eine zweite unabhängige Wirklichkeit ist, was der Sāṅkhya annimmt, oder, wenn dies nicht der Fall ist, wie die Behauptung, daß das Bewußtsein in Gestalten erscheint, mit der Einheit des Brahman in Einklang zu bringen ist.

Dies also ist Chit, die in ihrem eigenen Sein nur im vollkommenen Yoga oder Moksha zu erkennen ist. Nur in ihrer Manifestation wird sie unserer gewöhnlichen Erfahrung zugänglich.

Um ein Gleichnis aus dem Kaivalya-Kālikā-Tantra zu benutzen: Wir erkennen die Gegenwart von Rāhu oder Bhūchchhāyā (die Sonnen- oder Mondfinsternis) nur durch ihre Auswirkung auf Sonne und Mond. Die Wirkung wird sichtbar, nicht die Ursache. Chit-Shakti ist der Name für die gleiche unveränderliche Chit, wenn sie in der Schöpfung mit ihrer in Wirksamkeit tretenden Māyā-Shakti verbunden ist. Die höchste Chit heißt in der Darstellung der 36 Tattvas, die von den Shaiva- wie den Shākta-Āgamas angenommen wird, Parāsamvit.

Nach Shaṅkara ist der höchste Brahman reines Jñāna ohne die geringste Spur von Objektivität in tatsächlicher oder möglicher Auswirkung. Die Advaita-Shaiva-Shāktas betrachten diese Tatsache unter einem anderen Gesichtspunkt. Dieser ergibt sich aus einem wesentlichen Grundsatz der Āgama-Schule, den ich jetzt erörtern will.

Im Okkultismus des Ostens wie des Westens besteht der Grundsatz, daß es in keinem Zustand und auf keiner Ebene etwas gibt, das nicht in irgendeiner Weise, tatsächlich oder als Möglichkeit, in einem anderen Zustand oder auf einer anderen Ebene vorhanden wäre. In der westlichen Sprache gilt das Wort des Hermes: „Wie oben so unten", das nicht immer verstanden wird. Es bedeutet nicht, daß auf einer Ebene bestehende Dinge in der gleichen Form auch auf einer anderen vorhanden wären. Offensichtlich würden dann die Ebenen die gleichen und nicht voneinander verschieden sein. Würde Ishvara Dinge auf menschliche Weise denken, fühlen und sehen, würde er lieben und zürnen, wie es Menschen tun, dann wäre er eben nicht Ishvara sondern Jīva.

Das angeführte Wort bedeutet, daß ein Ding, das auf einer Ebene besteht, auch auf allen anderen Ebenen vorhanden ist, entsprechend der Form dieser Ebene, wenn es ein bedingter kausaler Körper (kāraṇāvāntarasharīra) ist oder letztendlich als die reine Möglichkeit des Werdens, die in Ātma und seinem Shakti-Aspekt vorhanden ist. Das Wort des Hermes ist in anderer Weise in dem

Vishvasāra-Tantra überliefert: „Was hier ist, ist anderswo, was nicht hier ist, ist nirgendwo" (yadihāsti tad anyatra. Yannchāsti na tat kvachit). Ähnlich sagt das nördliche Shaiva-Shāstra, daß das im Außen erscheinende nur erscheinen kann, weil es im Innen vorhanden ist. Man kann aus einem Gefäß nur herausnehmen, was zuvor darin war. Was in uns ist, muß in irgendeiner Art in unserer Ursache enthalten sein. Auch wenn wir nur als endliche Gestalten leben, so geschieht dies, weil die Ursache unendliches Sein ist. Wenn wir – auch nur begrenztes – Wissen haben, ist dies der Fall, weil unsere wesentliche Substanz Chit, die Erleuchtende, ist. Wenn wir Seligkeit empfinden – wenn auch mit Leid vermengt –, so trifft dies zu, weil sie höchste Seligkeit ist. Kurz gesagt: Unsere Erfahrung muß im Kern in ihr sein. Dies ist der Fall, weil es nach dem Shākta-Āgama für den Verehrenden eine wirkliche Schöpfung gibt und damit einen wirklichen Zusammenhang zwischen Brahman als Ursache und der Welt als Wirkung. Nach der übersinnlichen Lehre des Shāṅkara aber gibt es im absoluten Sinn keinen solchen Kausalzusammenhang. Die Vorstellung der Schöpfung durch Brahman ist bei ihm ebenso Māyā wie die Vorstellung der erschaffenen Welt.

Nach diesen Grundsätzen besteht für unsere duale Erfahrung ein „Ich" (aham oder Subjekt), das als Gegenstand ein „Das" erfährt (idam), das Weltall oder irgendein besonderes Objekt aus der Vielzahl des Dargestellten. Nun heißt es aber, daß die Zweiheit von „Ich" und „Du" aus dem Einen stammt, der in seinem natürlichen Wesen (svarūpa) eine ganzheitliche Erfahrung ohne solche bewußte Unterscheidung ist. Der Vedānta stimmt in seiner Māyāvāda- oder Shākta-Form darin überein, daß es im Höchsten nicht, wie auf dieser Ebene, ein Bewußtsein von Gegenständen gibt. Das Höchste sieht keine Objekte außerhalb seiner selbst. Denn Es ist das Ganze und die Erfahrung des Ganzen als Ishvara. Wie aber – könnte man fragen – vermag ein höchstes unwandelbares, ungeteiltes, formloses Bewußtsein aus sich selbst etwas hervorzubringen, was so verschieden ist von sich selbst, etwas, das sich ändert, das Teile hat, Gestalt und so fort. Shāṅkaras Antwort lautet, daß im Übersinnlichen nichts hervorgebracht wird. Die Vorstellung, daß solches geschieht, ist Māyā. Was aber ist Māyā? Dies habe ich ausführlicher in dem Kapitel „Māyā und Shakti" erklärt. Hier möchte ich nur sagen, daß Māyā ein unerklärbares (anirvachanīya) Prinzip des Unbewußten ist, das weder wirklich noch unwirklich ist und nicht geteilt werden kann. Es ist eine ewige Täuschung (mithyābhūtā sanātanī), die, obgleich nicht Brahman, doch unzertrennlich mit Ihm in seinem Ishvara-Aspekt verbunden ist. Brahman ist ihr Halt (māyā brahmāshritā). Von ihm empfängt sie ihre Erscheinung als eine gesonderte unabhängige Wirklichkeit, die sie in Wahrheit nicht ist. Der Parabrahman-Aspekt des Einen ist nicht mit Māyā verbunden.

Nach der Shākta-Darlegung des Advaitavāda ist Māyā nicht ein unbewußtes (jaḍa) Prinzip, sondern eine besondere Shakti Brahmans. Als Shakti ist sie im Grunde Bewußtsein, als Māyā-Shakti aber Bewußtsein, das sich verschleiert. Shakti und Shaktimān sind ein und dasselbe: das heißt Kraft und ihr Besitzer (shaktimān). Darum ist Māyā-Shakti Shiva oder Chit in jenem besonderen Aspekt, den Er als die materielle Ursache (upādānakāraṇa) in der Schöpfung annimmt. Die Schöpfung ist wirklich. Denn es herrscht ein unmittelbarer Kausalzusammenhang zwischen Shiva als Shakti (chit-shakti und māyā-shakti) und dem Weltall. Kurz gesagt: Shiva als Shakti ist die Ursache des Weltalls, und als Shakti in der Gestalt des Jīva (alle offenbarten Formen) entfaltet Er sich in die Wirklichkeit. Man vergleiche hiermit die Ansicht Shāṅkaras, nach der es in Wahrheit keine Schöpfung gibt und deshalb nicht die Frage gestellt werden kann, wie sie entstand.

Diese Ansicht ergibt sich aus dem übersinnlichen Standpunkt (paramārthika) der Selbstverwirklichung oder der Siddhi, von der Shāṅkara ausgeht. Das Shākta-Shāstra auf der anderen Seite, das ein praktisches Sādhanā-Shāstra ist, sieht das Problem von unserem, das heißt vom Standpunkt des Jīva aus. Für uns ist das Weltall, sind wir selbst wirklich, und ist Ishvara, der Schöpfer wirklich. Darum gibt es eine Schöpfung; Shiva erschafft als Shakti, indem Er sich in das Weltall ausfaltet und dann als alle Jīvas erscheint. Das ist die alte Lehre der Upaniṣhaden von der Spinne, die tatsächlich das Netz aus sich selbst erschafft, das in dieser Form ihre Substanz bildet. Eine Blume kann nicht aus dem Samen entstehen, wenn sie nicht in gewisser Weise schon darin gewesen wäre. Ebenso wie es ein „Aham" und „Idam" in unserer Erfahrung gibt, besteht ähnliches in der höchsten Erfahrung von Parashiva und Parāsamvit. Idam oder das Weltall aber sind dort nicht das gleiche wie bei uns. Sonst wären sie Jīva.

So heißt es, daß es zwei Prinzipien oder Aspekte in Brahman gibt, nämlich den Prakāsha- oder Chit-Aspekt und die Vimarsha-Shakti, das ist Idam in seiner Kraftmöglichkeit, die sich in der Schöpfung in das Weltall hinein entwickelt. In der höchsten Erfahrung, im Amarsha, aber erreicht Vimarsha-Shakti, die von zweierlei Art ist, ihre höchste Form. Ihre feinstoffliche Art tritt in Gestalt des Bewußtseins (chidrūpinī), die grobstoffliche in Gestalt des Weltalls (vishvarūpini) hervor. Im ersteren Zustand ist sie jenseits des Weltalls (vishvottīrna).

Wenn Vimarsha-Shakti in Form von Bewußtsein (chidrūpinī) existiert, ist sie eins mit der Chit. Darum heißt es, daß Aham und Idam, ohne daß sie aufhören, in der Erfahrung zu bestehen, im höchsten Shiva unterschiedslos vereint sind als Chit und Chidrūpinī. Dies ist der Nirguṇa-Zustand der Shiva-Shakti. Da sie in diesem Zustand unzertrennlich mit Shiva vereint ist, ist sie zugleich unoffenbarte Chit; sie ist Chaitanya-rūpā oder Chidrūpinī: ein subtiler Ausdruck im Sanskrit, der besagt, daß sie das gleiche ist wie Chit und doch in gewissem Sinn – trotz der gegenwärtigen Einheit mit ihm – (in bezug auf die ihr innewohnende Möglichkeit zukünftiger Offenbarung) sich von ihm unterscheidet. Sie ist Sachchidānandamayī, während Er Sachchidānanda ist. Sie ist das nicht offenbarte Weltall in Form des nicht unterschiedenen Chit.

Die gegenseitige Beziehung – in der Offenbarung oder jenseits von ihr, als unvollkommenes oder ideales Weltall – ist von unzertrennlicher Verbindung oder Anhaftung (avinābhāva-sambandha, Samaṇvaya), so wie die „Ichheit" (ahantā), mit dem „Ich" (aham), die Existenz mit dem Existierenden (bhāva, bhavati), die Eigenschaft mit dem, der sie besitzt (dharma, dharmin), der Sonnenschein mit der Sonne, und so fort. Die Pañcharātra-Schule der Vaiṣhṇava-Āgamas oder des Tantra, sagt, wenn sie von der Mahāshakti Lakshmī spricht, daß sie in ihrem höchsten Zustand nicht von der „windlosen Atmosphäre" (vasudeva) zu unterscheiden sei, die sozusagen nur in Form der „Dunkelheit" und „Leere" (das ist unmanifestierte Formlosigkeit) besteht. So spricht das Mahānirvāna-Tantra von ihrer „dunklen Formlosigkeit". Im Kulachūdāmani-Nigama verkündet die Devī (I, 16–24): „Ich bleibe, wenn auch in der Gestalt der Prakṛiti, im Zustand der Bewußtseins-Glückseligkeit" (aham prakritirūpā chet chidānanda-parāyaṇā). Rāghava Bhatta schreibt in seinem Kommentar über Shāradā-Tilaka (Kap. I): „Sie, die während der endgültigen Auflösung ewig in einem feinstofflichen (d. h. nicht manifestierten) Zustand als Bewußtsein bleibt." Leichter verständlich hieße es, daß sie dann das ist, was sie immer ist (svarūpa), nämlich Bewußtsein, aber daß sich dieses Bewußtsein in der Schöpfung verschleiert. Diese Bezeichnungen: „formlos", feinstofflich", „dunkel", „leer" beziehen sich alle auf den gleichen, nicht manifestierten Zustand, in dem Shakti in nicht zu unterscheidender Vereinigung mit Shiva, dem formlosen Bewußtsein, verbunden ist. Das Pañcharātra (Ahirbudhnya-Samhita, K. IV), das den anderen Āgamas ähnlich ist, beschreibt den höchsten Zustand der Shakti bei Auflösung des Weltalls als jenen, in dem die offenbarte Shakti „zurückkehrt in den Zustand des Brahman" (brahmabhāvam brajate). „Durch vollkommen innige Umarmung" (atisaṅkleshāt) werden die beiden alles durchdringenden Prinzipien Nārāyaṇa und Seine Shakti sozusagen ein einziges (ekam tattvam iva).

Diese Rückkehr zu dem Brahman-Zustand soll auf gleiche Art geschehen wie ein Brand, der keinen brennbaren Stoff mehr findet und in den latenten Zustand des Feuers (vahni-bhāva) zurückkehrt. In beiden Fällen ist es der gleiche Brand. Einmal ist es die Aktivität des Brandes, im anderen fehlt diese. Hieraus folgt, daß der höchste Brahman nicht nur reine Kenntnis ohne jede Objektivität ist; in Ihm ist Aham das Selbst als Chit, und Idam entsteht durch Chidrūpinī-Shakti. Es herrscht Ātmārāma oder das Spiel des Selbst mit dem Selbst, in dem das Selbst das Selbst kennt und sich an ihm erfreut. Dies geschieht nicht in Form äußerer Gegenstände, sondern als jener Aspekt des Bewußtseins, dessen Projektion alle Gegenstände sind. Shakti ist immer Gegenstand des Selbst und eins mit ihm. Denn das Objekt ist immer das Selbst, da es nichts außer dem Selbst gibt. In der höchsten Erfahrung ist das Objekt als Chaitanya-Rūpa von Natur eins mit Shiva, im Weltall aber erscheint das Objekt dem Jīva als eine Schöpfung der Māyā und dieser untertan, somit als Denkorgan und Stoff vom Selbst unterschieden.

Der nächste Punkt betrifft die Natur der Schöpfung oder besser gesagt der Entwicklung (abhāsa). Denn der Ausdruck Schöpfung ist mit dualistischen Vorstellungen eines außer-kosmischen Gottes verbunden, der eine Welt hervorbringt, die von ihm so getrennt ist wie der Topf vom Töpfer. Nach dieser Lehre besteht eine Entfaltung des Bewußtseins oder der Chit-Shakti (verbunden mit Māyā-Shakti) in bestimmte Formen hinein. Dies bedeutet nicht, daß Brahman sich ganz in Seine Emanationen verwandelt, das heißt, von ihnen erschöpft wird. Brahman ist unendlich und kann deshalb niemals in einer Form, auch nicht im Weltall, ganzheitlich enthalten sein. Immer übersteigt Er das Universum. Deshalb bleibt das Bewußtsein, wenn es sich entfaltet, 'immer was es war, ist und sein wird. Die höchste Chit wird als Shakti zum Weltall und bleibt dennoch höchste Chit. In gleicher Weise bleibt jeder Zustand der Entfaltung vor der höchsten Entwicklung (parināma der prakriti), auch wenn er eine neue Evolution gebiert, immer der gleiche, der er war. Im Parināma oder der Entwicklung, die für unsere Ebene gilt, aber hört jedes Ding, das sich in ein anderes entfaltet auf, zu sein, was es zuvor war. So hört die frische Milch, die gerinnt, auf, Milch zu sein.

Die Entwicklung aus Shiva-Shakti oder den reinen Tattvas ist nicht von dieser Art. Sie ist ein Ābhāsa oder „Ausstrahlen", um das Gleichnis der Sonne anzuwenden, die scheint, ohne (so nimmt man an) sich in ihr Licht zu verwandeln oder sich in ihm zu vermindern. Diese Unberührtheit heißt im Pañcharātra, auch wenn es sich um die materielle Ursache handelt, Vīryya und ist ein Zustand, der nach dem Vaiṣhṇava-Lakshhmī-Tantra für die Welt nicht gilt, „in der die Milch gleich ihre Natur verliert, wenn sie gerinnt". Er gleicht dem Vorgang, in dem eine Flamme auf eine andere überspringt. Deshalb heißt er „Flamme zur Flamme". Eine zweite Flamme wird entfacht, aber die erste, die sie anzündet, erschöpft sich nicht und brennt weiter. Die Ursache bleibt, was sie war und erscheint doch anders in ihrer Wirkung. Gott – so heißt es – „entleert sich niemals". Brahman bleibt stets unverändert in einem Aspekt. Im anderen wandelt Er sich. Solche Wandlung ist gewissermaßen ein Eindruck in den unendlichen Äther oder Chit.

Dieser Abhāsa ist deshalb eine Form des Vivarta, wenn auch von jenem des Māyāvāda verschieden. Denn in den Āgamas, gleichgültig ob sie Vaiṣhṇava oder Shākta sind, wird die Wirkung als wirklich angesehen, während sie nach Shāṅkara nur in der Erfahrung besteht. Letztere heißt deshalb Sat-kāranavāda, die Lehre von der Wirklichkeit der ursprünglichen Quelle oder Grundlage der Dinge, aber nicht zugleich auch von den sichtbaren Wirkungen der Ursache. Dieser Ābhāsa wurde Sadrisha-Parināma genannt (vgl. die „Einleitung zu den Grundlehren des Tantra", Band II), eine Bezeichnung, die aus dem Sāṇkhya stammt, aber nicht ganz zutreffend ist. Dort wird dieser Ausdruck in Verbindung mit dem Zustand der Guṇas der sich auflösenden Prakṛiti gebraucht, in dem nichts hervorgebracht wird. Hier dagegen handelt es sich um die Schöpfung und ein sich entfaltendes Kraft-Bewußtsein. Die Bezeichnung ist also nur insofern zutreffend, als es – ebenso wie im Sadrisha-Parināma – keine wirkliche Entwicklung oder Objektivität, also auch keine Entfaltung der Tattvas gibt, bis nicht Māyā eingreift und Prakṛiti tatsächlich das objektive Weltall entfaltet.

Da dies die Natur des höchsten Shiva und der Bewußtseins-Entwicklung ist, nimmt diese Lehre, ebenso wie alle anderen, einen übersinnlichen und einen schöpferischen oder immanenten Aspekt von Brahman an. Der erste ist Niṣhkala-Shiva; der zweite Sakala Shiva oder Nirguṇa-Saguṇa; Paramātapara (nach Shāṅkaras Worten); Paramātmā, Ishvara; Paramabrahman, Shabdabrahman. Von dem zweiten oder veränderlichen Aspekt wird das Weltall geboren. Geburt bedeutet „Manifestation"; Manifestation als Bewußtsein. Da es aber nichts außer Chit gibt, ist die Schöpfung also jene Entwicklung, durch die die unveränderliche Chit dank der Kraft ihrer Māyā-Shakti sich selbst in der Form der begrenzten Gegenstände begegnet. Alles ist Shiva- ob als Subjekt oder als Objekt. Diese Entfaltung des Bewußtseins wird im Schema der 36 Tattvas beschrieben. Shāṅkara und das Sāṇkhya kennen 24 Tattvas, von Prakṛiti bis zu Pṛithivī.

Die Shaivas und Shāktas gehen von 36 Tattvas aus und zeigen durch diese besondere Zahl von Tattvas, wie Purushha und Prakṛiti selbst entstanden sind. Der nördliche oder Advaita-Shaiva-Āgama und der Shākta-Āgama sind miteinander verwandt, und jede Shaiva-Schrift nimmt die gleichen Tattvas an. In allen Āgamas – den Vaishṇava, Shaiva oder Shākta – gibt es Lehrstücke, die gleich oder ähnlich sind. Das Vaishṇava-Pañcharātra aber bewegt sich auf einer anderen Denkebene. Es spricht an Stelle des hier beschriebenen Ābhāsa von vier Vyūha oder Formen des Nārāyaṇa: von Vāsudeva, Saṃkarshaṇa, Pradyumnā und Āniruddha. Die 36 Tattvas sind die 24 von Pṛithivī bis zu Prakṛiti, zusammen mit (aufwärts gerechnet) Purushha, Māyā und den fünf Kañchukas (Kāla, Kalā, Niyati, Vidyā, Rāga), Shuddhaviyā (oder sadvidyā), Shakti, Shiva. Diese werden in drei Gruppen unterteilt, in Shiva-Tattva, Vidyā-Tattva, Ātma-Tattva; oder in die Shuddha-Shuddhāshuddha-Ashuddha-Tattvas. Zu den Shuddha oder reinen Tattvas gehören die Shiva-Shakti-Tattvas (shuddhāshuddha) bis einschließlich dem Sadvidyā-Tattva. Die reinen –, unreinen oder gemischten Tattvas liegen zwischen der ersten und dritten Gruppe. Letztere sind die unreinen Tattvas (ashuddha-tattvas) der Welt der Zweiheit: die 24 Tattvas von Prakṛiti bis zu Pṛithivī. Die andere Dreier-Gruppe ist: Shiva-Tattva, einschließlich dem Shakti-Tattva; Vidyā-Tattva, einschließlich aller Tattvas von Sadāshiva bis Sadvidyā und Ātma-Tattva, einschließlich aller Tattvas von Māyā und den Kañchukas bis zur Pṛithivi. Die hier gesonderte Beschreibung der 36 Tattvas, die Shaivas und Shāktas benutzen, stammt aus der nördlichen philosophischen Shaiva-Schule von Kashmir, die ihrerseits auf den älteren Āgamas und dem Mālinīvijaya-Tantra beruht. Es ist eine allgemeine Lehre des Advaitavāda, daß der Eine zwei Aspekte hat, von denen der erste statisch (Shiva) und der andere bewegt (Shakti) ist. Die Lehre der Aspekte ist ein Versuch, den Gegensatz zwischen unveränderlich und veränderlich auszugleichen. Philosophisch ist sie ein Ausweichen vor dem Problem, nicht dessen Lösung. Diese liegt in der Offenbarung (veda) und in der unmittelbaren geistigen Erfahrung (samādhi). Die Zustände unterscheiden sich je nach Menschen, Rasse und Glaubensformen. Mit Hilfe des Advaitavāda aber kann man darauf vertrauen, daß Samādhi oder Ekstase in allen Teilen der Welt und in allen Glaubensformen nach einer Art von Einheit strebt, die mehr oder weniger vollständig ist. Alle suchen Einheit mit Gott, nur besteht eine Auseinandersetzung über die Natur dieser Vereinigung. Das folgende Schema zeigt, wie diese einheitliche Erfahrung begrenzte Formen annimmt, ohne aufzuhören das zu sein, was sie ist.

Parāsamvit an der Spitze des Diagramms ist Nishkala-Shiva oder der unveränderliche Brahman-Aspekt. Shiva-Shakti darunter ist der Aspekt des höchsten Brahman, von dem die Veränderung ausgeht, die als Ergebnisse oder als veränderliche Formen Brahmans erscheinen. Beide sind Shiva-Shakti. Wenn aber Shiva in Bewegung ist, wird Er Shakti genannt. Vom Shakti-Aspekt aus betrachtet sind beide Shakti. Niemals besteht Shiva ohne Shakti, wenn auch Shakti in einem Aspekt Chidrūpinī ist und im anderen die Gestalt des Weltalls annimmt (vishvarūpinī). In sich selbst und in allen Teilen sind sie eins. Die Unterscheidung geschieht im Bewußtsein, das der Auswirkung von Māyā unterworfen ist, deren Ergebnis die Polarisierung des Bewußtseins in ein scheinbar gesondertes „Ich"

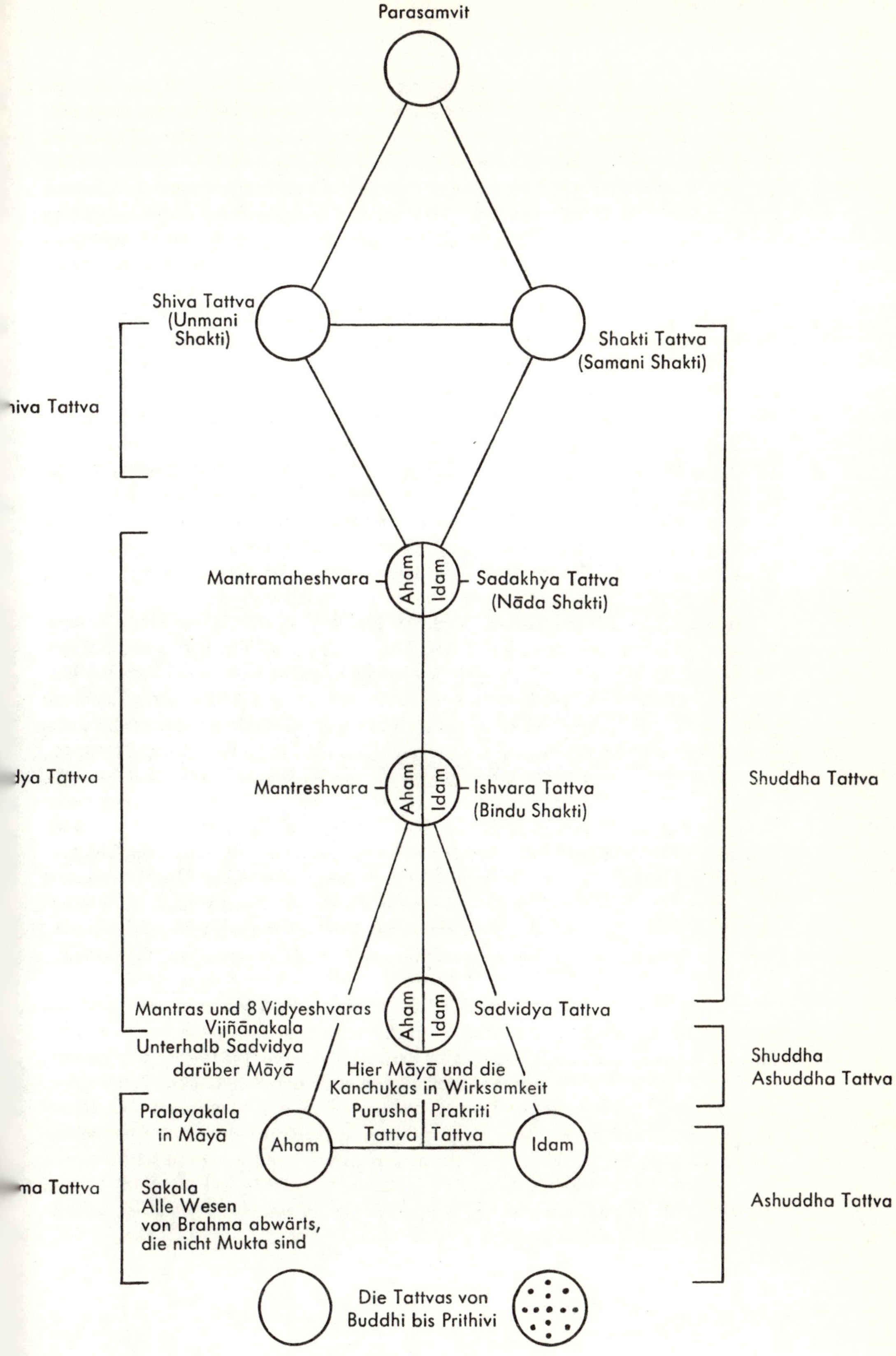
Parasamvit
Shiva Tattva (Unmani Shakti)
Shakti Tattva (Samani Shakti)
ıiva Tattva
Mantramaheshvara
Aham
Idam
Sadakhya Tattva (Nāda Shakti)
ıdya Tattva
Mantreshvara
Aham
Idam
Ishvara Tattva (Bindu Shakti)
Shuddha Tattva
Mantras und 8 Vidyeshvaras
Aham
Idam
Sadvidya Tattva
Vijñānakala
Unterhalb Sadvidya
darüber Māyā
Hier Māyā und die
Kanchukas in Wirksamkeit
Shuddha
Ashuddha Tattva
Pralayakala
in Māyā
Purusha Tattva
Prakriti Tattva
Aham
Idam
ıma Tattva
Sakala
Alle Wesen
von Brahma abwärts,
die nicht Mukta sind
Ashuddha Tattva
Die Tattvas von
Buddhi bis Prithivi

und „Dies“ ist. Parāsamvit wird nicht als Tattva bezeichnet, da sie jenseits aller Tattvas (tattvātītā) ist. Shiva-Tattva und Shakti-Tattva werden gesondert aufgezählt, trotzdem Shakti-Tattva nur der negative Aspekt von Shiva-Tattva ist. Shiva-Tattva und Shakti-Tattva werden nicht hervorgebracht. Sie sind einfach da, auch noch in der Auflösung. Sie sind Saguṇa-Brahman, während Parāsamvit Nirguna-Brahman ist. In der Entwicklung ist das erste Tattva, das Sadāshiva des Sadākhya-Tattva, der Zustand (sāt ākhya yatah), in dem die erste Vorstellung vom Sein aufsteigt. Denn hier beginnt die erste Welterfahrung als die Vorstellung: „Ich bin dies“, die zuletzt zu einem gesonderten „Ich“ und „Dies“ führt.

In meinem „Blütenkranz der Buchstaben“ habe ich mit größeren Einzelheiten die Entwicklung des Jīva-Bewußtseins beschrieben. Hier will ich den Vorgang nur kurz zusammenfassen: Wie schon erwähnt, bestehen Aham und Idam in einem nicht zu beschreibenden einheitlichen Zustand in der Parāsamvit. Das Shakti-Tattva wird negativ genannt, da Verneinung die Funktion der Shakti ist (niṣhedha-vyāpāra-rūpā shaktiḥ). Was aber wird verneint? Das Bewußtsein. So ist das Weltall ein Ergebnis der Negation. Wo reine Erfahrung herrscht, dort gibt es kein manifestiertes Weltall. Shakti leugnet die reine Erfahrung oder das reine Bewußtsein so sehr, daß es sich selbst für begrenzt hält. Shakti befreit die vereinten Elemente (aham und idam), die in der höchsten Erfahrung eine nicht zu unterscheidende Einheit sind. Wie dies geschieht, ist eine Frage von größter Feinsinnigkeit.

Bei den Shiva-Shakti-Tattvas stellt Shiva den Prakāsha- und Shakti den Vimarsha-Aspekt dar, der in sich als Möglichkeit den Samen des zukünftigen Weltalls enthält. Hieraus folgt, daß der Prakāsha-Aspekt für sich allein besteht. Das Shiva-Tattva ist Prakāsha-Mātra, das heißt – um ein Bild unserer Ebene zu gebrauchen – ein „Ich“ ohne „Dies“. In diesem Zustand ist das einheitliche Bewußtsein so sehr gebrochen, daß es nicht länger die vollkommene Erfahrung ist, in der Aham und Idam in unterschiedsloser Einheit existieren, sondern nur noch ein höchstes Aham-Bewußtsein besteht, das die Wurzel aller begrenzten Subjektivität ist. Diesem Aham- oder Shiva-Tattva entschleiert sich Shakti nach und nach als der Idam- oder Vimarsha-Aspekt des Bewußtseins. Das Ergebnis ist, daß aus Shiva und Shakti (wobei letztere den spielerischen Teil übernimmt) das erste geschaffene Bewußtsein – Sadākhya-Tattva – sich entwickelt. So entsteht ein Aham- und Idam-Aspekt der Erfahrung. Diese aber gleicht nicht der Erfahrung des Jīva, die auf einer späteren Stufe, nach dem Eingreifen von Māyā-Shakti, erwacht.

Im Jīva-Bewußtsein (jīvātmā) wird der Gegenstand (idam) als etwas Äußeres und von sich selbst Verschiedenes gesehen. Im Sadākhya-Tattva und allen folgenden reinen Tattvas, das heißt im Ishvara- und Shuddhavidyā-Tattva wird das „Dies“ als Teil des Selbst und nicht von ihm gesondert erfahren. Es gibt dort (und dies zeigt sich auf dem Diagramm) kein außen und kein innen. Der Kreis, der das eine Bewußtsein darstellt, ist in ein „Ich“ und in ein „Dies“ geteilt, die aber noch der gleichen Figur zugehören. Das „Dies“ wird zuerst nur stufenweise und nebelhaft (dhyāmala-prāyam) dem Aham dargestellt wie ein Bild, das im Entstehen ist (unmīlitamātra-chitrākalpam). Aus diesem Grund heißt es, daß die

Betonung auf dem Aham liegt, der im Diagramm durch die Pfeilspitze angezeigt wird. Dieser wird „Nimesha" genannt oder „das Schließen der Augen" der Shākta. Denn er ist die letzte Stufe der Auflösung, bevor alle Wirkungen in ihre erschaffene Ursache zurückgezogen werden. Als letzte Stufe der Auflösung ist es die erste Stufe der Schöpfung.

Die Idam-Seite tritt in dem nächstentwickelten Ishvara-Tattva klar hervor, in dem, wie es heißt, die Betonung auf dem „Dies" liegt, das der Aham subjektiviert. Dieser Zustand ist „Unmesha", das „Öffnen der Augen" der Shakti. Denn es ist der Zustand des Bewußtseins, in dem es zum ersten Mal vollkommen ausgestattet ist, um zu erschaffen, und Schöpfung auch stattfindet. Aus diesem Zustand entsteht das höher entwickelte Bewußtsein, das Shuddhavidyā-Tattva genannt wird. Die Betonung wird nun gleicherweise auf „Ich" und „Dies" gelegt. Das Bewußtsein befindet sich in dem Zustand, in dem die beiden Hälften der Erfahrung reif sind, um aufgebrochen und gesondert erfahren zu werden. Auf dieser Stufe schaltet sich Māyā-Shakti dank ihrer Macht und dank der Kañchukas ein, die diese ausdrücken. Māyā-Shakti wird deshalb Sinn der Unterscheidung (bhedabuddhi) genannt: Das heißt, die Kraft, mit deren Hilfe die Dinge in der zweifach manifestierten Welt vom Selbst gesondert erscheinen. Die Kañchukas, die durch Māyā bewirkt werden und besondere Formen von ihr sind, begrenzen die natürliche Vollkommenheit des höchsten Bewußtseins. Es sind dies: Kala, der das Ungeteilte, Unbegrenzte teilt (parichcheda); Niyati, die Unabhängigkeit (satantratā) bewirkt; Rāga, der Interesse und später Bindung an Gegenstände in jenem erweckt, das zuvor nichts verlangte (pūrṇa); Vidyā, die den Purusha zum „kleinen Wissenden" an Stelle des „alles Wissenden" (sarvayñāta) macht und Kalā, die Purusha zum „kleinen Handelnden" macht, während das Höchste in seinem Kartṛittva oder in der Kraft allmächtiger Tätigkeit bleibt. Das Ergebnis von Māyā und ihren Ausläufern, den Kañchukas ist die Frucht der Purusha- und Prakṛiti-Tattvas. In diesem Zustand sind Aham und Idam vollkommen getrennt. Jedes Bewußtsein betrachtet sich als ein gesondertes „Ich", und das „Dies" – sei es der eigene Körper oder derjenige anderer – als etwas außerhalb seines Bewußtseins.

Jeder Purusha (und es gibt zahllose) schließt wechselseitig den anderen aus. Prakṛiti ist die Gesamtheit aller Shaktis in einer zusammengezogenen (saṅkuchadrūpā) und nicht unterschiedenen Form. Sie ist Gefühl als eine nicht unterschiedene Menge von Buddhi und den ausgeglichenen drei Guṇas. Von Purusha oder dem Selbst wird sie als Gegenstand erfahren. Wenn die Guṇas in Prakṛiti ihr Gleichgewicht verlieren, entwickelt diese die Vikritis von Denkorgan und Materie. In solchem Zustand erfährt Purusha die vielfache Welt der 24 unreinen Tattvas.

So gewinnt das Bewußtsein von dem höchsten „Ich" (parāhantā), das der schöpferische Shiva-Shakti-Aspekt des Parāsamvit ist, der unverändert als Sachchidānanda verharrt, die Erfahrung seiner selbst als Gegenstand (sadākhya, ishvara, sadvidya-tattvas). Durch Māyā und die Begrenzungen oder Verengungen der Kañchukas oder Saṃkochas aber verliert das Bewußtsein später das Wissen seines eigenen Objektseins. Es sieht den gesonderten „Anderen", und das eine Bewußtsein wird zu dem begrenzt Erfahrenden, das heißt, zu den vielfachen

Selbstheiten und ihren Objekten im dualen Weltall. Shakti, die in sich selbst (svarupa) Gefühl-Bewußtsein (chidrūpiṇī) ist, wird immer grobstofflicher, bis die physische Energie Form annimmt und in die „Kruste" des Stoffes eingebettet wird, die sie selbst als Lebensprinzip aller Dinge belebt. In allen Formen tritt die gleiche Shakti als Chit-Shakti und Māyā-Shakti wirksam in Erscheinung, als geistiger und materieller Aspekt der Kraft des sich selbst-erleuchtenden reinen Über-Bewußtseins oder Chit.

XV. Kapitel

MĀYĀ-SHAKTI

Der psycho-physische Aspekt des Weltalls

Geist, Denkorgan und Materie sind letztendlich eins, wobei Denkorgan und Materie die Zwillingsaspekte der grundlegenden Substanz, des Brahman und Seiner Kraft, der Shakti bilden. Geist ist die Substanz von Denkorgan-Materie, die Wirklichkeit (im Sinne des Immerwährenden, Unwandelbaren), aus der durch Seine Kraft alle Erscheinung geformt wird. Dies geschieht nicht durch das individuelle Denkorgan und die Sinne, sondern durch das kosmische Denken und die Sinne, die nur ein Teil von diesem sind. Was es erschafft, nimmt es wahr. Im letzten Kapitel beschäftigte ich mich mit dem Geist oder Bewußtseins-Aspekt (chit). In diesem will ich den Denkorgan-Materie-Aspekt betrachten, in dem sich das Bewußtsein in scheinbare Unbewußtheit verschleiert. Diese Zwillings-Aspekte heißen im Sāṅkhya, Māyāvāda, Vedānta und Shaktivāda der Shākta-Āgamas: Puruṣha, Brahman, Shiva auf der einen Seite und Prakṛiti, Māyā, Māyā-Shakti auf der anderen. Der Shākta-Āgama ist der einzige, der beide als Aspekte der einen Substanz in der hier beschriebenen Weise behandelt und sich damit sehr geschickt der westlichen Lehre des wissenschaftlichen Monismus angleicht.

So zeigt Professor Haeckel, in Übereinstimmung mit dem Shākta-Advaitavāda, daß Geist und Materie nicht zwei gesonderte Wesenheiten sind, sondern zwei Formen oder Aspekte einer einzigen Einheit oder grundlegenden Substanz. Nach ihm ist die eine Wesenheit mit dem zweifachen Aspekt die einzige Wirklichkeit, die in Erscheinung tritt als das unendlich wechselvolle und wunderbare Bild des Weltalls. Was auch immer in übersinnlicher Weise in dem vorgehen mag, was die buddhistischen Tantras zutreffend „die Lehre" (shūnyatā – auf tibetisch: sTong -pa-nyid) nennen und was keineswegs „nichts" ist, wie manche annehmen, sondern das, was nichts uns Bekanntem gleicht, die höchste formlose (arūpa) Wirklichkeit. So ist im Fall der „Seil-Schlange" die Sattā des Seils Vyāvahārika, während die des Rajju-Sarpa nur Prātibhāsika ist. Aus demselben Grund ist das Seil und der ganze Jagat-Prapañcha (das Weltall) Vivartta in bezug auf die höchste Erfahrung der reinen Chit. Jede Erscheinung kann auf ihrer eigenen Ebene oder der Stufe der Sattā ein Parināma sein, aber in Hinsicht auf eine höhere Ebene, auf der sie Vādhita werden kann, ist sie nur Vivartta.

Der Shākta-Āgama unterscheidet sich in seiner Darstellung auf folgende Weise: Nach seiner Aussage hat jede Tatsache oder konkrete Erfahrung zwei Aspekte, die Professor Mukhyopādhaya zutreffend in seinem Werk „Das offensichtliche Wunder" den Äther und die Kraftäußerung genannt hat, den ruhenden Hintergrund von Chit und die erwachende oder sich entfaltende Shakti. Nach den Āgamas ist dieses ganzheitliche (Shiva-Shakti) Umfassen aller Aspekte die Wirklichkeit. Wenn ein Aspekt vom anderen abgesondert wird, befinden wir uns im Unwirklichen. Darum ist in dem Shākta-Āgama alles wirklich – sowohl das übersinnlich Wirkliche des Shāṅkara (turīya) wie das empirische Wirkliche im Wachen (jāgrat), Träumen (svapna) oder traumlosen Schlaf (sushupti).

Würde wirklich mit unveränderlich gleichgesetzt, dann wären die drei letzten Zustände nicht wirklich. Von solcher Bestimmung der Wirklichkeit aber wird nicht ausgegangen. Wohl wird zugegeben, daß die höchste Substanz (paravastu) allein wirklich d. h. unveränderlich ist, da die Welten kommen und gehen. Aber die Āgamas lehren mit Sāṇkhya, daß ein Ding nicht unwirklich sei, weil es sich verändere. Die Substanz hat zwei Aspekte – in einem ist sie unveränderlich, im anderen verändert sie sich. In beiden Aspekten aber, dem Prakāsha und dem Vimarsha bleibt sie die gleiche Substanz. Denn Prakāsha und Vimarsha sind Aspekte des Einen. Wie ich später erklären werde, ergibt sich diese Verschiedenheit der Ansichten aus der Definition, die Shāṅkara der Māyā und die Āgamas der Māyā-Shakti zuteilen.

Nach Shāṅkara ist Māyā eine geheimnisvolle Shakti des Ishvara, die Vivartta erklären soll. Sie hat zwei Manifestationen: die Kraft zu verschleiern (āvaraṇa) und die Kraft zu bewegen, zu verändern und zu projizieren (vikshepa). Ishvara ist Brahman, der sich in Māyā wiederspiegelt, ein Geheimnis, das von Brahman und seinem Ishvara-Aspekt getrennt und doch nicht getrennt ist. Die Shākta-Māyā-Shakti ist ein Aspekt von Shiva oder Brahman selbst.

Von diesen Voraussetzungen ausgehend, müssen wir einen tatsächlichen Zusammenhang zwischen dem Weltall und seiner letzten Ursache annehmen. Die Schöpfung ist wirklich und nicht Māyā im Sinn wie es Shāṅkara versteht, sondern ist die Wirkung von Shakti, ist Shakti selbst. Wenn somit die Ursache Wirklichkeit ist, sind es ebenso ihre Wirkung oder das Weltall, auch wenn es sich wandelt und vergeht. Selbst in der Auflösung versinkt es in Shakti, die wirklich ist. Es zieht sich in Shakti zurück, wie im Beispiel des Sāṇkhya die Schildkröte oder Prakṛiti ihre Glieder (vikṛiti) in sich selbst hineinzieht. Entweder ist das Weltall als die nicht manifestierte Shakti, die das vollkommen gestaltlose Universum der Glückseligkeit ist, oder es existiert als manifestierte Shakti, als die begrenzte und unvollkommene Welt der Erscheinung.

Die Annahme eines solchen Kausalzusammenhangs schließt notwendigerweise ein, daß als Möglichkeit in der Ursache liegt, was als Wirkung hervortritt. Natürlich werden die Anhänger von Shāṅkara sagen, daß Shiva nicht wirklich nishkala sei, wenn die Schöpfung das Offenbarwerden oder die Wirklichkeit dessen ist, was latent oder als Möglichkeit in Shiva liegt. Ein wahrer Nirañjana-Brahmane kann keine Unterscheidungsmöglichkeit in sich selbst (svagatabheda) zugeben. Auf der anderen Seite aber ist das Mögliche bedeutungslos in Beziehung zu dem absoluten und unendlichen Wesen, da es dem Reich der Beziehungen und der endlichen Existenz zugehört. Nimmt man an, daß Brahman von dem einen Zustand, in dem Māyā als Samen enthalten ist, zu einem anderen übergeht, in dem sich Māyā manifestiert, dann ist dies die Lehre vom Absoluten im Werden. Es ist unlogisch, wolle man behaupten, daß Brahman, der sich in einer Hinsicht nicht verändert, dies in einem anderen Aspekt, das heißt als Shakti, tatsächlich tut. Alle solche

Einwände haben unlogische Begründungen. Deshalb sagt Shāṇkara, daß alle Veränderungen (sṛishṭi, sthiti, laya) als Kalpana oder Einbildung nur scheinbar sind.

Aber es gibt eine Antwort auf solche Einwände. Der Shākta wird sagen, daß der einheitliche Brahman-Shiva zwei Aspekte hat, von denen der eine, die Shakti, sich wandelt, während der andere, Shiva, unveränderlich bleibt. Beide Aspekte sind wirklich.

Die Lehre von den Aspekten aber löst das Problem noch nicht. Die Schöpfung ist letzten Endes nicht erforschbar. Es ist aber besser, die Wirklichkeit Brahmans und der Welt aufrecht zu halten und der geistigen Erfahrung die Verbindung von beiden zu überlassen, als die eine auf Kosten der anderen zu vernachlässigen, was man von Shāṅkara behauptet. Seine Lösung geht auf Kosten einer Verleugnung der wahren Wirklichkeit der Welt, die jede unserer weltlichen Erfahrungen bestätigt. Diese Lösung wird mit unterstützt durch die unlogische Feststellung, daß Māyā nicht wirklich, aber auch nicht unwirklich, nicht teilweise wirklich oder teilweise unwirklich sei. Auch dieses, so heißt es, schlägt dem logischen Grundsatz vom Entweder-Oder ins Gesicht. So kann man sagen, daß beide Theorien in ihrer Art unlogisch sind. Letztendlich kann man dies überhaupt von allen Theorien sagen.

Die Frage an sich ist unlogisch, denn sie ist jenseits des Denkens und der logischen Denkformeln. Es heißt darum, daß es praktisch besser sei, unsere Theorie auf die Erfahrung von der Wirklichkeit der Welt zu gründen und es der geistigen Erfahrung zu überlassen, ein Problem zu lösen, bei der alle Logik – auf Grund der Denkstruktur selbst – versagt. Der letzte Beweis für die Autorität ist die geistige Erfahrung, von der der Veda zeugt oder die im Samādhi selbst erfahren wird.

Wie ich schon im Kapitel über die Geistigkeit der einen Substanz ausführte, gründet jeder Okkultismus, im Osten wie im Westen, auf dem Grundsatz, daß es in keinem Zustand und auf keiner Ebene etwas gibt, was nicht als Tatsache oder Möglichkeit auf irgendeine Weise in einem anderen Zustand oder auf einer anderen Ebene vorhanden wäre.

Der Mensch wird deshalb mit Recht ein Mikrokosmos genannt (kshudrabrahmāṇḍa; hominem quasi minorem quendam mundum. Firm. Maternus Math. III). So sagt Sharaka, daß der Verlauf von Zeugung, Wachstum, Verfall und Auflösung bei Weltall und Mensch der gleiche sei.

Diese Feststellungen aber bedeuten nicht, daß das, was auf einer Ebene vorhanden ist, in gleicher Weise auch auf einer anderen existieren muß. Denn in diesem Fall wären die Ebenen die gleichen und nicht verschieden. Die Bedeutung ist vielmehr, daß das auf einer Ebene Vorhandene auch auf allen anderen Seinsebenen oder Bereichen, entweder der Gestalt dieser Ebene gemäß – wenn es ein sogenannter mittelbarer Körper ist (kāraṇā-vantara-sharīra) –, oder als reine formlose Möglichkeit existiert. Nach Shāṅkara ist schon solche Erörterung an sich Māyā, und dies mag für alle gelten, die wahres Bewußtsein (chitsvarūpa) jenseits aller Ursächlichkeit erlangt haben. Das Tantra-Shāstra aber ist ein praktisches, ein Sādhanā-Shāstra. Es sieht die Welt als Wirklichkeit und wendet, soweit wie möglich, die Logik des Denkorgans, das ein Teil von ihr ist, auf die Frage ihres

Ursprungs an. Es bestätigt die Wahrheit, daß es eine höchste oder vollkommene Erfahrung jenseits aller Welten gibt (shakti vishvottīrṇā), aber erkennt auch die weltliche oder (in bezug zum Höchsten) unvollkommene (begrenzte) und teilweise leidvolle Erfahrung an. Weil die eine vorhanden ist, muß nicht gefolgert werden, daß die andere nicht besteht, auch wenn durch reine Logik ein unangreifbarer Monismus nicht bewiesen werden kann.

Der eine Shiva ist Glückseligkeit in sich selbst und Glück-Unglück in der Erscheinung der Welt (vishvātmaka). Shiva ist unveränderlich als Shiva und wandelt sich als Shakti. Wie der Eine beides sein kann, ist ein Geheimnis. Doch mit Shāṅkara behaupten, daß dies Māyā sei, weil sich in Wirklichkeit Brahman nicht verändere, ist letztendlich keine Erklärung, sondern das Ausschalten jeder anderen Möglichkeit der Begründung und die Benennung dessen, was übrigbleibt. Māyā erklärt aus sich selbst nicht das Letzte. Wer könnte das ? Man gibt nur der wunderbaren Schöpfungskraft, die das scheinbar Unmögliche möglich macht, einen Namen. Dies hat Shāṅkara erkannt. Er nennt Māyā unerklärbar (anirvachanīyā), was sie auch ist. Um den Schöpfer zu „erklären", müßte man selbst Schöpfer sein. In solchem Falle aber wäre keine Erklärung nötig. Wenn wir dagegen die Frage von unserem praktischen Standpunkt aus betrachten – und dieser allein betrifft uns –, dann müssen uns die vorangegangenen Überlegungen zu der Folgerung führen, daß die sogenannte „Materie" gewissermaßen in der Ursache enthalten ist, die sie hervorbringt. Denn nach der hier beschriebenen Lehre gibt es nur den höchsten Geist. Und doch ist Materie in einem bestimmten Sinn vorhanden, oder es gäbe sie überhaupt nicht. Sie ist vorhanden als die höchste Shakti, als Seins-Bewußtsein (chidrūpinī, ānandamayī), das in sich selbst die Möglichkeit aller Welten enthält, die von Shakti entworfen werden. Sie i s t da als unmanifestierte Bewußtseins-Kraft (chidrūpinī-shakti) und e x i s t i e r t hier als das vermischte Bewußt-Unbewußte (im Sinn des begrenzten Bewußtseins) des psychischen und materiellen Weltalls. Wenn die letzte Wirklichkeit eine Einheit ist, dann gibt es eine allmächtige Substanz, die zugleich Geist (shiva-shakti-svarūpa) und Kraft-Denkorgan-Materie ist (shiva-shakti-vishvātmaka). So sind letzten Endes Denkorgan und Materie eins.

Die letzte höchste Substanz (paravastu) ist Kraft oder Shakti, die ihrerseits wieder zweierlei Aspekte hat. Chit-Shakti drückt den geistigen, Māyā-Shakti den Aspekt von Denkorgan und Materie aus. Beide aber bestehen in untrennbarer Verbindung (avinābhāva-saṃbandha). So unzertrennlich, um ein Bild aus den Shāstras zu nehmen, wie die Winde des Himmels von dem Äther, in dem sie wehen. Shakti, die in sich selbst (svarūpa) Bewußtsein ist, erscheint als die Lebenskraft, als feinstoffliches Denkorgan und als grobstoffliche Materie. (Vgl. die Bände meiner „Welt als Macht", die sich ausführlich mit Leben [prāṇa-shakti], Denkorgan [mānasi-shakti] und Materie [bhūta-shakti] beschäftigen). Da alles Shakti und als Shakti-Svarūpa Sein-Bewußtsein-Glückseligkeit jenseits aller Welten (chridrūpinī-vishvottīrṇā) ist, gibt es und kann es nichts absolut Unbewußtes geben. Denn Shakti-Svarūpa ist das unveränderliche Seins-Bewußtsein, das unwandelbare Prinzip des Bewußtseins in diesen Welten. Es erscheint als das begrenzte psychische Weltall und als scheinbar unbewußte materielle Formen, die der Inhalt der menschlichen Erfahrung sind (vishvātmikā). Das ganze Weltall ist Shakti unter verschiedenen Formen. Deshalb erscheint es mit Geist-Denkorgan-Materie vermischt.

Nach der Lehre der Shaiva-Shākta sind Shiva und Shakti eins. Shiva stellt den statischen Aspekt der höchsten Substanz dar und Shakti seinen tätigen. Shakti stammt von der Wurzel „shak", die Fähigkeit zum Handeln oder Kraft bedeutet. Nach Shaṅkara besitzt Brahman zwei Aspekte. In dem einen ist er als Ishvara mit Māyā verbunden und scheint sich zu wandeln; im anderen ist er von Māyā getrennt (parabrahman). In den Āgamas ist der eine Shiva beides: der unveränderliche Parashiva-Parashakti und die wirklich sich wandelnde Shiva-Shakti oder das Weltall. Da Shiva eins mit sich selbst ist, ist Er niemals mit irgend etwas anderem verbunden als mit sich selbst. Als der Höchste hat er sich niemals entfaltet (shiva-shakti-svarūpa), während Er als Shiva-Shakti in die Erscheinung der Welt des Denkorgans und der Materie (vishvarūpa) ausgefaltet ist.

Vor der Manifestation des Weltalls gab es Mahāsattā oder das große Sein. Damals existierte auch Shiva-Shakti. Denn es gibt keine Zeit, da Shakti nicht ist, auch wenn sie nur manchmal in Erscheinung tritt. Kraft ist beides: Sein und Werden. Wenn Shakti nicht offenbar ist, sondern in ihrer eigenen wahren Natur (svarūpa) ruht, dann ist sie Sein, Gefühl-Bewußtsein-Glückseligkeit (chinmayī, ānandamayī). Da Shiva Bewußtsein (chit) und Seligkeit oder Liebe (ānanda) ist, ist sie in diesem Aspekt einfach Seligkeit und Liebe. Wenn sie aber in die schöpferische Tätigkeit tritt, geht die große Kraft oder die „megale dynamis" der Gnostiker aus den Tiefen des Seins hervor und wird Denkorgan und Materie. Dennoch bleibt sie, was sie immer war: das Sein (sat), der Grund des manifestierten Lebens und der Geist, der es erhält und erleuchtet. Diese ursprüngliche Kraft (ādyā-shakti) ist als Gegenstand der Verehrung die große Mutter (magna mater) aller natürlichen Dinge (natura naturans) und die Natur selbst (natura naturata). Sie ist an sich (svarūpa) nicht Person in unserem Sinn, verkörpert sich aber immer und unaufhörlich in Personen. Sie nimmt die vielfältigen Masken (persona) an, die die verschiedenen Formen von Denkorgan-Materie sind. Manifestiert ist sie demnach jede einzelne Persönlichkeit, als deren Gesamt aber die höchste Person (parāhantā). In ihrem eigenen Grund aber, aus dem heraus sie sich in eine Form kleidet und verkörpert, ist sie jenseits aller Formen und deshalb jenseits aller uns bekannten Persönlichkeiten. Sie arbeitet in allen Dingen und als diese. Einmal verschleiert sie ihre Bewußtseins-Glückseligkeit ganz in der grobstofflichen Materie, ein anderes Mal offenbart sie sich stufenweise immer stärker in den Erscheinungsformen des einen universalen Lebens, das sie ist.

Wir wollen nun zuerst ihre grobstofflichste Manifestation betrachten, das heißt die fühlbare Materie (bhūta), dann ihren feinstofflicheren Aspekt als Lebenskraft und Denkorgan, und zuletzt ihren höchsten Shakti-Aspekt als Bewußtsein.

Ich erörtere dieses Thema hier auf eine allgemeine Weise, da ich es ausführlicher im Kapitel „Die Welt als Kraft" behandelt habe. Der physische menschliche Körper ist aus gewissen Bestandteilen zusammengesetzt, deren hauptsächlichste Wasser, Gelatine, Fett, Kalkphosphate, Eiweiß und Faserstoff sind. Hiervon macht Wasser etwa zwei Drittel des Gewichtes aus. Diese Bestandteile wiederum bestehen aus einfacheren, nicht metallischen Elementen, deren wichtigste Sauerstoff (etwa zwei Drittel), Wasserstoff, Kohlenstoff, Stickstoff, Kalzium und Phosphor sind. Zwei Drittel des Körpers also ist Wasser – H_2O. Der Substanz nach ist somit unser grobstofflicher Körper Wasser. Aber auch wenn wir diese Grundelemente betrachten, haben wir noch nicht die Wurzel der Materie gefunden.

Früher dachte man, die Materie bestünde aus bestimmten Elementen, über die man nicht hinausgehen könne, und diese Elemente und ihre Atome seien unzerstörbar. Diese Ansichten wurden von der modernen Wissenschaft umgestoßen. Wenn auch die Unzerstörbarkeit der Elemente und ihrer Atome noch von einigen für „praktisch" zutreffend gehalten wird, so beginnen doch die neuen Entdeckungen und Experimente die alte Lehre von der einen Ursubstanz zu bestätigen. Auf diese lassen sich die verschiedenen Formen des Stoffes zurückführen, und es ergibt sich hieraus die bisher verspottete Möglichkeit, ein Element in ein anderes zu verwandeln. Denn jedes ist ja nur eine der vielen Manifestationen der gleichen, ihnen allen zugrunde liegenden Einheit. Die sogenannten Elemente sind verschiedene Formen dieser einen Substanz, die sich zu den vielfältigen Bestandteilen verbinden.

Die Vielfalt unserer Erfahrung ist zurückzuführen auf die Vertauschbarkeit und Verbindung der Atome der Materie, in der sich die Urenergie verkörpert. So finden wir, daß durch die unterschiedlichen Verbindungen der Atome H, N, O, C verschiedene Zusammenstellungen entstehen. Es sei nebenbei bemerkt, daß seltsamerweise scheinbar geringfügige Veränderungen in der Quantität und in der Verteilung der Atome sehr verschiedene Substanzen hervorbringen. So ist ebenso das Nahrungsmittel Glutin wie der Giftstoff Chinin und Strichnin Bestandteil des CHNO. Strichnin, ein starkes Gift, ist $C_{21}H_{22}N_2O_2$ und Chinin ist $C_{20}H_{24}N_2O_2$. N und O sind bei beiden gleich, die Verschiedenheit liegt allein in C_1 und H_2. Aber weder diese Bestandteile noch die sogenannten Elemente, aus denen sie bestehen, sind unzerstörbar. Die wissenschaftliche Materie wird heute nur für eine relativ festgefügte Erscheinung der kosmischen Energie gehalten. Alle Materie löst sich auf, geht in die Energie über, deren materialisierte Form sie ist und entspringt von neuem aus ihr.

Die moderne westliche Wissenschaft hat mit dieser Erkenntnis viele Schwierigkeiten fortgeräumt, die vormals als Einwände gegen die alte indische Lehre über die hier behandelten Dinge vorgebracht wurden. Sie hat zuerst die groben Vorstellungen beseitigt, die allgemein über die Natur der „Materie" bestanden. Noch in jüngerer Zeit galt „Materie" als das, was Masse, Gewicht und Trägheit besitzt. Man muß heute zugeben, daß letztere zwei Eigenschaften nicht mehr der Prüfung standhalten, da das Gewicht – wenn seine Natur uns auch nicht bekannt ist – sich verändert, sobald die Materie Bedingungen ausgesetzt ist, die auf sie einwirken. Trägheit entstammt einer oberflächlichen Betrachtung. Denn jetzt wird allgemein zugegeben, daß die Grund-Elemente der Materie in unmittelbarer und ständiger Bewegung sind.

Tatsächlich ist das Grund-Phänomen des Weltalls die Schwingung, der der menschliche Körper wie alles andere unterworfen ist. Verschiedene Schwingungen greifen auf unterschiedliche Weise die Empfindungsorgane an. Wenn sie von bestimmter Eigenschaft und Menge sind, zeigen sie der Haut den Grad der äußeren Temperatur an; andere erregen das Auge, daß es verschiedene Farben sieht, wieder andere lassen bestimmte Töne wahrnehmen. Überdies soll „inertia", die Trägheit, die als unterscheidbare Qualität der „Materie" angesehen wird, auch zur Elektrizität gehören, die man für nicht „materiell" hält. Wem also sprechen wir „Masse" zu?

Es wird heute zugegeben, daß die „Materie", selbst bei Hinzufügung aller möglichen Kräfte, nicht ausreicht, um Erscheinungen, wie die des Lichtes oder viele andere, zu erklären. Manche haben sogar den wissenschaftlichen „Glauben", daß es eine Substanz gibt, die sie „Äther" nennen, ein Medium, das das Weltall füllt und durch seine Schwingungen die Strahlen von Licht, Hitze, Elektrizität weiterleitet, vielleicht auch Wirksamkeiten aus weiter Entfernung, wie die Anziehung zwischen den Himmelskörpern. Dennoch heißt es, daß dieser Äther nicht „Materie" ist, sondern sich wesentlich von ihr unterscheidet, und daß es nur die Unzulänglichkeit unserer Kenntnis ist, als Beschreibung Vergleiche aus der physikalischen Materie heranzuziehen, die unseren Sinnen wahrnehmbar ist. Nehmen wir aber das Dasein des Äthers an, dann wissen wir, daß „materielle" Körper in ihm ihre Orte wechseln können. Tatsächlich ist es – um einen indischen Ausdruck zu benutzen – die charakteristische Eigenschaft der Schwingungen des Ākāsha-Tattva, daß sie den Raum schaffen, in dem die anderen Tattvas und ihre Ableitungen existieren.

Die rein „wissenschaftlichen" Theorien des Westens suchten allein aus „Materie" und Äther die Welt aufzubauen. Das wissenschaftliche Atom, das Du Bois Raymond als eine „äußerst nützliche Fiktion" beschrieb, wird nicht mehr für das letzte unzerstörbare Element gehalten, sondern für eine Art von Miniatur-Sonnensystem, das von einer mit positiver Energie geladenen zentralen Gruppe oder einem Kern gebildet wird und von viel kleineren Elementen, den Elektronen oder Korpuskeln, umgeben ist, die mit negativer Elektrizität geladen, durch die Schwerkraft in geschlossenen Kreisläufen gehalten werden. Diese Korpuskeln schwingen im Raum des Äthers, in dem sie und der positiv geladene Kern existieren. Durch ihre Energie, nicht durch ihre Masse, bilden sie die Einheit des Atoms.

Woraus aber bestehen dieser „Kern" und die um ihn kreisenden Elektronen? Man kann nicht mit wissenschaftlicher Genauigkeit feststellen, daß es die „Materie" ist. Im Gegenteil: Wenn ein bedingtes Korpuskel, das allein aus elektrischer Ladung ohne materielle Masse besteht, mathematisch analysiert werden kann, dann muß der logische Schluß gezogen werden, daß das Elektron, frei von „Materie", nur eine elektrische Ladung ist, die sich im Äther bewegt. Unsere Kenntnis von dem positiven Kern, der den Rest des Atoms bildet, ist noch sehr klein; doch ein hervorragender Mathematiker und Physiker hat der Meinung Ausdruck gegeben, daß auch die positiven Ladungen frei von „Materie" sein müssen, wenn dies bei den negativen der Fall ist. Nach den Worten dieses Wissenschaftlers, auf dessen einsichtige Analyse ich mich beziehe (Houllevigue: „Entwicklung der Wissenschaft"), ist das Atom sozusagen entmaterialisiert worden und mit ihm die Moleküle und das gesamte Weltall. „Materie" (im wissenschaftlichen Sinn) verschwindet, und wir, wie alles, das uns umgibt, sind nach solcher Ansicht physisch nichts als durch die Schwingung der elektrischen Ladungen aufgewirbelte Ätherbereiche. Dies ist eine logische und beeindruckende Folgerung, da die Physiker durch wachsende Kenntnis der „Materie" zum Zweifel an deren Wirklichkeit gelangen.

Aber die Probleme sind hiermit noch nicht zu Ende. Nimmt man die Spekulationen von Helmholtz an, dann ist die Vorstellung nicht widersinnig, daß zwei mögliche Kreisrichtungen eines Strudels, die im Inneren des Äthers gebildet werden und aus ihm bestehen, den positiven und negativen elektrischen Ladungen der letzten Elemente der Materie entsprechen. Wenn dies zutrifft, dann wird die Dreiheit von „Materie", Äther und Elektrizität, aus der die Wissenschaft bisher die Welt aufzubauen suchte, auf ein einziges Element zurückgeführt – auf den Äther (der im wissenschaftlichen Sinn nicht „Materie" ist) im Zustand der Bewegung. Dieser ist dann die Grundlage des physischen Weltalls.

Die alte Zweiheit von Kraft und Stoff schwindet, wenn diese verschiedene Formen des Gleichen sind. Die Materie ist dann eine relativ feste Form von Energie, in die sie wieder aufgeht, wenn ihr Gleichgewicht gestört ist. Denn alle Formen von Materie lösen sich auf. Die letzte Grundlage ist also jene Energie, die in der indischen Philosophie Prakṛiti, Māyā oder Shakti genannt wird.

Herbert Spencer, der Philosoph der modernen Wissenschaft, hat die Untersuchungen weitergeführt. Er kam zu der Annahme, daß das Weltall – physisch oder psychisch, innerhalb oder außerhalb von uns – ein Kräftespiel sei, das wir im Falle der Materie als Objekt erfahren. Die Vorstellung, daß die letzten Wirklichkeiten die Atome der Materie seien, deren Eigenschaften und Verbindungen das gesamte Weltall seine Existenz verdankt, hielt er für falsch. Vielmehr seien Denkorgan, Leben und Materie verschiedene Aspekte des einen kosmischen Vorgangs aus der ersten Ursache. Das Denkorgan an sich sei ebenso ein „materielles" Organ wie das Gehirn und die äußeren Sinnesorgane, wenn diese auch unterschiedlich sind in ihren Kraftäußerungen.

Beides – Denkorgan wie Materie – stammen von dem, was Herbert Spencer die Urenergie (ādyā-shakti) und Haeckel die grundlegende Geist-Stoff-Substanz nennt. Professor Fitz Edward Hall aber sieht in der Sāṇkhya-Philosophie „mit ihrem Wahnsinn und Fanatismus wenig mehr als eine chaotische Frechheit". Gewiß hat sie ihre Schwächen wie alle anderen Systeme; worin aber ihr „Fanatismus" besteht, weiß ich nicht. Und sicher ist sie nicht mehr oder weniger „frech" als irgendein anderer westlicher Versuch, das Rätsel des Lebens zu lösen. Über ihren Hauptbegriff, die „Prakṛiti", sagt der Professor, dies sei eine Vorstellung, für die es in der europäischen Sprache keinen Namen gäbe. Er fügt hinzu: Dieser Mangel spräche keineswegs „zu ihren Ungunsten". Diese sarkastische Feststellung sollte bedeuten, daß es nicht der Schaden der westlichen Sprache sei, daß sie keinen Namen für eine so törichte Vorstellung besäße. Zuvor hatte er die Revolution im wissenschaftlichen Denken beschrieben, die ich erwähnte, aber mit dem typischen Widerstand gegen den indischen Gedanken, der so sehr Merkmal des wenig gebildeten berufsmäßigen Orientalisten war und bis zu einem gewissen Grade auch heute noch ist.

Die Vorstellung von Prakṛiti ist nicht abwegig. Die Lehre einer Ursubstanz wurde von großen Geistern der Vergangenheit aufrechtgehalten und wird von den jüngsten Entwicklungen der Wissenschaft unterstützt. Beide wetteifern jetzt in der Ablehnung dessen, was der große Sir William Jones die „gewöhnliche Vorstellung von der materiellen Substanz" nannte (Ges. Werke I, 36). Viele Menschen waren gewohnt – und einige sind es heute noch – über den Begriff der Māyā zu lachen. Ist die Materie nicht fest, beständig und wirklich genug? Und doch – was sind wir im Grund (als physische Wesen) nach der wissenschaftlichen Meinung? Die Antwort lautet: Eine unendlich feine, formlose Energie, die sich in relativ feste und doch dem Wesen nach flüchtige Formen materialisiert. Ein zutreffender Ausdruck des Shākta-Shāstra besagt, daß Shakti in ihrer Schöpferkraft zu ghaṇībhūtā wird, das heißt, sich verfestigt oder verdichtet, so wie sich frische Milch verdickt. Der Vorgang, durch den das Feinstoffliche allmählich immer grober wird, dauert an, bis es zur sogenannten „Kruste" der festen Materie (pārthivabhūta) wird. Diese ist, solange sie besteht, wahrzunehmen. Aber sie wird nicht immer bestehen, sondern sich vor unseren Augen in radio-aktive Substanzen auflösen. Wo anders hin, als – nach der Shākta-Lehre – zu jener Mutter-Kraft, aus deren Schoß sie hervorging, und die als jede grobstoffliche oder subtile Form existiert und auch das formlose Bewußtsein selbst ist. In dichterischer Inspiration sagt Shakespeare: „Wir sind von solchem Stoff, aus dem die Träume sind."

Vom Standpunkt des Vedānta aus ist dies ein herrlicher Ausspruch. Denn schon vor Shakespeare hieß es im Advaitavāda: „Ja Träume; der Herr selbst ist der große Welt-Träumer. In tiefem Schlaf versunken als Ishvara, träumt er als Hiraṇyagarbha das Weltall, das Er als Virāt oder als die Totalität aller Yīvas im Wachsein erfährt." Wissenschaftliche Prüfung des Begriffes „Materie" unterstützt den Standpunkt des Vedānta, da sie die groben und gewöhnlichen Vorstellungen vom Stoff ausschaltet. Sie spricht von der Vergänglichkeit der Materie im wissenschaftlichen Sinn, nimmt eine feinstofflichere physische Substanz an, die nicht wägbare Materie ist, zerstört die alte Zweiheit von Materie und Kraft und führt hierdurch wie durch andere Folgerungen zur Annahme einer Urenergie oder Shakti, die sich selbst in jenen relativ festen Zustand verwandelt, den die Sinne als grobe Materie wahrnehmen. Da dennoch die Wissenschaft nur objektiv sich mit Materie beschäftigt, das heißt von einem dualistischen Standpunkt aus, kann sie nicht (was immer auch einige Wissenschaftler annehmen mögen) das wesentliche Problem lösen, das mit dem Wort Māyā umrissen ist. Dieses Problem heißt: Wie kann die offensichtliche Zweiheit in Wirklichkeit Einheit sein? Wie können wir den Abgrund zwischen dem Objekt und dem Selbst, das dieses wahrnimmt, überbrücken?

In welche noch so feine Energie sich die materielle Welt auch auflöst, immer noch bleiben wir im Bereich der Dualität von Denkorgan und Materie. Wir haben die Aussagen des Sāṇkhya noch nicht überschritten, in der es heißt, daß Shakti, die der Ursprung aller Dinge und in ihnen enthalten ist, die Macht hat, sich zu verschleiern, so daß sie als geschaffener Jīva nicht begreift, daß sie tatsächlich nur sich selbst als Objekt wahrnimmt, und die Dinge nicht außerhalb ihrer selbst und von ihr verschieden sind. Aus diesem Grund wird Māyā in den Shāstras

Bhedabuddhi genannt oder der Sinn der Unterscheidung. Dies ist die natürliche Darstellung der menschlichen Erfahrung.

Herbert Spencer, der Philosoph der modernen Wissenschaft, der die Untersuchung über die physische Materie hinausführt, nimmt, wie ich schon ausführte, an, daß das physische wie psychische Weltall, als Denkorgan oder Materie, ein Kräftespiel sei. Denkorgan, Leben und Materie sind dabei nur verschiedene Aspekte des einen kosmischen Vorganges, der aus der ersten Ursache entstammt. Dies ist wieder ein indischer Begriff. Denn die Behauptung, die ,,wissenschaftliche Materie" sei eine Erscheinung des gleichen Spieles, stammt sowohl aus dem Sāṇkhya wie aus dem Māyāvāda-Vedānta. Diese beiden Systeme lehren, daß das Denkorgan an sich betrachtet, ebenso wie die Materie, etwas Unbewußtes ist, und wie diese letztendlich aus dem gleichen Prinzip hervorgeht, das Sāṇkhya Prakṛiti und der Māyāvāda-Vedānta Māyā nennt. Bewußtes und Unbewußtes sind im Weltall nicht voneinander zu trennen, wie stark auch der Grad der Manifestation oder der Verschleierung des Bewußtseins sein mag. Als Gegenstand der Analyse ist das Denkorgan an sich – das heißt in der Annahme, es sei vom Bewußtsein getrennt, was tatsächlich niemals der Fall ist (während das Bewußtsein außerhalb des Denkorgans bestehen kann) – eine Funktion von Kräften, ähnlich dem physischen Gehirn. Das Bewußtsein (chit) ist nicht mit dem Denkorgan (antaḥkaraṇa) oder mit Denkformen zu identifizieren. Eine solche Gleichstellung führt zu den Schwierigkeiten, in denen sich die westliche Metaphysik so oft befand. Das Bewußtsein ist die letzte Wirklichkeit, in der alle subjektiven wie objektiven Denkformen bestehen.

Die Behauptung, daß das Denkorgan an sich unbewußt ist, mag dem westlichen Leser seltsam erscheinen, da dieser das Bewußtsein auf jeden Fall für ein Attribut oder eine Funktion des Denkorgans hält, wenn er nicht sogar beide miteinander gleichsetzt. Dieser Punkt aber ist von so grundlegender Wichtigkeit für das Verständnis der indischen Lehre, daß wir ihn weiter behandeln müssen. Die Lokāyata-Schule des indischen Materialismus hielt das Denkorgan für das Ergebnis einer chemischen Verbindung der vier Arten von materieller Substanz – Erde, Wasser, Feuer, Luft – zu organischen Formen. Nach dem Pūrva-Mīmāṃsa und dem Vyāya-Vaisheshika ist das Selbst oder Ātma an sich, das will sagen seiner Natur (svabhāvataḥ) nach, unbewußt (jaḍa, achidrūpa): es heißt, Ātma sei im traumlosen Schlaf (sushupti) unbewußt (achetana) und das Bewußtsein entstünde durch die Verbindung des Ātma mit dem Denkorgan, den Sinnen und dem Körper. Der Leser sei auf die bengalischen Vorlesungen des Pandit Chandra Kānta Tarkālaṃkāra über Hindu-Philosophie verwiesen. Dort heißt es (S. 105): ,,Der unbewußte Ātma wird bewußt, wenn er sich mit der Erkenntnis (jñāna) vereint, die ihm durch die Verbindung mit dem Denkorgan und dem Körper zuteil wird".

Nach diesem Darshana wohnt jñāna dem Ātma inne. Kumārila-Bhatta sagt, daß Ātma wie ein Leuchtkäfer prakāsha und aprakāsha sei (erhellt und nicht erhellt). Diese Ansicht wird aber abgelehnt, da Ātma ohne Teile (niraṃsha) ist. Statt dessen soll die Erkenntnis aus der Verbindung des Denkorgans (manas) mit Ātma, der Sinne (indrya) mit Manas und der Sinne mit den Gegenständen ihrer Wahrnehmung als weltliche (laukika) Erkenntnis entstehen.

Diese ist das wahre, nicht trugvolle Verständnis der Welt der Gegenstände. Yñāna ist im geistigen Sinne des Māyāvāda: Paramātma oder reines verwirklichtes Bewußtsein. Eine Erkenntnis (jñāna), in der das Bewußtsein mühelos angesichts der Gegenstände erwacht, ist keine Handlung (kriyā). Sie unterscheidet sich von den Formen der verstandesmäßigen Denktätigkeit (manasī kriyā), von Wille (ichchhā), Kontemplation und ähnlichem. (Ātma manasā saṃyujyate, mana indriyena, indriyam arthena, tato bhavati jñānam).

Diese beiden Theorien werden von dem Sāṇkhya- und dem Advaitavāda-Vedānta (nach der Erklärung des Shāṅkara, auf den ich mich, wenn nicht anders angegeben, beziehe) abgelehnt. Dieser behauptet, daß Ātma von Natur aus Bewußtsein (chit), und alles andere – ob Denkorgan oder Materie – unbewußt ist, auch wenn dies beim Denkorgan nicht zuzutreffen scheint. Das Denkorgan des Jīva ist an sich nicht bewußt, sondern spiegelt das Bewußtsein wieder und erscheint dadurch bewußt. Das Bewußtsein an sich ist ewig und unveränderlich. Das Denkorgan aber ist eine Schöpfung und dem Wandel unterworfen. Bewußtsein an sich ist nicht bedingt. Im Denkorgan des Jīva aber erscheint es von Māyā-Shakti abhängig, die das Denkorgan hervorbringt, das eine besondere Manifestation dieser Shakti ist. Das Denkorgan aber ist nicht ein Ergebnis der Wirksamkeit des Bhūta – das heißt, der groben Naturkräfte oder Bewegungen –, sondern ist im Monismus des Sāṇkhya und der Shākta eine Entwicklung, die diesen vorausgeht.

Man kann sehr tiefgründig erklären, warum das Bewußtsein so behandelt wird, als sei es in sich selbst vom Denkorgan abgesondert, wenn auch mit ihm verbunden. Denn, während es die Vermischung von Geist und Materie im verkörperten Wesen Jīva beobachtet, kann es zur gleichen Zeit beide voneinander trennen. So wird der Vorwurf einer Veränderung im Geist vermieden. Ātma ist in seiner eigenen wahren Natur stets unverändert. Das Denkorgan aber ändert sich immerfort, da es Empfindungen unterworfen ist, Gedanken bildet, Entschlüsse faßt und so fort. Der Geist an sich wird davon weder berührt noch zur Handlung bestimmt. Die vielfachen Veränderungen werden durch Bewegung und Schwingung in der unbewußten Prakṛiti oder Māyā hervorgerufen. Das Denkorgan ist ein Ergebnis solcher Bewegung, während die Materie ein anderes ist. Beide sind eine besondere Umformung des einen Prinzips, aus dem das Unbewußte in wirklicher oder scheinbarer Form entsteht.

Daß das Denkorgan bewußt zu sein s c h e i n t, geben der Māyāvāda-Vedānta und Sāṇkhya zu. Man nennt dies Chidābhāsa – das heißt, daß etwas als Chit (Bewußtsein) erscheint, was nicht wirklich Chit ist. Dieses Erscheinen ist auf eine Spiegelung von Chit zurückzuführen. Ein glattes Stahlstück, das in der Sonne liegt, erscheint selbst leuchtend, wenn es auch nur die Sonne widerspiegelt, die die Quelle des Lichtes ist, das es scheinbar aussendet. Chit an sich ist unveränderlich und entwickelt sich niemals. Es entfalten sich nur die verschiedenen Formen der Naturkräfte, die durch Prakṛiti oder Māyā hervorgebracht werden. Diese werden in einer Verbindung wahrgenommen, die Chit überhaupt nicht berührt.

Das klassische Beispiel für Art und Wirksamkeit einer solchen Verbindung heißt im Sāṇkhya-Aphorismus „ähnlich wie Kleinod und Blume" (kusumavachcha manih -Sāṇkhya-Pravachana-Sutra II, 35). Dies bedeutet, daß ein Kristall, das neben einer scharlachroten Blume steht, rot erscheint, trotzdem es in Wirklichkeit seine Durchsichtigkeit behält, was offensichtlich wird, wenn man die Blume wieder fortnimmt. Auf der anderen Seite erscheint die Blume, die sich im Kristall widerspiegelt, leuchtend durchsichtig, wie es ihre undurchsichtige Oberfläche an sich nicht ist. In gleicher Weise scheint das Bewußtsein abhängig zu sein von der Kraft des Unbewußten im Jīva, was in Wirklichkeit nicht zutrifft. Die unveränderliche Chit-Shakti bewegt sich zu nichts hin, wenn dies auch so erscheinen mag (Sāṇkhya-Pravachana-Sūtra). Auf der anderen Seite nimmt das Denkorgan, von solchen unbewußten Kräften erfüllt, die Ähnlichkeit des Bewußtseins an, wenn diese auch von Chit nur erborgt und nicht seine eigene natürliche Eigenschaft ist. Diese Verbindung der unbewußten Kraft mit dem Bewußtsein hat ein zweifaches Ergebnis: einmal verdunkelnd, das andere Mal enthüllend. Soweit und solange sie wirksam ist, verhindert sie die Verwirklichung des reinen Bewußtseins (chit), das erst erstrahlt, wenn das Denkorgan zurückgenommen ist. In solchem Sinn wird von Māyā als einem Schleier gesprochen. In anderem Sinn offenbart diese Verbindung – das heißt sie manifestiert – die Welt, die nur durch das Werkzeug der Māyā besteht, die die Welt ist. Prakṛiti oder Māyā bringen Denkorgan wie Materie hervor. Das menschliche Denkorgan spiegelt das Bewußtsein wider (chidābhāsa). So erscheint es bewußt, was es nach seiner eigenen Natur und den ihr innewohnenden Eigenschaften nicht ist. Die objektive Welt der Materie ist oder erscheint als unbewußte Wirklichkeit. Beide Möglichkeiten sind notwendig, weil nach dem Sāṇkhya das Unbewußte eine Wirklichkeit, im Vedānta aber nur eine Erscheinung ist. Nach dem Shākta-Tantra ist das scheinbare Unbewußte ein Aspekt (avidyā-shakti) der bewußten Shakti. Das Bewußtsein ist nach dem Advaita-Vedānta die wahre Existenz von beidem, im einen erleuchtet, im anderen verborgen.

Das innere Werkzeug (antaḥkaraṇa) oder Denkorgan ist nur eins, hat aber verschiedene Namen – Buddhi, Ahaṃkāra, Manas –, um die Verschiedenheit seiner Funktionen auszudrücken. Aus Ahaṃkāra gehen die Sinne (indriya) hervor und ihre sichtbaren Gegenstände (mahābhūta) oder die grobe Materie mit den übersinnlichen Wahrnehmungen (tanmātra) als deren vermittelnde Ursache. Alles hat seinen Ausgang aus Prakṛiti oder Māyā.

Nach solchen Lehren ist das Bewußtsein Chit, und das Denkorgan oder Antaḥkaraṇa eine Veränderung von Prakṛiti oder Māyā. An sich ist das Denkorgan ein besonders ausgebildetes unbewußtes Organ, das aus der Urenergie Mūla-Prakṛiti oder Māyā entwickelt wird. So ist es an sich nicht bewußt, sondern eine besondere Manifestation der bewußten Existenz, die ihr Bewußtsein von Chit erborgt und sich widerspiegelt. Die Shākta-Lehre bestätigt dies in verschiedener Form. Das ruhende Bewußtsein ist Chit-Svarūpa. In Bewegung ist es Chit-Shakti, verbunden mit Māyā-Shakti. Der Shiva-Shakti-Svarūpa ist Bewußtsein (chit, chidrūpinī). Es gibt keine unabhängige Prakṛiti wie es Sāṇkhya meint, noch auch eine unbewußte Māyā, die nicht Brahman und doch nicht von ihm getrennt ist, wie es Shāṅkara lehrt. Es gibt nur Māyā-Shakti. Das heißt: Bewußtsein (denn Shakti ist dies an sich), das sich als Mutter vor sich selbst in der Schöpfung des Jīva verschleiert. So ist Chidābhāsa nicht notwendig. Denn das

Denkorgan ist Bewußtsein, das sich selbst in die Formen oder Begrenzungen scheinbarer Unbewußtheit einhüllt.

Diese Erklärung hat ihren Reiz, da Bewußtes und Unbewußtes im Weltall miteinander vermischt sind, und das Ausschalten der unbewußten Māyā das Verlangen nach Einheit befriedigt. In allen diesen Fällen aber stellen Denkorgan und Materie entweder den wirklichen oder den scheinbar unbewußten Aspekt der Dinge dar. Wenn das menschliche Bewußtsein begrenzt ist oder so erscheint, stammt solche Begrenzung aus einem Prinzip, das entweder außerhalb des Bewußtseins liegt, diesem anhaftet, oder ihm innewohnt, das in dem einen oder anderen Sinn als wirklich angenommen werden muß oder das sich scheinbar von dem Bewußtsein unterscheidet, auf das es dem Anschein nach oder tatsächlich eine Wirkung ausübt. Nach allen diesen Systemen entstammen Denkorgan und Materie einem gemeinsamen begrenzenden Prinzip, das in Wirklichkeit oder scheinbar das unendliche Bewußtsein einengt. Allen dreien liegt, nach monistischem Standpunkt, das Bewußtsein, Chit, zugrunde, das in seiner Manifestation als eine Gleichschaltung von Denkorgan und Materie erscheint.

Herbert Spencer unterscheidet sich, wie viele andere westliche Philosophen, vom Vedānta durch die Ansicht, daß das Ding an sich in diesen Erscheinungen nicht Bewußtsein sei; denn dieses ist seiner Natur nach unbedingt und konkret. Das Ding an sich wird deshalb für unbekannt und nicht erkennbar erklärt. Kraft an sich ist blind und kann nur tätig werden, wenn man ihr zuvor eine Richtung gegeben hat. Da wir Bewußtsein im Weltall begegnen, folgern wir daraus, daß dieses die erste Ursache sein muß. Es ist auch vernünftig, wenn man davon ausgeht, daß die erste Ursache Bewußtsein oder Materie, nicht beides ist, diese Ursache in der Natur des Bewußtseins und nicht in der Materie zu suchen. Man kann wohl annehmen, daß ein unbewußter Gegenstand das Bewußtsein verändert, aber er kann nicht das Bewußtsein aus sich selbst hervorbringen. Für den indischen Realismus sind die Paramānus (upādāna) die materielle (kāraṇa) und Ishvara die bewirkende (nimitta) Ursache; denn dieser schafft ihre Verbindung. Nach dem Vedānta ist die Materie tatsächlich nichts anderes als eine bestimmte Veränderung der Erkenntnis im Ishvara-Bewußtsein, das durch solche Begrenzung nicht berührt wird. Ishvara ist somit beides – die materielle und die bewirkende Ursache. Ein Ding kann sich nur wieder in seine eigene Ursache auflösen. Die Wirksamkeit (kartṛitva) von Ishvara ist nach dem Māyāvāda nur eine Eigenschaft (aupādadhika).

Der Vedānta sagt deshalb in seiner Shākta-Lehre, daß das Ding an sich erkennbar sei und erkannt wird als das innere Selbst, das nicht ein unbewußtes Prinzip, sondern Seins-Bewußtsein ist. Als solches ist es, wie schon erwähnt, nicht bedingt oder konkret, sondern die absolute Selbst-Identität. Nichts kann dem Innern besser vertraut sein als das eigene Selbst. Die objektive Seite der Erkenntnis aber ist bedingt, da das Denkorgan und die materiellen Organe bedingt sind. Empfindung, Wahrnehmung, Vorstellung, Intuition sind nur verschiedene Erscheinungsweisen, in denen sich das Bewußtsein selbst manifestiert. Sie werden durch die verschiedene Beschaffenheit und Form der unterschiedlichen Organe der Erkenntnis hervorgerufen.

So besteht ein großer Unterschied zwischen dem, der die Erkenntnis übersinnlicher Dinge leugnet und dem Anhänger des Vedānta. Der erstere, wie z. B. Herbert Spencer, behauptet, daß das Absolute nicht erkannt werden kann, weil nichts von ihm auszusagen ist. Dagegen meint der Anhänger des Vedānta, das Absolute (im gewöhnlichen Sinn) sei nicht erkennbar, weil es Erkenntnis an sich ist. Unsere gewöhnliche Erfahrung kennt kein Bewußtsein des reinen unterschiedslosen Seins. Doch dieses kann, auch ohne daß es beschrieben wird, erfaßt werden. Man kann es nicht denken, weil es reine Erkenntnis ist, jener Zustand, der nur im Samādhi erfahren werden kann, der aber mittelbar zu erfassen ist, als die Einheit, die allen Formen der sich verändernden endlichen Erfahrung zugrunde liegt und diese trägt.

Was ist nun letztendlich Leben? Die Substanz, die ihm zugrunde liegt, ist das Sein selbst. Das Leben ist eine Manifestation solchen Seins. Wenn wir unter Leben die Erscheinung des Lebens verstehen, dann ist dies nicht die letzte Substanz, denn diese ist ohne Form. In einem höheren Sinn aber ist sie Leben – ewiges Leben –, aus dem alles Leben hervorgeht, nicht totes Sein. Wie könnte es sonst Leben hervorbringen?

Die große Mutter ist Leben – für ihre Kinder und in ihnen. Sie bringt nichts hervor, was ohne Leben oder Lebenskraft ist. Westliche Wissenschaftler sprechen vom „Ursprung des Lebens", das zu ergründen sei. Dies aber ist ein vergebliches Unterfangen, denn das Leben an sich hat keinen Ursprung, nur jenes, das in Erscheinung tritt. Wir können nicht den Anfang von dem finden, was seinem Wesen nach ewig ist. Die Frage wird verfälscht durch die irrige Annahme, daß es etwas Totes in dem Sinn gibt, daß es ganz des Lebens oder der Lebenskraft entbehre. Ein solches Ding gibt es nicht. Die ganze Welt ist eine lebendige Manifestation der Quelle des Lebens, die absolutes Sein ist.

Manchmal wirft man dem Hinduismus vor, daß er keinen „lebendigen Gott" kenne. Was man hierunter verstehen mag, weiß ich nicht. Denn gewiß verehrt der Hinduismus nicht einen „toten" Gott. Vielleicht versteht man unter „lebendig": „persönlich". Dann aber wäre dies eine falsche Beschuldigung. Denn Ishvara und Ishvarī sind Herrscher, die alle Persönlichkeiten und das Persönliche selbst umfassen. Im Grund aber sind sie jenseits aller Manifestation, das heißt, aller Begrenzung, die in der Persönlichkeit, so wie wir sie verstehen, enthalten ist. Wohl bringen nur Mensch, Tier und Pflanze Erscheinungen hervor, die wir „lebendig" nennen und denen eine sogenannte „Lebenskraft" zugrunde liegt. Hieraus aber folgt nicht, daß Dinge, die solche Erscheinungen, die zu unserer Definition des Lebens gehören, nicht besitzen, an sich ganz „tot" sind. Wir sollten solche Begriffe prüfen, wie man dies auch tatsächlich zu tun beginnt. Bis vor kurzem nahm man allgemein an, daß die Materie anorganisch „tot" oder organisch „lebendig" sei. Das Mineral war „tot", Pflanzen, Tiere und Menschen waren mit Leben begabt. Diese lebendigen Formen aber sind aus sogenannter „toter" Materie zusammengesetzt. Wie ist es dann möglich, daß es Leben im anorganischen Reich gibt, dessen Bestandteile letzten Endes „tote" Materie sind? Dies mußte die vergebliche Frage nach dem „Ursprung des Lebens" hervorrufen.

Leben kann nur aus Leben entstehen, nicht aus dem Tod. Die größten Irrtümer kommen von der fälschlichen Teilung der Natur, die keine Teile besitzt. Wir machen diese trügerischen Teilungen und versuchen dann vergebens, sie zu überwinden. Es gibt keine absoluten Trennungen oder Brüche. Alles ist ohne Unterbrechung, auch wenn wir im Augenblick nicht die Zusammenhänge finden können. Es ist undenkbar, daß es für diejenigen, die auch nur im geringsten die Vorstellung von der Einheit aller Dinge begriffen haben, solche Brüche gibt. Es besteht eine vollkommen zusammenhängende Kette in der Hierarchie des Daseins, von den niedersten Formen der scheinbar trägen Materie (die aber jetzt für bewegt gehalten wird) durch die Welten der Pflanzen, Tiere und Menschen zu den Devatās als übermenschlichen Geistkräften und zu Brahman hin. Von Brahman bis zum kleinsten Grashalm ist (nach den Shāstras) alles eins.

Die westliche Wissenschaft hat in jüngster Zeit eine völlige Umwandlung erlebt, da die Erkenntnis von der zugrunde liegenden einheitlichen Substanz die bisher angenommene Vorstellung der zusammenhanglosen Materie und ihrer Entstehung zerstört. Die Einteilung der Natur in die Bereiche von Tier, Pflanze und Mineral wird noch als praktisch notwendig angesehen, aber man erkennt jetzt, daß keine so klare Grenzlinie zwischen ihnen vorhanden ist, wie bisher im Westen angenommen wurde. Zwischen jeder Art liegen in der Natur zahllose Übergänge. Die Vorstellung von träger, „toter" Materie, die sich aus einer oberflächlichen Beobachtung ergab, wurde abgelöst durch die Entdeckung von Tätigkeiten, die unter dieser scheinbaren Trägheit am Werke sind – von Kräften, die die „grobe" Substanz mit vielen Merkmalen lebendigen Seins begaben. Es ist nicht länger möglich, mit Entschiedenheit festzustellen, wo das Reich des Unorganischen aufhört und das „Leben" beginnt. Man muß bestätigen, daß viele Erscheinungen, die bisher als Merkmale des „Lebens" angesehen wurden, der „trägen Materie" zugehören und aus Molekülen und Atomen bestehen, so wie die „belebte Materie" aus Millionen kleinster Zellen zusammengesetzt ist. Man entdeckte, daß die sogenannte „träge Materie" eine außergewöhnliche Gestaltungskraft besitzt und nicht nur fähig ist, die Formen der „lebendigen" Materie scheinbar nachzuahmen, sondern in gewissem Grade auch die gleichen Funktionen und Eigenschaften aufzuzeigen vermag.

Empfindung ist ein Merkmal aller Daseinsformen. Die Physiologen bemessen die Empfindsamkeit der Wesen nach dem Maße der Erregung, die notwendig ist, um in ihnen eine Reaktion zu wecken. Hierüber heißt es (Le Bon: „Evolution der Materie"): „Diese Empfindsamkeit der Materie, die so sehr im Gegensatz steht zu dem, was die volkstümliche Beobachtung aufzuzeigen scheint, wird den Physikern immer vertrauter. Darum fängt man allgemein an, Ausdrücke wie „das Leben der Materie" zu gebrauchen, die noch vor 25 Jahren vollkommen bedeutungslos gewesen wären. Die Untersuchung der reinen Materie beweist immer mehr, daß sie Eigenschaften besitzt, die früher allein den lebenden Wesen zugesprochen wurden. Überall herrscht Leben, aber es drückt sich in verschiedener Weise aus. Die zufällige Teilung, die zwischen „toter" und „lebendiger" Materie gezogen wurde, ist tatsächlich nicht vorhanden, und Spekulationen über den Ursprung des „Lebens" werden verfälscht durch die Annahme, daß irgend etwas ohne Leben existieren könne, wie sehr dieses auch unserem Blick verschleiert sein mag. Die westliche Wissenschaft scheint zu der Folgerung zu neigen, daß es keine „tote" Materie gibt, sondern überall Leben vorhanden ist – nicht nur dort, wo es, wie in der „organischen Materie" offensichtlich und klar erscheint, sondern auch in den kleinsten „anorganischen" Atomen, aus denen es besteht. Diese Atome sind in Wirklichkeit ähnlich organisiert wie die Lebewesen, die sie aufbauen, und alles, selbst das kleinste Teilchen bewegt sich mit nicht endender Energie (tejas). (Vgl. das Kap. „Die Welt als Kraft".)

Das manifestierte Leben ist Prāṇa, eine Form der Kriyā-Shakti, die aus Prakṛiti geboren ist. Prāṇa oder das vitale Prinzip wird (J. C. Chatterji: „Hindu Realismus") als „die besondere Beziehung Ātmas zu einer bestimmten Form von Materie erklärt, die Ātma durch diese Beziehung gestaltet und als eine Möglichkeit nimmt, um Erfahrung zu gewinnen". Diese besondere Beziehung bildet den individuellen Prāṇa im Körper. So wie im Westen die Bezeichnung „Leben" gemeinhin nur für den gestalteten Körper gebraucht wird, ist dies auch im Osten der Fall. Es ist der Name, den man der sogenannten „vitalen" Erscheinung gibt, die von den Körpern ausgeht, deren Quelle Brahman selbst ist. Der individuelle Prāṇa wird auf den besonderen Körper beschränkt, den er belebt, ist aber in allen atmenden Geschöpfen (prāṇī) eine Manifestation der schöpferischen und erhaltenden Tätigkeit Brahmans.

Alle Wesen existieren so lange, als Prāṇa in ihrem Körper vorhanden ist. Er ist – nach der Kaushitaki-Upanishad – „die Lebensdauer von allem". Der kosmische, alles durchdringende Prāṇa ist die Gesamtheit aller Prāṇas und ist Brahman als Quelle des individuellen Prāṇa. Auf der physischen Ebene offenbart sich Prāṇa als Atem durch die Einatmung „Sa" oder Shakti und durch die Ausatmung „Ha" oder Shiva. So sagt das Niruttara-Tantra (Kap. IV): „Durch Haṃkāra geht er aus und durch Sakāra kehrt er wieder zurück. Ein Jīva wiederholt immerfort das höchste Mantra Haṃsa."

Hang-kārena bahir yāti sah-kārena vishet punaḥ
Hangesti paramam mantram jīvo japati sarvadā.

Atmung ist an sich Ajapā-Mantra. So ist Prāṇa-Shakti die alles durchdringende Quelle des Lebens, die sich als Materie in die sogenannten Lebensformen eingestaltet. Wenn Prāṇa schwindet, dann löst sich der Organismus, in dem er vorhanden ist, vollkommen auf. Dennoch hat jedes Atom, das zurückbleibt, ein Leben für sich, das als solches unabhängig von dem Leben der Körpergestalt, deren Teil es war, existiert – so wie jede Zelle des lebendigen Körpers ein Leben für sich hat. Der grobstoffliche Körper ist verschieden (parichchhinna); er besteht aus gesonderten, klar abgegrenzten Teilen. Das Prāṇamāyā-Selbst aber, das dem Annamāyā-Selbst innewohnt, ist ein gleichartiges, ungeteiltes Ganzes (sādhāraṇa), das den ganzen physischen Körper durchdringt (sarvapiṇḍavyāpin). Es ist nicht in bestimmte Bereiche (asādhāraṇa) zerschnitten wie der Piṇḍa oder mikrokosmische physische Körper. Im Gegensatz zu diesem hat es keine besonderen Organe, von denen jedes eine eigene Funktion ausübt. Es ist eine gleichartige Einheit (sādhāraṇa), die gegenwärtig ist in jedem Teil des Körpers, den es als das innere vitale Selbst beseelt. Vāyu, die universale Vitalkraft, äußert sich beim Eintritt in den Körper auf zehn verschiedene Arten. Es ist der eine Prāṇa, dem verschiedene Namen gegeben werden, je nach seinen Funktionen, von denen die fünf hauptsächlichsten sind: Aneignung (prāṇa), Ausstoßen (apāna), Anpassung (samāna), Verteilung (vyāna) und jene vitale Leistung (udāna), die mit dem Selbstausdruck im Wort zusammenhängt. Prāṇa stellt im allgemeinen Sinn die willkürliche Tätigkeit des Organismus dar, wie die Indriyas ein Aspekt der gewollten Tätigkeit sind. Atmen ist die Manifestation des kosmischen Rhythmus, nach dem sich das ganze Weltall bewegt, in Erscheinung tritt und wieder vergeht. Das Leben Brahmans ist die Dauer des ausströmenden Atems (nishvāsa) der Kāla.

Der Sāṇkhya, der die Lokayata-Vorstellung verwirft, nach der Vāyu nur eine mechanische Lebenskraft ist oder eine mechanische Bewegung, die aus solchem Vāyu entsteht, nimmt, nach dem Grundsatz der Erhaltung der Energie, an, daß das Leben aus den verschiedenen gleichzeitigen Tätigkeiten anderer Kräfte im Organismus besteht. Dies wiederum leugnen die Anhänger der Vedānta, die das Leben für eine eigene unabhängige Kraft und materielle Form halten, die das eine Bewußtsein durch Māyā angenommen hat. In beiden Fällen ist es eine unbewußte Kraft, da alles, was nicht Ātma oder Puruṣha ist, nach dem Māyāvāda und Sāṇkhya, unbewußt oder – in westlicher Sprache – materiell (jaḍa) ist.

Um mit den Shāktas zu sprechen, ist Prāṇa der Name für Shakti – ganz allgemein –, die sich im Erschaffen der Materie entfaltet und für die vitalen Schwingungen, die die gestalteten Körper aussenden. Die manifestierte Shakti ist Vitalität, das begrenzte und konkrete Entfalten ihres eigenen formlosen Seins oder des Sat im Gestalteten. Die ganzheitliche Shakti ist Jñāna Ichchhā, Kriyā, und in der Form von Prakṛiti ist sie die Guṇas: Sattva, Rajas und Tamas. Von ihrer Natur getrieben (ichchhā), verlangt sie nach Erschaffung und Gestaltung. Sie sieht, wie dies möglich ist (jñāna) und führt es aus (kriyā).

Die am stärksten tamahafte Form von Kriyā ist die scheinbare mechanische Energie in den materiellen Körpern. Diese aber ist Ergebnis der Lebenskraft und nicht ihre Ursache. Letzten Endes ist also Prāṇa, wie alles andere, Bewußtsein, das als Shakti sich in die Form begrenzt, die es zuerst erschafft und erhält. Weiter bildet sich Prāna in höhere Formen ein und erhält diese, bis ihre Lebensdauer abgelaufen ist.

Alle Schöpfung und Erhaltung ist eine begrenzende Kraft, die insoweit und in dem Maße unbewußt erscheint, wie sie die grenzenlose Seins-Bewußtseins-Glückseligkeit einengt. Dennoch ist diese Kraft nichts anderes als Bewußtsein, das sich selbst leugnet und begrenzt. Die große Mutter (shrī mātā) begrenzt ihr unendliches Sein im und als Weltall und erhält es. Insoweit die Form und deren Leben begrenzt ist, scheint sie unbewußt zu sein. Denn sie engt das Bewußtsein ein. In jedem Augenblick ist Schöpfung vorhanden, aber nur die erste Erscheinung nennen wir Schöpfung (shṛiṣhṭi). Ihre durch die Prāṇa-Tätigkeit bewirkte Dauer nennen wir Erhaltung (sthiti). Aber beides – das begrenzt Erscheinende wie das, was diese Begrenzung bewirkt – ist Seins-Bewußtsein. Prāṇa-Vāyu ist die aus sich selbst geborene, aber begrenzte Manifestation des ewigen Lebens. Sie heißt Vāyu (va, bewegen), weil sie das ganze Weltall durchströmt. An sich unsichtbar, sind ihre

Wirkungen doch offensichtlich. Denn sie bestimmt Geburt, Wachstum und Verfall aller lebenden Organismen und empfängt als solche die Huldigung aller erschaffenen Lebewesen. Für jene, die die unorganische Materie für „tot“ oder leblos halten, kann es kein Gefühls-Bewußtsein geben, da sie dieses für eine Eigenschaft des Lebens halten. Sie leugnen auch das Bewußtsein, weil man gemeinhin annahm und es auch heute noch tut, daß jede bewußte Erfahrung ein Subjekt voraussetzt, das sich als solches erkennt und auf ein Objekt ausgerichtet ist. Wie Professor P. Mukhyopādhyāya („Wege zur Wahrheit“) klar aufgezeigt hat, wurde das Bewußtsein mit Intelligenz oder Verständnis gleichgesetzt, das heißt mit gerichtetem Bewußtsein. Deshalb bildeten sich westliche Denker ein, daß dort, wo keine Richtung oder Form zu unterscheiden ist, auch das Bewußtsein an sich ausgeschaltet ist. Ihrem zweckgebundenen Auge erscheint das Bewußtsein als etwas Gesondertes, das eine bestimmte Richtung und Form hat.

Nach indischer Ansicht aber gibt es drei Stufen des Bewußtseins:

1. das supermentale höchste Bewußtsein, das vom Denkorgan getrennt ist. Dies ist Paramātma, Chit, die Grundlage aller organischen wie anorganischen Existenz und aller Gedanken. Von dieser heißt es in der Shruti: „Erkenne das, was nicht mit dem Denkorgan denkt und mit dem das Denkorgan selbst gedacht wird.“ So gibt es zwei Haupt-Zustände des manifestierten Bewußtseins:

2. Das mit dem Denkorgan in der organischen Materie verbundene Bewußtsein, das durch seine Gefäße von Denkorgan und Materie wirkt, und

3. das Bewußtsein in Verbindung mit der anorganischen groben Materie (bhūta), und von ihr fast verschleiert, das gedämpfte Bewußtsein, das durch die Antwort auf äußere Reize bemerkbar wird, wie dies die Experimente zeigen, die mit dem Namen Sir Jagadish Bose verbunden sind.

Wo sollen wir nun die unterste Grenze der Empfindung ziehen? Und wenn diese Grenze bestimmt wird, warum gerade dort? Dr. Ernst Mach betont in seiner Analyse über die Empfindungen, daß diese Frage ganz natürlich ist, wenn wir von der allgemein geläufigen physischen Vorstellung ausgehen. Gewiß kann nicht behauptet werden, daß die anorganische Materie sich selbst bewußt ist, so wie dies für das höher organisierte Leben gilt. Die Antwort aber auf die Reize ist der Beweis, daß Bewußtsein – wenn auch tief verhüllt und gefangen – vorhanden ist. Die anorganische Materie entfaltet es in Form eines Samens oder im Ansatz von Empfindsamkeit, die sich in die einfachen Gefühlsimpulse der niedrigsten Erscheinungen des organisierten Lebens ausweitet und endlich in die entwickelten selbstbewußten Empfindungen des menschlichen Lebens. Auf Grund der unvollkommenen wissenschaftlichen Kenntnisse konnte man früher den ersten dieser Aspekte physikalisch nicht in der gleichen Weise oder in demselben Ausmaß beweisen wie die moderne Wissenschaft es jetzt mit ihren feinen Instrumenten vermag. Wenn man aber von der offenbarten und intuitiv bejahten Wahrheit ausgeht, daß alles Brahman ist, dann kommt man notwendigerweise zu solchen Folgerungen.

Alle Bhūtas bestehen aus den drei Guṇas oder Faktoren der Prakṛiti oder aus den psycho-physischen Kraftmöglichkeiten. Sattva oder das Prinzip der Bewußtseinsäußerung in der groben Materie (das fast vollkommen unterdrückt wird durch Tamas, das Prinzip der Verschleierung des trotzdem vorhandenen Bewußtseins) bringt die Empfindsamkeit in Erscheinung, die in der Materie zu beobachten ist. Kurz gesagt: Die Natur kennt keine scharfen Grenzen oder gähnenden Abgründe, auch wenn wir die feinstofflichen Bindeglieder zwischen den Dingen leugnen. Es gibt keinen Bruch in der Kontinuität. Sein und Bewußtsein breiten sich gemeinsam aus. Das Bewußtsein ist nicht an die Zentren im Äther des Bewußtseins gebunden, die organisierte Körper genannt werden. Aber ebenso wie das Leben von Mineral und Mensch verschiedenen Ausdruck findet, so auch das Bewußtsein, von dem manche annehmen, daß es nur im entwickelten Tier oder vielleicht auch nur im Menschen existiere.

Bewußtsein (chit-shakti) existiert in der ganzen Hierarchie des Seins und ist tatsächlich Sein. Dennoch wird es durch seine Kraft oder Māyā-Shakti, die aus den drei Guṇas besteht, verschleiert. In der anorganischen Materie, in der Tamas vorherrscht, ist das Bewußtsein so sehr verschleiert und die Lebenskraft so stark beschränkt, daß der Anschein von Gefühllosigkeit, Trägheit und rein mechanischer Energie entsteht. In den gestalteten Körpern wird die Vorherrschaft von Tamas stufenweise geringer, so daß die Geschöpfe der Welt-Hierarchie in Entsprechung zu ihrer Entwicklung auch an Sattva zunehmen. Das Bewußtsein an sich verändert sich nicht. Es bleibt immer das gleiche. Es wechseln nur unbewußt oder offensichtlich seine Umhüllungen. Diese sind Māyā und Prakṛiti mit ihren Guṇas. Das Bild des „Umhüllens" stellt die Ansicht des Sāṅkhya und Māyāvāda dar.

Vom Shākta-Aspekt aus ist dieser Vorgang einem Licht zu vergleichen, das einmal unverändert bleibt, das andere Mal aber nach oben oder nach unten gerichtet ist. Bei der groben Materie ist das Licht so sehr nach unten gerichtet, daß man es gemeinhin nicht wahrnehmen kann. Selbst feinste wissenschaftliche Experimente können zu widerstreitenden Meinungen führen. Wenn der Schleier des Tamas das organische Leben weniger verdeckt und der Jīva dadurch weniger an den Stoff gebunden ist, dann offenbart sich das gleiche Bewußtsein (denn es gibt kein anderes), das sich früher nur in einer scheinbaren mechanischen Reaktion manifestierte, in freier Auswirkung als das, was wir im allgemeinen unter Bewußtsein verstehen. Shakti, die sich als Māyā-Shakti selbst verneint, offenbart sich immer mehr als Chit-Shakti. So gibt es eine fortschreitende Befreiung des Bewußtseins aus den Banden der Materie, bis es zuletzt vollkommene Freiheit oder Befreiung (mokṣha) erlangt – dann wenn Ātma er selbst (ātmā-svarūpī) oder reines Bewußtsein ist. An diesem Punkt wird die gleiche Shakti, die als Māyā wirkte, selbst Bewußtsein (chidrūpinī).

Nach den Hindu-Lehren besitzen die Pflanzen eine Art schlafendes Bewußtsein und sind in der Lage, Freude und Schmerz zu empfinden. Chakrapāṇi sagt in der Bhānumatī, daß das Bewußtsein der Pflanzen eine Art dumpfes, verdunkeltes oder schlafsüchtiges Bewußtsein sei. Auch Udayana lehrt, daß die Pflanzen ein schlafendes, tief-dumpfes Bewußtsein besitzen. Die Verschiedenheiten zwischen Pflanzen- und Tierleben sind für den Hindu nach Graden, aber nicht nach Art vorhanden. Dieser Grundsatz kann überall angewendet werden. Leben und Bewußtsein sind nicht Ergebnis der Entwicklung, sie bringen diese nur zur Erscheinung. Manu nennt Pflanzen Geschöpfe, die eingehüllt sind in die Dunkelheit, die aus vergangenen Taten stammt. Innerlich aber besitzen sie Bewußtsein und die Fähigkeit, Freude und Leid zu empfinden. Im Mahābhārata sagt Bhṛigu zu Bharadhvāja, daß die Pflanzen verschiedene Sinne besitzen, da sie auf Hitze, Klang, Sicht (mit deren Hilfe Schlingpflanzen ihren Weg zum Licht hin finden), Geruch und auf das Wasser reagieren, das sie trinken. Ich möchte auch an Berichte wie die von Yāmalārjunavṛiksha aus der Shrimad-Bhāgavata erinnern, die Professor Brajendra Nath Scal's gelehrtes Werk über „Die positiven Wissenschaften der alten Hindus" erwähnt und an Professor S. N. Das Gupta's gelehrte Schrift über Parināma, der ich für diese Anregungen verpflichtet bin.

Es heißt, der Mensch gehe durch alle niederen Stufen des Bewußtseins hindurch und sei fähig, die höchste Stufe durch Yoga zu erreichen. Der Jīva wird als Mensch geboren, nachdem er – wie es heißt – 84 lakhs (84000000 Jahre) als Pflanzen (vṛikshādi), Meertiere (jalayoni), Insekten und ähnliches (kṛimi), als Vögel (pakshi), wilde Tiere (pashvādi) und Affen (vānar) geboren wurde. Dann wird er zwei Zeitlängen (200000 Jahre) in den niederen Menschheitsarten geboren und erreicht allmählich immer bessere Geburten, bis er von allen Bindungen der Materie befreit ist. Die genaue Zeitlänge jeder Art von Geburt ist 20, 9, 11, 10, 30 und 4 – zusammen 84 Zeitlängen (lakhs). Wie Mahāmahopādhyāya Chandrakānta's Tarkālaṅkāra-Vorlesungen über „Hindu-Philosophie" (5. Jahrg., S. 227, Vorlesung VII) darlegen, ist die Vor-Erscheinung des Menschen in Gestalt des Affen nicht nur eine westliche Theorie. Das Bewußtsein, das sich in ihm manifestiert, ist nicht eine ganz neue Schöpfung, sondern das Entfalten dessen, was schon immer in den Elementen vorhanden war, aus denen er besteht, und in den Pflanzen- und Tierformen, durch die er vor seiner menschlichen Geburt hindurchging. In ihm aber ist die Materie so angeordnet und gestaltet, daß sie die bisher vollkommenste Manifestation der zugrunde liegenden Chit ermöglicht. Die Geburt des Menschen ist „so schwer zu erreichen" (durlabha) – heißt es zu wiederholten Malen in den Shāstras –, damit sich der Mensch des Glücksfalls bewußt wird, den ihm die Entwicklung geschenkt hat. Tut er dies nicht, dann fällt er hemmungslos in die grobe Materie zurück und noch tiefer hinab in die Höllen der Leiden.

Die westlichen Autoren halten solchen Absturz im allgemeinen für unwissenschaftlich. Wie, so fragen sie, kann menschliches Bewußtsein in Tier und Pflanze zurückgehen? Solches wird (was immer der allgemeine Glaube sein mag) auch nicht behauptet. Wenn der Mensch wieder in ein tierisches Leben zurücksinkt, dann hört er auf, Mensch zu sein. Er ist nicht Tier und Mensch zugleich. Sein Bewußtsein ist wieder das eines Tieres, nicht eines Menschen. Nur eine kindliche Ansicht erblickt hierin die Einkerkerung des Menschen in einen Tierleib.

Wenn der Mensch aufwärtssteigen kann, kann er auch wieder herabfallen. Die Seele oder der feinstoffliche Körper sind nichts Festgelegtes, sondern befinden sich in der Entwicklung. Nur der Geist (chit) ist ewig und unveränderlich. Im Menschen beginnen sich die in Erscheinung tretenden Bestandteile der Prakṛiti-Shakti (sattvaguṇa) vollkommener zu entwickeln, das Bewußtsein nimmt die objektive Welt und das eigene Ich vollständig wahr und faltet sich in alle jene Ich-Funktionen aus, die seine Fähigkeiten genannt werden. Hier reichen wir an die Welt der Ideen. Diese aber sind ein Überbau über das Bewußtsein, nicht sein

Grund. Des Menschen Bewußtsein ist immer noch von Māyā-Shakti verschleiert. Je stärker Sattvaguṇa in ihm vorherrscht, um so göttlicher wird sein Bewußtsein, bis er ganz frei wird von den Begrenzungen der Māyā, und das Jīva-Bewußtsein sich in das reine Brahman-Bewußtsein ausweitet. So existieren Leben und Bewußtsein überall; alles lebt, alles ist Bewußtsein. In der Welt der groben Materie scheint beides zu fehlen, da es fast ganz von dem Schleier der Tamoguṇa-Māyā-Shakti verdeckt wird. Beim Aufstieg aber entschleiern sich Leben und Bewußtsein immer mehr; das wahre Bewußtsein wird endlich in Samādhi oder Mokṣha verwirklicht. Chit-Shakti und Māyā-Shakti sind unzertrennlich miteinander im ganzen Weltall verbunden. Es gibt deshalb, nach den Grundlehren der Shākta-Shāstras, kein Teilchen von Materie, das ohne Leben oder Bewußtsein ist, wie verschieden entfaltet oder verborgen diese auch sein mögen. Die manifestierte Māyā-Shakti ist das Weltall, in dem Chit-Shakti der unveränderliche Geist ist. Die unmanifestierte Māyā-Shakti ist Bewußtsein (chidrūpinī). Es gibt viele Menschen, die denken, daß sie eine Lehre verstehen, wenn sie ihr einen geeigneten Namen – oder was sie dafür halten – zulegen. So nennen sie dieses „Animismus“, ein Ausdruck, den der gewöhnliche Leser mit primitiven und wilden Stämmen in Verbindung bringt. Andere fürchten sich vor solchen Namen. Aber nicht Namen, sondern Tatsachen sollten uns berühren. Sicher ist „Animismus“ in gewisser Hinsicht eine ungenaue und kindliche Art, die Sache auszudrücken, doch ist es die unvollkommene Darstellung einer zentralen Wahrheit, die einige der tiefsten Denker der Welt selbst in unserem, scheinbar allen anderen überlegenen Zeitalter anerkennen.

Der Primitive entdeckte in seiner Einfachheit einige solcher Wahrheiten. So wurde mit Recht behauptet, daß der einfache Mensch und das Kind sich allem Lebendigen verwandt und mit ihm in Einklang fühlen und, von einigen Irrtümern abgesehen, unverfälschter und wahrhaftiger den Puls des Seins empfinden als die zivilisierten Kulturmenschen. Es bedarf keines Beweises, wie töricht diese manchmal sein können. Die einfachen Völker und Kinder sind weniger weit von den konkreten Tatsachen entfernt als der Zivilisierte, da der Prozeß der Zivilisation ein abstrakter ist. Seine Irrtümer verwirren sich noch mehr durch das sinnlose Geschwätz, das sie ausdrückt.

Da sich die Extreme treffen, können wir, nachdem wir unseren jetzigen Zustand durchschritten haben, zu den Wahrheiten zurückkehren, die wir bei den Primitiven entdeckten – dies aber nicht nur in äußerer Verehrung, sondern im Erfahren des Wahrheitskernes, der den Erkenntnissen und Wissenschaften zugrunde liegt, wenn alles materielle Denken von ihnen abgefallen ist. Für den, der in allen Dingen die Mutter sieht, ist jede wissenschaftliche Forschung voller Wunder und Verehrung. So sagt Gratry, daß die Berechnungen von Newton und Leibniz Vorgänge jenseits der Logik waren und daß die geometrische Induktion im wesentlichen ein Akt des Betens ist, wobei er den Anruf des endlichen Geistes an den unendlichen meinte, um Licht für irdische Fragen zu erlangen. Der Suchende nimmt nicht nur mechanische Bewegungen eines sogenannten „toten“ Stoffes wahr, sondern das wunderbare Spiel der Mutter, deren Gestalt alle Materie ist. Indem sie sich ihm auf solche Weise offenbart, erweckt sie eine leidenschaftliche

Begeisterung in ihm und jene Sicherheit, die nur in der Annäherung an das zentrale Herz der Dinge gewonnen werden kann. Denn – wie es die Upaniṣhad ausdrückt – nur der hat Furcht, der die Zweiheit sieht.

Es mag eines Tages geschehen, daß einer, der in sich den wissenschaftlichen Eifer des Westens mit dem allumfassenden religiösen Gefühl Indiens verbindet, ein neues Chandī mit vielfältigem Preis an die erhabene Welten-Mutter (namastasyai namo namah) erschafft. Ein solcher wird beim Betrachten der sich stets verändernden Wunder ihres Weltspieles mit dem Yoginīhṛidaya-Tantra ausrufen: „Ich grüße sie, die Samvid-Kalā, die in der Form von Raum und Zeit und in allen darin vorhandenen Gegenständen erscheint."

Deshakālapādārthātma yad yad vastu yathā yathā
Tattadrūpena yā bhāti tām shraye samvidam kalām.

Dies aber ist nicht allein Naturverehrung, wie allgemein im Westen angenommen wird oder die Verehrung der Kraft, wie Keshub Chunder Sen die Shākta-Lehre nannte. Alle Dinge sind im Höchsten, der selbst alle begrenzten Formen unendlich weit überschreitet. Es ist die Verehrung Gottes als schöpferische Mutter. Sie manifestiert sich in der Form aller Dinge, die sozusagen nur ein Staubkörnchen auf ihren Füßen sind. Sie ist das unendliche Sein (sat), Erfahrung (chit), Liebe (ānanda) und Kraft (shakti). So sagte Philibert Commerson: „Das Leben eines Naturverehrers ist – ich wage dies zu sagen – eine fast immerwährende Anbetung."

Im Kapitel „Shakti und Māyā" habe ich die drei verschiedenen Vorstellungen der Urenergie: Prakṛiti, Māyā und Shakti in der Wiedergabe von Sāṇkhya, Vedānta und den Āgamas einander gegenübergestellt. Ich will mich deshalb hier nicht wiederholen, sondern nur die Ergebnisse zusammenfassen. Es gibt für die drei Vorstellungen gemeinsame Züge. Schwieriger aber ist es, die Unterschiede zwischen den „Darshanas" herauszustellen, als diese systematisch zusammenzufassen, indem die Übereinstimmungen ihrer Gesichtspunkte, oder, bei scheinbaren Unstimmigkeiten, ihr Ausgangspunkt betrachtet wird. Es wurde behauptet, daß die Wahrheit nicht in einem Land wie Indien gefunden werden kann, in dem sechs philosophische Systeme gegeneinanderstehen, und selbst in einer einzigen Lehre Spannungen zwischen Dvaita, Vishiṣhṭādvaita und Advaita herrschen. Nach solcher Kritik sollte man annehmen, daß in Europa alle einer Meinung wären, oder zumindest die christliche Gemeinschaft miteinander übereinstimme, nicht aber, wie es der Fall ist, in Hunderten von Sekten aufgesplittert ist.

Ein amerikanischer Humorist meinte mit Recht, daß in jedem Menschen ein guter Teil menschlicher Natur läge! Natürlich gibt es Verschiedenheiten, die nach Radd-ul-Muhtar auch eine Gabe Gottes sind. Unleugbar besteht nur eine Wahrheit, aber trotz dieser Einheitlichkeit sind Natur und Fähigkeiten derer, die sie suchen oder zu besitzen meinen, verschieden. Um ein modernes Bild zu benutzen: Das gleiche weiße Licht, das durch verschiedenfarbiges Glas hindurchscheint, nimmt dessen Farben an. Nicht alle können die Wahrheit in gleichem Umfang oder in gleicher Weise verstehen. Hierauf beruht die kluge indische Lehre von der Zulänglichkeit oder dem Adhikāra. Es heißt auch im Neuen Testament: „Ihr sollt eure Perlen nicht vor die Säue werfen, auf daß sie dieselben nicht zertreten mit ihren Füßen und sich wenden und euch zerreißen." Jedem kann nur das gegeben werden, was er aufzunehmen vermag.

Die sechs Philosophien stellen verschiedene Gesichtspunkte dar, entsprechend der Art und dem Ausmaß, in denen die eine Wahrheit verstanden werden kann. Jeder Standpunkt geht einen Schritt weiter über den vorhergehenden hinaus, wenn er auch mit diesem noch gewisse Vorstellungen gemeinsam hat. Im Hinblick auf die vorliegende Frage beginnen alle diese Systeme mit der Feststellung, daß es dem Anschein nach oder in Wirklichkeit Geist und Denkorgan-Materie, Bewußtes und Unbewußtes gibt. Sāṇkhya, Vedānta und der Shākta-Āgama nennen den Geist Purusha, Brahman, Shiva, und die Verbindung von Denkorgan-Materie: Prakṛiti, Māyā, Shakti. Alle stimmen darin überein, daß aus der Verbindung dieser beiden Prinzipien das Weltall entsteht, und daß diese Verbindung das Weltall ist. Alle stimmen auch darin überein, daß das eine, das erste Prinzip unendliches formloses Bewußtsein und das zweite ein begrenzendes Prinzip ist, daß die Formen schafft. Überdies erblicken alle in diesem letzten Prinzip eine Verschleierung, die das Bewußtsein verhüllt, das an sich ewig ist und alles durchdringt, einmal als Samen (mūlaprakṛiti, avyakta), dann wieder als Frucht (vikṛiti). Es besteht aus den Guṇas: Sattva, Rajas und Tamas (Prinzipien, die Bewußtsein, Handlung und das verschleierte Bewußtsein darstellen) und wird nur in seinen Wirkungen sichtbar. In allem ist es das natürliche Prinzip, die materielle Ursache des materiellen Weltalls.

Das Wort Prakṛiti soll von der Wurzel „kri" und dem angehängten „ktin" stammen, das Bhāva oder die abstrakte Idee ausdrückt, manchmal auch das Karma oder den Gegenstand der Handlung in Entsprechung zur griechischen Silbe „sis". Im Nominativ heißt ktin tis. So entspricht Prakṛiti der „Natur" (Physis) der Griechen. In allen drei Systemen ist sie als der natürliche Aspekt der Dinge der Gegensatz zum geistigen.

Der Hauptpunkt der Unterscheidung besteht zwischen dem Sāṇkhya auf der einen und dem Advaita-Vedānta auf der anderen Seite, so wie diesen Shāṅkara erklärt oder die Shaiva-Shākta und andere Tantras. Der klassische Sāṇkhya ist ein dualistisches System, ein Gegensatz zu dem nichtdualistischen Vedānta. Er nimmt eine Vielfalt von Ātmans an, die das formlose Bewußtsein darstellen, während die unbewußte Prakṛiti, als die formende Tätigkeit, ein unabhängiges Prinzip ist. Der Monismus des Vedānta trennt nicht ganz diese beiden Prinzipien. Denn sie können nicht als zwei unabhängige Wirklichkeiten vorhanden sein, wenn es nur einen Brahman gibt. Die beiden Kategorien: Sāṇkhya-Purusha und Prakṛiti werden auf die eine Wirklichkeit – Brahman zurückgeführt. Sonst wäre der Vākya „Dies alles ist wahrhaft Brahman" (sarvam khalvidam brahmā) falsch.

Wie aber ist solches möglich? Hierüber sind der Māyāvāda des Shāṅkara und der Advaita der Shaiva-Shākta-Āgamas verschiedener Meinung. Beide Lehren stimmen darin überein, daß Brahman zwei Aspekte hat. In einem ist Er transzendent, im anderen schöpferisch und immanent. Nach Shāṅkara ist Brahman in seinem Aspekt als Ishvara mit Māyā vereint, im anderen von ihr getrennt. Māyā steht hier anstelle der Prakṛiti des Sāṇkhya. Was aber ist Māyā? Sie ist nicht ein wirkliches unabhängiges Prinzip wie die Prakṛiti des Sāṇkhya, sondern – nach Shāṅkara – ein nicht mit logischen Begriffen erfaßbares unerklärbares (anirvachanīya) Mysterium. Sie ist eine ewige Täuschung (mithyābhūtā sanātanī), da ihre sichtbare Trug-Wirklichkeit Brahman gehört, mit dessen Aspekt sie verbunden ist. Sie ist nicht wirklich, denn es gibt nur eine Wirklichkeit. Man kann sie aber auch nicht unwirklich nennen, da sie der Grund der Erfahrung und die tatsächliche Erfahrung ist. Sie ist weder wirklich (sat) noch unwirklich (asat), sie ist auch nicht zur einen Hälfte wirklich und zur anderen unwirklich (sadasat). Wenn sie auch keinen Teil von Brahman bildet und deshalb nicht Brahman ist, so ist sie doch – ohne eine zweite Wirklichkeit zu sein – untrennbar mit Brahman in seinem Ishvara-Aspekt verbunden. Wie die Sāṇkhya des Prakṛiti ist Māyā (wer sie auch sein mag) der Natur nach ein unbewußtes Prinzip. Das Weltall wird durch die Spiegelung des Bewußtseins (purusha, brahman) auf das Unbewußte (prakṛiti, māyā) hervorgebracht. Auf diese Weise erscheint das Unbewußte als bewußt. Dies ist Chidābhāsa.

Māyā ist Täuschung, ebenso ist es Shāṅkaras Definition. Auch trägt seine Theorie – da er Māyā, die nicht eine zweite Wirklichkeit ist, sondern ein Mysterium, von dem weder Wirkliches noch Unwirkliches ausgesagt werden kann, überhaupt darstellt – einen Anstrich von Dualismus, von dem die Shākta-Lehre frei ist. Māyā bedeutet für ihn trotz ihres Trugseins nicht eine reine Negation oder den Mangel von etwas (abhāva), sondern ist eine positive Wesenheit (bhāvarūpam ajñānam), das heißt von der Natur her eine Kraft, die das Bewußtsein verschleiert, wie dies Prakṛiti mit Purusha tut. Vom monistischen Standpunkt aus aber hat diese Lehre den Vorteil, daß sich nach ihr Brahman, auch wenn er in einem Aspekt (als Ishvara) mit Māyā verbunden ist, nicht wandelt, während nach der Shākta-Lehre sich Shiva in seinem Aspekt als Shakti verändert.

In der Aussage über die Unwandelbarkeit des Brahman ist Shāṅkara eindeutig. Weniger bei dem Satz: „Alles dies ist Brahman." Hier steht er im Gegensatz zum Shaiva-Shakta-Darshana, der mit größter Einfachheit diesen Gedanken (dessen Verwirklichung nach dem Mahānirvāṇa-Tantra Ziel und Ende von allem ist) im wörtlichen Sinn meint. „Dies" ist das Weltall und somit ist es Brahman. Brahman aber ist Bewußtsein, und so gesehen ist das Weltall in Wirklichkeit „Das". Doch auf welche Weise? Nach Shāṅkara ist alles mit unseren Sinnen Wahrnehmbare Māyā, somit praktisch etwas Seiendes, in Wirklichkeit aber ein Nichts, das als Wirklichkeit erscheint, weil es mit Brahman, dem allein Wirklichen, verbunden ist. Die Erscheinung einer unabhängigen Wirklichkeit ist also geborgt und in diesem Sinn „Täuschung".

„Dies alles ist Brahman", bedeutet nach Shāṅkara, daß im Hintergrund des uns Sichtbaren Brahman, und alles übrige als Erscheinung Māyā ist. Auf der anderen Seite aber ist nach Shāṅkara der Mensch Geist (ātma), gekleidet in die Māyā-Täuschung von Denkorgan und Materie. So kann die Einheit zwischen Ishvara und Jīva nur hergestellt werden, wenn von ersterem Māyā und von letzterem Avidhyā entfernt werden, Brahman also nur als allgemeine Bezeichnung bestehen bleibt. Für den Shākta dagegen, der nichts ausschließt, ist Brahman im strengsten

Sinn alles. Der menschliche Geist (ātma) ist Shiva. Sein Denkorgan und sein Körper sind Shakti. Shiva und Shakti aber sind eins. Paramātma ist Shiva-Shakti in jenem Zustand, in dem das Selbst von dem Nicht-Selbst sich unterscheidet. Der Mensch ist, nach den Shākta-Tantras, nicht Geist, der scheinbar eingehüllt ist in eine nicht brahmahafte Täuschung, sondern Geist, der sich selbst mit seiner eigenen Kraft oder Māyā-Shakti bekleidet. Alles ist Shakti, ob als Chit-Shakti oder als Māyā-Shakti. Wenn deshalb das Shākta-Tantra sagt: „Alles dies ist Brahman", meint es dies im wörtlichen Sinn. „Dies" bedeutet Brahman als Shakti wie als Māyā-Shakti und Chit-Shakti.

Shiva ist als Parabrahman Shiva-Shakti im Zustand, in dem Shakti nicht wirksam, sondern sie selbst, das heißt reines Bewußtsein (chidrūpinī) ist. Shiva als Ishvara ist Shiva-Shakti in dem Zustand, in dem Shiva, mit Māyā-Shakti verbunden, die Quelle der Bewegung und Veränderung ist. Shiva-Shakti als Jīva ist der Zustand, der hervorgerufen wird durch Māyās Wirksamkeit, von der Ishvara frei ist. Die schöpferische Shakti ist unveränderliche Chit-Shakti und sich verändernde Māyā-Shakti. Dennoch darf man sich die eine Shakti niemals von der anderen getrennt oder ohne sie vorstellen. Denn es sind nur Zwillings-Aspekte der grundlegenden Substanz (paravastu). Vimarsha-Shakti (vgl. Kāmakalāvilāsa, Bd. X, „Tantrische Texte", Ed. A. Avalon) bringt als Māyā-Shakti die Formen hervor, denen der Geist als Chit-Shakti innewohnt, und die er erleuchtet (prakāsha).

Wie aber, so wird man einwenden, kann, wenn es keine unbewußte Māyā gibt, ein unbewußtes Element in den Dingen liegen? Es ist dies die bewußte Shakti, die sich verschleiert und dadurch als begrenztes Bewußtsein erscheint. Mit anderen Worten: Während nach Shāṅkara Denkorgan und Materie an sich unbewußt sind, durch Chidābhāsa aber bewußt erscheinen, behauptet der Shākta-Āgama im Gegenteil, sie seien als Chit in sich selbst, das heißt, in ihrem Grund bewußt, erschienen aber durch Māyā-Shakti, durch die verschleiernde Kraft des Bewußtseins, als unbewußt oder, genauer gesagt, als begrenztes Bewußtsein. Wenn dies zutrifft, dann ist Chidābhāsa nicht notwendig; denn dieser setzt sozusagen zweierlei voraus – Brahman und die unbewußte Māyā, in der sich Brahman spiegelt. Wenn auch einige Shāstras von solcher Spiegelung sprechen, so steht doch Prativimba zwischen Shiva und Shakti. Brahman ist Māyā-Shakti in dem Aspekt, in dem er sich selbst verneint, da es die Aufgabe der Shakti ist, sich zu negieren (nishedhavyāpārarūpa shaktiḥ), wie es Yoga-Rāja oder Yoga-Muṇi (eine andere Bezeichnung für ihn) in seinem Kommentar über den Paramārthasāra des Abhinava Gupta ausdrückt. In den Shākta-Tantras sagt Shiva zur Devī: „Es gibt keinen Unterschied zwischen Dir und mir." Während Shāṅkaras Ishvara mit der unbewußten Māyā verbunden ist, ist der Ishvara der Shaiva-Shākta mit nichts außer sich selbst als Māyā-Shakti, verbunden.

Ob diese Lehre als endgültige Lösung aller Fragen angenommen wird oder nicht, sie ist groß und machtvoll. Groß, weil nach dem reinen Monismus die ganze Welt in ihrer Herrlichkeit als Manifestation von Shiva und Shakti erschaut wird. Das Denkorgan wird nicht abgelenkt und von der Verwirklichung der Einheit zurückgehalten durch die Vorstellung irgendeiner unbewußten Māyā, die nicht Brahman oder von ihm getrennt ist. Außerdem gleicht sich diese Lehre dem westlichen wissenschaftlichen Monismus an und gibt ihm noch eine religiöse und metaphysische Grundlage durch den Geist der Hingabe, der sie erfüllt. Machtvoll ist sie, weil ihr Standpunkt das „Hier“ und „Jetzt“ ist und nicht der übersinnliche der Siddhi, von der die meisten nichts wissen und die sie außerhalb von Samādhi nicht erfahren können. Sie nimmt die Wirklichkeit der für uns tatsächlich vorhandenen Welt an, erlaubt dem Denkorgan in seinen natürlichen Kanälen zu arbeiten und verlangt nicht, daß er leugnet, was seiner Veranlagung widersprechen würde.

Sie ist auch machtvoll, weil sie uns fest verwurzelt auf einer Grundlage, die für uns wirklich und natürlich ist. Vom praktischen Standpunkt aus verlangt sie nicht, daß der Mensch der Welt um einer geistigen Askese willen entflieht, was eine große Anzahl heutiger Menschen abstößt. Dies nicht allein, weil reine Askese oft eine scheinbar sinnlose Selbstverleugnung einschließt, sondern weil unser Denken zur Wahrheit von der Einheit in allem erwacht. Würde man die Welt verneinen, so würde man jenen Aspekt des „Das“ verleugnen, der Sein und Werden ist. Abgesehen von einigen wirklich enthaltsamen Naturen, bedeutet den meisten asketische Zucht ein Unterdrücken des natürlichen Wesens, das gerade die Übel verstärkt, die die Askese zu vermeiden sucht. Nicht einer unter vielen Tausenden verwirklicht wahren Vairāgya oder Loslösung von der Welt. Die meisten sind sogar wie mit Leim an sie geklebt. Auch gibt es viele, die vom Māyāvāda verwirrt werden und ihn deshalb falsch deuten – vielleicht sich selbst zum Schaden. Diese Menschen werden durch ihn, oder vielmehr weil sie ihn mißverstehen, geschwächt oder zerstört. Jedenfalls wird ihr Zugriff zu sich selbst und zur Welt schwächer. Sie werden verstandesmäßige oder moralische Wracks, die weder dem Pfad der Macht noch der Entsagung folgen, da sie nicht die Kraft haben, dem weltlichen Leben nachzugehen, aber ebensowenig fähig sind, es wirklich aufzugeben. Doch warum entsagen, wenn alles der Shakti zu eigen ist? In solcher Betrachtung läßt die geistige Erhellung, die alle Gedanken und Handlungen durchleuchtet, die Menschen edel und rein werden. Unmöglich wird ein Mensch, der in irgendeinem Sinn Gott wahrhaft sucht, in die Irre gehen. Tut er es dennoch, so geschieht es, weil seine Schau noch nicht vollkommen klar und rein und somit dem Irrtum ausgeliefert ist. Nach vollkommener Einsicht aber ist „dieses“ alles rein; wie es die Griechen tiefgründig ausdrücken: „panta kathara tois katharois – Dem Reinen ist alles rein.“

So hat die Shākta-Lehre nicht nur Größe, sondern ist auch praktisch höchst wertvoll. Es ist für mich immer überraschend, daß ihr Wert nicht richtig anerkannt wird, und ich muß annehmen, daß sie vernachlässigt wurde, weil es die Lehre der Shākta-Tantras ist. Dies genügte, um sie abzulehnen oder zumindest nicht näher zu prüfen. Wie alle praktischen Lehren ist sie auch überaus positiv. Sie enthält keine Verneinungen, die schwach machen und diejenigen stören, die, wie die westlichen Denker, sich für stark halten und in einer Atmosphäre der Größe und Mächtigkeit leben. Denn Macht ist etwas Herrliches. Man muß nur fühlen, daß alle Macht von Gott kommt und Gott ist, und muß jenes Bhāva oder Fühlen kennen, das alle Gedanken, Taten und ihre Gegenstände als Ausdruck des Göttlichen und Gott in allen Dingen sieht. Wer dies wirklich vermag, wird Macht nicht nur rechtmäßig ausüben, sondern auch mit jenem Erbarmen (karuṇā) für alle Lebewesen, das ein so wunderbarer Zug des Buddha des nördlichen oder tantrischen Buddhismus ist. Denn Shakti selbst ist in diesen hinabgestiegen. Dies ist Shaktipāta – wie es im Tantra-Shāstra heißt –, der Abstieg der Shakti, den die westliche Theologie die Gnade Gottes nennt. Gnade ist in Wahrheit nicht etwas Äußeres, wenn wir sie uns auch bildhaft als ein „Ausströmen" von oben vorstellen. Ātma kommt nicht und geht nicht. In Gnade sein heißt in jenem Zustand sein, in dem der Mensch beginnt, sich als Shiva-Shakti zu erfahren. Seine Macht ist – um einen westlichen Ausdruck zu gebrauchen – „konvertiert". Sie ist umgewendet von der Hülse des reinen Außen und der begrenzten Selbst-Suche zu jener inneren Wirklichkeit hin, die das große Selbst ist – im Grunde (nach jener Lehre) Er selbst.

Die Grundgedanken der Shākta-Lehre, die nach Art der Menschen verschieden sind, haben belebende Macht. Sie geben Kraft, wo Schwäche herrscht und wenden die vorhandene Kraft auf das rechte Ziel hin. „Shivo' ham, ich bin Shiva", „Sa'ham, ich bin sie" (die Göttin), heißt es im Tantra. Westliche Menschen mögen dies anders bezeichnen. „Manche geben diesen, manche jenen Namen", heißt es im Veda. „Ich bin Er", „Ich bin Sie", „Ich bin Es" – dies bedeutet dem Shākta das gleiche, solange der Mensch sich mit der „Überseele" identifiziert und somit in Harmonie ist mit seinem Wesen, mit den Handlungen des Dharma (wie dieser sich in der Welt manifestiert), folglich notwendigerweise auch mit seinen wahren Zielen.

In ihrer vollkommenen Form ist die Shākta-Lehre monistisch. Jenen aber, denen der Monismus nicht entspricht, wird der Shākta sagen, daß sie, wenn sie seinen Geist annehmen, soweit es die Formen ihres Glaubens und ihrer Verehrung erlauben, einen Widerhall von der Freude und Kraft der Menschen erfahren werden, die wahrhaft leben, weil sie jene verehren, die ewiges Leben ist – die Mutter, die auf dem Kissen des Shiva (mahāpreta) auf der Insel der Juwelen (maṇidvīpa) im „Meer des Nektar" thront, das vollkommenes Sein-Bewußtsein und Seligkeit ist.

Dies ist die Perle, die jene, die das Meer des Tantra aufgewühlt haben, entdecken. Diese Perle liegt in einer indischen Muschel, deren wunderbare Perlmutter die Mutter der Perle ist. Die äußere Schale ist naturgemäß rauh und uneben, umgeben von Unkraut, Parasiten und allen möglichen Dingen, die wir im Meer des Daseins (samsāra) gut oder schlecht nennen. Die Schrift hilft dem Menschen, daß er diese Schlingpflanzen forträumt, damit die innere Kruste durchbricht, die grob ist, aber deshalb nicht auch schlecht sein muß. Denn es gibt eine grobe (sthūla) und eine feinstoffliche (sukṣhma) Form der Verehrung. Zuletzt wird der Mensch die Perlmutter schauen, und die in ihr verborgene Perle wird mit dem glänzenden und doch zarten Licht aufleuchten, das das Licht der Mond-Chit (chichchandra) selber ist.

XVI. Kapitel

MATERIE UND BEWUSSTSEIN

Gegenstand meiner heutigen Betrachtung ist das Bewußtsein, die Chit, und die Materie, das Unbewußte – Achit –, die unwandelbare Formlosigkeit und die sich verändernden Formen. Nach dem Shākta-Advaitavāda ist der Mensch Bewußtsein-Unbewußtsein oder Chit-Achit. Er ist Chit-Shakti in Hinblick auf seinen Antarātma und ist die besondere Māyā-Shakti im Hinblick auf die materiellen Gefäße von Denkorgan und Körper.

Ich habe dieses Thema unter vielen anderen gewählt, weil diese beiden Gedanken die Haupt-Begriffe der indischen Philosophie und Religion sind. Wenn sie in ihrer Bestimmung wie in ihren Bezügen ganz verstanden sind, dann ist alles begriffen, soweit dies vom Intellekt her möglich ist. Im anderen Fall ist nichts richtig verstanden. Doch nicht alle, die die indische Philosophie zu verstehen glauben und über sie schreiben, haben das richtige Verständnis. So beschreibt ein englischer Orientalist in einem Werk über den Vedānta, das jetzt in zweiter Auflage vorliegt, die Chit als den Zustand eines Steines oder einer anderen unbelebten Substanz. Ein unsinnigerer Irrtum ist kaum vorzustellen. Wer solches behauptet, begreift dieses Problem überhaupt nicht. Es stimmt, daß in den Shāstras der Zustand des Yogi mit dem eines Klotzes verglichen wird (kāṣhṭavat); dies bedeutet aber nicht, daß sein Bewußtsein einem Holzstück gleicht, sondern daß er wie ein Holzblock die Außenwelt nicht erblickt. Er hat das Samādhi-Bewußtsein erlangt, das Erleuchtung und das wahre Sein selbst ist.

Ich kann nur an der Oberfläche dieses tiefen Themas bleiben. Denn es würde eine Reihe von Vorlesungen bedürfen, wollte ich es genügend ausschöpfen und Jahre des Nachdenkens, um es in seinen Tiefen zu verstehen. Zuerst soll von einem wissenschaftlichen Standpunkt aus festgestellt werden, was diese Begriffe an sich bedeuten, dann ist aufzuzeigen, wie sie sich in der Sāṇkhya, der Māyāvāda- und der Shaktivāda-Vorstellung des Vedānta zueinander verhalten. Der Shaktivāda, mit dem ich mich heute beschäftige, ist in den Tantras enthalten. Man nahm an, daß die Āgamas am Ausgang des Zeitalters der Upaniṣhaden entstanden. Es gibt Shāstras des Upāsanā-Kāṇḍa, die sich mit der Verehrung des Saguna-Ishvara beschäftigen und die zum Teil deshalb entstanden sein sollen, weil die Kraft des vedischen Āchāra zurückging, zum anderen Teil, weil die zunehmende Menge der Hindu für den Vaidika-Āchāra nicht tauglich war, aber einer geistigen Zucht bedurfte. Ein gemeinsamer Zug zeichnet sie aus: ihre Lehre ist für alle Kasten und alle Frauen bestimmt. Sie drücken das freiheitliche Prinzip aus, nach dem der religiöse Pfad für alle offen ist, auch wenn soziale Unterschiede bestehen mögen und zeigen, daß die geistige Befähigung, nicht irgendwelche äußeren Zeichen der

Kaste, die Stellung des Menschen auf diesem Pfad bestimmen. Ishvara wird in diesen Āgamas auf dreifache Art verehrt: als Viṣhṇu, Shiva und Devī. Darum sind die Āgamas oder Tantras dreifacher Art: Vaiṣhṇava, Shaiva und Shākta. Die Pañcharātra-Āgamas gehören zur ersten Gruppe; die Shaiva-Siddhānta (mit ihren 28 Tantras), die Nakulisha-Pāshupata und die Kashmir-Trika zur zweiten Gruppe, während die Teilung in Kaula, Mishra, Sāmaya zur dritten Gruppe gehört. Über die letzte Einteilung habe ich keine eigene Meinung, ich erwähne sie nur, um zu erklären, was ich unter dem Wort Āgama verstehe. Der Shaktivāda, den ich dem heutigen Māyāvāda gegenüberstelle, stammt aus dem Shākta-Āgama. Unter Māyāvāda verstehe ich Shaṅkara's Erklärung des Vedānta.

Im Hinblick auf den wissenschaftlichen Aspekt dieses Themas will ich zeigen, daß die moderne Physik und Psychologie in drei Haupteigentümlichkeiten die indische Philosophie unterstützt, gleichgültig, was solche Unterstützung auch wert sein mag. In einer neuzeitlichen Analyse über den Zustand der Ideen in Indien, China und Japan bemerkt Lowes Dickinson, daß die indische Form der Religion und Philosophie sich am meisten der modernen westlichen Wissenschaft angleicht. Dies bedeutet nicht, daß sie wahr ist, es sei denn, daß die Schlüsse der westlichen Wissenschaft, mit denen sie übereinstimmt, wahr sind. Aber es ist sehr wichtig in der Auseinandersetzung mit allen jenen, die östliche Gedanken nicht für rational unterbaut halten. Es ist auch wichtig für jene, die entweder an die indischen Ideen glauben oder an die besonderen Schlußfolgerungen der Wissenschaft, auf die ich mich beziehe.

Der erste der drei Punkte ist die Tatsache, daß die Physiker, die ihr Wissen über die sogenannte „Materie" vertiefen, an ihrer Wirklichkeit zu zweifeln beginnen, das Atom entmaterialisieren und mit ihm zugleich das ganze Weltall, das aus den verschiedenen Atomen gebildet ist. Die Dreiheit von Materie, Äther und Elektrizität, aus denen die Wissenschaft bisher die Welt aufzubauen suchte, ist auf ein einziges Element zurückgeführt worden: auf den Äther (der im wissenschaftlichen Sinn nicht „Materie" ist) in bewegter Form. Nach dem Sāṇkhya besteht die objektive Welt aus den Bhūtas, die letztendlich vom Ākāsha herstammen. Ich sage nicht, daß Ākāsha in wissenschaftlichem Sinn „Äther" sei. Denn dieser Begriff gehört einer anderen Denkart an. Außerdem stammt der sichtbare Ākāsha vom unsichtbaren Ākāsha-Tanmātra und ist deshalb nicht ein letztes. Es ist aber wichtig, die Übereinstimmung zwischen Osten und Westen darin festzustellen, daß beide die verschiedenen Formen der grobstofflichen Materie von einer einzigen Substanz herleiten, die nicht „Materie" ist. Die Materie wird entmaterialisiert und der Weg dadurch frei für die indische Vorstellung der Māyā.

Es gibt einen Punkt, an dem das Denkorgan nicht mehr nützlich nach außen wirken kann. Dann wird es, nach dem Tanmātra, nach innen gewendet, um die Ursache der Materie in dem Ichsein zu finden, das, zur Welt der Freude hingewandt, den Sitz der Empfindungen, die Sinne und die Gegenstände der Sinnes-Wahrnehmung hervorruft. Daß Denkorgan und Sinne auch materiell sind, wird von einigen westlichen Philosophen behauptet; so von Herbert Spencer, für den das physische wie psychische Weltall ein Kräftespiel ist, das wir im Fall der Materie als Gegenstand erfahren. Er hält das Denkorgan als solches für ein ebenso „materielles“ Organ wie das Gehirn und die äußeren Sinnesorgane, wenn diese auch unterschiedliche Kraftformen sind. Seine Behauptung, daß die wissenschaftliche „Materie“ eine Erscheinung ist, die hervorgerufen wird von dem Spiel der kosmischen Kraft, und daß das Denkorgan selbst ein Ergebnis dieses Spiels ist, gleicht der Aussage des Sāṇkhya und des Vedānta. Wieder ist der Weg für den Begriff Māyā offen. Während aber Spencer und die Schule der Agnostiker die Wirklichkeit hinter diesen Erscheinungen für nicht erkennbar halten, behauptet der Vedānta, daß sie bekannt und das Bewußtsein selbst sei. Dies also ist das Selbst und es gibt nichts Vertrauteres als seine Kenntnis. Die Kraft an sich ist blind. Im Weltall finden wir Bewußtsein und halten dieses, angenommen, daß die erste Ursache Bewußtsein oder Materie, nicht aber beides ist, für die erste Ursache. Das Unbewußte oder das Objekt kann das Bewußtsein wohl verändern, aber es kann aus dem unbewußten Selbst nicht Bewußtsein hervorbringen. Nach indischem Denken ist der Geist als Ursache des Weltalls reines Bewußtsein (nishkala-shiva) und als Schöpferkraft die große Mutter oder Devī. Das Vorhandensein von reinem Bewußtsein im indischen Sinn ist einigen Denkern des Westens unbegreiflich, weil nach der allgemeinen und zweckhaften Sicht dort das Bewußtsein immer eine bestimmte Richtung und besondere Form besitzen muß. Diese Besonderheit aber gewinnt es durch Māyā.

Wir müssen zwischen dem Bewußtsein an sich und den Bewußtseinsarten unterscheiden: diese sind: Empfindung, Erregung, Instinkt, Wille oder Vernunft. Die Behauptung, daß es ein Bewußtsein an sich gibt, kann nur durch geistige Erfahrung bezeugt werden. Alle hohen mystischen Erfahrungen im Westen und Osten sind Erfahrungen der Einheit, wenn auch von unterschiedlicher Art und verschiedenen Graden. Es gibt aber gewöhnliche wie außergewöhnliche pathologische Zustände, in denen die Erfahrungen streckenweise fast strukturlos werden. Die Entdeckung des übersinnlichen Bewußtseins unterstützt auch die Lehre der Shāstras, nach der hinter der Bewußtseins-Oberfläche, die wir gemeinhin wahrnehmen, ein anderer geheimnisvollerer Bereich existiert, aus dem alle Bewußtseinsäußerungen hervorgehen. Hier offenbart sich Buddhi. Okkulte Kräfte und Erscheinungen, die jetzt allgemein anerkannt werden wie Telepathie, Gedankenlesen, Hypnose und ähnliches lassen sich eher aus der östlichen als aus irgend einer westlichen Lehre erklären. Als weiteren Punkt können wir die wissenschaftliche Theorie anführen, daß sich alle Formen aus der Ur-Materie entwickelt haben, daß es in allen Dingen Leben oder die Fähigkeit zum Leben gibt und die Natur keine Brüche kennt.

Überall herrscht die gleiche Materie und das gleiche Bewußtsein. Es herrscht die Einheit des Lebens, und es gibt keine „tote“ Materie. Die bekannten Experimente von Dr. Jagadish Bose lassen in der anorganischen Materie Antworten auf Anreize erkennen. Diese Antworten kann man als Zeichen für das Vorhandensein jenes Sattva-Guṇa erklären, das Vedānta und Sāṅkhya in allen organischen und anorganischen Dingen annehmen. Das Spiel von Chit ist bei diesem Sattva so tief in Tamas eingehüllt, daß man es nur durch ein sehr feines wissenschaftliches Experiment als sogenannte „mechanische“ Antwort erkennen kann. Das

Bewußtsein ist hier von Tamas verschleiert und gefangen. In der anorganischen Materie ist es jener Keim oder jener Ansatz einer Empfindung, der in die einfachen Gefühlsimpulse des niedrigst organisierten Lebens übergeht und sich zuletzt zu den selbstbewußten Empfindungen des menschlichen Lebens entwickelt. Das Bewußtsein ist überall das gleiche, nur seine Umhüllungen verändern sich. Es gibt somit ein fortschreitendes Freiwerden des Bewußtseins aus der groben Materie durch Pflanzen und Tiere zum Menschen hin. Diese Entwicklung wird in der indischen Lehre von den 84 lakhs früherer Geburten aufgezeigt. Die Bücher der Hindu sprechen von dem schlafenden Bewußtsein der Pflanzen. So sagt der Mahābāharata, daß Pflanzen sehen können und dadurch zum Licht hinstreben. Früher hätte man diese Sehkraft verlacht, aber der bekannte Botaniker Professor Haberlandt stellte fest, daß Pflanzen auf der Oberfläche des Blattes ein Sehorgan in Form einer konvexen Linse besitzen. Das Bewußtsein des Tieres ist größer, scheint sich aber fast ganz in der Erfüllung tierischer Wünsche zu erschöpfen. Im Menschen erreichen wir die Welt der Ideen. Diese sind ein Überbau des Bewußtseins, nicht seine Grundlage. Im formlosen Grund entstehen die verschiedenen Arten des Bewußtseins, mit denen wir in unseren Wach- und Traumzuständen vertraut sind.

Es stellt sich nun die Frage nach der Beziehung zwischen diesem Formprinzip und der Formlosigkeit, zwischen dem unbewußt Endlichen und dem unendlichen Bewußtsein. Es ist beachtenswert, daß in der thomistischen Philosophie die Materie, ebenso wie Prakṛiti, das Prinzip der Begrenzung ist. Sobald man aber die Begiffe bestimmt, erweist sich ihr Unterschied. Das Sāṇkhya leugnet, daß Form- und Formlosigkeit eins sind und hält sie für zwei getrennte unabhängige Prinzipien. Der Vedānta seinerseits bestreitet dies und behauptet, daß es tatsächlich nur eine wahre Wirklichkeit gibt, wenn auch vom empirischen dualistischen Standpunkt aus zwei vorhanden zu sein scheinen. Es fragt sich also, ob man den Dualismus, Pluralismus oder Monismus annehmen soll. Nach der Shruti gilt für den Anhänger des Vedānta der Monismus. Es bleibt aber die Frage, ob die Shruti von einer wirklichen Erfahrung spricht und ob es eine tatsächliche geistige Erfahrung gibt, die monistisch oder dualistisch ist.

Vom Geschichtlichen her muß die Antwort lauten, daß alle hohen mystischen Erfahrungen solche der Einheit in verschiedenen Formen und Graden sind.

Wir dürfen aber nicht allein auf Grund von Erörterungen entscheiden, sondern müssen eine bestimmte Theorie mit der geistigen Erfahrung vergleichen. Wie können wir nun die Einheit des reinen Bewußtseins mit der Mehrzahl der unbewußten Formen, die uns die Welt bietet, in Einklang bringen? Der Vedānta gibt verschiedene intellektuelle Erklärungen, wenn auch nur die Erfahrung diese Frage lösen kann. Shāṅkara sagt, daß es nur ein Sadvastu, das Brahmaṇ, gäbe. Von einem übersinnlichen Standpunkt aus gesehen, ist es, und nichts geschieht. Im höchsten Zustand (paramātma) der Erfahrung gibt es keinen Īshvara, keine Schöpfung, keine Welt, keinen Jīva, weder Bindung noch Befreiung. Empirisch aber muß und wird auch das Vorhandensein der Welt oder Māyā zugegeben. In ihrem Samen liegt der kosmische Saṅskāra, der Ursache aller jener Vorstellungen ist, die vom höchsten Standpunkt aus geleugnet werden. Ist dieser Saṅskāra nun wirklich oder nicht? Shāṅkara sagt, er sei nichts von beiden. Er kann nicht wirklich sein, weil es dann zwei Wirklichkeiten gäbe. Er ist aber auch nicht unwirklich, weil die Welt eine Erfahrungstatsache ist – eine bestimmte Erfahrung, die aus der Kraft des Īshvara hervorgeht. In Wirklichkeit aber gibt es keine Erklärung, und Saṅskāra ist nach Sāyanas Worten wunderbarer als Chit selbst.

Wenn Saṅskāra nun weder Sat noch Asat ist, dann ist er als Māyā nicht Brahman, denn dieser ist Sat. Besteht er also überhaupt im Pralaya und wenn ja, wie und wo? Wie kann Unbewußtes im reinen Bewußtsein vorhanden sein? Shāṅkara nennt es ewig und behauptet, daß im Pralaya Māyāsatta Brahmasattā sei. Dort ist Māyā als die Kraft des gedankenbildenden Bewußtseins nicht vorhanden und auch nicht die Welt als ihr Gedanke. Nur Brahman existiert.

Wenn aber dies der Fall ist, wie kann dann das nächste Weltall unter der Voraussetzung entstehen, daß es Pralaya gibt, aber doch nicht in ihm der Samen des künftigen Weltalls als Māyā liegt? Ein Bīja von Māyā als Saṅskāra ist – selbst wenn er Avyakta ist (dem Bewußtsein nicht gegenwärtig) – schon durch seine Bezeichnung vom Bewußtsein verschieden. Auf alle solche Fragen würde Shāṅkara antworten, daß sie Ergebnis des māyāhaften Zustandes sind, in den sie gestellt werden. Dies ist wahr, aber es ist auch möglich, die Sache einfacher darzustellen, so daß sich weniger Einwände erheben können als gegen den Māyāvāda.

Mir scheint, daß Shāṅkara, der das Sāṇkhya bekämpft, noch stark von dessen Vorstellungen beeinflußt ist, und daß er durch seine Māyā-Lehre Gefahr läuft, nicht Shuddha-Advaita zu sein. Seine Vorstellung von Māyā enthält noch einen Zug des Begriffes der Getrenntheit, wenn diese auch tatsächlich geleugnet wird. Im Sāṇkhya ist Māyā die wirkliche Schöpferin, erleuchtet von Puruṣha. Ähnliche Vorstellungen finden wir bei Shāṅkara. Dieser vergleicht Chit mit dem Ayaskāntamaṇi und leugnet alle Freiheit der Selbstbestimmung in Brahman, der, wenn auch selbst unveränderlich, die Ursache der Veränderung ist. Jñāna-Kriyā ist nur Īshvara möglich und ist als Vorstellung selbst ein Ergebnis von Māyā. Bis zu einem gewissen Grade sind die gemachten Unterscheidungen vielleicht nur eine Angelegenheit von Worten und die Vorstellungen der Āgamas praktischer als die von Shāṅkara, der sich mit dem Übersinnlichen beschäftigt. Der Āgama, der dem göttlichen Bewußtsein größte Fülle gibt, leugnet nicht seine Erkenntnisse; aber in seinem höchsten Aspekt ist es frei von dem Wissen um die Dualität. Geistige Erkenntnis wird von der Bṛihadāranyaka-Upaniṣhad der Vereinigung von Mann und Frau gleichgesetzt, in denen die Zweiheit als Einheit besteht und es weder ein Außen noch ein Innen gibt. Diese Vereinigung ist die göttliche Līlā der Shakti, die dennoch alle Zeit eins mit ihrem Herrn ist.

Die Erklärung der Shāktas erscheint einfach und klar. Ich kann sie aber nur in rohen Zügen umreißen, da ich mich nicht in Einzelheiten einlassen will. Sie ist vor allem reinster Advaitavāda, und ihre Aussagen beginnen mit der Shruti: „Sarvam Khalvidam Brahman". Sarvam = Welt; Brahman = Bewußtsein oder Sachchidānanda; darum ist diese Welt in sich selbst Bewußtsein.

Wir wissen aber, daß wir nicht vollkommenes Bewußtsein sind. Es gibt offensichtlich ein Unbewußtes. Wie erklärt sich dies? Das unmanifestierte Brahman vor allen Welten ist Nirguna-Shiva – das segensreiche nicht zweifache Bewußtsein. Dies ist der statische Aspekt von Shiva, der Shakti manifestiert, die der bewegliche Aspekt von Brahman ist. Shakti und Shaktimān sind eins. Shiva offenbart sich als Shiva-Shakti, und sie sind ein und dasselbe. Darum ist Shakti Bewußtsein.

Shakti aber hat zwei Aspekte (mūrti): Vidyā-Shakti oder Chit-Shakti und Avidyā-Shakti oder Māyā-Shakti. Beide sind als Shakti (die das gleiche ist wie Shaktimān) an sich bewußt. Der Unterschied aber ist, daß Chit-Shakti erleuchtendes Bewußtsein ist, Māyā aber als Shakti das Bewußtsein vor sich selbst verschleiert und durch ihre wunderbare Kraft als Unbewußtes erscheint. Diese Māyā-Shakti ist Triguṇa-Shakti, die Shakti, die aus den drei Guṇas besteht, das heißt Kāmakālā, die Trigunātmakavibhūti ist. Im Grunde sind diese Guṇas deshalb nichts anderes als Chit-Shakti. Es besteht also keine Notwendigkeit für die Chidābhāsa des Māyāvādin, das heißt für die Widerspiegelung der bewußten Wirklichkeit in der unbewußten Unwirklichkeit, wie es im Māyāvāda heißt. Alles ist wirklich. Es gibt nur den Unterschied, daß einiges bleibt und damit wahre Wirklichkeit hat, und anderes vergeht, und nur in diesem Sinn nicht wirklich ist. Alles ist Brahman. Der Antarātmā im Menschen ist die andauernde Chit-Shakti. Seine scheinbar unbewußten Gefäße von Denkorgan und Körper sind Brahman als Māyā-Shakti, das heißt als Bewußtsein, das durch seine unergründliche Kraft unbewußt erscheint. So ist Īshvara der Name für Brahman als Shakti, die mit Chit-Shakti und Māyā-Shakti vereint ist.

Die Mutter Devī ist Īshvara in Seinem weiblichen Aspekt (īshvarī) als die Mutter und Ernährerin der Welt. Der Jīva oder das individuelle Selbst ist ein Amsha oder Fragment der großen Shakti. Der Unterschied besteht darin, daß Īshvara Māyāvin ist oder der Beherrscher der Māyā, während Jīva der Māyā unterworfen ist. Der Welt-Denker behält sein höchstes einheitliches Bewußtsein selbst in der Schöpfung, aber Seine Gedanken – die Formen die Sein Denken erschafft – werden von Seiner Māyā gebunden, bis sie durch die ihnen innewohnende Kraft der Vidyā-Shakti Befreiung finden. Alles ist wahrhaft Sat oder Brahman. In der Schöpfung breitet Shiva Seine Macht aus und zieht sie im Prālaya wieder zurück. In der Schöpfung ist Māyā in sich selbst Bewußtsein, das als Unbewußtes erscheint. Vor der Schöpfung ist sie Bewußtsein.

Wichtige praktische Folgen ergeben sich aus solcher Weltbetrachtung. Die Welt ist die Schöpfung des Īshvara. Sie ist wirklich, und nur in dem Sinne unwirklich, als sie flüchtig und vorübergehend ist, während Ātma als wahre Wirklichkeit bestehen bleibt. Die Bindung ist wirklich, denn sie ist Avidyāshakti, bindendes Bewußtsein. Die Befreiung ist wirklich, denn sie ist die Gnade der Vidyāshakti. Die Menschen sind Machtzentren und müssen sich, um Erfolg zu haben, – nach Aussagen dieses Shāstra – als solche empfinden. Sie müssen wissen, daß die Devatā in ihnen und als sie denkt und handelt, und daß sie Devatā sind. Die Weltlust des Menschen ist ihre Lust, und seine Befreiung ist ihre friedvolle Natur. Die Āgamas zeigen die Entwicklung dieser Kraft, die nicht außerhalb des menschlichen Zugriffs liegt, sondern durch verschiedene Formen der Shakti-Sādhanā erlangt wird. Da man in der Welt ist und durch sie wirkt, wird diese nach den Worten des Kulārṇava-Tantra selbst zum Sitz der Befreiung (mokshāyate samsāra). Der Vīra oder heroische Sādhaka vermeidet nicht die Welt aus Angst vor ihr, sondern hält sie in ihrem Griff und entreißt ihr ihr Geheimnis. Wenn die Welt der Materie endlich als Bewußtsein erkannt worden ist, dann hört sie auf, ein Gegenstand der Begierde zu sein. Dem unbewußten Treiben der Menschheit entfliehend, die nicht ihre Verwirklichung gefunden hat, wird der Sādhaka zum erleuchteten Meister seiner selbst, gleichgültig ob er alle seine Kräfte entwickelt hat oder freiwillig Befreiung sucht.

Masson-Oursel formuliert dies auf so richtige Weise: („Esquisse d'une histoire de la philosophie indienne", S. 257): „Im Tantrismus, in dem eine immanente Vorstellung der Vernunft triumphiert, setzt sich der Geist zum Ziel, sich nicht leben zu lassen, sondern sich ein Leben zu schaffen, das seiner würdig ist, eine allwissende allmächtige Existenz, die er beherrschen wird (durch Sādhanā), weil er sie selbst geschaffen hat."

XVII. Kapitel

SHAKTI UND MĀYĀ

Im achten Kapitel des unveröffentlichten Sammohana-Tantra heißt es, daß Shāṅkara (Shiva) sich auf Erden in Gestalt von Shaṅkarāchāryya manifestierte, um den Buddhismus aus Indien auszurotten. Er und seine Schüler werden mit den fünf Mahāpreta (die das Kissen bilden, auf dem die Weltmutter ruht) verglichen, seine Maths werden mit den Āmnāyas z. B. Govardhana in Purī mit Pūrvāmnāya identifiziert und so fort. Was Shāṅkara auch sprach, als er die große buddhistische Häresie zerstreute, die dank ihrer Feinsinnigkeit der gefährlichste Widerpart des Vedānta war, oder als er vom Standpunkt der Siddhi aus die Upaniṣhaden erklärte, sein Māyāvāda findet keinen Raum in den Tantras des Āgama. Denn Lehre und Übung sind vom Standpunkt der Sādhanā aus gegeben. Dies bedeutet nicht, daß die Lehre ausdrücklich geleugnet wird; sie wird einfach nicht beachtet. Wohl passen wir häufig verschiedene Theorien, die logischerweise nicht zusammenstimmen, einander an, aber im Raum der Frömmigkeit muß der Mensch offensichtlich den Standpunkt der Welt annehmen, will er nicht, wie Kālīdāsa, sich selbst von unten her den Ast abschneiden, auf dem er sitzt.

Es wäre überdies ein Fehler, würde man die Möglichkeit der sogenannten „Tantrik"-Tradition übersehen. Diese wurden durch Gedanken und Übungen genährt, die im strengen Sinn nicht Teil des Veda-Kultes waren oder in der Linie seiner Abstammung lagen. Die Verehrung der großen Mutter, der Magna Mater des nahen Ostens, der Ādyā-Shakti in den Shākta-Tantras, ist in ihrem wesentlichen Gehalt (wie ich schon anderswo ausführte) eine der ältesten und verbreitetsten Religionen der Welt. Sie war wahrscheinlich auch in Indien ursprünglich unabhängig von der brahmanischen Religion, die uns in den vedischen Samhitās und Brāhmanas dargestellt wird. Später aber wurde sie zweifellos mit der Vedānta-Tradition vermischt, so daß der Shākta-Glaube von heute eine besondere Darstellung der allgemeinen Vedānta-Lehre ist. Wie im Sarvollāsa des Sarvānandanātha ausgeführt wird, und wie alle Anhänger der Shākta-Āgamas wohl wissen, umfaßt der Veda ganz allgemein in der sogenannten großen Shatakoti-Samhitā diese und andere Shāstras. Welches auch der Ursprung dieser Lehre gewesen sein mag – er sollte nicht ganz übersehen werden, um sie richtig einzuschätzen –, ich will mich hier nur mit ihren philosophischen Aspekten beschäftigen, so wie diese uns heute in Lehre und Übung der Shāktas, der Anhänger des Āgama, dargestellt werden. Diese Lehre nimmt in gewissem Sinn die Mitte zwischen dem Dualismus des Sāṅkhya und Shāṅkara's äußerst monistischer Erklärung des Vedānta ein.

Die Shaiva- und Shākta-Schulen nehmen den dreifachen Aspekt des Höchsten an, der als Prakāsha, Vimarsha, Prakāsha-Vimarsha bekannt ist. In der Tantrik-

Verehrung wird er die „Drei Füße" (charanatritaya) genannt. Beide übernehmen die 36 Tattvas, Shiva, Shakti, Sadāshiva, Ishvara und Shuddhavidyā, denen die Purusha-Prakṛiti-Tattvas vorausgehen, mit denen der Sāṅkhya beginnt. Für diese Philosophie sind es die höchsten Tattvas, während die Shaiva- und Shākta-Schulen darzulegen suchen, daß Purusha und Prakṛiti noch von höheren Tattvas abgeleitet werden. Über diese spricht auch Shabda. Es sind Shakti, Nāda, Bindu und Kalās, die Kriyā der verschiedengradigen Tattvas, die ihrerseits Aspekte der Shakti sind. Shākta-Tantras, wie der Saubhāgyaratnākara und andere sprechen von 94 solcher Kalās, die dem Sadāshiva, dem Ishvara, Rudra, Vishṇu und Brahma, der „Sonne", dem „Mond", dem „Feuer" (in Form von Ram, Bīja mit dem verwandelten Chandrabindu) zugehören. 51 Kalās sind Matrika-Kalās, feinstoffliche Aspekte der Buchstaben des Sanskrit-Alphabetes. Dies ist die Mīmāmsaka-Lehre des Shabda, die der Shakti-Lehre angepaßt ist. Zu den Shākta- und Shaiva-Sampradāyas gehört auch die Lehre der Shadadhvā (vgl. mein „Blütenkranz der Buchstaben").

Ich will mich hier aber nicht mit diesen Einzelheiten beschäftigen, sondern mit dem allgemeinen Begriff der Shakti, die diesen zugrunde liegt. Es genüge die Feststellung, daß die Shākta-Lehre eine Art von Advaitavāda ist. In Beantwortung der Frage, was „schweigende Verborgenheit" (goptavyam) bedeutet, heißt es: „Ātmāhambhāva-bhāvanayā bhāvayitavyam ityarthah." Man hat sich bisher mehr Mühe gegeben, die Unterschiede zwischen den Darshanas herauszustellen, als sie durch Aufzeigen ihrer Übereinstimmungen systematisch einander anzugleichen. Alle drei Systeme: Sāṇkhya Māyāvāda, Shaktivāda aber stimmen – was unser Thema anbelangt – im allgemeinen überein in der Aussage über die Natur des unendlich formlosen Bewußtseins und stellen ein begrenzendes Prinzip fest, das Prakṛiti, Māyā, Shakti genannt wird. Die Hauptpunkte, in denen das Sāṇkhya (auf alle Fälle in seiner sogenannten klassischen Form) sich vom Māyāvāda-Vedānta unterscheidet, liegen in der Lehre von der Mehrzahl der Ātmans auf der einen und der Wirklichkeit und Unabhängigkeit der Prakṛiti auf der anderen Seite. Wenn wir aber diese beiden Sāṇkhya-Lehren genau untersuchen, so erscheinen sie uns als reine Anpassungen an die Unzulänglichkeit des gewöhnlichen Denkens.

Eine vedantische Schlußfolgerung liegt in dieser dualistischen Darstellung verborgen. Denn wenn jeder befreite (mukta) Purusha alles durchdringt (vibhu), und wenn es nicht den geringsten Gegensatz zwischen dem einen und dem anderen gibt, was ist dann der tatsächliche oder praktische Unterschied zwischen solchem Pluralismus und der Lehre vom Ātma? Es ist schwer für den gewöhnlichen Verstand zu begreifen, daß die Gegenstände nicht mehr bestehen, wenn man sich ihrer nicht mehr bewußt ist. Natürlicherweise versteht das Denkorgan, daß diese Gegenstände für andere vorhanden sind, trotzdem es seiner Voraussetzung nach überhaupt kein Recht hat, etwas zu verstehen. Aber auch hier entdecken wir wieder, daß in der Befreiung Prakṛiti für den Mukta-Purusha zu existieren aufhört. Was aber ist dies anderes als die Feststellung des Vedānta, daß Māyā nicht eine wirkliche unabhängige Kategorie ist (padārtha)?

Eine Kritik hat sich gegen meine Feststellung gewendet, daß der klassische

Sāṇkhya eine vedantische Lösung hinter seiner dualistischen Darstellung verberge. Natürlich habe ich dieses nicht von einem geschichtlichen Standpunkt aus gemeint. Im Kulārṇava-Tantra sagt Shiva, daß die sechs Philosophien Teile Seines Körpers seien und derjenige, der sie abtrennt, Seinen Körper zerschneide. Sie sind Aspekte des kosmischen Geistes, so wie er in der Menschheit erscheint. Der logische Vorgang, den sie offenbaren, ist ein einziger, unaufhörlicher. Die Schlußfolgerungen auf jeder Stufe oder Ebene geben, wie man zeigen kann, das Material für die nächste. Dies ist eine logische Notwendigkeit, wenn man annimmt, daß der Vedānta der wahrste und höchste Ausdruck dessen ist, zu dem die niederen dualistischen und pluralistischen Stufen hinführen.

Der Vedānta lehrt, daß sich Ātma in Anthahkaraṇa widerspiegelt und dessen scheinbare Ähnlichkeit mit Chit, die durch solche Spiegelung entsteht, Chidābhāsa oder Jīva ist. Dieses ist eine der wesentlichen Verschiedenheiten zwischen Māyāvāda und Shaktivāda. Trotzdem Māyā eine Täuschung ist, ist sie nach Shāṅkara nicht nur reine Verneinung oder der Mangel an etwas (abhāva), sondern eine positive Wesenheit (bhāvarūpama-jānam): das heißt eine Kraft, die das Bewußtsein verschleiert (āchchhādaka), wie es Prakṛiti bei Puruṣha tut. Die Natur des großen „Unerklärten" an sich, ob wir ihn Prakṛiti oder Māyā nennen, ist nicht bekannt. Das Yoginīhridaya-Tantra spricht auf wunderbare Weise vom Herzen der Yoginī, die sich selbst kennt (yoginī svavid), weil das Herz der Ort ist, aus dem alle Dinge ausgehen. „Welcher Mann", so heißt es dort, „kennt das Herz einer Frau? Nur Shiva kennt das Herz der Yoginī."

Die Shakti wird Yoginī genannt, weil sie mit allen Dingen als deren Ursprung in Verbindung steht. Diese ursprüngliche Kraft ist in der Anbetung als Devī oder Mutter vielfältiger Namen bekannt. Wer die Mutter verehrt, verehrt keine Täuschung und nichts Unbewußtes, sondern ein höchstes Bewußtsein, dessen Körper aus allen bewußt-unbewußten Formen besteht, die sie als die Kraft Shivas hervorbringt. Philosophisch gesprochen ist die Mutter oder Daivashakti der bewegliche Aspekt von Brahman. Die Macht (shakti) und der Träger der Macht (shaktimān) sind ein und dasselbe. Wir sprechen von dem brennenden Feuer, aber das Brennen ist Feuer. Feuer ist nicht etwas anderes als brennen. Im höchsten übersinnlichen, unveränderlichen Zustand sind Shiva und Shakti eins. Denn Shiva ist niemals ohne Shakti. Die Verbindung heißt Avinābhāvasambandha. Bewußtsein ist niemals ohne Macht. Macht ist aktiver Brahman oder Bewußtsein. Da es aber im höchsten Zustand keine Aktivität gibt, sind sie dort ein Tattva (ekam tattvam iva) – Shiva als Chit, Shakti als Chidrūpinī.

Die Shaivashakta-Schule nimmt einen wirklichen Ursprung des Weltalls und einen Kausalzusammenhang zwischen Brahman und der Welt an. Nach Shāṅkara aber ist die Vorstellung einer Schöpfung selbst Māyā, und es besteht deshalb kein Grund, für sie eine Ursache zu finden. So wird angenommen, daß die höchste Erfahrung (āmarsha) jene ist, die das Selbst (shiva) von sich als Shakti empfängt, die an sich das ideale oder vollkommene Weltall ist – dies nicht im Sinn einer vollkommenen Welt der Formen, sondern als jenes höchste formlose Gefühl (bhāva) der Seligkeit (ānanda) oder Liebe, das der ganzen Welt zugrunde liegt. Alles ist Liebe, und durch Liebe wird alles erlangt.

Zum Abschluß möchte ich noch einige allgemeine Bemerkungen hinzufügen: Die Lehre der Shakti ist tiefgründig und, wie ich annehme, anziehend für den westlichen Denker, der sie begriffen hat. Ebenso wird dieser den Tantrik-Gedanken der Kriyā, Handlung, aufnehmen und die Lehre vom Fortschritt mit der Welt und durch sie – nicht im Gegensatz zu ihr –, die in der Theorie von der seligen Befreiung (bhukti-mukti) liegt. Diese Philosophie ist dem Abendländer verwandter als die Lehre von der „Täuschung" (die an sich schon ein nicht zutreffender Ausdruck ist) und die asketischen Übungen der Vedānta-Anhänger der Shāṅkara-Schule. Dies aber bedeutet nicht, daß es keine Wege zur Einigung gibt, wenn man weit genug geht. Es ist nicht unschwer den Boden zu finden, auf dem man letztendlich die gleichen Ergebnisse gewinnt, wenn man die Sache von den verschiedenen Standpunkten der Sādhanā und der Siddhi aus betrachtet.

Der Schreiber eines interessanten Artikels über dieses Thema behauptet im Prabuddha-Bhārata (August 1916), daß der Sannyāsin Totapuri, der Guru von Shrī Rāmakrishṇa die Meinung vertrat, daß ein Anhänger des Vedānta (māyāvādin) nicht an Shakti glauben könne. Denn wenn die Kausalität an sich unwirklich sei, wäre es nicht nötig, irgendeine Macht als Ursache anzuerkennen. Es sei Māyā, wenn man das Prinzip der Ursächlichkeit anwende und behaupte, alles käme von Shakti. Der Sannyāsin wurde trotzdem zu der Shākta-Lehre bekehrt. Denn, wie der Autor mit Recht sagt, nicht nur durch intellektuelles Leugnen, sondern durch das L e b e n jenseits des „Unwirklichen" wird das „Wirkliche" gefunden. Er geht sogar noch weiter in der Annahme, daß „der Shaktivāda der Tantras nicht eine Verbesserung des Māyāvāda des Vedānta, der Lehre von Shāṅkara sei. sondern nur ihre gefühlsmäßig und begrifflich gefärbte symbolische Darstellung". Tatsächlich ist er auch eine Form des Vedānta, denn alles wirklich indische muß dies sein.

Die Āgamas sind als Shāstras der Verehrung voller Symbolik. Vom Intellekt her betrachtet sind sie eine originelle Darstellung des Vedānta, und vom praktischen Standpunkt aus haben sie Verdienste, die der Māyāvāda nicht besitzt. Verschiedene Lehren können auf verschiedene Weise die eine Wahrheit darstellen und zu einem gleichen Ziele führen. Aber eine „Farbtönung" mag mehr als eine andere für die Masse der Menschen geeignet sein. Hierin liegt die Stärke der Shāstra-Lehre und -Übung. Es gibt aber auch tatsächliche Unterschiede, gleichgültig ob dies Verbesserungen sind oder nicht. So nehmen die Anhänger des Shāṅkara, soweit ich orientiert bin, die 36 Tattvas nicht an. Eine Frage aber, die noch zu erforschen wäre, ist die Beziehung zwischen der Shākta- und Shaiva-(advaita) Schule. Māyāvāda ist eine Lehre, die – ob sie nun wahr ist oder nicht – nur geeignet ist für Fortgeschrittene, für hoch entwickelte Denker und Menschen von asketischer Haltung und höchster moralischer Entwicklung. Wenn man aber diese Lehre – wie es meist der Fall ist – nicht versteht, oder wenn sie nicht für den Betreffenden geeignet ist, dann kann sie eine schwächende Wirkung ausüben. Die Shākta-Lehre, die in den Tantras zu finden ist, hat auch ihre Tiefe, die sich aber nur den hierzu Befähigten aufschließt und enthält für alle Arten von Verehrenden (sādhaka) eine praktische Anweisung. So hat sie zweifellos für die Menge der Menschen einen stärkenden praktischen Wert. Ob sie, wie manche annehmen, die Frucht einer echteren geistigen Erfahrung ist, will ich hier nicht erörtern. Denn es würde mich zu einer Polemik führen, die nicht im Bereich meiner augenblicklichen Absicht liegt. Dies hier ist eine unparteiische Darstellung der Lehren, die die aufgeführten drei philosophischen Systeme über einen bestimmten Punkt ausgearbeitet haben.

XVIII. Kapitel

SHĀKTA ADVAITAVĀDA

Ich bin oft nach dem Unterschied zwischen Vedānta und „Tantra" gefragt worden. Diese Frage aber entstammt einem grundsätzlichen Irrtum, da sie von der Voraussetzung ausgeht, daß das Tantra-Shāstra nicht auf dem Vedānta beruhe. Ich hoffe, daß ich nun nach jahrelanger Arbeit klargemacht habe, daß das Tantra-Shāstra oder der Āgama (wenn auch kaum etwas über seinen Ursprung bekannt ist) jetzt und zu allen Zeiten eine der anerkannten Schriften des Hinduismus ist, und jede Art Hinduismus auf Veda und Vedānta beruht.

Eine andere – wenn auch in geringerem Maße – irrige Frage betrifft den Unterschied zwischen dem Advaita-Vedānta und dem Tantra-Shāstra. Hier liegt auch ein Mißverständnis sowohl des Vedānta wie des Āgama vor. Es gibt, wie man wohl wissen sollte, verschiedene Schulen des Advaita-Vedānta wie Māyāvāda (mit dem zu allgemein der Advaita-Vedānta identifiziert wird), die Schulen des nördlichen Shaivāgama oder den Shuddhādvaita des Vallabhāchāryya. Gleicherweise gibt es in den sogenannten „Tantras" Schulen verschiedener Lehre und Verehrung. So begeht man einen schweren Irrtum, wenn man unter Tantra nur das Shākta-Tantra versteht, das in Bengalen vorherrscht und, nach Meinung einiger, entweder das Ergebnis des Buddhismus oder von ihm beeinflußt ist. Einige englisch sprechende Bengalen früherer Zeit, die nur zu leicht die Urteile fremder Kritiker über ihre Religion wie über alles bejahen und sich allzuschnell von dem „Aberglauben" ihres Landes entfernen, brachten die Vorstellung in Umlauf, daß „Tantra" unbedingt mit Weintrinken und ähnlichem gleichzusetzen sei.

Eine rechtmäßige und genaue Frage aber mag den Unterschied zwischen dem Māyāvādin-Vedānta und der Lehre des bengalischen Shākta-Sampradāya betreffen. Ein offensichtlich grundlegender Unterschied stellt sich sofort heraus: die Āgamas sind im wesentlichen rituelle oder Sādhanā-Shāstras und beschäftigen sich nicht unmittelbar und in praktischer Weise mit der Yoga-Lehre, die die Paramārthika Sattā angeht, den Shaṅkarācharya lehrte. Ein Sādhaka nimmt die Wirklichkeit des Weltalls an und ist praktisch ein Dualist, gleichgültig zu welcher nicht dualistischen Philosophie er sich auch verstandesmäßig hingezogen fühlt. Er verehrt, das heißt, er nimmt das Dasein eines Anderen an, der verehrt wird – eines wahrhaftigen Gottes, der ebenso wirklich das Weltall erschafft und erhält, wie er es auch wieder auflöst. Er selbst, der Gegenstand seiner Verehrung und die Mittel der Verehrung sind wirklich. Dies begründet seine Advaita-Ansichten.

Auf dieser Feststellung bauen sich die weiteren Unterschiede auf, deren Hauptpunkt darin liegt, daß der Sādhaka Brahman durch die Welt hindurch erschaut, während es für den Māyāvādin-Yogi, der sich auf den Standpunkt des Brahman stellt, weder Schöpfung noch Welt gibt, sondern allein den strahlenden Ātma. Nur das klare Licht der Leere, wie es die Mahāyāna-Anhänger nennen, existiert. Dennoch sind die Advaita-Sādhaka ebenso wie die Advaita-Yogi darin einer Meinung, daß es nichts außer Brahman gibt. Sarvam Khalvidam Brahma ist das gewaltige Wort (vākya), auf dem alle Shākta-Tantra-Shāstras beruhen. Der Unterschied der Auslegung liegt also nur darin, wie man dieses Mahāvākya erklären soll. Ist es im wörtlichen Sinn aufzufassen, oder gilt das Wort nur, wenn man Māyā und Avidya ausschaltet? Hier liegt der Unterschied. Der Sādhaka erklärt Vākya unter den zuvor beschriebenen Voraussetzungen, während der Yogi, der die Stufen zum Siddha in der Sādhanā durchschritten hat, in der Selbstverwirklichung jeden Dualismus übersteigt. Die große Menge aber sollte lieber von Erörterungen über die Paramārthika-Sattā absehen, da sie – ob diese Vorstellung zutrifft oder nicht – zu sinnlosen und zermürbenden Streitereien führen (vichāra).

Die Shākta-Lehre ist, wie schon ihr Name sagt, eine Lehre der Macht. Yoga ist in Wahrheit Macht in höchster Form (yogabala). Aber nur Macht für die Befähigten (adhikārā) nicht für die Menge. Ich will zwar keine feindliche Kritik gegen den Māyāvāda üben, bedauere aber, daß Indien, dessen großer Ruhm in jeder Art von Abheda und damit in Duldsamkeit liegt, heute voll haßerfülltem Bheda ist. Ich sage „haßerfüllt“, da Bheda an sich ein natürliches Gefühl ist und nur durch Haß und Unduldsamkeit verabscheuungswürdig wird. In Halhed's Gentoo Gesetzen heißt es tiefgründig, daß „Verschiedenheiten in der Religion und Unterschiede im Glauben Zeichen der Macht des Höchsten sind. Verschiedenheit und Vielfalt in erschaffenen Dingen sind Strahlen des glanzvollen Wesens und Ausdruck seiner wunderbaren Eigenschaften, deren vollkommene Macht alle Geschöpfe erschuf.“ Es gibt auch das Wort, das Mohammed zugeschrieben wird: „Meinungsverschiedenheiten sind ein Geschenk Gottes.“ Aus diesem Wort spricht der erhabene Geist Asiens. Es mag wohl politische Arzneien für Teilübel geben, die sicherste Wirkung aber hat in diesem Land die Lehre: „Rama Rahim ek hai.“ So wollen wir nicht nur objektiv, sondern in aller Freundschaft die zwei großen angeführten Systeme betrachten.

Wir alle wissen, was natürliche Welterfahrung im Saṁsāra bedeutet. Einige besitzen durch Selbstverwirklichung übernatürliche oder „mystische“ Erfahrung. Diese ist verschiedenartig und in allen Religionen zu finden. Nach dem Māyāvāda ist die höchste Form mystischer Erfahrung Nirvāṇa-Mokṣha, doch es gibt viele Grade bis zu dieser vollkommenen ganzheitlichen Selbstverwirklichung (pūrṇa). Die Mehrzahl der Menschen aber beschäftigt sich nicht unmittelbar mit solchen hohen Dingen, sondern mit der Machtverwirklichung in der Welt. Welterfahrung wird Unwissenheit, Ajñāna genannt. Dies mag verwirrend sein. Denn sie ist nur in dem Sinn Unwissenheit, als unsere natürliche Erfahrung uns von der übernatürlichen abhält. Dagegen fehlt der übernatürlichen Erfahrung die endliche, weltliche. Selbst Gott kann nicht die Erfahrung des Menschen haben, es sei denn als und durch den Menschen. Avidyā bedeutet Na Vidyata, das heißt, was nicht gesehen und nicht erfahren wird.

Woher aber stammt diese Unwissenheit oder Avidyā im Menschen (ich gehe jetzt vom Māyāvāda aus)? Die Welt ist tatsächlich unwissend, und der Mensch ist ein Teil von ihr. Diese Unwissenheit ist die materielle Ursache der Welt. Es ist nicht die Unwissenheit eines Einzelnen, denn dann würde es soviel Welten wie Einzelne geben, es ist vielmehr die allgemeine Unwissenheit oder Māyā. Avidyā bringt den Menschen Glück oder Leid (bhoga): das ist die natürliche Welt-Erfahrung. Im Sinn von Māyā hat die Unwissenheit weder Anfang noch Ende, wenn auch die Welten kommen und gehen. Was anderes heißt dies, als daß Unwissenheit zur Natur (svabhāva) des Wirklichen gehört, das sich auf solche Weise manifestiert und dessen künftige Manifestation sich auf Linien vollziehen wird, die das vergangene kollektive Karma der Welt eingeprägt hat.

Sicher können Freude und Leid ebenso wenig geleugnet werden wie das Vorhandensein eines unbewußten Elementes im Menschen. Aber es heißt, daß der Paramātma an sich weder leidet noch sich freut, sondern reines Bewußtsein ist. Shāṅkara, der vor allem bestrebt ist, die Reinheit des höchsten unwandelbaren Selbstes zu erhalten, sagt, daß nicht das wahre Bewußtsein diese Gefühle empfindet, sondern sein falsches Abbild im Spiegel der Unwissenheit, das wieder vergeht, wenn diese zerstört ist. Das falsche Bewußtsein als Jīvātma leidet und empfindet Freude.

Ist nun diese Unwissenheit (ajñāna) unabhängig von Ātma oder nicht? Eine Unabhängigkeit, wie sie der Sāṇkhya lehrt, wird geleugnet. So muß auch die Unwissenheit, im allgemeinen wie persönlichen Sinn, ihren Ursprung und ihren Grund im Bewußtsein als Ātma haben. Wie dies möglich ist, wird nicht erklärt, aber das Unwirkliche, das auf unergründliche Weise sein Vorhandensein der Wirklichkeit verdankt, ist, wie es heißt, in Wahrheit dennoch kein Teil von ihr. So ist denn Brahman beides – die bewirkende und die materielle Ursache der Unwissenheit mit ihren drei Guṇas, und Brahma ist durch seine unergründliche Macht (achintyāshaktitvāt) oder die Māyā Shakti Ursache des Chidābhāsa (der Erscheinung des Bewußtseins in etwas, das an sich nicht bewußt ist).

Ist diese Shakti nun wirklich oder unwirklich? Nach dem übersinnlichen Standpunkt (paramārthika) des Māyāvāda ist sie unwirklich. Das schöpferische Bewußtsein spiegelt sich in der Unwissenheit der Māyā, Brahman wird durch den Schleier der Māyā erschaut. Hierdurch wird Brahman nicht geleugnet, sondern nur die Tatsache Seiner Schöpfung. Es heißt, daß wahres Bewußtsein keinen Anreiz zum Schaffen spüren könne. Vom Standpunkt des Höchsten aus geschieht nichts. Sowohl das Bewußtsein, das als Ishvara erschafft, wie jenes, das als Jiva Freude empfindet, sind Chidābhāsa mit dem einzigen Unterschied, daß ersteres nicht unter dem Einfluß der Māyā steht.

Nach dem Māyāvāda gibt es keine Welt, und Ātma hat keine Kenntnis von ihr. So ist die Frage nach dem Grund der Schöpfung nur aus Unwissenheit geboren. Ebenso der Gedanke eines bewirkenden Grundes, der nach einer Ursache der Schöpfung sucht, die es nicht gibt. Māyāvāda bezeichnet nur von dem Standpunkt einer natürlichen, überkommenen Erfahrung aus (vyavahā-rika sattā) die Shakti des Ātma als Ursache der Schöpfung, um der empirischen Welt des irdischen Menschen eine weltliche Erklärung für seine irdische Existenz zu geben. Von diesem Standpunkt aus wird Brahman mit den Augen der Welt gesehen, was natürlich für alle gilt, die noch nicht Befreiung erlangten. Vom anderen Ende, von Brahman aus gesehen, gibt es keine Schöpfung und keine Welt; dort existiert allein Ātma.

Der Shākta mag hierauf antworten: Ist nicht euer Pāramārthika-Standpunkt tatsächlich ein empirischer, der durch Schlußfolgerungen (vichāra) eines begrenzten Verstandes erreicht wird?

Wenn unerforschliche Kraft die Ursache der Welt ist, dann ist sie unerforschlich, weil der Verstand sie nicht begreifen kann, auch wenn er sie Ātma nennt. Entfaltet nun Ātma seine unergründliche Macht, wie kann man behaupten, daß er nicht fähig sei, als Genießender und zugleich auch als Gegenstand des Genusses zu erscheinen? Dieses leugnen, heißt den unbegrenzten Charakter der unergründlichen Macht leugnen. Wendet man dagegen ein, daß Ātma nicht der Gegenstand der Freude sein kann, weil er bewußt, diese aber unbewußt ist, was kann man dann als Beweis dafür anführen, daß die Freude im wesentlichen unbewußt ist? Vielleicht sieht man das Bewußte nicht in ihr, das heißt, die materielle Welt erscheint als unbewußt, und deshalb dringt das Unbewußte an irgendeiner Stelle ein.

Eine Schule von europäischen Idealisten hält das Weltall für eine Gemeinschaft von Geistern aller Art und Grade – von Menschen, Tieren, Pflanzen, selbst von anorganischen Gegenständen. Sie alle sind Denkorgane verschiedener Ordnungen, auch wenn die letzteren so niedrig sind, daß man sie tatsächlich nicht für Denkorgane hält. Die materielle Welt ist nur der Weg, durch den diese niederen Denkarten unseren Sinnen erscheinen. Die Welt der Gegenstände ist (um ein Wort von Berkeley zu gebrauchen) ein „Zeichen" des Geistes und das Mittel seiner Kommunikation. So ist für den Hindu der Bhargah in der Sonne die Āditya-Devatā, und die Planeten sind geistige Wesenheiten. Die physische Sonne ist der Körper der Sūrya-Devatā. Das ganze Weltall ist eine Epiphanie des Geistes. Nichts in der materiellen Welt ist absolut unbewußt, und nichts ist vollkommen bewußt. Vidyā-Mūrti *ist*, weil sie als Bewußtsein die eigene Natur oder das Svarūpa der Shakti ist. Avidyā-Mūrti, die das Bewußtsein verbirgt, erscheint in der Schöpfung und schwindet bei ihrer Auflösung.

Der Māyāvādin mag nun fragen, ob diese Avidyāshakti bewußt oder unbewußt ist. Denn wenn sie Ātma ist, kann sie nicht unbewußt sein, und doch verbirgt sie ihr Bewußtsein, dessen Natur es ist, zu offenbaren und nicht zu verschleiern. Wenn aber das Bewußtsein durch dieses Verbergen nicht imstande ist, sich zu erkennen, dann hört es auf bewußt zu sein. Dieses ist ein rein empirisches Argument, das auf einer unvollkommenen Erkenntnis von der Natur der Dinge beruht. Jeder weiß, daß in ihm Bewußtsein vorhanden ist, erkennt aber zu gleicher Zeit dessen Unvollkommenheit. Der Māyāvādin sucht dies zu erklären, indem er es ein falsches Bewußtsein (chidābhāsa) nennt. Damit leugnet er die Welt, das begrenzte Bewußtsein und die Shāstra selbst, um die Vollkommenheit von Ātma zu erhalten. Zur gleichen Zeit gibt er aber zu, daß die Shakti unbegrenzt und unerforschbar ist. Die Antwort des Shākta dagegen lautet, daß es kein falsches Bewußtsein gibt und, vom Wesen her gesprochen, auch nirgends Unbewußtheit besteht, trotzdem dies so erscheinen mag. Der Māyāvāda lehrt, daß das Unbewußte durch die Widerspiegelung Ātmas als bewußt erscheint, während der Shākta behauptet, daß in Wirklichkeit und grundlegend alles, was in verschiedenem Grade unbewußt erscheint, bewußt ist.

Der Māyāvāda sucht die Welt auszuschalten, trotzdem er das Material für seine Lehren von ihr bezieht. Die Lehre des Shaktivāda, die nur Bewußtsein anerkennt, ist also eine wahre Form des Nicht-Dualismus. Trotzdem müssen wir zugeben, daß beide Lehren aus dem unvollkommenen Licht menschlicher Erkenntnis herrühren und bei beiden Systemen etwas unerklärt bleibt. Der Māyāvāda gibt nicht zu erkennen, warum die Shakti Ātmas der bewirkende Grund der Schöpfung ist, und der Shākta gibt keine Erklärung für die Shakti Ātmas, die sich verbirgt, wenngleich sie wahres Bewußtsein ist. Doch während für den Shākta nur diese Schwierigkeit besteht, hat die Lehre des Māyāvādā, wie es heißt, eine Anzahl anderer Fehler im Gefolge. Ihre Anhänger mögen auch die Frage aufwerfen, ob Avidyā-Mūrti andauert oder vorübergeht. Trifft letzteres zu, dann kann sie nicht der ewige Ātma sein. Ist sie das erstere, dann ist immerwährende Befreiung nicht möglich. Man könnte hierauf antworten, daß solcher Einwand nicht vom Māyāvāda erhoben wird, der von einem übersinnlichen Standpunkt aus Schöpfung, Welt, Bindung und Befreiung leugnet. Befreiung ist der Übergang von Bindung zur Freiheit, die die Wirklichkeit der Welt voraussetzt und eine Beziehung setzt zwischen der Welt und dem, was jenseits aller Welten ist. Dieses aber leugnet Shāṅkara, während er doch eine Art geistiger Zucht als Mittel zur Befreiung angibt. Die Antwort lautet natürlich, daß vom Übersinnlichen her gesehen, Ātma immer frei ist, und solche geistige Zucht für die praktische Notwendigkeit (vyavahārika) des empirischen Selbst oder des Chidābhāsa verlangt wird – für die auf Erfahrung beruhende Befreiung aus einer erfahrbaren Welt. Da aber alle diese gewohnten Dinge in einem absoluten Sinn „unwirklich" sind, hat man die Belehrungen des Māyāvāda für eine geistige Zucht gleichgesetzt mit Tröstungen, die den Kummer einer unfruchtbar gewordenen Frau mildern sollen, die ihren Sohn verloren hat. (Vgl. J. N. Mazumdar's Vortrag über die philosophische, religiöse und soziale Bedeutung der Tantra-Shāstra, der am 31. Juli 1915 von der indischen Forschungsgesellschaft verlesen wurde und dem ich hier verpflichtet bin).

Theoretisch mag diese Antwort genügen, die Methode aber kann nur in Ausnahmefällen von praktischem Wert sein. Zweifellos ist die Welt für den unbefreiten Māyāvādin-Sādhaka wirklich in dem Sinn, daß sie ihm ihre Wirklichkeit aufprägt, wie immer auch seine Lehre sein mag. Es ist aber klar, daß ein solches System (zumindest im gewöhnlichen Sinn) nicht die gleiche Kraft entwickelt als eins, in dem kein Zweifel an der Wirklichkeit der Dinge besteht. Damit eine Lehre wirkt, müssen wir eine richtige Grundlage für sie haben. Darum geht das Tantra-Shāstra, mit dem wir uns hier beschäftigen, von einer wirklichen Bindung in einer wirklichen Welt aus und sucht die wahre Befreiung von ihr.

Der Ātma bindet sich durch die Avidyā-Mūrti seiner Shakti und befreit sich durch seine Vidyā-Mūrti. Sādhanā ist das Mittel, das zur Freiheit führt. Nichts ist unwirklich oder falsch. Die Schöpfung ist eine Offenbarung des Ātma, der in die Erscheinung tritt und sich dann wieder zurückzieht wie die Glieder einer Schildkröte. Der alles durchdringende Ātma offenbart sich in vielen Jīvas als Welt, die Gegenstände ihrer Freude hervorbringt, als Denkorgan und Sinne, die die Gegenstände erreichen, als Unwissenheit, die bindet, als Erkenntnis, die befreit, wenn Ātma sich nicht mehr im Außen darstellt als Avidyā, und auch als Shāstra, das die

Mittel zur Befreiung verschafft. Der Shaktivāda bestätigt die Wirklichkeit, weil er eine praktische Schrift für wirkliche Menschen in einer wirklichen Welt ist. Ohne solche Voraussetzung ist Sādhanā nicht möglich. Wenn sie ihren Gegenstand – Siddhi – als Selbstverwirklichung erreicht hat, erhebt sich keine Frage mehr nach dem Wirklichen oder Unwirklichen. Es heißt in der Buddhacharita-Kāvya (nach Hodgson „Nepal" S. 45), daß Sākya auf eine widersinnige Frage hin geantwortet habe: „Ich selbst kann dir auch nichts hierüber sagen. Meditiere über Buddha, und wenn du die höchste Erfahrung (bodhijñāna) erlangt hast, dann wirst du selbst die Wahrheit kennen." In diesen höchsten Bereichen gelangen wir zu einem Punkt, an dem die Weisheit Schweigen ist.

Der alltägliche Mensch beschäftigt sich mit weltlichen Notwendigkeiten und braucht sich hierüber nicht zu schämen. Eine der wichtigsten Lehren der Shākta-Tantras ist die Bhukti-Mukti-Lehre, und sie ist nicht weniger groß, weil man sie falsch angewendet hat. Alle Lehren sind ihren Nachfolgern preisgegeben. Im Gegensatz zu der asketischen Methode der Māyāvādin, die für Menschen von hoher geistiger Entwicklung geeignet ist, die sich die Askese nicht mühsam erworben haben, sondern von Natur aus asketisch sind, lehrt der Kaula Befreiung durch Freude – das ist durch die Welt. Der Pfad der Freude ist ein naturgemäßer. Nach dem Dharma liegt nichts Schlechtes in der Freude selbst. Nur Adharma wird getadelt. So wird Befreiung durch die Welt erlangt (mokshāyate samsāra). Nach der natürlichen Ordnung der Entwicklung wird die in weltlichen Dingen entfaltete Macht durch religiöse Sādhanā beherrscht. Sie verhütet ein Ausmaß an Weltlichkeit und führt Denken wie Gefühl (bhāva) auf ganz natürliche Weise letztendlich zu jener Erkenntnis hin, die Loslösung von der Welt (vairāgya) bewirkt. Beide Wege führen zu dem gleichen Ziel. Aber dies ist ein zu umfangreiches Thema, um hier ausgeführt zu werden. Es mag genügen, was ich anderswo gesagt habe.

„Der Vira meidet die Welt nicht aus Angst vor ihr. Er hält sie in seinem Griff und entreißt ihr ihr Geheimnis. Dann wird er, dem unbewußten Drängen einer Menschheit entfliehend, die sich noch nicht selbst verwirklicht hat, zum erleuchteten Herrn seiner selbst, gleichgültig ob er alle seine Kräfte entfaltet hat oder freiwillig die Befreiung sucht."

Über den Zustand der Auflösung (pralaya) sagen beide Lehren das gleiche aus. In der Annahme einer Entwicklung folgt das Tantra dem Sāṇkhya, und beide Lehren halten den Ursprung der Welt für wirklich – wirklich als unbewußte Prakṛiti (Sāṇkya) und wirklich als bewußte Shakti (Shākta-Tantra). Im Māyāvāda ist der Ursprung der Welt unwirkliche Unwissenheit. Diese offenbart sich zuerst in den Tanmātra, die allmählich die Gestalt der Sinne und des Denkorgans annehmen, um als Gegenstände der Freude und des Leides vor Chidābhāsa zu erscheinen. Das Tantra-Shāstra wiederum und die mit seiner Grundhaltung übereinstimmenden Veränderungen der Lehre nehmen zusammen mit der Nyāya-Vaisheṣhika an, daß die Kräfte des Bewußtseins, die Wille, Erkenntnis (jñāna) und Handlung (kriyā) sind, die treibende Schöpfungskraft bilden. Dies ist das große Dreieck der Energie (kāmakalā), aus dem Shabda und Artha, die Kräfte der psychischen und materiellen Welt hervorgehen.

XIX. Kapitel

DIE ERKLÄRUNG DER SCHÖPFUNG NACH DEN NICHT DUALISTISCHEN TANTRAS

Eine psychologische Analyse unserer weltlichen Erfahrung gibt uns im allgemeinen sowohl ein Gefühl des Bestandes wie der Veränderung. Diese persönliche Erfahrung drückt eine kosmische Wahrheit aus. Jede Schöpfungslehre offenbart zwei grundlegende Begriffe – den des Seins und den des Werdens, Unveränderlichkeit und Veränderung, das Eine und das Viele. Im Sanskrit heißt dies Kūṭastha und Bhāva oder Bhāvana. Das erste ist Geist, Puruṣha, Brahman oder Ātma, das unbegrenzte Sein (sat), Bewußtsein (chit) und Seligkeit (ānanda). Nach indischer Vorstellung ist Ātma an sich und wird nicht geschaffen. Seine Kraft (shakti) manifestiert sich als Natur, die der Wandlung unterworfen ist. Wir können Natur in zweifacher Hinsicht verstehen: Erstens als Grundprinzip oder Grundursache der Welt der Erscheinung, das heißt als das Prinzip des Werdens, und zweitens als diese Welt. Die Natur ist im ersteren Sinn Mūlaprakṛiti. Dies bedeutet das, was als Wurzelsubstanz (mūla) der Dinge vor (pra) der Schöpfung (kṛiti) existiert und in Verbindung mit Chit wirklich oder scheinbar das Weltall erschafft, erhält und zerstört. Nach dem zweiten Gesichtspunkt besteht die Natur als Welt der Erscheinungen, die ein Ergebnis der Mūlaprakṛiti ist, aus den Früchten dieser Wurzelsubstanz, die im Sāṇkhya und Tantra Vikṛitis, und bei den Anhängern des Vedānta, die sie der Unwissenheit (avidyā) zusprechen, Name und Kraft (nāmarūpa) genannt werden.

Der Unterschied zwischen dem Schöpfungsbegriff im Sāṇkhya und Vedānta ist folgender: Während beiden gemeinsam ist, daß die Schöpfung die Erscheinung ist, die Mūlaprakṛiti oder das Naturprinzip (achit) bewirkt, und die mit Chit zusammen besteht, verharren die Guṇas nach dem Sāṇkhya in einem Zustand der Gleichheit (sāmyāvastha), das heißt sie berühren einander nicht. Da aber Mūlaprakṛiti ihrem Wesen nach Bewegung ist, bedeutet dies, daß die Guṇas, auch wenn sie in diesem Zustand der Gleichheit verharren, sich doch immerfort in sich selbst verändern (sarūpaparināma). Diese ihnen innewohnende feine Bewegung ist die Natur der Guṇas an sich und bewirkt kein objektives Ergebnis. Auf Grund des Reifens von Adṛiṣhṭa oder Karma findet die Schöpfung durch Zerstörung dieses Gleichgewichts der Guṇas (guṇakṣhobha) statt, die dann ins Schwanken geraten und aufeinander einwirken. Diese schöpferische Anfangsbewegung wird im Tantra kosmischer Ton (parāshabda) genannt. Durch die Verbindung von Puruṣha und Mūlaprakṛiti in der kosmischen Schwingung (spandana) findet die Schöpfung statt; das ganze Weltall entsteht aus den verschiedenen Formen dieser großen Anfangsbewegung.

Die wissenschaftliche „Materie" wird heute gemeinhin für eine der vielfältigen

Erscheinungen gehalten, die in unserem Denkorgan durch die Schwingung des Äthers hervorgerufen werden. Diese neue westliche Lehre von den Schwingungen ist ein altes Erbe Indiens. „Hring, der höchste Hangsa, wohnt im strahlenden Himmel.“ „Hangsa“ soll von Hanti kommen, was Gati oder Bewegung bedeutet. Nach Sāyana heißt er Āditya, weil er in ständiger Bewegung ist. Die indische Lehre aber dehnt diese Aussagen über den wissenschaftlichen Äther, der ein physikalisches Produkt ist (malābhūta) weiter aus.

Nach ihr liegt Schwingung im kausalen Körper, das heißt in den Guṇas der Mūlaprakṛiti als Ergebnis des Sadṛishaparināma des Parāshabdasṛiṣhṭi; im feinstofflichen Körper des Denkorgans (antahkaraṇa) und in dem grobstofflichen Körper, der aus den Bhūtas zusammengesetzt ist, die aus den Tanmātras ihren unmittelbaren feinstofflichen Ursprung ableiten. Der Hiraṇyagarbha- und Virāt-Klang heißen Madhyamā und Vaikharī. Wenn diese auffallende Ähnlichkeit zwischen alter östlicher Weisheit und neuzeitlicher wissenschaftlicher Forschung bisher noch nicht erkannt wurde, so beruht dies auf der Tatsache, daß der gewöhnliche Orientalist und diejenigen, die ihn in diesem Land als Richtschnur benutzen, zu der etwas verächtlichen Ansicht neigen, daß die indischen Vorstellungen nur „historischen“ Wert besitzen und als solche vielleicht eine angenehme Zugabe bedeuten, geeignet für ein intellektuelles Museum, sonst aber wertlos und ohne wirkliche Bedeutung sind.

Die Mūlaprakṛiti und ihre Guṇas bleiben in ihrem Ursprung immer gleich, wenn auch einmal die eine, das andere Mal die andere vorherrscht und dadurch die Vikṛitis oder Tattvas hervorgerufen werden, die die Welt des Denkorgans und der Materie bilden. Diese Tattvas sind die Elemente der geschaffenen Welt. Es sind – wie bekannt – Buddhi, Ahangkāra, Manas (die Antahkarana bilden), die zehn Indriyas, die fünf Tanmātras und die fünf Mahābhūtas von „Äther“, „Luft“, „Feuer“, „Wasser“ und „Erde“, die natürlich nicht gleichgesetzt werden dürfen mit den Begriffen unserer Sprache. Die Tattvas sind Namen für die Elemente, die wir durch eine psychologische Analyse unserer Welterfahrung entdecken. Diese Erfahrung gibt uns im allgemeinen sowohl das Gefühl von Dauer wie von Wandel. Ersteres stammt aus der Gegenwart des Ātma oder der Chit-Shakti, die in uns in Verbindung mit der Mūlaprakṛiti oder Māyā-Shakti existiert. Das ist Shaitanya in allen Körpern. Die Veränderung wird durch Mūlaprakṛiti oder Māyā-Shakti hervorgerufen; ihre Elemente können in die subjektiven und objektiven Tattvas eingeteilt werden oder – wie wir sie nennen – in Denkorgan und Materie. Wenn wir ersteres analysieren, entdecken wir eine Individualität (ahangkāra), die mit Hilfe der Indriyas eine Welt aufnimmt, die das Material für ihre Wahrnehmungen und Begriffe (manas und buddhi) liefert. Der Gegenstand der Gedanken oder „Materie“ sind die verschiedenen Bestandteile der Vaikṛita-Schöpfung, die aus Verbindungen der grobstofflichen Elemente (mahābhūta) bestehen. Diese leiten sich wiederum von den feinstofflichen Elementen oder Tanmātras ab. Nach Sāṇkhya ist dies alles wirklich, denn es sind alles Tattvas. Puruṣha und Prakṛiti sind Tattvas, ebenso die Vikṛitis der Prakṛiti.

Auch nach dem Vedānta findet die Schöpfung durch die Verbindung von Brahman – dort als Herr oder Īshvara (māyopādhika-chaoanyam Īshvara) mit

Māyā statt. Das heißt Chit wird mit Māyā verbunden, wenn auch nicht von ihr beeinflußt, und durch solche Verbindung wird das Weltall hervorgebracht. Der sich nicht wandelnde Sad-vastu ist Brahman. Die sich stets verändernde Welt ist, vom geistig Wissenden aus betrachtet (jñāni), die Form, die Avidyā dem wandellosen Sat auferlegt. Hinter aller unwirklichen Erscheinung ist Brahman das Wirkliche, und das Weltall ist das Ergebnis der Verbindung von Wirklichem und Unwirklichem. „Brahman ist wahr, die Welt ist falsch. Der Jīva ist Brahman (paramātmā) und nichts anderes."

Alle Systeme nehmen zumindest die empirische Wirklichkeit der Welt an. Sāṇkhya bejaht auch ihre tatsächliche Wirklichkeit, während Shāṅkara sie leugnet, um die vollkommene Einheit von Brahman zu bewahren. Jedes System hat seine eigenen Verdienste. Der Sāṇkhya vermag durch seinen Dualismus den besonderen Charakter der Chit als Nirañjana in all seiner Unversehrtheit zu erhalten. Dies aber geschieht auf Kosten der Einheit, nach der alle denkenden Menschen in irgendeiner Form eine Art von metaphysischem Hunger besitzen. Shāṅkara sichert diese Einheit durch seinen Māyāvāda, aber hierbei wird die letzte Wirklichkeit der Welt geleugnet, gleichgültig ob diese als Ergebnis (vikṛiti) von Mūlaprakṛiti oder als Mūlaprakṛiti selbst betrachtet wird.

Es gibt aber noch eine andere Möglichkeit. Das ist die große Shākta-Lehre der Zweiheit in der Einheit. Nach diesem Shāstra gibt es einen Mittelweg, auf dem die Wirklichkeit der Welt zugegeben wird, ohne Beeinträchtigung der Wahrheit von der Einheit des Brahman, für die sich Shāṅkara durch solche hohen Spekulationen einsetzt. Ich will hier kurz feststellen, was später weiter entwickelt wird: Der Shākta-Advaitavāda erkennt die Wirklichkeit der Mūlaprakṛiti im Sinn von Māyā-Shakti an. Hierin folgt er in berechtigter Weise dem Sāṇkhya. Auf der anderen Seite unterscheidet er sich darin vom Sāṇkhya, daß er Mūlaprakṛiti als Māyā-Shakti nicht getrennt von Brahman sieht, sondern als ein Prinzip der einen Brahman-Substanz und in dieser. So ist die Welt eine Erscheinung des Wirklichen. Sie ist Brahman als Kraft. Das Grundprinzip einer solchen Erscheinung oder Māyā-Shakti ist das Wirkliche als Ātma und Kraft. Es gibt also eine Wirklichkeit hinter allen Erscheinungen, eine wirkliche Substanz hinter den sichtbaren Verwandlungen. Māyā-Shakti ist daher beides – ewig und wirklich. Desgleichen ist es Ishvara. Die Veränderungen sind die sich wandelnden Formen des Wirklichen.

Nun wollen wir zu dem Advaitavāda des Shākta-Tantras übergehen. Die Shākta-Tantras sind nicht ein philosophisches System (darshana), sondern im weitesten Sinn ein Gattungsname für die Schriften und die verschiedenen Überlieferungen, in denen sich die ganze Kultur einer bestimmten Epoche der indischen Geschichte ausdrückt. Ihr Inhalt hat deshalb den Charakter einer Enzyklopädie von Religion, Ritual, häuslichen Riten, Gesetzen, Medizinen, Magie und so fort. So hat sie großen geschichtlichen Wert, was heute die beste Empfehlung für indische Schriften zu sein scheint. Die reinen Geschichtsschreiber fühlen sich, wie ich meine, durch die Tatsache ermutigt, daß aus schlechtem Material gute Geschichte gemacht werden kann. Ich will mich aber hier nicht mit diesem Aspekt befassen, sondern für meinen augenblicklichen Zweck das Shākta-Tantra als Teil des

Upāsanā-Kāṇḍa der drei Abteilungen der Shruti betrachten und zwar als ein System psychischer, physischer und moralischer Schulung (sādhanā), als Verehrung und Yoga. Ihrem Wesen und ihrer Absicht nach ist sie praktisch anwendbar. Die Kritiker aber nennen sie eine Lehre von unmoralischer Zuchtlosigkeit. Da ich mich hier nicht mit den Angriffen gegen sie beschäftigen will, stelle ich nur die Schöpfungslehre dar, die in den Shāstras aufgezeichnet ist. Allen ihren Übungen, welchen Wert sie auch haben mögen oder welcher ihnen zugeteilt wird, liegt eine Philosophie zugrunde, die, wie ich es hier zum ersten Mal tat – wenn auch mit einigen Schwierigkeiten und unter Zweifeln – abstrahiert werden muß von den Erörterungen über Religion, Ritual und Yoga-Anweisungen, die in den verschiedenen Tantras enthalten sind. Die grundlegenden Gedanken sind folgende:

Die Gleichheit (sāmya) der Guṇas ist Mūlaprakṛiti, die Tätigkeit (kartrittva), aber nicht Bewußtsein (chaitanya) besitzt. Brahman ist Sachchidānanda und hat Chaitanya, nicht Katrittva. Dies trifft aber nur zu, wenn wir logische Unterscheidungen machen. In Wirklichkeit bestehen beide überall und immer zusammen und können nicht – es sei denn zum Zweck einer förmlichen Analyse – ohne einander gedacht werden. Die Beziehung zwischen beiden ist untrennbar (avinābhāva sambandha). Brahman existiert nicht ohne Prakṛiti; Shakti und Prakṛiti nicht ohne Brahman. Manche nennen das Höchste Chaitanya mit Prakṛiti, andere Prakṛiti mit Chaitanya. Einige verehren Ihn als Shiva, andere als Shakti. Beide sind ein und dasselbe. Shiva ist von Seinem Chit-Aspekt aus betrachtet das eine. Shakti ist von ihrem Māyā-Aspekt aus gesehen das eine. Sie sind der „männliche" und „weibliche" Aspekt der gleichen Einheit, die weder weiblich noch männlich ist. Akula ist Shiva, Kalā ist Shakti. Die Sādhanā Brahmans wie die Sādhanā der Ādyāshakti verehren das gleiche Höchste. Beide können nicht voneinander getrennt werden, da Brahman ohne Prakṛiti tatenlos und Prakṛiti ohne Brahman unbewußt ist. Es gibt Nishkala-Shiva, den übersinnlichen eigenschaftslosen (nirguṇa) Brahman und Sakala-Shiva, den verkörperten, immanenten Brahman ohne Eigenschaften (saguṇa).

Kalā oder Shakti entsprechen der Mūlaprakṛiti des Sāṇkhya der Sāmyāvasthā der drei Guṇas und der Māyā des Vedānta. Kalā aber, die Mūlaprakṛiti und Māyā genannt wird, ist ewig. Wenn wir von Nishkala-Shiva sprechen, bedeutet dies nicht, daß es zu irgendeiner Zeit keine Kalā gibt – denn sie ist immer da –, sondern daß Brahman ohne die Wirksamkeit von Prakṛiti (prakṛiteranyah) gemeint ist, der Māyā-Shākti dann latent innewohnt. So sagt die Devī in der Kulachūdāmaṇi: „Aham Prakritirūpā chet Chidānandaparāyanā." Auf der anderen Seite ist Sakala-Shiva jener Shiva, der in Verbindung mit Prakṛiti die Welt erschafft und manifestiert. Im einen Fall ist Kalā tätig oder offenbar, im anderen existiert sie nur als Möglichkeit. In gleicher Weise sind die beiden Shivas ein und dasselbe. Es gibt einen Shiva; dieser ist Nirguna und Saguna. Die Abhandlung des Tantrik-Yoga Shatchakranirūpana beschreibt den Jīvātmā als den Paryyāya des Paramātma, der ein anderer Name für diesen ist. Hinzugefügt sei, daß die Wurzel der Weisheit (mūlavidyā) die Erkenntnis ihrer Identität ist. Wenn sich Brahman manifestiert, heißt Er Shakti. Dies ist der einzigartige Begriff, auf den die Tantras sich aufbauen. Die Bezeichnung stammt von der

Wurzel „shak“, die „fähig sein“ bedeutet. Es ist die Kraft, die Brahman ist und durch die Brahman selbst sich manifestiert. Denn Shakti und der sie besitzt (shaktimān) sind ein und derselbe.

Da Shakti Brahman ist, ist sie auch Nirguna und Saguna. Īshvara ist Chit-Shakti, das heißt Chit in Verbindung mit der wirksamen Prakṛiti als bewirkender Grund der Schöpfung und ist Māyā-Shakti, Māyā als Shakti, das heißt in schöpferischer Tätigkeit als Werkzeug (nimitta) und materielle (upādāna) Ursache des Weltalls. Dies ist die Shakti, die Avidyā hervorbringt, so wie Mahāmāyā oder Īshvarī die große Befreiung ist.

Diese Zwillingsaspekte der Shakti werden in der ganzen Schöpfung sichtbar. Im Körper ist Chit oder der Brahman-Aspekt der bewußte Ātma oder Geist, und der Māyā-Aspekt ist Antahkaraṇa, das von ihm Abgeleitete: das unbewußte (jaḍa) Denkorgan und der Körper. Wenn wir aber hier von Shakti sprechen ohne jede Bewertung, dann meinen wir Chit-Shakti in Verbindung mit Māyā-Shakti, das ist Ishvarī, Devī oder Mahāmāyā, die Mutter aller Welten. Behalten wir dies im Gedächtnis, dann verfallen wir nicht dem Irrtum, die Shāktas (deren Religion eine der ältesten der Welt ist, wenn man auch kaum noch weiß, wie alt sie ist) würden materielle Kraft oder grobstoffliche Materie verehren. Ishvara oder Ishvarī sind nicht Achit, die als reines Sattvaguṇa nur sein oder ihr Körper ist. Māyā-Shakti im Sinn von Mūlaprakṛiti ist Chit. Dies ist auch die Avidyā-Shakti, obgleich sie ohne Chidābhāsa Achit zu sein scheint.

Ein indisches Bild zeigt den Herrn mit einer kleinen weiblichen Figur auf dem Schoß. Die Hersteller und Verehrer solcher Bilder hielten Shakti für untergeordnet, wie es, nach Ansicht einiger, die Hindu-Frau sein soll. Das aber ist nicht die Vorstellung der Shākta-Tantras, nach der Shakti nicht eine Magd des Herrn, sondern der Herr selbst ist, sein Aspekt als Mutter und Ernährerin der Welten. Wie Shiva der transzendente, so ist Shakti der immanente Aspekt des einen Brahman, der Shiva-Shakti ist. Als Sein Aspekt ist sie nicht von Ihm unterschieden, sondern eins mit Ihm. Im Kulachūdāmaṇi-Nigama sagt die Bhairavī zum Bhairava gewendet: „Du bist der Guru aller. Ich bin in Deinen Körper (als Shakti) eingegangen, und dadurch bist Du zum Herrn (prabhu) geworden. Es gibt nur mich selbst, die Mutter der Schöpfung (kāryyavibhāvinī). Darum ist, wenn Schöpfung stattfindet, Sohnschaft in Dir. Du allein bist der Vater, der das will, was ich tue (kāryyavibhāvaka).“ Das heißt, sie ist das Gefäß, das den Nektar aufnimmt, der aus Nityānanda fließt. Durch die Vereinigung von Shiva und Shakti entsteht die Schöpfung (shiva-shakti-samāyogāt jāyate sṛishṭikalpanā). „Da alles im Weltall Shiva und Shakti (shivashaktimāyā) ist, bist Du, o Maheshvara, an jedem Ort, und auch ich bin an jedem Ort. Du bist in allem und ich bin in allem.“ So sät die schöpferische Welt ihren Samen in ihren eigenen Schoß.

Da dies die Natur der Shakti ist, entsteht als nächstes die Frage, ob Māyā, wie es Shāṅkara behauptet, Avastu sei. Man erinnere sich, daß sie im praktischen Sinn für wirklich gehalten wird, im übersinnlichen aber ewig und unwirklich sein soll, weil vom Transzendenten her die Welt ausgeschaltet werden muß, damit die reine Einheit Brahmas gewahrt bleibt. Die Shākta-Tantras aber haben keine solche Absicht.

Was ist nun „wirklich", wenn dieser Ausdruck auch nicht immer richtig verstanden wird? Nach dem Māyāvāda ist wirklich, was immer war, ist und sein wird (kālatraya-sattvāvān); nach den Worten der christlichen Liturgie: am Anfang, jetzt und immerdar. Demnach ist also alles, was sich verändert, was nicht war, aber jetzt vorhanden ist und dann aufhören wird zu sein, „unwirklich", so wirklich es auch von einem praktischen Standpunkt aus zu sein scheint. Māyāvāda nennt Mūlaprakṛiti, im Sinn von Māyā als materieller Ursache, nicht unabhängig wirklich (avastu). Das Shākta-Tantra dagegen sieht in dem Prinzip, aus dem alles Werden hervorgeht, eine sogenannte wirkliche Grundlage der Welt der Namen und Formen, und hält diese Māyā-Shakti für eine eigene Wirklichkeit. Nach ihm sind diese Namen und Formen, das heißt die sich wandelnden Welten, „unwirklich" (avidyā). Unwirklich in dem Sinn, daß sie kommen und gehen.

Der Körper wird Sharīra genannt. Dieses Wort kommt von der Wurzel shri- „verfallen". Denn der Körper löst sich in jedem Augenblick auf und erneuert sich wieder bis zum Tod. So wirklich uns aber die Welt auch erscheinen mag, so kann sie doch in dem Sinn unwirklich sein, daß sie nichts anderes ist als ihre Erscheinung. Was ich im Augenblick in der Hand halte, kann mir als weißes, weiches Papier – und so fort – erscheinen, und doch soll seine Wirklichkeit etwas völlig anderes sein, nämlich eine schnelle Bewegung ätherischer Substanzen, die die fälschliche Erscheinung wissenschaftlicher „Materie" hervorbringt. In gleicher Weise ist alle Natur eine Erscheinung, die durch verschiedene Formen von Bewegung in Prakṛiti hervorgerufen wird, und das einzig Wirkliche ist Brahman und Seine Kraft. So sagt Shiva im Kulārṇava-Tantra (I, 110): „Einige suchen Dualismus, andere Monismus. Beide aber kennen nicht meine Wahrheit, die jenseits von Monismus und Dualismus ist (dvaitādvaitavivarjita)". Zweifellos bedeutet dies, daß für den „Wissenden" (jñāni) die Erörterungen philosophischer Systeme belanglos sind, wie dies auch tatsächlich der Fall ist.

Man kann diesen Anspruch auch wörtlich nehmen. Die Shāstras beanspruchen ihn für sich, da das Tantra, wie es heißt, Dualismus und Monismus wie zwei Kinder in seine Arme nimmt und durch seine praktische Methode (sādhanā) und die geistige Erkenntnis, die durch diese geweckt wird, die Mittel liefert, ihre Gegensätze zu lösen und auszugleichen, um den Sādhaka zur Befreiung zu führen. Es läßt ihn im Strom der göttlichen Seligkeit versinken, indem es die Dualität in die Einheit zurückführt und aus dieser ein dualistisches Spiel hervorgehen läßt. So erstrahlt aus der liebenden Umarmung von Denkorgan-Materie (jada) mit dem Bewußtsein (chaitanya) der herrliche Glanz der Gattin des Paramashiva hervor.

Wenn auch der Deuter des Māyāvāda ein Mahāpurusha gewesen sein soll, so stimmt diese Methode doch nicht mit der des tantrischen Sādhaka überein. Dieser nimmt an, daß viel von dem tatsächlichen Atheismus, der in diesem Lande gefunden wird, einem Mißverständnis der übersinnlichen Lehre des Māhāyāvda zuzuschreiben ist. Etwas Wahres liegt in diesem Vorwurf, da die Verallgemeinerung der „höheren Wissenschaft" des Shaṅkara, die ihrer Natur nach eine esoterische Lehre ist, geeignet nur für eine kleine Minderheit, die Menschen unseligerweise dazu geführt hat – wie es in der Gīta heißt – den Dharma anderer als den eigenen anzunehmen. Dieser ist die „niedere Wissenschaft“ der großen Vedānta-Anhänger, die in allen Shāstras der Verehrung befolgt wird.

Solche Shāstras müssen notwendigerweise Gott als wirkliches Objekt der Verehrung betrachten. Dionysius Areopagita, der größte christliche Mystiker, sagt, daß wir nur „apophatisch“ von dem Höchsten sprechen können, nur von seinem innersten Selbstsein aus, das anderes ist als Seine Entfaltung. Von diesem kann nichts ausgesagt werden, als daß es nicht dieses und nicht jenes ist. Hier folgte er dem „neti-neti“ des Vedānta. Ishvarī ist nicht weniger wirklich als die Dinge, mit denen wir uns jeden Tag beschäftigen. Sie ist für den indischen Sādhaka die höchste Wirklichkeit. Was immer auch der Zustand der Videha sein oder nicht sein mag, Mukti hat für ihn keine praktische Bedeutung. Nur diejenigen, die ihn erlangt haben, werden wissen, ob Shaṅkara recht hat oder nicht. Nicht daß sie hierüber oder über irgend etwas anderes nachdenken werden, sondern in dem Sinn, daß wenn Brahman erkannt ist, alles erkannt ist.

Ein Freund schrieb mir, daß er bei einer Gelegenheit erfuhr, zu welchem lächerlichen Hochmut einige der modernen „Adepten“ von Shri Shaṅkaras Schule sich hinreißen ließen. Einer von ihnen sprach von dem persönlichen Ishwara als von einer „bemitleidenswerten Person“. Die Wahrheit ist, daß solche sogenannten Meister überhaupt keine sind, da sie die Vollendung nicht erreichten und weit entfernt sind von dem Geist des Shaṅkara, der durch seine Anbetung und Kraftfülle seinen Anhängern als Inkarnation Shivas selbst erschien. Solche Bemerkung beweist auch ein völliges Mißverständnis des Vedānta. Wieviele von denen, die heute den Vedānta von einem rein literarischen Interesse aus erörtern, haben den Glauben des Shaṅkara oder überhaupt einen Glauben? Manche möchten gern Glauben und Praxis des Shaṅkara als eitlen Aberglauben abtun und nur seine Philosophie annehmen. Was aber ist der innere Wert einer Philosophie, die von einem Denken ausgeht, das so unwissend ist, daß es im Aberglauben versinkt? Shaṅkara lehrte, daß Glauben und Sādhanā die Vorbedingungen seien für die Befähigung (adhikāra) des Jñānakāṇḍa. Allein derjenige ist befugt (adhikārī), der alle guten moralischen und intellektuellen Eigenschaften hat, der Glauben (shraddhā), Fähigkeit zu höchster Kontemplation (samādhi) und die Unterscheidung des Sāṇkhya (viveka) besitzt, der nichts in dieser oder in der nächsten Welt begehrt und dem ein brennendes Verlangen nach Befreiung innewohnt. Es gibt aber nur wenige, die – selbst auf unvollkommene Weise – solche Eigenschaften für sich beanspruchen können. Und die übrigen?

In diesem Zeitalter ist kein vedischer Karmākaṇḍa am Werk, aber es gibt andere Shāstras der Verehrung, die vedisch, tantrisch oder den Purāṇas zugehörig sind. Diese sind für jene gültig, die, wie die meisten, noch auf dem Pfad des Begehrens sind. Die Tantras bestätigen, daß nichts Wertvolles ohne Sādhanā erreicht werden kann. Reine Spekulation ist ohne Ergebnis. Dieser Grundsatz ist vollkommen ernst, was immer auch von der Art seiner Anwendung gedacht wird. Wer diese Fragen nicht nur als eine Gelegenheit für intellektuelle Geschäftigkeit oder als Zeitvertreib nimmt, wird sich erinnern, daß Shaṅkarā lehrte, daß die Befreiung nicht nur durch Erörterungen über sie und durch Ergründen offenbarter Wahrheit (vichāra) erreicht werden kann – denn hierfür sind nur wenige geeignet –, sondern durch die Gnade Gottes (Īshvara anugraha) und durch die Verehrung der Mutter und des Vaters, von denen alle Schöpfung ausgeht. Solche Verehrung ruft Erkenntnis hervor. Im Kulachūdāmaṇi sagt die Devī: „Oh, allessender Einer, wenn du mich kennst, was brauche ich dann noch die offenbarten Lehren (āmnāyas) und das Ritual (yājanam)? Wenn du mich nicht kennst, was nützen sie mir dann?" In einem anderen Sinn aber sind beide von gewissem Nutzen, da der Sādhaka durch sie für eine Art von Urdhvāmnāya geeignet wird, in dem es keine Riten (karma) gibt.

Nach dieser kurzen Darlegung des Shakti-Tattva im Sinn der Shākta-Tantras möchte ich noch einen kurzen Bericht über seine Manifestation im Weltall geben. Es mag genügen, die Hauptlinien der Lehre aufzuzeigen, ohne in große Einzelheiten einzugehen. In der Hauptsache folge ich hier dem berühmten Shāradā Tilaka, einem Werk, das von Lakshmanācharyya stammt, dem Guru des Abhinava Gupta, dem großen Anhänger der Kashmir-Tantras am Anfang des 11. Jahrhunderts und seinem Kommentar, den der gelehrte tantrische Pandit Rāghava Bhatta 1454 n. Chr. verfaßte. Dieses Werk besaß lange Zeit großes Ansehen in Bengalen.

Es kann letztendlich nicht ausgesagt werden, warum Schöpfung geschieht. Sie ist das Spiel (līlā) der Mutter. Könnte man sie erklären, dann wäre Brahman dem Gesetz der Kausalität unterworfen, das die Welt beherrscht, dessen Ursache aber ihr überlegen sein muß.

Das Tantra erkennt, zusammen mit anderen indischen Shāstras Adriṣhṭa-Sṛishti, die Lehre an, daß der Trieb zur Schöpfung unmittelbar durch Adriṣhṭa oder das Karma der Jīvas verursacht wird. Aber Karma ist ewig und verlangt selbst eine Erklärung. Das Wort kommt von Saṁskāra und Saṁskāra von Karma. Nach dieser Ansicht erscheint der Vorgang der Schöpfung, der Erhaltung und der Auflösung als ewiger Rhythmus des kosmischen Lebens und Todes, der das Spiel (līlā) der Mutter ist. Darum heißt es im Lalitā-Sahasranāma, daß beim Öffnen oder Schließen ihrer Augen die aufeinanderfolgenden Welten erscheinen und wieder vergehen. Das Vorhandensein von Karma schließt den Willen zum kosmischen Leben ein. Wir rufen es als Frucht solchen Verlangens hervor, und wenn es geschaffen ist, wird es zu dessen Ursache.

In der Anhäufung des Ḳarma, das zu dieser oder jener Zeit reifen wird, gibt es zu einer bestimmten Zeit schon Gereiftes, während anderes noch auf die Reife wartet. Die Schöpfung findet nur statt, damit das Ausgereifte Frucht bringt. Wenn der Samen reift und deshalb die Zeit für die Erschaffung eines anderen Weltalls naht, manifestiert sich Brahman in seinem Vishvarūpa-Aspekt, in dem der Jīva die Früchte seines Karmas genießt oder unter ihnen leidet und (bis er nicht Befreiung erlangt hat) neues Karma anhäuft, das die Schöpfung künftiger Welten in sich schließt. Wenn die noch unreifen Handlungen, die in Māyā versunken sind, im Laufe der Zeit reif werden, entstehen im Paramashiva die Vṛittis der Māyā oder Shakti als Verlangen nach Schöpfung, um die Frucht dieses Karmas auszutragen. Dieser Zustand der Māyā wird unterschiedlich Shrūtī, Ikṣhana, Kāma oder Vichikīrshā genannt.

Als Brahman sah, wünschte oder dachte: Möge ich die Vielen sein, fand der sogenannte Sadṛishaparināma statt, in dem der höchste Bindu erscheint. Dieser ist in seinem dreifachen Aspekt als Kāmakalā bekannt, als eine Manifestation der Shakti, aus der – wie im folgenden beschrieben wird – das Weltall hervorgeht.

Kāmakalā ist Mūla oder die Wurzel aller Mantras. Wenn auch Schöpfung stattfindet, damit Karma erlitten oder genossen wird, ist doch in der Masse des Karmas zu jedem bestimmten Zeitpunkt Reifes und nicht Reifes vorhanden. Da die Schöpfung für das noch nicht ausgereifte Karma zwecklos ist, findet nach der Ausschöpfung des reifen Karmas, das seine Frucht getragen hat, eine Auflösung (pralaya) statt. Dann taucht das Weltall wieder in Māyā ein und bleibt dort so lange, bis die übrig gebliebenen Handlungen reif sind. Das Karma geht, wie alles andere, wieder in Brahman ein und verharrt in Ihm in einem verborgenen keimhaften Zustand der Möglichkeit. Wenn der Samen reif wird, findet die Schöpfung wieder statt.

Durch Ikshana oder die Manifestation des schöpferischen Willens wird Schöpfung augenblicklich Wirklichkeit, als das „Wort" ausging: „Es werde Licht, ward Licht", denn der Gedanke Ishvaras ist schöpferische Macht. Unser Denken aber vermag die Schöpfung nur als einen allmählichen Vorgang zu erkennen. Sāṅkhya beginnt mit der Schwingung der Guṇas (guṇakṣhobha), die die Vikṛitis unmittelbar hervorbringen. Während der Sāṅkhya die Wirklichkeit des Parināma durch aufeinanderfolgende Ausströmungen erklärt, nehmen die Shākta-Tantras einen Sadṛiṣhaparināma im Körper des Ishvara als Ursache an. Diese Entwicklung ist aber nicht wirklich Parināma. Es vollzieht sich keine tatsächliche Veränderung in der Natur des göttlichen Wesens, sondern die verschiedenen Stufen eines solchen Parināma sind nur Namen für die zahlreichen Aspekte, unter denen sich die gleiche unwandelbare Einheit uns offenbart.

Shakti ist einheitlich und erscheint nur durch die Manifestation als vielfältig. Auch die drei Guṇas verändern sich nicht: ein jeder bleibt, was er ist. Ihre Erscheinung in verschiedener Verteilung ist auf Avidyā oder Karma zurückzuführen. Saṁskāra läßt die Sāmya-Prakṛiti als Vaishamya ins Dasein treten. Was die Tantras als Sadṛiṣhaparināma beschreiben, ist nur eine Aufgliederung der verschiedenen Aspekte dessen, was in anderen Shāstras Ikṣhana genannt wird. Dieser Sadṛiṣhaparināma beschäftigt sich mit der Entwicklung des sogenannten Parā-Klanges (parashabdasṛiṣhṭi). Dies ist der kosmische Klang, die ursächliche Schwingung in der Substanz der Mūlaprakṛiti, die die Tattvas als ihre Vikṛitis gebiert. Der kosmische Klang wird theoretisch von den solcherweise hervorgebrachten Tattvas unterschieden.

Aus dem Parameshvara, der Sachchidānanda ist, soll Shakti, die für die Schöpfung notwendige Kraft, hervorgegangen sein. Gott und Seine Kraft sind aber mehr als die Schöpfung, die Er manifestiert. Es heißt, daß Shakti von dem ausgeht, was schon Sakala oder mit Shakti verbunden ist, weil sie nach Rāghava Bhatta unsterblich ist (anādirūpā) und schon in einem feinstofflichen Zustand als Chaitanya während der großen Auflösung (pralaya) vorhanden war. Yā Anādirūpā Chaitanyādhyāsena Mahāpralaya Sūkshma Sthitā.

Die Verwirrung der Guṇas veranlaßte Prakṛiti (uchchūna), zu erschaffen; in diesem Sinne spricht man von ihrer Entfaltung. Mit anderen Worten: Shakti ging aus einem Zustand der Möglichkeit in den der Verwirklichung über. Parameshvara wird, wie es heißt, als Sachchidānanda beschrieben, um festzustellen, daß selbst die Verbindung Brahmans mit Avidyā seine eigene wahre Natur (svarūpa) nicht beeinflußt. Nach der Shāradā geht Nāda von dieser Shakti aus und von ihr Bindu (als Parabindu bekannt). So zählt die Shāradā sieben Aspekte der Shakti auf, um – nach Rāghava Bhatta – die sieben zusammenhängenden Teile des Omkāra zu vollenden. In einigen Shākta-Tantras wird dieses erste Nāda ausgelassen, so daß es dort nur sechs Aspekte gibt. Die Shaiva-Tantras erwähnen fünf. Diejenigen, die Kalā als ein Tattva betrachten, identifizieren es mit Nāda.

In manchen Tantras wird Kalā mit Tamoguna verbunden als Mahākāla, die sowohl Kind wie Gattin der Ādyāshakti ist. Denn die Schöpfung stammt aus dem Tamas-Aspekt der Shakti. Im Shāradātilaka sind Nāda und Bindu die gleiche Shakti, da sie nur Namen von zwei ihrer Zustände sind, die ihre Hinneigung zur Schöpfung darstellen. Es gibt zwei Zustände des Shaktibindu, die für die Schöpfung geeignet sind (upayogyāvasthā). Das Prapañchasāra-Tantra lehrt, daß Shakti, die vorwiegend Tattva ist (reines „Das") unter dem Einfluß von Chit sich beschleunigt und verdichtet (ghanībhūtā) und dann als Bindu erscheint (parabindu). Ghanībhūtā bedeutet das, was nicht dicht oder Ghanā ist, sondern dazu wurde (ghanāvasthā). Hierin liegt die Vorstellung von Verfestigung, Sammlung, Verdichtung. So heißt es, daß Milch zu Ghanībhūta wird, wenn sie kondensiert wird oder gerinnt. Dies ist der erste grobstoffliche Zustand (sthūlāvasthā); Brahman, der mit Māyā als Karma verbunden ist, nimmt den Aspekt an, in dem Er als die erste Ursache der fein- und grobstofflichen Körper betrachtet wird. In diesem Aspekt liegt die Kraft einer noch nicht unterscheidbaren Masse (ghanā) – das Weltall und die Wesen, die erschaffen werden sollen.

Parabindu ist somit ein verdichteter Aspekt der Shakti, in dem Handlung oder Kriyā-Shakti vorherrschen. Er wird mit einem Korn (chanaka) verglichen, das in seiner äußeren Hülse (māyā) zwei Samen enthält (shivashakti), die eng und ungeteilt zusammenliegen. Der Bindu wird durch einen Kreis symbolisiert. Shūnya oder die leere Mitte darin ist Brahmapada. Das höchste Licht ist ohne Form, aber Bindu umschließt beides – die Leere und Guṇa. Denn, wenn Shiva zu Bindurūpa wird, dann ist er mit Guṇa vereint. Nach Rāghava kann „sie alles erschaffen. Wenn das Verlangen nach Erscheinung und alle ihre Tattvas sie ergreifen, dann nimmt sie den Zustand von Bindu an, dessen charakteristisches Merkmal Handlung ist" (kriyāshakti).

Dieser Bindu oder Avyakta wird als sprießende Wurzel des Weltalls der höchste Bindu (parabindu) genannt oder der ursächliche Kāraṇa-Bindu, der zu unterscheiden ist von jenem Aspekt seiner selbst, der Bindu (karyya) genannt wird und als Zustand der Shakti nach der Unterscheidung des Parabindus in Sadṛisha-parināma erscheint. Parabindu ist der Ishvara des Vedānta mit Māyā als Seiner Upādhi. Er ist der Saguna-Brahman, das heißt die Verbindung von Chit-Shakti und Māyā-Shakti oder Ishvara mit der unterschiedslosen Prakṛiti als Seiner Avyaktasharīra. Einige nennen Ihn Mahāviṣhṇu, andere Brahmapuruṣha. Dies ist Paramashiva. „Einige verehren in Hangsa die Devī. Dies sind diejenigen, die nach Anbetung ihrer Lotusfüße verlangen." Wie Kālīcharaṇa, der Kommentator des Shatshakranirūpana sagt, ist es gleichgültig, wie sie genannt wird. Alle beten sie an. Dieser Bindu oder Zustand der höchsten Shakti wird im geheimen von allen Devas verehrt. Im Nishkala-Shiva existiert Prakṛiti in einem verborgenen Zustand möglicher Kraftäußerung. Dieser Bindu Parashaktimāyā (ṣhivashaktimāyā) ist die erste Bewegung der schöpferischen Tätigkeit, die sowohl Ausdruck wie Ergebnis des universalen Karma oder des Speichers an unerfülltem Verlangen nach dem kosmischen Leben ist.

Es heißt weiter, daß der Parabindu „zerteilt" oder „unterscheidet". Im Satyaloka sind der formlose und der leuchtende eins. Prāṇavarūpa Brahman oder Om ist das kosmische Urprinzip des manifestierten Shabdārtha. Avyakta Nāda oder der nicht manifestierte Ton ist das nicht unterschiedene Urprinzip des manifestierten Tones, das ohne jedes Zeichen oder jede charakteristische Manifestation wie Buchstabe und ähnliches ist. Diese sind Ergebnis seiner Entfaltung. Shabdabrahman ist die alles durchdringende, ungeteilte, unmanifestierte Nādabindu-Substanz, der erste schöpferische Urimpuls im Parashiva, der die Ursache des manifestierten Shabdārtha ist. Dieser Bindu heißt Para, weil er der erste und höchste ist. Wenn er auch Shakti ist, so wie Shakti und Nāda, die ihm folgen, wird er doch als Shakti im Augenblick ihrer Welterschaffung betrachtet; daher soll der Avyakta-Ton von diesem Parabindu kommen.

Rhāghava Bhatta beendet die Erörterung über dieses Thema durch die kurze Angabe, daß das Shabdabrahman Chaitanya ist, das allen Geschöpfen innewohnt. In den atmenden Lebewesen (prāṇī) ist es die Shakti-Kuṇḍalinī des Mūlādhāra. Die Genauigkeit dieser Bestimmung wird von dem Kompilator der Prāṇatoshinī bestritten, aber wenn wir bei Chaitanya an die manifestierte Chit denken, die sich als und mit Mūlaprakṛiti in der kosmischen Schwingung (spandana) entfaltet, dann versöhnen sich die scheinbar auseinandergehenden Meinungen.

Der Parabindu manifestiert sich bei solcher Unterscheidung unter dem dreifachen Aspekt von Bindu, Nāda und Bīja. Dies ist der vollkommen entwickelte und bewegliche Aspekt des Parashabda. Der Bindu, der somit dreifach wird, ist das Prinzip, in dem sich der Keim der Handlung zur Manifestation vorbereitet und einen Zustand der verdichteten intensiven Shakti hervorbringt. Der dreifache Aspekt des Bindu als Bindu (kāryya), Nāda und Bīja ist Shivamāyā, Shivashaktimāyā, Shaktimāyā; Para, Sūkshma, Sthūla; Ichchhā, Jñāna, Kriyā; Tamas, Sattva, Rajas; Mond, Feuer, Sonne und die Shaktis als kosmische Körper, die man Ishvara, Hiraṇyagarbha und Virāt nennt. Alle drei, Bindu, Bīja und Nāda, sind die verschiedenen Phasen der schöpferischen Shakti, die verschiedenen Aspekte des Parabindu der Ghanāvasthā der Shakti.

Die Anordnung der drei Shaktis als Wille, Handlung und Erkenntnis ist in Jīva und Ishvara verschieden. Ishvara ist allwissend, und deshalb ist in Ihm die Reihenfolge: Ichchhā, Jñāna, Kriyā. In Jīva ist sie Jñāna, Ichchhā, Kriyā. Ichchha soll die Fähigkeit sein, den Gedanken der Arbeit oder Handlung aufzunehmen. Dadurch entsteht das Werk vor dem Gedanken und dem Willen, es auszuführen. In diesem Bindu herrscht Tamas, denn es ist noch kein Ansporn zur Handlung vorhanden. Nāda ist Jñāna-Shakti, das heißt, die durch Erkenntnis erlangte subjektive Willensrichtung auf das erstrebte Ziel hin. Mit dieser ist Sattva verbunden. Bīja ist Krīya-Shakti oder die Shakti, die aus dieser Bemühung oder der vollbrachten Handlung hervorgeht. Mit ihr ist Rajaguṇa oder das Prinzip der Tätigkeit verbunden. Kriyā entsteht aus der Verbindung von Ichchhā und Jñāna. „Von der Ichchhā-Shakti getrieben, von Jñāna-Shakti erleuchtet, erschafft Shakti, in ihrem männlichen Herrscher-Aspekt (kriyāṣhakti)". Es heißt, daß Baudrī von Bindu ausging; aus Nāda ging Jyeshta und aus Bīja Vāma hervor. Aus diesem entstanden Rudra, Brahma, Viṣhṇu. Es heißt auch in der Gorakṣha-Samhitā: „Ichchhā ist Brāhmī; Kriyā ist Vaiṣhṇavi und Jñāna ist Gaurī. Wo immer diese drei Shaktis sind, ist das höchste Licht, das OM genannt wird."

Kuṇḍalinī ist Chit-Shakti, in die Sattva eingeht. Dieser Zustand heißt Paramākāshāvasthā. Wenn sie in Sattva eingegangen und von Rajas durchdrungen ist, wird sie Dhvani genannt. Dies ist Aksharāvasthā. Wenn sie von Tamas durchdrungen wird, heißt sie Nāda. Dies ist Avyaktāvasthā, der Avyakta-Nāda, der Parabindu ist. Die drei Bindus, die die Aspekte des Parabindu sind, bilden das geheimnisvolle Kāmakalā-Dreieck, das mit der Hārddhakalā den rosenfarbenen Körper der herrlich gegliederten großen Devī Tripurasundarī darstellt, die Shivakāmā ist und das Weltall manifestiert. Sie ist die Dreiheit der göttlichen Energie, von der der Shrītattvārṇava sagt: „Die strahlenden Menschen, die in diesem Körper Sāmarasya verehren, werden von den Giftwellen des unüberbrückbaren Meeres der Wanderung (samsāra) befreit."

Der Grundgedanke dieser ausführlichen Einzelheiten sei kurz zusammengefaßt: Dem Zustand, in dem Chit und Prakṛiti ein ungeteiltes Ganzes bilden, das heißt, in dem Prakṛiti latent bleibt (nishkala-shiva) folgt die Unterscheidung, die Manifestation der Māyā (sakala-shiva), in der sie verschiedene Aspekte entfaltet. Die Gesamtheit dieser Aspekte ist der Māyā-Körper des Ishvara, in dem die kausalen, subtilen und grobstofflichen Körper des Jīva eingeschlossen sind. Es gibt, nach der Shāradā, sieben Aspekte des ersten oder Parā-Zustandes des Klanges im Shabdasṛiṣhṭi. Dies sind die sieben Unterteilungen des Mantra Om; A, U, M, Nāda, Bindu, Shakti, Shānta. Sie sind Parashabdasṛiṣhṭi in der Schöpfung Ishvaras; Ishvara oder Om und sieben Aspekte des kosmischen Kausalkörpers; die Gesamtheit (samaṣhṭi) der individuellen (vyaṣhṭi), kausalen, subtilen und grobstofflichen Körper des Jīva.

Ehe ich zu dem manifestierten Wort und seiner Bedeutung (shabdārtha) übergehe, ist es notwendig, festzulegen, was Arthasṛiṣhṭi in der Avikṛiti oder im Sadṛiṣhaparināma bedeutet: es ist der ursächliche Zustand des Tones, der Parashabda genannt wird; die anderen drei Zustände: Pashyantī, Madhyamā und Vaikharī manifestieren sich nur in grobstofflichen Körpern. Da Parabindu der ursprüngliche Körper von Shabda ist, ist er dieses auch von Artha, der unzertrennlich mit Shabda in der Verbindung Shabdārtha vereint ist. Als solcher wird er Shaṁbhu genannt. Dieser besteht aus der Natur von Bindu und Kelā und ist mit Kalā verbunden. Von ihm ging Sadāshiva aus, „der Zeuge der Welt", und von diesem Isha, später Rudra, Viṣhṇu und Brahmā.

Diese sechs Shivas sind verschiedene Aspekte von Chit, der über die (ersten) subjektiven Tattvas und (den Rest) die elementare Welt herrscht, deren Zentren die fünf niederen Chakras sind. Wenn man annimmt, daß diese Devatās dem Avikṛiti-Parināma zugehören, dann sind sie der Devatā-Aspekt von scheinbar verschiedenen Zuständen des ursprünglichen Tones nach dem Grundsatz, daß Gleiches Gleiches anzieht. Diese Zustände erscheinen als alles durchdringende schöpferische Energien. Es sind zusammengefaßte Klang-Kräfte (samaṣhṭi). Da sie in Körpern erscheinen, das heißt, diese beherrschen, sind sie Herren der individuellen (vyaṣhṭī) Entwicklung, die aus der ursprünglichen Ursache des Shabda hervorgeht.

Dem vollkommenen ursprünglichen Avikṛiti-Parināma und der von ihm ausgehenden kosmischen Schwingung in den Guṇas folgt der wirkliche Parināma der Vikṛitis, dessen Substanz Mūlaprakṛiti ist. Nun erscheinen der manifestierte Shabdārtha oder die fein- und grobstofflichen Körper des Jīva, in denen die übrigen drei Bhāvas der Klänge der Shaktis liegen: Pashyantī, Madhyamā und Vaikharī. Shabda bedeutet wörtlich Klang, Gedanke, Wort, und Artha ist deren Bedeutung, das heißt die objektive Form, die der subjektiv gebildeten Vorstellung und Benennung entspricht. Die Vorstellung stammt aus dem Saṁskāra. Artha ist der nach außen gewendete Gedanke. Im Jīva herrscht ein psychophysischer Parallelismus, während in Ishvara der Gedanke wirklich schöpferisch ist. Die beiden sind unzertrennbar und können nicht ohne einander existieren. Shabdārtha hat somit eine zusammengesetzte Bedeutung wie das griechische Wort „Logos“, das die Verbindung von Gedanke und Wort bedeutet. Der manifestierte Shabdārtha ist der Nāmarūpa der Vedānta-Anhänger, die Welt der Namen und Formen. Aber es besteht der eine Unterschied, daß nach den Tantra-Vorstellungen, die hier erörtert werden, dieser Welt der Namen und Formen eine wirkliche materielle Ursache zugrunde liegt, Parashabda oder Mūlaprakṛiti, die sich als Prinzip der Entwicklung manifestiert.

Die Shāradā sagt, daß die Tattvas des Saṇkhya sich aus dem unmanifestierten Seins-Grund (avyakta) in Form des Bindu (mūlabhūta bindurūpa) oder des Paravastu (brahman), das heißt aus Mūlaprakṛiti in ihrer schöpferischen Wirksamkeit entfalten. Vom Übersinnlichen aus gesehen, geschieht die Erschaffung aller Dinge zur gleichen Zeit. Vom Standpunkt des Jīva aus aber entwickeln sich tatsächlich aus der Substanz des Mūlabhūta Avyakta Bindurūpa (wie die Shāradā Mūlaprakṛiti nennt) die Tattvas, die Buddhi, Ahangkāra, Manas, die Indriyas, Tanmātras und Mahābhūtas in der aufgeführten Reihenfolge. Darum nehmen die Tantras die Reihenfolge der Entwicklung nach dem Sāṇkhya, nicht nach dem Vedānta an. Diese beginnt mit dem Apañchīkṛita-Tanmātra, dessen tamahafte Teile sich durch Pañchīkaraṇa in den Mahābhūta entwickeln, während die raja- und sattvahaften Teile gemeinsam und einzeln die Quelle der übrigbleibenden Tattvas bilden. In den Shākta-Tantras gehen die Bhūtas unmittelbar von den Tanmātras aus und nicht mit Hilfe von Pañchīkaraṇa. Diese steht in Beziehung zu den Bestandteilen, die aus den Bhūtas abgeleitet werden.

Es gibt noch eine weitere Einzelheit in der tantrischen Darlegung, die beachtet werden muß. Die Shākta-Tantras sprechen, wie die Purāṇas und die Shaiva-Shāstras, von einem dreifachen Aspekt der Ahangkāra, der sich jeweils aus der Vorherrschaft von einem der Guṇas ergibt. Aus Vaikārika-Ahangkāra gehen die elf Devatās hervor, die über Manas und die zehn Indriyas herrschen. Dem Taijasa-Ahaṇgkāra entstammen die Tanmātras. Diese Unterscheidungen der Einzelheiten und die Reihenfolge in den Entfaltungen der Tattvas aber hat keine wesentliche Bedeutung für sie. Im einen Fall geht man von dem Erkenntnisprinzip (buddhi) aus, im anderen von dem feinstofflichen Gegenstand der Erkenntnis der Tanmātras.

Die oben erwähnte Schöpfung wird Ishvara-Sṛiṣhṭi genannt. Im Vishvasāra-Tantra steht, daß aus der Erde die Gräser wachsen (iṣhadhi), aus diesen die Nahrung, und aus der Nahrung der Samen (retas) entsteht. Aus letzterem gehen die Lebewesen mit Hilfe von Sonne und Mond hervor. Dies deutet auf die sogenannte Jīva-Sṛiṣhṭi, die ich hier nicht näher beschreiben kann.

Um noch einmal zusammenzufassen: durch das Reifen des Karma und dessen Drang nach kosmischen Leben wird der Nishkala-Shiva zum Sakala. Shakti manifestiert sich, und der ursächliche Körper des Ishvara nimmt – so meint man – sieben kausale Aspekte im Sadrishapariṇāma an, Aspekte der Shakti, die im Begriff ist, zu erschaffen. Parabindu oder der Zustand der Shakti, der auf diese Weise entwickelt wird, ist der ursprüngliche Körper sowohl des manifestierten Shabda wie des Artha. Parabindu ist der Ausgangspunkt aller Entwicklungsreihen, gleichgültig ob diese aus Shabda oder als Shambhu aus dem Artha oder als Mulabhuta aus der manifestierten Shabdartha hervorgehen. Am Ende der angenommenen Entwicklung des ursächlichen Körpers, der sich als die dreifache Shakti in Wille, Erkenntnis und Handlung manifestiert, erscheint Shabdārtha als manifestierte Welt mit seinem fein- und grobstofflichen Körpern in der beschriebenen Reihenfolge.

Aus dieser Beschreibung ersieht man, daß die hier aufgeführte Schöpfungslehre aus verschiedenen Elementen zusammengesetzt ist. Einige teilt sie mit anderen Shāstras, andere sind ihr allein eigen. Das Ganze wird auf eine besondere Methode und in besonderen Ausdrücken dargelegt. Die Lehre, die eine Art Advaitavāda ist, hat einige Merkmale, die sowohl dem Sāṇkhya wie dem Vedānta zugehören. So nimmt sie eine wirkliche Mūlaprakṛiti an, wenn auch nicht als ein unabhängiges Prinzip, wie nach der Sāṇkhya-Lehre, sondern als eine Form der Shakti Shivas. Durch und aus Shiva-Shakti, die eine Einheit bilden, geht wirkliche Schöpfung hervor.

Es gibt (und die hier erörterte Lehre ist dafür ein Beispiel) gemeinsame Grundsätze und gegenseitige Verbindungen in den verschiedenen indischen Shāstras, unabhängig von den individuellen Eigentümlichkeiten der Darstellung, die auf die natürlichen Verschiedenheiten von Intellekt, Temperament und das beabsichtigte Ziel zurückzuführen sind. Shiva sagt in der Kulārṇarva, daß alle Darshaṇas Teile Seines Körpers sind und, wer diese abtrennt, Seine Glieder abhackt. Dies bedeutet, daß die sechs Darshaṇas die sechs Denkorgane und diese – wie alles andere – Teile des göttlichen Körpers sind.

Von diesen sechs Darshaṇas lehren Nyāya und Vaisheṣhika die Yaugika-Sṛiṣhṭi; Sāṇkhya und Patañjali die Yaugika-Sṛiṣhṭi und Pariṇāma-Sṛiṣhṭi; der Māyāvāda-Vedānta lehrt Yaugika-Sṛiṣhṭi; Pariṇāma-Sṛiṣhṭi lehrt nach der erfahrungsgemäßen und Vivartta nach der übersinnlichen Methode. Zufolge des

Vivartta des Māyāvāda gibt es keine wirkliche, sondern nur eine scheinbare Veränderung. Nach dem Shāktavāda entfaltet sich die höchste Wirklichkeit tatsächlich in einem Aspekt, während sie in einem anderen unwandelbar bleibt. Der Māyāvāda stellt die Synthese her durch seine Lehre von den Graden der Wirklichkeit, der Shāktavāda durch seine Lehre von den Aspekten der Einheit und Zweiheit - der Zweiheit in der Einheit und der Einheit in der Zweiheit. Die höchste Wirklichkeit als Ganzes ist weder rein bewegungslos noch rein tätig, sondern beides. Das Natürliche und das Geistige sind eins. In diesem Sinne erhebt das Shākta-System den Anspruch, die Synthese aller anderen Lehren zu sein.

XX. Kapitel

DIE INDISCHE MAGNA MATER

Einführung

Ich möchte nunmehr von der erhabenen Mutter selbst sprechen und zeigen, wie sie von den Shāktas, ihren Anbetern, vorgestellt und verehrt wird. Die Verehrung der großen Mutter als der großen „Multiplier“ ist eine der ältesten der Welt. Wenn wir die Geschichte dieser Verehrung zurückverfolgen, entdecken wir selbst in der frühesten, verblassenden Vergangenheit die uralte Gestalt der mächtigen Mutter der Natur. Ich nehme an, daß diese Göttin zu Beginn überall dem Gott vorausging oder zumindest ihn überragte. Es wurde bestätigt (Glotz: „Ägäische Zivilisation“, S. 243), daß in allen Ländern,vom Euphrat bis zur Adria die Hauptgottheit zuerst in weiblicher Gestalt auftrat. Im Osten des Euphrat treffen wir die dunkle Gottheit Indiens, die Ādyā-Shakti und Mahā-Shakti, oder die höchste Macht unter vielen Namen an, als Jagadambā, Mutter der Welt, deren Spiel Lalita genannt wird, als Māyā, Mahātripurasundarī und Mahākundalinī, als Mahā-Vaishṇavī, die saphirblaue Devī, die die Welt trägt, oder als Mahākāli, die sie wieder auflöst, als Guhyamahābhairavī und andere.

Diese höchste Mutter wird vom Himalaya, der Wohnstätte des Schnees, der nördlichen Wohnung Shivas bis zum Kap Comorin im äußersten Süden verehrt. (Comorin ist eine Verstümmelung von Kumārī Devī oder der Mutter). In den Veden wird von Göttinnen gesprochen, ebenso wie im späteren Schrifttum, vor allem in den Shākta-Tantras, in denen die Mutter-Verehrung beheimatet ist.

Dem Shākta bedeutet Gott die höchste Mutter. In zahllosen Geburten hat er unzählige Mütter und Väter und wird in Zukunft noch viele, viele haben. Die menschliche Mutter ist wie jede Mutter heilig als Spenderin des Lebens (mit Gottes Hilfe); aber nur die göttliche Mutter aller (shrīmātā) „das Schatzhaus des Erbarmens“, ist beides: Spenderin des Lebens in der Welt, wie auch (als tārīnī), die aus dem Elend der Welt Befreiende. Für jeden, der sich ihr vereint, ist sie das Leben aller Leben, die ungetrübte Seligkeit, die Befreiung genannt wird. Sie ist die große Königin (mahārājñī) des Himmels und noch höherer Welten, der Erde und der Unterwelten. Sie wird von Devas, Devīs und Menschen angebetet. Selbst Brahmā, Viṣhṇu und Rudra verehren ihre Lotosfüße.

Die Shākta-Lehre, die zu Anfang nicht vedisch war, ist auf verschiedene Weise als Lehre wie Übung eine ursprüngliche Darstellung des großen Themas der Veden – des Einen und der Vielen. Unter dem Begriff von organisch und dynamisch begründet sie alles – vom Atom der Materie, das nach der modernen Wissenschaft ein Behälter ungeheurer Energie ist bis zu dem Allmächtigen, dem allgemeinsten Namen für Gott in allen Religionen – durch das Prinzip der Kraft. Sie ist der Kult der Kraft im Teil wie im Gesamt. Gott wird unter dem Zwillingsaspekt des

Macht-Trägers oder „männlichen" Shiva und der Macht oder Shakti, der göttlichen Gattin und Mutter betrachtet.

Die Symbolik des „Kleinod-Baumes des Tantra" ist herrlich und erfüllt den Anspruch Nietzsches, daß das Abstrakte anziehend für die Sinne sein sollte. Sie entstammt der sogenannten „erotischen" Natur, die in mehr oder weniger starkem Maße dem ganzen Hinduismus eigen ist. Die verwendeten Symbole sind entweder geometrischer Art – das heißt Yantras – oder bildhaft. Ein Yantra ist eine geometrische Darstellung der Gottheit, ein Mantra ist eine Klangäußerung. Ersteres ist der Körper des letzteren. Die höhere Verehrung geschieht mit Hilfe des Yantra. Es gibt bildhafte Symbolik von reinerer und groberer Art. Die eine ist weithin verbreitet, die andere mehr volkstümlich.

Das größte Yantra, das Shrīyantra, drückt die Wahrheit der „tantrischen" Texte aus. Es handelt sich nicht mehr um Bilder von Menschen und deren Umgebung, sondern um Linien, Kurven, Kreise, Dreiecke und Punkt.

Das große Symbol der Mutter ist das Shrīyantra, aus dessen Mitte sie sich erhebt, wie der Sonnenball am Morgen, doch in einer Lichtglut, die an Glanz zahllose Mittagssonnen und die Kühle unzähliger Monde übertrifft. In der Mitte ist der Punkt oder Bindu – die Mutter als gesammelte Kraft, bereit zu erschaffen. Sie wird umgeben von dem Weltall mit seinen Gottheiten oder lenkenden Geist-Wesenheiten. Aus dem Punkt geht die Welt hervor, und sinkt bei der Auflösung wieder in ihn zurück. Das ausgefaltete Weltall fällt dann in einem konzentrierten Punkt zusammen, der wie eine Blase auf der Oberfläche der Urwasser, die das Unermeßliche sind, zurückbleibt.

Die göttliche Mutter

Das Wirkliche als Shiva-Shakti kann von drei Aspekten aus betrachtet werden: als Welt, als Gott und als Göttlichkeit. Das Wirkliche ist die Welt, aber es ist mehr als die Welt. Das Wirkliche ist Gott, aber es ist mehr, als wir unter dem Wort Gott verstehen. Das Wirkliche ist sozusagen jenseits von Gott als dem Göttlichen. Dies bedeutet nicht, wie manche annehmen, daß Gott eine „Einbildung" ist, sondern daß die Wirklichkeit in ihrem ursprünglichen Sein nicht zutreffend mit den Ausdrücken ihrer Weltbeziehung beschrieben wird.

Zuerst möchte ich von dem Aspekt der Göttlichkeit sprechen, dann von dem höchsten Selbst, der Person, oder Gott und zum dritten von Shiva-Shakti als dem offenbarten und begrenzten Weltall. Der „geistige" Äther, auch das „Unermeßliche" genannt, in dem das Meßbare liegt, durchdringt und übersteigt das Daseiende. Dieses Unermeßliche wird „wirkliches Sein" (sat) genannt, in dem die Teile des Wirklichen (kalā) vorhanden sind. Dieses Wirkliche heißt auch die ursprungslose Erfahrung des Ganzheitlichen (pūrṇa), in der alle Erfahrungsarten (vṛitti) der begrenzten Selbstheiten liegen.

Die höchste Wirklichkeit, die auf nichts mehr zurückzuführen ist, bedeutet nach dieser Lehre nicht reines unbestimmtes Sein, sondern Kraft als Quelle aller Bestrebungen. Diese Kraft ist sowohl Sein, Selbsterhaltung und Widerstand gegen alle Veränderung wie auch der bewirkende Grund der Veränderungen, und ist als materielle Ursache dem Werden und Wandeln ausgesetzt. Relativ zur Welt wird das unveränderliche Sein Shiva, der Macht-Träger genannt. Seine Kraft ist Shakti oder die Mutterkraft Shiva's. Im höchsten ursprünglichen Zustand aber sind die Kraft des Seins und der Kraft-Träger in eins verschmolzen.

Da das nicht wandelbare Wirkliche das Ganze ist, kann es nicht vorgestellt oder beschrieben werden. Es ist weder Vater noch Mutter, denn es ist jenseits der Vater- und Mutterschaft und jenseits aller anderen Eigenschaften. Es hat zu nichts Beziehung. Doch obgleich es nicht vorgestellt oder mit Worten beschrieben werden kann, sind doch einige Begriffe diesem Wirklichen angemessener als andere. Darum sagt man, es sei das unendliche, unbestimmte Sein, das nicht denkende Erfahren, die höchste Glückseligkeit, unvermengt mit Leid und Sorgen. Da Sein und Kraft in diesem Zustand enthalten sind, ist die Kraft in ihrer Form des Seins (chidrūpinī) auch Seins-Bewußtsein und Glückseligkeit. Shiva-Shakti, die „zwei in einem", sind hier das namenlose Eine.

Die Erfahrung dieses beziehungslosen Zustandes ist aber nicht die eines „Ichs" (aham) und eines „Dieses" (idam). Der zweite oder ursächliche Aspekt des Wirklichen ist das höchste Selbst. Sein dritter und wirksamer Aspekt sind die begrenzten Selbstheiten oder das Weltall.

Der physische Äther ist die relative, überallhin sich ausdehnende, gleichartige Raumfülle, in der das Weltall der einzelnen Dinge vorhanden ist. Der „geistige Äther" oder „Äther des Bewußtseins" ist die absolute, nicht begrenzte, alles umfassende und doch nicht ausgebreitete Raumfülle (pūrna), in der sowohl diese Einzelheiten wie der Äther existieren. Der Äther ist der physische Gegenpart des Bewußtseins, so wie die Vorstellung des Raumes sein psychischer ist. Es sind dies Gegenstücke, weil das Bewußtsein durch die Kraft, die es zur materiellen Ursache macht, sowohl Materie wie Denkorgan ist. Beide sind eine in Zeit und Raum manifestierte Form des Geistes. Das uferlose Meer des Nektars oder der Todlosigkeit ist ein anderes Symbol für das absolute Ganze.

Wir gehen nun über zur Betrachtung der Wirklichkeit in ihrem Aspekt zum Weltall, das die Erscheinung des Unmeßbaren in Maß oder Form ist. Das Wirkliche steht hier in Beziehung zu dem Weltall als Ursache, Erhalter und lenkendes Bewußtsein. Form ist Māyā, die aber nach dieser Lehre (unabhängig von ihrer Bedeutung im Māyāvāda) nicht „Täuschung" bedeutet. Alles ist Kraft, alles ist Wirklichkeit.

Das ursachlose Eine hat hier zweifachen Aspekt als Shiva und Shakti. Die zwei Vorstellungen von Sein und Macht werden wie zwei Personen behandelt. Shiva ist die Kraft als Sein-Bewußtsein-Seligkeit und Shakti die Kraft als Werden. Im ursachlosen Zustand ist sie auch Sein-Bewußtsein-Seligkeit. Ohne daß sie aufhört, in sich selbst das zu sein, was sie von jeher war, ist und immer sein wird, ist sie jetzt die Kraft von Shiva als bewirkende und materielle Ursache des Weltalls und das Weltall selbst. Während Shiva den Bewußtseins-Aspekt der Wirklichkeit darstellt, ist sie deren Aspekt als Denkorgan, Leben und Materie. Shiva ist der Aspekt der Wirklichkeit, der Befreiung (mokṣha) bedeutet. Shakti nimmt die Form des Weltalls oder des Saṁsāra an. Da Shiva-Shakti in sich selbst eins sind, so haben Mokṣha und Saṁsāra eine einheitliche Wurzel.

Shiva offenbart in dem Kulārṇava-Tantra, daß Seine Lehre weder nicht-dualistisch noch dualistisch, sondern jenseits von beiden sei – eine nicht-dualistische Lehre, da Shiva-Shakti in eins zusammenschmelzen, eine Art von Duo-Monotheismus. Monotheistisch, weil Shiva und Shakti zwei Aspekte ein und derselben Wirklichkeit sind, dual, weil diese beiden Aspekte als zwei Personen verehrt werden, aus deren Verbindung das Weltall als Sein und Kraft hervorgeht.

Die Erfahrung dieses Zustandes ist in Bezug zu dem ursachlosen Ganzen ein Bruch mit der einheitlichen, nicht logisch begründbaren Erfahrung. Ich sage „bezüglich", weil das Ganze immer das Ganze ist. Solcher Bruch ist das Werk der Kraft. Sie macht sich sozusagen frei aus der Umarmung, in der Kraft-Träger und Kraft ineinander verschmolzen sind und nimmt gewisse Stellungen (mudrā) ein, die ihre Entfaltung zum Weltall vorbereiten. Wenn die Bewußtseins-Kraft vollkommen gesammelt ist, dann manifestiert sie sich als Welt.

Der Ausdruck Bewußtsein, der nicht imstande ist, den ursachlosen Zustand zu beschreiben, trifft hier ungefähr zu. Denn die Erfahrung dieses Zustandes ist die eines „Ichs" und eines „Dieses". Sie muß aber unterschieden werden von dem menschlichen Bewußtsein. Denn der Mensch, der Erfahrungen hat, ist begrenzt (und nicht wie hier ein höchstes Selbst), und der Gegenstand, der erfahren wird, ist von ihm getrennt und außerhalb des Selbstes (nicht wie bei Gott und der Mutter, die eins sind mit dem erfahrenden Selbst). Die Erfahrung von Shiva als dem höchsten Selbst, der das Weltall betrachtet, ist: „Dies alles bin ich."

Im Gegensatz zu dem ursachlosen, allesumfassenden geistigen Äther, ist das Symbol des zweiten Aspektes von Shiva-Shakti als höchstes Selbst und Ursache des Weltalls der metaphysische Punkt (bindu) oder die Kraft als Punkt. Was aber bedeutet dies? In der Seins-Kraft, die im Begriff ist, sich zu entfalten, liegt ein Drängen, daß sich sammelt, um dann wieder als Weltall sich auszudehnen. Wenn es sich konzentriert und verdichtet hat (ghanībhūtā-shakti), ist es bereit, sich zu entfalten. Bindu oder der Punkt ist deshalb die Kraft im Zustand der Konzentration, in dem sie die Bereitschaft hat und im Begriff ist, das Weltall zu entfalten. Wenn auch unendlich klein als das absolute Kleine im Vergleich zu dem absolut Großen oder dem geistigen Äther, so ist dieser Punkt doch eine Quelle unendlicher Energie. Denn (um ein Beispiel aus der modernen Wissenschaft zu gebrauchen) das relativ Kleine, das Atom oder eine andere Einheit der Materie, die in dem relativen Großen oder dem physischen Äther vorhanden ist, wird als eine Quelle von ungeheurer Energie betrachtet. Ebenso wie der relative Punkt oder das Atom eine Wirklichkeit in dem relativen Äther darstellen, so nimmt man den absoluten Punkt im absoluten Äther als Wirklichkeit an. Ich sage „annehmen", da sowohl der geistige Punkt wie der geistige Äther absolut sind, und man nur bildhaft sagen kann, daß der eine „im" anderen sei. Die „Insel" der Edelsteine (maṇidvīpa) im „Meer des Nektars" (amṛitārṇava) ist ein anderes Symbol für diesen Zustand.

Es gibt ein Bild, das sowohl das nicht ursächliche Unendliche wie den Punkt der Kraft oder den Bindu „in" ihm darstellt. Ersteres wird hier durch das „uferlose Meer des Nektars" (amṛitārnava) symbolisch ausgedrückt – das ist die Unsterblichkeit. Dieses Symbol des alles umfassenden Bewußtseins ähnelt dem des überallhin sich ausdehnenden Äthers. In den blauen ruhigen Wassern des ewigen Lebens (amṛitārnava) liegt die Insel der Edelsteine (maṇidvīpa). Diese ist der Bindu oder metaphysische Punkt der Kraft. Die Insel wird als eine goldene, kreisförmige Figur dargestellt. Die Ufer der Insel bestehen aus dem Staub der Edelsteine. Ein Wald von blühenden und wohlriechenden Bäumen – Nipa, Mālati, Champaka, Pārjāta und Kadamba – stehen darin. Dort wächst auch der Kalpa-Baum voller Blüten und Früchten. In seinen Blättern summen die schwarzen Bienen, treiben die Vögel ihr Liebesspiel. Seine vier Zweige sind die vier Veden.

In der Mitte steht ein Haus aus Chintāṃani-Steinen, die Erfüllung aller Wünsche gewähren. Darin ist ein mit Edelstein geschmücktes Maṇḍapa oder Sonnenzelt. Darunter sitzt auf einem edelsteinbesetzten goldenen Thron die Mutter Mahātripurasundarī, die Göttin des Bindu, der sich, wie später gezeigt wird, zu den drei Bindus oder Puras entfaltet. Daher ihr Name „Drei Puras" oder Tripurā. Sie ist von roter Farbe, da dies die aktive Farbe ist, und sie hier die schöpferische Kraft als Vimarsha-Shakti oder das „Dieses" des höchsten Erfahrenden darstellt, der durch Māyā zum Weltall wird. Was der Mensch Materie nennt, wird zuerst von dem nichtdenkenden Bewußtsein als ein „Dieses" erfahren, das dennoch durch das „Andere" eins mit dem Selbst ist. Durch die Wirkung der Māyā wird nun „Dieses" vom Denkorgan gesondert und vom Selbst unterschieden, außerhalb von ihm als vollkommene „Andersheit" empfunden.

Die Göttin hält in ihren vier Händen Pfeile und Bogen, Schlinge und Stachel, die später näher erklärt werden. Sie sitzt auf zwei untätigen männlichen Gestalten, die auf einem sechsseitigen Thron liegen. Die obere Gestalt ist Shiva (sakala), der wacht, weil er mit Seiner Kraft als materielle und bewirkende Ursache verbunden ist. Seinen Kopf schmückt die aufsteigende Mondsichel, die Nāda genannt wird. Dieser Name bezieht sich auf den Zustand der drängenden Kraft, da Seine Shakti ihr schöpferisches Werk beginnt, während Er als unwandelbares Sein in Untätigkeit verharrt. Er ist von weißer Farbe, da Er Bewußtsein und Erleuchtung (prakāsha) ist. Das Bewußtsein erhellt und manifestiert die Formen, die Seine Kraft entfaltet. Diese ihrerseits unterstützt die Form (als unbewußten Gegenstand) und hilft damit Shiva sich als Weltall zu entfalten, das Sein wie Werden ist.

Unter ihm liegt eine andere männliche Gestalt, die von dunklerer Farbe ist, um die Farblosigkeit (vivarṇa) darzustellen. Diese geheimnisvolle Gestalt (niṣhkalashiva) mit den geschlossenen Augen heißt Shava oder Leichnam. Sie illustriert die Lehre, daß Shiva ohne Seine Kraft oder Shakti nichts zu tun vermag, und in bezug auf das Manifestierende machtlos ist. Diese Lehre, deren Symbol der Leichnam ist, ist von tiefgründiger Weisheit, und wer sie verstanden hat, empfängt wirklichen Einblick in die Kaula-Shākta-Lehre.

Die Darstellung von Shiva und Shakti in gleicher Größe – Shiva aber untätig liegend – mag für die Kaula-Shāktas eigentümlich sein und ist das Gegenstück zu dem wohlbekannten „tanzenden Shiva".

Noch einige andere bildhafte Symbole und die geometrischen des Yantra: Bildhaft wird Shakti entweder ihrem Gatten gleich dargestellt – das heißt als eine androgyne Gestalt, deren rechte Hälfte männlich, deren linke weiblich ist, oder als zwei Gestalten, eine männliche und eine weibliche in gleicher Größe. Ungleichheit wird ausgedrückt, wenn die Shakti kleiner ist als die männliche Gottheit. Die Bedeutung dieser unterschiedlichen Größe in den Shakti-Darstellungen ist auf verschiedene theologische und philosophische Vorstellungen zurückzuführen, die aber miteinander vereint werden können. Nach Shākta-Ansicht sind der Kraft-Träger und die Kraft an sich, das heißt nicht in ihrer manifestierten Form, ein und dasselbe.

In anderer Darstellung ist Shakti die Mutter als Kriegsführende oder Promachos, und Shiva liegt unter ihren Füßen. Wenn die Gestalten ungleich sind, so bedeutet dies (eine Tatsache, die nicht zu leugnen ist), daß die höchste Kraft in ihrer Manifestation unendlich geringer ist als die nichtmanifestierte, und daß die Kraft in keiner Weise sich in der Manifestation der Welten erschöpft, sondern diese sozusagen nur Staub sind auf den Füßen der Mutter.

In der yantrischen Symbolik wird der männliche Kraft-Träger Shiva durch ein Dreieck dargestellt, das auf seiner Grundlage steht. Das Dreieck wird gewählt, weil es die einzige geometrische Figur ist, die die Dreiheit in der Einheit darstellt – die vielen Dreiheiten wie Wille, Wissen und Tätigkeit, in denen sich das eine Bewußtsein (chit) entfaltet. Die Kraft oder das weibliche Prinzip, die Shakti, muß durch die gleiche Gestalt dargestellt werden. Denn Kraft und Kraft-Träger sind eins. Das Dreieck steht aber nun umgekehrt – das heißt auf seinem Kopf. Schüler der alten Symbolik kennen die physische Bedeutung dieses Symbols. Man kann aber solcher Umkehrung auch eine philosophische Bedeutung geben, da alles verkehrt erscheint, wenn es in den Wassern der Māyā sich widerspiegelt.

Nun könnte man fragen, warum der Shākta den Wirklichkeits-Aspekt der Kraft oder Mutter betont. Wie alle anderen Hindus glaubt er an eine statische Wirklichkeit als unwandelbares Seins-Bewußtsein, das der Grund dessen ist, was in dieser Lehre das dynamisch Wirkliche bedeutet und dieses zu erhalten sucht. Er will auch aufzeigen, daß die Mutter in einem ihrer Aspekte gleicher Natur ist wie Shiva, der diese statische Wirklichkeit ist. Sie aber ist am Werk. Sie allein bewegt sich als materielle Ursache. Als unveränderliches Sein vollbringt Shiva nichts ohne sie, die seine Kraft ist und würde dies auch nicht vermögen. Darum stellt die Kaula-Shākta-Symbolik Shiva untätig liegend dar – ein Leichnam (shava), der seiner Macht beraubt ist.

Selbst wenn Shiva mit seiner Shakti als der bewirkenden Ursache verbunden ist, bewegt er sich nicht. Ein nicht ungewöhnliches Bild, das für schamlos gehalten wird, ist nichts anderes als das bildhafte Symbol dieser Tatsache, daß das Sein, selbst in Vereinigung mit seiner aktiven Kraft, unbeweglich bleibt. Shakti als Kraft übernimmt die aktive und sich verändernde Rolle bei der Zeugung und Empfängnis, beim Austragen und Gebären des Welt-Kindes. Dies alles ist – wie bei der menschlichen Mutter – die Funktion des Göttlichen. Bei solchem Tun ist der Mann nur der Helfende (sahakārī). In anderen Lehren ist es die Mutter, die

Shiva hilft. So verdankt der Mensch der Mutter die Welt der Formen oder das Weltall. Ohne sie als materielle Ursache könnte sich das Sein nicht entfalten und bliebe ein Leichnam (shava). Shiva und Shakti schenken zusammen jene überweltliche Freude, die Befreiung (mukti, paramānanda) ist. Jeder von ihnen ist höchstes Bewußtsein und Glückseligkeit. Die Mutter ist Ānandalaharī oder Woge der Seligkeit. Diese zu erlangen ist Befreiung. Aber Shakti, die Mutter, schenkt Welt-Freude (bhukti, bhaumānanda), denn sie wird zum Weltall. Als solches ist sie die Woge der Schönheit (saundaryalaharī). Durch ihre Weltgestalt hindurch wird ihr formloses Selbst erfaßt.

Will man sich unmittelbar mit der Wirklichkeit in ihrem nichtweltlichen Aspekt vereinen, so muß dies durch Entsagung geschehen. Dennoch kann Befreiung durch Annahme der Welt und durch diese hindurch erlangt werden, da die Welt der andere Aspekt der Wirklichkeit ist. Nach der Shākta-Lehre wird die Befreiung nicht durch Leugnung der Welt, sondern mit ihrer Hilfe erlangt, wenn sie als Mutter erkannt wird. Die Weltfreude ist Hilfe und Werkzeug zur Befreiung (mokshāyate saṁsāra). Der Shākta besitzt beide (bhukti, mukti). Diese wesenhafte Vereinigung von Welt und Überwelt, wie der Durchgang durch jene zu dieser hin und mit ihren Mitteln, ist eine der tiefsten Lehren des Shākta. Dies trifft auch dann zu, wenn die Anwendung solcher Grundsätze nur auf die grobsinnlichen physischen Funktionen des Menschen beschränkt bleibt und zu Mißbrauch führte. Aus solchen und anderen Gründen wird der Mutter der Vorrang gegeben und gelehrt: „Was kümmert mich der Vater, wenn ich auf dem Schoß der Mutter sitze“?

Im Hinblick auf das Vorrecht der Mutter-Gottheit möchte ich noch bemerken, daß im Raum des Mittelmeers, in der ägäischen Zivilisation, die männliche Gottheit einen niederen Stand eingenommen haben soll und nur dazu diente, ihre Fruchtbarkeit offensichtlich zu machen, der alles Daseiende entspringt (Glotz, S. 243ff.).

Dies also ist die große Mutter Indiens in ihren zwei Aspekten: als das an sich beziehungslose, die Welt überschreitende Ganze (pūrṇa) und als Schöpferin der Welt. Noch ein Wort über Shakti in der Gestalt des Weltalls: Das psycho-physische Weltall ist Māyā. Der fromme Kamalākānta definiert hellsichtig Māyā als die Gestalt (ākāra) der Leere (shūnya) oder des Gestaltlosen (des Nichts). Ist sie dann aber noch Wirklichkeit? Ja, da Māyā, als Kraft betrachtet, die Devī Shakti und diese wirklich ist. Für einige herrscht ein Widerspruch zwischen Wirklichkeit und Erscheinung. Aber warum – so mag man fragen – sollte, mit Ausnahme der Dauer, die Erscheinung unwirklich sein? Überdies besteht in einer Lehre wie dieser, in der die Kraft sich verwandelt, kein Widerspruch zwischen der Wirklichkeit und ihrer unwirklichen Erscheinung. Auch wird die Welt von Gott und der Mutter erfahren, und deren Erfahrung ist niemals unwirklich. Wir stehen hier auf einem gesunden Boden über dem Sumpf der Täuschung.

Die Erfahrung des Menschen (um diesen als höchstes Lebewesen zu nehmen) ist nicht die Ganzheits-Erfahrung. Er sieht die Welt als von sich unterschieden, weil die Kraft ihn zum Menschen gemacht hat – das heißt, zu einem begrenzt Erfahrenden oder zum Mittelpunkt des Ganzen. Das ist eine Tatsache und keine

Täuschung oder Betrug. Wenn er sich als „dies alles bin ich" erfährt, das heißt als ein „Ich", das alles Gestaltete als eigenes kennt, dann bereitet sich das Bewußtsein in menschlicher Gestalt in die Erfahrungs-Ganzheit aus, die Wirklichkeit (sat) ist. Der Mensch ist insoweit Shakti oder die Mutter, als er Denkorgan, geformtes Leben und Materie ist. Er ist Shiva, insofern sein Wesen das Bewußtsein an sich ist, aus dem auch die Natur der Mutter in ihrem beziehungslosen Sein besteht. Diese Verbindung wird erreicht, indem die schlafende Kraft im untersten Zentrum der groben Materie erweckt und zum Großhirn als Zentrum des Bewußtseins aufwärtsgeführt wird.

Nun gehe ich zum zweiten Teil über, der sich mit der kosmischen Entwicklung der Kraft beschäftigt, das heißt mit dem „Ausgehen" des höchsten Selbst zur Vereinigung mit Seiner manifestierten Kraft. Ergebnis solcher Entwicklung ist Shiva-Shakti als begrenzte Selbstheiten. Shiva-Shakti sind nicht Begriffe, die allein auf Gott bezogen sind, sondern auch Formen, in die sich die Kraft entfaltet. Gott als Mutter-Vater ist höchste Shiva-Shakti. Die begrenzten Selbstheiten sind Shiva-Shakti als Gestalten in Zeit und Raum. Das Meßbare oder die Welt (saṁsāra) und die unermeßliche Erfahrungs-Ganzheit sind in ihrer Wurzel eins. Dies ist die grundlegende Lehre der Schulen, auf die ich mich nun beziehe.

Entwicklung

Shiva und Shakti als ursprüngliches Haupt (Shiva-Shakti-Tattvas) der Welt-Entwicklung werden Kāmeshvara und Kāmeshvari genannt. Kāma ist Verlangen – hier das göttliche Verlangen oder (um einen westlichen Ausdruck zu benutzen) die Libido, die der Veda ausdrückt als Wunsch des Einen „das Viele zu sein". So sagt auch der Veda: „Das Verlangen erweckte in Ihm den ersten Keim". Die Art dieses Wunsches erklärt uns, was Libido im indischen Sinn bedeutet. Ursprünglich ist es nicht sinnliche Begierde, sondern der Wille zum „Anderssein" und dessen Bestätigung, ebenso wie die Unterscheidung, wobei sinnliches Begehren erst eine spätere und grobe Form ist. Zeugung ist das individuelle Gegenstück zur kosmischen Schöpfung.

Warum nun haben sich die Welten (denn es gibt viele) entfaltet? Die Antwort lautet: Weil es in der Natur (svabhāva) der allmächtigen formlosen Seins-Kraft liegt, sich zur Form zu entfalten, das heißt zu werden, wenn sie dabei auch bleibt, was sie ist. Svabhāva oder die Natur der Seinskraft ist Līlā, das Spiel, die freie unmittelbare Tätigkeit. Darum ist Lalitā oder die Spielende eine Bezeichnung der Mutter, deren Spiel die Welt ist. Sie ist sowohl Freude (ānandā-māyī) wie Spiel (līlāmāyī). Die Handlungen des Menschen und anderer Selbstheiten werden als psycho-physische Tätigkeiten vom Karma bestimmt. Das Spiel der Mutter ist nicht müßig oder sinnlos, soweit es den Menschen betrifft. Denn die Welt ist das Feld, und das Mittel, auf dem und durch das er alle Werte empfängt, deren größter die Verbindung mit der Mutter ist, dem höchsten Sein an sich. Die Spielende ist Kraft.

Das Ganze (pūrṇa), das hier das absolute, geistige Ganzheitliche bedeutet und nicht das relative Ganze oder psycho-physische Weltall, kann als solches sich nicht verändern. Es ist unwandelbar. Veränderung kann nur in ihm stattfinden. Dies ist das Werk der Kraft, die sich zu begrenzten Zentren im Ganzheitlichen zusammenzieht.

Die Kraft arbeitet durch Verneinung, Zusammenziehung und Begrenzung. Diese feinsinnige Lehre wird tiefgründig und in Einzelheiten im Schema der 36 Tattvas dargestellt, das sowohl von den nichtdualistischen Shaivas wie von den Shāktas angenommen und auch im Mantra-Teil ihrer Schriften behandelt wird. Tattva ist eine Äußerung (mudrā) der Kraft, das heißt eine bestimmte Weise der Wirklichkeit Kraft. Deshalb ist ihr ursprünglicher Aspekt ohne Tattvas (tattvātīta). Das Tattva ist eine Entwicklungs-Stufe.

Eine sehr wichtige Rolle spielt das Mantra in den Tantra-Schriften, die über Ton und Bewegung handeln, denn im einen ist das andere enthalten. Der Ton als gesprochenes Wort ist das Gefäß des Gedankens, und das Denkorgan ist ein Gefäß des Bewußtseins für die Welt-Erfahrung. Das Bild Shivas, der auf einem Ochsen reitet, ist eine volkstümliche Darstellung dieser Tatsache. Ochse heißt im Sanskrit „Go" und auch dieses Wort bedeutet „Klang". Nāda der Klang, der zum Wort hin drängt, wird als zunehmender Mond auf Shivas Haupt dargestellt. Der Kult des Mondes ist alt, und es mag sein, daß ursprünglich das Tier nicht die Bedeutung von Ton hatte, sondern ihm diese nachträglich zugeteilt wurde, da der Sanskrit-Ausdruck für Ochse und Klang der gleiche ist. So wurde das Tier zum Symbol des Klanges. Manchmal aber wird eine erhabene Vorstellung erniedrigt. Es sei hier beachtet, daß der zunehmende Mond, den Diana trägt und der auch in der Verehrung anderer Gottheiten vorkommt, die Arche oder ein Gefäß von schiffsähnlicher Form sein soll als Symbol der Fruchtbarkeit oder als Behälter des Keims allen Lebens.

Ich kann nur in zusammenfassender Weise das Thema der Kraft-Entwicklung behandeln, indem ich es durch die Yantra-Symbolik illustriere (vgl. das Titelbild und Bild Seite 24).

Das Shiva- und Shakti-Dreieck ist miteinander verbunden. Um den ursprünglichen Zustand darzustellen, können wir ein Dreieck auf das andere stellen, so daß sich eine einzige dreieckige Figur ergibt. Dies läßt gleichsam den Zustand erahnen, in dem die beiden Dreiecke als „Ich" und „Dieses" sich zu Sein-Bewußtsein-Seligkeit vereinen.

Hier aber beschäftigen wir uns mit dem ursächlichen Zustand, der das höchste Selbst ist, in dessen Erfahrung wohl ein „Ich" und ein „Dieses" bestehen, letzteres aber als Selbst erfahren wird. Es gibt deshalb eine doppelte Dreiecksfigur. Shiva und Shakti sind vereint, nun aber nicht als das einheitlich Ganze, sondern als das höchste Selbst, das sein Objekt, die Shakti, in der Vereinigung mit sich erfährt. Die Ehe des göttlichen Paares Kāmeshvara und Kāmeshvarī – das Sein und die Kraft des Werdens – ist der Archetyp aller zeugerischen Umarmung.

Um diesen Aspekt darzustellen, werden die Dreiecke verkehrt aufeinandergestellt, so daß sie ein Sechseck bilden, bei dem ein Dreieck das „Ich" oder Shiva darstellt und das andere „Dieses" oder das Objekt als die Kraft und ihre Verwandlungen.

Durch diese Vereinigung nimmt die Kraft in ihrem Drang, sich als Weltall zu manifestieren, bestimmte Haltungen (mudrā) an. Die erste dieser Kraftäußerungen ist, vom Tattva-Aspekt aus gesehen, Sadāshiva; vom Mantra-Aspekt aus der anfängliche Klang oder die Bewegung, die Nāda heißt. Dieser Zustand wird durch das Sechseck dargestellt, in dessen Mitte der zunehmende Mond als Symbol von Nāda steht. Dieser Nāda ist nicht der manifestierte Klang oder die Bewegung, sondern der ursprüngliche Zustand von beiden.

Auf der nächsten Mantra-Stufe (die den Tattvas von Ishvara und Suddhavidyā entspricht), entfaltet sich der zunehmende Mond zum vollmondgleichen Bindu. Auch dies ist Kraftäußerung als ursprünglicher Klang und Bewegung, nun aber als die Kraft, die bereit ist, sich in Klang und Bewegung zu manifestieren. Das Wort Bindu bedeutet auch Samen. Denn er ist der Samen des Weltalls als Ergebnis der Vereinigung seiner höchsten Grundkräfte Shiva und Shakti. Der Punkt oder Bindu wird als Kreis dargestellt, der seinen Inhalt entfaltet. Eine Linie teilt den Punkt. Die eine Hälfte stellt das „Ich" dar, die andere das „Dieses" der Erfahrung. Beide bilden einen Kreis, um darzustellen, daß „Dieses" oder der Gegenstand noch nicht außerhalb des Selbst als ein Nicht-Selbst besteht. In dem Zustand, in dem das Bewußtsein gleiche Betonung auf das „Ich" der Erfahrung und auf „Dieses" legt, arbeiten Māyā-Shakti und die von ihr abgeleiteten Formen, Scheidung (kañchuka) und Zusammenziehung (samkocha) daran, den Bindu auseinanderzureißen. Dieser zerbricht in zwei Teile. Nun sind „Ich" und „Dieses" voneinander getrennt. Letzteres wird als außerhalb des Selbstes oder als Nicht-Selbst erfahren, ersteres wird begrenzt zum „wenig Wissenden" und „wenig Handelnden". Das ist das Werk der Māyā-Shakti. Hierauf entfaltet die Kraft (als Prakṛiti-Shakti) die physisch-psychischen Organe dieses begrenzten Selbstes zu Denkorgan, Sinnen und Körper.

Ich sprach von zwei Bindus, die für Shiva und Shakti stehen. Ihre innere Beziehung und ihr Ergebnis ist eine andere Form von Nāda. So bestehen drei Bindus, die eine grobstofflichere Form der Kāmalakalā sind. Die Göttlichkeit der drei Bindus ist die Mutter als Mahātripurasundarī, „die Schöne, in der die drei Puras" oder Bindus enthalten sind. Das Mantra, das dem Zustand entspricht, in dem der Bindu sich teilt und dreifach wird, ist der erste manifestierte Klang, das große Mantra OM. Wenn der höchste Bindu auseinanderbricht, entsteht eine starke, gleichförmig schwingende Bewegung, sozusagen ein kosmischer Schauer (sāmanya spandana) in der psycho-physischen Substanz, dessen Klang dem groben menschlichen Ohr als Om ertönt.

Der ursprüngliche Ton des Om wurde von den absoluten Ohren des Shiva und der Shakti vernommen, die diese Bewegung verursachten. Om ist der Grundklang und die Grundbewegung der Natur. Die Mundakopaniṣhad lehrt, daß die Sonne auf ihrer Wanderung durch das Weltall das Mantra Om singt. Von Om werden alle besonderen (viṣhesha spandana) Bewegungen, Klänge und Mantras abgeleitet. Es ist selbst dreifach, da es aus der Verbindung der Buchstaben A. U. M. besteht.

Die Gottheiten dieser drei Buchstaben sind Brahmā, Vishṇu, Rudra und deren Shaktis. Diese sind, zusammen mit Sadāshiva und Isha, die fünf Shivas, die im Ritual erwähnt und in der Shākta-Symbolik als die fünf Toten (preta) dargestellt werden. Nachdem sich die Kraft eingehüllt hat in der festen Materie, die „Erde" genannt wird, ruht sie in diesem Element.

Die Entwicklung der Tattvas ist nicht ein zeitlicher Vorgang. Zeit entsteht nur durch Sonne und Mond, um die Entfaltung der Tattvas als wesentliche Elemente des Weltalls zu vervollständigen. Die Tattvas sind Ergebnis einer analysierten Erfahrung, in der „früher" logisch, nicht zeitlich zu verstehen ist. Deshalb hört ein ursprüngliches Tattva nicht auf, die Ursache dessen zu sein, was es später als Wirkung in umgewandelter Form ist. Für die manifestierte Welt trifft dies nicht zu, da in dieser, wie es das Lakshmī-Tantra sagt, „die Milch, wenn sie gerinnt, aufhört, Milch zu sein". Die Wirklichkeit hört nicht auf, das ursachlose Ganze zu sein, weil dieses vom ursprünglichen Aspekt aus gesehen das höchste Selbst ist. Es hört nicht auf, die kosmische Ursache zu sein, weil es als Weltall Wirkungen hervorbringt. In solcher Entfaltung hört auch kein Tattva, das in seine Wirkung umgewandelt wird, auf zu sein, was es als Ursache ist.

Nun möchte ich das große Yantra oder Diagramm – wenn auch nur ganz allgemein – erklären, das bei der Verehrung der Mutter angewendet und Shrī-Yantra genannt wird – ein Symbol sowohl des Weltalls wie seiner Ursache (siehe das Titelbild).

Das Yantra ist aus zwei Sätzen von Dreiecken zusammengestellt. Das eine besteht aus vier männlichen oder Shiva-Dreiecken, die Shrīkanthas genannt werden. Sie bezeichnen vier Aspekte (tattva) der offenbarten oder begrenzten Bewußtseins-Kraft. Das andere besteht aus vier weiblichen oder Shakti-Dreiecken (shivayuvatīs), die die fünf Lebensfunktionen, die fünf Sinne der Erkenntnis und die fünf feinstofflichen wie fünf grobstofflichen Formen der Materie bezeichnen. Den Ort, der dem psychischen Element des Denkorgans und der psycho-physischen Substanz von Denkorgan und Materie zugeteilt ist, will ich später aufzeigen.

Diese beiden Sätze von Dreiecken sind aufeinandergelegt, um die Verbindung von Shiva und Shakti anzuzeigen. Aus dieser Vereinigung entsteht die Figur in den acht Lotusblütenblättern des vollkommenen Yantra. Diese acht Lotuse umgeben sechzehn andere. Dann folgt ein Kreis, von Linien begrenzt, die durch vier Pforten oder Tore unterbrochen werden. Diese Umrahmung wird bei allen Yantras gefunden und heißt Bhūpura. Sie dient als magische Eingrenzung.

Das vollkommene Yantra hat neun Chakras oder Abteilungen, die durch die Einschnitte der Dreiecke gebildet werden. Zuerst kommt ein roter Mittelpunkt oder Bindu, das Chakra der Glückseligkeit. Der Mittelpunkt oder Bindu ist höchste Göttlichkeit – die Mutter als die große Kraftquelle, von der alles andere ausgeht, was dieses Diagramm darstellt. Er ist rot, da dies die aktive Farbe ist und somit die Farbe der Vimarṣha-Shakti oder der sich entfaltenden Kraft.

Das zweite Chakra ist das weiße, nach innen gekehrte Dreieck oder das „Chakra der All-Vollendung". In den Ecken dieses weißen Dreiecks sind die Gottheiten der allgemeinen psycho-physischen Substanz angeordnet. Die ersten zwei entfalten sich als kosmisches Denkorgan. Außerhalb des Chakra befindet sich Kāma, die Gottheit des Verlangens mit ihrem Bogen aus Zuckerrohr, der das Denkorgan als Lenker der Sinne darstellt; mit ihren fünf Pfeilen als den fünf Formen der feinstofflichen Materie, die in ihrer grobstofflichen Form von den Sinnen wahrgenommen werden; mit ihrer Nase, die Anziehung und ihrem Sporn, der Abstoßung bedeutet. Eine andere Erklärung (die Bogen und Pfeil als ein Symbol zusammenfaßt) macht die drei Werkzeuge zu den Kräften von Willen, Erkenntnis und Handlung.

Das dritte Chakra besteht aus acht roten Dreiecken und heißt „Zerstreuer aller Krankheiten", eine Bezeichnung, die Mangel an jener Ganzheit bedeutet (apūrṇammanyatā), die die geistige Gesundheit ist.

Das vierte Chakra besteht aus zehn blauen Dreiecken; das fünfte aus zehn roten; das sechste aus vierzehn blauen Dreiecken; das siebente aus acht roten Blütenblättern. Das achte Chakra hat sechzehn blaue Blütenblätter, das neunte hat die gelbe Umrahmung. Jedes dieser Chakras hat seinen eigenen Namen. In ihnen wohnen niedere Gottheiten, die über Formen des Denkorgans, über Leben und Körper und deren besondere Funktionen herrschen.

Wer die Devas als „Gottheiten" bezeichnet hört, wundert sich über deren Vielzahl. Dies aber ist auf eine falsche Übersetzung von Devas oder Devī als Götter und Göttinnen zurückzuführen. Gott ist im erhabensten Sinn Mutter und Vater, die „Zwei in Einem", das höchste Selbst, das größte Verehrung genießt. Alle anderen Gestalten – Devas, Menschen oder die übrigen Geschöpfe – sind in ihrer psycho-physischen, fein- oder grobstofflichen Form Manifestationen der Kraft, die ihrem Wesen innewohnt und Geist oder unendliches Bewußtsein ist. Dieses Wesen ist an sich ein einziges unveränderliches, aber es ist in bezug auf eine bestimmte psycho-physische Form – als deren Ursache und als Lenker ihrer Funktionen – ihr vorherrschendes Bewußtsein. Denkorgan und Materie sind an sich nicht selbst bestimmend. Sie werden vom Bewußtsein hervorgebracht und gelenkt. Das vorherrschende Bewußtsein der Form und ihrer Funktionen ist die besondere Devatā. Deva ist somit der Bewußtsein-Aspekt der psycho-physischen Gestalt. Hiernach ist Deva Agni das Bewußtsein in seinem Aspekt als Herr des Feuers. Eine Devatā kann auch ein Aspekt des ursprünglichen Bewußtseins selbst sein. So bezeichnet Mahātripurasundarī den schöpferischen Aspekt solcher Bewußtseins-Kraft, während Mahākālī der auflösende Aspekt der gleichen Bewußtseins-Kraft ist.

Durch die Verehrung des Yantra soll die Vereinigung mit der Mutter des Weltalls in ihren Ausdrucksformen als Denkorgan, Leben und Materie erlangt werden, wie die Vereinigung mit ihren Devatās als Vorbereitung für die yogahafte Verbindung mit ihrem ursprünglichen Sein, dem reinen Bewußtsein. Die Welt wird im Bewußtsein des Verehrenden, des Sādhaka vergöttlicht. So wird in seinem Bewußtsein das Yantra aus einem reinen Gebilde von Linien und Kurven umgewandelt in einen geistigen Zustand der Vereinigung mit dem Weltall, mit seinen Gottheiten und der höchsten Göttin. Dies führt zur Selbstverwirklichung des nichtdenkenden Bewußtseins. Das Shrī-Yantra ist somit das Weltall und seine eine, ursprüngliche Kraft in ihren verschiedenen Aspekten. Auch der Anbetende ist ein Shrī-Yantra und verwirklicht sich als solches.

Ich habe bisher über die Natur der Shiva-Shakti gesprochen und über die Entfaltung der Kraft als Weltall; nun möchte ich ein Wort sagen über das relative Ende der Welt, wenn diese sich zurückzieht, um wiederzuerscheinen, und über das absolute Ende, das derjenige erfährt, der Befreiung erlangt hat.
Im Hindu-Glauben hat dieses Weltall einen Anfang und wird ein Ende haben, doch ist es nur eins in einer unendlichen Reihe, in der es kein absolutes Weltall gibt. Die Weltall kommen und gehen mit dem Pulsschlag der Kraft, die einmal aktiv hervortritt, dann wieder in die Ruhe einkehrt. Alles Leben hat seinen Ablauf, der – bis zur großen Auflösung gerechnet – solange dauert, wie der ausströmende „Atem der Zeit". Nach einer entsprechenden Dauer wird ein neues Weltall erscheinen, und dies gilt für alle Ewigkeit. Diese sich folgenden Kreisläufe von Geburt, Tod und Wiedergeburt werden von den Hindus Saṁsāra genannt. Bei den Griechen hießen sie Zyklus des Werdens. Alle Selbstheiten, die am Ende einer Weltperiode zurückgezogen werden, erscheinen von neuem in kommenden Welten, bis sie Befreiung finden.

Das Bild, das nun beschrieben werden soll, zeigt die Mutter-Kraft, die sich auflöst, das heißt, die die Welt in sich selbst zurücknimmt. Dies ist ein anderer Aspekt der immer gleichen einen Mutter. Als solche ist die Mahākālī dunkelblau wie eine Regenwolke. Nāda ist ihr Kopfschmuck. Sie ist wie Shiva von Schlangen umgeben und hält in ihren Händen, neben dem Lotus und zwei Waffen, einen blutigen Totenschädel. Sie trägt eine Girlande von menschlichen Köpfen, die im exoterischen Sinn die Köpfe besiegter Dämonen, im esoterischen Sinn aber Buchstaben des Alphabetes sind, die sie ebenso auflöst wie das Weltall, deren Samen-Mantra diese Buchstaben sind. Sie steht auf dem weißen tatenlosen Shiva. Denn nicht Er, sondern Seine Kraft zieht das Weltall in sich zurück. Er liegt auf einem Scheiterhaufen, der auf der Verbrennungsstätte errichtet ist, wo Schakale – die Lieblingstiere der Kālī – und Aasgeier das Fleisch der Menschen fressen und an deren Knochen nagen. Die Verbrennungsstätte ist ein Symbol der kosmischen Auflösung.

In einem ähnlichen Bild sehen wir die Mutter, wie sie auf zwei Gestalten steht, auf Shiva und Shava. Der Leichnam ist voller Haare. Die Devas oder „Götter", wie sie allgemein genannt werden, stehen auf der linken Seite, um der Mutter ihre Huldigungen darzubringen. Denn sie ist ihre Mutter, wie sie auch die Mutter der Menschen ist. Es gibt einige Abänderungen dieser Darstellung. So wird Kālī, die gewöhnlich nackend, das heißt frei von Māyā, gezeigt wird, in Fellen gekleidet dargestellt. Ihre Funktion wird gemeinhin als Zerstörung bezeichnet, aber es heißt nach einem Sanskrit-Wort, daß „die Devī nicht zerstört". Das höchste Selbst zieht das Weltall nur in sich zurück. Die Dinge erscheinen und verschwinden, um wieder zu erscheinen.

Die Welten von Geburt und Tod zu überschreiten, heißt Befreiung finden. Die menschlichen Wesen können allein Befreiung erlangen. Deshalb wird dem menschlichen Leben ein solch hoher Wert beigemessen. Wenige aber wissen um die Befreiung und verlangen nach ihr. Sie haben nicht den Zustand erreicht, der die Befreiung als höchsten Wert erstrebt. Die Mehrzahl ist zufrieden, wenn sie Befriedigung persönlicher Wünsche findet. Aber ein unbekannter Weiser, der in den Kommentatoren zu den Yoginīhṛidaya- und Nityashodasika-Tantras zitiert wird, hat tiefgründig geäußert, daß die „Identifizierung des Selbst mit dem Nicht-Ganzen oder Teilhaften (apūrṇammanyatā) eine Krankheit und die einzige Quelle jeden Elendes sei. Deshalb heißt eines der Chakras, das Shri-Yantra „Zerstörer aller Krankheiten".

Ewige Gesundheit ist Ganzheitlichkeit; den höchsten Wert besitzt die Erfahrung des Ganzheitlichen. „Die Krankheit der Welt" bezieht sich nicht auf die Welt an sich, die die Gestalt der Mutter ist, sondern auf die Dunkelheit der Sicht, die diese nicht erkennt. Nach den Upaniṣhaden „hat nur jener Furcht, der die Dualität sieht". Die Erkenntnis der Einheit von Welt und Mutter hat unterschiedliche Grade. Das Ganzheitliche ist verschiedener Art; als physische oder körperliche Gesundheit wird das physisch Ganzheitliche im Hatha-Yoga gesucht. Der Mensch aber, der in seiner Entwicklung fortschreitet, lebt mehr und mehr in jenem Energiestrom, der sich zuerst in Denkorgan und Materie einsenkte, um die Welt zu erfahren, dann aber als vollkommene Erfahrung, das heißt, als übersinnliche Seins-Kraft zu sich zurückkehrt. Mit der Veränderung seiner Natur steigt der Wert des Menschen. Zuletzt entdeckt er, daß sein Selbst in der höchsten Seins-Kraft wurzelt und aus ihr aufblüht. Seine begrenzte Erfahrung, die ihre Beschränkungen gelockert hat, dehnt sich zu ihrer Fülle aus. Denn man muß immer bedenken, daß Bewußtsein sich niemals entwickelt. Es ist an sich die unwandelbare Wesenheit, wie Shakti an sich die „Welle der Glückseligkeit" ist. Entwicklung ist eine stufenweise Lösung aus den Begrenzungen der Form, die durch die Seins-Kraft geschaffen wird. Das Verlangen nach der geteilten und relativen Ganzheit öffnet der Sehnsucht nach der Mutter als der absoluten Ganzheit (pūrna) den Weg. In ihrer eigenen raum- und zeitlosen Natur ist sie das Ganzheitliche.

Die vollkommene Befreiung ist die vollkommene Erfahrung, in der das Selbst, das im Denkorgan und Körper begrenzt ist, seine māyāhaften Bindungen überwindet und sich zur Bewußtseins-Ganzheitlichkeit ausbreitet. Die praktische Frage ist deshalb die Verwandlung der unvollkommenen (apūrna) Erfahrung in die vollkommene (pūrna). Letztere ist nicht ein „Abseitsstehen" (kaivalya), ein „hier" im Gegensatz zu einem abgelegenen Weltall „dort", das ohne Wirklichkeit und Wert ist. Denn die Welt ist die Gestalt der Mutter. Die eine und gleiche Mutter-Kraft erscheint als psycho-physisches Weltall und ist an sich vollkommenes Bewußtsein. Die Befreiung ist, nach dieser Lehre, die Ausbreitung des empirischen Bewußtseins in die Welt hinein, durch sie hindurch und mit ihren Mitteln zu dem vollkommenen Bewußtsein hin, das die erfahrende Ganzheit ist. Dies kann nur durch die Gnade der Mutter geschehen. Denn wer sonst könnte den Knoten der Māyā lösen, den sie selbst geschlungen hat?

Der Zustand der Befreiung kann nur annähernd beschrieben werden. Selbst diejenigen, die aus der Ekstase erwachten, fanden keine Worte für das, was sie in Wirklichkeit erfuhren. „Ein volles Gefäß", so heißt es, „gibt keinen Klang." Diese Lehre schildert nicht die Erfahrung eines inhaltlosen „Seins", denn dies ist ein abstrakter Begriff des Verstandes, den die Kraft des Bewußtseins hervorgebracht hat. Es ist eine konkrete Erfahrung der Ganzheit, die unendlich reichen „Inhalt" hat. Die Mutter ist das Ganze und als Samvid-Kalā die Ursache und der Archetyp alles Besonderen (kalā). Sie selbst ist der höchste Teil, da sie auch das Ganze ist. So ist sie das höchste Wort (paravāk), der höchste Klang und die höchste Bewegung (parashabda paranāda), der höchste Raum (paravyoma), die höchste oder übersinnliche Zeit (prakāla), die unendliche „Grenze" dessen, was der Mensch über das Aufgehen von Sonne und Mond weiß. Sie ist auch das Leben aller Leben (prāṇa-prāṇasya) und umfaßt in ihren „Grenzen" alle Wirklichkeiten und Werte des weltlichen Lebens, das ihr Ausdruck in Zeit und Raum ist. Darüber hinaus ist sie das ursachlose Gesamt an Erfahrungen. In diesem übersinnlichen Zustand, in dem Shiva und Shakti als Eines ineinander übergehen, ist sie die volle Glückseligkeit (ānandaghanā); denn es heißt von dieser Vereinigung: Niratishaya premāspadatatvam ānandatvam, was man übersetzen könnte mit: „Liebe in ihrer Begrenzung ist, wie die höchste Liebe: Freude." Dies ist die Liebe des Selbst zu seiner Kraft und zum Weltall, als das sich diese Kraft manifestiert. Sie wird das Herz des höchsten Herrn (hridayam parameshituh) genannt, mit dem sich der Shākta vereint wenn er Sā' ham – „Sie ist ich" ausspricht.,

Diese Beschreibung ließe sich in dem einen Sanskrit-Wort: Ānandaghanā zusammenfassen, das Fülle an Glückseligkeit bedeutet. Das innerste Wesen des Weltalls ist für den Shākta nichts anderes als dies. Die mystischen Zustände sind in allen Religionen Erfahrungen der Freude. Schon anderwso habe ich gezeigt, daß die schöpferische und die Welt erhaltende Mutter, wie es bei der Shākta-Verehrung zutage tritt, eine fröhliche Gestalt ist, mit rötlich glitzernden Juwelen gekrönt, in rote Gewänder gekleidet (lauhityam etasya sarvasya vimarṣhah) und strahlender als zehn Millionen roter Sonnen bei ihrem Aufgang. Mit einer Hand gewährt sie allen Segen (varamudrā), und mit der anderen vertreibt sie alle Ängste (abhayamudrā). Sie selbst wirkt furchterregend für diejenigen, die nicht in ihre Kālī-Gestalt eingeweiht sind; aber die Verehrer dieser Gestalt kennen sie als Göttin, die das Schwert der Erkenntnis schwingt, das den Menschen von der Unwissenheit, das heißt von der teilweisen Erkenntnis, trennt und ihm die vollkommene Erfahrung schenkt. Für solche Verehrer hat der Verbrennungsort mit seinen Leichnamen, seinen Erscheinungen und den spukenden bösen Geistern keine Schrecken. Auch diese Gestalten gehören zu ihr.

Der Hinduismus hat in tiefer Einsicht erkannt, daß Furcht ein wesentliches Merkmal der Tiere ist und jener Menschen, die dem Tier ähnlich sind (pashu). Der Shākta verbindet sich mit der fröhlichen und befreienden Mutter, indem er Sā' ham: „Sie ist ich" ausruft. Wenn er dieses erfährt, ist er der furchtlose Held oder Vīra. Denn nur wer eine Dualität annimmt, hat Angst. Dualität heißt nicht nur ein Anderes, sondern dieses Andere als etwas Fremdes wahrnehmen. Die Furchtlosen gewinnen alle irdischen Unternehmungen. Furchtlosigkeit ist das Zeichen des Wissenden, der Erleuchtung empfangen hat. Ein solcher Mensch ist auch in seiner Weise unabhängig von aller äußeren Macht, ein Mṛityunjaya oder Sieger über den Tod. Ihn quält nicht der Gedanke an den Tod. Denn nach den zutreffenden Worten eines französischen Schriftstellers („Die heidnische Seele") hat er nicht größere Furcht als die Blätter der Bäume, die gelb werden, wenn sie in den Herbstnebeln niederfallen. Ein unvergänglicher Instinkt sagt ihm, daß er, wenn er auch den Blättern gleich, im Begriff ist, abzusterben, doch auch der Baum ist, auf dem sie wieder grünen, die Erde, auf der beide wachsen – und daß er (wie es der Shākta ausdrücken würde) in seinem Körper der Glückseligkeit auch das Wesen ist, das als die Mutter-Kraft dies alles erhält. Da dieses Wesen unvergänglich ist, ist es zutiefst auch seine Gestalt als Natur. Das Seiende kann niemals ganz aufhören zu sein. Entweder breitet sich das Bewußtsein des Menschen in jene Göttlichkeit aus, die alles als eigenes Selbst erblickt, oder der Mensch und alle niederen Wesen werden in den Schoß der Kraft zurückgenommen, um in dem Neu-Erblühen (sphuraṇa), das der Frühling einer neuen Welt ist, wieder zu erscheinen.

XXI. Kapitel

DAS HINDU-RITUAL

I

Man hat mit Recht gesagt, daß das Ritual die Kunst der Religion sei. Die rituellen Übungen der Hindus aber werden nicht richtig beurteilt, weil die religiösen und philosophischen Lehren, deren praktischer Ausdruck sie sind, entweder unbekannt sind oder mißverstanden werden. Wenn wir zu der Unfähigkeit noch die feindliche Haltung gegen alles Rituelle hinzufügen, dann ergibt sich als Kritik „Mummenschanz", „Götzendienst", „Unsinniges Geschwätz" und ähnliches. Es stimmt, daß das Ritual für diejenigen ohne Bedeutung ist, die seinen Sinn nicht verstehen, ebenso wie ein chiffriertes Telegramm bedeutungslos für denjenigen ist, der den Kode nicht kennt. Man mag auch zugeben, daß eine Kritik gerechtfertigt ist, insoweit und in dem Maße, als solches Ritual ohne Verständnis der Anbetenden ausgeführt wird. Trotz dieser oberflächlichen Ansicht aber ist es notwendig für die Menschen. Wer es im religiösen Leben ausschaltet, hängt an ihm unter dieser oder jener Form im sozialen und politischen Leben. Die Notwendigkeit des Rituals zeigt sich durch wohlbekannte geschichtliche Reaktionen. Entartung führt zu „protestantischen" Auslassungen. Der nüchternen Verehrung der „Reformatoren" fehlt Berufung und Kraft, und das Ritual wird wieder notwendig.

Schwankungen sind wohlbekannt in der Geschichte des Katholizismus und Protestantismus. Sie zeigen sich auch im Buddhismus, der als Aufstand gegen das überstarke Ritual der Veden begann, zuletzt aber die bis ins kleinste ausgearbeiteten Riten annahm, die in den hinduistischen und buddhistischen Tantras zu finden sind. Die Haltung der Brahmanen ist der mittlere und unbeirrbare Weg, der beide – die protestantische wie die katholische – Richtung als wertvoll annimmt. Nach seiner Meinung bedürfen alle Menschen des Rituals, wenn auch in verschiedenem Maße und in verschiedener Art, bis sie zu Siddha geworden sind, das heißt, bis sie das Ende erreicht haben, zu dem das Ritual führen soll. Wenn dieses Ziel erlangt ist, dann sind die Mittel hierzu nicht mehr nötig. Die Notwendigkeit des Rituals wird immer geringer, je mehr man sich dem Ziele nähert. Darum muß es den geistigen Kenntnissen und Veranlagungen des Anbetenden angepaßt sein. Für den Einfachen und Nichtwissenden gilt solches von grober Art (sthūla). Das Sanskritwort Sthūla soll nicht einen moralischen Tadel bedeuten, sondern wird hier als Gegensatz zu Sūkshmā, dem Feinstofflichen, gebraucht. Auch werden die menschlichen Gemütsbewegungen und ihre verschiedenen Äußerungen in Betracht gezogen. Veranlagung, Temperament oder Bhāva des Anbetenden sind verschieden. Der eine mag sich vor dem Herrn wie ein Knecht vor seinem Meister fühlen, ein anderer wie ein Freund, wieder ein anderer wie ein Liebender.

In gleicher Weise ist Yoga als Lehre der Selbstzucht und Selbstvollendung verschieden. Für die vorwiegend Verstandesbetonten gibt es den Yoga der Erkenntnis (jñāna); für jene, in denen das Gefühl die Vorherrschaft hat, ist der Yoga der Hingabe (bhakti) geeignet; für solche, die nicht zu der einen oder anderen Art gehören, gilt der Yoga der Handlung (karma). Das Ziel aber, zu dem jeder Yoga mittelbar oder unmittelbar hinführt, ist das gleiche.

Es gibt tatsächlich keine „katholischere" Religion als den Hinduismus. Aus diesem Grund sprechen diejenigen, die ihn nicht mögen oder fürchten von seinem „raubgierigen Magen". Er hat tatsächlich eine ungeheure Fähigkeit der Angleichung. Er enthält alles, was die verschiedenen Meinungen und Temperamente zu befriedigen vermag. Im Westen gehen wir nur zu gern gegen Meinungen und Übungen an, die uns nicht liegen, und wehren uns, diese anzunehmen. Dies aber ist kein Grund, warum diejenigen, die diese mögen, sich nicht zu ihnen bekennen sollten. Für einige wirkt jedes Ritual abstoßend, für andere nur gewisse Arten von Verehrung, wie das Benutzen erotischer Bilder. Möge jeder annehmen oder verwerfen, was ihm geeignet oder als nichtgeeignet erscheint, Wortstreitereien sind zu nichts nütze. Tauglichkeit (adhikāra) ist ein wesentlicher Grundsatz des Hinduismus. Einige mögen für die eine Lehre und Übung geeignet sein – andere nicht. Die Weisheit des weltumfassenden Menschen verwandelt manches absolute Urteil eines weltlich Gesinnten in ein relatives. Statt des Urteils: „Dies ist schlecht", wird es dann heißen: „Dies ist nicht gut für mich." Auf solche Weise wird der Mensch seine eigene Gesundheit und Laune erhalten, wie auch die der anderen.

„Ritual" im religiösen Sinn gibt der Sanskrit-Ausdruck Sādhanā wieder, wenn auch dieses Wort einen umfassenderen Inhalt hat. Es wird von der Wurzel Sadh – üben oder streben – abgeleitet und umfaßt jedes Bemühen oder Streben. So vollbringt ein Mensch, der sich einer besonderen Schulung für einen athletischen Wettstreit unterzieht, Sādhanā in der Absicht, diesen zu gewinnen. Wenn man Unterricht in einer fremden Sprache nimmt, treibt man Sādhanā mit der Absicht, in dieser Sprache Vollkommenheit zu erreichen.

Orientalisten übersetzen diesen Begriff häufig mit „Beschwörung". Natürlich kann man Sādhanā üben, um magische Kräfte zu erlangen. Dies aber ist nur eine Form der Sādhanā. Die Art, von der ich spreche und die man im allgemeinen meint, ist die Bemühung und Bestrebung, die durch Selbstzucht und Anbetung eine „geistige" und nicht nur physische oder verstandesmäßige Befruchtung zu erzielen sucht, wenn auch solches Ergebnis naturgemäß eine Verwandlung sowohl des Denkorgans wie des Körpers einschließt. Das Ziel ist also eine Art von Vereinigung mit Gott als dem allesumfassenden Vater oder mit der Mutter, wie die Shāktas sagen.

Wer Sādhanā übt, wird Sādhaka genannt oder, wenn es eine Frau ist, Sādhikā. Das Ziel der Sādhanā ist Sādhya oder Siddhi, die Vollendung, die sich auf jedes erfolgreiche Ergebnis bezieht, und der Mann, der dieses erreicht, heißt Siddha. Höchste Siddhi ist die Vereinigung mit Brahman, dem Allesdurchdringenden, indem man entweder – wie Einige meinen – in Ihn eingeht, sich in Ihm ausfaltet, oder – nach der Meinung Anderer – mit Ihm sich in verschiedener Weise und

Intensität vereint. Dogmatische Ansichten über diesen oder andere Punkte werden bis zu einem gewissen Grade im Ritual widergespiegelt, das zu ihrer Verwirklichung dargeboten wird. Auf der Stufe der Sādhanā herrschen weniger Unterschiede in der Ausübung, als man annehmen mag. Denn, wie immer auch die Lehre sein mag, der Anbetende muß Dualist sein. Die Verehrung verlangt einen Verehrenden und den Gegenstand der Verehrung. Es gibt Menschen, die – gemeinhin ausgedrückt – „sich selbst verehren", dies aber ist keine geistige Übung. Was auch immer Gott in sich selbst, in ihr oder in einem Sächlichen sein mag, die Verehrung gilt einer höchsten Person (pūrṇāham). Wenn auch die Welt manchmal das Denken von diesem, seinem höchsten Ziel abzieht, gibt es doch eine universale Bestrebung zu ihm hin. Dies ist der Beweis für den göttlichen Ursprung des Menschen. Da er aus göttlicher Quelle stammt, muß er auch zu ihr zurückkehren. Das Bestreben, Gott zu erfahren, ist ein Teil der menschlichen Natur. Sādhanā ist solches Bestreben in Formen, die sich der Erfahrung als fruchtbar erwiesen haben. In den orphischen Mysterien hieß es: „Ich bin das Kind der Erde und des gestirnten Himmels, aber ich weiß, daß mein Ursprung göttlich ist. Ich bin von Durst verzehrt und vergehe in ihm. Schenke mir ohne Zögern das frische Wasser, das aus dem Meer der Erinnerung fließt." Und weiter hieß es dort: „Rein und aus dem hervorgegangen, was rein ist, komme ich zu Dir."

Auch der hl. Augustinus sagt, daß die Gedanken unruhig bleiben, bis sie Ruhe in Gott gefunden haben. Die Lehre der Brahmanen bestätigt das gleiche und begründet es auch. Das kluge Wort eines indischen Weisen besagt: „Sich gleichschalten mit dem Unvollkommenen (āpūrṇammanyatā) ist Mangel an Ganzheitlichkeit, ist eine Krankheit und die Quelle von allem Elend." Das Ganze ist das Heile und Heilende. Jeder Mangel an Ganzheitlichkeit, im physischen, psychischen oder geistigen Sinn, ist krankhaft und bringt Unglück. Gott ist das ganzheitlich Vollkommene (pūrṇa) ohne Teile und Einschnitte (akhaṇḍa). Der Mensch ist das Gegenteil. Doch da er aus dem Ganzen hervorgegangen ist, sucht er Selbstvervollkommnung, indem er zum Ganzen wird oder dieses widerspiegelt.

Die schwerste Krankheit nennen die Hindu-Schriften die Krankheit des Daseins. Denn die endliche Existenz ist ein Hindernis für die Verwirklichung des vollkommenen, unendlichen Seins. Aus diesem Grund wird ein Teil des großen Shrī-Yantra (vgl. das Titelblatt) Rogahara-Chakra genannt, das heißt: das „Krankheitzerstörende" Chakra. Dies besagt, daß die Identifizierung des Selbst mit seiner besonderen Gestalt, also mit der Unvollkommenheit, Krankheit bedeutet, während die Erkenntnis, daß es eins ist mit dem Ganzen, immerwährende Gesundheit ist. Um diese zu erlangen, muß der Mensch seinen Gott unter einer der vielen Formen verehren, wie es seine Brüder taten. Zu diesem Zweck mag er auch ein Ritual erfinden. Aber für die Menge sind jene Formen, die ihnen die Tradition übermittelt, die wirksamsten. Zu den größten Ritual-Systemen gehört das der Hindus. Der Hinduismus – ganz allgemein – kann nicht ohne Kenntnis dieses Rituals verstanden werden.

Man könnte einwenden, daß es viele Rituale gibt. Welches nun sollte man annehmen, und wie kann man wissen, daß dieses zum Ziel führt? Die Antwort besagt, daß für jeden Einzelnen das Ritual gilt, für das er geeignet ist (adhikāri).

Der Beweis seiner Wirksamkeit wird durch die Erfahrung erbracht. Der Āyurveda oder Veda, der die Regeln angibt, die zu einem langen Leben (āyuh) führen, sagt, daß nur diese die Krankheit heilen und zugleich das Entstehen einer neuen vermeiden. Dem Fragenden antwortet der Meister: „Versuche es." Wer nicht versucht, kann sich nicht beklagen, daß er keinen Erfolg hat. Der Guru (dies kann auch nach den Tantras eine Frau sein) ist selbst durch eine solche Schulung hindurchgegangen und verspricht denen Erfolge, die zuverlässig die Mittel anwenden, die auch er benutzt hat.

Was aber sind die Hauptregeln der Sādhanā, und wie arbeitet diese? Um dies zu verstehen, müssen wir eine richtige Vorstellung haben von dem, was die Hindu unter Geist, Denkorgan und Körper verstehen. Ich möchte dies hier kurz zusammenfassen.

II

Das letzte Ziel – das heißt die Erfahrung Gottes – wird durch die Verwandlung des Anbetenden erreicht, der Gott gleich wird. Nehmen wir an, daß dieser Sādhaka ein Anhänger des Advaita-Vedānta ist, das heißt der Lehre des Monismus, die besser als die Lehre des „nicht zweifachen" oder nicht dualen übersetzt werden sollte. Denn auch wenn man zugibt, daß die höchste Wirklichkeit nicht zweifach ist, so kann man doch nicht behaupten, sie sei einheitlich, da sie jenseits von Zahl und anderen Bezeichnungen ist. Wir wollen nun einige der allgemeinen Grundregeln untersuchen, auf denen sich das Ritual aufbaut, das durch diese Lehre ausgedrückt wird. Der Mensch – so heißt es – ist Geist, der durch Denkorgan und Körper aufnimmt. Nach dem Vedānta ist Geist oder Brahman an sich (svarūpa) reines unendliches Sein, Bewußtsein und Glückseligkeit (sat, chit, ānanda). Dies gilt von uns aus gesehen. Was er an sich ist, kann nur er selbst aussagen. Es ist die Erfahrung des vollkommenen Yogi (siddha), der sich gänzlich verwandelt hat, indem er die Elemente von Denkorgan und Körper ausschaltet, die eine endliche Individualität bilden. „Brahman kennen heißt Brahman sein." Gott oder der Herr (īshvara) ist reiner, unendlicher Geist in seinem relativen Aspekt, der als Schöpfer, Erhalter und Herrscher in Beziehung zur Welt steht.

Der Mensch ist, nach dieser Lehre, der gleiche Geist oder das Bewußtsein, das in einem Aspekt unwandelbar und in einem anderen von Denkorgan und Materie begrenzt ist. Bewußtsein und Denkorgan sind also zwei verschiedene und tatsächlich entgegengesetzte Dinge. Das Denkorgan ist nicht Bewußtsein, sondern (an sich betrachtet) eine unbewußte Kraft. Das Bewußtsein ist endlich. Das Denkorgan ist Ergebnis eines begrenzenden Prinzips oder einer Kraft, die dem Bewußtsein an sich innewohnt und als begrenztes Bewußtsein erscheint. Das Denkorgan an sich ist somit eine unbewußte Kraft, die das Bewußtsein begrenzt. Diese Behauptung mag dem Westen fremd sein, beginnt aber heute sich bis zu einem gewissen Grad durchzusetzen, nachdem man erkannt hat, daß es eine Art unbewußtes Denken gibt.

Der Vedānta lehrt, daß das Denkorgan an sich immer eine unbewußte Kraft ist. Es scheint bewußt zu sein – nicht an sich, sondern weil es Gefäß des Geistes und mit diesem verbunden ist, der allein Bewußtsein an sich ist. Die Funktion des Denkorgans steht im Gegensatz hierzu und zerteilt das ungeteilte Bewußtsein. Wenn wir annehmen, das Bewußtsein sei ein ungebrochenes Licht, das auf einen schwarzen Schirm fällt, dann stellt das ungebrochene Licht, wenn auch unvollkommen – da Bilder immer nur Andeutungen sind –, das Bewußtsein dar. Stellen wir uns nun einen anderen Schirm aus gemusterten Metallen vor und legen wir diesen auf den ersten, so daß das Licht gebrochen und verschiedenartig hindurchscheint, zum Teil auch zurückgehalten wird, dann ist der dunkle Schirm Abbild des Denkorgans. Das Bewußtsein offenbart sich selbst. Das Denkorgan verdunkelt es in verschiedener Weise und ist eine feinstoffliche Form der Kraft (shakti), die vom Geist in begrenzter Weise offenbart wird.

Die Materie oder der Körper ist eine andere grobstoffliche Form der gleichen Kraft. Weil nun Denkorgan und Körper einen gemeinsamen Ursprung haben, kann der eine als Subjekt den anderen als Objekt erkennen. Erkennen ist somit Wiedererkennen. Die gleiche Kraft, die die Möglichkeit hat, sich zu verschleiern, vermag sich wieder zu entschleiern. Der erste Schritt zu solcher Enthüllung wird in der Sādhanā durch Selbstreinigung von Körper und Denkorgan, durch Selbstzucht und Verehrung in ihren verschiedenen rituellen Formen vollzogen. Auf der Höhe fortschreitender Entwicklung wird diese Sādhanā zum sogenannten Yoga.

Was nun bewirkt die Sādhanā ? Man bedenke, daß es kein Denkorgan und keine Seele ohne körperliche Gestalt gibt, sei diese grobstofflicher oder feinstofflicher Art. Das individuelle Denkorgan hat immer einen Körper. Nur der Geist ohne Denkorgan ist vollkommen körperlos. Denkorgan und Körper sind gleich wirklich. Wo es ein Subjekt oder ein Denkorgan gibt, ist auch immer ein Objekt oder eine Materie vorhanden. In rechter Zucht werden beide gereinigt und beherrscht. Ein reiner Körper hilft zur Erlangung eines reinen Denkorgans, weil beide Aspekte der einen Kraft-Substanz sind. Wo immer Denkorgan ist, gibt es einen Gegenstand oder Inhalt. Es besteht niemals ohne diesen. Der Gegenstand aber kann gut oder schlecht sein. Daher ist es das erste Ziel des Rituals, Sorge zu tragen, daß das Denkorgan immer nur ein gutes Objekt findet. Das beste ist Gott. Darum sollte über Ihn meditiert werden.

Wie vollzieht sich nun der Vorgang des Erkennens ? Wenn das Denkorgan einen Gegenstand erkennt, dann wird es auf einen Denk-Strahl geworfen, der auf den Gegenstand fällt, dessen Form annimmt und wieder zurückkehrt, um das Denkorgan selbst in die Form dieses Gegenstandes umzubilden. Richtet sich die Aufmerksamkeit vollkommen und unzerstreut auf ein Bild oder eine Gottheit, auf ein Gefäß oder irgendeinen anderen Gegenstand, dann wird das Denkorgan, solange als es dieses Objekt festhält, vollkommen in dessen Form umgewandelt. So wird durch vollkommene Konzentration auf den Herrn das Denkorgan in Sein Bild verwandelt und empfängt alle Seine Eigenschaften. Dieses Bild wird durch das sogenannte Dhyāna rituell dargestellt. Das Ritual gibt das Dhyāna für jede Gestalt Gottes oder des Geistes.

Nehmen wir also an, daß das Denkorgan auf diese Weise verwandelt wird, dann ist es notwendig, es in dieser Wandlung zu halten. Denn es ist so unbeständig, beweglich und veränderlich, daß es mit Merkur oder einem ruhelosen Affen verglichen werden kann. Würde sich die Veränderlichkeit nur in der Auswahl von guten Gedanken ausdrücken, dann könnte es nichts schaden. Aber es gibt Gedanken, die nicht gut sind. Auch muß die Verwandlung intensiv und von Dauer sein. Es besteht also das Bestreben, vollkommene Kraft der Konzentration für immer längere Zeiten zu erlangen. Ergebnis hiervon ist das Hinführen der Gedanken auf die gewünschte Richtung. Jeder weiß um die psychologische Wahrheit, daß, je länger und fester ein Gegenstand im Gedächtnis behalten wird, um so weniger Gefahr für Zersplitterung besteht. Diese Gefahr heißt Sangskāra und kann physischer wie psychischer Art sein. So ist die Tendenz eines ausgedehnten Gummibandes, wieder in seine ursprüngliche Lage zurückzuschnellen, das physische Sangskāra des Gummibandes.

Ebenso gibt es psychische Sangskāras. Ein Mann z. B. von schlechter Anlage kann durch einen genügend starken Impuls beeinflußt werden, bei einer bestimmten Gelegenheit großzügig zu handeln. Mangelt es aber an diesem oder einem anderen Impuls, dann wirkt sich seine schlechte Veranlagung oder sein Sangskāra aus. Auf der anderen Seite ist nur ein geringer Impuls notwendig, um in einem von Natur aus mitleidsvoll veranlagten Menschen, Großzügigkeit hervorzurufen. Sādhanā fördert das gute und rottet schlechtes Sangskāra aus. Da die Neigungen durch vergangene Handlungen hervorgebracht werden – sowohl im Bereich der Gedanken wie des Körpers –, werden gegenwärtige und zukünftige gute Taten dafür sorgen, daß gute Sangskāras erhalten bleiben, andere dagegen ausgemerzt werden.

Der Mensch hat angeborene wie erworbene Sangskāras. Kein Hindu ist der Meinung, daß das Denkorgan bei der Geburt tabula rasa ist. Im Gegenteil: Es besteht aus den Sangskāras oder Bestrebungen, die aus den Handlungen vergangener Lebensformen hervorgehen. Diese werden durch Handlungen des gegenwärtigen Lebens vermehrt, verändert oder bestätigt. Viele solcher Sangskāras sind schlecht, und es müssen Schritte unternommen werden, um andere an ihre Stelle zu setzen. Alle wissen, daß wiederholte schlechte Handlungen und Gedanken zu einer schlechten Angewohnheit werden, das heißt, ein schlechtes Sangskāra bilden. Es ist deshalb vor allem Ziel der Sādhanā, für das Denkorgan gute Gegenstände an die Stelle der schlechten zu setzen, die Neigung zur Zerstreutheit zu überwinden, und das Schlechte umzuwandeln. Dies bedeutet das Einwurzeln des Charakters in gute Erde.

Wie geschieht dies? Die Sādhanā muß alle Zerstreuungen vermeiden, indem sie das Denkorgan mit guten Gedanken füllt. Darum gibt es die vielen Wiederholungen, die nicht sinnlos sind. Ein allgemeines Beispiel hierfür ist Japa oder das Wiederholen des Mantra mit Hilfe eines Rosenkranzes (mālā) oder durch Berühren der zwölf Fingerglieder mit dem Daumen. Es gibt auch verschiedene andere Arten von Wiederholungen. Die Gedanken werden durch entsprechende körperliche

Gebärden, Mudrās, verstärkt und bestätigt. Auch können tatsächliche Wirkungen durch die Kraft der Einbildung ausgelöst werden. So legt der Anbetende im Nyāsa verschiedene Körperteile der Gottheit durch bestimmte körperliche Handlungen auf die entsprechenden eigenen Körperteile. Dadurch bildet sich der Sādhaka ein, daß er einen neuen göttlichen Körper erlangt. In dem feinstofflichen Ritus Bhūtashuddhi stellt sich der Verehrende vor, daß jedes Element, aus dem der Körper besteht, von dem nächsthöheren aufgenommen wird, bis alle eingegangen sind in der höchsten Kraft, deren begrenzte Manifestation der aus solchen Elementen zusammengesetzte Mensch ist. Während dies in der Sādhanā nur vorgestellt wird, geschieht es im Kuṇḍalinī-Yoga tatsächlich und auf objektive Weise. So ist das Denkorgan beständig in dieser oder jener Weise mit dem Göttlichen beschäftigt und bildet sich in dieses ein, bis es selbst göttliche Form annimmt und am Ende für immer göttlich bleibt. Nach der Chhāndogya-Upanishad wird der Mensch das, was er denkt. Auch das Gandharva-Tantra sagt: „Wenn man über etwas meditiert, als sei es das eigene Selbst, wird man zu diesem." Denkt man also immerfort an Gott, wird man, in den Grenzen seines Menschseins, in Sein Bild verwandelt. Das vorbereitende Werk der Sādhanā wird im Yoga vollendet.

Als nächstes möchte ich einige der wesentlichen Formen des Rituals aufzeigen, die bei der Verehrung benutzt werden, wie Bild, symbolische Figur, Yantra, Pūja, Mantra, Mudrā, Nyāsa, Bhūtashuddhi. Diese werden immer wieder täglich oder bei bestimmten Gelegenheiten angewendet. Das Ritual der Sakramente aber wird nur einmal ausgeführt – an dem Tag, für den das Sakrament gilt. So bei der Zeremonie der Namensgebung, bei Heirat und ähnlichen Gelegenheiten.

III

Das dritte Kapitel (das hier zusammengefaßt und erklärt wird) des Sanskrit-Werkes „Woge der Glückseligkeit für die Verehrer der Mutter-Kraft (shakti)" behandelt den notwendigen Gebrauch von Bildern und anderen Formen zur Darstellung des formlosen, allesdurchdringenden Brahmans. Dieses ist in Seiner eigenen wahren Natur körperloses (asharīri), reines Bewußtsein, in westlicher Bezeichnung, Geist. Durch Seine Kraft (shakti) aber nimmt Es alle Formen des Weltalls an, wie ein Schauspieler (naṭavat) verschiedene Rollen spielt. So hat Brahman zwei Aspekte: einen feinstofflichen, in dem Es sein eigenes unmanifestiertes Selbst ist, und einen grobstofflichen, in dem Es als manifestiertes Weltall erscheint. Oder wenn wir das Wort „feinstofflich" für das aufsparen wollen, das – wenn auch nicht reiner Geist – feiner ist als die grobstoffliche Materie, das heißt für das Denkorgan, dann können wir sagen, daß die höchste Wirklichkeit drei Aspekte besitzt: den höchsten, übersinnlichen, der reiner gestaltloser Geist ist, den feinstofflichen oder den gleichen Geist, der sich im Denkorgan manifestiert, und den grobstofflichen, der wieder derselbe Geist ist, der sich nun in der Materie manifestiert. Es ist klar, daß man nicht über etwas meditieren kann, das ganz ohne Gestalt ist, wie das körperlose Brahman.

In der Meditation (dhyāna) herrscht Dualität: Das Meditieren und der Gegenstand der Meditation, wenn auch tatsächlich beide (nach dem Advaita oder dem Nicht-Dualismus der Shāktas) die zwei unterschiedlichen Aspekte des einen Brahman sind, die aus Seiner Kraft entstehen. Da das Denkorgan nicht unbeweglich auf das gerichtet bleiben kann, was ohne Form (amūrta) ist, ist die Gestalt (mūrti) unbedingt notwendig. Sie kann feinstofflicher oder grober Art sein. Sādhanā wie Yoga bedürfen der Formen, letzterer zur Vollendung im Trātaka-Yoga, das heißt, um den Blick festgerichtet zu halten. Solches führt zur Konzentration auf einen Punkt (ekāgratā), und diese zum Samādhi oder zur Ekstase.

Die gröbste Form ist das Bild, das mit Händen, Füßen und anderem in einem Kreis gezeigt wird. Hier wird nichts der Einbildung überlassen. Die Einzelheiten des Bildes – wie Form, Farbe, Haltung – werden in den Meditationen oder Dhyānas und die Maße in den Shilpa-Shāstras angegeben. Es werden dort Form, Haltung und Stellung der Hände und Füße, die getragenen Attribute wie Waffen und ähnliches beschrieben, ebenso das Gefäß oder Vahana und die begleitenden Gottheiten (āvaraṇa-devatā). Weniger grobe Formen sind die Bilder oder Darstellungen in den symbolischen Figuren – dem Shālagrāma-Stein, der Viṣhṇu geweiht ist, dem Lingam oder Zeichen des Shiva, oder dem umgekehrten Dreieck, dem Symbol der Mutter. So stellt ein Lingam im Yoni oder Dreieck die Verbindung von Shiva und Shakti, von Gott und Seiner Kraft dar oder philosophisch ausgedrückt, die Vereinigung der statischen und beweglichen Aspekte der einen höchsten Wirklichkeit.

Eine noch feinstofflichere Form ist das Yantra, das wörtlich „Werkzeug" heißt, nämlich das Werkzeug, mit dem die Anbetung ausgeführt wird. Es ist ein Diagramm von unterschiedlicher Art, je nach den Devatās oder Gottheiten, und wird „der Körper der Mantras" genannt. Während die grobstoffliche (sthūla) Meditation sich auf ein materielles Bild, eine symbolische Figur oder auf das Yantra bezieht, ist das Mantra Gegenstand der feinstofflichen (sūkshma) Meditation. Mantra und Devatā sind eins. Ein Mantra ist die Devatā in Form des Klanges. Das Hören gilt als feinste Sinnes-Wahrnehmung. Die höchste Meditation ist die Ekstase oder das Bewußtsein, das frei von den grob- wie feinstofflichen Gefäßen und deshalb ohne Begrenzung ist.

Da Brahman unmittelbar nur in der Ekstase des Yoga wahrgenommen werden kann, wird Es unter bestimmten Gestalten dargestellt, oder – wie es einige ausdrücken –: Brahman nimmt eine Form an zum Heil der Anbetenden (upāsakānām kāryyārtham). Diese Gestalten sind männlicher oder weiblicher Art. Zu ersteren gehören unter anderem Brahmā, Viṣhṇu, Shiva; zur zweiten Tripurasundarī, Lakshmī, Kālī. Die Verehrung einer sächlichen Gestalt (napungsaka) wäre ohne Erfolg. Die Gottheit, die erwählt wird oder als Beschützer gilt, richtet sich nach der Fähigkeit (adhikāra) des Verehrenden, nach seinem Charakter und seinen Kenntnissen. Im Yāmala heißt es: „Die Menschen erblicken Ihn in verschiedener Weise, ein jeder nach seinen eigenen Neigungen." Ein Anhänger des Advaita aber sollte bei seiner Verehrung nicht vergessen, daß alles nur Aspekte der einen gleichen Gottheit sind.

Das Varāha-Purāṇa lehrt: „Was Durgā ist, das ist auch Vishṇu, ebenso wie Shiva. Die Weisen wissen, daß diese nicht voneinander zu unterscheiden sind. Die Menge, die nicht ganzheitlich zu denken vermag, versinkt in der Raurava-Hölle." Es gibt für die Schüler auf dem Pfad der Freude, die für eine besondere Verehrung vorbereitet werden, Unterschiede in der Art der Anbetung. Der Entsagende jedoch sollte jede Unterscheidung vermeiden. In der Welle der Glückseligkeit wird das Samaya-Tantra zitiert: „Durch die Verehrung gewisser Devas wird die Befreiung unter Schwierigkeiten erlangt, durch die Verehrung anderer ist Freude zu erlangen. Die Verehrer der Mutter aber halten in ihren Händen Freude wie Befreiung." Doch nur wenn man zu ihr betet, gewährt die Mutter ihre Gaben. Es könnte auch nicht anders sein. Denn die Devī wird durch die Gebete ihrer Verehrer zur Tätigkeit gedrängt. Im tiefsten Sinn ist der Anbetende die Devī selbst, aber wenn sie nicht im Verehrenden aufgerufen wird, tritt sie in ihrem Aspekt als höchster Gott, als „unsere Göttin", nicht in Tätigkeit.

Der Verehrende ist in Karma- und Bhakti-Yoga geübt. Die Bemühungen des Jñāna-Yogi richten sich auf das Erlangen des gestaltlosen Brahman. Verehrung schließt Dualität ein, ebenso der Mantra-Yoga, zu dem die Verehrung gehört. Aus dem Bīja-Mantra oder Samen-Mantra steigt die Devatā auf, die Brahman ist. Im Kūrma-Purāna heißt es: „Wer sich vom höchsten Herrn verschieden wähnt, wird Ihn niemals sehen. All seine Mühe ist vergebens." Darum sagt der Shrīkrama: „Meditiere mit Gedanken, Worten und dem Körper über dich selbst als höchste Mutter, als ursprüngliche Kraft." Denkorgan, Wort und Körper nehmen teil am Ritual. Das Denkorgan, das von seiner Natur aus eines Gegenstandes bedarf, empfängt das Bild des Herrn und kann sich an diesem halten. Der Verehrende spricht die Worte des Rituals und vollbringt mit seinem Körper die rituellen Handlungen wie Gebärden (mudrās), Opferspenden und so fort. Dies geschieht, weil – nach dem Gandharva-Tantra – „durch Meditieren über einen Gegenstand, als sei dieser das eigene Selbst, der Mensch zu diesem Gegenstand wird".

Das Denkorgan nimmt die Gestalt dieses Gegenstandes an. So wird der Mensch durch gute Gedanken in Gutes verwandelt. Darum sollte der Verehrende unentwegt denken: „Ich bin die Devī und nichts anderes." Wenn der Mensch über Vishṇu meditiert, wird er zu Vishṇu. Meditiert er über die Devī, wird er zur Devī. Er wird von körperlichen Übeln geheilt und erlangt die Befreiung. Denn er empfängt geistige Erkenntnis. Diese bedeutet, im Sinn des Advaita (wenn es auch andere Schulen gibt), „Sein". Brahman an sich ist kein Gegenstand und kann nicht als solcher erkannt werden. Brahman aber wird erkannt, indem man Brahman wird. Dies kann der Mensch durch rituelle Formen und Yoga-Vorgänge erreichen, zu denen der Weg durch Verehrung vorbereitet wird.

IV

Im Vorangegangenen habe ich in großen Zügen über die Bedeutung der Sādhanā als rituelle Verehrung gesprochen, über den Gegenstand der Verehrung, wie auch über die Grundregeln, auf denen sie gründet. Zugleich führte ich einige Beispiele an. Nun möchte ich noch etwas über besondere Formen des Rituals erwähnen.

Die Bildverehrung habe ich schon gestreift; es sei aber noch ein Wort hinzugefügt. Im Westen sprechen die Menschen von der Bild-Verehrung als „Götzendienst", so wie einige „reformierte" Hindus, von westlichen Ansichten beeinflußt, diese Verehrung „Kinderei" nennen. Die indische Bezeichnung für die Bild-Verehrung ist Pratīka und Pratimā. Dies bedeutet das unmittelbare und sichtbar hingestellte Objekt der Verehrung, das das unsichtbare Höchste repräsentiert.

Das Denkorgan kann den reinen Geist nicht erfassen, ebenso wie (um das Gleichnis eines indischen Schriftstellers zu benutzen) die Zunge nicht die Luft greifen kann. Es braucht einen bestimmten Gegenstand. Ein solcher ist das Bild oder die symbolische Figur. Das Hindu-Bild aber ist mehr als nur eine Hilfe zur Verehrung, wie dies im allgemeinen von den Bildern im katholischen Ritual gilt. Durch die „lebensspendende" (prāna-pratiṣhṭha) Zeremonie wird das Leben der Devatā oder Gottheit in das Bild hineinbeschworen. Die Gottheit durchdringt alles und kann deshalb nicht kommen und gehen. Das Bild ist wie alles andere, eine Erscheinung der ihm innewohnenden Gottheit, in der besonderen Form von Erde, Stein, Metall, Holz oder einer anderen Substanz. Darum bedeuten im Beschwörungs-Ritual der Gottheit das „Anrufen" (āvahanā) und „Entlassen" (visarjaṇa), die Bitte, „gegenwärtig zu sein" und sich dann „zu entfernen". Die Immanenz der Gottheit wird im Gegenstand der Verehrung vom Denkorgan des Verehrenden erkannt, gegenwärtig gehalten und dann aus ihm entlassen.

Tatsächlich ist die Gottheit mit und ohne Ritual vorhanden. Im Ritual ist sie aber nicht nur anwesend, sondern auch dem Bewußtsein des Verehrenden gegenwärtig, dessen Denkorgan in die göttliche Form verwandelt wird. Die Gottheit bewegt sich nicht, aber die Gedanken des Verehrenden sind inBewegung. Es ist eine besondere Eigenschaft – Vritti – des Denkorgans, sich hin und her zu bewegen. Ich selbst glaube, daß es „Götzendienst" im strengen Sinn des Wortes überhaupt nicht gibt. Selbst die Unwissendsten, die einer primitiven Stufe angehören, erkennen, daß es „Stock und Steine" sind, und das Bild nicht verehrt wird, weil es dieser Stock und dieser Stein ist. Sonst müßten sie diese überall, aber aus anderen Gründen, verehren.

Es wurde schon bemerkt, daß das Ritual, hier wie auch anderswo, in grob- und feinstoffliche Formen eingeteilt wird. Die subtilste ist diejenige, in der das wenigste der Einbildung überlassen wird – nämlich das Bild im Kreis. Weniger feinstofflich ist das Bild in der Fläche, das Sinnbild, das keine äußere Ähnlichkeit mit der Gottheit hat (wie der Lingam und der Shālagrāma-Stein), ferner das Yantra oder Diagramm der Verehrung. Dieses besteht aus verschiedenen Verbindungen von Linien und Kurven und wird als Körper des Mantra bezeichnet. Neben diesen äußeren Gegenständen gibt es auch gedankliche Darstellungen. So können echte

Blumen tatsächlich dargebracht oder im Geist „Blumen" geopfert oder „Blumen" der Tugenden der Gottheit zu Füßen gelegt werden.

Wie oft wird das Wort Mantra gebraucht, und wie wenige kennen seine Bedeutung. Ich kann hier nur einige allgemeine Erklärungen zu diesem Thema geben, mit dem ich mich in dem „Blütenkranz der Buchstaben" ausführlicher beschäftigt habe. Denn Girlanden oder Rosenkranz sind Namen für das Alphabet oder die Sanskrit-Buchstaben, die eine Manifestation der Mutter des Weltalls sind.

Das Weltall ist Bewegung der höchsten Substanz, die von verschiedener Art ist. Diese Bewegung wird auf fünffache Weise wahrgenommen. Was man hört, ist der Ton, den eine bestimmte Form der Bewegung hervorruft. Das Hören in Gedanken oder mit dem Ohr ist auch eine Art von Bewegung. Besteht diese nicht, dann kann auch nichts gehört werden. Wenn ein Buchstabe in unserem Gehör wahrgenommen wird, dann entsteht eine bestimmte Bewegung, die auch dem Auge als Form erscheinen kann und eine bestimmte Farbe hat. Denn ganz ohne Farbe ist nur das Formlose, also Unsichtbare.

Die Buchstaben werden zeitweilig durch die Bewegung der Stimme und die umgebende Luft manifestiert. An sich, das heißt als Zustände der Kraft, sind sie ewig, während sie in ihrer Manifestation mit jedem Weltall erscheinen und wieder vergehen. Sie sind, wie alles andere, eine Erscheinungsform der großen Mutter-Kraft, bestimmte weltliche Aspekte von ihr. Der Klang, der gehört wird, das Denkorgan wie das Ohr, die ihn vernehmen, sind solche Erscheinungen. Jedes Ding hat einen doppelten Aspekt – einmal als hervorgebrachter oder bewirkter Gegenstand, zum anderen als die besondere ursprüngliche Kraft, die in diesem Ding hervortritt oder, noch genauer gesagt, sich manifestiert. Diese Kraft wiederum ist in dem Besonderen, das sie hervorbringt, ein Aspekt der allgemeinen Mutter-Kraft und als solche eine Devatā. So ist die Sonne eine herrliche Epiphanie Brahmans des Allesdurchdringenden, der als die Kraft, die dieser besonderen Manifestation innewohnt, der Sonnengott oder die Sūrya-Devatā ist. Devatā im höchsten (para) Sinn ist der Herr von allem, der sich als All manifestiert. Die Sonnen-Devatā ist der gleiche allmächtige Herr in Seiner Manifestation als Sonne. Wenn auch in einer Hinsicht das Mantra der Klang-Aspekt alles Seienden ist, so hat doch jede Devatā ihr eigenes Mantra; auf diese beziehen sich die Schriften. Das Mantra steht nicht nur an Stelle einer Devatā oder symbolisiert diese. Es ist auch nicht nur ein konventionelles Aushängeschild für sie, es ist vielmehr die Devatā selbst. Darum sind Devatā und Mantra eins.

In jedem Mantra sind zwei Shaktis oder Kräfte enthalten: Die Devatā, die bezeichnet wird (vāchya-shakti), ist die höchste Wirklichkeit, das höchste Brahman. Das Erste führt zu letzterem. Da jeder Verehrende seine eigene Schutzgottheit oder Iṣhṭadevatā hat, wird er auch in ein besonderes Mantra eingeweiht und führt dieses aus. Die Schutzgottheit ist ein besonderer Aspekt der einen höchsten Wirklichkeit, die nicht unmittelbar verehrt werden kann, sondern nur mittelbar als ein Aspekt dieser Wirklichkeit in der Welt der Dualität.

Das Mantra, das der Anbetende benutzen soll, wird von dem einweihenden Guru im Hinblick auf die physischen, psychischen und geistigen Eigenschaften des Verehrenden ausgesucht. So heißt es in der Theorie; in der Praxis aber ist oft die Ansicht berechtigt, daß das Mantra nur „Geschwätz" ist. So wurde ich (um nur ein Beispiel zu nennen), trotzdem ich kein Hindu bin, von einer Brahmanin durch einen uns beiden bekannten Gelehrten nach der Bedeutung ihres Mantras gefragt. Sie hatte schon die fünfzig überschritten, aber niemand hatte ihr das Mantra erklärt, auch nicht der Gelehrte. Sie fragte mich nach seiner Enthüllung, die an sich geheim gehalten werden sollte, weil ich einen Diktionär, Bīja-Kosha, über die Bedeutungen der Mantras geschrieben hatte. Dieses Beispiel ist bezeichnend für die jetzige Lage der Dinge. Einweihung hat oft, und vielleicht heute in den meisten Fällen, wenig Wirklichkeits-Gehalt und ist nur ein „Ins-Ohr-Flüstern". Wahre und hohe Einweihung gibt nicht nur Belehrungen, sondern überträgt tatsächlich die Kraft des Lehrers auf den Schüler, der dadurch sowohl das Verständnis erlangt wie auch die Möglichkeit der Verwandlung durch die Kraft des Gurus.

Mantra-Sādhanā ist die Vereinigung der Sādhanā-Shakti oder der Kraft des individuellen Verehrers mit der Mantra-Shakti oder der Kraft des Mantra selbst. Der Verehrende übt seine eigene Kraft aus, um durch das Mantra die Kraft der Devatā zu erlangen, die seine weit übertrifft. Je tiefer der Anbetende die Devatā in Gestalt des Mantras erfährt und sich mit ihr identifiziert, um so mehr göttliche Kräfte erlangt er, die seinen menschlichen zu Hilfe kommen. Einige Mantras können als Gebete bezeichnet werden – so das große Gāyatrī-Mantra, das um erkennende Erleuchtung bittet. Ein Mantra darf aber nicht dem Gebet gleichgesetzt werden, das in jede Sprache und Form gekleidet werden kann, die sich der Anbetende wählt. Natürlich mag das Gebet von großer Macht sein, aber in ihm liegt nur die Kraft des Anbetenden, was immer auch diese sein mag.

Verehrung (pūjā) geschieht durch Meditation, durch Aufsagen von Mantras, durch Huldigung, Handgebärden, Darbringen von Opfern und ähnliches. Die Gebärden (mudrā) sind Teil eines Lehrsystems, das sich an Körper und Denken wendet und durch den Körper die Richtung der Gedanken ausdrückt und betont, ebenso wie der Redner durch Gesten seine Gedanken ausdrückt und untermalt. In den Matsya-Mudrās werden die Hände in Form eines Fisches zusammengelegt, um auszudrücken, daß der Verehrende nicht nur den geringen Teil des Wassers, das bei der Verehrung benutzt wird, der Gottheit darbringt, sondern daß er alle Meere opfern möchte mit Fischen und anderem Getier darin. Dies ist ein Teil dessen, was als „Mummenschanz" kritisiert wird. Nun – es ist ein „Handeln", das nicht törichter sein muß als das Berühren des Hutes zum Zeichen der Ehrerbietung. Der Vorwurf des Mummenschanzes, der gegen die Religionen erhoben wird, ist häufig darauf zurückzuführen, daß viele Menschen sich ein Urteil über Dinge anmaßen, die sie nicht verstehen. Unwissende und halbgebildete Menschen verstreuen überall in der Welt Unsinn, weil sie selbst töricht sind.

Āsana oder Stellungen gehören zum Yoga, mit Ausnahme des Padmāsana, das als eine allgemeine Haltung der Verehrung Teil des Mantra-Yoga ist.

Japa ist das „Aufsagen" eines Mantra. Dieser Ausdruck ist aber nicht ganz zutreffend, da es dreierlei Japa gibt: solchen, in dem das Mantra laut geäußert wird, einen anderen, in dem die Lippen nur bewegt werden, aber kein Ton vernehmbar wird, und den geistigen Japa, der nur in Gedanken gebildet wird.

Man zählt die Japas mit Hilfe eines Rosenkranzes (mālā) oder mit den Fingergliedern.

Eins der großen Mantras ist der physische Akt des Atmens. Das tägliche Atmen durch das rechte und linke Nasenloch, das automatisch geschieht, heißt Ajapa-Mantra und wird ohne Japa oder willensmäßige Anstrengung ausgeführt. Ein solches automatisch hergesagtes Mantra heißt Hangsah. Mit dem Hang strömt der Atem aus und wird mit dem Sah wieder eingezogen. Beim Aus- und Einatmen nehmen Hals und Mund eine ähnliche Stellung ein wie beim Formulieren der Buchstaben H und S. Mit anderen Worten: Das Ausatmen vollführt dieselbe Bewegung, die der Buchstabe H bildet.

Ein wichtiger Ritus, auf den sich die Tantras häufig beziehen, ist Nyāsa. Dies bedeutet das „Hinlegen“ der Hände auf verschiedene Körperteile, wobei der Verehrende sich einbildet, daß er den entsprechenden Teil des Körpers seiner Ishṭadevatā berührt. Diese Übung endet mit einer Bewegung, in der die Gottheit über den ganzen Körper „ausgebreitet“ wird. „Wie abwegig“, kann man hierauf erwidern, „die Gottheit auszubreiten wie man Marmelade auf Brot streicht“. Natürlich nicht so, denn der Hindu weiß, daß das Wort Brahman schon das überallhin ausgebreitete Unermeßliche bedeutet und deshalb nicht erst ausgebreitet werden muß. Aber das Denkorgan des Verehrenden vermag sich auszudehnen. Solches Denken und Handeln soll in dem Verehrenden die Erinnerung und Erfahrung wecken, daß er von der Gottheit durchdrungen ist. Dies bestätigt er durch körperliche Gebärden. Das Ritual besteht aus immer wiederholten Bekräftigungen. Da die Menschen und alles Seiende nach der Tantra-Lehre begrenzte Formen der unbegrenzten Kraft (shakti) sind, ist jede Form von Bekräftigung Grundregel des Rituals. Das häufige Wiederholen erinnert an die Art, wie die Kinder ihre Aufgaben lernen. Wer wirklich an seine Göttlichkeit glaubt, wird auch – in verschiedenem Ausmaß – göttlich.

Es ist nicht möglich in einem solchen Bericht mehr als einige der Hauptrituale anzugeben, und ich möchte deshalb mit der sehr wichtigen Bhūtashuddi schließen. Dieser Ausdruck besagt nicht, wie fälschlich von einem englischen Orientalisten angenommen wurde, das „Austreiben von Dämonen“, sondern ist die Reinigung der Elemente (bhūta), aus denen der Körper besteht. Es gibt deren fünf in der Wirbelsäule; ihr Mittelpunkt sind die Chakras. Das grobstofflichste liegt an der untersten Stelle des Rückgrats, die der Sitz der Kuṇḍalinī-Kraft ist. Im Yoga wird diese Kraft erweckt und durch die Wirbelsäule hinaufgeführt. Auf diesem Wege nimmt sie jedes Chakra und dessen Elemente auf, danach das psychische Zentrum. Zuletzt verbindet sie sich mit dem Geist oder reinen Bewußtsein im obersten Scheitelpunkt des Kopfes, dem „Sitz“ dieses Bewußtseins.

Im Yoga geschieht dies tatsächlich, aber es gibt nur sehr wenige Yogi, und auch nicht alle besitzen diese Macht. Deshalb findet bei der rituellen Verehrung dieser Aufstieg nur in der Vorstellung statt, ebenso wie die Reinigung des Körpers und das Verschmelzen von Materie und Denkorgan im Bewußtsein. „Der Mensch der Sünde“ wird im geistigen Feuer verbrannt, und ein neuer Körper wird geschaffen, der erfrischt ist vom Nektar göttlicher Freude, die aus der Vereinigung mit dem „göttlichen Paar“ (Shiva und Shakti) oder mit dem Bewußtsein und seiner

Kraft entsteht. Dieser Vorgang vollzieht sich in der Einbildung des Anbetenden und ist nicht erfolglos, da – wie es die Chhāndogya-Upaniṣhad ausdrückt: „Der Mensch das wird, was er denkt". Auch das Gandharva-Tantra sagt: „Wenn man an Das denkt, wird man zum Das."

Im Kuṇḍalinī- oder Laya-Yoga werden fortschreitend alle begrenzten und gesonderten Formen der Erfahrung, das heißt die Teil-Wirklichkeiten, in das ursprüngliche, nicht unterbrochene Ganzheitliche aufgenommen, das die Gemeinsamkeit von Shiva und Shakti ist. Das Endliche geht ein – oder besser gesagt – breitet sich aus in das Unendliche, das Teil in das Ganze, das Denkbare und Meßbare in das Unausdenkbare und Unermeßliche. Bei der Verehrung wird dieser Vorgang in der Einbildung vollzogen. Im Zeitlichen werden Denkorgan und Körper in den Zustand verwandelt, der für die geistige Erfahrung geeignet ist. Dieser ist der Samādhi des Yoga, die Ekstase, das „Heraustreten" des Geistes aus seinen begrenzenden Umhüllungen. Nun wird das Bewußtsein zu Pūrṇa, dem Ganzheitlichen.

XXII. Kapitel

VEDĀNTA UND TANTRA-SHĀSTRA

Will man nicht nur über den Vedānta reden, dann ist eine bestimmte Sādhanā notwendig. Im großen Eingangs-Kapitel des Kulārṇava-Tantra heißt es: „In dieser Welt leiden zahllose Wesen verschiedenste Arten von Pein. Das Alter wartet wie eine Tigerin. Das Leben fließt fort wie Wasser aus einem zerbrochenen Krug. Krankheit tötet wie ein Feind. Reichtum ist nur ein Traum; Jugend gleicht einer Blume. Das Leben blitzt auf und schwindet wieder. Der Körper ist wie eine Wasserblase. Wie kann man dieses wissen und doch zufrieden sein? Der Jīvātmā durchläuft zahllose Daseinsformen (lakhṣ), aber nur als Mensch kann er die Wahrheit erlangen; doch es ist sehr schwer, als Mensch geboren zu werden. Darum ist ein Selbstmörder, wer nicht weiß, was ihm gut tut, nachdem er solche außergewöhnliche Geburt empfangen hat.

Einige, die den Wein der Täuschung getrunken haben, verlieren sich in weltlichem Trachten, kümmern sich nicht um die Flucht der Zeit und werden nicht vom Anblick der Leiden berührt. Andere haben sich in den tiefen Brunnen der sechs Philosophien gestürzt und sind nur eitel Disputierende, hin und her treibend auf dem verwirrenden Meer der Vedas und Shāstras. Tag und Nacht studieren sie und lernen Worte. Andere wieder, die vom Selbstdünkel überwältigt werden, reden, ohne echte Erfahrung zu besitzen. Worte und Gespräche allein können nicht die Trugbilder des dem Kreislauf der Welten Unterworfenen vertreiben. Dunkelheit wird nicht durch bloßes Aussprechen des Wortes „Lampe" verscheucht. Was also muß man tun? Es gibt viele Shāstras, das Leben aber ist kurz, und Millionen von Hindernisse stellen sich in den Weg. Darum sollte man den Wesenskern dieser Lehren beherrschen, so wie Hangsa die Milch von dem Wasser trennt, mit der sie vermischt ist."

Es heißt ferner, daß allein Erkenntnis zur Befreiung führen kann. Was aber ist solche Erkenntnis, und wie ist sie zu erlangen? Erkenntnis ist im Sinn der Shāstras tatsächliche, unmittelbare Erfahrung (sākshātkāra), nicht nur bloßes Lesen heiliger Bücher, wie nützlich solches Studium auch als Vorbereitung sein mag.

Solche erkennende Erfahrung ist nur durch Sādhanā zu erlangen. Dieses Wort kommt von der Wurzel „sadh", sich bemühen. Man muß sich anstrengen, um die Vorschriften zu verwirklichen, die die verschiedenen Weltreligionen ihren Schülern geben. Viel Sinnloses wird über das Ritual geredet. Manche übersehen die Tatsache, daß es nur ein Mittel auf dem Wege zum endgültigen Ziel ist. Aber es ist dennoch ein notwendiges Hilfsmittel. Dieses Ziel wird nicht erlangt, wenn man nur in Padmāsana-Stellung sitzt und über das Nirguna-Brahman zu meditieren sucht. Wie aber kann die Wahrheit des Vedānta erfahren werden? Das indische Shāstra will hierfür dem indischen Körper und Denken angepaßte Hilfsmittel geben. Welches Shāstra? Nicht das Karma-Kānda der Vedas, da dieses mit Ausnahme weniger noch überlebender Riten, wie etwa des Homa, überaltert ist. Die gültigen Vorschriften stehen in den Tantras der Āgamas.

Ich ziehe diese Bezeichnung dem Ausdruck „Tantra" vor, der jetzt allgemein gebräuchlich ist, doch einem Mißverständnis entstammt und zu weiteren führt. Tantra bedeutet Einschärfung (vidhi), Anordnung (niyama) oder Abhandlung, das heißt einfach Shāstra. So nannte Shaṅkara das Sāṅkhya „Tantra". Man kann aber ebensowenig von „dem" Tantra sprechen wie von „der" Abhandlung. Wir reden nicht von dem Purāṇa oder Samhita, sondern von den Purāṇas und Samhītas; warum dann von „dem" Tantra? Man sollte besser von den Tantras oder dem Tantra-Shāstra sprechen. Tatsache ist, daß es ein Āgama verschiedener Schulen gibt, ein Āgama der Shaiva, Shākta und Vaiṣhṇava. Shiva und Shakti sind eins. Der Shaiva (im engen Sinn) verehrt vorwiegend die rechte Seite der Ardhanarīshvara-Mūrti, der Shākta die linke (vāma- oder shakti-)Seite, da der Platz der Frauen links ist. Der Vaiṣhṇava-Āgama ist das berühmte Pañcharātra, wenn es auch Tantras gibt, die nicht zu dieser Schule gehören, in der Viṣhṇu die Iṣhṭadevatā ist. Die Āgamas aller Gruppen haben gemeinsame Gedanken, Ausblicke und Übungen, aber auch gewisse Unterschiede. So ist der nördliche Shaivaāgama, der auch Trika genannt wird und nicht „das Tantra", ebenso wie das Shākta-Tantra Advaita. Die südliche Shaiva-Schule, die Shaiva Siddhānta und nicht „das Tantra" heißt, ist ebenso wie der Vaiṣhṇava-Āgama oder das Pañcharātra (und nicht „das Tantra") Viṣhiṣhṭādvaita.

Die Verschiedenheiten im Ritual stammen aus der unterschiedlichen Ishtadevatā-Verehrung. Nur in einigen Gottesdiensten wurden Tieropfer dargebracht, und nur eine Gruppe von Anbetern benutzte Riten, die zu den Mißbräuchen führten, die „das Tantra" in Verruf brachten. Es heißt, daß Shiva-Mantra lehre, in Entsprechung zum Dakṣhiṇopāsana, daß ein Mensch, der Fleisch ißt, niemals Siddhi erlangen wird.

Jede dieser Schulen hat ihre eigenen Tantras. Wahrscheinlich gab es Tausende von ihnen. Der Shaiva Siddhānta spricht von 28 Haupt-Tantras oder Āgamas mit vielen Upatantras. In Bengalen werden 64 erwähnt. Es gibt zahllose Tantras der nördlichen Shaiva-Schule, unter denen die Mālinīvijaya- und die Svachchhanda-Tantras die führende Rolle spielen. Die ursprüngliche Beziehung zwischen den Shaiva-Schulen des Nordens und Südens erhellt sich durch die Tatsache, daß beide gemeinsame Bücher besitzen, wie die Mātanga- und Mrigendra-Tantras. Das Pañcharātra besteht aus vielen Tantras, wie den Lakshmī- und Padma-Tantras und aus anderen Werken, die Samhītās genannt werden.

Im Kommentar zur Brahma-Samhīta die der „Kern des Viṣhṇuismus" genannt wird, bezieht sich Jīva Goswāmi immer wieder auf das Gautamīya-Tantra. Woher aber stammt dann die unwissende Vorstellung, daß (um den Ausdruck einer englischen Arbeit über den tibetischen Buddhismus zu benutzen) die Bezeichnung „Tantra" nur auf die Zauberbücher der späteren Shiva- oder Shakti-Mystik beschränkt ist? Ich kann dies nur so verstehen, daß Menschen, die solches behaupten, nichts von den Tantras als Gesamt wissen und vielleicht bis zu einem gewissen Grad irregeführt wurden, weil die Bengalen den Ausdruck „Tantra“ nur für die in Bengalen geläufigen Shākta-Tantras benutzten. Natürlich nannten die Bengalen ihre Tantras „das Tantra“, aber hieraus folgt nicht, daß dieser Ausdruck wirklich der Tatsache entspricht. Ich kann diesen Punkt hier nicht weiter ausführen, möchte aber eine allgemein übliche Ansicht richtigstellen.

In diesen Tantras oder Āgamas sind Ritual und Sādhanā aufgezeichnet, die das rechtgläubige tägliche Leben bestimmen. Auch einige Purāṇas enthalten tantrische Rituale.

Es sollen hier nicht die Verdienste oder Schäden dieser verschiedenen Sādhanā-Formen aufgezeigt werden, aber jeder muß den Wert der bedeutsamen Lehre anerkennen, den der Āgama darlegt, nämlich, daß bloßes Reden über Religion und ihre Wahrheiten keinen geistigen Erfolg zeitigen wird. Es muß gehandelt werden. Bestimmte Mittel sind anzuwenden, wenn die Wahrheit verwirklicht werden soll. Der Vedānta ist nicht reine Spekulation, wie manche westliche Orientalisten behaupten. Er erhebt den Anspruch, eine Erfahrung zu sein. Die Āgamas behaupten, daß man Siddhi erlangt, wenn man ihren Anweisungen folgt. Ein tibetischer Buddhist erklärte mir einmal, daß seine Leute die Tantras eher für eine wissenschaftliche Entdeckung als für eine Offenbarung hielten. Das heißt, als etwas Selbstgefundenes und nicht von außen Mitgeteiltes. Die Tantras aber erheben den Anspruch, durch Offenbarung gewonnene Mittel zu sein, die zur Entdeckung der Tattvas oder anderer Dinge führen. Ob man nun ihre Anweisungen befolgt oder nicht, irgendeiner muß man folgen. Darum hat jeder frühe Glauben sein Ritual. Nur in der heutigen Zeit halten Menschen, die wenig Verständnis für solche Fragen haben, das Ritual für unnötig. Sie verurteilen es auf Grund zweifellos vorhandener Mißbräuche einer mechanischen und unvernünftigen Verehrung. Aber man darf nicht etwas an sich für schlecht halten, nur weil es mißbraucht wird.

Der Āgama ist, wie es ein Freund von mir richtig ausdrückt, eine praktische Philosophie und es ist – wie er hinzufügt – gerade diese Art von Philosophie, die die intellektuelle Welt heute am meisten braucht, eine Philosophie, die nicht nur erörtert, sondern Erfahrung vermittelt. Er betont mit Recht, daß die jüngsten Bestrebungen der heutigen westlichen Philosophie nach intuitiver Erfahrung verlangen, während es früher ihr Bestreben war, die Dialektik zu verherrlichen. Aber die Intuition muß mit Hilfe der Sādhanā zu immer höherer Möglichkeit gesteigert werden. Diese Sādhanā ist nichts anderes als die allmähliche Entfaltung des umfassenden Vorrats an geistigen Kräften der Freude und Schau, die jeder latent in sich trägt. Alles ist hier. Es ist nicht nötig, die Augen himmelwärts zu richten. Das Viṣhvasāra-Tantra lehrt: „Was hier ist, ist auch dort, was nicht hier ist, ist nirgendwo.“ Wie ich schon sagte, will ich hier nicht auf die Wahrheit oder Nützlichkeit irgendeiner bestimmten Religion oder Methode eingehen (eine Frage, die jeder für sich selbst beantworten muß), sondern nur herausstellen, daß in Wahrheit alle Religion eine geistige Erfahrung ist und auf dieser beruht. Will man solche Erfahrung gewinnen, so genügt es nicht, daß man darüber spricht oder einen undeutlichen Wunsch danach hat. Man muß vielmehr ganz bestimmte, wohl berechnete Mittel anwenden, um sie hervorzurufen. Der Āgama behauptet, solche

Mittel zur Verfügung zu haben und ist somit die praktische Anwendung der Lehre des Vedānta. Die Losung jeder Tantrik ist Kriyā – Tun und Handeln. In dem nützlichen Sammelwerk Yatidharmanirṇaya steht, daß selbst die Daṇḍins der Shāṅkara-Schule ein tantrisches Ritual befolgen, das ihrem Zustand angemessen ist. Tatsache ist, daß alle, die noch nicht Vollendung erreicht haben, handeln müssen.

Dies führt mich dazu, noch ein Wort über Swāmi Vivekananda zu sagen: Dieser war immer bereit zu handeln. Die an ihm am meisten zu bewundernden Eigenschaften waren seine Tatkraft, seine Männlichkeit und sein Mut. Es gibt immer noch Inder (wenn auch glücklicherweise nicht so viele, wie vor 30 Jahren, als ich zum ersten Male nach Indien kam), die sich ihres Lebens, ihrer Bräuche, Rasse, Kunst, Philosophie, Religion und so fort schämen und sich deshalb entschuldigen. Vivekananda gehört nicht zu ihnen. Er war im Gegenteil einer der ersten, die ihren Hindu-Glauben behaupteten und jeden kühn herausforderten, der diesen angriff. Dies war die Haltung eines Mannes.

Ebenso männlich ist es, wenn man nach eingehenden Studien und Kenntnissen den Hindu-Glauben ablehnt, weil man findet, daß die Lehren, die er predigt, nicht den eigenen Gedanken entsprechen. Denn wir müssen unter allen Umständen, im Denken wie in allem anderen, ehrlich sein. Dies ist ganz etwas anderes als die schamvolle Entschuldigung, von der ich sprach, und die überhaupt nichts besagt. Swāmi Vivekananda lehrte und handelte. Deshalb müssen ihn alle ehren, die, ungeachtet ihrer eigenen Religion, Klarheit, Wahrhaftigkeit und Mut, die Kennzeichen jeder edlen Gesinnung, schätzen.

XXIII. Kapitel

DIE PSYCHOLOGIE DES RELIGIÖSEN HINDU-RITUALS

Das Wort „religiös" soll besagen, daß ich mich nicht mit dem magischen Ritual beschäftigen will, wenn ich auch einige Worte darüber sagen möchte.

Zu dem Wort „Hindu" sei hinzugefügt, daß es eine beträchtliche Anzahl von Lehren und Ritualen in den vielen Schulen gibt, die in Indien Gott verehren. Wenn im allgemeinen vielleicht zuviel Betonung auf die Unterschiede gelegt wird, und man die grundlegenden Punkte der Übereinstimmung nicht genügend beachtet, so sind doch diese Unterschiede vorhanden, und wir dürfen, wollen wir genau sein, diese nicht vergessen. Natürlich ist es nicht möglich, in kurzer Zusammenfassung alle zu erwähnen; darum habe ich als Beispiel das Ritual einer dieser Schulen ausgesucht, deren Anhänger Shāktas genannt werden. Sie heißen so, weil sie die Mutter-Kraft oder Mahāshakti verehren. Ihre Lehre und Übung ist bedeutsam, weil sie nach Aussage eines modernen italienischen Autors die Betonung auf Willen und Kraft legen. Er nennt sie eine wunderbare Verbindung von Metaphysik, Magie und Anbetung, die auf einem großartigen Fundament gründet. „Ich glaube, daß dies zutrifft, gleichgültig, ob man Lehre und Übung der Shāktas annimmt oder nicht. Einiges, was im weiteren Verlauf von ihnen gesagt wird, kann für alle Schulen gelten, einiges nur für sie."

Der Ausdruck „Ritual" bezieht sich auf die Kunst in Religion und Magie. Dennoch wird mit dem Ritual mehr das Magische als das Religiöse verbunden. Denn Magie ist ein Ritual, wenn man damit geistige wie körperliche Tätigkeit meint, während Religion, im umfassenden Sinn von Dharma, nicht nur rituelle Verehrung ist, sondern auch die Ethik mit einschließt. So heißt es sehr zutreffend: „Der höchste Dharma ist, anderen Gutes zu tun." Wir wollen aber nicht vom Ritual im Sinn des Dharmas sprechen. Viele Jahre lang war das Ritual Gegenstand von Streitereien. Einige sind dafür, andere fanatische Gegner. Wie überall, beweist auch hier Indien seine große ausgleichende Weisheit. Es hält (und ich spreche hier nur von denen, die den alten Wegen folgen) das Ritual notwendig für die Masse der Menschen und nimmt damit die sogenannte „katholische" Haltung ein. Auf der anderen Seite macht Indien aber auch der protestantischen Seite Zugeständnisse, indem es voraussetzt, daß der Mensch, je geistiger er sich entwickelt, immer weniger von äußeren Dingen abhängig ist und deshalb auch immer weniger des Rituals bedarf, das er auf der höchsten Stufe der Entwicklung überhaupt entbehren kann.

Nun noch ein Wort über „Psychologie". Um das Ritual zu verstehen, muß man die Psychologie des Volkes begreifen, für die es gilt. Und um dessen Psychologie zu verstehen, müssen wir seine Metaphysik kennen. Manche meinen diese entbehren zu können, aber die Inder waren im Verlauf ihrer ganzen Geschichte vorwiegend Denker. Die drei am stärksten metaphysisch eingestellten Völker sind: die Griechen und Inder – sowohl Brahmanen wie Buddhisten – in der Vergangenheit und in der neueren Zeit die Deutschen. Griechisch, Sanskrit und Deutsch sind Sprachen, die vor allem für die Metaphysik geeignet sind. So müssen wir uns mit dieser beschäftigen, wenn wir von dem Ritual der Hindu sprechen. Doch will ich auf dieses Thema nicht näher eingehen, als es unbedingt für das Verständnis der vorliegenden Frage notwendig ist.

Wenn wir um uns blicken, nehmen wir überall Kraft oder Shakti wahr. Die Welt wird Jagat genannt, das heißt „das Bewegliche", weil die alten Inder, die heutigen wissenschaftlichen Ergebnisse vorwegnehmend, alles, was nicht Brahman an sich (svarūpa) ist, in einem Zustand unaufhörlicher Tätigkeit sahen. Solche Bewegung entstammt entweder der innewohnenden Kraft der Gedanken und der Materie oder einer Ursache, die dem Weltall innewohnt, doch nicht ganz von ihm manifestiert wird, sondern es überschreitet. Letztere Ansicht ist die Meinung der Inder. Kraft setzt einen Kraftträger (shaktimān) voraus. Die Kraft als Weltall wird Saṁsāra genannt. Der Zustand der Kraft an sich, das heißt der Zustand des Kraft-Trägers ist (um eine der bekanntesten Bezeichnungen zu benutzen, wenn es auch andere gibt) Nirvāṇa.

Was aber bedeutet Erfahrung im Saṁsāra, in der Welt der Formen, deren Gesetz Dharma ist? Form schließt notwendig Dualität und Begrenzung ein. Darum ist die Erfahrung im Saṁsāra eine Erfahrung der Form durch die Form. Es ist begrenzte dualistische Erfahrung – begrenzt oder Apūrṇa (nicht das Ganze oder Vollkommene) in bezug auf den Zustand des Nirvāṇa, der die ganze (pūrṇa), vollkommene oder vollendete Erfahrung ist. Während diese Allwissenheit und Allmächtigkeit ist, bildet der Mensch eine Verengung (saṅkocha); er ist ein „wenig Wissender" und „wenig Tuender". Der Kraft-Träger wird Shiva-Shakti genannt. Denn das Weltall, als Manifestation der übersinnlichen Shiva-Shakti, ist auch an sich Shiva-Shakti. Shiva und Shakti sind die Zwillingsaspekte der einen gleichen Wirklichkeit. Shiva drückt den männlichen, unwandelbaren Aspekt der Göttlichkeit aus, während Shakti ihren veränderlichen weiblichen Aspekt darstellt. Beide zusammen sind Haṁsah. Denn Ham ist Shiva und männlich, während Sah Shakti und weiblich ist. Haṁsah ist der „Vogel" der Legende, der – wie es in dem Gedicht „Die Woge der Glückseligkeit" heißt – „auf den Wassern der Gedanken des Großen schwimmt".

Der nichtmanifestierte Shiva-Shakti-Aspekt ist unbekannt und wird nur im Samādhi, in der Ekstase des Yoga erfahren. Der Shakti-Aspekt aber, der sich im Weltall manifestiert, ist dem Shākta-Verehrer nahe. Er kann ihn sehen und berühren, denn er erscheint ihm als Weltall. Darum heißt es: „Was kümmert mich der Vater, wenn ich auf dem Schoß der Mutter sitze?" Sie ist die Magna Mater der Mittelmeer-Zivilisation, die Mahādevī Indiens, jenes erhabene Bild, dessen ausgefalteter Körper das Weltall, dessen Brüste Mond und Sonne sind. Der „wahn-sinnige", weintrinkende Sadhu Bhāma meinte diese große Mutter, als er zu einem Bekannten von mir, der seine Mutter verloren hatte, die Worte sprach: „Irdische Mütter und die an ihren Brüsten saugen, sind sterblich. Unsterb-

lich aber sind jene, die Nahrung empfangen von der Brust der Mutter des Weltalls."
Sie nimmt persönliche Gestalt in den Gestalten aller Lebewesen des Weltalls an und ist zugleich als innerstes Wesen das höchste persönliche Wesen (parāhanta), das sich als „tätiger Gott" manifestiert.

Warum aber, mag man fragen, wird Gott als Mutter dargestellt? Dieser Frage könnte eine andere entgegengehalten werden: „Warum wird Gott Vater genannt?" Ist Gott doch ohne Geschlecht. Man spricht von der Gottheit als Mutter, weil sie „das Weltall empfängt, trägt, gebiert und nährt". Bei der Zeugung ist der Mann nur der Helfende. Der Gelehrte mag diese Vorstellung der Mutter „kindlich" oder eine „Vermenschlichung" nennen. Der Shākta aber schreckt nicht vor solchem Bild zurück und wird antworten, daß er es nicht willkürlich erfunden hat, sondern daß sich die Mutter seinem Denken in dieser Gestalt offenbarte. Der große Shākta-Dichter Rāmaprasāda sprach: „Durch das Gefühl (bhāva) wird sie erkannt. Wie sollte dann Abhāva (Mangel an Gefühl) sie finden?" Man erinnere sich auch an den anderen Vers dieses Dichters: „Wenn ich verstehe und wenn ihr meine Gedanken versteht, was macht es dann aus, ob irgendein anderer sie versteht oder nicht?"

Wollen wir diese Frage sachlicher und von einem metaphysischen Standpunkt aus betrachten, dann müssen wir zweierlei bedenken: Die begrenzte Erfahrung des Saṁsāra oder das Werden und die vollkommene Erfahrung oder das übersinnliche Sein, Nirvāṇa. Dieser Zustand bedeutet dem Shākta nicht reines abstraktes Sein, sondern, als Ergebnis eines folgerichtigen Denkens, ist er für ihn eine reiche, konkrete Erfahrung, ein Zustand, der so mächtig ist, daß er aus sich selbst das Weltall hervorzubringen vermag und deshalb den Samen oder Kern dieses Weltalls in sich trägt. Es ist ein Fehler, anzunehmen, daß Menschen, die zu diesem Zustand gelangen, dadurch irgend etwas Wertvolles verlieren.

Vor allem also sei festgehalten, daß es diese beiden Zustände gibt, die die Erfahrung bestätigt. Für den ersten genügt die gewöhnliche Erfahrung dieser Welt, der zweite bedarf einer außergewöhnlichen geistigen Erfahrung. Denn nach Meinung des Hindu wird der höchste Zustand nicht durch Spekulation oder Erörterungen bezeugt, auch wenn diese ihn unterstützen können, sondern durch tatsächliche geistige Erfahrung.

Als zweites ist zu beachten, daß diese zwei Zustände nur einer sind. Wir dürfen nicht an „Schöpfung" in dem Sinn denken, daß ein unendlicher Bruch zwischen Gott und Mensch besteht, und der Mensch deshalb niemals Gott werden kann. Denn nach der Lehre des Vedānta ist auch die zusammengezogene Kraft in ihrem Wesen die gleiche wie Gott. Es herrscht Einheit (abheda) im Kern und Verschiedenheit (bheda) in der Manifestation. In ähnlicher Weise unterscheidet die Philosophie des Islam zwischen dem unabhängigen Zat oder der Wesenheit und der abhängigen und abgeleiteten Eigenschaft, dem Sifat. Das Wesenhafte ist eins, die Manifestation ist verschiedenartig. So sind beide weder identisch noch voneinander getrennt. Die Hindus nennen dies Abheda-Bheda.

Der dritte Punkt besagt, daß der Mensch diese seine Kraft durch eigene Bemühung und durch die Gnade seiner Schutzgottheit so sehr steigern kann, daß er eins mit der Gottheit wird. Es heißt deshalb, daß „durch die Verehrung

Vịshṇus der Mensch Vịshṇu wird". Ein Wesen oder ein Ding kennen, heißt – nach dem nichtdualen Vedānta – dieses sein. So kann der Mensch von der begrenzten Erfahrung oder dem Saṁsāra aus zur vollkommenen Erfahrung oder dem Nirvāṇa aufsteigen. Dieser „großartige Lehrsatz" – um ein Wort von Brian Hodgson („Nepal") zu gebrauchen –, nach dem das endliche Denkorgan zum unendlichen Bewußtsein erhoben werden kann, gilt auch für den Buddhismus.

Die praktische Frage ist nun, wie man diese Erfahrung der Einheit mit der Gottheit, wie man ihre Kräfte und Eigenschaften erlangen kann, und die Antwort lautet: durch Sādhanā und Yoga.

Sādhanā – „sadh", sich um ein besonderes Ergebnis, Siddhi, bemühen – bezieht sich auf jede Anstrengung, im Wunsch, diese zur Vollkommenheit auszuführen, und Siddhi zu erlangen. Wer mit Erfolg sein Ziel erreicht, ist ein Siddha. Hier aber bezieht sich Sādhanā auf die rituelle Verehrung oder Magie. Ein Sādhaka ist immer ein Dualist, welche Lehre er auch vertreten mag, da Verehrung einen Gegenstand der Verehrung und einen Verehrenden voraussetzt. Das höchste Ziel religiöser Verehrung sucht die himmlische Behausung der verehrten Göttlichkeit zu erreichen. Dieser Himmel aber ist nicht Nirvāṇa, denn dieses ist ein gestaltloser Zustand, während der Himmel eine erfreuliche Wohnstätte, ein Zwischenzustand zwischen Tod und Wiedergeburt ist.

Nach gewöhnlicher Ansicht ist die rituelle Verehrung eine Vorbereitung für den Yoga. Wenn ein Mensch in der Sādhanā zum Siddha geworden ist, wird er reif für den Yoga, und wenn er darin zum Siddha geworden ist, empfängt er vollkommene Erfahrung. So ist Yoga der Vorgang, durch den der Mensch von begrenzter zu vollkommener Erfahrung aufsteigt. Die Sādhanā, mit der ich mich jetzt beschäftige, ist religiöser Art, eine geistige Anstrengung, um ein moralisches und geistiges Ziel zu erreichen, wenn auch materieller Segen von der verehrten Gottheit erwartet werden kann.

Magie ist die Entwicklung von übergewöhnlichen Kräften, indem man entweder die natürlichen Fähigkeiten erweitert oder Wesen und Mächte der Natur beherrscht. Ich benutze den Ausdruck „übergewöhnlich" und nicht „übernatürlich", weil alle Kraft natürlich ist. So kann einer mit seinen Augen bis zu einer gewissen Weite hinsehen, ein anderer mit besseren Augen aber sieht noch weiter. Mit einem Teleskop wird sich seine Sicht noch erweitern, da dieses eine wissenschaftliche Ausweitung der natürlichen Sehfähigkeit ist. Über und jenseits solcher Schau steht die „magische" Ausweitung der Sehkraft, die Hellsehen genannt wird. Diese Kraft ist natürlich, aber nicht gewöhnlich. Doch hat man Magie (die auch mißbraucht werden kann) ohne Unterschied verdammt. Ob eine Tat gut oder schlecht ist, hängt von der Absicht und den Umständen ab, die mit ihr verbunden sind. Das gleiche gilt für die Beurteilung, ob eine Handlung alltäglich oder magisch ist.

So mag ein Mensch als Selbstschutz zur Verteidigung seines Lebens physische Mittel anwenden, auch wenn er dadurch den Tod seines Gegners verursacht. Töten ist in solchem Fall nicht einmal schlecht, auch wenn die angewendeten Mittel „magischer" Art sind. Auf der anderen Seite bedeutet schwarze Magie oder Abhichāra das Schädigen eines anderen ohne rechtmäßige Entschuldigung. Dies verdammt die Schrift (shāstra) als schwere Sünde. So heißt es im „Kulārṇava-Tantra“ (XII, 63): „Ātmavat sarvabhūtebhyo hītam kuryyāt Kuleshvari“, das heißt, ein Mensch sollte anderen nicht Schaden sondern Gutes zufügen, als wären sie sein eigenes Selbst.

In den Tantra-Shāstras werden magische Rituale angegeben, und klassische Werke beschäftigen sich in umfassender Weise mit diesem Thema. Es wäre aber ein Fehler, wolle man annehmen, daß eine Beschreibung dieser Übungen schon eine Befürwortung bedeutet. Ein Buch über Gerichtsmedizin kann die Substanzen angeben, mit denen ein Mensch vergiftet wurde und die Art, wie dies geschah, ohne deshalb einen Mord zu billigen. Wenn man magische Riten für kindlichen Aberglauben hält, zeugt dies von mangelndem Verständnis. Das objektive Ritual weckt die Gedankenstrahlen, unterstützt sie und dient ihnen. Denn diese sind, nach Lehre der Hindus, nicht weniger machtvoll als die physikalischen Strahlen, die wir X-Strahlen nennen und ähnliche. Man wußte längst in Indien, was jetzt auch dem Westen bekannt wird, daß das Denkorgan nicht nur eine passive Spiegelung von Gegenständen, sondern eine große und aktive Kraft ist. Doch will ich mich nicht weiter mit diesem Thema beschäftigen, sondern über die religiöse Verehrung sprechen.

Das religiöse Ritual ist entweder formal (Karma – wie der Hōma-Ritus) oder dient der Anbetung (upāsanā), je nachdem ob die ausgeführte Handlung den Karma- oder Upāsanā-Kāṇḍas zugehört, die mit dem Jñāna-Kāṇḍa zusammen, die dreifache Einteilung des Veda bilden. Die Unterscheidung zwischen Karma und Upāsanā ist folgende: Im rituellen Karma erzielt man ein Ergebnis durch Vollzug von Riten wie jene des Hōma, die unabhängig sind von den Bemühungen des Sādhaka, vorausgesetzt, daß das Ritual genau befolgt wird. Dagegen hängt das Ergebnis der Upāsanā oder der psychologischen Verehrung von der persönlichen Hingabe des Anbetenden ab, ohne die der Akt nutzlos ist. Upāsanā oder Verehrung kann auf grobstoffliche (sthūla) oder auf feinstoffliche (sūkshma) Weise geschehen. Dies richtet sich nach der Fähigkeit oder dem Fortschritt des Sādhaka, des Schülers, der Sādhanā übt. Unter dem Wort „grobstofflich“ dürfen wir aber nichts Schlechtes verstehen. Es soll nur den Gegensatz ausdrücken zum „Feinstofflichen“. So bringt ein Verehrender, der seine Sādhanā vor einem äußerlichen Bild ausführt, eine grobstoffliche Verehrung dar, während jener, der in Gedanken ein vorgestelltes Bild anbetet, feinstoffliche Sādhanā ausführt. Wer tatsächlich Blumen darbringt, vollzieht eine grobstoffliche Verehrung; feinstofflich wäre in diesem Fall das Darbringen von Blumen des Gefühls.

Wir wollen nun in Kürze die vedāntische Lehre vom Denkorgan betrachten, die man kennen muß, um das Ritual zu verstehen. Es gibt kein Denkorgan ohne Materie, keine Materie ohne Denkorgan, mit Ausnahme des traumlosen Schlafes, in dem das Denken vollkommen zurückgezogen ist. Das Denkorgan hat immer einen Gegenstand. Es gibt im wörtlichen Sinn kein inhaltloses Denkorgan. Natürlich nimmt es nicht alle Gegenstände wahr, sondern nur diejenigen, auf die es seine Aufmerksamkeit richtet. Das Denkorgan ist aber nicht Bewußtsein (chit), das keine Materie besitzt, sondern ist, im Gegenteil, ein scheinbar materielles Prinzip des Unbewußten, das nur bewußt erscheint, weil es mit dem Bewußtsein verbunden ist. Nach Ansicht des Shākta ist das Denkorgan eine Art von materieller Kraft, da das Bewußtsein sich begrenzen kann und zwar so stark, daß es gleichsam unbewußt wirkt.

Wie arbeitet nun das Denkorgan ? Ein Gedankenstrahl fällt auf den Gegenstand, der seinerseits die Denksubstanz in die Form des Gegenstandes hinein bildet. Wenn also ein Mensch mit aller Kraft und ohne Zerstreuung an das Bild einer Gottheit denkt, dann nimmt seine Denksubstanz die Gestalt dieses Bildes an. Das wahrgenommene Objekt prägt sich in das Denkorgan ein, und wenn dieser Vorgang wiederholt wird, dann bewirkt er eine bestimmte Neigung, ein Saṁskāra. Wer also immerfort Gutes denkt, wird zu solchen Gedanken hingeführt und sein Charakter wird auf diese Weise geformt und verwandelt. So heißt es in der Chhāndogya-Upaniṣhad: „Was ein Mensch denkt, das wird er.“ Ebenso lehrt das Gandharva-Tantra: „Indem man über etwas meditiert, als sei es das eigene Selbst, wird man zu diesem.“ So kann man sein Denkorgan in gutes oder schlechtes verwandeln.

Das Denken wirkt auf den Körper. Im Westen sagt man, daß die Seele Gestalt hat und den Körper bildet. Jeder Gedanke bewirkt eine entsprechende Veränderung in der Hirn-Substanz.

Da nun das Denkorgan einen Gegenstand haben muß, der seinerseits wieder das Denken formt, sucht das Ritual ein gutes Objekt als Gegenstand der Verehrung aus, nämlich die Gottheit mit allen ihren guten Eigenschaften.

Der Sādhaka meditiert über diesen Gegenstand und verehrt ihn. Ununterbrochenes Denken, Wiederholen und Mitschwingen des Körpers wirken zusammen, um in der Denksubstanz eine dauernde gute Tendenz hervorzurufen. Ernsthaftes und nicht unterbrochenes Bestreben führt zur Verwandlung des Anbetenden, der sich der verehrten Gottheit angleicht. Ebenso wie derjenige, der immer nur Schlechtes denkt, schlecht wird, so wird jener, der göttliche Gedanken hat, selbst göttlich. Die Verwandlung, die in der Sādhanā beginnt, wird im Yoga vollendet, wenn der Unterschied zwischen dem Verehrenden und dem Verehrten in jenem einheitlichen Bewußtsein untergeht, das Ekstase, Samādhi oder übersinnliche vollkommene Erfahrung ist.

Einige Beispiele hierzu: Die Göttlichkeit an sich kann nicht vom Denkorgan erfaßt werden. Darum muß ein zu verehrender Gegenstand hingestellt werden, der etwas anderes ausdrückt. Dies heißt im Sanskrit: Pratīka und Pratimā. Es kann ein äußerliches Objekt oder ein erdachtes sein. Das grobstofflichste Objekt ist ein dreidimensionales Bild, das keiner Einbildungskraft bedarf. Das feinstofflichste ist das Yantra, die graphische Darstellung eines Mantra.

Die Art der Verehrung richtet sich nach der Fähigkeit des Verehrenden. In einfacher, alltäglicher Weise behandelt der Anbetende die Gottheit, die er anruft, wie einen Gast, den er nach einer Reise begrüßt, dem er Wasser für die staubigen Füße und den Gaumen reicht, dem er Blumen, Kleider und anderes darbringt. Diese Bestandteile der Verehrung werden Upāchārā genannt. In den psycho-physischen Riten einiger Shāktas, die durch Mißbrauch in Verruf kamen, sind die Funktionen des Körpers Upāchārā. Bei der Bildverehrung wird das Denkorgan in die Gestalt des wahrgenommenen Gegenstandes projiziert. Aber das Wahrnehmen eines Bildes genügt noch nicht. Der Verehrende muß die Gottheit vor sich sehen. Diese beschwört er durch einen sogenannten Willkommensgruß (āvāhana) und durch Leben-spendende (prāṇapratiṣhṭhā) Zeremonien in das Bild hinein, und bei Beendigung der Verehrung bittet er die Gottheit, sich wieder zu entfernen (visarjaṇa).

Verständnislose Menschen fragen, wie es möglich sei, daß Gott kommt und geht. Darauf ist zu antworten, daß Gott dies nicht tut. Es kommen und gehen nur die Veränderungen (vrittis) der Gedanken im Denkorgan des Sādhaka oder Verehrenden. Die Gottheit anrufen, bedeutet sich zu sich selbst und nicht zur Gottheit hinwenden, damit der Anbetende versteht, daß die Gottheit anwesend ist. Die allgegenwärtige Gottheit ist ebenso im Bild anwesend, wie in allem anderen, was der Sādhaka tut oder nicht tut. Der Sādhaka unterrichtet nur sein eigenes Denkorgan von ihrer Gegenwart. So wird er ihrer bewußt und meditiert über sie und ihre Eigenschaften. Ist er nicht zerstreut, dann werden Denkorgan und Gedanken zum Göttlichen hin geformt. Dieser gegenwärtigen Gottheit wird im objektiven Sinn wie im Geist des anbetenden Sādhaka Verehrung dargebracht. Es ist klar, daß die Verwandlung um so größer und ausdauernder ist, je ernsthafter die Verehrung durchgehalten wird. Der Körper nimmt daran teil durch entsprechende Gebärden (Mudrās), oder durch andere Handlungen wie Niederwerfen, Darbringen von Gaben und Trinkopfern und so fort. Das Ritual bewirkt eine fortschreitende Umwandlung, die zuerst nur zeitweilig stattfindet, später aber andauert. Wenn man die Gottheit bittet, sich zu entfernen, so bedeutet dies, daß der Sādhaka die Verehrung des Bildes beendet hat, nicht aber, daß sich die Gottheit auf Wunsch des Verehrenden entfernt. Ein wahrer Sādhaka trägt die Göttlichkeit immerfort in seinen Gedanken, ob er der Form nach Verehrung übt oder nicht. „Einladen" und „Entlassen" gelten nur für die Anbetung eines Bildes.

Die Verwandlung des Bewußtseins-Gefühls im Ritual mag durch eine kurze Prüfung anderer Formen erläutert werden. Die Handgebärden (mudrās) gehören allgemein zum Ritual. Bei jeder Verehrung, die eine äußere Handlung verlangt, spielt die Bewegung der Hände und des Körpers eine notwendige Rolle. Die Fisch-Gebärde z. B. bedeutet, daß der Verehrende nicht nur das wenige Wasser, das sich in der rituellen Schale befindet, opfert, sondern daß er in der Anbetung der Gottheit alle Meere mit ihren Fischen und anderem Getier zum Opfer bringen möchte. Natürlich könnte der Sādhaka diese Absicht auch ohne Gebärden ausdrücken, aber die Erfahrung zeigt, daß die Gebärde – wie dies bei öffentlichen Ansprachen der Fall ist – den Gedanken verstärkt und verdichtet. Denn der Körper ist so angelegt, daß er mit dem Gedanken sich bewegt.

Hier spreche ich nur von rituellen Gebärden, die Bezeichnung Mudrā aber wird auch für Körperstellungen im Hatha-Yoga angewendet, der eine Gesundheit vermittelnde Gymnastik ist. Āsana oder Sitz spielt eine größere Rolle im Yoga als in der Sādhanā. Die Hauptregel des Āsana ist das Einnehmen einer bequemen Stellung, die die Meditation und die Verehrung im allgemeinen begünstigt. Wenn man sich nicht wohl fühlt, zerstreuen und beunruhigen sich die Gedanken. Mudrā wie Āsana helfen darum der Verehrung, Pūjā, deren Grundgedanken schon beschrieben wurden.

Japa ist das Aufsagen des Mantra, und dieses ist die göttliche Kraft oder Daivī-Shakti, die sich in einem Klangkörper manifestiert. Im Shāstra heißt es, daß zur Hölle fährt, wer ein Bild für bloßen Stein, Mantras nur für Buchstaben und einen Guru lediglich für einen Menschen hält und nicht für eine Offenbarung und Vertretung Gottes, des höchsten Meisters, des Erleuchtenden und Führenden. Das Hauptmantra ist Om, das dem menschlichen Ohr den Klang der ersten allgemeinen Bewegung der göttlichen Kraft zur Manifestation des Weltalls hin wiedergibt. Alle anderen Mantras sind besondere Bewegungen und Klänge (denn beide gehören zusammen), die von dem Einen abgeleitet werden. Hier sucht der Sādhaka seine Einheit mit dem Mantra oder der Göttlichkeit zu verwirklichen und in dem Maße, als er dies vermag, unterstützt die Mantra-Kraft (mantra-shakti) seine Kraft der Anbetung (sādhanā-shakti). Dieser Ritus ist auch eine Darstellung des Grundsatzes, daß Wiederholung zur Vollkommenheit führt, wenn sie Tausende von Malen geschieht (und dies ist möglich).

Japa ist von dreierlei Art: Es ist grobstofflich, feinstofflich oder von höchster Art. Im ersten Fall wird das Mantra laut wiederholt, wobei der objektive Körper-Aspekt oder Klang vorherrscht; im zweiten Fall ist kein Ton zu vernehmen, aber Lippen und andere Organe nehmen die Stellung ein, die, zusammen mit dem Luftzug den Klang der Buchstaben hervorbringt; im dritten Fall wird der Japa nur in Gedanken vollzogen, das heißt, das Göttliche oder der subjektive Aspekt wird betont. Dies ist ein Hilfsmittel zur gedanklichen Verwirklichung der Einheit von menschlicher und göttlicher Kraft.

Nyāsa ist ein wichtiger Ritus. Das Wort bedeutet „stellen" – das heißt das Auflegen der Hände des Sādhaka auf verschiedene Stellen seines Körpers, wobei er das entsprechende Mantra aufsagt und sich einbildet, daß er die Körperteile der Gottheit berührt. Dieser Ritus endet mit einer Handbewegung, die die Gottheit über den ganzen Körper „ausbreitet", in der Annahme, daß sie seinen Körper durchdringt, erneuert und vergöttlicht. Indem er den Körper der Gottheit für seinen eigenen hält, reinigt er sich und bestätigt seine Einheit mit der Devatā.

Wesentlich bei allen Riten ist die Reinigung der Elemente, aus denen der Körper besteht. Es sind vor allem die Zentren in der Wirbelsäule, von ihrer Wurzel bis zum Hals. Zwischen den Augenbrauen liegt das sechste geistige Zentrum oder Chakra, das Denkorgan. Am Scheitel des Kopfes oder Gehirns befindet sich das Bewußtsein an sich. Nicht als ob dieses überhaupt einen Mittelpunkt hätte, der auf irgendeine Weise lokalisiert werden könnte, aber an diesem Punkt wird es am wenigsten von Denkorgan und Materie verschleiert und manifestiert sich deshalb hier am stärksten. Es ist die Wohnstätte der übersinnlichen Shiva-Shakti, des Kraft-Trägers. In diesem „tausendblättrigen" Lotus vereint sich die immanente kosmische Kraft, die Kuṇḍalinī-Shakti mit Shiva, dem reinen Bewußtsein. Durch diese Vereinigung wird der Körper mit dem Nektar durchtränkt, der unsterbliches Leben ist. Dies ist die Ekstase, die Ehe des inneren göttlichen Mannes und Weibes. Metaphysisch gesprochen, tritt für die Dauer dieser Verbindung die höchste Erfahrung an die Stelle der Welt-Erfahrung.

Dies ist der wirkliche Vorgang im Yoga, der im Ritual (denn nicht alle sind Yogi) nur vorgestellt wird. In der Einbildung wird der „Mensch der Sünde" (pāpapuruṣha) vom geistigen Feuer verbrannt. Kuṇḍalinī nimmt die Zentren in sich auf und badet sie im Nektar. Durch die gedankliche Vorstellung dieses Vorganges werden Denkorgan und Körper gereinigt, und das Denkorgan erfährt die Einheit des Menschen mit der höchsten Kraft, deren begrenzte Form er ist, erfährt, wie dadurch das Weltall in Shiva-Shakti hineingenommen und wieder entfaltet wird.

Diese und auch andere Rituale erfüllen das Denkorgan des Sādhaka mit dem Gedanken an die höchste Kraft und die wesenhafte Einheit mit ihr, so daß er immer mehr zu dem wird, was er denkt. Seine Veranlagung (bhāva) wird geläutert und geheiligt, soweit dies in der Welt möglich ist. Mit der Zeit erreicht er Vollkommenheit in der Sādhanā und erlangt, durch die Reinigung und Erleuchtung des Denkorgans, Wissen und Befreiung von der Welt. So wird er für den Yoga geeignet. Durch Vollendung im Yoga fallen alle Begrenzungen der Erfahrung fort, wird Nirvāṇa erlangt.

Es heißt im allgemeinen, daß die Freude (bhoga) nur kettet, während der Yoga befreit. Freude aber bedeutet nicht nur etwas Schlechtes (adharma). Natürlich schafft niedrige Freude Bindungen und führt zur Hölle. Auch gute, das heißt rechtmäßige Freude schafft Bindungen, doch ihre Frucht ist der Himmel. Bhoga bedeutet sowohl Freude wie Leid. Nach Ansicht der bengalischen Shākta-Verehrer können Freude (die rechtmäßig sein muß) und Yoga zusammenfallen. Nach dieser Lehre muß der Körper nicht unbedingt ein Hindernis für die Befreiung sein. Denn es gibt nicht den scheinbaren Gegensatz zwischen Natur und Geist. Deshalb ist nichts falsch oder niedrig in den natürlichen Funktionen. Die Natur ist das Werkzeug für die Verwirklichung der geistigen Ziele. Yoga hebt nicht die Freude auf, sondern beherrscht sie, denn die Freude kann Yoga sein, wenn sie das Denkorgan beruhigt und den Menschen mit seinem inneren Selbst vereint.

Der Unmittelbarkeit des Lebens ist nicht zu mißtrauen. Die höchste Kraft wohnt Körper und Denkorgan inne; auch diese sind ihre Ausdrucksformen. In den psycho-physischen Riten der Shāktas, auf die ich mich beziehe, soll deshalb der Körper und seine Funktionen zu Hilfsmitteln der Befreiung werden, während sie sonst ein Hindernis bilden. Der Vīra, der sich als göttliche Kraft erkannt hat, ist nicht den Bedingungen und unwissenden Wünschen einer Menschheit unterworfen, der die wahre Erfahrung fehlt. Die meisten sind noch nicht Menschen, sondern nur Anwärter auf die Menschlichkeit. Der Vīra aber ist der erleuchtete Meister seiner selbst, gleichgültig ob er alle seine Kräfte in dieser Welt entwickelt oder sich willentlich aus ihr befreit hat. Ich möchte schließen mit den Versen einer Hymne aus dem großen „Mahākāla-Samhitā“, die ein Sādhaka schrieb, der die Stufe des äußeren Rituals überschritten hatte und von großer Frömmigkeit war. Die Erläuterung, die ich zu diesen Versen gebe, ist meine eigene. Sie heißen:

„Ich quäle meinen Körper nicht durch Entsagung.“

Denn der Körper ist die göttliche Mutter. Warum sollte man diese quälen. Der Dichter spricht von denen, die, wie er selbst, erfahren haben, daß der Körper eine Manifestation der göttlichen Wesenheit ist. Er sagt nicht, daß keiner Enthaltsamkeit üben sollte. Denn dies mag notwendig sein für jene, die nicht erkannten, daß der Körper göttlich ist, sondern ihn als materielles Hindernis ansehen, das streng in Zucht gehalten werden muß. Es ist ein allgemeiner Fehler der westlichen Kritiker, daß sie einen besonderen Fall auf alles anwenden.

„Ich mache keine Pilgerfahrten“

Denn die heiligen Stätten liegen im esoterischen Sinn im Körper des Verehrenden. Warum sollte, wer dies weiß, Pilgerfahrten unternehmen? Wer dies aber nicht weiß, kann mit Erfolg zu heiligen Orten wie Benares, Puri, Brindāban fahren.

„Ich vergeude meine Zeit nicht mit dem Lesen der Veden“

Dies bedeutet nicht, daß niemand die Veden lesen sollte. Aber das Kulārṇava-Tantra lehrt: „Ziehe das Wesentliche aus den Schriften heraus und wirf dann das Übrige fort, sowie man Streu vom Weizen scheidet.“ Wenn aber das Wesentliche herausgezogen worden ist, was bleibt dann noch zu lesen oder zu studieren? Überdies wendet sich der Veda an die geistige Erfahrung, die jeder für sich allein gewinnen muß. Dies geschieht nicht durch Lesen und Spekulieren, sondern durch Übung, Verehrung oder Yoga.

Sich an die göttliche Mutter wendend, fährt der Dichter fort:

„Ich nehme meine Zuflucht zu ihren geheiligten Füßen“

Denn dieses ist die höchste Sādhanā und ihre Frucht.

Zuletzt noch ein Wort über das Tantra-Shāstra, auf das ich mich beziehe. Die vier heiligen Schriften der Hindus sind Veda, Smṛiti, Purāṇa und Āgama. Es gibt vier Zeitalter und jedem wird eine besondere Schrift zugeteilt. Für unser Zeitalter gilt der Āgama oder „Überlieferung“, der aus mehreren Schulen, wie denen der Vaiṣhṇava, Shaiva und Shākta stammt. Es ist ein Fehler, wolle man annehmen, daß der Name Āgama nur für die südlichen Schriften gilt und Tantra der Name für die Schriften der bengalischen Shākta-Schulen ist. Die für alle dieser Gemeinschaften gültige Schrift ist der Āgama, und dieser besteht aus Schriften, die Tantra oder anders heißen. Man gibt den Tantras Überschriften wie dies bei Buchkapiteln geschieht. So haben wir das Lakshmi-Tantra, das Vaishnava-Pañcharātra, das Mālinīvijaya-Tantra des Kashmir-Shaiva-Āgama und das Kulārṇava-Tantra des bengalischen Shākta-Āgama. Diese Schriften heben sich nicht gegenseitig auf, widersprechen sich auch nicht, sondern sind verschiedene Ausdrücke der einen Wahrheit, die in unterschiedlichen Formen den Menschen der verschiedenen Zeitalter angepaßt ist. So sagte mir ein in den Āgamas sehr belesener Paṇḍit, daß alle diese Schriften eine große „vielmillionenfache Sammlung“ (shatakoṭi samhitā) darstellen. Nur Teile des vedischen Rituals sind bis auf den heutigen Tag übriggeblieben. Die zahlreichen Rituale, die noch in unseren Tagen von den alten Schulen der Hindu-Verehrer vollzogen werden, stehen in den Āgamas und in ihren Tantras. Dies ist einer der Gründe für ihre Bedeutung.

XXIV. Kapitel

SHAKTI ALS MANTRA

Dies ist ein ebenso bedeutsames wie schwieriges Thema des Tantra-Shāstra. Es ist so schwer, daß es kaum verstanden und deshalb oft lächerlich gemacht worden ist. Wenn wir selbst Inder finden, die ihre Shāstras „sinnloses Geschwätz" nennen, dann ist es nicht verwunderlich, daß Europäer ihnen keinen Wert beimessen. Naturgemäß, wenn auch fälschlicherweise, nimmt der Westen an, daß die Inder ihren eigenen Glauben verstehen und wenn sie ihn für unsinnig halten, dies auch zutreffen muß. Dennoch ist selbst unter Indern, die ihre Eigenart nicht durch englische Erziehung verloren haben, das Wissen um die Mantras weithin unbekannt. Heute gibt es nicht viele Schüler der Mīmāmsā. Die englisch Erzogenen haben hier, wie auch sonst, die Stichworte ihrer westlichen Führer angenommen und mit deren Worten die Mantravidyā verdammt. Unter ihnen sind viele, die in der Vergangenheit wenig über ihre alte Kultur nachgedacht haben und nur zu bereit sind, das Alte für Neues zu verkaufen. Weil etwas neu ist, muß es aber nicht unbedingt besser sein. Wir wollen hoffen, daß sich diese Ansicht ändern wird, was auch sicher geschieht. Ehe der Inder sein kulturelles Erbe verdammt, sollte er es zumindest studieren und kennenlernen.

Es stimmt, daß das Mantra denjenigen, die seine Bedeutung nicht verstehen, sinnlos erscheint, aber für diejenigen, die es verstehen, ist es kein „Geschwätz", auch wenn es von Unwissenden abgewertet und als Aberglaube mißachtet wurde. In Wirklichkeit ist Mantravidyā, ganz abgesehen von ihrem Wahrheitsgehalt, eine tiefgründige Wissenschaft und, in der Deutung des Shākta-Āgama, eine praktische Anwendung der Vedānta-Lehre. Die Textquelle der Mantras liegt in den Veden (vgl. vor allem den Mantra-Teil in dem Atharvaveda, der mit dem Tantra-Shāstra verbunden ist), den Purāṇas und Tantras. Letztere sind im wesentlichen Mantra-Shāstras, und die Sādhakas gebrauchen diesen Namen gewöhnlich an Stelle von Tantra-Shāstra.

Unter den Shāstras, die symbolhaft als Körper dargestellt werden, ist das Tantra-Shāstra, das aus den Mantras besteht, Paramātmā, während die Veden Jīvātmā sind. Die Darṣhaṇas oder die (sechs orthodoxen) philosophischen Systeme bedeuten die Sinne, die Purāṇas den Rumpf und die Smṛitis die Glieder. Das Tantra-Shāstra, das aus Mantras besteht, ist somit die Shakti des Bewußtseins. Denn nach dem Viṣhvasāra-Tantra (Kap. 2) besteht Para-Brahman in seiner Gestalt als Klang-Brahman (shabda-brahman oder saguna-brahman), dessen Substanz ganz Mantra ist, im Körper des Jīvātma. Kuṇḍalinī-Shakti ist eine Form des Shabda-Brahman in den individuellen Körpern (Shāradā-Tilaka Kap. I). Von diesem Shabda-Brahman geht das ganze Weltall als Klang (shabda) aus und jene Gegenstände (artha), die Ton oder Wort bezeichnen. Darum heißt es, daß die Devī und das Weltall aus Buchstaben zusammengesetzt sind – aus den Bezeichnungen der Klänge, die alles Seiende benennen.

Überall können wir im Fluß der Erscheinungen den Strom erreichen, der zur Erfahrung der unwandelbaren Wirklichkeit führt, die in allen Dingen vorhanden ist und die der Klang, wie auch alles andere, verbirgt und offenbart. Jede Form (und alles ist Form, was nicht gestaltlos ist) kann von dem Denkorgan durchdrungen werden und sich mit der Devatā vereinen, die ihm zutiefst innewohnt. Es ist gleichgültig, um welche Formen es sich handelt. Denn alles ist Shakti. Alles ist Bewußtsein. Daß wir denken und reden wollen, ist Ichchhā-Shakti. Daß wir uns um die Verwirklichung bemühen, ist Kriyā-Shakti. Daß wir denken und wissen ist Jñāna-Shakti. Wir sprechen durch Prāṇavāyu – eine andere Form der Shakti-, und das geäußerte Wort ist Shakti-Mantramayī. Denn was ist ein Buchstabe (varṇa), der zu einer Silbe (pāda) und zu Worten (vākya) geformt wird? Man kann ihn in der Rede hören, wenn er auf den Gehörsinn einwirkt. Er kann als Schriftform gesehen werden. Man kann ihn auch tasten wie bei der Blindenschrift. So kann ein und dasselbe auf die verschiedenen Sinne wirken. Die Sinne sind Shakti, und Shakti ist auch die objektive Form, die die Empfindung hervorruft. Beides ist Shakti als Chit-Shakti wie als Māyā-Shakti, und das Svarūpa beider ist Chit oder Gefühls-Bewußtsein. Wenn deshalb ein Mantra verwirklicht wird und ein Mantra-Chaitanya – wie es in dem Shāstra heißt – stattfindet, dann vereint sich das Bewußtsein des Sādhaka mit dem Bewußtsein, das sich in Form des Mantra manifestiert. Solche Vereinigung löst die „Wirksamkeit" des Mantra aus.

Dieses Thema spielt in den Tantras eine so große Rolle, daß sie deshalb Mantra-Shāstras genannt werden. Gewöhnlich bezeichnen Orientalisten ein Mantra als „Gebet", als „Formel der Verehrung", als „mystische Silben" und so fort. Dies aber sind nur oberflächliche Bezeichnungen von Menschen, die nichts wissen. Wo immer wir dem Wort „mystisch" begegnen, müssen wir auf der Hut sein. Denn dieses Wort verdeckt manche Unwissenheit. So sagt man vom Mantra, es sei ein „mystisches" Wort und nennt das Yantra ein „mystisches" Diagramm, die Mudrā eine „mystische" Gebärde. Aber besagen diese Bezeichnungen wirklich irgend etwas? Kein europäisches Werk vermittelt eine wirkliche Kenntnis des Mantra oder seiner Wissenschaft (mantravidyā), und doch wird wohl kein Thema so lächerlich gemacht wie gerade dieses – eine nicht ungewöhnliche Haltung der Unwissenheit.

Weit verbreitet ist der ungute Gedanke, daß alles abwegig sein muß, was man nicht versteht. Dieses Wissensgebiet aber, sei es begründet oder nicht, ist etwas anderes. Wer das Mantra für eine Art von Gebet hält, dessen Bedeutung der ganzen Welt vertraut ist, zeigt mangelndes Verständnis. Wenn auch einige Verbindungen von Buchstaben Gebete formen und Mantras genannt werden wie z. B. das berühmte Gāyatrī-Mantra, so sind die Mantras doch nicht gleichbedeutend mit Gebet oder Selbsthingabe (ātma-nivedana). Der Sādhaka betet mit Worten, die er selbst wählt. Wort-Zusammensetzungen oder Buchstaben sind aber noch kein Mantra. Nur jenes Mantra, in dem die Devatā seine oder ihre besonderen

Aspekte offenbart und das diese wiedergibt, ist das Mantra seines oder ihres besonderen Aspektes. Die Verbindung von Buchstaben (varṇa), Vokalen und Konsonanten, von Nāda und Bindu in einem Mantra, zeigen die Erscheinung der Devatā in verschiedenen Gestalten an. Bestimmte Vibhūti oder Aspekte der Devatā wohnen gewissen Varṇas inne, aber die vollkommene Shakti erscheint nur in einem ganzheitlichen Mantra. Alle Buchstaben sind Formen des Shabda-Brahman, aber nur bestimmte Verbindungen von Buchstaben drücken eine bestimmte Gestalt aus, ebenso wie der Name eines bestimmten Wesens aus gewissen Buchstaben besteht und nicht aus wahllos zusammengewürfelten.

Das ganze Weltall ist Shakti und wird von Shakti beherrscht. Nāda, Bindu, Varṇa sind die Gestalten der Shakti und deren Verbindungen. Diese sind Shabda und entsprechen dem Artha oder den Formen jeder besonderen Devatā. Der grobe Ton ist, wie später erklärt wird, die Manifestation der feinstofflicheren Klangform und diese wieder ist das Ergebnis des „Urklanges" in seiner höchsten (para) Form. Mantras sind die Manifestationen der Kula-Kundalinī (vgl. das Kapitel über sie), eine Bezeichnung für den Shabda- oder Saguna-Brahman in den individuellen Körpern. Der erzeugte Shabda ist ein Aspekt der vitalen Shakti des Jīva. Kuṇḍalinī ist die Shakti, die dem Jīva Leben gibt. Sie verursacht im Mūlādhāra-Chakra (oder unterstem Körperzentrum) den zarten, nicht genau zu bestimmenden, murmelnden Dhvani, der mit dem Summen einer schwarzen Biene zu vergleichen ist. Aus diesem entsteht Shabda, der zuerst Para ist und sich allmählich als Pashyanti, Madhyamā, Vaiharī (vgl. das Folgende) manifestiert.

Wie im äußeren Raum Klangwellen durch die Bewegungen der Luft hervorgebracht werden (vāyu), so entströmen dem Körper des Jīva Klangwellen, die den Schwingungen des Lebensatems (prāna-vāyu) und der Art des Ein- und Ausatmens entsprechen. Da Svarūpa der Kuṇḍalī, in dem alle Klänge liegen, Paramatmā ist, ist ihre Manifestation, als Substanz aller Mantra, Bewußtsein (chit), das sich in Buchstaben und Worten manifestiert. Tatsächlich sind die Buchstaben des Alphabets, die Akshara genannt werden, nichts anderes als das Yantra des Akshara oder des unvergänglichen Brahman. Dies aber erfährt der Sādhaka nur, wenn seine durch die Sādhanā erweckte Shakti sich mit der Mantra-Shakti verbindet. Kuṇḍalinī, die äußerst feinstofflich ist, manifestiert sich in grobstofflicher (sthūla) Form in vielfältigen Aspekten als verschiedene Devatās.

Diese grobstoffliche Form ist die vorherrschende Gottheit (die Adīṣhṭhātrī-Devatā) eines Mantra, wenn auch alle Sādhakas nach der feinstofflichen Form (sūkṣhma) verlangen. Mantra und Devatā sind somit als Shiva-Shakti eine besondere Form des Brahman. Nur aus Unkenntnis der Shāstra-Lehre nimmt man an, das Mantra sei Ausdruck von Worten, die an die Gottheit gerichtet sind. Wäre dies der Fall, dann würde der Sādhaka seine eigenen Worte wählen und nicht zurückgreifen auf die ewigen und festgelegten Laute der Shāstras (vgl. im allgemeinen hierzu das Kapitel über das Mantra-Tattva im II. Band der „Grundlehren des Tantra" v. A. Avalon). Das besondere Mantra einer Devatā ist diese selbst. Ein Mantra besteht aus bestimmten Buchstaben, die sinnbildhaft in bestimmten Klangfolgen angeordnet sind. Um die besondere Wirkung hervorzubringen, muß das Mantra richtig – im Hinblick auf Klang (varṇa) und Rhythmus (svara) – betont werden. Aus diesem Grund verliert ein übersetztes Mantra seine Bedeutung und wird zum bloßen Wort oder Satz.

Mit Hilfe des Mantra erscheint die gesuchte (sādhya) Gottheit, und wer Siddhi erlangt hat, vermag die drei Welten zu schauen. Da das Mantra tatsächlich Devatā ist, erfährt man diese durch rechtes Üben. Die rhythmischen Schwingungen seiner Klänge bringen nicht nur die unruhigen Schwingungen des Körpers ins Gleichgewicht, sondern das Bild der Devatā selbst tritt in Erscheinung. So heißt es in dem Brihad-Gandharva-Tantra (Kap. V):

Shrinu devi pravakshyāmi bījānām deva-rūpatām
Mantrochchāranamātrena deva-rūpam prajāyate.

Mantra-Siddhi bewirkt und sammelt die Früchte des Mantra. So wird der Sādhaka zum Mantra-Siddha. In der Prānatoshani (619) heißt es: „Was der Sādhaka sich erwünscht, das empfängt er mit Sicherheit." Während das Gebet in einen rein physischen Ton ausklingen kann, ist das richtig gesprochene Mantra immer eine bezwingende Kraft, ein Machtwort, das sowohl materiellen Erfolg und die Erfüllung weltlicher Wünsche hervorzubringen vermag, wie auch das vierte Ziel aller Lebewesen (chaturvarga): die Advaita-Erkenntnis und die Befreiung. So heißt es, daß Siddhi (Erfolg) das sichere Ergebnis des Japa oder des Aufsagens eines Mantra ist.

Einige Mantras könnten mit dem Gebet der Abendländer verglichen werden, so das berühmte Gāyatrī-Mantra. Doch weder dieses noch irgend ein anderes Mantra ist nur Gebet. Das Gāyatrī erweckt OM (der Gedanke wird auf die dreifache Energie des Einen gelenkt, der durch die drei Buchstaben, die Om bilden, dargestellt wird. Hierbei ist A oder Brahma die schöpferische Shakti; U oder Vishṇu die erhaltende Shakti und M oder Rudra die „zerstörende" Shakti, das heißt die Shakti, die die Welt zurückzieht). Es erwachen Nāda und Bindu, Erde, mittlere Region und Himmel (die in Gestalt der vorübergehenden Welten des Saṁsāra wie auch in Form der Sonne Gott als OM erschaffen hat). „Laßt uns den anbetungswürdigen Geist des göttlichen Schöpfers in der Gestalt der Sonne erschauen (āditya-devatā). Möge Er unsere Gedanken auf die Erfüllung der vierfachen Ziele aller lebenden Wesen richten (auf dharma, artha, kāma, moksha). OM."

Der Sinn dieses großen Mantra tritt deutlich zutage, wenn auch Erläuterungen ihn noch erweitern können. Das Selbst in allem, was in den drei Bereichen existiert, erscheint als Sonnengott mit feurigem Körper. Brahman ist die Ursache von allem und ist als sichtbare Devatā das Auge der Welt, der Schöpfer des Tages, der allen Wesen und Dingen Leben schenkt, sie reifen läßt und offenbart. Der Sonnengott ist für die Sonne dasselbe wie der Geist (ātma) für den Körper. Er ist der Höchste in Gestalt des großen Erleuchtenden. Sein Körper ist das Licht der Welt, und Er selbst ist das Licht des Lebens aller Wesen. Er ist überall: als Sonne im sichtbaren Äther, als Herz im inneren ätherischen Bereich des Herzens. Er ist das wunderbare Licht, das rauchlose Feuer, Er steht in immerwährendem Spiel mit der Schöpfung (srishṭi), erhält (sṭhiti) sie, „zerstört" sie (pralaya) und erfreut durch

Sein Strahlen Auge und Gemüt. Wir wollen Ihn anbeten, damit wir dem Elend von Geburt und Tod entrinnen. Möge er immer unsere Gedanken (buddhivṛitti) auf dem Pfad der Welt (trivarga) und der Befreiung (mokṣha) lenken.

Nur Männer und die zum zweitenmal geborenen Kasten dürfen diese Gāyatrī aussprechen. Dem Shūdra – ob Mann oder Frau – und den Frauen aller Kasten ist es verboten. Das Tantra-Shāstra aber kennt solche Ausnahmen wie diese vedische Lehre nicht. Die Brahmagāyatrī des Mahānirvāna (IV. 109–111) gilt für alle: „Mögen wir den höchsten Herrn kennen und die höchste Wesenheit erschauen. Möge Brahman uns führen. OM." Ich habe schon ausgeführt, was dies bedeutet. Es ist, kurz zusammengefaßt, die Energie (nāda) im Sadākhya-Tattva, die aus dem Shiva-Shakti-Tattva hervorgeht, sich als die schöpferische Kraft des Herrn (bindu oder īshvara-tattva) „verfestigt" (ghanibhūta) und sich in der Dreiheit oder in den schöpferischen Energien manifestiert (für weitere Einzelheiten vgl. meinen „Blütenkranz der Buchstaben"). „OM" tritt also an die Stelle des allgemeinen Aspekts des „Das", der Quelle von allem. Wenn es aufgesagt wird, erwacht der Gedanke, der dem Klang entspricht, im Denkorgan. Dieser Klang ist der Ausdruck des feinstofflichen „Klangs", der auf der grobstofflichen Ebene die erste schöpferische Bewegung begleitet. Richtig betont, hat diese bedeutungsvolle Silbe eine ehrfurchterregende Wirkung. Als ich dieses Mantra von Hunderten buddhistischer Mönche (nacheinander) in einem nördlichen Kloster gesungen hörte, klang es wie das ferne Grollen eines gewaltigen kosmischen Meeres. „OM" ist das hervorragendste Beispiel für ein „bedeutungsloses" Mantra, das heißt eines Mantra, das seine Bedeutung nicht bloßstellt, sondern ein Samen- oder Bīja-Mantra ist, in dem das Wesen aller Mantras und der Samen (bīja) der Frucht (siddhi) geistiger Erleuchtung enthalten ist.

Solche Mantras sind einsilbig. OM ist ein vedisches Bīja, aber es ist die Quelle aller anderen tantrischen Bījas, die besondere Devatā-Aspekte dessen darstellen, das als Ganzes sich im OM ausdrückt. Jedes Mantra ist eine besondere Klangform (rūpa) des Brahman. Es gibt eine sehr große Anzahl dieser kurzen nicht etymologischen Silben oder Bījas wie Hrīm, Shrīm, Krīm, Hūm, Hum, Phat, die verschiedene Bezeichnungen haben. Das erste Bīja heißt Māyā-Bīja, das zweite Lakshmī-Bīja, das dritte Kālī-Bīja, das vierte Kūrcha-Bīja, das fünfte Varma-Bīja, das sechste Astra-Bīja. Rām ist Agni-Bīja, Em ist Yoni-Bīja, Klīm ist Kāma-Bīja, Shrīm ist Badhū-Bīja, Aim ist Sarasvati-Bīja und so fort. Jede Devatā hat sein oder ihr Bīja. So ist Hrīm das Māyā-Bīja, Krīm das Kālī-Bīja. Das Bīja wird zur Verehrung der Devatā verwendet, dessen Mantra es ist. Diese Bījas sind allgemein bekannt. Es gibt aber noch eine Menge anderer. Einige werden aus den ersten Buchstaben des Namens der Devatā gebildet, an deren Stelle sie stehen, so wie Gam für Gāṇesha, Dūm für Durgā steht.

Es seien noch kurz einige Beispiele angeführt, um die Bedeutung eines solchen Bīja aufzuzeigen (Ausführlicheres steht in meinem „Blütenkranz der Buchstaben").

Die gemeinsame Endung „m" stellt die Atemzüge dar, die im Sanskrit Nāda und Bindu oder Chandrabindu heißen. Diese haben überall die gleiche Bedeutung. Es sind die Shaktis dieses Namens, die auf der Tafel der früher genannten 36

Tattvas stehen, die Zustände der göttlichen Kraft, die unmittelbar der Manifestation des objektiven Weltalls vorangehen. Die anderen Buchstaben bezeichnen aufeinanderfolgende Entwicklungen der Shakti und verschiedene Aspekte der manifestierten Devatā, von der weiter unten gesprochen wird. Die Bījas werden verschiedenartig erklärt. Für das große Māyā-Bīja Hrīm z. B. habe ich eine Erklärung in meinen oben angeführten Studien gegeben. Das tantrische Kompendium Prānatoshini, das das Baradā-Tantra zitiert, gibt folgende Erläuterung: Hrīm ist H + R + I + M. H = Shiva; R = Shakti-Prakṛiti; I = Mahāmāyā. Für M gilt die oben gegebene Erklärung. Hier aber wird Nāda als Erzeugerin des Weltalls bezeichnet und Bindu, der Brahman in Gestalt von Ishvara und Ishvarī (īshvaratattva) ist, als „Vertreiber der Sorgen". Die Bedeutung dieser Bīja-Mantra, das bei der Verehrung der Mahāmāyā oder Bhubaneshvari benutzt wird, ist folgende: die Devī ist in ihrem übersinnlichen Zustand (turīya) Nāda und Bindu und der ursprüngliche Körper, der sich als Shiva-Shakti in Gestalt des manifestierten Weltalls offenbart.

Derselbe Gedanke wird in anderer Weise von der Devīgītā (Kap. IV) ausgedrückt. Nach ihr ist H der grobstoffliche, R der feinstoffliche, I der ursprüngliche Körper und M der vierte übersinnliche Zustand (turīya). Mit anderen Worten: der Sādhaka, der die Devī mit Hrīm verehrt, ruft durch dieses Bīja die übersinnliche Shakti in sein Gedächtnis, die der ursprüngliche Körper des fein- und grobstofflichen Körpers aller Lebewesen ist. Shrīm (vgl. das Baradā-Tantra) wird bei der Verehrung der Lakshmī-Devī benutzt. SH = Mahālakshmī, R = Reichtum (dhanārtham), den sie ebenso wie I = Befriedigung (oder tuṣhtyartham) verleiht. Krīm wird bei der Verehrung der Kālī benutzt. K = Kālī (die Shakti, die angebetet wird, um von der Welt und ihren Leiden zu befreien); R = Brahmā (Shiva, mit dem sie stets verbunden ist); I = Mahāmāyā (der Aspekt, in dem sie dem Sādhaka hilft, Māyā zu überwinden, in die sie ihn als schöpferische Kraft verstrickt hat). „Aim" wendet man bei der Verehrung von Sarasvatī an; es ist das Vāgbhava-Bīja. Dūm wird bei der Verehrung der Durgā gebraucht. D = Dūrga, U = Schutz, Nāda ist ihr Aspekt als Mutter und Bindu als der Herr des Weltalls. Der Sādhaka bittet Durgā als Mutter-Gott, ihn zu beschützen und betrachtet sie in ihrem Aspekt als Schutzherrin, die das Weltall trägt (jagaddhātrī). In „Strīm" bedeutet S Errettung aus Schwierigkeiten, T Befreier, R (hier) Befreiung (muktyartho repha ukto'tra), I ist Mahāmāyā, Bindu der Vertreiber des Kummers. Nāda ist die Mutter des Weltalls und vertreibt als Gott Māyā und das Leid, das diese bewirkt. Nāda ist die Mutter des Weltalls. Als Gott vertreibt sie Māyā und die von ihr hervorgebrachten Leiden. Sie errettet und erlöst aus allen Schwierigkeiten, indem sie Befreiung gewährt.

Ich habe in der „Schlangenkraft" über Hum und Hūm gesprochen. Ersteres wird Varma (Panzer)-Bīja, letzteres Kūrcha genannt. H bezeichnet Shiva und ū Seinen Bhairava oder schreckenerregenden Aspekt (vgl. zum allgemeinen Thema Band I der Tantrik Texte: „Tantrābhidhāna"). Es ist ein Panzer für den Sādhaka, der das Böse fernhält. Phat ist das Waffen- oder Schutz-Mantra, das mit Hum zusammen benutzt wird, so wie Svāhā (die Shakti des Feuers) mit Vashat zusammen bei den Opferungen angewendet wird. Das Hauptmantra einer Devatā heißt Mūla-Mantra. Mantras sind sowohl sonnenhaft (saura) männlich, wie mondhaft (saumya) weiblich und sächlich. Wenn man fragt, warum man gedanklichen Dingen ein Geschlecht zuteilt, dann lautet die Antwort, daß dies den Forderungen des Verehrenden entspricht. Die männlichen und sächlichen Formen werden insbesondere Mantra genannt, während die weiblichen Vidyā heißen. Aber auch für sie kann die Bezeichnung Mantra gelten. Sächliche Mantras enden mit namah. Hum und Phat sind männliche Endungen, Tham oder Svāhā weibliche (vgl. Shāradātilaka II. Nāradapañcharātra VII, Prayogasāra, Prānatoshini 70).

Das Nityā-Tantra gibt dem Mantra verschiedene Namen, je nach der Zahl der Silben, wie Kartarī, Pinda, Bīja, Mantra, Mālā. Im allgemeinen aber wird der Ausdruck Bīja für einsilbige Mantras gebraucht.

Das Wort „Mantra" stammt von der Wurzel „man", der ersten Silbe von manana, denken. Es ist auch die Wurzel des Wortes „Mensch", der allein unter allen Geschöpfen ein Denker ist. „Tra" stammt von der Wurzel „tra", denn das Mantra, das mit dieser Endung gesprochen wird, soll denjenigen retten, der es äußert und verwirklicht. Tra ist die erste Silbe von Trāna oder Befreiung aus Saṁsāra. Die Verbindung von man und tra heißt Mantra. Dieses ruft die vier Ziele (chaturvarga) der Lebewesen, ebenso die Freude in der Welt und ewige Glückseligkeit in der Befreiung hervor (āmantrana). So ist das Mantra Gedanken-Bewegung, die vom Wort aufgenommen und ausgedrückt wird. Sein Svarūpa ist, ebenso wie alles übrige, Bewußtsein (chit), das Shabda Brahman ist.

Ein Mantra ist nicht nur Klang oder Buchstabe, sondern eine Gestalt, in der sich die Shakti manifestiert. Die bloße Äußerung eines Mantras ohne Kenntnis seines Sinnes, ohne Erfahrung des Bewußtseins, das sich im Mantra manifestiert, ist nur eine Bewegung der Lippen, sonst nichts. Wir bleiben dann nur in der äußeren Umhüllung des Bewußtseins stecken, in gleicher Weise, wie wir uns mit irgendeiner anderen Form der grobstofflichen Materie identifizieren, die sozusagen (wie es ein Freund von mir zutreffend ausdrückte) die „Kruste" jener feinstofflichen Kräfte ist, die aus dem Yoni hervorgehen, dem Ursprung aller Dinge, der Bewußtsein (chidrūpini) an sich ist. Wenn der Sādhaka die Bedeutung des Mantra kennt, so hat er schon Fortschritte gemacht. Doch das genügt nicht. Er muß in seinem eigenen Bewußtsein jenes Bewußtsein erfahren, das in der Gestalt des Mantra erscheint. Dadurch erlangt er Mantra-Chaitanya. In solchem Augenblick wird der Gedanke durch den Kontakt mit dem Zentrum allen Denkens belebt und produktiv und ruft eine schöpferische Wirkung hervor.

Die schöpferische Kraft des Gedankens gewinnt im Westen zunehmende Bedeutung. In einigen Fällen werden die Ansichten der Weisen Indiens übernommen, in anderen entdeckt man sie von neuem. Die zugrunde liegende Idee aber ist so alt wie die der Upaniṣhaden: „Was du denkst, das wirst du." Der Herr hat die Welt durch einen Gedanken erschaffen. Der Gedanke von Ishvara und Ishvarī ist die allmächtige Kraft aller Gedanken. Aber ein jeder ist Shiva und kann Seine Kraft in dem Maße erlangen, in dem er fähig ist, sich selbst als Shiva zu erfahren. Der Gedanke arbeitet in dem kleinen magischen Spielraum des Einzelnen, wie er zuerst in dem großen magischen Spiel des Welt-Schöpfers wirkte.

Jeder Mensch ist in verschiedenem Ausmaß schöpferisch. Der Gedanke ist so wirklich wie irgendeine Form von grobstofflicher Materie. Er ist sogar noch wirklicher, da die Welt selbst eine Projektion des Weltgedankens ist, der seinerseits wieder nichts anders ist als die Zusammenfassung der Saṁskāras oder der Eindrücke vergangener Erfahrungen, die die Welt hervorbringen. Das Weltall besteht für jeden Jīva, weil er es bewußt oder unbewußt so will. Es besteht für die Gesamtheit der Wesen, weil die Gesamtheit der Saṁskāras in dem großen Schoß der sich manifestierenden Chit liegt. Es gibt theoretisch nichts, was der Mensch nicht vollbringen könnte, da er im Tiefsten alles zu wollen vermag. In der Praxis aber kann er nur insofern etwas Vollkommenes ausführen, als er sich mit dem höchsten Bewußtsein und den Kräften identifiziert, die dem Weltall zugrunde liegen, in ihm wirken und sich als solche manifestieren. Dies ist die wesentliche Lehre aller Magie, aller Kräfte (siddhi), einschließlich der größten Siddhi, die Befreiung an sich ist. Wer Brahman kennt, wird im Ausmaß dieses „Wissens" zu Brahman.

Gedankenlesen, Gedanken-Übertragungen, hypnotische Suggestion, magische Projektionen (mokṣhana) und Schutzmittel (grahana) werden, wenn auch nicht immer mit gutem Erfolg, dem Abendländer vertraut und von ihm angewendet. Manche Lehren und Übungen aber bleiben geheim. Der Okkultist wird Projektionen (mokṣhana) kennen. Grahana aber ist nicht so sehr eine Abschirmung in westlichem Sinn, für die Kavacha angewendet wird, als vielmehr die Kenntnis, wie man ein projiziertes Mantra „auffangen" kann. Ein Stein, den man gegen jemand wirft, kann abgewehrt oder aufgefangen werden. Er kann auch, wenn man will, gegen den Werfenden zurückgeschleudert werden. Das gleiche gilt – wenn auch nicht bedingungslos – für das Mantra. Wer durch seine eigene reine Kraft geschützt ist, wird automatisch alle schlechten Einflüsse zurückwerfen, die auf den Urheber zurückfallen und ihm schaden oder ihn zerstören. Dies wird eher von jenen verstanden, die ähnliche Erfahrungen aus dem Abendland kennen, als von den Orientalisten und Missionaren, die im allgemeinen nichts von Okkultismus wissen und diesen für Aberglauben halten. Deshalb ist ihre Darstellung der indischen Lehre auch oft so unwissend und abwegig.

Der Okkultist dagegen wird die indische Lehre verstehen, nach welcher der Gedanke wie das Denkorgan, das ihn bewirkt, eine Kraft der Shakti sind, also etwas ganz Wirkliches und Schöpferisches, mit dessen Hilfe man für sich und andere etwas bewirken kann. Freundliche Gedanken können wortlos der Umwelt Gutes tun und zu entferntesten Freunden dringen. Ebenso können wir unter den bösen Wünschen unserer Umgebung leiden, selbst wenn diese nicht in Taten materiellen Ausdruck finden. Telepathie ist die Gedankenübertragung aus der Entfernung, ohne daß die gewöhnlichen Sinnesorgane dabei eingesetzt werden. So wird bei der Einweihung durch den Gedanken eines wirklichen Guru seine Kraft auf den Schüler übertragen.

Das Mantra ist eine Shakti (shakti-mantra), die auf alles angewendet werden kann. Der Mensch kann sich mit jeder Naturkraft zu irgendeinem Zweck identifizieren. So kann das Mantra – um von seinen physikalischen Wirkungen zu sprechen – angewendet werden, um zu schaden, zu töten, oder um Gutes zu bewirken. Auch kann durch das Mantra eine gewisse Verbindung mit der physischen Shakti erlangt werden, wie einige erfahren haben. Das Vishṇu-Purāṇa spricht von Zeugung durch Willenskraft, eine Annahme, die auch manche Abendländer für Menschen gelten lassen, die sich über die Herrschaft der grobstofflichen Hüllen und ihrer physischen Werkzeuge erhoben haben. Kinder werden dann durch den „Geist" geboren. Es heißt, daß durch das Mantra das Homa-Feuer entfacht wird. Und wieder heißt es, daß bei der tantrischen Einweihung, der Vedha-Dīkshā, eine solche Kraftübertragung vom Guṛu auf den Schüler durch das Mantra erfolgt, daß dieser unter dem Antrieb der Gedankenkraft, die ihn durchdringt, ohnmächtig wird. Durch das Mantra aber identifiziert sich der Mensch auch mit dem Urgrund von allem. Zusammengefaßt ist das Mantra die Kraft (shakti), die in Gestalt des Gedankens sich mit dem Klang umhüllt.

Im Westen noch nicht verstanden aber wird die besondere Wissenschaft des Denkens, die Mantravidyā oder deren Grundlage ist. Vieles im „Neugeist-Denken" läßt eine soche philosophische Grundlage vermissen, die die Mantravidyā, die auf der Vedānta-Lehre beruht, ergänzt. Mantravidyā ist die Form der Sādhanā, durch die Vereinigung mit der Mutter Shakti in Gestalt des Mantras (mantramayī) in ihren Sthūla- und Sūkṣhma-Aspekten erlangt wird. Der Sādhaka geht vom ersteren zum letzteren über. Diese Sādhanā wirkt durch Buchstaben, wie andere Arten von Sādhanā durch Yantra, Ghata oder Pratimā ihre Wirkung ausüben. Alle solche Sādhanā gehören zum Shāktopāya-Yoga, der zu unterscheiden ist von den meditativen, nach innen gekehrten Vorgängen des Shāmbhavopāya. Dieser sucht auf eine mehr unmittelbare Weise die Verwirklichung der Shakti, die das Ziel von beiden ist. Die tantrische Lehre über Shabda ist die von Mīmāmsā, mit dem Unterschied, daß diese der Hauptlehre des Tantrismus, der Lehre von der Shakti angeglichen wird.

Um die Bedeutung des Mantra zu verstehen, müssen wir seine kosmische Geschichte kennen. Der Mund spricht ein Wort aus. Was ist dies und woher kommt es? Zur Frage über die Entfaltung des Bewußtseins als Welt verweise ich meinen Leser auf die Kapitel über „Chit-Shakti und Māyā-Shakti", die sich mit den 36 Tattvas beschäftigen. Im Grunde ist alles Bewußtsein, das zuerst in seinem Aspekt als großes „Ich" das Objekt als Teil von sich selbst betrachtet und dann als etwas Verschiedenes, wodurch die Erfahrung des Weltalls entsteht. Dies geschieht durch die Shakti, die nach den Worten des Kāmakalāvilāsa der reine Spiegel ist, in dem Shiva sich selbst erfährt (shivarūpa-vimarsha-nirmalā-darṣhaḥ).

Shiva und Shakti allein genügen nicht für die Schöpfung. Shivarūpa ist hier Svarūpa, die Form (oder Erfahrung), die in dem Begriff „Ich" liegt. Shakti ist der reine Spiegel für die Manifestation der Erfahrung Shivas als „Ich". (Aham ityevamākāram rūpam jñānam tasya prakāshane nirmalādarshah heißt es im Kommentar von Natanānanda V, 2). Diese Vorstellung ist die gleiche wie jene der Wiederspiegelung von Puruṣha in Prakṛiti als Sattvamayī-Buddhi und von Brahman in Māyā. Aus dem Mantra-Aspekt, welcher der Shakti (shakti-tattva) entspringt und mit Shiva verbunden ist (shiva-tattva), ging Nāda hervor und aus Nāda der Bindu, der – um ihn von anderen Bindus zu unterscheiden – als der ursprüngliche höchste oder große Bindu (kārana, para, mahābindu) bekannt ist. Dies wird sehr deutlich in dem Shārada-Tilaka ausgeführt, einem tantrischen

Werk aus der Schule von Kashmir, das früher unter den bengalischen Shāktas ein großes Ansehen besaß. Ich habe hierüber ausführlicher in meinem „Blütenkranz der Buchstaben" berichtet. Hier gebe ich nur zusammenfassend die Schlußfolgerungen.

Shabda bedeutet wörtlich „Klang" und wird auch so übersetzt. Das Wort stammt von der Wurzel shabd, „tönen". Man muß darunter aber nicht nur den Ton verstehen, den das Ohr aufnimmt, oder jenen Klang, den die kosmische Schwingung bewirkt. Ton in diesem Sinn ist die Erregung von Ohr und Gehirn durch die Schwingungen der Atmosphäre innerhalb bestimmter Grenzen. Ein solcher Ton existiert nur im Zusammenhang mit dem Sinnesorgan des Gehörs. Aber selbst dann kann er nur von einigen wahrgenommen werden, von anderen nicht, was auf ein verschärftes Hören im Gegensatz zum natürlichen Hören zurückzuführen ist. Trotzdem werden die besten Ohren nicht hören können, was das Mikrophon aufnimmt. Shabda ist in seinem ursprünglichen Aspekt, unabhängig von der Wirkung, die er auf die Sinnesorgane ausübt oder nicht, jede Art von Schwingung (spandana) oder Bewegung. Nicht nur rein physische Bewegung, die das menschliche Ohr als Klang aufnehmen kann, wenn Ohr, Gehirn und die übrigen physischen Bedingungen gegeben sind, sondern die Möglichkeit des Klangs, die nicht tatsächlich für diesen oder jenen hörbar zu sein braucht. So ist Shabda vorhanden, gleichgültig, ob irgendeine Bewegung oder Schwingung vorhanden ist.

Es wird heute behauptet, daß die Elektronen sich im Bereich positiver Elektrizität mit ungeheurer Schnelligkeit bewegen. Wenn sie sich gruppieren, entsteht ein Atom. Werden Elektronen aus dem Atomgebilde herausgeschossen, wird sogenannte Radioaktivität frei. Diese kreisenden wie schießenden Elektronen sind Formen der Shabda-Schwingung, wenn sie dem sterblichen Ohr auch keinen Ton vermitteln. Nur das göttliche Ohr würde solche Bewegungen als „Sphärenmusik" hören. Wäre das menschliche Ohr feinstofflich genug, so würde sich ein lebender Baum in Form eines besonderen Klanges darstellen, der das naturgemäße Wort für diesen Baum ist.

Es heißt, daß Guṇa oder die Qualität des Äthers (ākāsha) Klang (shabda) ist, das heißt: Äther ist die Möglichkeit des Spandana oder jeder Art von Schwingung. Er ist der Zustand der ursprünglichen „materiellen" Substanz (prakṛiti), die jede Bewegung oder Schwingung möglich macht (shabdaguṇa ākāshah). Brahman-Svarūpa oder Chit ist ohne Bewegung. Er wird auch Chidākāsha genannt. Dieser Ākāsha aber ist nicht geschaffen. Chidākāsha ist der Brahman, in dem sich jede Art von Kraft manifestiert, ein Zustand, aus dem die ganze Schöpfung hervorgeht. Chidākāsha findet als Shabda-Brahman durch seine Māyā-Shakti Ausdruck. Denn diese ist die Ursache aller Schwingungen, die sich als Ton dem Ohr offenbaren, als Berührung dem Tastgefühl, als Farbe und Form dem Auge, als Geschmack der Zunge und als Geruch der Nase.

Auch alle Denkfunktionen sind eine Form von Schwingungen (spandana). Der Gedanke ist eine Schwingung der mentalen Substanz, ebenso wie der Ausdruck des Gedankens in Form des gesprochenen Wortes eine Schwingung ist, die das Ohr berührt. Spandana setzt Verschiedenartigkeit voraus (vaishamāyā). Jede

Art von Bewegung schließt Ungleichheit der Spannungen ein. Ein elektrischer Strom entsteht zwischen zwei Punkten, weil zwischen ihnen ein verschiedenes Potential besteht. Flüssigkeit fließt von einem Ort zum anderen, weil verschiedener Druck vorhanden ist. Hitze entsteht durch verschiedene Temperatur. Dieser Zustand der Andersartigkeit erscheint in der Schöpfung und macht die Bewegung möglich. Ākāsha ist die Möglichkeit zu jeder Art von Spandana. Daher genießt er den Vorrang in der geschaffenen Welt. Er ist Brahman mit Māyā, dessen Māyā-Shakti oder (um die Worte von Professor P. N. Mukhyopādhyāya zu gebrauchen) Kraftäußerung aus einem früheren Zustand der Kraftmöglichkeit heraus, der der natürliche, ausgeglichene Zustand der Shakti ist (prakṛiti-sāmyāvasthā). Bei der Auflösung geht die Māyā-Shakti Brahmans (nach dem Gesetz des Kreislaufs, das eine grundlegende Voraussetzung der Weltentstehung ist), wieder in die Gleichförmigkeit ein, während Ākāsha folgerichtig verschwindet. Dies bedeutet, daß Shakti im Gleichgewicht ist, und deshalb keine weitere Möglichkeit für irgendeine Bewegung besteht. So sagt das Tantra, daß die göttliche Mutter sich im Paramashiva vereint. Nach dem Shāradā-Tilaka ist die Shakti von dem Sakala-Parameshvara, der Sachchidānanda ist, ausgegangen. Von der Shakti ging Nāda, von Nāda Bindu aus.

Sachchidānandavibhavāt sakalāt parameshvarāt
Āsichchaktistato nādo nādād bindusamudbhavah.

Hier ist der Sakala-Parmeshvara Shiva-Tattva. Shakti ist Shakti-Tattva, in dem die Samani-, Vyāpinī- und Añjanī-Shaktis enthalten sind, Nāda ist die erste geschaffene Quelle des Mantra und die feinstofflichste Form von Shabda, dessen Manifestation das Mantra ist. Nāda ist dreifach als Mahānāda, Nādānta und Nirodhinī und stellt die erste Bewegung des Shabda Brahman dar, das sowohl das ganze Weltall mit Nādānta erfüllt, wie dem Einzelnen das Verlangen nach der nächsten Stufe der nicht manifestierten Shabda eingibt. Nāda wohnt in seinen drei Formen dem Sadhākhya-Tattva ein. Wenn es zu wirken beginnt und sich dem „Aussprechbaren“ (vāchya) nähert – (die erste Bewegung geschieht im Hinblick auf das Denken, mantavya) –, dann heißt es Arddhachandra. Dieser entwickelt sich zum Bindu. Beide sind in dem Ishvara-Tattva enthalten. Dieser Mahābindu ist als Kāmakalā dreifach. Das nicht unterschiedene Shabda-Brahman oder Brahman als die unmittelbare Ursache des manifestierten Shabda ist mit Artha zusammen eine Bewußtseins-Einheit (chaitanya), die sich in einer dreifachen Funktion als die drei Shaktis: Ichchhā, Jñāna, Kriyā ausdrückt; als die drei Guṇas: Sattva, Rajas, Tamas; als die drei Bindus (kāryya), die Sonne, Mond und Feuer sind; als die drei Devatās: Rudra, Viṣhṇu, Brahmā und so fort. Diese drei Funktionen sind Ergebnis der Vereinigung von Prakāsha mit der Vimarṣha-Shakti. Dieses Dreieck des göttlichen Verlangens ist Kāmakalā oder der schöpferische Wille, dessen erste feinstoffliche Manifestation die Ursache des Weltalls ist. Diese wird personifiziert und in den Āgamas verehrt als die große Devī Tripurasundarī als Kāmeshvara und Kāmeshvarī.

Kāmakalāvilāsa wird in dem gleichnamigen Werk als die Manifestation der

Verbindung von Shiva und Shakti, als das große „Ich" (aham) geschildert, das sich durch die ihm innewohnende Kraft seiner Denk-Tätigkeit (vimarṣha-shakti) in das Weltall entfaltet, dessen wahre Natur das „Ich" des Jīva ebensowenig kennt, wie er um das Geheimnis seines Wachstums durch Avidyā-Shakti weiß. Hier erscheint nun die Zweiheit von Subjekt und Objekt, von Denkorgan und Materie, von Wort (shabda) und seiner Bedeutung (artha). Das eine ist nicht die Ursache des anderen, aber keines ist von dem anderen zu trennen, sondern ihm verbunden als eine Gabelung der ungeschiedenen Einheit von Shabda-Brahma, aus der beide hervorgegangen sind.

Die eine kosmische Bewegung bringt zur gleichen Zeit das Denkorgan wie den Gegenstand hervor, den dieses erkennt: Namen (nāma) und Sprache (shabda) auf der einen, Formen (rūpa) oder Gegenstände (artha) auf der anderen Seite. Sie alle sind Teile der einen, gleichgeordneten, gleichzeitlichen Bewegung. Deshalb steht jeder Aspekt des Vorgangs in Beziehung zum anderen. Das Entstehen des Shabda ist nur ein Aspekt des schöpferischen Vorgangs, nämlich jener, in dem Brahman als Urheber von Shabda und Artha betrachtet wird, in die sich der nicht geschiedene Shabda-Brahman teilt. Shakti ist Shabda-Brahman, der im Begriff steht, Shabda und Artha zu erschaffen, indem er den Parabindu in die Kāmakalā aufteilt, die die Wurzel (mūla) aller Mantras ist. Shabda-Brahman ist das erhabenste „Wort" (parā-vāk) oder der höchste Shabda (para-shabda).

Aus dieser vierten Stufe des Shabda gehen drei weitere hervor – Pashyantī, Madhyamā und Vaikharī. Dies sind die Shabda-Aspekte der Stufen, auf denen der Samen des ungeformten Bewußtseins sich in die Fülle konkreter Gedanken entfaltet (ausgedrückt in der Sprache der mentalen Welt, die das Gegenteil des objektiven Weltalls ist.) Für diese letzten drei Stufen des Klangs ist der Körper notwendig, darum bestehen sie nur im Jīva. Bei diesem liegt das Shabda-Brahman als Kuṇḍalinī-Shakti im Mūlādhāra-Chakra. In der Kuṇḍalinī ist Parashabda enthalten. Dieser entwickelt sich in die „Mātrikās", die „kleinen Mütter", die die feinstofflichen Formen der grobstofflichen Buchstaben (varṇa) sind. Die Buchstaben bilden Silben (pada), aus denen Sinnsprüche entstehen (vākya), die das Mantra bilden. Para-Shabda entwickelt sich im Körper zum Pashyantī-Shabda oder zur Shakti, der allgemeinen Bewegung (sāmānya spanda), die den Raum vom Mūlādhāra- zum Maṇipūra-Chakra hinauf einnimmt und mit Manas verbunden ist. Auf dem Weg zum Anāhata wird sie zum Madyamā oder Hiraṇyagarbha-Klang und nimmt eine besondere Bewegung (viṣhesha spanda) an, die mit dem Buddhi-Tattva verbunden ist.

Vāyu, der zum Hals aufsteigt, drückt sich in dem gesprochenen Wort aus, das der Vaikharī- oder Virāt-Klang ist. Nun geht das Mantra vom Mund aus und wird mit dem Ohr vernommen. Weil die eine kosmische Bewegung sowohl das begriffbildende Denkorgan und die dieses begleitende Shabda wie die zu erkennenden Gegenstände oder Artha hervorbringt, wird die schöpferische Kraft des Weltalls mit den Mātrikās und Varṇas gleichgesetzt, und es heißt, daß die Devī in den Buchstaben A bis Ha enthalten sei, die die grobstofflichen Ausdrücke der sogenannten Mātrikā-Kräfte sind. Diese sind nicht verschiedene, sondern die gleichen Kräfte, die sich in das Weltall des Denkorgans und der Materie entfalten.

Aus demselben Grund sind die Varṇas mit gewissen vitalen und physiologischen Zentren verbunden, die aus der gleichen Kraft stammen, die die Buchstaben hervorbringt. Durch diese Zentren und deren körperliche Umgebung werden alle Erscheinungen der menschlichen Bewußtseins-Zustände ausgelöst, die den Menschen in ihren Banden halten. Die schöpferische Kraft ist die Verbindung Shiva-Shakti, und jeder Buchstabe (varṇa), der aus ihr entsteht und durch sie hervorgerufen wird, ist Teil und Träger dieser Kraft und deshalb Shiva und Shakti in besonderen Formen. Aus diesem Grund sagt das Tantra-Shāstra, daß die Devatā und das Mantra, das aus Buchstaben zusammengesetzt ist, eins sind. Kurz gesagt: das Mantra besteht aus Buchstaben (varṇa). Diese sind Mātrikā. Mātrikā aber ist Shakti, und diese wiederum ist Shiva. Durch Shakti (die eins mit Shiva ist), Nāda-Shakti, Bindu-Shakti, Shabda-Brahman oder Para-Shabda entstehen Mātrikā, Varṇa, Pada, Vākya oder das aus Buchstaben zusammengesetzte Mantra, das manifestierte Shabda.

Was aber ist Shabda oder „Klang“? Hier folgt das Shākta-Tantra-Shāstra der Mīmāmsā-Lehre des Shabda mit einigen Veränderungen, die notwendig sind, um sie der Shakti-Lehre anzugleichen. Der Ton, (shabda) der eine Eigenschaft (guṇa) des Äthers (ākāsha) ist, wird auf zweifache Weise gehört: als Buchstabe (varnātmaka-shabda) und ohne diesen als Dhvani (dhvanyātmaka-shabda). Letzteres entsteht, wenn man zwei Dinge gegeneinander reibt, was scheinbar ohne Bedeutung ist. Shabda dagegen als Anāhata (ein Ausdruck, der auf den Herzlotus angewendet wird) ist jener Brahman-Klang, der nicht durch das Aneinanderreiben von zwei Gegenständen hervorgerufen wird. Der vernommene Ton, der zusammengesetzt ist aus Sinnsprüchen (vākya), Worten (pada) und Buchstaben (varṇa), hat seine Bedeutung.

Shabda, der sich als Wort manifestiert, soll ewig sein. Die Naiyāyikas aber leugnen dies und behaupten, er sei vergänglich. Ein Wort wird gesprochen und vergeht. Nach Ansicht der Mīmāmsā-Lehre ist das Hören des Klanges eines Buchstabens von diesem an sich zu unterscheiden. Die Wahrnehmung wird durch Dhvani verursacht, das dadurch entsteht, daß die Luft mit dem Sprachorgan, mit Hals, Gaumen, Zunge und so fort zusammentrifft. Ehe Dhvani entsteht, muß sich ein Ding an einem anderen reiben. Doch dies ist an sich noch nicht der Shabda des Buchstabens, sondern macht ihn nur offenbar. Der Klang des Buchstabens wird durch die Sprechorgane hervorgerufen, die auf die Bewegung des Denkens antworten, das im hörbaren Klang einen äußeren Ausdruck sucht. Diese Wahrnehmung ist vergänglich, denn Dhvani, das sich in der Sprache manifestiert, ist vergänglich. Der Klang des Buchstabens aber an sich, das heißt als Bewußtsein, das den Gedanken manifestiert, der sich in der Sprache ausdrückt, ist ewig und wird nicht erst in dem Augenblick hervorgebracht, in dem man ihn hört. Dhvani manifestiert ihn nur. Er bestand zuvor, wie er auch nachher sein wird, ebenso wie ein Krug in einem dunklen Zimmer, der durch ein aufblitzendes Licht sichtbar wird, nicht erst dann hervorgebracht wird. Er hört auch nicht auf, vorhanden zu sein, wenn das Licht ausgegangen ist, das ihn in Erscheinung brachte. Die Luft, die in Berührung mit den Stimmorganen tritt, offenbart den Klang in den Buchstaben des Alphabetes und deren Verbindung in Worten und Sinnsprüchen. Die

Buchstaben werden zum Klang, wenn der Mensch sprechen will, und er wird von den anderen gehört, weil der buchstabenlose Ton oder Dhvani dies bewirkt. So ist er etwas anderes als der Shabda des Buchstabens.

Ehe ich Shabda in seinen verschiedenen Entwicklungsarten beschreibe, ist es notwendig, die indische Vorstellung der Wahrnehmung zu verstehen. In jedem Augenblick ist der Jīva zahllosen Einflüssen unterworfen, die aus allen Teilen des Weltalls auf ihn einstürmen. Aber nur die erreichen sein Bewußtsein, auf die er seine Aufmerksamkeit richtet und die sein Denkorgan Manas auswählt. Dieses richtet seine Aufmerksamkeit auf den einen oder anderen Sinneseindruck und überträgt ihn dem Buddhi. Wenn ein Gegenstand (artha) dem Denkorgan dargeboten und von diesem bemerkt wird, dann nimmt es die Gestalt des wahrgenommenen Gegenstandes an. Dies ist eine mentale Vritti (Veränderung), die der Yoga zu unterdrücken sucht. Das Denkorgan als Vritti ist somit die Wiedergabe eines äußeren Subjektes. Als solche Wiedergabe ist es ein Gegenstand wie jedes äußere Objekt. Letzteres, das heißt der physische Gegenstand, wird grobstofflich (sthūla-artha), ersteres, der gedankliche Eindruck, wird feinstofflich (sūkshma-artha) genannt.

Neben dem Gegenstand steht das Denkorgan, das diesen wahrnimmt. So ist das Denkorgan beides: der Erkennende (grāhaka) und das Erkannte (grāhya), der Offenbarende (prakāshaka) und das Offenbarte (prakāshya), der Aussagende (vāchaka) und das Ausgesagte (vāchya). Wenn das Denkorgan einen Gegenstand wahrnimmt, wird er in dessen Gestalt umgewandelt. So wird das Denkorgan, das an die Göttlichkeit denkt, die es verehrt (iṣhṭadevatā), durch unaufhörliche Hingabe zuletzt dieser Gottheit ähnlich. Indem der Verehrende auf diese Weise der Devatā erlaubt, für lange Zeit das Denkorgan zu erfüllen, wird es so rein wie die Devatā. Dies ist eine Grundregel der Tantra-Sādhanā oder der religiösen Übung.

Das wahrgenommene Objekt wird Artha genannt, eine Bezeichnung, die von der Wurzel „ri" – bekommen, wissen, genießen – abgeleitet ist. Artha ist das, was man kennt und was deshalb ein Gegenstand der Freude ist. Das Denkorgan als Artha, das heißt in Gestalt des gedanklichen Eindrucks, ist eine genaue Wiederspiegelung des äußeren Gegenstandes oder des grobstofflichen Artha, ebenso wie der entsprechende äußere Gegenstand Artha ist. Der erkennende Aspekt des Denkorgans wird Shabda oder Nāma (Name) genannt, und der Aspekt, in dem es sein eigenes Objekt ist und erkannt wird, heißt Artha oder Rūpa (Form). Das äußere physische Objekt, das sich im Einzelnen als Form ausdrückt, ist auch Artha oder Rūpa, und das gesprochene Wort ist das äußere Shabda. So ist das Denkorgan, vom Mantra-Aspekt aus gesehen, Shabda und Artha, Bezeichnungen, die dem vedāntischen Nāma und Rūpa entsprechen oder der inneren und der objektivierten Vorstellung. Der Māyāvāda-Vedānta lehrt, daß die ganze Schöpfung Nāma und Rūpa ist. Das Denkorgan als Shabda ist die Kraft (shakti), deren Funktion das Unterscheiden und Identifizieren (bhedasamsārgavritti-shakti) ist.

Ebenso wie der Körper ursprünglich feinstofflich und grobstofflich ist, so ist es auch Shabda, der sich in vier Stufen (bhāva) äußert. Diese heißen Parā, Pashyantī, Madhyamā und Vaikharī. Der Parā-Klang entsteht durch die Teilung des

Mahābindu, bevor dieser sich tatsächlich manifestiert. Dies ist der bewegungslose ursprüngliche Shabda in der Kuṇḍalinī, die im Mūlādhāra-Zentrum des Körpers liegt. Der Aspekt, in dem Shabda sich in einer allgemeinen, das heißt nicht gesonderten Bewegung (sāmānya-spanda) zu aktivieren beginnt, ist Pashyantī, die zwischen dem Mūlādhāra- und dem Maṇipūra-Chakra liegt. Hier ist sie mit Manas verbunden. Sie stellen den bewegungslosen und den zum ersten Mal in Tätigkeit tretenden Ishvara-Aspekt des Shabda dar.

Madhyamā-Shabda ist mit Buddhi verbunden. Es ist der Hiraṇyagarbha-Klang (hiranyagarbharūpa), der sich von den Pashyantī zum Herzen hin erstreckt. Sowohl der Madyamā-Klang, der die innere „Bezeichnung" für den erkennenden Aspekt der Denktätigkeit ist wie auch dessen Artha oder feinstofflicher (sūkshma) Gegenstand (artha) gehören zum mentalen oder feinstofflichen Körper (sūkschma oder linga-sharīra). Die Wahrnehmung hängt von dem Unterscheiden und Identifizieren ab. Bei der Wahrnehmung eines Gegenstandes ist der feinstoffliche Shabda jener Teil des Denkorgans, der gleichsetzt und unterscheidet und damit Namen gibt oder erkennt. Der Teil, der die Gestalt des Gegenstandes annimmt und ihn dadurch formt (eine Form, die dem äußeren Ding entspricht), ist der feinstoffliche Artha. Die Wahrnehmung eines Gegenstandes entsteht also aus der gleichzeitigen Funktion der beiden Aspekte des Denkorgans, Shabda und Artha, die in nicht auflösbarer Beziehung zueinander stehen als der Erkennende (grāhaka) und das Erkannte (grāhya). Beide gehören zum feinstofflichen Körper.

Bei der Schöpfung entstand zuerst der Madhyamā-Klang. Bei dieser Bewegung gab es noch keinen äußeren Artha. Dann projizierte das kosmische Denkorgan diesen inneren Madhyamā-Artha in die Welt der Sinnes-Erfahrung und benannte ihn durch das Wort (vaikharī-shabda). Der letzte oder Vaikharī-Shabda ist die Äußerung des Wortes, die im Hals entsteht und vom Munde ausgeht. Das ist Virāt-Shabda. Vaikharī-Shabda ist die Sprache oder der grobstoffliche Ton des Buchstabens. Sein entsprechendes Artha ist der physische oder grobstoffliche Gegenstand, den die Sprache bezeichnet. Dieser gehört zu dem grobstofflichen Körper (sthūla-sharīra).

Madhyamā-Shabda ist die gedankliche Bewegung oder die Gedankenbildung in ihrem erkennenden Aspekt, und Madhyamā-Artha ist der gedankliche Eindruck des grobstofflichen Gegenstandes. Die innere Denkbewegung als Shabdārtha gehört sowohl in ihrem erkennenden Aspekt (shabda) wie als feinstoffliches Objekt der Erkenntnis (artha) dem subtilen Körper an (sūkshma-sharīra). Beide entstehen aus der ersten allgemeinen Bewegung, die von der bewegungslosen Ursache Para-Shabda oder dem höchsten Wort zur gesonderten Gedankenbildung (pashyantī) hinführt. So gehen zwei Formen des inneren oder verborgenen Wortes, die ursprüngliche und die feinstoffliche, die die Denkbewegung begleiten, dem gesprochenen Wort voraus und führen zu ihm hin.

Der grobstoffliche Shabda (vaikharī) oder das gesprochene Wort und das grobstoffliche Artha oder der physische Gegenstand, den dieses bezeichnet, sind Projektionen des feinstofflichen Shabda und Artha, die durch die ursprüngliche Tätigkeit des Shabda-Brahman in der Welt der grobsinnlichen Wahrnehmung hervorgebracht werden. Darum bedeutet Shabda in der grobstofflichen physischen

Welt: Sprache, das heißt Sinnsprüche, Worte und Buchstaben, die Ausdruck der Gedanken und Mantras sind. In der feinstofflichen oder mentalen Welt ist der Madhyamā-Klang der Shabda Aspekt des Denkorgans, das als Erkennender mit Namen „nennt" und ist der Artha-Aspekt des gleichen Denkorgans als der mentale Gegenstand der Erkenntnis, der die äußere Form des Denkorgans genannt wird. Dieser gleicht dem Zustand der Träume (svapna), so wie Parashabda der ursprüngliche traumlose (sushupti) und Vaikharī der Wachzustand (jāgrat) sind.

Das mentale Artha ist ein Saṁsāra, das heißt ein Eindruck, der durch frühere Erfahrungen in dem feinstofflichen Körper zurückbleibt und wieder lebendig wird, wenn der Jīva von neuem zur Welterfahrung erwacht und sich der im traumlosen kosmischen Zustand (sushupti) der Auflösung (pralaya) zeitweilig verlorengegangenen Erfahrung wieder erinnert.

Was aber erweckt dieses Saṁskāra? Als Wirkung muß es eine Ursache (hāraṇa) besitzen. Diese ist der fein- oder grobstoffliche Shabda, der Name, der diesem besonderen Artha entspricht. Wenn das Wort „Ghata" ausgesprochen wird, erwacht im Denkorgan das Bild eines Gegenstandes, z. B. eines Kruges, in gleicher Weise, wie dies durch die Darstellung des Gegenstandes geschieht. Im Zustand des Hiraṇyagarbha bewirkt Shabda als Saṁskāra das Aufsteigen von Gedankenbildern. So ist die ganze Welt Shabda und Artha, das heißt Name und Form (nāma, rūpa), die unzertrennlich miteinander verbunden sind. Es gibt keine Shabda ohne Artha, noch Artha ohne Shabda. Das griechische Wort „Logos" meint die gleiche Verbindung von Gedanken und Wort. So gibt es eine doppelte Schöpfung: Shabda und Artha, Gedanken und Sprache mit ihren Gegenständen. Das Wort als das mit dem Ohr wahrgenommene oder als die äußere Manifestation des Shabda, steht für die Shabda-Schöpfung. Die Artha-Schöpfung sind die inneren und äußeren Gegenstände, die das geistige oder körperliche Auge wahrnimmt.

Vom Standpunkt der kosmischen Schöpfung aus nimmt das Denkorgan den ersten Platz ein. Aus ihm entwickelte sich die physische Welt in Übereinstimmung mit den ausgereiften Saṁskāras, die dieses bestimmte Weltall ins Dasein riefen. Darum geht das gedachte Artha dem physischen voraus, das eine Entfaltung des ersteren in die grobstoffliche Materie ist. Dieser mentale Zustand entspricht dem der Träume (svapna), in dem der Mensch nur in der mentalen Welt lebt. Nach der Schöpfung, die der Zustand des Erwachens (jāgrat) ist, besteht für den Einzelnen schon der Gleichklang von Name und Gegenstand.

Das gesprochene Wort ist eine Manifestation der inneren Namensgebung oder des Gedankens. Diese Denkbewegung ist in den Menschen aller Rassen die gleiche. Ob ein Deutscher oder ein Inder an ein Objekt denken, das Bild ist für beide das gleiche, mag es durch den Gegenstand selbst oder durch das Aussprechen seines Namens hervorgerufen sein. Aus diesem Grund ist es möglich, daß ein Gedankenleser – wenn Gedankenlesen überhaupt für wahr gehalten wird –, dessen Gehirnzentrum im „Rapport" mit dem eines anderen steht, die verborgene „Sprache", das heißt den Gedanken eines Menschen lesen kann, dessen Worte er nicht versteht.

Während die Denk-Bewegung für alle die gleiche ist, ist ihr Ausdruck als

Vaikharī verschieden. Nach der Überlieferung soll es einmal eine allumfassende Sprache gegeben haben. Dies ist auch dem Bericht der Bibel von der Sprachverwirrung in Babel zu entnehmen. Es soll auch im Rigveda (wie mir ein Freund erzählte, wenn er auch vergaß, mir die Stelle anzugeben) eine geheimnisvolle Stelle geben, die von den „drei Vätern und drei Müttern" spricht, durch deren Tätigkeit – wie dies auch für die der Elohim zutrifft – die „allen verständliche" Sprache in die vielen besonderen verwandelt wurde. Wenn wir bedenken, daß die Verschiedenheit der grobstofflichen Sprache auf dem Unterschied der im Lauf der Zeit hervorgegangenen Rassen zurückzuführen ist, so scheint dies nicht unmöglich zu sein. Wären die Werkzeuge, durch die der Gedanke sich im Wort ausdrückt und die Bedingungen, unter denen dies geschieht, bei allen Menschen die gleichen, dann gäbe es nur eine Sprache. Dies aber trifft nicht zu. Rassische Merkmale und physische Bedingungen – die Natur der Stimmbänder, das Klima, angeborene Beeindruckbarkeit und so weiter – sind verschieden. So ist auch die Sprache verschieden. Für jeden Einzelnen aber, der eine bestimmte Sprache redet, ist der geäußerte Name irgendeines Gegenstandes der grobstoffliche Ausdruck seiner inneren Denkbewegung. Sie ruft den Gedanken hervor, und dieser ist das Bewußtsein in seiner mentalen Tätigkeit, die so vertieft werden kann, daß sie selbst schöpferisch wird. Dies ist Mantra-Chaitanya.

Es heißt in den Tantra Shāstras, daß die 50 Buchstaben des Alphabets in den sechs Chakras des Körpers – im Mūlādhāra, Svādishthāna, Manipūra, Anāhata, Vishuddha und Ājña – enthalten sind. Diese 50 Buchstaben mit 20 multipliziert liegen in dem tausendblättrigen Lotus oder Sahasrāra.

Aus dem Vorangegangenen erklärt sich, daß die „Buchstaben" in den sechs Chakras des Körpers nicht in geschriebener Form oder als gesprochene Töne enthalten sind, die man vernehmen kann. Buchstaben als grobstoffliche Dinge manifestieren sich nur in Wort und Schrift. Das ist klar. Aber die genaue Bedeutung dieser Feststellung hat einige Schwierigkeiten. Es gibt tatsächlich nichts, was schwieriger wäre als die Mantravidyā, ob man diese ganz allgemein oder in Beziehung zu der besonderen Frage meint, die hier angeschnitten ist, und ich bilde mir nicht ein, all diese Schwierigkeiten geklärt zu haben.

Was aus dem Körper hervorgeht, liegt in feinstofflicher oder ursprünglicher Form in ihm. Warum aber, könnte man fragen, werden besondere Buchstaben bestimmten Chakras zugeteilt. Ich habe verschiedene Erklärungen gehört, die meiner Meinung nach aber der Prüfung nicht standhalten.

Wenn diese Zuordnung nicht künstlich ist, um die Sādhanā zu ermöglichen, so ist die einfachste Erklärung folgende: aus Brahman gehen die fünf Bhūtas in ihrer rechtmäßigen Reihenfolge hervor: Äther, Luft, Feuer, Wasser, Erde; aus diesen wieder die sechs Chakras von Ājña bis Mūlādhāra. Die Buchstaben sind – mit einer Ausnahme, die ich noch anführen werde – in alphabetischer Anordnung in den Chakras verteilt. Die Vokale als erste Buchstaben oder Shaktis der Konsonanten (die ohne diese nicht ausgesprochen werden können), liegen im Viṣhuddha-Chakra; die ersten Konsonanten Ka bis Tha im Anāhata und so fort bis zum Mūlādhāra, das die letzten vier Buchstaben von Va bis Sa enthält. In Ājña liegen Ha und Kṣha als Brahma-Bījas. Im nächsten oder ätherischen Viṣhuddha-Chakra liegen die 16 Konsonanten, die zuerst entstanden. Denn auch der Äther ist einmal hervorgegangen.

Die gleiche Grundregel wird auf die anderen Buchstaben in den Chakras angewendet, nämlich auf Ka bis Tha (12 Buchstaben und Blumenblätter) im Anāhata; auf Da bis Pha (10) im Manipūra; auf Ba bis La (6) im Svādishthāna und auf Va bis Sa (4) im Mūlādhāra. Die Beziehung zwischen bestimmten Buchstaben und den Chakras, in denen sie angeordnet sind, soll ferner darauf zurückzuführen sein, daß das Chakra und seine Umgebung durch Aussprechen des ihnen innewohnenden Buchstabens in Schwingung geraten. Die Töne des Sanskrit-Alphabets werden nach den Organen benannt, die bei ihrer Aussprache in Tätigkeit treten. Es gibt Kehllaute (kantha), Gaumenlaute (tālu), Hirnlaute (mūrddhā), Zahnlaute (danta) und Lippenlaute (oṣhṭha). Auf seine Weise ausgesprochen, „berührt" jeder Buchstabe gleichsam das Chakra, in dem er sich befindet und dem er aus diesem Grunde zugeordnet ist. Durch das Aussprechen werden also bestimmte Chakras beeinflußt, das heißt, ins Spiel gesetzt. Dies soll dann der Fall sein, wenn der Buchstabe sorgfältig ausgesprochen und die Aufmerksamkeit auf die begleitende körperliche Bewegung gerichtet wird. Spricht man z. B. Ha aus, dann wird der Kopf (ājña) berührt, spricht man das tief gelegene Va aus, dann wird das unterste Chakra oder Mūlādhāra bewegt. Beim Aussprechen des ersten Tons fühlt man die Stirn in Mitleidenschaft gezogen und beim letzten den unteren Teil um den Wurzellotus. Dies ist die Lehre von der Anordnung der Buchstaben in den Chakras.

Ein Mantra ist, wie alles übrige, Shakti. Das bloße Äußern eines Mantra aber ist nur Lippenbewegung. Das Mantra muß erweckt werden (prabuddha), so wie jede andere Shakti, wenn sie etwas bewirken soll. Dies ist die Verbindung von Klang und Gedanke durch das Wissen um das Mantra und seine Bedeutung. Das Aufsagen eines Mantra ohne Kenntnis seiner Bedeutung ist praktisch wertlos. Ich sage „praktisch", weil die Verehrung, auch wenn sie ohne Verständnis geschieht, niemals ganz ohne Ergebnis ist. Aber das Wissen um die Bedeutung ist noch nicht genug. Es ist möglich, daß man beim Lesen eines Buches oder bei mündlichen Unterweisungen die Bedeutung eines Mantra kennen lernt, sich aber noch nichts daraus ergibt.

Jedes Mantra ist die Verkörperung einer besonderen Form des Bewußtseins oder der Shakti. Das ist die Mantra-Shakti. Bewußtsein oder Shakti ist auch in der Gestalt des Sādhaka vorhanden. Es ist nun das Ziel, diese beiden zu vereinen, wenn der Gedanke nicht nur in der äußeren Umhüllung bleiben, sondern durch Wille, Erkenntnis und Handlung im Bewußtseins-Zentrum, zusammen mit dem Bewußtsein des Mantra, lebendig gemacht werden soll. Das Mantra ist die Devatā oder eine besondere Manifestation der Shakti, und der Sādhaka, der sich mit ihm identifiziert, tut es zugleich auch mit seiner Shakti. Denn nach der Yoga-Lehre vereint sich das Denkorgan, wenn es sich fest auf einen Gegenstand konzentriert, mit diesem. Identifiziert sich der Mensch auf diese Weise mit einem Varṇa oder Tattva, dann hört die Bindungskraft der Gegenstände zu wirken auf, und der Mensch beherrscht sie. So durchbricht im Kuṇḍalinī-Yoga die statische Shakti des Körpers die Chakras, um Shiva-Shakti im Sahasrāra zu begegnen.

Der Sādhaka, der durch sich die Kraft der erwachenden Shakti mit den Shaktis der Chakras, Tattvas und Mātrikā identifiziert, durchschreitet diese und erlangt Samādhi. Da die Varṇas Shiva-Shakti sind, zieht die Konzentration auf sie das Denkorgan zu der Devatā hin, die eins ist mit dem Mantra, und vereint es mit ihr. Die Devatā des Mantra ist nur die schöpferische Shakti, die diese besondere Form angenommen hat. Wie schon bemerkt, kann die Devatā in jedem Objekt verwirklicht werden, nicht nur in Mantras, Yantras, Ghatas, Pratimās oder in anderen rituellen Gegenständen der Verehrung.

Die gleiche Kraft, die sich dem Ohr im Mantra offenbart, wird in den Linien und Kurven des Yantra dargestellt, das, wie das Kaulavalī-Tantra sagt, der Körper der Devatā ist:

Yantram mantramayam proktam mantrātmā devataiva hi
Dehātmanor yathā bhedo yantra – devatayostathā.

Das Yantra ist somit das graphische Symbol der Shakti, das das Mantra anzeigt, mit dem die Identifizierung stattfindet. Das Pratimā oder Bild ist eine grobstofflichere Anschauungsform der Devatā. Die Mantras aber sind besondere Formen der göttlichen Shakti, deren Verwirklichung bestimmte Ergebnisse hervorzubringen vermag. Auch hier wie im Kuṇḍalinī-Yoga bringt die Identifizierung des Sādhaka mit verschiedenen Mantras unterschiedliche Vibhūtis oder Kräfte hervor. Denn jede Verteilung der Buchstaben stellt eine neue Verbindung der Mātrikā-Shaktis dar. Die ewige Shakti ist das Leben des Mantra. Darum bedeutet Siddhi in der Mantra Sādhanā die Vereinigung der Shakti des Sādhaka mit der Mantra-Shakti.

Die Identifizierung des Sādhaka mit dem Mantra ist die Gleichsetzung von Wissendem (vedaka), Wissen (vidyā) und Gewußtem (vēdya) oder von Sādhaka, Mantra und Devatā. Unter diesen Umständen wird das Mantra wirksam. Das Denkorgan muß sich von etwas nähren und tut dies ständig. Es ergreift das Mantra und bewirkt seinen Weg zum Herzen. Dort vollzieht sich Chitta oder die Einheit vom Denkorgan des Sādhaka mit der wirkenden Shakti des Mantra. Das Subjekt begegnet dem Objekt in seiner Mantra-Form und verbindet sich mit ihm. Durch Meditation vereint sich der Sādhaka mit der Devatā, die sozusagen hinter dem Mantra steht, und deren Form es ist. Die Verbindung des Mantra mit seiner Devatā ist das Ergebnis der Bemühung des Sādhaka, das begonnene Verlangen nach solcher Vereinigung auf immer zu verwirklichen.

Das Verlangen nach Göttlichkeit ist eine dynamische Kraft, die alles durchdringt und im Inneren die Göttlichkeit selbst findet. Man muß zugeben, daß Mantra-Sādhanā oft ohne Wissen vollzogen wird. Man legt dann den Glauben auf Äußerlichkeiten, und die innere Bedeutung geht verloren. Aber selbst solch unkundige Verehrung ist noch besser als überhaupt keine. „Es ist besser, sich mit anbehaltenen Schuhen vor Nārāyaṇa zu verbeugen, als es überhaupt nicht zu tun."

Viele kritisieren auch die „sinnlosen Wiederholungen". Was Christus verdammte, war aber nicht das Wiederholen, sondern das „unnütze Plappern". Ein armseliger

Psychologe ist, wer nicht die Wirkung der Wiederholung kennt, wenn diese mit Vertrauen und Hingabe geschieht. Es ist Tatsache, daß man dem inneren Königtum Gewalt antun und es im Sturm gewinnen kann. Es liefert sich dem starken Willen des Sādhaka aus, denn es ist dieser Wille in seiner reinsten und vollkommensten Kraft. Durch Übung des Mantra wird die Devatā beschworen. Dies bedeutet, daß das Denkorgan selbst als Devatā sich mit der Devatā vereinigt. Dies geschieht durch die Wiederholung des Mantra (japa).

Japa wird mit der Handlung eines Menschen verglichen, der einen Schlafenden aufrüttelt, damit er wach wird. Das Bewußtsein des Sādhaka wird geweckt. Die beiden Lippen sind Shiva und Shakti. Die Bewegung bei ihrer Äußerung ist ihre Vereinigung (maithuna). Der Shabda, der hieraus entsteht, ist in der Art des Bindu, und die Devatā, die nun erscheint, ist gleichsam der Sohn des Sādhaka. Es ist nicht die höchste Devatā (denn sie ist ohne Tätigkeit), sondern ein Ausgang von ihr, den die Verehrung des Sādhaka zu seinem Segen hervorruft. Den Verehrern des Shiva-Mantra erscheint ein männliches Shiva-Kind (bāla-shiva), das durch die Nahrung, die ihm der Sādhaka gibt, gestärkt wird. Der Okkultist wird den Sinn solcher Symbolik verstehen. Sie bedeutet, daß die Devatā eine Form des Bewußtseins ist, die sich als junger Shiva darstellt, und, gestärkt, zur ausgewachsenen göttlichen Kraft wird. Alle Mantras sind Formen des Bewußtseins (vijñānarūpa). Wenn sie vollkommen ausgeführt werden, beleben sie den Saṁskāra, und das Artha erscheint dem Denkorgan. Die Mantras, die bei der Verehrung benutzt werden, sind somit eine Form der Saṁskāras oder Jīvas, deren Artha sich dem nun gereinigten Bewußtsein manifestiert. Das Wesentliche hierbei ist, daß man Gedanken und Willenskraft, das heißt die Shakti, konzentriert und belebt.

Die Mantra-Methode ist Shāktopāya-Yoga, das mit Begriffen und Formen arbeitet, während Shāmbhavopāya-Yoga ein unmittelbarer Versuch ist, die Shakti intuitiv zu erkennen, unabhängig von allen vorübergehenden Vorstellungen, die, nachdem sie nicht die Wirklichkeit aufzuzeigen vermögen, nur dazu dienen, das Wirkliche noch mehr zu verbergen und dadurch die Bindungen aufrecht erhalten. Diese Yoga-Methoden sind nur Beispiele für die allgemeine Grundlehre der Sādhanā, daß die Arbeit des Sādhaka zuerst mit und durch Formen ausgeführt werden soll, und dann, soweit wie möglich, die Meditation diese aufheben wird.

Professor Surendra Nāth Das Gupta wies mich darauf hin, daß diese Varṇa-Sādhanā, wenn sie auch ein wichtiger Inhalt des Tantra-Shāstra ist, doch nicht ganz auf dieses zurückzuführen sei, sondern, wie ich auch in anderen Dingen oft beobachten konnte, aus alten Veden-Lehren stammt. Denn der Versuch zu dieser Sādhanā wurde zuerst in der Āraṇyaka-Epoche nach dem Pratīkopāsana unternommen, auf dem, seiner Meinung nach, die Tantra-Sādhanā gründet. Diese wurde durch das Tantra-Shāstra in das weit verflochtene System ausgebaut, das ein so wesentlicher Zug seiner religiösen Lehre ist. So besteht eine Synthese zwischen diesem Pratīkopāsana und der Yoga-Lehre, die auf dem Veda gründet.

XXV. Kapitel

VARṆAMĀLĀ
Der Blütenkranz der Buchstaben

Niemals war die Welt ganz ohne Weisheit oder ohne Lehrer, die sie verkündeten. Doch Grad und Art dieser Verkündigung wandelte sich mit den Fähigkeiten der Menschen, sie aufzunehmen. Das gleiche gilt für die Symbole, die die Wahrheit vermitteln. Diese haben verschiedene Bedeutung, entsprechend dem geistigen Fortschritt der Verehrenden. Grad und Verschiedenheit der Darstellung führten zu der oberflächlichen Ansicht, daß der Unterschied der Glaubensformen eine gemeinsame Wahrheit ausschließe. Betrachtet man diese Frage aber von einem höheren Gesichtspunkt aus, so wird man sehen, daß es nur eine Grundwahrheit gibt. Ihre Offenbarung ist mehr oder weniger vollkommen, da sie den Symbolen entspricht, die von den verschiedenen Temperamenten und Charakteren entwickelt wurden und deshalb für diese geeignet waren.

Die Symbole aber wurden von jenen mißverstanden, denen die typischen Glaubensformen, die sie verkörpern, nicht vertraut sind, und die sich in ihrem Temperament von denen unterscheiden, die sie herausgearbeitet haben. Dem gewohnten westlichen Denken erscheinen die Symbole des Hinduismus oft abstoßend und widersinnig. Man darf aber nicht vergessen, daß auch Symbole des westlichen Glaubens die gleiche Wirkung auf den Hindu ausüben. Dieser verabscheut naturgemäß Bilder wie das „geopferte Lamm" oder andere Symbole von Blut und Tod, während der Westen die furchterregenden Darstellungen ablehnt, in denen Indien seine Schau der zweifellos um und in uns vorhandenen Schrecken verkörpert.

Nicht alles ist freundlich in dieser Welt. Selbst unter Menschen gleicher Rasse, gleichen Glaubens können wir solche Unterschiede finden. Ehe der katholische Kult des Herzens Jesu den Widerstand besiegte, der ihm zuerst und auch später entgegentrat, wurde diese bildhafte Darstellung mit Worten abgelehnt, die heute als aufreizende Ehrfurchtslosigkeit betrachtet würden. Solche Unterschiede werden aber wohl bestehen, solange Menschen sich in ihrer geistigen Haltung und in ihrem Temperament voneinander unterscheiden und nicht den Zustand erreicht haben, in dem sie die wesenhafte Wahrheit finden und damit gleichgültig gegenüber ihren Darstellungen werden.

Wir müssen auch unterscheiden zwischen dem, was ein Symbol früher und was es jetzt bedeutet. Bis vor kurzem wurde auf dem Land noch um einen blumenbekränzten Maibaum getanzt. Daß dieser Baum ursprünglich (wie ähnliche Formen) den großen Lingam darstellte, ist ebenso sicher, wie die Tatsache, daß solche Zusammenhänge nicht mehr bekannt sind. Es heißt auch, daß die Mitra des Bischofs den Kopf eines Fisches darstellt und von den alten Hierophanten des nahen Ostens getragen wurde. Aber was besagt dies heute, da das Symbol eine ganz andere Bedeutung hat.

Wir wollen diese allgemeinen Bemerkungen noch erläutern durch die kurze Darstellung eines Teils der Kālī-Symbolik, die so viele Nicht-Hindus mit Verachtung und Schrecken erfüllt. Kālī ist der Aspekt der Gottheit, der alle Dinge, die sie erschaffen hat, wieder in sich zurücknimmt. Sie wird Kālī genannt, weil sie die Zeit (kāla) verschlingt und darnach ihre eigene schwarze Formlosigkeit wieder annimmt. Dieses Schauspiel vollzieht sich auf dem Verbrennungsgrund (shmashāna) inmitten ausgedörrter Knochen und von Aasgeiern angefressener, zerhackter Fleischreste. Hier vollbringt der „heroische" (vīra) Verehrer (sādhaka) zur Abenddämmerung seine ehrfurchteinflößenden Rituale. Kālī ist der Mittelpunkt eines solchen Schauspiels, als jener Aspekt der großen Kraft, die bei und in der Auflösung des Weltalls alle Dinge in sich zurückzieht. Solche Verehrung vollbringt ohne Furcht nur, wer alle weltlichen Begierden aufgegeben hat und die Vereinigung mit Kālī als segensreiche und vollkommene Erfahrung sucht.

Auf dem Verbrennungsgrund werden alle weltlichen Wünsche ausgebrannt. Kālī ist nackt und dunkel wie eine drohende Regenwolke. Sie ist schwarz, weil sie jenseits von Gedanken und Wort alle Dinge in das weltliche „Nichtsein" zurücknimmt, das als Leere (shūnya), als Entblößtsein von allem, was wir kennen, zur gleichen Zeit das All (pūrṇa), der Friede ist. Ihre Nacktheit bedeutet, daß sie allein vom Raum bekleidet wird (digambarī), der die große grenzenlose Kraft ist. Jenseits von Māyā (māyātītā) ist sie die Kraft, die das Weltall erschafft. Sie steht auf dem weißen, Leichnam-gleichen Körper (shavarūpa) Shivas. Seine Farbe ist weiß, denn er ist der erleuchtende übersinnliche Aspekt des Bewußtseins. Er ist unbeweglich, als der unwandelbare Aspekt des Höchsten, während sie den scheinbar sich verändernden Aspekt darstellt. In Wahrheit aber sind beide das gleiche. Denn sie sind die Zwillingsaspekte des Einen, der unwandelbar ist im Ausdruck des Wandelbaren.

Vieles wäre zur Erklärung dieser und anderer Symbole – wie ihres geöffneten Haares, ihrer heraushängenden Zunge, des dünnen Blutstroms, der aus ihren Mundwinkeln rinnt, der Stellung ihrer Füße, der Schürze um ihre Hüften, die aus den Händen von Toten gebildet ist, ihrer Werkzeuge und so fort – zu sagen (vgl. die Hymne an Kālī von Arthur Avalon, Tantrik-Texte, Bd. IX). Hier aber will ich nur von dem Kranz der frisch abgeschlagenen Köpfe sprechen, der um ihren Hals hängt.

Manche vermuten, daß Kālī ursprünglich die Gottheit der schwarzhäutigen Einwohner der Vindhya-Hügel war, deren Verehrung von den Brahmanen übernommen wurde. Nach einer anderen Aussage ist sie eine vergottete Prinzessin dieses Volkes, das gegen die weißen arischen Eindringlinge kämpfte, da die abgeschlagenen Köpfe von Weißen stammen. Im Westen nimmt man an, Kālī sei Ausdruck des indischen Denkens, das aus der Todesmacht eine Göttin erschafft. Im Osten dagegen wird man antworten, sie sei ein Symbol (sānketa), das die geistige Kraft dem indischen Denken einprägt. Ich möchte dies hier nicht weiter untersuchen, sondern die symbolische Bedeutung erörtern, die solche Bilder für uns Heutige und für die Eingeweihten vergangener Jahrhunderte besitzt.

Nach einer esoterischen Erklärung soll dieser Kranz aus den Häuptern von Dämonen bestehen, die Kālī als Kraft der Gerechtigkeit erobert hat. Nach einer esoterischen Deutung aber, die in dem indischen Tantra-Shāstra gegeben wird, ist diese Kette aus Totenschädeln ein Kranz aus Buchstaben (varṇamālā), das heißt, aus den 50 oder – nach Ansicht einiger – den 51 Buchstaben des Sanskrit-Alphabetes. Die gleiche Erklärung steht in dem buddhistischen Demchog-Tantra und bezieht sich dort auf den Kranz, den die große Herukā trägt.

Diese Buchstaben stellen das Weltall der Namen und Formen (nāmarūpa) dar, das heißt die Rede (shabda) und ihre Bedeutung oder ihren Gegenstand (artha). Sie, die alles „Ermordete" bei der großen Auflösung des Weltalls verschlingt, das heißt, in ihr ungeteiltes Bewußtsein zurücknimmt, trägt die Buchstaben, die sie als zeugende Kraft hervorbrachte und als auflösende Macht wieder in sich zurücknimmt. Mit diesen Buchstaben ist eine sehr tiefgründige Lehre verbunden, die sich aber hier der Kürze halber nicht ganz ausführen läßt. Ausführlicher habe ich sie in der „Schlangenkraft" (Kuṇḍalinī) dargelegt, die das wahre, segensreiche, allen Dualismus übersteigende Bewußtsein in die Welt von gut und böse hineinprojiziert. Die Bewegungen dieser Projektion werden von den feinstofflichen und grobstofflichen Buchstaben ausgedrückt, die sich auf den Blütenblättern der inneren Körperzentren oder Lotusse befinden. Kurz gesagt: Shabda, wörtlich Klang – hier geschriebener Ton –, erscheint in seinem ursprünglichen Zustand (parashanda) als „höchste Rede" (parā-vāk). Es ist das Shabda-Brahman oder der Logos, jener Aspekt der Wirklichkeit oder des Bewußtseins (chit), der die unmittelbare Ursache der Schöpfung ist, das heißt, die Zweiteilung im Bewußtsein, die „Ich" und „Dieses", Subjekt und Objekt, Denkorgan und Materie erzeugt. Der Zustand des Ur-Shabda ist der traumlose kosmische Zustand (sushupti). Wenn der Logos aus seinem ursprünglichen Schlaf erwacht und „sieht", das heißt, sich das Weltall schöpferisch vorstellt, dann wird er zum Pashyantī-Shabda. Wenn das Bewußtsein „sieht" oder eine Idee hat, dann steigen Formen in dem schöpferischen Denkorgan auf, die Eindrücke (saṁskāra) aus früherer Welt sind, ihr Dasein aber aufgegeben haben, als das Weltall sich in den Zustand des ursprünglichen traumlosen Schlafes auflöste. Wenn das ungeformte Bewußtsein neu erwacht, steigen sie wieder auf, um das sinnenhafte Leben in der Welt der Formen zu genießen.

Der kosmische Geist ist zuerst erkennendes Subjekt (grāhaka) und erkanntes Objekt (grāhya). Denn noch hat er seine Gedanken nicht auf die Ebene der Materie projiziert. Der Geist ist als erkennendes Subjekt Shabda und als erkanntes Objekt, das heißt in der Gestalt des Gegenstandes, feinstoffliches Artha. Dieser Shabda, Madhyamā-Shabda genannt, ist ein „innerer Name", eine „verborgene Rede", und dem gesprochenen Buchstaben (varṇa) antworten auf dieser Stufe die „kleinen Mütter" (mātrikā), dies heißt, die feinstofflichen Formen des grobstofflichen Wortes.

Das Bewußtsein ist in Subjekt und Objekt geschieden, letzteres aber besteht nur innerhalb des Selbst und bildet einen Teil von ihm. Dies ist der Zustand des kosmischen Traumes (svapna). Die „gesprochene Rede" ist allen Menschen verständlich, wenn sie in geistigem Verkehr miteinander stehen. So heißt es, daß ein

Gedankenleser die Gedanken eines Menschen lesen kann, auch wenn er keine Worte hört. In diesem Fall projiziert der kosmische Geist die Gedanken-Bilder auf die materielle Ebene, auf der sie sich in grob-physischen Objekten (sthūla artha) verstofflichen. Diese prägen von außen dem Denkorgan des erschaffenen Bewußtseins Zeichen auf. Das ist der kosmische Wachzustand (jāgrat). Auf dieser letzten Stufe drückt sich die Denk-Bewegung unmittelbar als Rede (vaikharī shabda) durch die Stimmorgane aus, die Berührung mit der Luft aufnehmen. Die Rede besteht aus Buchstaben, Silben und Sätzen. Der physische Laut ohne Buchstaben, der Shabda manifestiert, wird Dhvani genannt, während der Laut mit Buchstaben der manifestierte Shabda oder Name (nāma) ist. Die physischen Gegenstände, die durch die Rede benannt werden, sind das grobstoffliche Artha oder die Form (rūpa).

Die manifestierte Rede der Menschen ist unterschiedlich. Denn individuelle und rassische Merkmale, Bedingungen wie Land und Klima, in denen Menschen leben, sind verschieden. Nach der Überlieferung soll es eine allgemeine Sprache gegeben haben, ehe der Turm zu Babel erbaut wurde, das heißt, ehe die Sprachverwirrung entstand. Wie schon früher angeführt, hat mir ein Freund eine Stelle im Riga-Veda gezeigt, die er in ähnlicher Weise deutet. Nach dieser sollen die drei Väter und die drei Mütter, ähnlich den Elohim (um der Schöpfung willen) eine allen verständliche Sprache, die zuvor nicht vorhanden war, erschaffen haben.

Das ganze Weltall besteht aus diesen Buchstaben und Namen, aus ihrer Bedeutung oder ihren Objekten, das heißt aus vorgestellten objektivierten Begriffen. Wenn Kālī die Welt, also die Namen und Formen zurücknimmt, die die Buchstaben ausdrücken, dann verschwindet der Dualismus im Bewußtsein, der die Schöpfung hervorbringt. Es gibt weder „Ich" (aham) noch „Dieses" (idam), sondern nur die eine, nicht duale, vollkommene Erfahrung, die Kālī in ihrer eigenen wahren Natur (svarūpa) ist. Auf diese Weise ist ihr Kranz zu verstehen.

„Sicher", so höre ich sagen, „nicht von allen". Steigt jeder verehrende Hindu in solche Tiefgründigkeit hinab, wenn er die Gestalt der Mutter Kālī erblickt? Natürlich nicht, jedenfalls wird er nicht mehr wissen als – sagen wir – ein italienischer Bauer von den Eigenheiten katholischer Mystiker oder Theologen weiß oder versteht. Wenn aber der Abendländer die indische Symbolik zu beschreiben oder zu erklären sucht, dann sollte er, um der Wissenschaft wie der Ehrlichkeit willen, zu verstehen suchen, was sie sowohl für den höher Entwickelten wie für den demütig Verehrenden bedeutet.

XXVI. Kapitel

SHĀKTA-SĀDHANĀ

Das gewöhnliche Ritual

Sādhanā führt zu Siddhi, dem gewünschten Erfolg, gleichgültig ob dieser materieller oder geistiger Art ist. Sie ist das Mittel oder die Praxis, durch die das verlangte Ziel erreicht wird und besteht aus Zucht und Übung des Körpers wie der geistigen Fähigkeiten, deren schrittweise Vollendung Siddhi hervorbringt. Die Natur oder der Grad der geistigen Siddhi hängt von dem Fortschritt auf dem Weg zur Verwirklichung des Ātma ab, dessen verhüllendes Gewand der Körper ist. Die angewendeten Mittel sind zahlreicher Art und genau durchgearbeitet. Es sind unter anderem Verehrung (pūjā), die äußerlicher oder geistiger Art sein kann, Lernen der Shāstras, Enthaltsamkeit (tapas), Japa oder das Aufsagen von Mantras, Hymnen und Meditation. Die Sādhanā muß ihrer Natur und ihrem Charakter nach dem gewünschten Ziel angemessen sein. Deshalb unterscheidet sich die Sādhanā für das geistige Wissen (bṛahmajñāna), die aus äußerer Beherrschung (dama) der zehn Sinne (indriya), aus innerer Beherrschung (shama) des Denkorgans (buddhi, ahankāra, manas), aus Unterscheidung zwischen Vergänglichem und Ewigem, aus Entsagung der Erde wie des Himmels (svarga) besteht, von der niederen Sādhanā des gewöhnlichen Hausvaters. Beide aber sind offensichtlich anders geartet als die Sādhanā, die von den Schwarzmagiern (abhichāra) vorgeschrieben und befolgt wird.

Auch die Sādhakas sind verschieden in ihren physischen, verstandesmäßigen und moralischen Eigenschaften. Sie werden in vier Klassen eingeteilt – in Mṛidu, Madhya, Adhimātraka und in die höchste Klasse der Adhimātrama, die für alle Arten des Yoga geeignet sind (adhikārī). In ähnlicher Weise werden die Shākta-Kaulas in die Prakṛita oder gewöhnlichen Kaulas eingeteilt, die Vīrāchāra befolgen mit den Pañchatattvas, die in den folgenden Kapiteln beschrieben werden; in die mittleren Kaulas (madhyama), die die gleiche Sādhanā oder eine andere höher entwickelte befolgen und in die höchste Kaula (kaulikottama), die jenseits aller Rituale über das universale Selbst meditiert. Diese wird im nächsten Kapitel genauer beschrieben.

Bevor der Sādhaka nicht zum Siddha geworden ist, muß jede Sādhanā mit der Vollmacht und unter Führung eines Guru oder geistigen Lehrers ausgeführt werden. In Wirklichkeit gibt es nur einen Guru, den Herrn (ishvara) selbst. Er ist der höchste Guru und eins mit Devī, seiner Kraft. Aber Er wirkt durch den Menschen und mit menschlichen Mitteln. Der gewöhnliche Guru ist nur die irdische Manifestation des Ādi-nātha Mahākāla und der Mahākālī, da der höchste Guru auf dem Kailāsa wohnt. So sagt das Yogini Tantra (Kap. I.): „Guroḥ sthānam hi kailāsam.“ Er ist im irdischen Guru und spricht mit dessen Stimme;

ebenso wie in westlicher Sprache Christus durch die Stimme des Pontifex Maximus redet, wenn dieser Glaubenssätze verkündet und durch die Stimme des Priesters, der dem Bußfertigen Absolution seiner Sünden erteilt. Nicht der Mensch spricht, sondern Gott spricht durch ihn. Der Guru gibt Einweihung und Hilfe, und die Beziehung zwischen ihm und dem Schüler (shiṣhya) dauert an, bis die geistige Siddhi erreicht ist. Nur von ihm kann Sādhanā und Yoga erlernt werden, nicht, wie man gemeinhin annimmt, aus den tausend Shāstras. Darum heißt es in der Shatkarmadīpikā, daß reines Buchwissen sinnlos sei:

Pustake likhitā vidyā yana sundari japyate
Siddhir na jāyate tasya kalpakoti-shatair api.

„Oh, Herrlicher! Wer Japa einer Vidyā (Mantra) vollbringt, die er aus einem Buch gelernt hat, kann niemals Siddhi erlangen, selbst wenn er zahllose Millionen von Jahren durchhalten würde".

Manu lehrt: „Unter denen, die natürliche Geburt schenken und denen, die das Wissen des Veda vermitteln, ist der Vater des heiligen Wissens mehr zu verehren." Auch die Tantra-Shāstras sind erfüllt von der Größe des Guru. Man darf ihn nicht als bloßen Menschen betrachten. Es besteht kein Unterschied zwischen Guru, Mantra und Deva. Guru ist Vater, Mutter und Brahman. Es heißt, daß der Guru vom Zorn Shivas erretten kann, keinesfalls aber gibt es Rettung vom Zorn des Gurus. Mit seiner Größe ist zugleich Verantwortung verbunden. Denn die Sünden des Schülers können auf ihn fallen. Die Tantra-Shāstras beschäftigen sich mit den hohen Eigenschaften, die von einem Guru verlangt werden und mit den guten Eigenschaften, die in dem angehenden Schüler gesucht werden müssen (vgl. z. B. Tantrasāra, Kap. I). Vor der Einweihung prüft der Guru den angehenden Schüler eine gewisse Zeit lang. Die moralischen Fähigkeiten des Schülers müssen Reinheit der Seele (shuddhātma), Beherrschung der Sinne (jitendriya), das Befolgen des Puruṣhārtha oder die Ziele aller Lebewesen (puruṣhārthaparājana) sein. Unter anderen sollten jene, die zuchtlos (kāmuka), ehebrecherisch (para-dārātura) der Sünde hingegeben, unwissend, träge ohne Religion sind, abgelehnt werden (vgl. Matsyasūkta Tantra XIII; Prāṇatoshiṇī 108; Mahārudrayāmala, I. XV, II. 2; Kulārṇava Tantra, Kap. XIII). Der gute Sādhaka, der Anspruch auf das Wissen aller Shāstras hat, ist reinen Geistes, voller Selbstbeherrschung und stets gewillt, allen Wesen Gutes zu erweisen. Er ist frei von falschen Vorstellungen des Dualismus und ist dem Wort und Schutz des höchsten Brahma unterworfen, in dessen Bewußtsein er lebt (Gandharva Tantra, Kap. II).

Alle strenggläubigen Hindu – welche Art von Verehrung sie auch darbringen – unterwerfen sich der Führung eines Guru, der ihnen die Einweihung gibt. Die vedische Einweihung in die Gruppe der zum zweitenmal Geborenen geschieht durch Upanayana. Sie ist nur gültig für die ersten drei Kasten, das heißt für die Brahmanen (die Priesterschaft und Lehrer), die Kṣhatriya (Krieger) und die Vaiṣhya (Kaufleute). Jeder ist (so heißt es) von Geburt Shūdra (janmanā jāyate shūdrah), wird aber durch das Sakrament (das heißt die Upanayana-Zeremonie) zum zweiten Mal geboren. Durch das Studium der Veden wird man zum Vipra.

Wer Brahman kennt, ist ein Brahmane (brahma jānāti brāhmanah). Aus diesem bekannten Vers erhellt, wie wenige es tatsächlich gibt, die für den edlen Namen eines Brahmanen berufen sind. Die tantrische Mantra-Einweihung ist eine andere und für alle Kasten gültige Zeremonie. Einweihung (dīkshā) bedeutet, daß der Guru ein bestimmtes Mantra gibt, nach dem er in seinem eigenen Körper das Leben eines Guru verwirklicht, das heißt, die vitale Kraft (prāṇashakti) des höchsten Guru im tausendblättrigen Lotus (sahasrāra) lebendig gemacht hat, die er dann dem Schüler übermittelt. Wie das Bild das Gefäß ist (yantra), in dem die Gottheit (devatva) wohnt, so ist es auch der Körper des Guru. Der Schüler wird durch Fasten und Keuschheit auf die Einweihung vorbereitet und empfängt in ihr die geistige Erkenntnis. Seine Sünden werden ausgetrieben. Wie ein Licht an der Flamme eines anderen angezündet wird, so wird im Mantra die göttliche Shakti vom Körper des Guru jenem des Shiṣhya übertragen. Ich brauche nicht zu wiederholen, daß dies die Lehre und das Ideal sind, die aber heute gemeinhin nicht mehr den Tatsachen entsprechen. Der höchste Guru redet durch den Mund des irdischen, wenn er das Mantra überträgt. So heißt es in dem Yogini-Tantra (Kap. I):

Mantra- pradāna-kāle hi mānushe Naganandini
Adhishthānam bhavetvtatra Mahākālasya Shankari
Ato na gurutā devi mānushe nātra samshaya.

In dem Augenblick, in dem das Mantra übermittelt wird, ist im Menschen – das heißt im Guru – Mahākāla gegenwärtig. Zweifellos ist nicht der Mensch der Guru. Guru ist die Wurzel (mūla) der Einweihung (dikshā); Dikshā die Wurzel des Mantra; Mantra die Wurzel der Devatā und die Devatā ist die Wurzel der Siddhi. Nach dem Mundamālā-Tantra wird das Mantra vom Guru geboren und die Devatā vom Mantra, so daß der Guru für die Iṣhṭadevatā der Vater des Vaters ist. Ohne Einweihung ist der Japa (das Aufsagen) des Mantra, sind Pūjā und die anderen rituellen Akte zwecklos. Das Mantra, das für den Schüler ausgewählt wird, muß ihm angepaßt sein (anukūla). Das Kulā-Kula-Chakra, der Rāshi-Chakra genannte Tierkreis und andere Chakras, die im Tantrasāra aufzufinden sind, bestätigen, ob ein Mantra Svakula oder Akula für den Einzuweihenden ist.

Auch Einweihung durch eine Frau ist wirkungsvoll. Durch eine Mutter ist sie von achtfacher Wirkung. Denn nach dem Tantra-Shāstra kann auch eine Frau mit den hierfür notwendigen Eigenschaften ein Guru sein und Einweihung geben. Es gibt vier Kulagurus, von denen jeder folgende der Guru des vorangegangenen ist. Es gibt auch drei Guru-Stämme (vgl. Mahānirvāṇa, Ed. Avalon S. 111 n, 10; S. 120 n 3).

Solange die Shakti, die ein Guru seinem Schüler überträgt, noch nicht vollkommen entwickelt ist, bleibt die Beziehung zwischen Lehrer und Schüler bestehen. Man ist solange Shiṣhya, als man Sādhaka ist. Wenn dagegen Siddhi erlangt ist, schwinden die Unterscheidungen zwischen Guru und Shiṣhya wie jeder andere Dualismus und jede Beziehung. Neben der vorbereitenden Einweihung gibt es auch noch eine Menge andere Einweihungen oder Weihen (abhisheka), die immer höhere Grade des Fortschritts bezeichnen, nachdem der Schüler den Pfad der Shākta-Sādhanā zum Pūrṇadīkṣhābhiṣheka und Mahāpūrṇadīkṣhābhiṣheka hin, der auch Virajāgrahaṇābhiṣheka genannt wird, betreten hat. Wenn der Sādhaka die Vollendung auf der letzten Stufe erreicht hat, führt er seine eigenen Verbrennungsriten aus (shrāddha) und vollbringt Pūrṇāhuti. Nun hört die Beziehung zwischen Guru und Schüler auf. Er steigt allein weiter empor, bis er das große Wort So'ham: „Er ist ich", Sā'ham: „Sie ist ich" erfahren hat. Nun ist er Jīvan-mukta und Paramahanda geworden. Das Ziel der Sādhanā – die Wurzel sadh bedeutet üben, streben – kann weltlicher wie geistiger Art sein. Im Sinn der Shāstras ist es geistiger Fortschritt, dessen Frucht Freude in dieser Welt und im Himmel wie endgültige Befreiung (mokṣha) ist. Wer Sādhanā übt, wird – wenn es sich um einen Mann handelt – Sādhaka und – wenn es sich um eine Frau handelt – Sādhikā genannt. Da die Menschen nach ihren Fähigkeiten, ihrem Temperament, ihrem Wissen und ihrem allgemeinen Können verschieden sind, müssen auch die Mittel (denn Sādhanā bedeutet auch Werkzeug), die zur Siddhi führen, unterschiedliche sein.

Methoden, die für höher Entwickelte geeignet sind, werden bei Unwissenden und Unentwickelten versagen, weil sie diese nicht verstehen können. Was dagegen diesen entspricht, hat der höher Entwickelte längst überschritten. Dies ist zumindest die Ansicht des Hindu. Darum spricht man von Adhikāra oder Tauglichkeit. Einige wenige sind geeignet (adhikārī), den Vedānta zu erlernen und die hohen geistigen Rituale und Yoga-Übungen zu vollbringen. Andere sind hierzu nicht befähigt. Manche sind erwachsene Kinder und müssen als solche behandelt werden. Da die psychischen wie physischen Körper aller Menschen und Lebewesen aus der Ur-Substanz Prakṛiti-Shakti (prakṛityātmaka) gebildet sind, und Prakṛiti selbst die drei Guṇas: Sattva, Rajas und Tamas ist, da ferner alle Dinge und Wesen aus der verschiedenen Verteilung dieser drei Guṇas bestehen können, die Menschen in drei allgemeine Gruppen eingeteilt werden, in denen jeweils die Sattva-, Rajas- und Tamas-Guṇas vorherrschen.

Natürlich gibt es in jeder dieser drei Gruppen verschiedene Grad-Unterschiede. Unter den sattvahaften Menschen, bei denen Sattva vorherrscht, sind einige stärker von Sattva erfüllt als andere. Dies gilt in gleicher Weise für die übrigen. Diese drei Gruppen verschiedener Temperamente (bhāva) heißen in den Shākta-Tantras die göttlichen (divyabhāva), heroischen (vīrabhāva) und tierischen (pashubhāva) Temperamente. Bhāva wird als eine Eigenschaft oder Fähigkeit (dharma) des Manas oder Denkorgans bezeichnet (Prāṇatoshinī 570). Im Divyabhāva herrscht das Sattva-Guṇa vor, doch ist zu beachten, daß niemals ein Guṇa ganz fehlt oder abwesend ist. Prakṛiti kann nicht geteilt werden. Prakṛiti *ist* die drei Guṇas. Sattva ist wesentlich geistiges Guṇa, denn es manifestiert den Geist oder das reine Bewußtsein (chit). Ein sattvahafter Mensch ist somit ein geistiger. Er ist ruhig, rein, ausgeglichen, verfeinert, weise, von geistigem Temperament, frei von materiellen Wünschen und von Leidenschaft. Besitzt er diese Eigenschaften nur unvollkommen, ist er nur zum Teil sattvahaft.

Pashubhāva ist das Temperament eines Menschen, in dem das Tamas-Guṇa vorherrscht und dunkle Eigenschaften wie Unwissenheit, Irrtum, Apathie, Trägheit und anderes hervorbringt. Ein solcher Mensch wird Pashu oder tierisch genannt, weil Tamas in der rein tierischen Natur vorherrscht, die im Gegensatz steht zu der geistigen Veranlagung des Menschen. Er ist auch Pashu, weil er durch Bindungen (pāsha) gefesselt ist. Pāsha stammt von der Wurzel pash, binden. Das Kulārṇava zählt acht Bindungen auf: Mitleid (dayām, das der Taoist „das niedere Wohlwollen" nennt, im Gegensatz zu dem göttlichen Erbarmen karunā); Unwissenheit oder Täuschung (moha); Furcht (bhaya); Scham (lajjā); Ekel (ghrinā); Familie (kula); Gewohnheit überkommener Brauch (shīla), und Kaste (varṇa). Der Pashu ist ein Mensch, den die Welt in Unwissenheit und Banden hält. Bhāskarāya haben nach dem Sutra „keinen Verkehr mit einem Pashu", das heißt, daß der Pashu ein Bahirmukha ist, der nach außen blickt und nur die Außenseite der Dinge und nicht ihre inneren Wirklichkeiten sieht. Diese Vorschrift aber, so wird betont, richtet sich nur auf den Umgang mit geistigen Dingen.

Das Shiva-Shāstra erwähnt drei Gruppen von Pashus: die Sakala, die durch die drei Pāshas Aṇu, Bheda und Karma gebunden sind, das heißt durch begrenztes Wissen, durch māyāhaftes Betrachten des einen Selbst als Vielheit und durch die Handlung und ihre Auswirkungen. Dies sind die drei Unreinheiten (mala), die Āṇavamala, Māyāmala und Kārmamala genannt werden. Der Sakala-Jīva oder Pashu wird von allen dreien gefesselt; der Pralayākala durch das erste und letzte, und der Vijñānākala allein durch das erste (vgl. hierzu das Diagramm der 36 Tattvas). Vollkommen frei von den Resten der Unreinheit des Aṇu wird man zu Shiva selbst. Hier aber wird Pashu in anderem Sinn gebraucht – als Bezeichnung des Geschöpfes, das im Gegensatz steht zum Göttlichen (pati). In diesem Sinn ist Pashu ein Name für alle Menschen. Nach der Shākta-Lehre sind alle Menschen im Vergleich zu Gott Pashu; untereinander aber kann einer (im oben aufgeführten engeren Sinn) Pashu sein, ein anderer dagegen nicht. Einige sind es sogar in stärkerer Weise. Es ist ein Fehler, wenn man annimmt, daß der Pashu schlecht sein muß. Er kann gut sein und ist es oft. Sicher ist er besser als ein schlechter Vīra, der in Wirklichkeit überhaupt kein Vīra ist. Dennoch ist er nach dem Shāstra nicht ein Erleuchteter, wie Vīra oder Divya, sondern ist meistens, und in verschiedenen Graden, unwissend und von materieller Gesinnung. Es ist Zeichen eines schlechten Pashu, daß er grobe Sünden begeht. Zwischen ihm und dem Divya steht der Held oder Vīra, dessen Charakter (vīrabhāva) häufig in den Shākta-Shāstras erwähnt wird. In ihm ist vor allem der Rajas-Guṇa ausgeprägt.

Rajas ist immer in Tätigkeit, um Tamas oder um Sattva zu wecken. Im ersten Fall ist das Ergebnis ein Pashu, im zweiten ein Vīra oder ein Divya. Wo Sattva der Vollendung nahekommt, herrscht Divyabhāva, in dem Sattva festbegründet und in einem ruhigen und hohen Ausmaß vorhanden ist. Bis dahin aber ist der Mensch, der, durch Erkenntnis weitgehend vom Einfluß des Tamas befreit, Sattva bewirkt, ein Vīra. An heldischer Gesinnung vermag er seinem Feind, dem Tamas, Auge in Auge gegenüber zu treten und ihn anzugreifen, während der weniger Entwickelte ihm entflieht. Dr. Garbe („Philosophie des alten Indien", S. 481) und vor ihm Baur haben aufgezeigt, daß die gnostische Einteilung in materielle, seelische und geistige Menschen den drei Guṇas des Sāṅkhya-Darṣhaṇa entspricht.

Auch im begrenzten Sinn des Shākta gibt es unterschiedliche Grade von Pashu.

Die Pāshas sind eine Schöpfung der Māyā-Shakti. Sie werden – in bildhafter Darstellung – von der Devī getragen. In ihrer Gestalt als Māyā und Avidyā-Shakti ist sie Ursache der Bindungen; als Vidyā-Shakti aber zerbricht sie die Fesseln (pashupāshavimochinī) (vgl. Lalitāsahasranāma V. 78) und befreit somit den Pashu.

Das Nityā-Tantra lehrt, daß der Bhāva des Divya der beste, des Vīra der nächstbeste und des Pashu der niedrigste ist. Tatsächlich ist der Zustand des Pashu der Ausgangspunkt der Sādhanā, jener des Divya das Ziel, während der Vīra die Stufe des Pashu verlassen hat und auf dem Weg zum Ziel ist. Von der Stufe des Pashu erhebt sich der Mensch in dieser oder einer anderen Geburt zu jener des Vīra. Durch Vīrabhāva wird Divyabhāva oder Devatābhāva erweckt. Das Pichchhilā-Tantra lehrt (Kap. X; vgl. auch das Utpatti-Tantra LXIV), daß der Unterschied zwischen Vīra und Divya in dem Uddhatamānasa liegt, das heißt in der Leidenschaft oder Tätigkeit, die ersteren charakterisiert und die durch die energische Bemühung des Raja entsteht, den Sādhaka zu einem sattvahaften Zustand zu führen. Ebenso wie es Gradunterschiede im Zustand eines Pashu gibt, sind auch verschiedene Vīragruppen vorhanden, von denen einige den anderen überlegen sind.

Auch der Divya-Sādhaka kann von höherer oder niederer Art sein. Der unterste Grad ist nur ein wenig höher als die beste Art des Vīra. Der höchste ist die vollkommene Verwirklichung der Deva-Natur, in der Sattva immerwährend vorhanden ist. Zu ihm gehören die Tattvajñāni und Yogi. Letztere stehen über jedem Ritual, während die niedere Divya-Gruppe am Ritual des Vīra teilnehmen kann. Gegenstand und Ziel aller Sādhanā – des Pashu, Vīra oder Divya – ist die Entwicklung des Sattvaguṇa. Die Tantras beschreiben jede dieser drei Gruppen. Die hauptsächlichste Unterscheidung, die immer wiederholt wird, besteht darin, daß der reine Pashu (denn es gibt auch Vibhāva-Pashus) nicht das Pañchatattva-Ritual befolgt, das für den Vīrāchāra vorgeschrieben ist und im nächsten Kapitel beschrieben wird, während der Vīra dies tut. Andere Unterschiede liegen in dem tamahaften Charakter der Pashu.

Das Kubjikā-Tantra (VII), das die Pashu als niedrigste Menschengruppe beschreibt, legt die verschiedenen Formen ihrer Unwissenheit dar. So soll der Pashu Schlechtes über andere Gläubige reden. Das heißt, er ist ein Sektierer und setzt andere Formen der Verehrung herab. Auch unterscheidet er verschiedene Devas, als gäbe es wirklich Unterschiede und nicht nur verschiedene Manifestationen des Einen. So mißachten die Verehrer des Rāma die Verehrer von Kriṣḥna, und beide entwürdigen die Anbetung Shivas oder der Devī. Der Veda aber lehrt, daß der Eine mit verschiedenen Namen benannt wird. Dank seiner Unwissenheit befindet der Pashu sich unentwegt im „Bad“, das heißt, er denkt immerfort an äußere Reinheit und Zeremonien des Reinigens. Wenn dies auch auf seine Weise gut ist, so kann es doch nicht mit innerer geistiger Reinheit verglichen werden.

Der Pashu ist unwissend oder hat falsche Ideen; ihm fehlt der Glaube an die (Shākta-) Tantra-Shāstras, an die Opfer, den Guru, die Bilder und das Mantra. Letzteres hält er für bloße Buchstaben und nicht für die Devatā (vgl. Prāṇatoshinī, S. 547 ff. und Pichchhilā X). Er folgt der vedischen Regel, nach der Maithuṇa am fünften Tag vollzogen wird, wenn die Frau Ritusnāta ist (ṛitu-kālam vinā devi ramanam parivarjayot). Einige Beschreibungen des Pashu scheinen sich auf seine niederste Stufe zu beziehen. Im allgemeinen aber kann man sagen, daß vom Standpunkt eines Vīrāchārī aus alle jene, die Vedāchāra, Vaiṣhnavāchāra und Shaivāchāra befolgen, Pashus sind. Das Kubjika-Tantra (VII) beschreibt den Divya. Nach den Lobreden auf diesen, scheint es, daß der Pashu in allen Punkten versagt. Dies soll aber in manchen Fällen nur das Lob (stuti) des Divya erhöhen.

Der Divya wurzelt im Glauben an den Veda und die Shāstras, an Deva und Guru. Immer spricht er die Wahrheit. Dies kann aber, ebenso wie andere gute Eigenschaften, auch dem Pashu zugestanden werden. Er vermeidet alle Grausamkeiten und böse Handlungen und macht keinen Unterschied zwischen Freund und Feind. Er meidet die Begleitung von Religionslosen, die die Devatā mißachten. Allen Devatās spricht er hilfreiche Kräfte zu und macht keinerlei Unterschiede. Während z. B. ein rechtgläubiger Hindu des Hinterlandes, der ein Pashu ist und Rāma verehrt, nicht einmal das Aussprechen des Namens Kriṣḥna erträgt – trotzdem Rāma und Kriṣḥna Avatāras des einen Viṣḥnu sind –, würde der Divya beide in gleicher Weise verehren. Denn er weiß, daß jeder ein Aspekt der großen Shakti, der Mutter der Devas und Menschen ist. Das ist eine der wesentlichen Eigenschaften des entwickelten Shākta-Verehrers. Als solcher verneigt er sich vor den Füßen einer Frau, da er in ihr seinen Guru verehrt (strīnām pādatalam dṛiṣhṭvā guruvad bhāvayet sadā). Er opfert alles der höchsten Devī, denn das ganze Weltall erscheint ihm von der Shakti (nicht einer beliebigen „Frau") erfüllt und als Devatā. Er weiß, daß Shiva in allen Männern lebt und das ganze Weltall (brahmānda) von Shiva-Shakti durchdrungen ist.

Solche Beschreibung beschäftigt sich auch mit dem Ritual des Divya und erwähnt, daß er täglich Reinigungen vollzieht. Der Sandhyā trägt reine Kleider, hat die Tripuṇḍra-Zeichen aus Asche und rotem Sandel und Schmuck aus Rudrāksha-Perlen. Er vollbringt Japa (das äußere und innere Aufsagen von Mantras) und Anbetung (archaṇā), verehrt die Pitṛis und Devas und führt die täglichen Riten aus. Täglich übt er Barmherzigkeit und meditiert über seinen Guru. Dreimal am Tag hält er Andacht und verehrt als ein Bhairava Parameshvarī mit Divyabhāva. Des nachts bringt er der Devī Verehrung dar (die vedische Verehrung wird am Tag vollzogen). Dies geschieht nach der Mahlzeit, während die vedische Verehrung vor dem Essen ausgeführt wird. Er bringt seine Ehrerbietung der Kaula-Shakti (kulastrī) mit Tantras und Mantras dar, gleichgültig, wer und welchen Alters sie ist. Er verbeugt sich vor den Kula-Bäumen (kulavṛikṣha), und immer ist es sein Bestreben, die Vollkommenheit zu erlangen und Devatābhāva zu üben. Er selbst ist eine Art Devatā.

Teile dieser Beschreibung scheinen sich auf den rituellen und nicht auf den Avadhūta-Divya zu beziehen und sind deshalb auch auf den höheren Vīra anzuwenden. Das Mahānirvāṇa (I. 56) beschreibt den Divya als einen Menschen mit reinem Herzen, dem alle Gegensätze wie Kummer und Freude, Hitze und Kälte das gleiche bedeuten (dvandvātīta), der frei ist von jeder Bindung an weltliche Dinge und allen Geschöpfen gegenüber dieselbe vergebende Haltung bewahrt. Der Text, den ich veröffentlicht habe, sagt, daß es im Kaliyuga keinen Divyabhāva, aber auch keinen Pashubhāva gibt. Denn der Pashu (oder seine Frau) muß mit eigener Hand Blätter, Blumen, Früchte sammeln und sein Essen kochen, was im Kaliyuga neben anderem unmöglich oder sehr erschwert ist. Als Anhänger der Smṛiti sollte er „nicht das Gesicht einer Shūdra bei dem Gottesdienst erblicken oder auch nur an eine Frau denken“ (nach dem Pañchattva-Ritual). Das Shyāmārchana (im Haratattvadīdhiti, S. 348, zitiert) sagt ähnliches.

Auf der anderen Seite besteht eine maßgebliche Ansicht, daß es im Kaliyuga nur Pashubhāva gibt. So zitiert die Prạñatoshinī (S. 510–517) eine Stelle, die aus dem Mahānirvāṇa stammen soll und die der zuvor angeführten genau entgegengesetzt ist:

Divya-vīra-mayo bhāvah kalau nāsti kadāchana
Kevalampashu -bhāvena mantra-siddhir bhaven nrinām.

Im Kali-Zeitalter gibt es weder Divya noch Virabhāva. Nur durch Pashubhāva werden die Menschen Mantra-siddhi erlangen. Ich habe diese Frage ausführlicher in der Einleitung zum sechsten Band der Tantrik-Texte behandelt.

Über die frühere Stelle des Mahānirvāṇa schreibt der Kommentator, sie bedeute, daß „die Bedingungen und Eigenschaften des Kaliyuga nicht förderlich seien für den Pashubhāva oder seinen Āchāra (im Sinn des strengen Veda-Rituals). Keiner vermag, nach seiner Meinung, heute die Vedāchāra-, Vaishnavāchāra- und Shaivāchāra-Riten, ohne welche die Verehrungen nach dem Veda und den Pemāṇas ebenso wie das Mantra fruchtlos sind, vollkommen auszuführen.

Niemand vollbringt heute Brahmacharya-Āshrama oder nimmt nach dem fünfzigsten Lebensjahr Vānaprastha an. Wer sich nicht den vedischen Riten unterwirft, kann keine Frucht von ihren Ausführungen erwarten. Im Gegenteil: Menschen, die den rituellen Trank nehmen, sich aber mit dem Gemeinen einließen, sind gefallen und haben auch mit herabgezogen, wer sich ihnen anschloß. Es kann deshalb keinen reinen Pashu geben (dies ist offensichtlich, denn wenn es auch eine natürliche pashu-Veranlagung geben mag, so können doch die vedischen Riten, die diesem bhāva entsprechen, nicht ausgeführt werden). Weil die von den Veden vorgeschriebenen Pflichten für den Pashu nicht vollzogen werden können, hat Shiva für die Befreiung der Menschen des Kali-Zeitalters die Āgamas verkündet. Nun gibt es keinen anderen Weg.

Wir sagen deshalb mit Recht, daß in einem bösen Zeitalter wie dem Kaliyuga die Divya-Menschen zumindest sehr selten sind, wenn auch der allgemeine Menschenverstand und die Erfahrung, meiner Meinung nach, Ausnahmen zulassen. Wohl mag die natürliche Pashu-Gesinnung vorhanden sein, doch der Pashu kann das Ritual des Veda, das er befolgen sollte, nicht ausführen. Es ist tatsächlich stark veraltet, und es gibt nicht mehr den vedischen Pashu oder Menschen, der es in seinem ganzen Umfang befolgen könnte. Er muß deshalb die Āgama-Rituale ausführen, was auch tatsächlich der Großteil der Menschen tut. Der Āgama muß den Pashu, Vīra und den kommenden Divya in gleicher Weise beherrschen.

Wie ich häufig ausgeführt habe, gibt es verschiedene Schulen der Tantra- oder Āgama-Anhänger, entsprechend den verschiedenen Untergruppen der Anhänger der fünf Devatās (pañchopāsaka). Die bedeutendsten der fünf Devatā-Gruppen sind die Vaishṇava, Shaiva und Shākta. Ich zögere aber nicht, eine Tatsache zu wiederholen, die jene, die von „den Tantras" sprechen, nicht wahrhaben wollen.

Die wesentlichen Elemente der Sādhanā sind allen Schulen gemeinsam, die sich den Āgamas anschließen. So zum Beispiel die (innere und äußere) Pūjā, Pratimā oder andere Symbole (liṅga, shālagrāma), Upachāra, Sandhyā, Yajñā, Vrata, Tapas, Maṇḍala, Yantra, Mantra, Japa, Purashcharana, Nyāsa, Bhūtashuddhi, Mudra, Dhyāna, Saṁskāra. Selbst das Vāmāchāra-Ritual, von dem einige fälschlicherweise meinen, es sei den Shāktas eigen, wird oder wurde (wie man mir sagte) von Mitgliedern anderer Sampradāya, einschließlich den Jainas und Buddhisten, befolgt. Soweit diese beiden Schulen dieses Ritual vollziehen, werden sie zu den Kaulas gerechnet, wenn auch – da sie nicht Veda-Anhänger sind – zu einer niederen Gruppe.

Hier sei noch an einen wesentlichen Punkt erinnert, der sowohl die geschichtliche wie die praktische Bedeutung der Āgamas deutlich macht: daß nämlich der Hauptteil des heutigen Rituals aus den Āgamas stammt, das heißt, im allgemeinen tantrisch ist, wenn auch noch einige vedische Riten überleben. Die Purāṇas sind mit tantrischen Ritualen angefüllt.

Trotz allgemein gleicher ritueller Formen gibt es einige Unterschiede, die aus zwei Ursachen herrühren. Zuerst aus dem Unterschied der Devatā-Verehrung, und zweitens aus der Verschiedenheit ihrer philosophischen Grundlage, je nachdem ob es sich um Advaita, Vishiṣhṭādvaita oder Dvaita handelt. Die Darstellung der grundlegenden Gedanken geschieht oft auf verschiedene Weise. So beschreiben die Vaiṣhṇava-Pañcharatra-Āgamas den schöpferischen Vorgang mit Ausdrücken, die aus den Vyūhas stammen, während die Shaiva-Shākta-Āgamas ihn für den Ābhāsa der 36 Tattvas erklären. Ich behandle hier nur die eine Art, nämlich die Shākta-Sādhanā, deren Iṣhṭadevatā Shakti in ihren vielen Gestalten ist.

Es seien noch kurz einige der oben erwähnten rituellen Formen beschrieben, wobei vorausgesetzt werden muß, daß ein so flüchtiger Bericht der Schönheit und Tiefe vieler dieser Riten nicht Rechnung tragen kann.

Es gibt vier verschiedene Arten der Verehrung, die vier verschiedenen Zuständen oder Anlagen (bhāva) des Sādhaka entsprechen. Die innere Erfahrung, daß der höchste Geist (paramātma) und der individuelle (jivātma) eins sind, daß alles Brahman ist und Brahman allein ewige Dauer hat, ist die höchste Stufe oder Brahmabhāva. Die niedere Form (dhyānabhāva) ist immerwährende Meditation mit Yogaübungen über die Devatā im Herzen. Noch niederer ist jener Bhāva, dessen Ausdruck Japa (Aufsagen von Mantra) und Lobeshymnen (stava) sind. Die allerniedrigste Form ist die äußerliche Verehrung (bāhyapūjā). Pūjābhāva ergibt sich aus der dualistischen Vorstellung eines Verehrenden und eines Verehrten, eines Dieners und eines Herrn, eines Dualismus, der in stärkerer oder schwächerer Form vorhanden sein muß, bis die monistische Erfahrung (advaitabhāva) erlangt wurde. Wer Advaitatva verwirklicht, weiß, daß alles Brahman ist. Für ihn gibt es weder Verehrenden noch Verehrtes, weder Yoga noch Pūjā oder Dhāraṇā, Dhyāna, Stava, Japa, Vrata, nicht irgendein anderes Ritual oder einen anderen Vorgang der Sādhanā. Denn er ist Siddha im vollkommsten Sinn, das heißt, er hat die Siddhi erlangt, das Ziel der Sādhanā. Im Mahānirvāṇa heißt es: „Wer der Wurzel vertraut und sie kennt, was bedarf dieser noch der Zweige und Blätter?" So löst die Lehre der Brahmanen sehr weise die westliche Auseinandersetzung über die Notwendigkeit und Nützlichkeit des Rituals. Sie rät es denen, die noch nicht das Ziel aller Rituale erlangt haben und verringert oder verfeinert seine Form entsprechend dem geistigen Fortschritt. Doch bevor nicht der Schüler ein wirklich „Erkennender" geworden ist, verlangt sein Weg eine gewisse Sādhanā.

Der Unterschied in der Sādhanā, der sich aus Temperament und Befähigung des Einzelnen ergibt, hängt, nach der Lehre der Tantras, nicht von sozialen Unterscheidungen ab. Nicht die Zugehörigkeit zu einer Kaste bestimmt die Befähigung zu einer besonderen Form der Verehrung. Anders verhält es sich bei dem Ritual, das dem Vedānta eigen ist. Man sollte daher annehmen, daß man den Tantra-Shāstras den Vorrang gibt. Doch dies trifft nicht zu. Wer den vedischen Riten ihre Ausschließlichkeit vorwirft, zeigt nicht, daß diese den Āgamas fehlt. Der Shūdra wird von den vedischen Riten, vom Lesen der Veden und dem Aufsagen seiner Mantras ausgeschlossen. Seine Verehrung ist praktisch beschränkt auf die Anbetung der Iṣhṭadevatā, auf die Vāna-linga-pūjā mit tantrischen und purāṇischen Mantras und auf das Vrata, das aus Buße und Barmherzigkeit besteht. In anderen Fällen wird auch Vrata nur von einem Brahmanen ausgeführt.

Für die Tantra-Shāstras aber besteht kein Unterschied der Kaste im Gottesdienst. Wenn sie auch anerkennen, daß nur der zum zweitenmal Geborene zu den Riten des Veda zugelassen wird, so gibt es doch für den Shūdra Riten ähnlicher Art. Es gibt eine vedische wie tantrische Gāyatrī und Sandhyā, ebenso Riten, die die Verehrer aller Kasten ausführen können. Selbst der niederste Chaṇḍāla kann, wenn er dafür geeignet ist, die tantrische Einweihung erlangen und Mitglied eines Chakra oder Kreises der Verehrung sein. Alle können die Tantras lesen, in denen die Art der Anbetung aufgezeigt wird, diese ausführen und die tantrischen Mantras aufsagen. Im Chakra nehmen alle Mitglieder gemeinsam teil am Essen und Trinken und halten sich den Brahmanen für überlegen, während außerhalb des Kreises wieder die gewöhnlichen sozialen Beziehungen und Kastenunterschiede gelten.

Man muß unbedingt zwischen sozialer Verschiedenheit und Befähigung (adhikāra) zur Gottesverehrung unterscheiden. Adhikāra, ein grundlegendes Prinzip des Brahmanentums, bedeutet, daß nicht alle Anspruch auf die gleichen Lehren und Riten haben, sondern dieser, im Sinn der Āgamas, sich nach der Befähigung des Einzelnen richtet, die unabhängig von sozialen Unterscheidungen ist. Alle aber sind geeignet für die tantrische Verehrung, denn nach den Worten der Gautamīya, einem Vaiṣhṇava-Tantra (Kap. I), ist das Tantra-Shāstra für alle Kasten und auch für Frauen bestimmt.

Sarva varnādhikārash cha nārīnām yogya eva cha.

Wenn auch nach vedischem Brauch die Frau bei den Hausriten mitwirkte (sadhadharminī) und mit Zustimmung ihres Mannes fasten, Gelübde auf sich nehmen, Homa, Vrata und ähnliches verrichten darf, wird ihr doch heute, soweit ich es beurteilen kann, dies nicht gern zugestanden. Nach dem Tantra-Shāstra aber empfängt sie ihr Mantra und kann als Guru Einweihung geben, was auch geschieht (vgl. Rudrayāmala II, 2 und XV). Die Frau genießt als Frau wie als Guru Verehrung (vgl. ebenda I. 1 und Mātrikābheda-Tantra, Kap. VII, Annadākalpa-Tantra nach der Prānatoshinī, S. 68). Die Devī selbst ist Guru aller Shāstras, obwohl sie eine Frau ist und alle weiblichen Wesen als Verkörperungen der Devī diese gewissermaßen darstellen. Aus diesem Grunde sind alle Frauen zu verehren, und niemals sollte ihnen Schaden zugefügt werden. Auch darf kein weibliches Tier geopfert werden.

Pūjā ist der allgemeine Ausdruck für rituelle Verehrung. Es gibt zahlreiche sinnverwandte Bezeichnungen im Sanskrit wie Archanā, Vandanā, Saparyyā, Arhanā, Namasyā, Archā, Bhajanā. Einige von diesen betonen einen besonderen Aspekt. Der Pūjā und dem Vrata, die Kāmya sind, das heißt, getan werden, um ein bestimmtes Ziel zu erlangen, geht Saṁkalpa voraus, das heißt die Bestätigung, daß man zur Verehrung entschlossen ist und die Bezeichnung des Gegenstandes, falls einer benutzt wird, der hierzu erforderlich ist. Diese Bestätigung lautet: „Ich ... (es folgt die Identifizierung der Persönlichkeit) bin im Begriff, die Pūjā (oder Vrata) mit diesem Gegenstand zu vollziehen ..." Mit diesen Worten werden Aufmerksamkeit und Wille des Sādhaka fest auf den Gegenstand gerichtet, den er in der Hand hält. Hier, wie auch sonst, ist das Ritual in seiner Fülle und Vielfalt (das vor geistiger Ermüdung bewahrt) dazu bestimmt, die Aufmerksamkeit zu konzentrieren und vor Zerstreuung zu bewahren, damit diese und der Wille durch fortwährende Handlung und Dankbarkeit gestärkt werden.

Der Gegenstand der Verehrung ist die Iṣhṭadevatā, das heißt, die besondere Form der Gottheit, die der Sādhaka verehrt. Beim Shākta ist es die Devī, beim Shaiva ist es Shiva (in achtfacher Form bei der aṣhṭa-murti-pūjā, vgl. hierzu das Todala-Tantra, Kap. V), beim Vaiṣhṇava-Sādhaka ist es Viṣhṇu selbst oder in der Gestalt von Rāma und Kriṣhṇa.

Bei der äußeren Pūjā (bāhyapūjā) wird ein Gegenstand benutzt: z. B. ein Bild (pratimā), ein Symbol – dies kann ein Gefäß (kalasa), ein Shālagrāma (bei der Verehrung des Viṣhṇu), ein Linga, Yoni oder Gaurīpatta (bei der Verehrung von Shiva und der Devī) sein – oder eine geometrische Zeichnung, ein Yantra. Ersteres ist die niedrigste Form der äußeren Verehrung, letzteres die höchste. Nicht alle sind fähig, mit einem Yantra die Verehrung auszuführen. Einfachere Menschen brauchen Bilder, die die Gestalt der Devatā in materieller Form und vollkommen darstellen. Der Fortgeschrittenere aber vermag die Devatā in den Linien und Kurven eines Yantra zu erschauen.

Bei der äußeren Verehrung sollte der Sādhaka zuerst im Inneren dem geistigen Bild der Devatā – das der äußere Gegenstand hervorzurufen sucht – Verehrung darbringen. Dann sollte er durch die lebensspendende Zeremonie (prāṇa-pratiṣhṭhā) dem Bild Leben einflößen, indem er diesem Licht, Bewußtsein und Energie (tejas) des ihm innewohnenden Brahman überträgt, so daß auf dem äußeren Bild der Glanz der Shakti erstrahlt, deren Substanz das Bewußtsein an sich (chaitanyamāyī) ist. Überall ist sie gegenwärtig – im Stein und Metall und auch anderswo. In der Materie aber ist sie verschleiert und scheinbar träge. Chaitanya (Bewußtsein) wird in der Verehrung durch das Prāṇapratiṣhṭha-Mantra erzeugt. Für den Sādhaka ist ein Gegenstand nur vorhanden, wenn sein Denkorgan ihn wahrzunehmen vermag. In ihm und für ihn wird das Wesen dieses Gegenstandes als Bewußtsein offenbar.

Hier mag der geeignete Platz sein, um ein Wort über den „Götzendienst" der Hindu zu sagen, von dem manche sprechen. Wir wissen alle, daß ähnliche Vorwürfe gegen die Christen der katholischen Kirche erhoben wurden, und wer diese Auseinandersetzungen kennt, wird verständnisvoller und vorsichtiger gegenüber allgemeinen und unterschiedslosen Anschuldigungen sein.

Es mag sehr zweifelhaft sein, ob es überhaupt Götzendienst in der Welt gibt. Denn (nach dem Reisebericht von A. B. Ellis über die „Tshi sprechenden Völker der Goldküste von Südafrika") selbst die „Neger der Goldküste" wissen, daß ihre Opfergaben nicht dem unbeseelten Gegenstand gelten, sondern dem ihm innewohnenden Gott, und jeder Eingeborene, mit dem ich darüber sprach, lachte über die Zumutung, daß er einem steinernen Gegenstand Verehrung oder Opfer darbrächte. Trotzdem könnte ein Missionar oder Reisender dies meinen. Es ist eine abwegige Haltung des überlegenen Abendländers, daß er die farbigen Rassen nicht nur in dem unterweist, was sie glauben sollen, sondern ihnen zeigt, was sie ungeachtet ihres Leugnens, tatsächlich glauben und nach dem Inhalt ihrer Religion glauben müssen.

Trotz der Erklärungen, die die Gläubigen gegen solche Anschuldigungen erheben, wird der Vorwurf des Götzendienstes aufrecht erhalten. Hieraus entsteht auch die Überzeugung, daß die östlichen Rassen auf einer niedrigeren Stufe stehen. Wenn wir auf solche Weise ihren Glauben mißachten, dann mag alles als Götzendienst erscheinen.

Ebenso werden diejenigen, die nicht an die reale Gegenwart Gottes glauben, die katholische Verehrung der Hostie für Götzendienst halten – für eine Verehrung der materiellen Substanz des Brotes. Wer aber an Gottes Gegenwart in der Hostie glaubt, wird niemals von Götzendienst sprechen. Das gleiche gilt für die Verehrung der Bilder.

Der Hindu verehrt nicht Lehm oder Stein, nur weil andere nicht an die Wirksamkeit der Prāṇapratiṣhṭhā-Zeremonie glauben. Wenn man unparteiisch ist, wird man erkennen, daß in diesem Ritus nichts Abergläubisches oder Unwissendes liegt. Ob aber dieser Ritus, ebenso wie die Lehre von der realen Gegenwart, die auf verschiedene Weise gedeutet wird, die ihr zugesprochene Wirksamkeit besitzt, ist eine andere Frage. Alle Materie ist nach der Shākta-Lehre eine Manifestation der Shakti, das heißt der Mutter in materieller Verkleidung. Sie ist gegenwärtig in allem und ist alles, das existiert.

Gewöhnlich ist man nicht dieser Meinung, sondern sieht nur die grobstoffliche unbewegliche Materie. Wäre ein Mensch dieses Glaubens wirklich so töricht, etwas zu verehren, was niedriger als er selbst ist, so wäre er ein Götzendiener. Der Akt der Verehrung aber schließt an sich schon ein, daß der Gegenstand erhabener und der Vorgang bewußt ist. Für den wahrhaft erleuchteten Shākta ist alles ein Objekt der Verehrung, da alles eine Manifestation Gottes ist, der darin verehrt wird. Man muß aber einen solchen Gesichtspunkt erlernen und den unbelehrten Verstand zu solcher Anschauung führen. Dies geschieht durch den Prāṇapratiṣhṭhā-Ritus, durch den dem grobstofflichen Bild „Leben gegeben wird“.

So glaubt der Hindu, daß dieses Bild (pratimā) eine Darstellung der Gottheit und ihre Wohnung ist. Was aber hat dies für eine Bedeutung, könnte man fragen? Wie kann der Glaube eines Menschen die objektive Gegebenheit ändern? Die Antwort lautet, daß dies nicht geschieht. Gott offenbart sich nicht in dem Bild allein, weil der Gläubige an Seine Gegenwart glaubt, sondern Er ist tatsächlich in ihm gegenwärtig. Das einzige, was der Prāṇapratiṣhṭhā-Ritus vollbringt, ist das Beleben des Bewußtseins des Gläubigen, der die göttliche Gegenwart nun erfährt. Wenn Gott tatsächlich und auch im Glauben des Verehrenden anwesend ist, dann ist das Bild das geeignete Objekt der Verehrung. Der bewußte subjektive Zustand des Verehrenden ist der Beweis, ob ein Akt zum Götzendienst wird oder nicht. So ist der Prāṇapratiṣhṭhā-Ritus ein Weg, um der Sādhanā einen wirklichen Gegenstand der Verehrung zu geben und den Glauben an die göttliche Allgegenwart in Hinblick auf diesen bestimmten Gegenstand der Anbetung zu bestätigen. Die allgemeine Vorstellung daß es sich um reine Materie handelt, wird verworfen und die göttliche Vorstellung von der Manifestation der Gottheit in allem Seienden gewonnen und bestätigt.

„Warum sollte man dann nicht auch einen Schuh verehren“ (so meinte mancher Missionar). Es gibt sogar verachtungswürdige Menschen, die solches im europäischen Sinn tun. Aber es gibt auch keinen Grund, nach der Shākta-Lehre, warum man nicht sogar einen Schuh verehren sollte, wenn man ihn für eine Manifestation des Einen hält, der in jedem Gegenstand des Vielen ist. Diesen monistischen Glauben bestätigen auch einige Shāktas in der Verehrung jener Dinge, die dem groben und gewöhnlichen Denken als reine Gegenstände der Lust und deren Verehrung ihm als aufrührerisch und unanständig erscheinen. Für Menschen, die solche Verehrung für schmutzig halten, ist sie es auch. Was aber ist von einem Menschen zu halten, der so rein ist, daß er die göttliche Gegenwart in dem erschaut, was für die Masse Mensch nur als Anreiz und Gegenstand der Lust erscheint?

Wer ohne Begierde wahrhaftig Verehrung darzubringen vermag, muß ein sehr hoher Sādhaka sein. Das Shākta-Tantra bestätigt das griechische Wort, daß dem Reinen alles rein ist. Mit diesem Glauben und – wie das Jñānārṇava-Tantra es nennt – dem Wunsch, den Menschen solches zu lehren, werden Substanzen, die gemeinhin für unrein gelten, bei den rituellen Bräuchen angewendet. Die wirklichen Einwände gegen eine allgemeine Annahme oder auch nur Kenntnis solcher Riten liegt, vom monistischen Standpunkt aus gesehen, allein in der Tatsache, daß die große Masse der Menschen entweder zu unrein oder zu schwach im Denken ist, und daß die Verehrung eines Gegenstandes, der Lust hervorzurufen vermag, dies auch tut. Hinzukommen noch die Heuchler, die unter dem Deckmantel solcher Verehrung ihre Begierden zu stillen suchen.

In der Geschichte vom Paradies, wie noch bei einigen Stämmen, sind Mann und Frau nackt. Nach ihrem Fall wird die Nacktheit von den Menschen nicht mehr als Zeichen der Unschuld angesehen. Von diesem Standpunkt aus werden mit Recht die meisten solche Verehrung verdammen und trotz der theoretischen Rechtfertigung, die nur in seltenen Fällen zu Recht besteht, wird praktisch solcherlei Verehrung für die große Menge gefährlich sein. Wer Versuchungen nicht widerstehen kann, sollte dieser Gefahr eingedenk sein. Ich las, daß von Robert d'Arbrissel, dem heiligen Gründer der Gemeinschaft der „Fonte d'Evrault" berichtet wird, er habe die Gelegenheit, mit seinen Nonnen zusammen zu schlafen, benutzt, um sein Fleisch abzutöten und seinen Willen gegen seine Begierde zu stärken. Er berührte sie nicht, aber diese außergewöhnliche Keuschheit sollte kein Grund für den gewöhnlichen Menschen sein, solch gefährliches Experiment zu wagen. Kurz gesagt: wir müssen um der Gerechtigkeit willen bei jedem einzelnen Fall die Absicht und den guten Willen in Betracht ziehen. In der Praxis sollte für die Masse der Rat und die Pflicht gelten, daß – wie es in den shāstrischen Grundregeln heißt – die Gelegenheit zum Sündigen vermieden werden sollte. Tatsächlich wurde solche Verehrung auch auf eine so kleine Gruppe beschränkt, daß man sich mit dieser Sache nicht beschäftigen müßte, wäre sie nicht mit der Shākta-Verehrung verbunden.

Um noch einmal auf den Schuh des Missionars zurückzukommen: während alle Dinge Gegenstand der Verehrung sein können, wählt man naturgemäß nur solche aus, die eine geeignete Wirkung auf die Gedanken ausüben. Ein Bild oder eines der gewohnten Symbole wird im Denkorgan des Verehrenden eher den Gedanken der Devatā erwecken als ein Schuh. Deshalb würde dieser auch – abgesehen von der Vorschrift der Schriften – nicht gewählt. Es wurde auch die Frage gestellt, warum das eine Bild verehrungswürdiger sei als ein anderes, wenn doch Brahman in gleicher Weise allen Dingen innewohnt und in ihnen erscheint. Aber genauso finden wir in katholischen Gegenden Gläubige, die eine bestimmte Kirche, Altäre, Pilgerorte und Darstellungen von Christus, Seiner Mutter und den Heiligen anderem vorziehen. Solche Vorlieben sind nicht Ausdruck eines absoluten Wertes, sondern persönlicher Neigungen des Gläubigen, die auf dem Glauben an ihren besonderen Einfluß beruhen. Psychologisch gesprochen bedeutet dies, daß bestimmte Gedanken besser in einer gewünschten Richtung arbeiten, wenn geeignete Werkzeuge sie unterstützen. Das Bild der Kālī ruft im allgemeinen beim Europäer nur Abscheu hervor. Dem Rassebewußtsein aber, das dieses Bild der Gottheit entwickelt hat, dient es als Grund und Gegenstand einer brennenden Verehrung.

In jedem Fall müssen solche Mittel gesucht und angewendet werden, die auf das Bewußtsein des Anbetenden einen guten Einfluß haben. Man muß dennoch zugeben, daß die Bildverehrung wie alles andere mißbraucht werden kann, das heißt, aus Unwissenheit eine falsche und (ich kann es nicht besser ausdrücken) götzendienerische Neigung hervorrufen kann. So erbat die Tante eines katholischen Jugendfreundes von mir eine Statue des hl. Antonius von Padua, und wenn der Heilige auf ihre Gebete nicht Antwort gab, schlug sie das Bild und sperrte es zur Strafe in einen Schrank ein mit dem „Gesicht zur Wand" hin.

Ich könnte zahlreiche Beispiele solcher Unwissenheit anführen, die aus der vergangenen und gegenwärtigen Geschichte Europas stammen. Es ist ein Irrtum, anzunehmen, daß solche Widersinnigkeiten auf Indien, Afrika oder andere Länder beschränkt bleiben. Dennoch müssen wir in jedem Fall zwischen der wahren Schriftlehre und ihrem Mißbrauch durch falsche Handlungen und Vorstellungen unterscheiden.

Das Material oder die Gegenstände, die bei der Pūjā benutzt werden, heißen Upachārā. Im allgemeinen sind es sechzehn, aber es können auch mehr oder weniger sein (vgl. „die Grundregeln des Tantra", Bd. II). Die sechzehn, in denen die geringere Zahl eingeschlossen und die in der größeren enthalten ist, sind: 1. Āsana – das Hinstellen des Bildes; 2. Svāgata – die Begrüßung der Devatā; 3. Pādya – das Wasser zum Füßewaschen; 4. Arghya – die Opfergaben im allgemeinen oder Sāmānya, die besonderen oder Vishesha, die in einem Gefäß dargebracht werden; 5. und 6. Āchamana – das Wasser zum Nippen und Reinigen der Lippen, das zweimal geopfert wird; 7. Madhuparka – Honig, zerlassene Butter, frische und geronnene Milch; 8. Snāna – das Wasser zum Baden; 9. Vasana – das Leinen zum Bekleiden; 10. Ābharana – die Kleinode; 11. Gandha – Wohlgeruch; 12. Pushpa – Blumen; 13. Dhūpa – Weihrauch; 14. Dīpa – Lichter; 15. Naivedya – Nahrung und 16. Vandana oder Namaskriyā – Gebet.

Warum werden diese Dinge ausgesucht? Der Christ, der von seinem Gottesdienst her Lichter, Blumen und Weihrauch kennt, mag nach der Bedeutung des übrigen fragen. Die Antwort ist einfach: auf diese Weise wird der Devatā Verehrung gezollt, wie es bei Freunden und denjenigen, die ihrer würdig sind, geschieht. Der Sādhaka verehrt die Devatā in gleicher Weise, was leicht verständlich ist. Wenn ein Gast ein Haus betritt, wird ihm ein Sitz angeboten. Er wird willkommen geheißen und nach seiner Reise befragt. Man reicht ihm Wasser, damit er seine staubigen Füße und seinen Mund reinigt. Man bietet ihm Nahrung an und so fort. Dies geschieht zur Ehre der Menschen, und auf gleiche Weise wird die Devatā verehrt.

Bestimmte Gegenstände sind unterschiedlich. So werden in den Vishnu-Pūjā Tulasi-Blätter geopfert; in der Shiva-Pūjā Bilva-Blätter, und der Devī wird der scharlachrote Hibiscus (jabā) dargebracht. Auch die Mantras und rituellen Einzelheiten verändern sich der verehrten Devatā entsprechend. Der Sitz (āsana) des Andächtigen wie auch Upachārā werden gereinigt. Die Schutz-Shakti (ādhārashakti) wird als die alles erhaltende Kraft begrüßt. Schädliche Geister werden vertrieben (bhūtāpasarpana), und der Angriff aus den zehn Feldern wird abgewehrt, indem der linke Fuß dreimal auf den Boden klopft. Dabei wird das Schwert-Mantra (astrabīja) „Phat" aufgesagt und mit den Fingern um den Kopf geschnalzt.

Auch andere Rituale werden neben der Opferung des Upachārā bei der Verehrung angewendet, z. B. Prāṇāyāma oder die Atemschulung, Bhūtashuddhi oder die Reinigung der Körperelemente, der Japa des Mantra, Nyāsa (vgl. das folgende), Meditation (dhyāna) und Huldigung (pranāma). Neben der äußeren und materiellen Pūjā gibt es eine höhere (antarpūjā) und geistige (mānasapūjā). Hier werden keine materiellen Dinge einem Bild oder Symbol geopfert, sondern die Gegenstände (upachāra) der Verehrung sind nur in der Vorstellung vorhanden. So legt der Sādhaka an Stelle materieller Blumen, die seine Hände darbringen, die Blume der guten Handlung vor die Füße der Devatā. In der geheimen rājahaften Pūjā des Vāmāchārī besteht Upachārā aus den fünf Tattvas (pañcha-tattva): unter anderem Wein und Fleisch, die im nächsten Kapitel beschrieben werden. So wie Blumen, Weihrauch und anderes in dem allgemeinen öffentlichen Ritual dargebracht werden, so werden bei dem besonderen und geheimen Ritual, von dem später gesprochen wird, die Funktionen des Essens, Trinkens und der geschlechtlichen Verbindung der Devatā geopfert.

Ein wesentliches Merkmal der Tantra-Shāstras ist der Gebrauch des Yantra bei der Verehrung. Dies geschieht an Stelle des Bildes oder Symbols, wenn der Sādhaka die Stufe der Verehrung mit Yantra erreicht hat. Yantra ist im allgemeinsten Sinn ein Werkzeug oder das, womit etwas vollendet wird. Bei der Verehrung ist es das Mittel, das die Gedanken auf einen Gegenstand richtet. Das Yantra hält an Stelle des Bildes oder Symbols die Aufmerksamkeit in Schach und ist sowohl der Gegenstand der Verehrung wie das Mittel, durch das diese ausgeführt wird. Der Name besagt, daß das Yantra Lust, Ärger und die anderen Leiden des Jīva überwindet, die durch diese verursacht werden (niyantrana) (Tantra-Tattva, 519j Sādhārana Upāsanā-Tattva). Das Yantra ist ein Diagramm, das auf Papier oder eine andere Unterlage gezeichnet oder gemalt, in Metall eingraviert, in Kristall eingeschnitten oder in Stein eingemeißelt wird. Abhandlungen über Magie erwähnen noch außergewöhnliche Yantras, die auf Leoparden- und Eselsfelle, auf menschliche Knochen und anderes gezeichnet werden.

Die Zeichnung der Yantras entspricht in unterschiedlicher Weise der Devatā, der es zugehört und zu deren Verehrung es benutzt wird. Der Unterschied zu einem Maṇḍala (das auch eine Figur ist, die im allgemeinen auf die Erde gezeichnet wird) besteht darin, daß dieses für jede Devatā benutzt werden kann, während das Yantra zu einer bestimmten Devatā gehört. So wie verschiedene Mantras verschiedene Devatās bedeuten und unterschiedliche Mantras bei der Verehrung der Devatās benutzt werden, so ist einer jeden Devatā ein bestimmtes Yantra eigentümlich und gehört zu ihrer Verehrung. Die Yantras sind deshalb verschieden gezeichnet, je nach dem Gegenstand der Verehrung. Das Titelblatt der „tantrischen Texte" gibt das große Shri-Tantra wieder. Die Yantras aus Metall oder Stein zeigen keine Devatās, da diese mit den entsprechenden Mantras im allgemeinen auf Papier gemalt oder gezeichnet sind. Dies gilt zum Beispiel für die Āvaraṇa-Shaktis und andere. Alle Yantras haben eine gemeinsame Umrandung, Bhūpura genannt, ein Viereck mit vier „Toren", das das Yantra umschließt und von der Außenwelt abgrenzt. Auf einem Yantra, das ich besitze, kriechen Schlangen außerhalb des Bhūpura. Nach dem Kaulāvalīya-Tantra ist die Unterscheidung zwischen Yantra und Devatā die gleiche wie zwischen Körper und Selbst. Das Mantra ist die Devatā, und das Yantra ist das Mantra, somit der Körper der Devatā, die das Mantra ist.

Yantram mantra-mayam proktam mantrātmā devataiva hi
Dehātmanor yathā bhedo yantradevatayos tathā.

Wie bei der Bilderverehrung gehen bestimmte Vorbereitungen der Verehrung des Yantra voraus. Zuerst meditiert der Anbetende über die Devatā, dann erweckt er ihn oder sie in sich selbst. Nun kommuniziert er die im Yantra auf solche Weise erweckte göttliche Gegenwart. Wenn die Devatā durch das entsprechende Mantra in das Yantra hineinbeschworen wurde, werden ihnen die Lebensströme Prāṇa durch die Prāṇapratiṣhṭhā-Zeremonie, durch Mantra und Mudrā eingeflößt (vgl. zum Ritual Mahānirvāṇa VI, 63ff.). Auf diese Weise nimmt die Devatā Wohnung im Yantra, das nun nicht länger bloße grobstoffliche Materie ist, die den ihr stets innewohnenden Geist verschleiert, sondern nun erfüllt ist von der wachgerufenen göttlichen Gegenwart, die der Sādhaka zuerst begrüßt und dann verehrt.

Bei der tantrischen Verehrung sind sowohl der Körper wie das Denkorgan beteiligt, ersteres folgt dem zweiten. Dies tritt bei allen Ritualen in Erscheinung, in denen man sich neigt, das Knie beugt und so fort. Wie alles andere ist die Gebärde hierbei genau durchgearbeitet. Bestimmte Stellungen (āsana) werden in der Verehrung und im Yoga eingenommen. Man huldigt (pranāma) zuweilen mit acht Körperteilen (aṣhtāñgapranāma) und mit dem Umgang (pradakṣhina) um das Bild. Im Nyāsa berühren die Hände verschiedene Teile des Körpers. Ein wesentliches Beispiel für solche Übungen sind die Mudrās, die weitgehend bei dem tantrischen Ritual verwendet werden. Mudrā ist eine rituelle Hand-Gebärde und hat dreierlei Bedeutung. Bei der Verehrung (upāsanā) meint sie die rituellen Handhaltungen; im Yoga sind Gebärden gemeint, an denen nicht nur die Hände, sondern der ganze Körper beteiligt ist. In der geheimen Verehrung mit dem Pañchatattva bedeutet Mudrā verschiedenartiges, gedörrtes Getreide, das mit Wein und anderen Bestandteilen (upachāra) dieses besonderen Gottesdienstes zusammen genommen wird. Mudrā stammt von der Wurzel mud „gefallen". Nach Aussage des Tantrarāja wurde der Mudrā in ihrer Upāsanā-Form diese Bezeichnung gegeben, weil sie der Devatā Gefallen bringt. Es gibt zahlreiche Mudrās. Man spricht von 108, wobei 55 allgemein angewendet werden (shabdakalpadruma – vgl. Nirvāṇa-Tantra, Kap. XI). Wahrscheinlich gibt es noch mehr. 108 ist eine beliebte Zahl. Die Mudrā der Upāsanā ist der äußere körperliche Ausdruck eines inneren Entschlusses, der durch diesen zugleich verstärkt wird.

Wir wissen alle, daß wir beim Sprechen unsere Gedanken durch die Gebärde unterstreichen und darstellen. So wird beim Begrüßen der Gottheit (āvāhana) eine entsprechende Geste ausgeführt. Wird etwas verschleiert, so machen die Hände eine entsprechende Gebärde (avagunthana mudrā). Die Opferung wird von einer Gebärde begleitet, die einen Fisch darstellt (matsya mudrā), indem die rechte Hand sich auf den Rücken der linken legt und die beiden Daumen sich flossenförmig aus jeder Handseite hinausstrecken. Hierin soll sich Wunsch und Absicht ausdrücken, das mit Wasser gefüllte Gefäß für ein Meer zu halten, das voller Fische und anderer Meerestiere ist. Der Sādhaka spricht hierbei zur Devatā seiner Verehrung: „Dies ist wahrlich nur ein geringes Opfer von Wasser, aber da es mein Wunsch ist, Dich zu ehren, erblicke darin das Opfer des ganzen Meeres."

Der Yoni, der die Form eines umgekehrten Dreiecks hat, stellt die Devī dar. In der Yoni-Mudrā bilden die Finger ein Dreieck als Ausdruck des inneren Wunsches, daß die Devī kommen und sich dem Verehrenden zeigen möge. Denn der Yoni ist ihr Pītha oder Yantra. Einige Mudrās des Hathayoga, die ihrer

Natur nach sowohl eine gesundheitsfördernde Gymnastik wie Ausdruck besonderer, in der Yogaübung verlangter Stellungen sind, werden in der „Schlangenkraft" von A. Avalon beschrieben. Nach der Gheranda Samhitā, einem tantrischen Yogawerk (III, 4, 8, 10) soll die Kenntnis der Yoga-Mudrās jede Siddhi, und ihre Ausführung soll physische Wohltaten gewähren, wie Festigkeit, Stärke, Heilung von Krankheiten.

Bhūtashuddhi, ein bedeutender tantrischer Ritus, meint die Reinigung der fünf „Elemente", aus denen der Körper besteht und nicht die Vertreibung von bösen Dämonen, wie es in Professor Monier-Williams Wörterbuch steht. Wenn auch eine der Bedeutungen von Bhūta Geist oder Gespenst ist, so kann man doch nicht diese wörtliche Übersetzung benutzen ohne Kenntnis der Zusammenhänge. Sonst entstehen leicht widersinnige Fehler. Der Mantramahodadhi (Tarañga I) erwähnt einen Ritus, der die Vereinigung mit einer Devatā vorbereitet.

Devārchā-yogyatā-prāptyai bhūta -shuddhim samācharet.

(Um die Fähigkeit der Verehrung zu erlangen, sollten die Elemente, aus denen der Körper besteht, gereinigt werden.)

Der grobstoffliche menschliche Körper ist aus fünf Bhūtas zusammengesetzt, aus Erde, Wasser, Feuer, Luft und Äther. Diese Bezeichnungen sind aber nicht im gewöhnlichen Sinn gemeint, sondern sind die fünf Formen, in denen sich Prakṛiti, die göttliche Kraft, als prima materia manifestiert. Jede dieser Formen hat ihr Zentrum an schöpferischer Kraft in den fünf Chakras oder Padmas (Zentren oder Lotusse), die auf der Wirbelsäule des menschlichen Körpers liegen (vgl. Avalon „Schlangenkraft", in der dies ausführlich beschrieben wird).

Im untersten dieser Zentren (mūlādhāra) liegt die große Devī Kuṇḍalinī, eine Form des Saguna Brahman. Gewöhnlich schläft sie dort. Im Kuṇḍalinī-Yoga aber wird sie erweckt und durch die fünf Zentren aufwärtsgeführt. Bei diesem Durchgang nimmt sie das jeweilige Bhūta des Zentrums auf, das feinstoffliche Tanmātra, das es bildet und das mit ihm verbundene Sinnesorgan (indriya). Nachdem sie diese eingezogen hat, wird sie zu dem sechsten, dem geistigen Zentrum (ājñā) hinaufgeführt, das zwischen den Augenbrauen liegt. Hier wird das letzte Bhūta, der Äther, in das Denkorgan und dieses in die feinstoffliche Prakṛiti hineingenommen, die sich nun in Gestalt der Kuṇḍalinī-Shakti mit Shiva im Scheitel des Kopfes, im tausendblättrigen Lotus (sahasrāra) vereint.

Im Yoga findet diese Vereinigung tatsächlich statt, so daß Ekstase (samādhi) erlangt wird. Es gibt aber nur wenige erfolgreiche Yogi. Deshalb besteht Bhūtashuddi für den gewöhnlichen Verehrer nur in der Einbildung. Der Sādhaka bildet sich ein, die Kuṇḍalinī würde erweckt, ein Element würde in das andere hineingenommen und so fort, bis alles in Brahman eingesogen ist. Dieser Yoga-Vorgang wird vor allem in der „Schlangenkraft" beschrieben, während das fünfte Kapitel (93ff.) des Mahānirvāṇa den rituellen Prozeß beschreibt. Wenn der Sādhaka alles in Brahman aufgelöst hat – ein Vorgang, der in sein Denkorgan die Einheit von allem einprägt, beginnt er über den „schwarzen Mann der Sünde" in seinem Körper zu meditieren und den Körper zu reinigen. Zuerst wird er durch Atem und Mantra ausgedörrt, dann mit allen sündigen Neigungen verbrannt. Nun wird er in Gedanken mit dem Nektar des Wasser-Mantra von Kopf bis Fuß gebadet, und der Sādhaka bildet sich ein, daß an Stelle seines alten sündigen Körpers ein neuer Deva-Körper entsteht. Wer in Vertrauen und Wahrheit an seine Wiedergeburt glaubt, wird wahrhaft neu geboren. Wer wirklich davon überzeugt ist, daß sein Körper der Körper der Deva ist, wird in diesen verwandelt. Der auf solche Weise geborene Deva-Körper wird durch das Erd-Mantra und den göttlichen Blick (divya-dṛishti) gestärkt. Wenn der Sādhaka mit den Bījās das Mantra: „Er ist ich" (so'ham) aufsagt, dann flößt er durch Jīvanyāsa seinem Körper das Leben der Devī, der Mutter aller, ein.

Nyāsa ist ein sehr wichtiger und mächtiger tantrischer Ritus. Der Name stammt von der Wurzel „legen" und bedeutet, daß man die Fingerspitzen und die Innenfläche der rechten Hand auf verschiedene Körperteile legt und dabei das Mantra spricht. Es gibt vier allgemeine Unterteilungen des Nyāsa: den inneren (antar) und den äußeren (bahir), je nachdem es sich um die schöpferische (sṛishti) oder die auflösende (samhāra) Seite (krama) handelt. Es gibt auch verschiedene Nyāsa: den Jīva-Nyāsa, den Mātrikā- oder Lipi-Nyāsa, den Ṛishi-Nyāsa, den Shaḍañga-Nyāsa auf den Körper (hridayādi-shaḍañga-nyāsa) und mit den Händen (añgushthādi-shadaṅga-nyāsa) ausgeführt, den Pītha-Nyāsa und andere. Das Kulārṇava (IV. 20) erwähnt sechs Arten, die unter die eine oder andere der allgemeinen Hauptgruppen fallen.

Ehe ich die Grundregel dieses Ritus aufzeige, möchte ich ihn kurz schildern. Nachdem der Sādhaka durch Bhūtashuddi den sündigen Körper aufgelöst und einen neuen Deva-Körper gebildet hat, flößt er diesem durch Jīva-hyāsa das Leben der Devī ein. Indem er seine Hand auf das Herz legt, spricht er die Worte: „Sie ist ich", und identifiziert sich hierbei mit der Shiva-Shakti. Dann bestärkt er diese Worte, indem er mit dem Mantra Ām über die einzelnen Teile des Körpers fährt. Dabei sagt er das Mantra auf und beschreibt, was er tut. Während seine Finger die einzelnen Teile des Körpers berühren, spricht er: „Ām (und das weitere), die Lebenskraft (prāṇa) der gesegneten Kālikā ist (in diesem Augenblick) gegenwärtig, Ām (und das übrige), das Leben der gesegneten Kālikā ist gegenwärtig; Ām (und das übrige), alle Sinne der gesegneten Kālikā sind hier; Ām (und das übrige), möge Rede, Geist, Blick, Gehör und Geruchsinn der gesegneten Kālikā, die jetzt erscheinen, immer in Frieden und Freude bei mir bleiben." Hierbei stellt sich der Sādhaka vor, daß sein Körper der Devatā gleich wird (devatāmāyā). Mātrikā sind die 50 Buchstaben des Sanskrit-Alphabetes. Denn ebenso wie eine Mutter gebiert, geht aus Brahman, der als Schöpfer des Klanges „Shabdhabrahman" genannt wird, das Weltall hervor. Die Mantra-Körper der Devatā bestehen aus den Mātrikā oder Buchstaben. Zuerst ordnet der Sādhaka in Gedanken die Buchstaben (antar-mātrikā-nyāsa) auf den verschiedenen Plätzen in den sechs inneren Zentren (chakras) an, dann geschieht dies im äußeren durch physische Handlung (bāhya-mātrikā-nyāsa).

Die Buchstaben des Alphabetes bilden die verschiedenen Teile des Körpers der Devatā, die somit im Sādhaka selbst hervorgebracht wird. Die gedankliche Anordnung im Chakra geschieht, nach der „Schlangenkraft", durch Wiederholen jedes Buchstabens in folgender Reihenfolge: Om, Ham, Namah (Huldigung), Om, Ksham Namah und so weiter. Die äußere Anordnung ist folgendermaßen: die Vokale werden auf Stirn, Gesicht, rechtes und linkes Auge, rechtes und linkes Ohr, rechtes und linkes Nasenloch, rechte und linke Backe, auf Ober- und Unterlippe, obere und untere Zähne, auf den Kopf und die Mundhöhle gelegt. Die Konsonanten Ka bis Va werden auf den unteren rechten Arm und Ellenbogen, auf das untere Handgelenk und die Fingerspitzen, auf den linken Arm und das rechte und linke Bein, auf die rechte und linke Seite, auf den Nabel, den Bauch, das Herz, die rechte und linke Schulter und auf den Raum zwischen den Schultern (kakuda) gelegt. Vom Herzen zur rechten Handfläche hin wird Sha; vom Herzen zur linken Handfläche hin Ṣha (das zweite) gelegt, vom Herzen zum rechten Fuß hin Sa; vom Herzen zum linken Fuß hin Ha und endlich vom Herzen zum Bauch und vom Herzen zum Mund hin Ksha. Dieser Mātrikā-Nyāsa ist von mehrfacher Art.

Eine Art des Riṣhi-Nyāsa ist folgende: „Zu Anfang die Begrüßung von Brahma und den Brahmārṣhis; im Mund den Willkommensgruß an die Gāyatri und andere Worte; im Herzen den Gruß an die Ur-Devatā Kālī; in dem verborgenen Teil (guhya) den Gruß an den Bīja Krīm; in den zwei Füßen den Gruß an Hrīm; im ganzen Körper den Gruß an Shrīm und Kālikā. Im Shaḍaṅga-Nyāsa werden bestimmte Buchstaben auf den Körper gelegt mit dem Gruß an Namah und den Mantras Svāhā, Vaṣhaṭ, Vauṣhaṭ, Hrīm, Phat auf Herz, Kopf, Scheitellocke (shikhā), Augen, Stirn und Handflächen-Rücken. Im Kara-Nyāsa werden die Mantras dem Daumen, Zeigefinger, dem Mittelfinger, vierten und kleinen Finger, der Stirn und den Rücken der Handflächen zugeteilt.

Aus diesen Beispielen läßt sich die Bedeutung von Nyāsa erkennen. Indem das Göttliche mit jedem Teil des Körpers und mit seinem Gesamt verbunden wird, sollen Denkorgan und Körper dem Bewußtsein des Sādhaka als göttlich erscheinen. Sie sind dieses an sich, aber das Denkorgan soll dies nun erfassen. Man könnte fragen, was dies nützen soll und wie ein Ding wirklich göttlich wird, weil man es betrachtet? In einer Hinsicht trifft dies auch nicht zu, weil Denkorgan und Körper als Shakti schon göttlich sind, gleichgültig, ob man dies weiß oder nicht. Der Sādhaka aber muß sich dies bewußt machen, sonst sind sie *für ihn* nicht göttlich. Sein Denkorgan wird geschult, sie als göttliche Manifestationen der einen höchsten Wesenheit zu betrachten, die er und sie im Grunde sind. Nach Ansicht der Hindu wird der Hauptwert auf die verstandesmäßige Erkenntnis gelegt. Da der göttliche Gedanke die Welt erschöpft, bildet sich der Charakter des Menschen in der Welt nach dem, was er denkt. Wenn er immer an materielle Dinge denkt und sich nach diesen sehnt, wird er selbst materiell und unterliegt Lust und Leidenschaft. Wenn er dagegen seine Gedanken auf Gott richtet und alles mit dem Gedanken an Ihn in Verbindung bringt, dann wird sein Denkorgan rein und göttlich. So heißt es in der Upaniṣhad: „Wie der Mensch denkt, so wird er."

Der Gedanke formt unsere körperlichen Züge, unseren moralischen und intellektuellen Charakter und die Einstellung, die unsere Handlungen bewirkt und in ihnen zum Ausdruck kommt. Viel oberflächliche Kritik wird gegen die Rituale erhoben, gegen ihre Vielfalt, ihre Fülle, Länge und so fort. Wenn man sie mechanisch und ohne Aufmerksamkeit ausführt, dann sind sie zweifellos eine Zeitvergeudung. Wenn man das Ritual aber mit Bewußtsein, Aufmerksamkeit, Glaube und Hingabe vollzieht, dann führt es unbedingt zum ersehnten Ziel. Das Wiederholen des gleichen Gedankens in verschiedenen Formen prägt dem Bewußtsein des Sādhaka die Lehre ein, die seine Schrift ihn lehrt, das heißt, daß sein Wesen Geist ist und sein Denkorgan und Körper dessen Manifestation. Alles ist göttlich, alles ist Bewußtsein. Das Ziel dieses und aller anderen Rituale ist, diese Erkenntnis wirklich zu erfahren. Zum Erlangen dieser Erfahrung, in der der Sādhaka fühlt, daß er von der Natur (bhāva) der Devatā erfüllt wird, ist Nyāsa eine große Hilfe. Man meint gleichsam göttliche Kleinode auf verschiedenen Teilen des Körpers zu tragen. Die Bījas der Devatā (selbst Devatā) sind die Kleinode, die der Sādhaka auf die verschiedenen Teile seines Körpers legt. Mit Hilfe des hierfür bestimmten Nyāsa legt er seine Abhīṣhṭadevatā auf diese Teile und breitet ihre Gegenwart im Vyāpaka-Nyāsa über sich selbst aus. So wird er von dem Göttlichen und seinen Manifestationen durchdrungen und taucht ein oder vermischt sich mit dem göttlichen Selbst, dem Herrn. Nyāsa, Āsana und andere Rituale sind notwendig, um den erwünschten Zustand der Gedanken und ihre Reinigung (chittashuddhi) zu bewirken. Ziel und Erfolg des Rituals ist Chittashuddhi. Verwandlung des Denkens ist Verwandlung des Seins; denn das einzelne Dasein ist eine Projektion der Gedanken, und der Gedanke ist eine Projektion des Bewußtseins, das die Wurzel von allem ist.

Dies ist der wesentliche Grundsatz und die verstandesmäßige Basis dieser wie jeder anderen Tantrik-Sādhanā. Nyāsa hat auch gewisse physische Wirkungen, denn diese hängen von dem Zustand der Gedanken ab. Der reine ruhende Zustand der Meditation spiegelt sich im Körper des Verehrenden wider. Die Handlungen des Nyāsa sollen die Nervenzentren reizen und die Shaktis des menschlichen Körpers – ihren Veranlagungen und Beziehungen entsprechend – richtig verteilen. So werden Unstimmigkeiten und Zerstreuung während der Verehrung vermieden, und diese hält ihrerseits wieder den erlangten Zustand aufrecht.

In den Kapiteln über die Mantramayī-Shakti und Varṇamālā wie auch in meinem „Blütenkranz der Buchstaben" habe ich mich mit der Natur des Mantra und der Sādhanā beschäftigt. Ein Bericht über diese ist auch im Mantratattva-Kapitel des zweiten Bandes der „Grundregeln der Tantra" zu finden. Mantra ist Devatā, und durch diese Sādhanā wird die gesuchte (sādhya) Devatā gefunden, das heißt, sie wird dem Bewußtsein des Sādhaka oder Mantrin gegenwärtig. Wenn auch das Ziel der Verehrung (pūjā), das Lesen (pātha), Singen von Hymnen (stava), Opfern (homa), Meditieren (dhyāna) und das Ziel des Dīkṣhā-Mantra, das bei der Einweihung erlangt wird, gleiche Bedeutung haben, so soll letzteres doch das mächtigste sein. Der Grund hierfür liegt darin, daß bei den anderen Handlungen die Sādhanā-Shakti des Sādhaka allein wirksam ist, während beim Mantra diese Sādhanā-Shakti zusammen mit der Mantra-Shakti wirkt. Hierin liegt die Feuerkraft der Offenbarung und eine Macht, die stärker ist als alles andere. Das besondere Mantra, das bei der Einweihung (dīkṣhā) empfangen wird, ist das Bīja- oder Samen-Mantra, das in das Feld des Herzens gesät wird, und die tantrische Sandhyā, Nyāsa, Pūjā und ähnliches sind Stamm und Zweige, deren Blätter und Blüten die Lobeshymnen (stuti), Gebete und Opfergaben (vandana) sind. Das Kavacha, das aus dem Mantra besteht, ist die Frucht (vgl. das Kapitel über das Mantratattva, Band II der „Grundregeln der Tantra", Ed. A. Avalon).

Wenn man das Mantra nur hersagt ohne Kenntnis seiner Bedeutung oder Verständnis für die Mantra-Sādhanā, dann ist dies eine bloße Lippenbewegung und nichts mehr. Das Mantra schläft. Dies ist bei der heutigen Entartung der Hindu-Religion häufig der Fall.

Japa ist die Äußerung des Mantra, wie noch beschrieben wird. Die Mantra-Sādhanā ist sorgfältig ausgearbeitet. Auf vielfältige Art wird das rechte Aufsagen des Japa vorbereitet, das aus Mantras besteht. Es gibt Sakramente der Reinigung (saṁskāra) des Mantra (Tantrasāra, S. 90) und Befleckungen durch „Geburt" und „Tod" (ebda. S. 75ff.), die getilgt werden müssen. Dies, wie vieles andere, bedeutet, daß das Denkorgan des Mantrin vorbereitet und gereinigt werden muß, bevor es die Devatā erfahren kann. Eine Anzahl von Fehlern (doṣha) müssen vermieden oder getilgt werden. Der Mund muß gesäubert werden, ehe er das Mantra ausspricht (mukha-shadhana). (Hierzu und zu dem folgenden vgl. Shāradā Tilaka, Kap. X.) Auch die Zunge (jihvā-shadhana) und das Mantra (ashaucha-bhanga) müssen gereinigt werden. Die Vorgänge im Mantra heißen Kullūka, Nirvāṇa, Setu (vgl. die angegebene Stelle des Shāradā-Tilaka im Tantrasāra und Purashcharaṇabodhinī, S. 48), die unterschiedlich sind, entsprechend der Devatā, die verehrt wird, dem Erwecken des Mantra (nidrābhanga), seiner Belebung durch das Bewußtsein (mantrachaitanya), dem Nachdenken über die Bedeutung des Mantra und der Mātrikās, die den Körper der Devatā bilden (mantrārtha bhāvanā). Es gibt Dīpanī, Yoni-mudrā (vgl. Purohita-darpaṇam) und die Meditation über Yoni-rūpa-bhagavatī mit Yonibīja und so fort.

Beim Festlegen eines Mantra für einen bestimmten Menschen müssen einige Chakra-Berechnungen gemacht werden, nach denen die Mantras in günstige, hilfreiche, unterstützende und in zerstörende (siddha, sādhya, sasiddha, ari) eingeteilt werden. Das gesamte Ritual sucht jenen reinen Zustand des Denkens und Fühlens herzustellen, der notwendig ist, um zum Ziel zu gelangen (mantra-siddhi). Zuletzt durchdringt der Mantrin, der seine Chit-Shakti erweckt und das Mantra, das in Wahrheit eins mit seinem Bewußtsein (in dieser Form) ist, belebt hat, alle Zentren und betrachtet den fleckenlosen Einen (Kubjikā-Tantra V). Die Shakti des Mantra heißt Vāchikā Shakti oder das Medium, durch das die Vāchyā-Shakti, das höchste Ziel erlangt wird. Das Mantra lebt aus der Energie dessen, der es formt.

Die Saguna-Shakti, in Gestalt des Mantra, wird durch Sādhanā erweckt und verehrt. Nun öffnet sie die Pforten, durch die der Weg zur Vāchyā-Shakti führt. Die Mutter in Saguṇa-Gestalt ist die herrschende Gottheit (adhiṣṭhātrī devatā) des Gāyatrī Mantra. Als Nirguna (formlos) ist sie die Vāchyā-Shakti. Beide sind in Wirklichkeit dieselbe. Der Sādhaka aber muß, dem Gesetz seiner Natur und seiner drei Guṇas entsprechend, zuerst über die grobstoffliche (sthūla) Form meditieren, ehe er die feinstoffliche (sūkṣhma) Form, die ihn befreit, erfahren kann.

Weit von Aberglauben entfernt, beruht die Mantra-Sādhanā zum großen Teil auf der tiefgründigen Vorstellung von der Natur des Bewußtseins und der Psychologie seiner Wirksamkeit. Das Denkorgan des Sādhaka und seine Veranlagung werden gereinigt, die Devatā wird in Mantra-Form vor ihn gestellt, und das Denkorgan identifiziert sich, mit Hilfe seiner Hingabe (sādhanā-shakti) und der im Mantra latent vorhandenen Kraft (mantra-shakti), die sich in Gedanken an das geistige Ziel ausdrückt, zuerst mit der grobstofflichen und dann mit der feinstofflichen Form, die sein eigenes verwandeltes Bewußtsein und dessen Kraft ist.

Japa ist Vidhānena Mantrochchāraṇam, das heißt (in Ermanglung anderer geeigneter Ausdrücke) die Äußerung oder das Aufsagen eines Mantra nach bestimmten Regeln.

Es gibt aber auch ein Japa, dessen Natur sich nicht in dieser Bestimmung erschöpft. Man unterscheidet drei Arten (Jñānārṇava Tantra XX): Vāchika-Japa, Upāṁshu-Japa, Mānasa-Japa. Der erste ist die niedrigste, der letzte die höchste Form. Vāchika bedeutet wörtlich der Japa, in dem das Mantra deutlich und hörbar ausgesprochen wird (spaṣhṭa-vāchā). Upāṁsha-Japa ist weniger grobstofflich und deshalb dem ersteren überlegen. Hier wird das Mantra nicht ausgesprochen (avyakta), sondern Lippen und Zunge werden nur bewegt (sphuradvaktra), ohne einen bestimmten Laut zu äußern. Bei der höchsten Form, der geistigen Äußerung (manas-japa) entsteht weder ein Laut noch eine Bewegung. Japa wird in Gedanken vollzogen, indem man über die Buchstaben meditiert (chintanākṣhara-rūpavān).

Japa muß nach bestimmten Bedingungen ausgeführt werden. Diese beziehen sich auf physische Reinheit, auf Haartracht, Kleider, Stellung (āsana) und das Vermeiden bestimmter Gedanken und Handlungen, ebenso auf die Art des Aufsagens. Japa muß eine bestimmte Zeitlang ausgeführt werden, bei großen Sādhakas über viele Geburten hinaus (lakhṣ). Wenn das Denken wirklich konzentriert und nicht abgelenkt ist während dieser langen und immer wiederholten Übung, dann muß das Ergebnis zum Erfolg führen. Durch Wiederholung wird im Denkorgan etwas Bestimmtes festgelegt, wie dies beim Auswendiglernen einer Aufgabe der Fall ist.

Wenn „Gegrüßet seist Du, Maria" im katholischen Rosenkranz oftmals wiederholt und in gleicher Weise das Mantra im indischen Japa aufgesagt wird, so ist beides nicht sinnlos, vorausgesetzt, daß dies mit Aufmerksamkeit und Hingabe geschieht. Der Vorwurf, der gegen solche „nutzlosen Wiederholungen" erhoben wird, gilt nicht der Wiederholung, sondern einer sinnlosen Art, dies zu tun. Das Abzählen geschieht entweder mit Hilfe eines Rosenkranzes (mālā-japa) oder mit dem Daumen der rechten Hand, der die Fingerglieder dieser Hand abtastet. Die Methode richtet sich nach dem jeweiligen Mantra (kara-japa).

Purashcharaṇa ist eine Form der Sādhanā, bei der, neben anderem Ritual, der Japa des Mantra – eine große Anzahl von Malen wiederholt – den Hauptteil bildet. Ein kurzer Bericht über diesen Ritus wird in der Purashcharaṇa-Bodhinī von Harakumāra Tagore (1895) gegeben (vgl. auch Tantrasāra 71 und das Purashcharyārṇava des Königs von Nepal). Dieses Ritual dient zur Vorbereitung der Sādhanā und betrifft unter anderem Keuschheit, Ernährung, Verehrung,

Bemessen des Mandapa oder Pandal und des Altars, die Zeit und den Ort der Ausführung.

Der Sādhaka muß während einer vorgeschriebenen Zeitspanne ein keusches Leben führen (brahmacharyya). Er muß reine Nahrung, Haviṣhyānnam, zu sich nehmen: gekochte Milch (kshīra), Früchte, indisches Gemüse, und alle andere Nahrung vermeiden, die seine Leidenschaften aufstacheln könnte. Er muß baden, den Japa des Sāvitri-Mantra verrichten, Brahmanen bewirten und so fort. Die Nahrung besteht aus Pañchagavya, den fünf Produkten der Kuh: Milch, Quark, Butter, Urin und Dung, letzterer (außer bei den streng Orthodoxen) nur in kleineren Mengen. Vor der Pūjā werden Gāṇesha und Kshetrapāla, Sonne, Mond und die Devas angerufen. Dann folgt der Sankalpa, und der Ghaṭa oder Kalasa, das Gefäß, in dem die Deva beschworen werden soll, wird aufgestellt. Das Maṇḍala, eine bestimmte Zeichnung, wird auf den Boden gemalt und das Gefäß darauf gestellt. Nun werden die fünf oder neun Kleinode in das Gefäß gelegt, das rot angestrichen und mit Blättern bedeckt ist, und das Ritual zum Flechten der Scheitel-Locke (shikhā), zur Stellung (āsana) des Sādhaka, zu Japa, Nyāsa und Mantra wird vollzogen. Die Meditation ist vorgeschrieben, ebenso das Mantra-Chaitanya, der Japa des Mantra und die Wiederholungen, die gelobt werden.

Das tägliche Leben des religiösen Hindu war in früheren Zeiten mit Verehrungsriten angefüllt. Ich verweise hierzu auf das kleine Werk: „Die täglichen Übungen der Hindus" von Srīsha Chandra Vasu, auf das „Sandhyāvandana aller vedischen Shākhās" von B. V. Kamesvara Aiyyar, den „Kriyākāndavāridhi und Purohita-Darpaṇam". Die Stellungen und Mudrās sind in S. C. Belnos' „Sandhyā oder das tägliche Gebet des Brahmanen" (1831) abgebildet. Hier können nur die allgemeinen Umrisse der befolgten Riten angedeutet werden.

Nach dem Erwachen begrüßt der Sādhaka den Guru aller, sagt das entsprechende Mantra auf und bekennt seine menschliche Unzulänglichkeit („Ich kenne den Dharma und führe ihn doch nicht aus. Ich kenne Adharma und verzichte doch nicht auf ihn"). Das ist die Hindu-Form der allgemeinen Erfahrung des „Video meliora"! Nun bittet er, daß er Gutes tun und alle Handlungen des Tages Gott darbringen möge. Beim Verlassen des Bettes berührt er den Boden und begrüßt die Erde, die Manifestation des All-Guten. Während des Bades sagt er sein Mantra auf. Dann huldigt er Devās, Riṣhis (Sehern) und den Pitṛis, die von Sandhyā, von Brahma, dem Pitāmaha der Menschheit ausgehen und beginnt mit der Ausführung des Ritus.

Dies ist die vedische Form, die, nach Veda und Shākhā, sich bei dem zum zweitenmal Geborenen ändert. Es gibt aber auch eine tantrische Sandhyā. Diese wird dreimal am Tag, morgens, mittags und abends, verrichtet. Ganz allgemein gesagt, besteht die Sandhyā aus Āchamana (Nippen von Wasser), Mārjjana-Snāna (Besprengen des ganzen Körpers), aus Prāṇāyāma (Atem-Schulung), Aghamarṣhana (Vertreibung der Sünde), aus dem Gebet an die Sonne (das ist die Vorschrift der Sandhyā), aus dem Gāyatrī-Mantra. Dann folgen Riṣhi-Nyāsa und Shadaṅga-Nyāsa (vgl. oben) und die Meditation über die Devī Gāyatrī – am Morgen als Brahmanī (Shakti der Schöpfung), zu Mittag als Vaiṣhṇavī (Shakti der Erhaltung) und am Abend als Rudraṇī (Shakti der „Zerstörung" im Sinn der Zurücknahme der Schöpfung). Die Sandhyā mit dem Aupāsana Feuer-Ritus und Pañchayajña sind die drei Haupt-Riten des Tages. Letzteres ist die Opferung an die Devas, die Pitṛis, an die Tiere und Vögel (nach dem Vaishṇadeva-Ritus), an Menschen (wie bei der Unterhaltung von Gästen) und das Studium der Veda-Texte. Durch diese fünf Yajñas stellt sich der Anbetende täglich in die rechte Beziehung zu allen Wesen und bestätigt diese Beziehung zwischen Devas, Pitṛis, Geistern, Menschen, der organischen Schöpfung und sich selbst.

„Yajña" stammt von der Wurzel yaj (verehren) und wird im allgemeinen mit „Opfer" übersetzt. Es umfaßt aber noch andere Rituale. So spricht Manu von vier Arten des Yajña: Deva, Bhauta (mit Gegenständen), Niryajña und Pitṛiyajña. Manchmal wird Yajña auch als Ausdruck jeder Art von zeremoniellem Ritus benützt. So spricht man von Japa-Yajña (Aufsagen eines Mantra), von Dhyāna-Yajña (Meditation) und so fort. Das Pañchatattva-Ritual mit Wein und anderem wird auch Yajña genannt. Die Yajñas werden, der Veranlagung und Einstellung des Verehrenden entsprechend, in Sāttvika-, Rājasika- und Tāmasika-Yajña eingeteilt. Eine allgemeine Form von Yajña ist der Deva-Yajña Homa-Ritus, in dem zerlassene Butter (im Kuṇḍa oder Feuerbecken) dem Deva des Feuers geopfert wird, der die Huldigungen den Devās weiterträgt. Homa ist ein alter vedischer Ritus, der in dem gewöhnlichen tantrischen Ritual mit enthalten ist. Er ist verschiedenartig und wird täglich oder bei besonderen Gelegenheiten dargebracht, so bei der heiligen Faden-Zeremonie, bei Heirat und so fort. Neben den täglichen (nitya) Zeremonien, wie der Sandhyā, gibt es gelegentliche Riten (naimittika) und die Reinigungs-Sakramente (saṁskāra), die nur einmal dargebracht werden.

Die üblichen zehn Saṁskāras (vgl. Mahānirvāṇa-Tantra, Kap. IX) sind vedische Riten, die dem Betreffenden in den wichtigen Augenblicken seines Lebens helfen und ihn reinigen sollen. So soll Garbhādhāna die Empfängnis heiligen, ehe der Samen tatsächlich in den Schoß eingeht. Puṃsavana und Sīmantonnyana sollen die tatsächliche Empfängnis und die Schwangerschaft segnen. Man nimmt an, daß sich der erste Saṁskāra auf den Impuls der Entwicklung von der „Befruchtung des Eises bis zu der kritischen Periode" bezieht; der zweite auf den gleichen Impuls „von jener Periode an bis zur Lebensfähigkeit des Fötus". Der dritte Saṁskāra bezieht sich auf die Zeit, in der die Lebensfähigkeit völlig ausreift (vgl. den Anhang zu den Samskāras, Prāṇavāda I, 194). Nun folgt der Saṁskāra der Geburt (jāta-karma), der Namens-Zeremonie (nāma-karaṇa), der Saṁskāra beim ersten Hinaustragen des Kindes, damit es die Sonne erblickt (nish-kramaṇa), beim ersten Reisessen (annaprāsana), beim Haarschneiden (chudākaraṇa) und – bei dem zum zweitenmal Geborenen – beim Verleihen des heiligen Fadens (upanayana), wenn das Kind zum geistigen Leben wiedergeboren wird. Diese Einweihung ist von der tantrischen zu unterscheiden (mantra-dīkshā), in der der Guru das Bīja-Mantra gibt. Zuletzt folgt der Saṁskara bei der Heirat (udvāha). Diese Saṁskāras, die in dem neunten Kapitel des Mahānirvāṇa-Tantra beschrieben sind, werden zu bestimmten Zeiten im menschlichen Körper vollzogen, um, mit Hilfe der übersinnlichen und persönlichen Methoden der alten östlichen Weisheit, den Organismus günstig zu beeinflussen.

Vrata ist ein Teil des Naimittika – ein gelegentlich ausgeführtes Ritual oder Karma. Gewöhnlich wird es mit Gelübde übersetzt, da es freiwillige Verehrungsriten sind, die zu bestimmten Zeiten zu Ehren einer besonderen Devatā (wie am Geburtstag von Kṛishṇa) oder zu einer anderen Zeit (wie das Sāvitrīvrata) vollzogen werden. Jedes Vrata hat seine Eigentümlichkeiten, aber es gibt bestimmte Züge, die allen gemeinsam sind, wie das Fasten, Baden, das Einnehmen reiner Nahrung und das Vermeiden von Fisch und Fleisch. Das große Vrata für den Shākta ist die Durgā-Pūjā zu Ehren der Devī in Gestalt der Durgā.

Das Fasten, das bei diesen oder anderen Gelegenheiten geübt wird, heißt Tapas, eine Bezeichnung, die alle Arten von asketischer Enthaltsamkeit und Sādhanā einschließt, wie das Sitzen zwischen fünf Feuern (pañchāgni-tapah). Tapas aber hat noch eine umfassendere Bedeutung und besteht aus dreierlei Art: aus körperlichen Handlungen (shārīraka), Worten (vāchika) und Gedanken (mānasa). Diese Einteilung wird sowohl in indischen wie buddhistischen Tantras gemacht. Die erste Art umfaßt die äußere Verehrung und Ehrerbietung, den Unterhalt des Gurus, der Brahmanen und Weisen (prājña), körperliche Reinheit, Enthaltsamkeit, Einfachheit des Lebens und das Bestreben, keinem Wesen Schaden zuzufügen (ahimsā). Die zweite Form schließt Wahrheit, Güte, freundliche und liebevolle Rede und das Studium der Veden ein. Die dritte Art oder das Tapas der Gedanken umfaßt Selbstzucht, Reinheit des Gemüts, Ruhe und Schweigen. Jede dieser Gruppen hat drei Unterteilungen. Denn Tapas kann sattvahaft, rājahaft oder tāmashaft sein, je nachdem ob es im Glauben und ohne Rücksicht auf seine Früchte oder um dieser willen, ob es aus Stolz geschieht und um Ehre, Achtung oder Macht zu gewinnen. Schließlich kann es auch ohne Verständnis oder in der Absicht ausgeführt werden, anderen zu schaden und sie zu vernichten, so wie dies im Abhichāra oder der Sādhanā des tantrischen Shaṭkarma geschieht (das anders ist als Shānti), das heißt durch Faszination (vashīkaraṇa), durch Lähmung (stambhana), Hervorrufen von Feindschaft (vidveṣhana), Austreiben (uchchātana) und Töten (maraṇa), wenn dies böswilligen Zwecken dient. Das Karma-Ritual wird Kāmya genannt, wenn dadurch ein besonderes Ziel erreicht werden soll wie Gesundheit, Reichtum und ähnliches. Die höchste Verehrung ist Nishkāma-Karma, das heißt: sie wird nicht für irgendeine materielle Wohltat vollbracht, sondern nur um der Verehrung willen.

Wenn sie auch nicht Teil des gewöhnlichen Rituals ist, so soll an dieser Stelle doch noch eine besondere Sādhanā erwähnt werden, die, soweit ich unterrichtet bin, in den Tantrikas eines Shākta-Typs vorherrscht, der Nīlasādhanā oder schwarze Sādhanā genannt wird. Diese wird nur selten und nur von einigen Vīra-Sādhakas auf den Verbrennungsstätten ausgeführt. Bei diesem Ritual vollziehen sich furchterregende Dinge. Deshalb sind sie nur von Furchtlosen auszuführen. Der Vīra schult sich in Furchtlosigkeit und Gleichgültigkeit. Ein wesentlicher Ritus, die Shava-Sādhanā, wird mit Hilfe eines menschlichen Leichnams ausgeführt (ich habe schon in der „Schlangenkraft“ erklärt, warum es ein Leichnam sein muß). Dieser wird mit dem Gesicht auf den Boden gelegt. Der Sādhaka setzt sich auf seinen Rücken und zeichnet auf diesen ein Yantra, dem er nun Verehrung darbringt. Wenn der Ritus erfolgreich ist, soll sich der Kopf des Leichnams umdrehen und den Sādhaka fragen, welches Ziel er erstrebe – Befreiung oder materielle Wohltat. Man nimmt an, daß die Devī durch den Mund des Leichnams spricht, der somit das materielle Medium ist, durch das sie ihre Gegenwart offenbart.

Bei einem anderen Ritus wird der Leichnam als Sitz benutzt (shavāsana). Man kann sich auch auf Totenschädel setzen (mundāsana) oder auf den Scheiterhaufen (chitāsana). Wie abstoßend und anstößig diese Riten dem Abendländer auch erscheinen mögen, Tatsache ist, daß sie von berühmten Sādhakas ausgeführt wurden, wie von dem Mahārāja von Nattore, und dies auch heute noch geschieht. Die innere Verbrennungsstätte liegt im Körper, dem Ort, an dem die Leidenschaften im Feuer der Erkenntnis ausgebrannt werden.

Die Ādya-Shakti oder höchste Kraft der Shāktas wird, nach den Worten der Trishati, zusammenfassend Ekānanda-Chidakṛitih genannt. Eka bedeutet Mukya, Ānanda = Sukham, Chit = Chaitanyam, Prakāsha = Jñānam und Akṛitih = Svarūpa. So ist diese Shakti Sachidānanda-Brahmarūpā. Ihre Verehrung ist unmittelbare Verehrung des Höchsten. Solche Verehrung beruht auf dem Advaitavāda. Deshalb ist sie für alle Advaitins die höchste Sādhanā. Das Shākta-Tantra ist somit ein Sādhanā-Shāstra des Advaitavāda. Dies erklärt, warum es den Advaitins so wert ist und von ihnen hoch geachtet wird.

Es soll die einzige Stufe sein, die unmittelbar zu Kaivalya oder Nirvāṇamukti führt, während andere Formen der Verehrung (vom Saura bis zum Shaiva) nur verschiedene Aufstiegsmöglichkeiten zur Gauna-Mukti sind. Andere natürlich mögen ihre Sādhanā als die höchste betrachten. Denn jede Sekte hält sich für die beste und ist tatsächlich auch die beste für die, die ihr bewußt beitreten. Wäre dies nicht der Fall, dann würde man ihr nicht angehören sondern eine andere suchen. Kein wahrer Sādhaka aber streitet sich hierüber mit anderen. Er ist zufrieden mit seinem Glauben, von dem es im Nigamakalpataru heißt, daß die Shāktas die höchsten Sādhakas seien, so wie die Brahmanen die oberste Kaste bilden. Denn es gibt nach dem Niruttara-Tantra kein Nirvāṇa ohne das Wissen um die Shakti (shaktijñānam vinā devi nirvānam naiva jāyate). Die höchsten Shāktas verehren das Kālī-Mantra. Die Adimahāvidyā ist Kālikā. Andere Formen sind der Murtitibheda der Brahmarūpinī Kālikā. Kālīkula wird von den Jñānis der Divya und von den Vīra-Bhāvas verehrt, Shrīkula von den Karmin-Sādhakas. Nach dem Niruttara umfaßt Kālīkula Kālī, Tārā, Raktakālī, Bhuvanā, Mardinī, Triputā, Tvaritā, Pratyaṅgirāvidyā, Durgā.

Shrīkula umfaßt Sundarī, Bhairavī, Bālā, Bagalā, Kamalā, Dhūmāvatī, Mātaṅgī, Svapnavatīvidyā, Madhumati, Mahāvidyā. Unter diesen Gestalten ist Kālikā die höchste oder Ādyamūrti, da sie Shuddhasattvaguṇapradhānā, Nirvikarā, Nirgunabrahmasvarūpaprakāshikā und, nach Aussage des Kāmadhenu-Tantra, unmittelbar Kaivalyadāyinī ist. Tārā ist Sattvaguṇātmikā, Tattvavidyādāyinī, denn man erlangt durch Tattvajñāna Kaivalya. Shodashī, Bhuvaneshvarī Chhinnamastā sind Rajahpradhānā Sattvaguṇātmikā, die Gaunamukti und Svarga spenden. Dhūmāvatī, Kamalā, Bagalā, Mātangī sind Tamahpradhānā, deren Wirksamkeit im magischen Shaṭkarma aufgerufen wird.

Der wesentlichste Punkt, der zu bedenken ist und der den Schlüssel zu allem folgendem gibt, ist die Tatsache, daß Shāktadharma monistisch (advaitavāda) ist. Das Gandharva-Tantra lehrt: „Nachdem, wie geboten, der Guru begrüßt und So'ham gedacht wurde, soll der weise Sādhaka, der den Ritus vollzieht, über die Einheit von Jīva und Brahman meditieren."

Gurūn natvā vidhānena so'ham iti purodhasah
Aikyam sambhāvayet dhimān jīvasya brahmano' picha

Im Kālī-Tantra heißt es: „Nach solcher Mediation soll der Sādhaka die Devī in der Vorstellung So'ham meditieren."

Evam dhyātvā tato devīm so' hamātmānam archayet

Das Kubjika-Tantra lehrt: „Ein Sādhaka sollte über sich meditieren als sei er ihr gleich."

Tayā sahitamātmānam ekībhūtam vichintayet.

Der gleiche Gedanke steht in den Shāstras: Das Nīla-Tantra führt den Sādhaka dazu, sich in Gedanken eins mit der Tārinī zu wissen. Das Gandharva-Tantra lehrt ihn über das Selbst zu meditieren, als sei es mit Tripura vereint und nicht von Paramātma verschieden. Nach dem Kālī-Kulārṇava-Tantra soll er sich mit Kālikā vereint denken und so fort. Denn, wie es im Kulārṇava-Tantra heißt: „Der Körper ist der Tempel Gottes. Jīva ist Sadāshiva. Er möge seine Unwissenheit als ein Opfer darbringen (nirmālya) und mit dem Gedanken und Gefühl: Ich bin sie, seine Verehrung vollbringen."

Deho devālayah proktah jīvo devah Sadāshivah
Tyajed ajñānanirmālyam so' ham bhāvenabpūjayet.

Dieser Advaitavāda findet notwendigerweise im Ritual seinen Ausdruck. Die Samhitā und die Brahmanas der vier Veden sind (im Gegensatz zu den Upaniṣhaden) Traigunyaviṣhaya. Darum steht vieles im vedischen Karmakāṇḍa, was dem Brahmajñāna widerspricht. Das gleiche gilt für das tägliche Pashu-Ritual. Es gibt Unterschiede zwischen Berührbaren und nicht Berührbaren, Unterschiede in der Nahrung, Kaste und im Geschlecht. Wie aber kann ein Mensch unmittelbar für Brahmajñāna befähigt sein, wenn er sogar bei der Verehrung auf Unterschiede der Kaste, des Geschlechts und des Lebens achtgibt? Wer unterscheidet, hat kein wahres Wissen. Die höhere Verehrung der Shākta-Tantra kennt solche Unterscheidungen nicht. So lehrt das Yoginī-Tantra, daß die Shāstras für alle Kasten und für Frauen wie Männer gelten. Tantra-Shāstra ist Upāsanā Kāṇḍa, und in diesem Shākta-Upāsana sind Karma- und Jñāna-Kāṇḍas vereint (mishra). Das heißt: Karma ist der rituelle Ausdruck der Lehre des Jñāna-Kāṇḍa und soll zu diesem führen. Nichts darin steht im Widerspruch zum Brahmajñāna. Darum vermag es leichter zum Ziel der geistigen Erfahrung zu führen. Solches höheres Ritual macht Jñāna dem Denken des Pashu offenbar. So heißt es mit Recht, daß ein Kulajñāni, selbst als Chaṇḍala, besser sei als ein Brahmane.

Nur auf diesen alten tantrischen Grundregeln kann sich die indische Religion – wenn überhaupt – heute noch erhalten. Die Tantras beschäftigen sich nicht mit dem sozialen Leben oder den sogenannten „sozialen Reformen"; sie erkennen zwar in allen irdischen Belangen die Kasten an, in geistigen Dingen aber kommt es für sie auf die geistige Befähigung an. Es gibt viele solcher gesunden und hohen Grundregeln in den Tantra-Shāstras, die diesen Anerkennung bringen müßten, würde man sie ohne Vorurteile ehrlich betrachten. Aber niemand ist so blind, wie jener, der nicht sehen will. Und so finden wir, daß das „reine und hohe" Ritual des Veda im Gegensatz gestellt wird zu den angeblich „niederen und unreinen" Vorstellungen der Tantras. Ein tantrischer Paṇḍit aber sagte mir einmal: „Der vedische Karmakāṇḍa ist für den gewöhnlichen Menschen so nützlich wie ein Wäscher für schmutzige Kleider. Er vermag ihre Unreinheiten zu entfernen. Das Tantra-Shāstra aber gleicht einem herrlichen Baum, der Edelsteine als Früchte trägt."

Wie ich schon erwähnte, wird Sādhanā als Weg zur Siddhi bezeichnet. Wer Hathayoga übt, um körperliche Kräfte zu erlangen, wer einen magischen Prayoga ausführt oder Übungen macht, um die „achtfache Erinnerung" zu erlangen und so fort, vollbringt eine Sādhanā zum Erlangen eines bestimmten Zieles (siddhi). Dies kann Gesundheit und Kraft, ein bestimmtes magisches Ergebnis, vermehrte Gedächtnisstärke und noch anderes sein. Siddhi ist jede Macht, die als Ergebnis von Übungen erlangt wird. Die Siddhi der Vetāla-Agni-Sādhanā ist z. B. die Beherrschung des Feuer-Elementes. Die höchste Sādhanā, die ich hier beschreibe, ist aber die religiöse Verehrung und Zucht, die zu geistiger Erfahrung führt. Auf diese Weise werden entweder Himmel (svārga) und Befreiung (gauṇamukti) erstrebt und erreicht oder das vollkommene Nirvāṇa. Im höchsten Sinn ist diese Siddhi und das Streben danach die wesentlichste und höchste Form der Sādhanā, die nicht nur rituelle Verehrung im Sinn von Anbetung oder Gebet umfaßt, sondern jede Art geistiger Schulung, Sakramente (saṁskāra) Enthaltsamkeit (tapas), das Lesen der Schrift (svādhyāya), Meditation (dhyāna) und anderes.

Yoga ist eine noch höhere Form der Sādhanā. Denn er bezeichnet im strengen Sinn nicht das Ziel, sondern die Mittel, durch die Siddhi in Form von Samādhi erworben wird. Im allgemeinen aber gebraucht man die Bezeichnung Sādhanā, um alle geistige Schulung auszudrücken, die auf der Vorstellung eines Verehrenden und eines Verehrten beruht. So bezieht sie sich auf Upāsanā und nicht auf Yoga. Letzterer überschreitet diesen und jeden anderen Dualismus zur monistischen Erfahrung (samādhi) hin. Upāsanā führt zu Yoga durch die Reinigung des Denkorgans (chittashuddhi), des Charakters und der Gemütseinstellung (bhāva). Es bereitet den Menschen für den Jñāna- oder Laya-Yoga vor. Oder es wird zur Parabhakti, die, wie es in dem Devībhāgavata heißt, nicht vom Jñāni zu unterscheiden ist.

Die große Siddhi ist somit Mokṣha, und Mokṣha ist Paramātma, das heißt Svarūpa Ātma. Der Sādhaka aber ist Jīvātma, also Ātma in Verbindung mit Avidyā, wovon Mokṣha oder Paramātma frei sind. Avidyā manifestiert sich als Denkorgan und Körper, als die fein- und grobstofflichen Gefäße des Geistes. Deshalb ist der Mensch Geist (ātmasvarūpa), und dieser ist Sachchidānanda, Denkorgan (antahkaraṇa) und Körper (sthūla-sharīra). Die beiden letzteren sind Formen der Shakti, das heißt Projektionen des schöpferischen Bewußtseins durch und als Māyā. Die wesentliche Wirkung der Māyā und der Kañchūkas ist eine scheinbare Zusammenziehung des Bewußtseins. So lehrt das Yoginīhṛidaya-Tantra, daß Bewußtwerden in Wirklichkeit ein Zusammenziehen ist (Samkocha als Mātri, Māna, Meya oder Erkanntsein, Erkennen, Erkanntwerden). Das Bewußtsein wird zu einem begrenzten Selbst zusammengezogen, das sich und die anderen für gesonderte Selbstheiten hält. Das eine Selbst wird zum eigenen Objekt in den vielen Formen des Weltalls. Es meint, von den anderen verschieden zu sein. In der Gesondertheit seine wahre Natur vergessend, sieht es alle anderen Menschen und Dinge als fremdartig an. Es handelt für das Wohl seines begrenzten Selbst, ist selbstsüchtig im ursprünglichen Sinn dieses Wortes. Diese Selbstsucht ist die Wurzel aller Begierden und Sünden. Je mehr weltliche Wünsche genährt werden, um so größer ist die Bindung des Menschen an den Bereich des Denkens und der Materie. Übermäßig selbstsüchtige Begierden arten aus in Sünden der Lust, der Habsucht, des Ärgers, Neides und so fort. Diese binden fester als bewußt gerichtete Wünsche und führen überdies zur Hölle (naraka). Das allgemeinste und höchste Ziel der Sādhanā besteht deshalb im Fortwerfen der Schleier der Avidyā und im Erlangen vollkommener Erfahrung, die Ātmasvarūpa oder Mokṣha ist.

Brahman erkennen, heißt Brahman sein. B r a h m a v e d a b r a h m a i v a b h a v a t i, wie die Shruti lehrt. In seinem Wesen ist der Mensch Brahman. In seiner Unwissenheit muß er etwas tun, um diese immer vorhandene Tatsache auch wirklich zu erfahren. Dieses Tun (kriyā) ist das Werk der Sādhanā, das den Schleier der Avidyā, die Unwissenheit, fortzuräumen sucht. Je mehr Avidyā schwindet, um so schneller führt die Sādhanā den Menschen zu Brahman. Das heißt, er verwirklicht sich als das, was er in Wahrheit ist und war. Die Sādhanā verwandelt den Menschen durch die Gnade der Devī oder den „Herabstieg der Shakti" (shaktipāta). Sie führt ihn von den weltlichen Freuden fort, damit er nach seinem wahren Selbst in der reinen geistigen Erfahrung verlangt. Diese Verwandlung ist Werk und Ziel der Sādhanā, doch ist sie nicht auf einmal und in unbegrenzter vollkommener Weise zu erlangen. Sie ist, nach Patañjāli, sehr selten. Und die nach ihr verlangen, sind in der Tat nur sehr wenige. Brahman ist ohne Denkorgan (amanah). Denn das Denken ist eine Fessel, die das wahre Bewußtsein bindet. Dieses Nicht-Denken (nirālambapurī) soll mit Hilfe des Yoga erreicht werden. Aber kein Yoga-Schüler kann diesen Zustand erreichen, ehe nicht sein Denkorgan ganz gereinigt ist. Das heißt, bis er nicht nur frei ist von grober Sünde, sondern auch eine gewisse Freiheit von den Bindungen an weltliche Begierden gepflegt und geschult hat und sich nach Befreiung sehnt (mumukṣhu). Es ist deshalb Ziel der vorbereitenden Sādhanā und einzige Grundlage des Yoga, das Denkorgan zu reinigen (chittashuddhi).

Hierfür ist es zuerst notwendig, die natürlichen Begierden zurückzuhalten, die Sinne zu beherrschen und jene übermäßige Selbstzucht zu meiden, die die Grenzen des Dharma überschreitet und Sünde ist (pāpa). Der Dharma fordert Begrenzungen, weil nicht beschränkte selbstsüchtige Freuden den Menschen hinabstoßen vom Pfad seiner wahren Entwicklung.

Ein Teil der menschlichen Natur ist tierisch. Nach dem Shāstra hat der Mensch in den 84 lakhs oder früheren Geburten alle tierischen Formen durchlaufen. Aber er besitzt auch eine höhere Natur, und wenn er dem Pfad folgt, auf den er gewiesen ist, dann wird er Stufe für Stufe fortschreiten zu jenem geistigen Zustand hin, dessen begrenzte Form er jetzt ist. Weicht er aber von diesem Pfad ab, dann fällt er zurück und erreicht in einem unaufhörlichen Abstieg durch viele Höllen in dieser und in anderen Welten wieder den Zustand scheinbar unbewußter Materie.

Aus diesem Grunde wiederholt das Shāstra, daß derjenige sich selbst tötet, der, nachdem er die so schwer zu erreichende Menschwerdung erlangt hat, die Gelegenheit verpaßt, die diese ihm zu weiterem Fortschritt ermöglicht (Kulārṇava-Tantra I). Darum sollte er die Sünde vermeiden, die ihn zu Fall bringt. Wie aber kann der Unreine das Reine verwirklichen? Wie kann derjenige, der nur sinnliche Befriedigung sucht, nach formloser befreiender Seligkeit verlangen? Wie kann er seine Einheit mit allem erkennen, wenn er in Selbstsucht, der Wurzel aller Sünde, gefesselt ist, oder wie kann er Brahman verwirklichen, wenn er als gesondertes Ich die weltlichen Dinge genießt und allen sinnlichen Bindungen unterliegt? Solches lehren alle Religionen, und es wäre kaum nötig, dieses ausführlicher zu behandeln, wenn man nicht anzunehmen schiene, das Tantra-Shāstra sei eine seltsame Ausnahme von diesen allgemein anerkannten Grundregeln. ,,Ich dachte", sagte jüngst ein Engländer in einem Brief an mich, ,,das Tantra wäre etwas Schlechtes, das zu dem linken Pfad gehört." Dies aber trifft nicht zu, auch wenn solche Vorstellungen üblich sind. Das Shāstra lehrt, daß der Sādhaka seine ,,sechs Feinde" besiegen muß, das heißt, die sechs Hauptsünden und alles, was mit diesen in Verbindung steht. Ob aber alle hierfür angewandten Mittel gut, förderlich und dem Ziel angepaßt sind, ist eine andere Frage. Diese Unterscheidung machen die Kritiker nicht, doch sollten sie es um der Genauigkeit und Gerechtigkeit willen tun, ehe sie diese Methode verdammen. Es ist etwas anderes, wenn man sagt, daß eine bestimmte Methode, die zu einem guten Ziel führen soll, schlecht und gefährlich ist, oder wenn man im Hinblick auf die augenblickliche Lage der meisten Menschen diese Methode für ratsam hält. Etwas noch anderes ist es, wenn man behauptet, das Ziel selbst sei schlecht. Das Tantra strebt, wie alle Shāstras, nach Paramārtha und will nichts anderes. Ob alle Formen dieses Bestrebens gut sind (gegen die Mehrzahl kann nichts eingewendet werden), ist eine andere Frage. Nehmen wir aber an, das eine oder andere gebotene Mittel sei schlecht, ist es dann zutreffend oder gerecht, nicht nur jenes einzelne Shāstra, das dieses (als Schulung für eine bestimmte Art von Sādhakas) vorschreibt, sondern jede Art von Āgama unter der mißverständlichen Bezeichnung ,,Tantra" zu verdammen?

Ich spreche hier vom Standpunkt eines Nicht-Hindu. Die Hindus ihrerseits müssen logischerweise entweder leugnen, daß das Tantra-Shāstra das Wort Shivas ist, oder alles annehmen, was dieses Wort verkündet. Denn wenn ein Tantra etwas Falsches vorschreibt, dann schadet dies der Autorität aller Tantras. Wenn man demnach einiges darin annimmt, so geschieht dies nicht, weil man an seine Autorität glaubt, sondern weil man in anderen Schriften die Berechtigung hierzu findet. Man kann sich dieser logischen Haltung nicht entziehen.

Wir wollen wieder zu der berühmten Hymne an Kālī zurückkehren (die man unter die extremste, das heißt, Vīra-Shākta-Verehrung rechnen kann), zu dem Karpūrādi-Stoka (Tantrik-Texte IX). Wie die meisten Hymnen dieser Art (wahrscheinlich alle) hat sie eine materielle (sthūla) und eine subtile (sūkṣhma) Bedeutung. Im 19. Vers heißt es, daß die Devī Gefallen an Opfern von Fleisch, Knochen und Haar hat, an Opfern von Ziegen, Büffeln, Katzen, Schafen, Kamelen und Menschen. Im wörtlichen Sinn kann diese Stelle als Beweis für Menschenopfer genommen werden, deren Spuren wir in der ganzen Welt (und in einigen Tantras) auf vergangenen Entwicklungsstufen finden. Menschenopfer, die von anderen semitischen Völkern erlaubt wurden, verbot das mosaische Gesetz, wenn auch offensichtlich in der vorbereiteten Opferung Isaaks durch Abraham (Gen. XXII) auf solchen Brauch angespielt wird. Die Israeliten aber brachten blutige Opfer dar, deren Duft – wie es heißt – Gott (Jahweh) wohlgefällig war, und die dargebracht wurden zu Seinen Ehren und um Seinen Zorn abzuhalten (Gen. VIII, 21; Lev. I, 9; 13, 17; Richter VI. 17, XIII, 15; Gen. VIII. 20–21; 1. Sam. XXVI. 19).

Nichts ist allgemeiner in allen Religionen (und das Christentum bietet viele solcher Beispiele), als daß geistige Wahrheiten materiell ausgelegt werden. Dies gilt auch (grob gesagt) für das Verständnis der Anhänger der Stuhla. Die geistig Eingestellten aber haben schon in der Vergangenheit alle Opfer auf das Selbst bezogen. Es handelt sich um ein inneres Opfer, das jeder bringen muß, der den Geist erlangen will, den wir Kālī, Gott, Allah oder wie auch immer nennen. Was aber ist Svarūpa-Vyākhyā oder die wahre Bedeutung dieser scheinbar aufrührerischen Verse? Sie besteht darin, daß innere oder geistige Verehrung (antaryāga) der schwarzen Göttin dargeboten wird (asitā), die das unbegrenzte (sitābaddhā) Bewußtsein (chidrūpa) und ihrer wahren Natur nach ewige Befreiung (nityamukta-svabhāvā) ist. Ebenso wie bei äußerer Verehrung materielle Opfergaben (upachāra) dargebracht werden, opfert der Sādhaka der Göttin seine Lust (die Ziege Kāma), seinen Ärger (den Büffel Krodhan), seine Gier (die Katze Lobha), seine törichte Einbildung (das Schaf Koha), seinen Neid (das Kamel Mātsaryya), seinen Stolz und seine Verblendung in weltlichen Dingen (den Mann Mada). In diesen Tieren und Menschen wird man leicht die Eigenschaften (guṇa) erkennen, die ihnen hier zugeteilt werden. Wer solche Opfer bringt, wird Siddhi in Form der fünf Arten von Mukti erlangen.

Wer zum Befolgen des Tantra (tantrashāstradhikāra) geeignet ist, wird im zweiten Kapitel des Gandharva-Tantra folgendermaßen beschrieben: der Schüler muß intelligent sein (dakṣha); er muß seine Sinne beherrschen (jitendriya), darf keinem Lebewesen Schaden zufügen (sarvahimsā-vinirmurkta), muß Gutes tun (sarvaprāṇi-hite rata), rein sein (shuchi), an den Veda glauben (āstika), nicht dualistisch denken (dvaitahīna), Brahman vertrauen und seine Zuflucht in Ihm nehmen (brahmaniṣhṭha, brahmavādī, brāhma, brahma-parāyana). Es wird noch hinzugefügt: „Nur ein solcher hat die geeigneten Fähigkeiten, sonst ist er kein Sādhaka = *so' smin shatre' dhikāri tad anyatra na sādhaka.*“

Es werden wohl alle zugeben, daß dies für den Anhänger einer üblen Schrift des Pfades der linken Hand seltsame Fähigkeiten wären. Wer sich auf solchem Weg befindet, wird nicht Brahman suchen noch das Wohl aller Lebewesen erstreben, sondern eher das Gegenteil. Das Kulārṇava-Tantra (das sich mit dem schlechtbeleumdeten Pañchatattva-Ritual beschäftigt) führt im 13. Kapitel eine lange Reihe von Eigenschaften auf, die für den Tantrik-Schüler nötig sind (shiṣhya). Hierbei werden jene ausgeschieden, die der Völlerei und sexuellen Freuden unterworfen sind (jihvopasthapara), die nach Lust begehren (kāmuka), die Schamlosen (nirlajja), die Gefräßigen, die Sünder ganz allgemein, die nicht dem Dharma und Āchāra folgen, die unwissend sind und nicht nach geistiger Erkenntnis streben, die Heuchler, die Brahman auf den Lippen führen, nicht aber im Herzen und jene, die ohne Hingabe (bhakti) sind. Solche Einschränkungen sind nicht zu vereinen mit dem gegen das Tantra erhobenen Vorwurf, es würde die Sinnlichkeit verstärken oder man müßte annehmen, daß die Worte der Shāstras zu allen Zeiten nur Heuchelei gewesen seien.

Es genügt aber nicht, daß der Sādhaka sich von der Sünde abwendet und die Gelegenheiten zur Sünde meidet. Er muß auch seinen Gedanken einen reinen Gegenstand zur Verfügung stellen und sich mit lauteren Handlungen beschäftigen. Dies schließt nicht nur andere Gegenstände und Taten aus, sondern schult das Denkorgan zur Güte und Erleuchtung, so daß es nicht mehr falsche Befriedigungen sucht (niṣhkāmabhāva). Die Gedanken, die bisher von der Materie beherrscht, dann im Stofflichen richtig gelenkt wurden, lösen sich bewußt aus der Materie, so daß sie durch sie, dann aber gegen sie wirken. Wenn sie sich zuletzt über den Stoff erheben, geht das Denkorgan in den höchsten Zustand ein, in dem aller Gegensatz von Materie und Geist endet.

Durch welche Mittel wird nun die geistige Siddhi erlangt? Einige sind allen Religionen gemeinsam, einige mehr als einer Religion, wie die objektive rituelle (bāhyapūjā), die innere oder gedankliche Verehrung (mānasa-pūjā oder antarpūjā), die Iṣhṭadevatā, das Gebet (prārthanā), die Sakramente (saṁskāra), die Selbst-Schulung zur Beherrschung des Willens und der natürlichen Neigungen (tapas), Meditation (dhyāna) und so fort.

Es gibt, wie ich anderswo ausführte, eine bemerkenswerte Ähnlichkeit zwischen dem tantrischen Ritual der Āgamas und dem christlichen Ritual in seiner katholischen Form. Man hat angenommen, daß der Katholizismus tatsächlich ein Vermächtnis der alten Zivilisation sei, eine Anpassung an die alten Religionen (die in vieler Hinsicht mit der Shākta-Verehrung verwandt sind) der Mittelmeer-Rassen und daß er starke Kräfte aus nichtchristlichen Elementen empfing. Bei dieser Gelegenheit möchte ich nicht unerwähnt lassen, daß die Verdienste irgendeines Rituals nicht gemindert werden, wenn man (in gewissen Fällen) aufzeigt, daß sie sehr alt und nichtchristlich sind. Das Christentum ist eine der großen Religionen, aber selbst seine Anhänger, wenn sie nicht ganz unwissend sind, werden nicht das alleinige Anrecht auf alles, was gut ist, erheben.

Ausführlich über den tantrischen Sādhaka zu sprechen, würde mehr als einen Band füllen. Ich habe kurz einige der wichtigen Rituale zusammengefaßt und möchte nun noch einige allgemeine psychologische Grundregeln aufzeigen, auf denen er beruht und die den Schlüssel geben zum Verständnis der außergewöhnlichen und umfangreichen Vielfalt der rituellen Einzelheiten. Ich möchte auch aufzeigen, wie diese Grundregeln auf einige allgemeinere Formen der Verehrung anzuwenden sind.

Man weiß, daß Denkorgan und Körper aufeinander wirken. So muß es eine physische Sādhanā als Grundlage für die Sādhanā des Denkens geben. Indien hat Jahrhunderte lang gewußt, was jetzt allgemein anerkannt wird, daß nicht nur Gesundheit, sondern auch Klarheit des Denkens, des Charakters, der Veranlagung und der Moral von der Ernährung, Schulung und der allgemeinen Behandlung des Körpers abhängen. So ist von den moralischen Gesichtspunkten aus das Zunehmen der tierischen Leidenschaften ein Beweis gegen das Essen von Fleisch und das Trinken von starken Getränken. Warum – könnte man fragen – gehören dann diese zu gewissen Formen der Shākta Sādhanā? Ich werde später hierauf zurückkommen. Es bleibt dennoch typisch für den Inder, daß er die Reinheit des Essens und des Menschen wahrt. Der tantrische Haṭha-Yoga beschäftigt sich ausschließlich mit der körperlichen Reinheit, der Ernährung, sexueller Enthaltsamkeit und physischen Übungen. Aber es gibt auch weniger strenge Anweisungen für den gewöhnlichen Hausvater, dem Wein und andere berauschende Getränke, ebenso wie das Essen von Rindfleisch (das manche Ärzte für die Quelle körperlicher Erkrankungen halten) und andere Nahrung, vor allem jede Völlerei, verboten ist. Zeitweiliges Fasten ist geboten und während bestimmter religiöser Übungen darf der Sādhaka nur reine Nahrung, Haviṣhyānnam, zu sich nehmen, die aus Früchten, Gemüsen und Reis besteht. Kurz gesagt: der Körper soll gut behandelt und rein gehalten werden, damit das Denkorgan rein und sauber bleibt, als ein gutes und williges Werkzeug für die gedankliche Sādhanā. In den Tantras werden einige notwendige körperliche Merkmale des Sādhaka beschrieben. Er sollte nicht entstellt sein durch Krankheiten, durch unter- oder überentwickelte oder geschwächte Gliedmaßen, nicht verkrüppelt, blind, taub, schmutzig oder krank sein, keine unnatürlichen Bewegungen haben, nicht gelähmt oder von träger Haltung sein (Kulārṇava XIII).

Zum Verständnis des Hindu-Rituals ist es nötig, daß man sowohl die Philosophie wie die Psychologie der Hindu begreift. Dies wurde, soweit ich im Bilde bin, bisher nicht beachtet und das indische Ritual niemals von diesem Standpunkt aus betrachtet. Man tat es gewöhnlich als „Mummenschanz" ab und ging zu etwas anderem über, was der Betrachtung würdiger zu sein schien. Man bedenke aber, daß das Denkorgan (außer im erfolgreichen Yoga) niemals (zumindest in seinem normalen Zustand) auch nur einen Augenblick unbeschäftigt ist. Dauernd suchen weltliche Gegenstände es zu beeinflussen, aber nur diejenigen üben einen Einfluß aus, denen das Denkorgan in seiner Fähigkeit als Manas Aufmerksamkeit zuwendet. In einem der tantrischen Texte (Shatchakranirūpana) wird von Manas als dem Torwächter gesprochen, der einigen Gegenständen Zutritt gewährt und ihn anderen verweigert. Darum heißt es Saṁkalpavikalpātmaka. Dies bedeutet, daß es einige Dinge sucht (Saṁkalpa), die die Sinne (indriyas) anbieten und andere verwirft (vikalpa). Wenn Manas auf die Empfindung aufmerksam wird, die um Eintritt bittet, wird diese eingelassen und weiter zur Buddhi geführt, nicht umgekehrt. So heißt es in der Bṛihadāraṇyaka-Upaniṣhad: „Mein Manas war anderswo und deshalb hörte ich nicht." Dies ist ein Geheimnis beim Ertragen von Schmerzen, das nicht nur die Märtyrer und Zauberinnen kannten, sondern auch andere, die geringere Leiden ertrugen. Wenn die Empfindung zur Buddhi weitergeführt wird oder wenn dieses auf die erinnerten Wahrnehmungen einwirkt, dann bildet sich in der Buddhi eine Vṛitti. Diese ist eine Einbildung des Denkorgans in die Form des wahrgenommenen Gegenstandes. Nur ein Siddha-Yogī vermag das Entstehen gedanklicher Vṛitti zu vermeiden. Deshalb ist das erste Ziel der Sādhanā, die Aufmerksamkeit von unerwünschten Gegenständen fortzuziehen und an ihre Stelle einen erwünschten zu setzen. Denn von etwas muß sich das Denkorgan nähren.

Dieser Gegenstand ist die Iṣhṭadevatā. Wenn ein Sādhaka in umfassender, ernsthafter und tiefer Weise seine Iṣhṭadevatā betrachtet und verehrt, dann wird sein Denkorgan in eine Vṛitti verwandelt, die die Form der Devatā besitzt. Da diese ganz Reinheit ist, ist das Denkorgan, das sie betrachtet, während dieser Betrachtung zutiefst rein. Durch verlängerte und wiederholte Verehrung wird es auch von Natur aus rein und strebt von sich aus danach, alle unreinen Vorstellungen zu vertreiben. Was anderen eine Quelle der Unreinheit bedeutet, ist nun rein. Denn dem Reinen sind, wie es die Griechen sagen, alle Dinge rein. Die Dinge sind an sich nicht unrein, sondern das unreine Denkorgan macht sie dazu. Der Reine lernt, daß jedes Ding und jede Handlung eine Manifestation des Göttlichen ist. Wer das Bewußtsein in allen Gegenständen erkennt, wird nicht länger nach ihnen verlangen. Auf diese Weise wird eine gute Gesinnung (bhāva) erlangt, die sich zur göttlichen, zum Devatābhāva hin entwickelt.

Auf dieser Grundregel beruht alle Sādhanā und auch der besondere Mantra-Yoga. Es heißt im Kulārṇava-Tantra tiefgründig, daß ein Mensch mit Hilfe der gleichen Dinge aufsteigen muß, die seinen Fall verursachten. Wenn du zu Boden fällst, mußt du wieder aufstehen. So wird das Denkorgan durch seine eigenen Gegenstände beherrscht (viṣhaya), das heißt, durch die Welt von Name und Form (nāmarūpa). Das nichtgeschulte Denkorgan wird durch Nāmarūpa zerstreut. Das gleiche Nāmarūpa aber kann das wesentliche Hilfsmittel sein, um der Zerstreuung zu entfliehen. Eine besondere Art von Nāmarūpa, die reinen Bhāva hervorzubringen vermag, wird deshalb zum Gegenstand der Meditation genommen. Dies ist Sthūla oder der Saguṇa-Dhyāna-Yoga der fünf Devatās. Die ersten Stufen auf dem Weg zum gestaltlosen Einen sind materieller Art. Es sind Abbildungen (pratimā), Symbole (liṅgam, shālagrāma), Bilder (chitra), Wandzeichnungen (bhittirekhā), Gefäße (ghata), Maṇḍalas und Yantras. Diese gelten auch für die Verehrung durch andere Riten wie Japa, Nyāsa usw. und mit Gebärden (mudrā). Die hierdurch erlangte Siddhi ist Samādhi, der Mahābhāva genannt wird.

Die zweite Grundregel, die zu beachten ist lautet, daß der Gegenstand oder der Inhalt des Denkorgans ebenso wie seine Anwendung (sevā) grobstofflicher oder feinstofflicher Art sein kann. Diese Unterscheidung durchzieht mit Recht alle Rituale. Die Menschen stehen nicht alle auf der gleichen Stufe intellektueller und geistiger Entwicklung. Dem einfachen Geist werden Material und Gedankenbilder von einfacher Art gegeben. Zuerst sind die Gegenstände, die im Denkorgan den Gedanken an die Devatā festhalten sollen, Bilder von menschlicher oder halbmenschlicher Art oder Symbole (wie Liṅga und Gaurīpatta, Shālagrāma, Gefäß oder Ghata und Maṇḍalas), zuletzt sind es Yantras. Das Bild wird nicht nur zur Belehrung benutzt (ut pictura pro scriptura haberetur) oder um im Denkorgan ein Gedankenbild hervorzurufen, sondern es wird nach dem Prāṇapratiṣhṭha-Ritus an sich verehrt. So werden auch im Christentum, wo dieser Ritus unbekannt ist, Ikone (die in Sanskrit Svayambhū-Symbole genannt werden) und Wunder wirkende Heiligenbilder unmittelbar verehrt.

Oberflächliche Menschen halten sich zweifellos für klug, wenn sie fragen, wie denn die Devatā beschworen werden kann (āvāhana). Auch das Entlassen der Devatā klingt ihnen nach kindischer Frechheit und Unsinnigkeit. So las ich: „Wie kann man Gott gebieten, zu kommen und zu gehen?“ Der Christ, der den Hymnus „Komm Schöpfer Geist“ singt, wäre wahrhaft unwissend, wenn er sich einbildete, daß auf sein Geheiß der Heilige Geist vom Himmel herabkäme. So sagt Shāṇkara, daß der Geist (ātma) niemals kommt und niemals geht. Tatsächlich bewegt sich nur das Denken des Sādhaka, in dem sich, wenn es rein ist, der Geist manifestiert. Dieser ist an allen Orten, und wenn das Denkorgan des Sādhaka seiner Gegenwart im Bild ganz gewahr wird, dann ist diese als Manifestation des Geistes das geeignete Objekt der Verehrung. Einige Kenntnis des Vedānta ist notwendig, um die Bild-Verehrung zu verstehen und auszuführen. Die Yantra-Verehrung aber ist höher und geeigneter für Schüler, die eine fortgeschrittenere Stufe der Sādhanā erreicht haben. Das Yantra und jedes seiner Teile, das bestimmte Shaktis darstellt, hat eine Bedeutung, die dem gelehrten Sādhaka bekannt ist. Es gibt eine ganze Literatur über das Shri Yantra mit seinen Baindava und anderen Chakras, die aber in unseren Tagen völlig vernachlässigt wird. Wer diese ganz verstanden hat, ist Meister der Tantra-Shāstras. Über dieses Thema wird in der Einleitung zum Tantrarāja (Band VIII der Tantrik-Texte, Ed. A. Avalon) kurz berichtet. Nicht nur der Gegenstand der Verehrung, sondern auch das Ritual der Verehrung ist grob- und feinstofflicher Art.

Zur einfachen Verehrung werden gewöhnlich Beispiele des täglichen Lebens, die auch der Unwissendste verstehen kann, herangezogen. So wird das Idol bewacht, geweckt, gebadet, genährt, zum Schlafen gelegt und anderes mehr. Zur gewöhnlichen Verehrung gehören Blumen-Opfer, Lichter, Weihrauch und verwandte Upachāra. Bei der feinstofflichen inneren oder gedanklichen Verehrung (antarpūjā) sind diese nur Symbole. So wird in der Jñāneshvara-Samhitā, die in dem Mantrayogarahasyanirṇaya angeführt wird, vom Opfer der „Blumen der Gefühle“ (bhāvapuṣhpa) an die Gottheit gesprochen. Das ist die Tugend der Selbstlosigkeit (anahamkara), die Begierdelosigkeit (arāga), Arglosigkeit (adambha), das Freisein von Bosheit und Neid (advesha, amātsaryya), von Verblendung und Täuschung (amada, amoha) und die Beherrschung der Gefühle und Gedanken (akshobhaka, amanaka). Wer in Wahrheit solche Opfer der Devī bringen kann, ist ein hoher Sādhaka. Form und Ritual der Verehrung werden den Fähigkeiten des Verehrenden angepaßt. Die höchste Form ist die Anbetung des Licht-Punktes (jyotirbindu). Wenn sich das Bewußtsein zuletzt in diesen versenkt hat, dann hört alle Verehrung auf.

Das Shaktirahasya faßt die Stufen des Fortschritts in einem kurzen Vers zusammen:

> „Durch Bilder, Zeremonien, Denken, Identifizieren und Erkennen des Selbst, erreicht der Sterbliche die Befreiung (kaivalya).“

Dreierlei Formen nimmt die Mutter des Weltalls an. Von der höchsten Form (para) sagt das Vishṇuyāmala: „Niemand kennt sie." Die feinstofflichere Form besteht aus dem Mantra. Da sich aber das Denkorgan nicht auf Formloses richten kann, erscheint die Mutter auch in körperlicher Gestalt, so wie sie in den Devīstotras der Purāṇas und Tantras gefeiert wird.

Das dritte Grundprinzip, das beachtet werden muß, ist die Rolle, die der Körper bei dem Ritual spielt. Hierbei muß unbedingt eine Handlung ausgeführt werden, um die gedankliche Arbeit (mānasīkriyā) zu verstärken. Darum sind bestimmte symbolische Gebärden (mudrā) vorgeschrieben. Der Körper muß an dem Ritual teilnehmen, wodurch die gedanklichen Vorgänge verstärkt werden. Das ist ganz natürlich zu begründen. Wenn wir mit Überzeugung und intensiver Gefühlskraft sprechen, machen wir entsprechende körperliche Bewegungen und Gebärden. So sprechen wir mit dem ganzen Körper.

Nehmen wir als Beispiel Nyāsa, der ähnlich wie das Yantra den Tantras zugehört. Es ist das Ziel des Sādhaka, daß er sich mit der Devatā, in deren Betrachtung er sich versenkt, identifiziert und somit Devatābhāva erlangt, das in seinen verschiedenen Formen ein machtvolles Hilfsmittel ist. Betrachtet der Sādhaka den Körper der Devatā als eine Zusammensetzung aus Bīja-Mantras, dann bildet er sich nicht nur ein, daß sein eigener Körper aus diesem besteht, sondern er legt tatsächlich diese Bījas (nyāsa bedeutet legen) mit den Fingerspitzen auf die verschiedenen Teile seines eigenen Körpers. Auf diese Weise wird die Abhīshṭa-Devatā in der Einbildung (die die äußere Handlung ausdrückt) auf jeden Teil und jedes Glied des Körpers gelegt. Mit seinen Armen breitet er dann durch den Vyāpakā-Nyāsa die Gegenwart der Devatā sozusagen über den ganzen Körper aus. Er fühlt sich nun in jedem Teil von ihrer Anwesenheit durchdrungen und identifiziert sich mit dem göttlichen Selbst in dieser Form. In Wirklichkeit wird die Göttin nicht ausgebreitet, da sie überall zugegen ist, sondern diese Vorstellung wird im Denkorgan des Sādhaka hervorgerufen. Bei gewissen rituellen Handlungen werden auch entsprechende Gebärden ausgeführt. Diese Mudrās drücken durch die Hände den Gedanken des Verehrenden aus. Sie sind manchmal eine Art von Kurzschrift.

Wesentlich ist noch die Überlegung, daß die gedankliche Vṛitti nicht nur durch begleitende körperliche Handlungen verstärkt wird, sondern durch ständige Wiederholungen. Es kann sich um eine Wiederholung der Worte handeln wie beim Japa des Mantra, über das ich im Kapitel „Shakti als Mantra" und „Varṇamala" ausführlich gesprochen habe, oder man gliedert den Gegenstand der Betrachtungen in Teile auf, so daß die Meditation nicht der gesamten Devatā gilt, sondern zuerst über die Teile des göttlichen Körpers und dann erst über die gesamte Gottheit meditiert wird. Man kann auch ein bestimmtes Ergebnis, wie die Auflösung der Tattvas in den Bhūtashuddhi, in seine Bestandteile aufgliedern. Dann beginnt man mit der ersten Bewegung und endet mit der letzten. Die Wiederholung eines Wortes oder Gedankens konzentriert diese im Denkorgan, und wenn derselbe wesentliche Gedanke in verschiedenen Formen dargestellt wird, ist seine Wirkung mächtiger und zugleich weniger ermüdend. „Sinnlose Wiederholung" ist meist nur unnütze oder oberflächliche Kritik. Natürlich kann sie sinnlos sein, aber sie muß es nicht sein. Wenn man die Dinge auf eine allgemeine Weise betrachtet, dann mag man fragen, ob die Gottheit (wie ein moderner Politiker) wiederholtem Geschrei nachgibt. Die Antwort lautet jedoch, daß die Gottheit unberührt bleibt. Berührt wird nur das Denkorgan des Sādhaka, das durch solche eindringliche Bemühung gereinigt und zum Werkzeug der Manifestation des göttlichen Bewußtseins (devatābhāva) wird. Kurz gesagt, das indische Ritual kann nur verstanden werden, wenn die Grundregeln des Vedānta, deren praktische Anwendung es ist, erfaßt sind. Aber auch wenn bei der Verehrung vollkommenes Verständnis und Gefühl nicht erreicht werden, vermag doch die Absicht hierzu den Erfolg insofern herbeiführen, als das Interesse des Verehrenden belebt und seine Willenskräfte verstärkt werden.

Noch ein Wort über die Symbolik, die in allen Religionen – wenn auch sprachmäßig verschieden – vorhanden ist. Das Tantra-Shāstra ist in reichem Maße davon erfüllt: in Form, Farbe, Sprache, Zahl und Handlung. Ich kann hier nur zwei Bemerkungen über dieses sehr anregende, aber auch sehr inhaltsreiche Thema machen. Rot ist eine Lieblingsfarbe der Shākta-Tantras. Wie in der Bhāvanopaniṣhad (Sutra 28) ausgeführt wird – einer Upaniṣhad über den Kādimata und dem Kommentar von Bhaskararaya hierzu – bezeichnet rot die Rāga- und Vimarṣha-Shakti (vgl. „die Einleitung zum Tantrarāja", Bd. VIII der Tantrik Texte, Ed. A. Avalon und Band XI der Tantrik Texte).

In einigen Tantras ist eine Anzahl erotischer Symbolik enthalten, was viele entsetzt, wenn sie auch keineswegs in Wirklichkeit so moralisch sind, wie solche Empfindsamkeit es voraussetzt. Ein englischer Pfarrer bemerkte, daß die Hindus in sexuellen Fragen sehr natürlich seien (E. F. Elwin: „Indien und die Inder", S. 70). So erklärte ihm ein führender indischer Christ, daß sie keine Vorbehalte hegten wie die Abendländer, und daß es nichts gäbe, was die Kinder nicht wüßten. „Man könnte noch hinzufügen", meinte der Autor, „daß das Wissen um Böses (und ist es immer Böses, möchte ich fragen ?) nicht unbedingt Böses hervorrufen muß". Das Denken der Alten war natürlich. Sie nannten einen Spaten Spaten, nicht ein landwirtschaftliches Gerät, und entsetzten sich nicht darüber. Auch wurden gepaarte Figuren wie Yab-Yum nicht für unrein gehalten.

Einen anderen Fehler erwähnt der italienische Autor Guido Gozzano: daß nämlich die Europäer die Kraft verloren haben „durch das Fleisch Verehrung zu vollziehen", was in frühen heidnischen Zeiten der Fall war. Angst vor erotischen Symbolen zeigt im allgemeinen eine gewisse Schwäche und Mangel an Selbstbeherrschung. Der große Eduard Carpenter spricht von dem „unreinen Schweigen" in solchen Dingen. Wer von Natur aus sinnliche Gedanken hat, diese aber zu beherrschen weiß, hat zweifellos keine Angst vor dem, was solche Gedanken erwecken kann. Aber er ist dennoch demjenigen unterlegen, der natürliche Dinge auf natürliche Weise betrachtet ohne Angst, daß sie ihm schaden können und noch weit unterlegen dem, für den alles eine Manifestation des einen Bewußtseins ist. Wer keine Selbstbeherrschung hat, sollte, solange dies der Fall ist, alles vermeiden, was ihm Schaden zufügen könnte. Auch in einigen Shāstras oder sogenannten Shāstras sind nach moderner Auffassung unanständige Darstellungen zu finden.

Vor einigen Jahren schrieb mir jemand, er habe in den Tantras „unanständige Stellen gefunden, die zu lesen schon demoralisierend wirken". Die Tatsache allein, daß solche Stellen der Schrift diese Wirkung auf ihn ausüben, genügt, um ihn und ähnlich Gesinnte vor dem Lesen zu warnen. Das Tantra-Shāstra betont diese Gefahr in gewissen Äußerungen, auf die ich hier nicht eingehen kann. Das Kulārṇava sagt ausdrücklich, daß das Kapitel über das Wein-Ritual nicht gelesen werden soll (na paṭhed āsavollāsam), das heißt, nicht von dem, der dafür ungeeignet ist.

Man darf auch nicht behaupten, daß jeder Text, der sich Tantra nennt, ein Originaltext ist oder von einem hochentwickelten Sādhaka stammt. Maßgeblich ist nur, was allgemein als Autorität gilt. Aber auch wenn eine Schrift anerkannt ist, muß noch beachtet werden, was in dem Karpūrādistotra (Bd. IX Tantrik-Texte, S. 11, wo Beispiele angegeben werden) erwähnt wird: daß nämlich eine scheinbar „unanständige" Behauptung etwas nicht Anstößiges umkleiden will. So wird ein angehender Schüler über solche Stellen befragt, und wenn er grobstofflich gesinnt oder ungeistig ist, dann wird seine Antwort dementsprechend sein. Wer nicht für solche Lehre geeignet ist, sollte keine Stellen lesen oder hören, die nur Törichte wörtlich nehmen. Vielleicht handelte es sich in dem oben angeführten Brief um solche Aussagen.

Was aber die erotische Symbolik betrifft (denn auf diese möchte ich mich beschränken), so ist sie nicht nur den Tantras eigen. Sie ist uralt und wird auch in anderen Schriften gefunden. Es ist sogar für einige ein unbehagliches Gefühl, daß die Bibel nicht frei davon ist. In Milton's Bericht über die Brautgesänge im Hohenlied Salomos steht: „Im Lied der Lieder, das auch in seinen sinnenhaftesten Ausdrücken die Brautschaft zwischen Christus und seiner Kirche darstellen soll, wird das tausendfache Entzücken zweier Liebender an den weltlichen Ufern fleischlichen Genusses besungen." Wenn wir die kosmischen Vorgänge beschreiben wollen, müssen wir den Stoff hierzu aus unserem eigenen Leben nehmen. Es ist nicht immer nötig, auf das erotische Leben zurückzugreifen, aber der Mensch tut dies gewöhnlich aus Gründen, die ich hier nicht zu erörtern brauche. Man muß zuweilen auch zugeben, daß diese Auswahl sehr geeignet war. Trotzdem wurde behauptet, daß „im tiefsten Grunde der Shākta-Symbolik und ihrer Pseudophilosophie die Vorstellung sexueller Beziehung als letztgültige Erklärung für das Weltall" läge.

Dies wörtlich zu nehmen wäre unsinnig. Wahr ist allerdings, daß einige Shākta-Tantras philosophische und wissenschaftliche Wahrheiten mit Hilfe erotischer Bilder vermitteln, das jedoch ist etwas anderes. Das gleiche tut auch die Upaniṣhad. Der Vorwurf, eine Pseudophilosophie zu sein, ist schlecht begründet, es sei denn, man meine den Ādvaita-Vedānta. Das Shākta-Tantra kleidet nur die Lehre des Vedānta in eine symbolische Ritualform und schreibt auch dem Verehrenden vor, mit welchen Mitteln er diese auszuführen vermag. Wer anders denkt, hat noch nicht einmal die Anfangsgründe dieses Themas gemeistert.

Ich möchte mit der Antwort auf einen möglichen Einwurf gegen das Vorangehende abschließen: Man könnte einwenden, daß einige der erwähnten Rituale nicht nur den Tantra-Shāstras eigen seien und deshalb deren Glaubwürdigkeit nicht fördern. Tatsächlich sind auch einige (viele sind schon verklungen) vedische Rituale, wie die zehn Saṁskāras, Sandyā, Homa und so fort in den Āgamas enthalten und von ihnen aufgenommen worden. Sie stehen auch mit anderen Ritualen in den Purāṇas. Dennoch bleibt der Āgama was er ist, ob seine Bestandteile nun originell oder abgeleitet sind. Wenn die aufgenommenen Riten glaubwürdig sind, dann muß man ihre Aufnahme loben. Sind sie es nicht, dann ist sowohl das Original wie die Abschrift zu tadeln. Was aber die Āgamas übernehmen, haben sie einer allen zugänglichen Form angepaßt, die auch jene angeht, an die sich die ursprünglichen Texte nicht wenden.

Viele der hier beschriebenen Rituale scheinen durch die Āgamas und als ihr Eigentum eingeführt worden zu sein. Vielleicht sind einige aus anderen Formen oder Ansätzen des vedischen Rituals entwickelt worden. Das ganze Thema des indischen Rituals und seines Ursprungs wartet noch auf eingehendere Forschung. Ich persönlich möchte die Ansicht unterstützen, daß die Āgamas einen ebenso wesentlichen wie ursprünglichen Beitrag lieferten. Mir scheint er auch eine starke Ähnlichkeit mit der Vedānta-Lehre zu haben, die in einer tiefgründigen psychologischen Weise im Ritual Anwendung findet. Nach „geschichtlichen" Feststellungen ist dies auch sehr wahrscheinlich. Denn das frühe Ritual des Veda ist entweder der Verbreitung der Vedānta-Lehre in den Upanishaden vorangegangen oder gleichzeitig mit dieser, deren allgemeine Anerkennung eine beträchtliche Zeit dauerte, entstanden. Deshalb konnte (wenn überhaupt) es diese Lehre nicht in gleicher Weise oder in einem gleichen Ausmaß verkörpern wie ein Ritual, das entwickelt wurde, als die Vedānta-Lehre schon weit verbreitet, allgemein angenommen und weitgehend zum System ausgebaut war. Das Ritual ist nur der praktische Ausdruck einer Lehre; die Āgamas aber entstanden nach allgemeiner Ansicht, nicht früher, sondern ein wenig später als die ersten und bedeutendsten Upaniṣhaden. Dies mag am Ausgang des sogenannten Zeitalters der Upaniṣhaden gewesen sein.

Kein „historisches" Argument ist bisher ganz vertrauenswürdig, da das Material, auf dem es beruht, noch nicht genügend durchgearbeitet ist. Ich selbst begnüge mich mit den augenblicklich vorhandenen Tatsachen. Nach indischer Ansicht sind alle Shāstras Teile eines Ganzen und der Teil, der heute den Hauptinhalt des Rituals enthält, das jetzt oder seit kurzem ausgeübt wird, besteht aus den Tantras der verschiedenen Āgama-Schulen. So sagte ein indischer Schriftsteller und Anhänger der Shaivāgama, das Tempel-Ritual in ganz Indien sei von den Āgamas beherrscht. Dies muß auch zutreffen, wenn man die Tatsache annimmt, daß Tempel-Bilder und anderes den ursprünglichen vedischen Ariern unbekannt waren. Wenn die Āgamas einige Rituale von ihnen angenommen haben, so haben die Arier ihrerseits im Lauf der Zeit Übungen von jenen angenommen, die außerhalb der Gemeinschaft stehen, für die ursprünglich der vedische Karmakāṇḍa bestimmt war. Der Vedānta in seinen verschiedenen Formen hat jetzt Jahrhunderte lang die religiösen Vorstellungen Indiens beherrscht, und die Āgamas in ihren verschiedenen Schulen sind als Verehrung und Rituale ihr praktischer Ausdruck. Sie benutzen die Mittel, die notwendig sind, um die Lehre des Vedānta zu verwirklichen.

XXVII. Kapitel

DAS PAÑCHATATTVA

Das geheime Ritual

Der Vorwurf, daß im Shākta-Pañchatattva-Ritual Wein und Frauen eine Rolle spielen, hat nicht allein die praktischen Fragen, die ich bereits erwähnte, in den Schatten gestellt, sondern auch alle anderen, die ausgezeichnete philosophische Darstellung des Vedānta, die in den Shākta-Tantras enthalten ist, einbegriffen. Die offenkundige und in mancher Hinsicht unverständliche Verdammung, die dieses Ritual ausgelöst hat, verlangt, sowohl um der Wissenschaft wie der Wahrheit willen (die übrigens identisch sein sollten), daß wir zuerst die Tatsachen feststellen, dann klar und furchtlos nachdenken, und danach ohne Vorurteil entscheiden.

Vom Standpunkt des Shāstra wie vom historischen Gesichtspunkt aus ist das Thema so wichtig, daß ich es in einer umfassenden und allgemeinen Weise behandeln möchte. Außerdem muß in einer Schrift über die Upāsanā dieses Thema erwähnt werden, denn alles, was man über die Tantras sagt, mündet vordergründig oder nebenbei in die Frage: „Was bedeutet der schamlose Pañchamakāra ?“, und alles, was zugunsten des Shāstra spricht, wird von vornherein mißbilligt.

Wir müssen also zuerst das Grundlegende von seiner Anwendung trennen. Ein Grundsatz mag gesund sein, seine Anwendungen aber nicht. Wir können z. B. die vedantische Bindungslosigkeit (audāsīnya) bejahen und zur selben Zeit die Anwendung des Aghora, das Verzehren eines menschlichen Leichnams, verwerfen. Wenn wir die Anwendung kennengelernt haben, wollen wir uns die Absicht, die dem Ritual zugrunde liegt, klarmachen. Ein Prinzip mag gut sein, die Absicht auch, aber die Anwendung kann trotzdem schlecht, sogar gefährlich sein, weil sie zu Mißbrauch führt. Es ist immer ein Fehler, die praktische Seite einer Lehre zu vernachlässigen. Logik und Leben gehen nicht immer Hand in Hand.

Zuerst scheint es notwendig, eines der üblichen Mißverständnisse aufzuklären. Im allgemeinen denkt man, daß die Menschen, die das Pañchatattva mit Wein, Frauen und anderem vollziehen, unmoralisch sind und unter dem Vorwand, ihrer Schrift zu folgen, nicht die üblichen sittlichen Regeln einhalten und ihre Sinnlichkeit nicht zügeln. Im Gegenteil: daß es ihnen erlaubt ist, den sinnlichen Begierden nachzugehen und sich ihrer zu „erfreuen“. Diese Ansicht aber entwürdigt zumindest einen Teil des Shākta-Tantra zu einem Freidenkertum, das sich nur oberflächlich mit pseudoreligiösen Formen verschleiert. Seine Anhänger hält man dann für triebhafte Menschen, die in ihrer Umgebung ihre sinnlichen Wünsche nicht ausleben können und ihrer Erfüllung deshalb einen religiösen Mantel umhängen.

Ein englischer Schriftsteller meint hierzu, daß der Hang zum Religiösen in

Indien so leidenschaftlich sei, daß einige Inder sogar „religiös sündigen". Sie sind, seiner Meinung nach, Scheinheilige, die sich einer durchaus unnötigen Mühe unterziehen. Denn in Indien können und dürfen die Menschen, wie überall, ihre Wünsche auch ohne religiöse Riten befriedigen und wenn sie wollen, eine Theorie des „epikuräischen" Genießens entdecken, die ihr Betragen rechtfertigt. Für einen ausgesprochen sinnlich ausgerichteten Menschen, der den Gegenstand seiner Wünsche besitzen will, wären diese langen tantrischen Rituale beschwerlich und ermüdend. Wie man auch sonst über das fragliche Ritual denken mag, diese Auslegung ist falsch. Solch ein unwiderlegter Vorwurf aber bleibt ein Flecken auf der Zivilisation Indiens, da einige, die es besser wissen, nicht einzugestehen wagen, daß sie diese Riten befolgen, oder, wenn sie es nicht tun, der Nachfolge beschuldigt werden. Darum möchte ich diesen Flecken, soweit er nicht tatsächlich berechtigt scheint, in diesem Kapitel entfernen.

Das Wort: Shāstra, Schrift, kommt von shas – beherrschen; denn seine Aufgabe ist es, das Verhalten der Menschen zu beherrschen, die sonst dem Bösen unterliegen. Ob ihre Methoden irrig sind oder nicht, die Shākta-Schrift ist ein Shāstra. Sittlichkeit oder Dharma wird in allen Shāstras – im Osten wie im Westen – gelehrt und ist im wesentlichen gleich. Zu welchem Zweck aber wird das Verhalten beherrscht? Die indische Antwort lautet: damit der Mensch sich ein gutes Karma in diesem wie im nächsten Leben (paraloka) bereitet und sich zuletzt vom Karma befreit und Freiheit (mokṣha) erlangt. Schlechtes Karma verursacht Leiden in diesem Leben und nach dem Tod in den Höllen. Dies lehrt das Shākta-Shāstra, wie auch andere, die den Sādhaka zur Freiheit führen wollen.

In einer nicht genügend umfangreichen Arbeit wie der vorliegenden fehlt der Raum, um Autoritäten zu diesen einleitenden Gedanken aufzuführen. Es gibt aber eine überaus große Anzahl von Texten, die sie unterstützen, so z. B. die bedeutenden ersten Kapitel des Kulārṇava-Tantra über die Gebrechlichkeit des Menschen, die Flüchtigkeit dieses Lebens und alles dessen, was es der Menschheit schenkt, aber auch über die Pflichten des Menschen, sich dieses Leben, das so schwer zu erlangen ist, zu bewahren, damit er nicht absinkt sondern zur Befreiung aufsteigt. Ich zitiere das Kulārṇava-Tantra nicht nur, weil es bedeutend und leicht zugänglich ist, sondern weil es auf vollkommene Weise die Anwendung des betreffenden Rituals lehrt.

Befreiung ist der Zustand des reinen absoluten Brahman. Wie kann dieses aber erreicht werden durch die Anwendung von Dingen, die der Autor des Shāstra für unrein hält? Jedes Tantra rät, dem Dharma zu folgen. Auch das oben zitierte Tantra führt im Kapitel, das die notwendigen Eigenschaften eines Schülers beschreibt, aus, daß dieser einen guten Charakter haben sollte, vor allem nicht liederlich sein darf (kāmuka) und nicht unmäßig in bezug auf Frauen, Trinken und Essen. Sonst ist er nicht geeignet für dieses Ritual und muß auf andere Weise geschult werden (pashvāchāra).

Ich beschäftige mich hier und auch späterhin mit diesen besonderen Verletzungen der Sittlichkeit. Denn sie allein sind von Wichtigkeit in unserem Bestreben, ein Ritual zu verstehen, das man als Beispiel solcher Verfehlungen anprangert.

Das Mahānirvāṇa-Tantra ist von besonderem Interesse, weil es eine allgemeine Richtschnur, ein Recht (im europäischen Sinn) für die Anhänger dieses Kultes aufzustellen sucht. Es gibt unter anderem Anweisungen für den allgemeinen Anstand, für staatliche Strafen (was im englischen Gesetz fehlt) für Menschen, die mit Prostituierten Umgang haben (XI, 43) oder mit unverheirateten Mädchen (29–34), mit Frauen verbotener Kasten, mit Frauen anderer Männer (35–41) oder die begehrliche Blicke auf diese richten (47). So heißt es (46): „Ein Mann sollte als Frau nur jene betrachten, mit der er nach der – allgemein üblichen – Brahma-Art oder nach Shaiva-Art verheiratet ist. Alle anderen Frauen sind die Frauen anderer Männer.“ Das Tantra bedauert die üblen Sitten des jetzigen Zeitalters (kaliyuga) mit seinem Unglauben, seiner Lust, seinen Ehebrüchen, seiner Schlemmerei und seiner Neigung zu starken Getränken. Wie heuchlerisch wären solche Klagen in einem Shāstra, dem man vorwirft, daß es bewußt diese Neigungen, die es anklagt, fördert.

Es wurde gesagt, daß das Mahānirvāṇa-Tantra eine wertvolle Ausnahme darstelle. Es mag auch eine Art von Reform sein gegenüber den begangenen Mißbräuchen, die besondere Teile des Rituals für den einfachen Hausvater einschränken, was einen Paṇḍit zu dem Ausspruch führte, es sei im Vergleich zu dem Mahānīla-Tantra ein „Shāstra für Frauen“. Trotzdem aber ist es in bezug auf die wesentlichen Dinge keine Ausnahme. Wahrscheinlich haben diejenigen, die so urteilen, nur das Mahānirvāṇa-Tantra gelesen, das einzige Tantra, das ins Englische übersetzt wurde. Keiner ihrer Einwände zeigt wirkliche Kenntnis eines anderen Tantra. Es gibt aber andere von tiefsinnigem und philosophischem Gehalt, und alle bedeutenden und maßgeblichen Schriften sind, soweit ich es übersehen kann, einig in den allgemeinen Fragen der Sittlichkeit und dem Bestreben nach Befreiung. Wie könnte es auch anders sein, da diese Grundregeln überall gelten. Ob die Sādhanā, die sie lehren, gut ist und geeignet für das erstrebte Ziel, ist etwas anderes. Noch wichtiger scheint mir aber die Frage, ob sie die Mißbräuche hervorbrachte.

Betrachten wir nun die allgemeinen indischen Regeln über Trinken, Essen und geschlechtlichen Umgang. In den alten Zeiten der Veden gab es als berauschendes Getränk den Soma, der aber im Lauf der Zeit schwere Verbrechen verursachte. So wurde es dreifach verflucht: von Brahma, Shukrāchāry und Kriṣhṇa. Das Verbot hatte zur Folge, daß Indien heute das mäßigste Land der Welt ist. Manu erklärte, daß trotz der natürlichen Neigung zum Weintrinken die Enthaltsamkeit äußerst fruchtbar sei. Die Ushanah-Samhitā lehrt: „Wein sollte nicht getrunken, angeboten oder angenommen werden“ (madyam apeyam adeyam agrāhyam). Der Genuß von Wein gehört zu den schwersten Sünden (mahāpātaka). Wird sie nicht gesühnt (prāyashchitta), dann verfällt der Sünder jener großen Hölle, in der Totschläger eines Brahmanen eingeschlossen sind (Viṣhṇu-Purāṇa II, 6).

In den alten vedischen Zeiten wurde von den helläugigen, kastanienbraunhaarigen Ariern Fleisch gegessen, sogar Rindfleisch, wie es auch bei den Ariern des Westens üblich ist. Aber im Lauf der Zeit wurde das Abschlachten von Vieh zu Nahrungszwecken streng verboten, und gewisse Fleischarten, wie Geflügel und Schweine, für unrein erklärt. Ich glaube, daß auch heute die höheren Kasten (außerhalb von Bengalen), die sich der strenggläubigen Smārta-Zucht unterwerfen, weder Fleisch noch Fisch essen, ebenso wie die hohen Brahmanen. Die Menge des Volks aber ißt Fisch, und Männer verzehren das Fleisch von männlichen Ziegen, die vorher der Gottheit geopfert wurden. Korn aller Arten ist die allgemein übliche Nahrung. Ich spreche natürlich von den orthodoxen Hindus. Den wenigen, die westliche Gebräuche angenommen haben und Rindfleisch, Whisky und Champagner zu sich nehmen, bedeutet der Fluch des Brahma, Shukra, Krishṇa und die Hölle der Shāstras nichts.

Über die Verehrung der Durgā-Devī hat man die abwegige Bemerkung gemacht („Königreich Indien" von Sir Bampfylde Fuller, 161), daß „den Radikalsten ihrer Anhänger jede sexuelle Zurückhaltung eine Leugnung ihrer Autorität bedeuten würde". Trotzdem aber ist ein Grundsatz aller Shāstras, daß die Verbindung (maithuna) eines Mannes mit einer Frau, die ihm nicht angetraut ist, Sünde ist. Der Dharma der Veden ist in diesem Punkt sehr genau. Er verbietet nicht nur maithuna, sondern auch den sogenannten Asthānga (achtfachen)-Maithuna: Smaraṇam (daran denken), Kirttaṇam (davon sprechen), Keli (mit Frauen spielen), Prekṣhanam (den Frauen schöne Augen machen), Guhyabhāshanam (mit Frauen allein sein), Samkalapa (Wunsch zur Vereinigung), Adhyavasāya (Entschluß, sie zu vollziehen), Kriyānishpatti (tatsächliche Ausübung des Geschlechtsaktes). Kurz gesagt: der Pashu, der das übliche Ritual befolgt und – ausgenommen bei rituellen Vorbereitungen – auch jene, die nicht Pashu sind, sollten nach den Worten des Shāktakramīya (zitiert nach Mahāmahopādhyāya Krishnanātha Nyāyapanchānana Bhattāchāryya in seinem Kommentar zu V. 15 des Karpūrādistotra, Tantrik-Texte Band IX) Maithuna ebenso vermeiden wie Unterhaltung über dieses Thema und Versammlungen von Frauen.

Maithunam tatkathālāpam todgoshthīm parvivarjayet.

Selbst innerhalb der Ehe sollten gewisse Regeln beachtet werden, z. B. diejenige, die das Zusammensein erst am 5. Tag nach Beendigung der Periode erlaubt (ritukālam vinā devi ramanam parivarjayet). Nach dem Nityā-Tantra ist dies ein Merkmal des Pashu.

Das Göttliche in der Frau, das das Shākta-Tantra besonders betont, wird auch von den einfachen Lehren des Veda herausgestellt. Die Frau ist die Hausgöttin (gṛiha-devatā), mit dem Manne durch das „Sakrament" der Ehe (saṁskāra) vereint und nicht ein bloßer Gegenstand der Lust. Der vedische Dharma (der heute vernachlässigt wird) schreibt dem Hausvater vor, er solle zusammen mit seiner Frau – als notwendiger Partnerin – sastrīko dharmamācharet verehren (siehe auch Matasyasūkta-Tantra XXXI).

Nach den wunderbaren Berichten der Shruti ist die Vereinigung zwischen Mann und Frau ein wahrhaftiger Opfer-Ritus, ein Feuer-Opfer (homa), in dem sie beides, Herd (hunda) und Flamme ist. Wer dieses Homa vollzieht, erlangt Befreiung (siehe Mantra 13 des Homaprakaraṇa der Brihadāranyaka-Upaniṣhad und die Anmerkungen von Edward Carpenter zu dem sogenannten „Unzüchtigen"). Ähnlich heißt es im Tantrik-Mantra über Maithuna (vgl. Prāṇatoshinī und

Tantrasāra 698): Om, ich opfere (verrichte Homa) im Feuer des Geistes (ātma), das aufflammt durch das hineingeschüttete Fett der Verdienste und Fehler, auf dem Pfad der Sushumnā (des Zentral-„Nerves") für immer die Funktion der Sinne, die das Denkorgan als Schöpflöffel benutzen. Svaha. (Im Homa-Ritus gießt der Verehrende zerlassene Butter ins Feuer, das kurz aufflammt und leuchtet. Sie wird mit einem Schöpflöffel hinein gegossen. Da dies ein inneres Homa ist, bedeutet das Denkorgan den Schöpflöffel, der das Opfer der Butter ausgießt.)

OM
Dharmādharma-havirdīpte ātmāgnau manasā scruchā
Sushumnāvartmanā nityam akshavrittīr jughomyaham: Svāhā.

Hier erreicht die Vereinigung den Glanz eines großen Rituals (yajña) im Vergleich zu der üblichen, rein tierhaften Vereinigung, die den Trieb befriedigt, ob sie nun grob, schamlos oder mit leichtfertiger Liebenswürdigkeit vorgenommen wird. Solche erhabene Auffassung ist nicht belastet mit groben Vorwürfen gegen die Verbindung von Sexus und religiösen Vorstellungen, die angeblich nicht zu ihm gehören. Vorwürfe sind nur gegen jene zu erheben, die sich auf gemeine Art oder unzüchtig verbinden, nicht gegen jene, die in diesem Geschlechtsakt die kosmische Handlung des tätigen Brahman oder der Shiva-Shakti erblicken, mit denen sie sich vereinen.

Wir erwähnten schon, daß die Sādhakas in drei Klassen eingeteilt werden; in Pashus, Vīra und Divya. Für jede schreibt das Shāstra eine entsprechende Sādhanā vor, eine tamahafte, rajahafte oder sattvahafte. Wie noch später festgestellt wird, ist der Pañchatattva-Ritus im buchstäblichen Sinn nicht für den Pashu geeignet, und der Divya sollte (vom Grundsätzlichen ausgehend) – wenn er nicht einer unteren rituellen Ordnung angehört – ihm entwachsen sein. Im vollen und buchstäblichen Sinn ist er für den Vīra bestimmt und deswegen eine rajahafte Sādhanā oder Upāsanā. Es sei aber beachtet, daß Pashu, Vīra und Divya die drei Hauptstufen (mukhyasādhaka) darstellen.

Neben diesen bestehen zweitrangige Unterteilungen (gaunasādhaka). So kommt zu dem obersten oder Svabhāva-Pashu der Vibhāva-Pashu hinzu, der sich dem Virāchāra nähert. Die Vīras sollen von dreierlei Art sein: Svabhāva-, Vibhāva- und Mantrasiddha-Vīra. Auf die rajahafte Pūjā bezieht sich die Hymne an Chhinnamastā aus dem Devīrahasyakhāṇḍa des Rudrayāmala, in der Vīra singt:

Alipiṣitapurandhrī-bhogapūjāparo'ham
Bahuvidhakulamārgārambha-sambhāvito'ham
Paṣujanavimukho'ham Bhairavim āṣrito'ham
Gurucaranarato'ham Bhairavo'ham Sivo'ham

„Ich befolge die Verehrung, die die Freuden des Weines, des Fleisches und des Weibes wie auch andere Formen der Kula-Anbetung umfaßt. Ich suche meine Zuflucht in der Bhairavi (Göttin). Ich verneige mich zu Füßen des Gurus. Ich bin Bhairava. Ich bin Shiva."

Dem gewöhnlichen Leser mag die Verbindung von Essen, Trinken, geschlechtlichem Umgang und Anbetung sicherlich unangemessen, wenn nicht sogar abstoßend erscheinen, als Dinge, die weit entfernt sind vom Gebet zu Gott. Man tut dieses seiner Meinung nach, weil es für unsere tierische Natur nötig ist. Aber Gebet oder Anbetung haben nichts mit solchen groben Dingen zu tun. Wir mögen vor oder nach dem Essen als Danksagung beten, aber die physische Befriedigung dazwischen ist kein Gebet.

Solche Vorstellungen rühren zu einem Teil von dem Dualismus her, der Gott und seine Kreatur voneinander trennt, zum anderen von völlig falschen und herabsetzenden Ansichten über die Materie und materielle Handlungen. Nach dem indischen Monismus aber ist eine solche Verehrung nicht nur verständlich (ich spreche nicht von einzelnen besonderen Formen), sondern die einzig mögliche religiöse Haltung, die seinen Grundsätzen entspricht.

Der Mensch ist seinem Wesen oder seinem Geist nach göttlich und eins mit dem universalen Geist. Sein Denkorgan und Körper, wie alle seine Funktionen sind göttlich, denn sie sind nicht nur eine Manifestation der Macht (shakti) Gottes, sondern diese Macht selbst. Die Behauptung, die Materie sei an sich niedrig oder schlecht, ist eine Verleumdung dieser Macht. Keine natürliche Funktion ist niedrig oder unrein für den, der sie als Shakti und als ihr Wirken erkennt. Es ist das unwissende und im wirklichen Sinn gemeine Denken, das irgendeine Funktion für niedrig oder unkeusch hält. Die Handlung wird in diesem Falle im Licht niedriger Gedanken erblickt. In seiner rechtmäßigen Anwendung ist das Maithuna-Karma eine Auswirkung der Yoga-Grundsätze auf die geschlechtlichen Funktionen (Masson-Oursel: „Geschichte der indischen Philosophie", S. 231–233). Hat man einmal die Wirklichkeit der Welt als im Absoluten verankert erkannt, dann scheint der Körper kein Hindernis mehr zur Freiheit zu sein; denn er ist eine Erscheinungsform dieses gleichen Absoluten.

Der zeugerische Akt, der eine natürliche Funktion ist, kann an sich nicht schuldhaft sein. Es gibt keinen wirklichen Gegensatz zwischen Geist und Natur, die ein Werkzeug zur Verwirklichung des Geistigen ist. Darum soll diese Methode, ebenso wie der Yoga, nicht die Freuden zerstören, sondern sie beherrschen. Umgekehrt führt die Freude durch Vereinigung von Körper und Geist zum Yoga. In den psycho-physischen Riten dieses Shākta ist die Freude kein Hindernis für Yoga, sondern kann sogar ein Hilfsmittel dafür sein. Diese wesentliche Vorstellung erinnert an die Feststellung des Mahāyāna, daß Saṁsāra und Nirvāṇa eins sind. Denn hier vereinen sich der Yoga, der befreit und der Bhoga, der fesselt. Es wird nun verständlich, daß nach diesem Grundsatz nur diejenigen für solchen Yoga geeignet sind, die wirklich von allem Dualismus frei oder auf dem Weg zu dieser Freiheit sind.

Äußere Verehrung verlangt bestimmte Handlungen und Werkzeuge wie körperliche Haltung, Sprache und Gegenstände, mit denen der Ritus ausgeführt wird: Blumen, Weihrauch, Lichter, Wasser und andere Opfergaben. Diese Gegenstände und Werkzeuge heißen Upachāra. Üblicherweise sind es sechzehn, es können aber auch mehr oder weniger sein. Nichts ist absolut, weder in der Qualität noch in der Quantität oder in der Art der Opfergaben. Meist werden solche Dinge dargebracht, die der Verehrende Freunden, Gästen oder anderen, die er liebt, schenken würde: einen Sitz (āsana), ein Willkommen (svāgata), Wasser zu Fußwaschungen (pādya), Nahrung (naivedya), Kleider (vasana), Edelsteine (ābharana), auch Lichter, Weihrauch oder Blumen.

Bei der inneren oder geistigen Anbetung (mānasapūjā) werden nicht materielle Dinge, sondern die Gedanken des Verehrenden dargebracht. Wohlgefällige Dinge werden ausgewählt als Opfer für die Devatā; der Verehrende, der der Göttin gefallen will, opfert ihr, was er als wünschenswert für sie hält und was er selbst gerne empfangen möchte. Wer aber die Gottheit in allen Dingen (und deshalb ihren Wert) erkennt, mag irgend etwas opfern. Unter dieser Voraussetzung ist ein Stein oder ein Stück Schmutz ein ebenso gutes Opfer wie alles andere. Der einfache Mensch hält manches für „unrein" und würde ein solches Opfer als Beleidigung empfinden. Wenn aber seinem „ausgleichenden Auge" diese Dinge nicht als unrein erscheinen, dürfen sie dargebracht werden. So macht die Vīra-Sādhanā des Shakti-Tantra rituellen Gebrauch von Dingen, die den meisten Menschen abstoßend und unrein erscheinen. Dies geschieht (wie das Iñānārṇava-Tantra lehrt), um den Verehrenden daran zu gewöhnen, daß er nicht mehr das Unreine sieht, sondern alles als Manifestation der Gottheit betrachtet. Er wird belehrt, daß keine natürliche Funktion an sich unrein ist, wenn sie auch zu Unreinem mißbraucht werden kann. Nicht eine Handlung an sich ist unrein, sondern die Art und Absicht, in der sie ausgeführt wird. Einem Vīra können alle Dinge, Handlungen und Funktionen, die in guter Absicht getan oder gebraucht werden, zu Werkzeugen der Verehrung werden. Denn er sucht Tamas durch Sattva zu überwinden. Das besagt aber nicht, daß der Mensch alles tun und als Opfer anrechnen darf, was ihm gefällt; es muß auf die rechte Art getan werden, oder der Mensch würde seine Sünden der Gottheit opfern. Der Grundsatz in diesem allen ist vollkommen gesund. Die einzige Frage besteht in der rechten Anwendung, die das Ritual fordert.

Verehrung und Gebet bedeuten nicht, daß man sich zu einer bestimmten Stunde entfernt, um festgelegte Formeln herzusagen oder besondere rituelle Handlungen auszuführen. Das ganze Leben kann in all seinen berechtigten Eigenarten ohne Ausnahme ein Akt der Verehrung sein, wenn es der Mensch dazu macht; wer könnte das leugnen? Natürlich kann der Mensch, solange er eine Funktion für unrein hält, aus Gründen der Scham, diese nicht zur Verehrung gebrauchen. Es würde ihn nur zerstreuen und verwirren. Dem natürlich Veranlagten aber wie dem geistig Erleuchteten ist das möglich.

Das Prinzip, um das es sich hier handelt, ist nicht nur dieser Schule eigen. Auch Hindus, die keine Monisten sind (sie können, was auch immer ihre philosophischen Lehren behaupten mögen, dieses niemals sein; denn Verehrung setzt Dualismus voraus: die Verehrung und den Verehrenden, die Mittel oder Werkzeuge und das Ziel, das erreicht werden soll) opfern ihre Handlungen der Devatā. Wenn auf diese Weise alles, was sie täglich sprechen, zum Opfer wird, dann ist nach dem Shāstra jedes Wort ein Mantra. Bei genauer Betrachtung ist dieser Grundsatz dem Christentum verwandt; denn der Christ bringt zu Beginn des Tages seine Handlungen Gott dar. Der Unterschied einer solchen Verehrung und jener des Vīra liegt – jedenfalls in der Ausübung – nur darin, daß letzterer folgerichtig keine Handlung oder Funktion ausschließt, und der verehrende Shākta, als Monist, das Opfer nicht irgend jemandem bringt, sondern nur seinem eigenen wesenhaften Selbst, nur dem „Das". Seiner Lehre gemäß vergöttlicht er alle seine Handlungen, und durch ihre unaufhörliche Verbindung mit dem Gedanken an Brahman wird sein Denkorgan gewissermaßen gereinigt und von allen fleischlichen Wünschen befreit. Würden dagegen die Sinneswahrnehmungen gesondert genommen und für gemein oder unrein gehalten, wäre der Sieg über das Fleischliche nicht leicht errungen. Dennoch bleibt noch immer ein Teil des Lebens nicht von Brahman durchdrungen und damit eine Quelle der Ablenkung. Erfüllt man ihn nur mit religiösen Gefühlen, dann bekommen diese allmählich die Vorherrschaft. So wird nach und nach Divyabhāva erreicht und der Zustand der Devatā, die der Vīra verehrt. Denn es ist ein allgemeiner indischer Grundsatz, daß das Ende der Verehrung die Vereinigung mit dem Gegenstand der Verehrung, also mit der Devatā, ist. So heißt es in dem Agni-Purāṇa, daß man durch die Verehrung von Rudra zu Rudra, von Viṣhṇu zu Viṣhṇu und durch die Verehrung der Shakti zu Shakti wird. Dies geschieht, weil das Denkorgan sich geistig dem angleicht, auf das es sich konzentriert. Denkt man aber ständig an sinnliche Dinge, wird man sinnlich. Sogar vor der Verehrung sollte man dafür sorgen, eine rechte Haltung einzunehmen. So sagt das Gaṇdharva: „Wer nicht Deva ist (adeva) soll nicht Deva verehren. Nur die Deva soll Deva verehren."

Der Vīra oder genauer der Sādhaka, der zum Vīrāchāra fähig ist – der echte Vīra ist schon am Ziel – beginnt Sādhanā mit der rajahaften Upāsanā, mit dem Pañchatattva als Upachāra, die die sinnlichen Neigungen umzuformen vermögen.

Eine gewisse Richtung nimmt an, daß dieses Shāstra nur für Shūdras gemeint sei. Shiva, der ihre tierischen Triebe und ihr Verlangen nach Fleisch und Wein kannte, soll diese Riten vorgeschrieben haben, um das Böse zu mindern und sie nach und nach dieser Freuden zu entwöhnen, die nur unter gewissen Bedingungen zugelassen und mit religiösen Übungen verbunden wurden. „Es ist besser, sich vor Nārāyaṇa mit Schuhen zu verneigen, als sich überhaupt nicht zu verneigen." Ein Mensch, der gern trinkt, wird seinen Durst nur vermehren, wenn er ihn auf tierische Weise befriedigt (pashupāna). Aber wenn er beim Trinken die Flüssigkeit als eine göttliche Manifestation ansieht und dabei an Gott denkt, dann werden nach und nach solche Vorstellungen überwiegen und seine sinnlichen Gedanken verdrängen. Nach dem gleichen Prinzip mischt man Kindern Staub in die Marmelade; und diese Methode wird nicht allein auf Kinder beschränkt.

Ein Brahmane aber darf – nach dieser Ansicht – auf keinen Fall Wein trinken, und es werden Texte zitiert, die diese Meinung unterstützen. Ich habe diese Frage schon in der Einleitung zum 6. Band der „Tantrik-Texte" behandelt. Es genügt hier zu erwähnen, daß sich solche Texte auf den unerlaubten Genuß von Wein von nicht eingeweihten (anabhishikta) Brahmanen beziehen. Ich habe dort auch die Frage erörtert, ob Wein überhaupt von irgend jemandem in diesem Kali-Zeitalter getrunken werden darf. Denn nach einigen Lehren herrscht nur Pashubhāva im Kali-Yuga. Wenn das tatsächlich der Fall ist, so ist jeder Genuß von Wein, ob rituell oder zu anderen Zwecken genossen, verboten.

Für die Verehrung der Shakti soll das Pañchatattva wesentlich sein. Ohne dieses – in der einen oder anderen Form – kann Shakti-Pūjā nicht vollzogen werden (Mahārnirvāna V. 23, 24). Der Grund ist, daß diejenigen, die Shakti verehren, die Schöpfer-Gottheit in der Gestalt des Weltalls anbeten. Wenn sie in ihrer natürlichen Funktion erscheint, muß sie auch darin verehrt werden, sonst ist die Verehrung – nach dem zitierten Tantra – fruchtlos. Die Mutter des Weltalls ist durch die fünf Elemente Wein, Fleisch, Fisch, Korn und Frauen oder durch deren Stellvertretungen zu verehren. Bei diesem Brauch ist das Weltall (jagadbrahmānda) selbst Mittel der Verehrung (upachāra).

Nach dem Mahānirvāṇa (VII, 103–111) ist der Wein, der Freude vermittelt und die Sorgen der Menschen lindert, das Feuer; das Fleisch, das die Kräfte des Denkorgans und des Körpers ernährt und stärkt, die Luft; der Fisch, der die Zeugungskraft mehrt, das Wasser; das Korn, das auf der Erde wächst und die Grundlage des Lebens bedeutet, die Erde; und die geschlechtliche Vereinigung, die Wurzel der Welt und der Ursprung aller Schöpfung, ist der Äther. Es ist die Macht (shakti), die alle feurigen Elemente hervorbringt, alles Leben auf Erden und im Wasser, alles pflanzliche Leben und den Willen, das Wissen, die Taten der höchsten Prakṛiti in jener erhabenen Seligkeit, die den schöpferischen Akt begleitet (vgl. Haratattvadīdhiti XV, Kāmākhya-Tantra, Nigamatattvasāra IV). Das Kailāsa-Tantra (Pūrvākhyā, Kap. XC) identifiziert diese Fünfzahl (pañchatattva) mit den fünf Lebensströmen (prānādi) und den fünf Mahāpretas, die den Thron der Tripurasundarī tragen.

Mit diesen vorbereitenden Bemerkungen und dem Zurückstellen weiterer Erläuterungen können wir zu einer genaueren Prüfung der fünf (pañcha) Elemente (tattvas) übergehen – Wein (madya), Fleisch (māmsa), Fisch (matsya), getrocknetes Korn (mudrā) und geschlechtliche Vereinigung (maithuna) –, die für Essen, Trinken und Fortpflanzung stehen. Da sie im Sanskrit alle mit dem Buchstaben M beginnen, werden sie gewöhnlich Panchamakāra (oder die fünf M's) genannt.

Diese Pañchatattva, Kuladravya oder Kulatattva, wie sie genannt werden, haben auch esoterische Namen. So heißt letzteres „das fünfte". Die Frau wird Shakti oder Pakṛiti genannt. Ein Tantriker nennt seine Frau meist Shakti oder Bhairavī. Sie wird auch mit Latā oder „Schlingpflanze" bezeichnet, da die Frau sich an den Mann hängt und von ihm abhängig ist, wie die Schlingpflanze vom Baum. Daher wird das Ritual, in dem man sich an der Frau erfreut, Latāsādhanā genannt. Wein heißt „das Wasser von Ursache und Wirkung" (kāranavāri) oder Tirtha-Wasser (thīrthavāri).

Die Pañchatattvas aber haben nicht immer buchstäbliche Bedeutung. Ihr Sinn verändert sich jeweils nach der tamahaften (pashvāchāra), rajahaften (vīrāchāra) oder sattvahaften (divyāchāra) Sādhanā. Allein im Ritual des Vīra ist Wein nur Wein und Maithuna nur Vereinigung. Dem Pashu ist das Vīra-Ritual (vārāchāra) verboten, da es ungeeignet für seinen Zustand ist und der Divya ist, mit Ausnahme der niederen Stufen, jenseits solcher Dinge. Dies bedeutet, daß jedes Pañchatattva drei Bedeutungen hat. „Wein" kann Wein sein (Vīra-Ritual) oder Kokosnuß-Wasser (Pashu-Ritual) oder die im Yoga erlangte berauschende Erkenntnis des Höchsten – je nachdem ob es sich um einen Vīra, Pashu oder

Divya handelt. Das Pañchatattva ist somit dreifach: wirklich (pratyakshatattva), wenn Wein wirklich Wein bedeutet und stellvertretend, wenn für Wein Kokosnuß-Wasser oder eine andere Flüssigkeit genommen wird und symbolisch oder göttlich, wenn er die Freude der Yoga-Erkenntnis bezeichnet. Der Pashu vollzieht seine Verehrung mit den stellvertretenden Tattvas, die später noch erwähnt werden und trinkt niemals Wein, der Vīra trinkt Wein, während der Wein des Divya geistige Erkenntnis ist.

Es gibt noch andere Abweichungen dieser allgemeinen Regeln. So heißt es, daß der Svabhāva-Vīra ein Weintrinker ist, der Vibhāva-Vīra innerlich mit den fünf geistigen Tattvas und äußerlich mit stellvertretenden Elementen Verehrung darbringt. Der Mantrasiddha-Vīra ist frei, in dieser Hinsicht zu tun, was ihm gefällt und ist nur den hauptsächlichsten Shāstra-Regeln unterworfen.

Pandit Jayachandra Siddhāntaabhūshana antwortete auf Vorwürfe gegen das Tantra-Shāstra, daß weder der Vibhāva-Vīra noch der Vibhāva-Pashu der tatsächlichen Verehrung mit Wein bedarf, diese aber im modernen Bengalen vorwiege. Die Tantriker tränken keinen Wein, sondern verehrten auf andere Art nach dem Gesetz des Tantra-Shāstra. Seiner Meinung nach ist es eine irrtümliche, aber verbreitete Vorstellung, daß ein Anhänger des Tantra unbedingt ein Weintrinker sein muß. Andere Sādhakas wiederum stellen sich anstelle der physischen Maithuna die Vereinigung von Shiva und Shakti im oberen Hirnzentrum, dem Sahasrāra vor.

Das Divya-Pañchatattva für jene, die wirklich sattvahaft oder geistig sind, wurde wie folgt beschrieben: „Wein" (madya) ist nach dem Kaula-Tantra (vgl. Nīlamani Mukhyopādhyāya, S. 85) nicht irgendeine Flüssigkeit, sondern jene berauschende Erkenntnis, die durch den Yoga des Parabrahman erreicht wird und den Verehrenden unangreifbar macht für die äußere Welt. „Fleisch" (māmsa) ist keine fleischliche Substanz, sondern der Akt, durch den der Sādhaka alle seine Taten mir (mām) d. h. dem Herrn, aufopfert. Fisch (matsya) ist das sattvahafte Wissen, mit und in dem der Verehrende durch den Sinn des „Mein-Seins" (ein Wortspiel mit Matsya) an den Freuden und Schmerzen aller Wesen teilhat.

Mudrā ist der Akt, in dem die Gemeinschaft mit dem Bösen aufgegeben wird, die zur Knechtschaft führt. Zusammenleben (maithuna) ist die Vereinigung der Shakti-Kuṇḍalinī, der „inneren Frau" und der Weltkraft im untersten Zentrum (Mūlādhāra-Chakra) des Körpers mit dem höchsten Shiva im obersten Zentrum (Sahasrāra) am Scheitel des Kopfes (vgl. das folgende Kapitel über Kuṇḍalinī-Shakti). Dieses ist nach dem Yoginī-Tantra (Kap. VI) die beste Vereinigung für die Yati, d. h. für jene, die ihre Leidenschaften beherrscht haben:

Sahasrāropari bindau kundalyā melanam Shīve
Maithunam paramaṁ dravyam yatīnām parikīrtitam

Nach dem Āgamatsāra ist „Wein" die Somadhārā oder das Mond-Ambrosia, das aus dem Sahasrāra tropft. Fleisch (māmsa) ist die Zunge (mā), zu der die Sprache gehört. Der Sādhaka hält beim Essen das Sprechen zurück. Unter „Fisch" (matsya) sind jene zwei (vāyu) Ströme zu verstehen, die unaufhörlich die beiden Yoga-„Nerven" (nādīs) Idā und Piṅgalā zu beiden Seiten des Rückgrats durchziehen. Wer seinen Atem im Prāṇāyāma beherrscht, „ißt" mit Hilfe von Kumbhaka oder dem Anhalten des Atems. Mudrā ist das Erwachen der Erkenntnis in der Fruchthülle des großen Sahasrāra-Lotus (im oberen Hirn), in der Ātma, wie zehn Millionen Sonnen leuchtend und wunderbar kühl wie zehn Millionen Monde mit der Devī-Kuṇḍalinī vereint ist. Dies ist die Verbindung von Weltkraft und Bewußtsein in den einzelnen Körpern, nachdem Kuṇḍalinī vom Mūlādhāra aus dorthin im Yoga aufgestiegen ist.

Die esoterische Bedeutung der Vereinigung oder Maithuna wird im Āgama bestätigt. Das rotfarbige Ra liegt im Kunda (gewöhnlich liegt das Samen-Mantra Ram im Manipūra, aber vielleicht ist hier das Kunda im Mūlādhāra gemeint). Der Buchstabe Ma (weiß, wie der herbstliche Mond, Sattvaguṇa, „Kaivalyarūpa-Prakṛitirūpī-Kamadhenu-Tantra", Kap. 2) liegt im Mahāyoni (dies sind nicht die Geschlechtsteile, sondern das blitzähnliche Dreieck oder Yoni in Sahasrāra oder dem oberen Hirn) in der Gestalt von Bindu (ghanībhūta oder die verdichtete Form der Shakti, eine Umwandlung der Nāda-Shakti). Wenn das M (makāra) auf dem Haṁsa (der „Vogel", der das Paar Shiva-Shakti als Jīva darstellt) in der Gestalt von A (a-kāra) sich mit R (ra-kāra) vereint, dann ist die Brahman-Erkenntnis (brahmajñāna), die Quelle höchster Seligkeit erreicht. Dann wird der Sādhaka Ātmārāma genannt (der sich am Selbst erfreut). Denn seine Freude liegt im Ātma des Sahasrāra. (Aus diesem Grund ist das Wort Rāma, das auch sexuellen Genuß ausdrückt, gleichbedeutend mit dem Befreier Brahman, Ra+a+ma). Die Vereinigung von Shiva und Shakti wird (Tantrasāra, 702) als echter Yoga beschrieben (shivashaktisamāyogo-yoga eva na samshayah), aus dem, wie es im Yāmala heißt, die Freude aufsteigt, die höchste Seligkeit ist (ebd. 703) (samyogāj jāyate saukhyam paramānandalakṣhanam).

Dies ist die Vereinigung auf der reinen Sattva-Ebene, die, auf der Raja-Ebene, der Vereinigung von Shiva und Shakti in ihren Verehrern entspricht. In dieser Divya oder Sattva-Sādhanā sind „Wein", „Frau" usw. Namen für Yoga-Übungen.

Die stellvertretenden Tattvas des Pashvāchāra entsprechen nicht ihren Namen, denn es sind Substanzen, die stellvertretend für Wein, Fleisch und Fisch genommen werden (vgl. Kulachūdāmani, Bhairavayāmala, Kap. I). Sie sind mehrfach beschrieben worden, manchmal folgendermaßen: Anstatt Wein sollte der Pashu, wenn er Brahmane ist, Milch trinken; als Kshatriya saure Milch; als Vaiṣhhya Honig; als Shūdra kann stellvertretend auch eine Flüssigkeit aus Reis, Kokosnuß-Wasser in einer Metallschüssel genommen werden. Salz, Ingwer, Sesam, weiße Bohnen (māshakalāi) und Knoblauch können als Ersatz für Fleisch dienen; weißes Bohnen-Gemüse, roter Rettich, Linsen, roter Sesam als Ersatz für Fisch. Reis, Weizen und Korn stehen sowohl in der tamahaften (bashvāchāra) wie rajahaften (vīrāchara) Sādhanā, zumeist an Stelle der Mudrā. Anstatt Maithuna können Blumen geopfert werden. Die Hände werden hierbei in der Geste der Kachchhapa-Mudrā gehalten, der Vereinigung der Karavīra-Blume (die den Lingam darstellt) mit der Aprājitā (Clitoris-)Blume, in deren Gestalt die weibliche Yoni geformt ist und die diese darstellt. Es können noch andere stellvertretende Dinge benutzt werden, oder der Sādhaka vereint sich mit seiner Frau. Dieses und ähnliches wird verschieden behandelt. Die Kaulikārchanadīpikā spricht von den sogenannten Ādyatattvas. Ādyamadya oder Wein ist Hanf (vijayā); Ādyashuddi oder Fleisch ist Ingwer (ādraka); Adyamāna oder Fisch ist Zitrone (jambīra); Ādyamudrā ist Dhānyaja, das heißt: aus Mais hergestellt, und Ādyashakti ist des Verehrenden Frau. Nach dem Tantrāntara ist Verehrung ohne diese Ādya-Formen fruchtlos. Selbst der ganz Enthaltsame wird nichts gegen „Wein" in Form von heißer Milch oder von Kokosnuß-Wasser und gegen Ingwer und anderen Ersatz für Fleisch einzuwenden haben. Noch liegt irgend etwas Anstößiges in der Vereinigung des Sādhaka mit seiner Frau, die nicht als rein tierischer Akt, sondern als ein Opfer-Ritus (yajña) vollzogen wird.

Nun wollen wir zu den wörtlichen Tattvas übergehen. Wein bedeutet hier nicht eigentlich Traubenwein, sondern ist aus den verschiedensten Bestandteilen hergestellt, aus Melasse (gaudi), Reis (paishtī) oder aus der Madhūka-Blume (mādhvī). Letzteres soll, nach dem Mahānirvāṇa-Tantra (Kap. VI), der beste „Wein" sein. Aber es gibt noch andere Säfte, wie den Saft aus dem Palmenbaum und dem Dattelbaum oder Anis-Wein (maureya). Fleisch ist von dreierlei Art: von Tieren des Wassers, der Erde und des Himmels. Aber kein weibliches Tier darf geschlachtet werden.

Höhere Arten von Fisch sind Shāla, Pāthīna und Rohita. Mudrā, die jeder Orientalist – wie ich bisher las – mit „ritueller Gebärde" übersetzt, bedeutet hier nichts dergleichen, wenn Mudrā auch in einem anderen Zusammenhang diese Bedeutung hat. Solche Orientalisten sind nicht tiefer in diese Materie eingedrungen, denn es ist ein elementares Wissen, daß im Pañchatattva Mudrā getrocknetes Korn verschiedenster Art bedeutet. Im Yoginī-Tantra heißt es (Kap. VI):

Brishtadhānyādikam yadyad charvanīyam prachakshate
Sā mudrā kathitā Devi sarveshām Naganandini.

(O Tochter der Berge, gebackener Mais und ähnliches – tatsächlich alles Getreide, das gekaut wird – werden Mudrā genannt). Nach dem Mahānirvāṇa (Kap. VI) besteht das beste Mudrā aus Reis, Gerste oder Weizen und ist in gereinigter Butter gebacken. Fleisch, Fisch und Mudrā, die der Devatā, zusammen mit Wein, dargeboten werden, heißen Shuddhi. Nach dem Mahānirvāna ist das Trinken von Wein ohne Reinigung (shuddhi) wie Gift, und solche Sādhanā ist ohne Erfolg. Ohne Essen hat der Wein stärkere Wirkung und ist von größerer Gefahr. Überdies soll der Wein auch nicht ohne Shuddhi getrunken werden, die als Vorbereitung unter bestimmten Riten vollzogen werden muß.

Die Frau oder Shakti, die für den Ritus gereinigt und geweiht wurde und die Devī darstellt, ist von dreierlei Art: Svīyā oder Svakīyā (die eigene Frau), Parakīya, die Frau eines anderen oder irgendeine Frau, und Sādhāranī, eine allen zugehörende Frau, auf die ich später nochmals zurückkommen werde. Hier möchte ich nur sagen, daß dort, wo geschlechtliche Vereinigung überhaupt erlaubt ist, die Shakti, die Frau des Sādhaka ist.

Nur unter ganz besonderen Umständen kann eine andere zur Shakti werden. Es gibt zwei Arten von Shaktis: solche, die Freude gewähren (bhogyā) und solche, die nur verehrt werden (pūjyā). Ein Sādhaka, der letztere begehrt, treibt sündigen Inzest mit seiner eigenen Mutter.

Hier wieder handelt es sich nach der Shākta-Lehre nicht um die grobstoffliche Form von Wein, Fleisch und so fort, noch um Frauen als solche, noch um den Ritus als ein gewöhnliches Mahl. Die üblichen täglichen Riten müssen vielmehr morgens, mittags und abends ausgeführt werden (Mahānirvāna V, 25). Sie sind sorgfältig ausgearbeitet und nehmen einen großen Teil des Tages in Anspruch. Bhūtashuddhi ist vollendet, wenn der Sādhaka einen Deva-Körper für seinen eigenen hält. Verschiedenartige Nyāsas werden ausgeführt. In Gedanken wird die Devī verehrt, die Ādyā Kālikā, die in der Vorstellung rot gekleidet ist und auf einem roten Lotus sitzt. Ihr Körper ist dunkel wie eine Regenwolke, ihre Stirn leuchtet wie das Licht des aufsteigenden Mondes. Der Japa des Mantra wird nun verrichtet und äußere Verehrung dargebracht, der ein weiteres, fein ausgearbeitetes Ritual folgt.

Ich unterbreche hier, um den Leser zu bitten, sich die Natur des Denkorgans und die Situation des Sādhakas, der ernsthaft diese Riten vollzogen hat, vor Augen zu halten. Erscheint dieser triebhaft oder gefräßig? Der Fluch ist vom Wein genommen und der Sādhaka meditiert über die Vereinigung von Deva und Devī. Nach der Weihe des Weins werden Fleisch, Fisch und Getreide gereinigt und dem Nektar gleichgemacht. Die Shakti wird mit dem Mantra besprengt und dem Sādhaka zu eigen. Sie ist die Devī selbst in Gestalt einer Frau. Der Wein wird mit Mantras erfüllt. Die Verwirklichung ist erreicht (Mahānirvāṇa-Tantra VI, 42), wenn Homa vollbracht ist – jenes Opfer des wunderbaren Nektar der „Das-heit“ (idantā), das in der Schale der „Ich-heit“ (ahantā) dem Feuer der höchsten „Sittlichkeit“ (parāhantā) dargebracht wird.

Ahantāpātra-bharitam idantāparamāmrita
Parāhantāmaye vahnau homasvīkāralākshanam.

Hier wird zwischen dem „Ich“ (aham) und dem „Das“ unterschieden. Ersteres ist entweder das höchste „Ich“ (parāhantā oder Shiva) oder das individuelle „Ich“ (jīva) im Gefäß des „Das“ oder der Vimarṣha-Shakti. Der Sādhaka ist die Schale, das Gefäß des individuellen „Ich“, das dem Höchsten geopfert wird. Trinken ist eine Opfergabe an das Feuer, das das transzendente Selbst darstellt, aus dem alle individuellen Selbstheiten (jīva) hervorgehen. Wein bedeutet dann Tārā-Dravamayī, die Rettende, selbst in der Form flüssiger Materie (Mahānirvaṇā XI, 105–107). Kein Tattva darf vor der Reinigung und Weihe geopfert werden; sonst wird der Sādhaka zur Hölle verdammt.

In einem weiteren Ritual werden die ersten vier Tattvas verzehrt, der Wein wird als Opferung in den Mund der Kuṇḍalinī gegossen, nachdem der Verehrende über sie als Bewußtsein (chit) meditierte, das sich von ihrem Sitz, dem Mūlādhāra, bis zur Spitze der Zunge ausbreitet. Das ganze Ritual ist von hoher Bedeutsamkeit und ich hoffe, es eines Tages noch ausführlicher erklären zu können.

Die Verehrung mit dem Pañchatattva findet meist in einem Chakra statt, der aus Frauen und Männern, aus Sādhakas und Sādhikās, Bhairavas und Bhairivīs besteht, die im Kreis sitzen, die Shakti zur Linken des Sādhaka. Deshalb heißt sie Chakrapūjā. Der Herr des Chakra (chakrishvara) nimmt mit seiner Shakti die Mitte ein. Während der Verehrung gibt es keinerlei Kasten-Unterschiede, nur die Pashus aller Kasten sind ausgeschlossen. Es gibt verschiedene Arten von Chakras, die, wie es heißt, den Teilnehmern verschiedenartige Früchte bringen. So wie es tantrische Sādhakas von höherem und niederem Rang oder nur Anwärter gibt, so unterscheiden sich auch diese Chakras in ihren besonderen Merkmalen z. B. von dem Tattva-Chakra für die Brahmā-Kaulas oder dem Bhairaivī-Chakra, das im Mahānirvāna VIII, 153 beschrieben wird. In diesem nimmt der Hausvater statt Wein, Milch, Zucker und Honig (madhura-traya), und anstatt die Vereinigung zu vollziehen, meditiert er im Mantra über die Lotusfüße der göttlichen Mutter. Diese Chakras unterscheiden sich auch von Chakras, deren Ritual nicht anerkannt wird, wie dem Chūdā-Chakra, dem Ānandabhuvana-Yoga und anderen, die später erwähnt werden. Entsprechend dem niederen „tantrischen" Schriften gibt es auch Rituale von niederer Art, die Männer ausführen, deren Vorstellungen oder Übungen von den hohen Sādhakas der Vergangenheit nicht anerkannt wurden und – falls sie noch bestehen – auch heute nicht anerkannt werdeu. Notwendig ist deshalb eine Unterscheidung, um sowohl ungerechte Verdammungen wie – einem gleichen Unwissen entstammende – üble Befürwortungen zu vermeiden. In dem Kapitel „Shakti und Shākta" erwähnte ich ein neuzeitliches Chakra.

Ich hörte vor kurzem von einem Guru, der so stark von seiner englischen Erziehung beeinflußt ist, daß er sogar die Frauen am Chakra nicht teilnehmen läßt, sondern sie in einen anderen Raum absondert. Das ist natürlich abwegig.

Die beiden hauptsächlichen Einwände gegen die rajahafte Pūjā, die sowohl vom hinduistischen wie vom europäischen Standpunkt aus erhoben werden, ist die Verletzung der Sittlichkeit. Bei den Hindus kommt noch der Genuß von Wein hinzu. Unter „Hindus" verstehe ich diejenigen, die nicht Shāktas sind. Ich möchte zuerst über diesen Punkt sprechen. Die Vīra-Shākta-Lehre läßt die Smārta-Regel gelten, die den Genuß von Wein verbietet, unterscheidet aber zweierlei Arten von Trinken: das nichtrituelle zur Befriedigung triebhafter Begierde und das rituelle Trinken von zuvor gereinigtem und geweihtem Wein. Das erstere wird Pashupāna oder „tierisches" Trinken genannt und Vrithāpāna oder „sinnloses Trinken". Da es nicht zur Verehrung gehört, ist es verboten. Es tut nicht gut, sondern ist vom Übel und führt zur Hölle. Das Trinken im Westen (auch in bescheidenem Maße) ist Pashupāna. Der Vīrāchārī, wie auch jeder andere Hindu, verdammt es als eine große Sünde.

Das Trinken als Verehrung aber ist etwas völlig anderes. Die alten Anhänger der Veden nahmen Soma als Opfertrank (yajña); der Vīra trinkt Wein als Teil seines Rituals. Ebenso wie das Töten eines Tieres zur Opferung kein „Töten" ist und die Regel (ahimsā) der Gewaltlosigkeit nicht verletzt, wird das Trinken bei der Verehrung von den Smṛitis nicht verboten. So steht die geheime Verehrung im Tantra (rahasya-pūjā) nicht im Gegensatz zum Veda. Der Wein ist nicht länger die grobe, nachteilig wirkende Substanz, sondern ist gereinigt und vergeistigt, so daß der echte Sādhaka in ihm die flüssige Form der hilfreichen Devī (rārā-dravamayī) erblickt. Die Freude, die er verursacht, ist nur ein schwacher Abglanz der Seligkeit (ānanda), die er in Wirklichkeit ist.

Der Wein wird übrigens mit gewissen Einschränkungen und unter bestimmten Bedingungen getrunken, die vor dem Mißbrauch rein triebhaften Trinkens schützen. Eine Entsprechung zu diesem rituellen Trinken ist im Christentum das Trinken des Weins beim hl. Abendmahl. Auch ein Abstinenzler wird den Wein zu sich nehmen, der für ihn das Blut Christi ist. Er nimmt am hl. Abendmahl nicht teil, um Wein zu trinken, sondern trinkt den Wein, um an dem Mahl teilzunehmen, dessen Bestandteile Wein und Brot (mudrā) sind. Ich möchte noch erwähnen, daß gelegentlich bei der Durgapūjā Tropfen von Wein auf den Prasāda, die geweihte Nahrung, gesprengt und somit von denen genossen werden, die nicht Vīrāchārīs sind, wenn dies auch im allgemeinen nicht bekannt ist und vielleicht auch nicht zugegeben wird. Dies geschieht beim Prasāda, den alle am Vaiṣhṇava-Schrein des Jagannātha in Puri zu sich nehmen.

Die Frage nach dem Genuß von Wein, wird für den durchschnittlichen Europäer nicht so wesentlich sein wie für den Hindu, der kein Shākta ist. Die allgemeine Stimmung ist so sehr dagegen, daß Babu Keshab Chanda Sen, der Lehre und Ritual des Christentums nachahmte, eine eigene Abendmahl-Feier mit Reis und Wasser einsetzte. Der allgemeine Vorwurf gegen diese Tantriker ist die Tatsache, daß einige von ihnen übermäßig trinken. Dies mag der Fall sein, wenn es auch sicher nur für eine kleine Anzahl zutrifft. Abgesehen von der allgemeinen Entartung, die alle Formen des Hindu-Glaubens betrifft, muß man aber eingedenk sein, daß in alten Zeiten nichts ohne Zustimmung des Guru geschah. Er allein konnte entscheiden, ob der Schüler für dieses oder jenes Ritual geeignet war. Sie waren nicht einem jeden nach seinem Belieben zugänglich. Wir müssen dennoch klar unterscheiden zwischen den Anweisungen des Shāstra selbst und ihrem Mißbrauch durch angebliche Sādhakas. Es ist klar, daß übermäßiges Trinken den Erfolg verhindert und zum Fall führt. So heißt es im Mahānirvāna (VI, 195–197, vgl. auch VIII, 171) mit gutem Grund: „Wie kann ein Sünder, den der Wein betört, sagen: Ich verehre die Adyā-Kālikā ?“

William James behauptet („Variationen religiöser Erfahrung“, S. 378): „Der Einfluß des Alkohols auf die Menschheit rührt fraglos von seiner Macht her, die mystischen Fähigkeiten der menschlichen Natur zu erregen, die zu Boden geschleudert sind durch kalte Tatsachen und durch die sachliche Kritik des nüchternen Alltags. Er ist in Wirklichkeit der stärkste Erreger der ‚Ja‘-Funktion im Menschen und führt ihn von der kalten Peripherie der Dinge zu ihrem strahlenden Kern. Der Wein erweckt eine Ahnung mystischen Erlebens und offenbart die wahre Verfassung des Menschen“ („in vino veritas“). (Über Wein, Drogen und betäubende Zustände als Schlüssel zur Sinn-Deutung des Lebens vgl. R. Thouless: „Einleitung zur Psychologie der Religion“, S. 61.)

Ist der Verehrende rein und demütig, dann werden seine frommen Gefühle durch mäßigen Wein-Genuß erhöht. Übermäßiger Genuß aber tötet alle Frömmigkeit und weckt die Sünde. Das gleiche Tantra sagt, daß einige Sādhakas gar keinen Wein trinken dürfen; der Hausvater darf nur mit Maß und der Kaula-Verehrer nur so viel trinken, daß sein Denken nicht beeinträchtigt wird (wörtlich „sich nicht dreht"). „Übermäßiges Trinken ist tierisch", heißt es.

Yāvan na chālayed drishtir yāvan na chālayen manah
Tāvat pānam prakurvvīta pashu-pānam atah param.

Daß im Mahānirvāna solche Vorschriften stehen, deutet auf vorhandenen Mißbrauch hin. Ähnlichen Rat findet man auch anderswo. So heißt es in dem Shyāmarahasya, daß übermäßiges Trinken zur Hölle führt. Auch das große Tantrarāya (kādimata) lehrt (Tantrik-Texte, Band VIII, Kap. VIII):

Na kadācit pivet siddho devyarghyam aniveditam
Pānancha tāvat kurvīta yāvatā syān manolayah
Tatah karoti chet sadayah pātakī bhavaitī dhruvam
Devatāgurusevānyat pivannāsavam āṛayā
Pātakī rājadandyash cāvidyopāsaka eva cha.

(Der Siddha sollte niemals den für die Devī bestimmten (arghya) Wein trinken, ohne ihn dieser zuvor geopfert zu haben, und er darf nur so lange weitertrinken, als seine Gedanken in der Devī versunken sind. Anders handeln, ist wahrhaft sündhaft. Wer aus triebhafter Begierde Wein trinkt und nicht um Devatā und Guru zu verehren, ist unwissend (avidyā), ein Sünder, der die Strafe des Königs verdient.)

Es muß zugegeben werden, daß man, nach manchen Aussagen, nicht immer mäßig im Weintrinken war (vgl. Āsavollāsa im Kulārṇava. Die Ullāsas aber waren Einweihungs-Stufen). In Hindu-Schriften stehen dennoch viele Übertreibungen, die „Stuti" genannt werden. So wird von „Fleischbergen" und „Meeren von Wein" gesprochen. Solche Vorstellungen sind aber nicht buchstäblich zu nehmen.

Einige Beschreibungen mögen sich auch auf Kaulāvadhūtas beziehen, die, ähnlich anderen „großen" Männern, auf bestimmten Gebieten anscheinend mehr Freiheiten besaßen als das gewöhnliche Volk. Einiges wiederum mag gar nicht das „Wort Shivas" gewesen sein. Jeder kann ein Tantra, Stotra oder ähnliches schreiben. Das Ānanda-Stotra z. B. wirkt zum Teil wie der Trinkspruch eines Ausschweifenden, obwohl es dem Kulachūdāmani wie dem Kulārṇava zugeschrieben wird.

Ein gelehrter tantrischer Paṇḍit, dem ich viel Dank schulde, meinte lachend: „Wie könnte solches das Wort Shivas sein?" Es ist also kein Shiva-Shāstra. Wenn es nicht die Schrift eines gefallenen Upāsaka (Anbeters) ist, dann stammt sie von Āchāryyas, die die Anhänger auf die Probe stellen wollen. Ein außergewöhnlich tiefdenkender Schüler, der Tantras Chakrapūjā vollzog, meinte, er habe zuvor niemals von diesem Stotra gehört; erst bei einem Chakra in Benares sei es gesungen worden. Ein anderer Paṇḍit antwortete mir, ich solle mich nicht darüber beunruhigen, „was solche Leute täten". Selbst wenn die Worte: „Shiva uvācha" (Shiva sprach) in einem Werk stehen, brauchten sie noch nicht gültig zu sein.

Ich möchte nun noch etwas über die sexuelle Vereinigung sagen. Die allgemeine Regel ist – nach dem Kaulīkārchana (ich spreche später über Ausnahmen) –, daß die Verehrung mit der eigenen Frau vollzogen werden soll, die Ādyā-Shakti genannt wird. Das ist die allgemein gültige tantrische Regel. Weil Ausnahmefälle wohl zu Mißbräuchen führten, schreibt das Mahānirvāṇa (Kap. VIII, 273) vor, daß die Menschen des Kalī-Zeitalters, die zu schwach und durch Begierden abgelenkt sind, um die Frau (shakti) als Abbild der Gottheit zu erkennen (im Bhairavī-Chakra), an Stelle von Maithuna zu Füßen der göttlichen Mutter Meditation üben sollen. Oder daß der Verehrende, der im Bhairavī- und Tattva-Chakra Verehrung mit einer Shakti ausübt (bhogyā), dieser, nach den Shaiva-Riten, angetraut werden soll. Es wird hinzugefügt (S. 129), daß „der Vīra", der, ohne verheiratet zu sein, zur eigenen Freude eine Shakti verehrt, zweifellos der Sünde schuldig ist, mit einer anderen Frau Umgang zu haben.

An anderer Stelle (VI, 14) steht, daß, wenn das böse Zeitalter (Kalī-Yuga) seinen Höhepunkt erreicht hat, nur die eigene Frau das fünfte Tattva sein soll. Dann bestehe keine Gefahr der Sünde. Das Sammohana-Tantra (Kap. 2) erwähnt ebenfalls, daß das Kalī-Zeitalter von Begierden (kāma) beherrscht wird, und es sehr schwierig ist, die Sinne zu zügeln; aus Unwissenheit (avidyā) wird deshalb die Verehrung mit der weiblichen Yoni vollzogen. Das heißt: auf Grund der materiell eingestellten Natur der Menschen wird eine materielle Form dazu benutzt, die höchste Yoni oder Ursache von allem darzustellen.

Der Kommentator des Mahānirvāṇa-Tantra Paṇḍit Jaganmohana Tarkālankāra (vgl. Bhakta, Ed. 345), meint, daß diese Regel nicht allgemein Anwendung findet. Denn Shiva verbietet in diesem Tantra, daß die Sādhanā des fünften Tattva mit anderen Shaktis vollzogen wird, wenn es sich um Menschen von der üblichen schwachen Konzentrations-Fähigkeit handle, die von Begierden beherrscht sind. Für diejenigen aber, die durch Sādhanā ihre Leidenschaft besiegt und den Zustand des echten Siddha-Vīra erreicht haben, besteht keine Vorschrift über die Art der Latā-Sādhanā. Darüber spreche ich später und möchte hier nur bemerken, daß aus der Anwesenheit einer Shakti im Chakra nicht die Folgerung einer gemeinsamen Verbindung gezogen werden kann. Denn wenn diese bei der Verehrung eines Hausvaters stattfindet, so geschieht es gewöhnlich außerhalb des Chakra.

Eine schöne und unter allen Shāktas weitverbreitete Zeremonie ist die Verehrung von Jungfrauen (kumārīpūjā). Im Brahmarāja-Yoga werden nur Jungfrauen verehrt.

Bis hierher ist (abgesehen von dem Einwand anderer Hindus gegen Wein) nichts gegen die Sittlichkeit des vorgeschriebenen Sādhanā einzuwenden, wenn auch einige Anstoß nehmen an irgendeiner noch so rechtmäßigen Verquickung natürlicher Funktionen mit dem, was sie Verehrung nennen. Dies aber ist keine Frage der Sittlichkeit, wie ich bereits dargelegt habe. Der Leser wird sich auch erinnern, daß das beschriebene Ritual sich an die große Masse der Verehrenden wendet, ich aber über das Ritual der vergleichsweise Wenigen sprechen will, der sogenannten fortgeschrittenen Sādhakas. Der Vorwurf der Unsittlichkeit gegen alle Shāktas, ob sie diesen Riten folgen oder nicht, ist nichtig. So braucht man nicht davonzulaufen, wenn man hört, ein Mensch sei ein „Tantriker". Er braucht überhaupt kein Shākta-Tantriker zu sein, oder er mag, wenn er es ist, überhaupt nichts getan zu haben, was den moralischen Gesetzen der Welt im großen und ganzen gesehen widerspricht.

Nun noch etwas anderes: Im allgemeinen sollen wir nicht nur zwischen Dakṣhināchāra und Vāmāchāra unterscheiden, wobei letztere die gesamten Rituale mit Wein und Shakti umfaßt, sondern auch im Vāmāchāra zwischen Vāma und Dakṣhina. Im Vāma kann Verehrung mit einer Frau (parakīyā-shakti) stattfinden, die nicht die eigene Svakīyā-Shakti ist. Aber unter welchen Bedingungen? Es ist nötig, wie es Professor de la Vallée Poussin, der belgische katholische Sanskritist, ausdrückt (Adhikarma-Cradīpa, S. 141 des „buddhistischen Tantra"), wenn man über ihre Moral urteilen will, sich der Bedingungen zu erinnern, unter denen diese tantrischen Rituale, gemäß den Shāstras, zulässig sind. Andernfalls überschreitet die Verurteilung ihre Grenzen (ich glaube übrigens, daß man den unsittlichen Charakter der liturgischen Handlungen von Maithuna übertrieben hat, da man die verschiedenen Vorbedingungen für ihre Ausübung nicht genügend festgelegt hat. Vgl. hierzu Masson-Oursel: „Abriß einer Geschichte der indischen Philosophie", 1923, S. 230, wo es heißt, daß die westliche Welt öfters dort Unmoral wittert, wo es sich nur um Symbolik handelt). Wie schon gesagt, ist es die allgemeine Regel, daß die Frau oder Ādyā-Shakti den Ritus mit vollzieht (sahadharminī). Eine Ausnahme ist jedoch möglich: Wenn der Sādhaka keine Frau hat, oder sie ungeeignet ist (anadhikārinī). Es scheint die Vorstellung zu herrschen, daß das Shāstra die Vereinigung mit einer anderen als der eigenen Frau vorschlägt. Dies stimmt nicht. Die Anweisung, sich mit einer anderen als der Ehefrau zu vereinen, hieße zu Hurerei oder Ehebruch raten. Das Shāstra meint lediglich, daß nur der Sādhaka, der keine oder eine nicht geeignete Frau hat, eine andere nehmen darf. Übrigens gilt dies nur für die rituelle Verehrung. Genau wie jedes Trinken außerhalb des Rituals Sünde ist, ist dies auch jedes Maithuna außerhalb der Verehrung, es sei denn mit der eigenen Frau. Außerhalb der Verehrung darf der Sādhaka nicht einmal an den Gegenstand der Anbetung denken. So heißt es in bezug auf die Shakti im Uttara-Tantra:

Pūjākālam vinā nānyam prusham manasā sprishet
Pūjā-kāle cha Deveshi veshyeva paritoshayet.

Was aber bedeutet das „Nicht-Geeignetsein", das die gewöhnliche Regel aufhebt?

Der Grundsatz, nach dem die Verehrung mit einer anderen Shakti vollzogen werden kann, ist in der Guhyakālīkhaṇḍa der Mahākāla-Samhitā folgendermaßen festgelegt:

Yādrishah sādhakah proktah sādhikā'pi cha tādrishī
Tatah siddhim avāpnoti nānyathā varsha-kotibhih.

(„Ebenso wie der Sādhaka muß auch die Sādhikā geeignet sein. Nur auf diese Weise wird Erfolg erlangt, auf andere Art nicht einmal in 10 Millionen Jahren".)

Das heißt: Beide, Mann und Frau müssen sich auf der gleichen Entwicklungsstufe befinden. So muß beim Vollzug des großen Shodhānyāsa die Shakti über die gleichen Kräfte und Fähigkeiten verfügen wie der Sādhaka. Mit anderen Worten: Eine Sahadharminī muß die gleiche Befähigung haben wie der Sādhaka, mit dem sie den Ritus vollzieht.

Es steht aber nicht jedem zu, nach seinem eigenen unbeherrschten Willen die Verehrung zu vollziehen, es sei denn, der Guru habe seine Befähigung hierzu bestätigt. Ein unwissender, unreligiöser Mensch von niedriger Gesinnung ist hierzu also nicht geeignet.

Man nimmt allgemein an, daß unbegrenztes Zusammenleben erlaubt sei, weil eine andere Shakti zugelassen ist. Das ist natürlich nicht der Fall. Man darf nicht unbeachtet lassen, daß das Shākta-Tantra eine religiöse Schrift sein will und als solche keine Unsittlichkeit fördern würde. Unter keinem Vorwand kann die Moral oder die Sādhanā, die dem geistigen Fortschritt dient, durch Anweisung oder stillschweigendes Zulassen eines unbeherrschten sexuellen Zusammenlebens gefördert werden. Es mag Heuchler gegeben haben, die ihre Ausschweifungen mit dem Mantel einer vorgetäuschten Religion zu verhüllen suchten; das aber ist keine Sādhanā, sondern bewußte Sünde. Die Frucht der Sādhanā geht durch Duldung und Verstärkung der Sinnlichkeit verloren. Wie mir gesagt wurde, verlangt die rechtmäßige Regelung eine dauernde Verbindung mit der Shakti. Denn man nimmt an, daß eine Shakti, die vom Sādhaka verlassen wird, dessen Verdienste mitnimmt (puṇya).

Die Stellung einer Shakti mag beschrieben werden als das religiöse Zusammenleben einer Frau mit ihrem Sādhaka, und ihre Fähigkeit (adhikāra), mit ihm als Sahadharminī die Rituale des gemeinschaftlichen Kultes zu vollziehen. Auf jeden Fall ist die Stellung der Shakti nach den Regeln des Kultes erst rechtmäßig nach Vollzug des Shaiva-Sakramentes (shavasaṁskāra).

Man kann die Notwendigkeit von all diesem aus oberflächlichen Gründen leugnen, aber hierauf will ich nicht eingehen. Es liegt mir nur daran, die Regeln des Kultes wahrheitsgetreu aufzuzeigen. Denn sowohl im Interesse der Religionsgeschichte wie um der Gerechtigkeit willen ist es wünschenswert, diese Tatsachen genau festzustellen. Wir können einen Menschen nicht unmoralisch nennen, der nach seiner Einsicht und in gutem Glauben handelt. Es wäre abwegig, polygam veranlagte Menschen wie die Juden und die Hindus unmoralisch zu nennen, wenn sie im guten Glauben diesem für sie rechtmäßigen und erlaubten Brauch nachgehen. Wenn auch andere Hindus die Rechtmäßigkeit einer Shaiva-Frau nicht anerkennen, so kann doch der Shaiva, der auf diese Weise an eine Frau gebunden ist, nicht unmoralisch genannt werden. Unmoral im vollen Sinn der Verantwortlichkeit ist nur dort vorhanden, wo etwas, das man als Unrecht erkannt hat, bewußt getan wird. So ist ein Tantra-Anhänger, der guten Glaubens und gemäß seinem Shāstra handelt, nicht unmoralisch, während es andere Tantriker gibt, die das Ritual zu unzüchtigem Vorhaben mißbrauchen.

Gleiches gilt für alle, die nicht an das Tantra-Shāstra glauben, aus Triebhaftigkeit aber solche Rituale ausüben und damit gegen die herrschende Gesellschaftsmoral verstoßen. Während der echte Tantriker entschuldigt werden muß, sind diese nicht freizusprechen.

Wenn wir eine Religion vom Standpunkt einer anderen aus beurteilen, die sich ihr überlegen dünkt, dann mag dieser die niedere Form als unsittlich erscheinen. Meist aber wird nicht beachtet, ob es sich um persönliche Unmoral handelt oder ob die Lehre und Übung, die befolgt wird, unsittlich ist. Wir mögen mit logischer Folgerichtigkeit ersteres ablehnen, dem letzteren aber zustimmen. Dennoch müssen wir zugeben, daß einige Übungen schwer zu erklären und nicht einmal durch die allgemeinen Grundregeln der tantrischen Sādhanā zu rechtfertigen sind. Seltsame Freiheiten wurden den Siddha-Vīras zugestanden, die heute wohl nicht mehr bestehen.

Ein Siddha-Vīra hat Vollendung (siddhi) erreicht, nachdem er den Ritus, der das Purashcharaṇa seines Mantras heißt, so oft wiederholt hat, wie es die Multiplikation der in dem Mantra enthaltenen Buchstaben mit einem „Lakh" (100000) ergibt.

Ein befreundeter Paṇḍit erzählte mir, daß das Siddhamālarahasya einen Ritus (chūdāchāra) beschreibt, in dem 50 Siddha-Vīras mit 50 Shaktis zusammen sind. Jeder empfängt seine Gefährtin durch das Los, indem er aus einer Anzahl von Jacken (chūdā) eine aussucht. Die Shakti, deren Jacke er wählte, wird seine Frau. In dem Snehachakra (Chakra der Liebe) verbinden sich die Siddha-Vīras mit den Shaktis nach ihrer Zuneigung.

Ānandabhuvana-Yoga ist ein anderer unbekannter Ritus, der mit nicht weniger als 3 und nicht mehr als 108 Shaktis, die den Vīra umgeben, vollzogen wird. Mit einer verbindet er sich (bhogyā-shakti), die übrigen berührt er. Im Urnā-Chakra (Urnā = Spinnennetz) sitzen die Vīras paarweise zusammen, durch Tücher aneinandergebunden.

Ein Schlüssel zu diesen Riten mag sein, daß sie – wie es heißt – auf Bitten und zu Lasten dritter vollzogen wurden, um diesen weltlichen Erfolg zu vermitteln. Das erste Mal sollen Rājās sie ausgeübt haben, die Erfolg auf dem Schlachtfeld erbaten. Wenn das zutrifft, gehören diese Riten eher zu magischen als zu religiösen Handlungen und sicher nicht zu den Sādhanās, die echte Siddhi, d. h. geistige Vollkommenheit, erstreben. Es mag auch sein, daß – ebenso wie bei dem einfachen Ritual, Brahmanen ernährt werden und Gaben erhalten – diese Chakras, wenigstens zum Teil, dem gleichen Zweck dienten. Es ist übrigens festgestellt worden (ich gebe hier wieder, was ich gehört habe), daß der Körper der Shakti im Chakra das Yantra ist. Durch die Verbindung des Vīra mit der Shakti, die eine Form (ākāra) der Devī ist, wird eine unmittelbare Vereinigung mit dieser vollzogen, und voller Freude gewährt sie alles, was man sich wünscht. Dies nennt man das Pratyakṣha der Devatā, während in der Kumārī-Pūjā und in der Shava-Sādhanā die Devī durch den Mund einer Jungfrau oder durch einen Leichnam spricht. Die Siddha-Vīras stehen nach dem Avabhūtaloka in Verbindung mit Shiva und Shakti.

Dieses Problem wurde schon vor langer Zeit durch den Autor des Dabistan (Bd. II, 154, 164, Ed. 1843) behandelt. Er schreibt, daß ein gelehrter Shākta, dem ein Bericht gezeigt wurde, der augenscheinlich zu einem unmoralischen Verhalten aufforderte, solchen Mißbrauch verwarf mit der Begründung, daß dieser Text dem Üblichen widerspräche und sich nichts dergleichen in den alten Texten finde. Der mohammedanische Autor des Dabistan meint, es gäbe noch andere Shāktas, die sehr verschieden von diesen seien: sie tränken keinen Wein und hätten keinerlei Umgang mit Frauen anderer Männer.

Wieder möchte ich hier – wie anderswo – alles aufzeigen, was gegen dieses Shāstra spricht, da ich nichts „idealisieren" ein Verhalten, das meiner ausgesprochenen Vorliebe für klare Berichte und Tatsachen widerspricht), sondern nur Tatsachen anführen will, auf die man ein gerechtes Urteil aufbauen kann. Die Menschen waren und sind von verschiedenster Art – hoch und niedrig, unwissend und weise, schlecht und gut, und genau so, wie die Āgamas verschiedene Schulen umfassen, mag es auch innerhalb der Shākta-Übungen ähnliche Unterschiede geben.

Schließlich soll noch erwähnt werden, daß der Erleuchtete, der Brahman erkannt hat (brahma jñānī), jenseits von Gut (dharma) und Böse (adharma) steht. Er ist ein Svechchhāchārī, der „tut was ihm gefällt". Diese Lehre ist keine Besonderheit der Tantras. Sie findet sich auch in den Upaniṣhaden und ist in Indien allgemein verbreitet.

Das hier Aufgezeigte scheint außerhalb Indiens für schlimmer angesehen zu werden, als es in Wirklichkeit ist. Vom monistischen Standpunkt aus muß theoretisch zugegeben werden, daß Brahman jenseits von Gut und Böse ist, da dies relative Begriffe sind, die nur auf Dinge dieser Welt angewandt werden können. Gut hat nur Bedeutung in Verbindung zum Bösen und umgekehrt. Brahman ist jenseits aller Zweiheit, und ein Jñānī, der Brahman geworden ist (jīvanmukta) ist es logischerweise auch. Es ist aber klar, daß ein Mensch, der vollkommenes Brahman-Bewußtsein erkangt hat, nur unbewußt eine Handlung begeht, die, bewußt getan, falsch wäre. Er ist an sich jenseits von Lust, Gier und allen anderen Leidenschaften. Die theoretische Feststellung aber, daß ein Brahmajñānī jenseits von Gut und Böse ist, besagt noch nicht, daß er Böses tun will oder darf. Nur die Devī tut, was ihr gefällt, da sie die Herrin aller Dinge ist. Von anderen sagt das Shaktisaṅgama-Tantra (Teil IV):

Yadyapyasti trikālajnastrailokyākarshana-kshamah
Tathā'pi laukikāchāram manasāpi na langhayet.

Wenn ein Mensch auch die drei Zeiten Vergangenheit, Gegenwart und Zukunft kennt und die drei Welten beherrscht, sollte er doch nicht die Gesetze menschlicher Haltung – selbst nicht in Gedanken – übertreten. Diese Gesetze stehen in den Shāstras.

Die Menschen, von denen die Vorschläge stammen, die in den Tantra-Shāstras niedergelegt sind, mögen Methoden der Sādhanā angegeben haben, denen man nicht zustimmen kann. Aber sicher waren es keine unmoralischen Menschen, auch wenn die von ihnen angegebenen Übungen zu Mißbräuchen geführt haben.

Wir wollen nun aus der Menge des Materials, das ich interessehalber angab, jene Regeln herausnehmen, die den Übungen zugrunde liegen und die wertvoll sind vom Standpunkt des indischen Monismus aus, den diese Übungen erläutern.

Die drei körperlichen Hauptbegierden des Menschen sind Essen und Trinken, die den Körper erhalten, und die geschlechtliche Verbindung, die der Fortpflanzung dient. An sich sind alle drei natürlich und harmlos. Manu betont dies, wenn er sagt: „Genuß von Fleisch und Wein ist ebensowenig vom Übel (dosha) wie das geschlechtliche Zusammensein. Denn dies sind natürliche Bedürfnisse des Menschen. Enthaltsamkeit aber bringt reiche Frucht. Ich möchte hier einschalten, daß die Methode des Tantra keine erzwungene Askese ist, sondern einen geregelten Gebrauch und die rechte Einstellung vorschreibt. Wird hierdurch Advaitabhāva, das Gefühl der Einheit, erreicht, dann fallen die natürlichen Wünsche fort (soweit sie nicht unbedingt notwendig sind für das körperliche Dasein); denn sie haben kein Gewicht mehr. Pashubhāva wird in Vīrabhāva verwandelt, in die Stimmung, Verfassung und die Eigenart eines Vīra.

Alle Dinge haben ihren Ursprung und ihre Grundlage in Ānanda oder Seligkeit, ob man es weiß oder nicht. Dies erscheint auf zweifache Weise: als Mukti, was Āhandasvarūpa, oder unbegrenzt, übersinnlich, einheitlich bedeutet, oder als Bhukti, d. h. als begrenzte, weltliche Seligkeit. Die tantrische Sādhanā erhebt den Anspruch, beides zu vermitteln, da das eine der doppelte Aspekt beider ist. Der Vīra weiß, daß Jīvātma und Paramātma eins sind – der eine Shiva in Gestalt der zahllosen Menschen, der durch diese handelt, leidet und sich freut. Shivasvarūpa ist die Seligkeit an sich (paramānanda). Die Seligkeit der Freude (bhoghānanda) manifestiert sich in den begrenzten Formen von Denkorgan und Materie. Denn Shiva freut sich in den Formen des Weltalls (vishvarūpa), und die offenbarte Seligkeit ist eine begrenzte Form der höchsten Seligkeit, die Er in seinem tiefsten Wesen ist.

In seiner physischen Funktion identifiziert sich der Vīra mit der Gesamtheit aller Funktionen, die das Leben des Weltalls ausmachen. Er ist dann bewußt Shiva in der Gestalt seines eigenen und aller anderen Leben. Da Shiva ebenso in Seinem Svarūpa wie als Welt (vishvarūpa) existiert, kann und soll man sich Ihm in beiden Aspekten vereinen. Dies ist Sūkshma- und Sthūla-Sāmarasya. Der Sādhaka soll nicht glauben, daß Einheit mit dem Göttlichen nur im Zustand der Befreiung möglich ist, sie besteht auch hier und jetzt, in allem, was wir tun. Denn in Wahrheit ist dies alles Shakti.

Es ist Shiva, der als Shakti in den Sādhakas und durch sie handelt. Wenn auch der Veda lehrt, daß man vor der Verehrung nicht essen und trinken soll, so heißt es doch in dem Shākta-Tantra, daß derjenige, der hungrig und durstig Kālikā verehrt, diese erzürnt. Wer einen Gott verehrt, der anders ist, als sein eigenes wahres Selbst, mag denken, daß er durch solche Handlungen Sein Wohlgefallen empfängt, aber dem Shākta sind Shiva und Jīva ein und dasselbe.

Warum sollte dann Jīva leiden? Es war, glaube ich, Professor Royce, der einen wesentlichen tantrischen Gedanken (wahrscheinlich unbewußt) aussprach, als er meinte, Gott empfände Leid und Freude in, als und durch den Menschen. Wenn auch Brahmasvarūpa nichts anderes ist als vollkommene, tatenlose und unbewegliche Seligkeit, so ist es doch auch das eine Brahman, das als Jīva leidet und sich freut: denn es gibt nichts anderes. Erkennt man dieses in jeder natürlichen Handlung, dann gibt es nichts Tierisches mehr, sondern alles ist ein religiöser Ritus – ein Yajña. Handlung ist dann Teil des göttlichen Wirkens (shakti) in der

Natur. Wenn der Vīra darüber meditiert, daß Kuṇḍalinī seinen Körper bis zur Zungenspitze hin durchdringt und sich selbst für das Licht hält, das auch den Wein erfüllt, den er trinkt, dann weiß er: „Ich bin Sie (sā'ham); ich bin Brahman, ich selbst opfere mich (ahuti) dem Selbst, Svāhā."

Beim Essen, Trinken oder Zusammenleben fühlt er sich nicht als ein gesondertes Wesen, das nur seine eigenen Wünsche erfüllt, gleichsam als Tier, das sich von der Natur seine Freuden stiehlt: im Genuß solcher Freude fühlt er sich vielmehr als Shiva.

Durch solchen Vorgang werden die natürlichen Handlungen geadelt und erhalten eine neue Bedeutung. Nach Tertullian wurde die Eucharistie als Mahl eingesetzt („Über heilige Mahle und die Nahrung der Götter" vgl. Dr. Angus: „Die Mysterien und das Christentum", S. 127). Die Begierde ist oft ein Feind, aber sie kann auch zum Verbündeten werden. Eine erfolgreiche Übung schließt den Körper nicht aus, da auch dieser Devatā ist. Er ist ein Ausdruck des Geistes und der Kraft, die Macht des Selbst. Das Weltall wurde durch Seligkeit und mit ihr geschaffen. Die gleiche Seligkeit offenbart sich, wenn auch nur erahnt, in der Vereinigung von Mann und Frau.

Eine so geadelte und vergöttlichte Handlung wird nicht schlecht, weil sie als Teil der Verehrung vollzogen wird. Ein englischer Schriftsteller nennt dies zutreffend einen tiefen, heidnischen Instinkt, der die Zeugungskraft durch einen religiösen Ritus verherrlicht („Times". Lit. Sup., 11. 6. 1922).

Die Vorstellungen eines Pashu stehen in verschiedenster Weise im Gegensatz zu diesen Erkenntnissen. Der niederste Typ erfährt sich nur als ein gesondertes Wesen, das Lust empfindet. Wenig kritischer eingestellte, doch in Wahrheit ebenso unwissende Menschen genießen und sind gleichzeitig beschämt, denn sie halten es für unziemlich, das göttliche Handeln mit solchem grobstofflichen Tun zu verbinden. Höher Entwickelte nehmen die physischen Funktionen als Gabe Gottes an seine niederen Geschöpfe an, die sie, von Ihm getrennt, genießen.

Die Anhänger der Veden halten die Freude für eine Frucht des Opfers der Devās und für ein Geschenk von ihnen. Noch höher Entwickelte opfern alles, was sie tun, dem einen Gott. Diese dualistische Verehrung liegt in dem Befehl der Gītā: „Tat madarpanam kurushva – vollbringe dieses alles als ein Opfer für mich". Was ist „alles"? Ist wirklich alles gemeint, oder sind es nur besondere Dinge?

Die höchste Sādhanā, die durch ihren monistischen Standpunkt und ihren Advaitabhāva sich von allen anderen unterscheidet, ist die des Shākta-Tantra. Denn nach diesem ist der Sādhaka Shiva selbst, und Shiva genießt in der Gestalt des Sādhaka. Soviel über dieses Grundthema, dem man – ob man es bejaht oder ablehnt – doch eine edle Größe gerechterweise nicht abstreiten kann.

Die Anwendung dieser Lehre ist von sehr viel geringerem Interesse und von weniger Bedeutung. Gegen bestimmte rituelle Anwendungen sind ohne genauere Kenntnis und ohne Unterscheidungsvermögen Einwände erhoben worden, die allgemein für dieses Shāstra gelten. Meiner Meinung nach hat die eigentümliche Form dieses Rituals geschichtliche Ursachen. Wenn auch die Geschichte der Āgamas noch dunkel ist, so mag dieses Pañchatattva-Karma seinem Wesen nach eine veränderte Fortsetzung des alten vedischen Brauches sein, nach dem Essen und Trinken Teil des Opfers (yajña) sind.

Der Einfluß des ursprünglichen Buddhismus und Jainismus aber richtet sich gegen solchen Genuß und wirkt vielleicht noch bis zu unseren Tagen im spätbuddhistischen Hinduismus nach. Eine Ausnahme betrifft nur bestimmte Anhänger der Āgamas, die sich als Repräsentanten der früheren Traditionen und Bräuche ausgaben. Ich sage „bestimmte", weil es – wie schon erwähnt – für die Pashus stellvertretende Substanzen für Wein, Fleisch und anderes gibt, während dem Divya die Tattvas keine materiellen Dinge, sondern Yoga-Vorgänge bedeuten. Wenn meine Annahme richtig ist, dann wird, auch wenn sich die Bedeutung und Vorherrschaft des alten Rituals im Laufe der Zeit und durch den Wechsel der Religionen verringert, der Grundgedanke dennoch seinen inneren Wert für die Anhänger des Advaita-Vedānta behalten. Man kann seine Anwendung dem neuzeitlichen Denken anpassen, und das gewöhnliche Leben eines Hausvaters, das in der Gebundenheit seines Dharma-Shāstra verläuft, braucht nicht auf die Chakras und ihre rituellen Einzelheiten zurückzugreifen. Dennoch hat sich das Ritual erhalten und besteht noch, wenn auch heute meist in einer Art, die nicht die Einwände hervorruft, die gegen gewisse frühere Freiheiten in seiner Anwendung und deren Mißbräuche erhoben wurden.

Da es ein Grundgedanke des Tantra-Shāstra ist, daß der Mensch sich vom Groben zum Feinstofflichen hin entwickelt, ist die Erklärung, die mir ein Sādhaka gab, sehr zutreffend: „Nehmen wir an", meinte er, „daß der menschliche Körper ein Gefäß voller Öl ist – als Sinnbild für seine Leidenschaften. Leert man es einfach aus und tut sonst nichts weiter, dann wird neues Öl aus der Quelle der Begierden hineinfließen, die unzerstört blieb. Wenn aber Wasser der Erkenntnis (jñāna) langsam in das Gefäß eindringt, wird es sich – da es schwerer als Öl ist – auf dem Grund des Gefäßes absetzen und eine entsprechende Menge von Öl verdrängen. Auf diese Weise wird nach und nach das Öl der Begierden verdrängt und kann nicht wieder in das Gefäß zurückfließen, da inzwischen das Wasser der Erkenntnis seinen Platz eingenommen hat." Hier tritt wieder der positive Grundgedanke in Erscheinung. Im Lateinischen heißt es: „Wenn Du auch versuchst, die Natur mit der Mistgabel auszutreiben, sie wird immer wieder zurückkommen". Du mußt an ihrer Stelle etwas anderes einlassen, das ein Heilmittel ist gegen die Übel, die aus der natürlichen Triebneigung erwachsen, um die Grenzen zu überschreiten, die der Dharma setzt.

Der tantrische Paṇḍit Jaganmohana Tarkālankāra sagt in seinen wertvollen Randbemerkungen zum Kommentar über das Mahānirvāṇa-Tantra des Harihārānanda Bhāratī, der der Guru des berühmten „Reformators" Rāja Rām Mohan Roy war (K. G. Bhakta, 1888): „Laßt uns bedenken, was am meisten zum Niedergang des Menschen beiträgt, ihn seine Pflichten vergessen läßt, ihn in Sünde verstrickt und zum frühen Tod führt. Es sind im wesentlichen Wein und Frauen, Fleisch, Fisch, Mudrā und ähnliches. Durch diese Dinge haben die Menschen ihre Menschlichkeit verloren. Shiva aber sucht mit diesen starken Giften das Gift im menschlichen Organismus auszutreiben und sie als Gegengift zu benutzen."

Das ist die rechte Behandlung für jene, die nach Getränken oder Frauen begehren. Der Arzt muß aber Erfahrung haben. Geschieht ein Fehler bei der Anwendung, wird der Patient voraussichtlich sterben. Shiva verkündete, daß der Weg des Kulāchāra ebenso schwierig sei, wie das Balancieren auf der Schneide eines Schwertes oder das Bändigen eines wilden Tigers. Es gibt einen geheimen Beweis für das Pañchatattva. Nur der Eingeweihte aber kann dieses Geheimnis erfassen. Deshalb ordnete Shiva an, daß es niemandem sonst offenbart werden solle. Wenn der Eingeweihte eine Frau sieht, soll er sie wie seine Mutter oder eine Göttin (iṣhtadevatā) verehren und sich vor ihr verneigen. Das Viṣhṇu-Purāṇa lehrt, daß die Begierden nicht befriedigt werden, auch wenn man sie noch so sehr erfüllt. Es ist, als schütte man zerlassene Butter ins Feuer. Wenn dies auch zutrifft, so wird doch ein erfahrener geistiger Lehrer (Guru) wissen, wie man durch Anwendung dieser giftigen Medizin das Gift der Welt (saṁsāra) zu tilgen vermag.

Shiva aber hat eine allgemeine Verbreitung dieses Geheimnisses verboten. Der Gegenstand der tantrischen Verehrung ist Brahmāsayujya oder die Vereinigung mit Brahman. Ohne diese ist nichts erreicht. Bei der menschlichen Beschaffenheit ist dies auch nur durch eine besondere Behandlung möglich, die von den Tantras vorgeschrieben wird. Nur durch sie werden die triebhaften Neigungen des Menschen ausgerottet. Im anderen Fall sind alle Bemühungen um das erstrebte Ziel ebenso erfolglos, wie sie schädliche Magie (abhichāra) sind, die dem Menschen selbst und anderen Schaden zufügt. Diese hier zitierten Sätze zeigen die Notwendigkeit einer geistigen Führung durch den Guru an, ohne die Mißbräuche entstehen. Wenn der Kranke (shiṣhya) und die Krankheit in Einklang sind, besteht wenig Hoffnung für den Kranken. Wenn der Kranke, die Krankheit und auch der Arzt auf einer falschen Stufe zusammen wirken, ist der Kranke nicht vor dem Abstieg zu bewahren. Dies zu verhindern ist die Aufgabe der Sādhanā.

Alle Hindu-Schulen suchen die rein tierischen und weltlichen Begierden zu unterdrücken. Das besondere der Kaulas aber ist nach dem Kulārṇava-Tantra, daß der Mensch sich mit Hilfe der Dinge erheben muß, die Ursache seines Falles sind. „Wenn man auf den Boden fällt, muß man sich mit Hilfe des Bodens wieder erheben." Auch der buddhistische Subhāṣita-Sangraha lehrt, daß man mit Hilfe eines Dorns einen Dorn herausziehen muß. Richtig angewendet, ist diese Methode eine durchaus gesunde. Den Menschen ziehen die natürlichen Triebe des Trinkens, Essens und Zusammenlebens herab. Werden diese aber in der rechten gefühlsmäßigen Verfassung und unter den beschriebenen Bedingungen ausgeführt, dann (heißt es) werden diese Hilfsmittel zum Aufstieg, bis das Ziel erreicht ist, an dem kein Ritual mehr notwendig ist.

Alle Einwände gegen das Shākta-Tantra werden von Menschen erhoben, die unwissend und ihm feindlich gesinnt sind. In manchen Fällen scheint es (ich spreche von Vorwürfen des Westens), daß man diese Rituale als übles Werk des Demiurgen verkannte. Andere sprechen von „Pantheismus". Mystiker, die sich mit Gott identifizierten, meinten, daß eine bewußte Vereinigung mit Ihm sie von den Regeln, die nur den gewöhnlichen Menschen angehen, befreie. Das Gesetz wurde zu dem einen Gebot der Liebe zu Gott vergeistigt, die zu einer bewußten Vereinigung mit Ihm hinreift, der eins ist mit dem innersten Wesen des Menschen.

Dies wurde für einen sündenlosen Zustand gehalten. So soll Amalrich von Bena (1204) gesagt haben, daß den Liebenden keine Sünde zugerechnet wird. Seine Nachfolger behaupteten sogar, daß selbst Unkeuschheit und andere Laster des Fleisches für den geistigen Menschen keine Sünde bedeuten, da sein Geist Gott ist und nicht vom Fleisch berührt wird, also auch nicht sündigen kann. Der Mensch, der nichts ist, kann nicht sündigen, so lange der göttliche Geist ihm innewohnt. Mit anderen Worten: Sünde ist ein relativer Begriff für den Menschen, der tugendhaft oder sündig sein kann. Im Zustand jenseits der Pflichten, in dem sich der Mensch mit dem Göttlichen identifiziert, das sein Wesen ist, gibt es keine Sünde mehr. Der Körper sündigt niemals, nur der Gedanke, solange er noch menschlich und nicht vom göttlichen Bewußtsein erfüllt ist. Johannes Hartmann soll von sich gesagt haben, daß er völlig eins mit Gott gewesen sei und ein Mensch, der geistig frei ist, nicht schuldig würde, was immer er auch tue. Im indischen Sprachgebrauch heißt dies, daß er ein Svechchhāchāri geworden ist (vgl. Döllinger: „Beiträge zur Sektengeschichte des Mittelalters", S. 384). Diese Art von „Gesetzlosigkeit" soll im späteren Mittelalter weit verbreitet gewesen sein und drang auch in einige Bereiche der sogenannten Reformation ein.

Andere Vorstellungen, die zu ähnlichen Ergebnissen führen, beruhen auf quietistischen und calvinistischen Lehren, nach denen der menschliche Wille so sehr dem göttlichen untergeordnet ist, daß er seine Freiheit verliert. So erklärte Gomar (1641 n. Chr.), daß „Sünden stattfinden, weil Gott sie zuteilt und es Sein Wille ist, daß sie geschehen". Gott wird auf diese Weise zum Urheber der Sünde.

Selbst eine Handlung, die, von außen betrachtet, lasterhaft erscheint, kann nicht eine Seele beflecken, die in mystischer Vereinigung mit Gott lebt. Die „heiligen und sündenlosen" Wiedertäufer glaubten, daß ein Erwählter nicht sündigen könne, eine häretische Lehre, die oft in der Geschichte theologisch-ethischer Spekulationen wiederkehrt, um zu betonen, daß der Gläubige tun darf, was er mag. Denn die Sünde befleckt nur seinen Körper, mit dem die Seele ebensowenig zu tun habe wie mit irgendeinem anderen Ding dieser Welt (Belfort Bax: „Anabaptisten", S. 35). Die „freien Brüder" glaubten, daß der Wiedergetaufte nicht sündigen kann, da kein körperlicher Akt die Seele des Gläubigen berührt. Frauen, die mit diesen Brüdern zusammen lebten, sündigten nicht, weil ein geistiges Band sie verband (ebda. S. 38).

Franziska Gracia soll behauptet haben, daß ihre sexuellen Ausschweifungen Gottes Zustimmung hätten und in der fleischlichen Begierde Gott begehrt würde (Lea: „Inquisitionen in Spanien" III, 62). Ähnliches wird von den französischen Illuminaten des 17. Jahrhunderts berichtet, von den deutschen „Theosophen" und unter anderem auch von einigen modernen russischen Sekten (Tsakni: „Das sektiererische Rußland").

Wohl muß man in diesen und anderen Fällen die Berichte mit Vorsicht aufnehmen, da sie von Gegnern stammen, doch ist zweifellos die häretische „Antinomie" eine wohlbekannte Erscheinung in der Geschichte der Religionen und steht häufig in Verbindung mit den sogenannten „pantheistischen" Lehren.

Auf die häretischen Lehren der italienischen Nonnen Spighi und Buonamici, über die Bischof Scipio de Ricci berichtet („der Mensch ist frei geboren und niemand kann seinen freien Geist fesseln"), soll hier näher eingegangen werden, da Edward Sellon („Anmerkungen zu den Schriften der Hindus") meint, in den italienischen Klöstern des 18. Jahrhunderts ein Gegenstück zu den tantrischen Lehren gefunden zu haben. Ich werde einige Gründe anführen, die diese Ansicht verneinen. Sie sind in einem sehr seltenen Werk enthalten, der ersten Ausgabe von de Potter's „Leben des Scipio, des Bischofs von Pistoia und Prato" (veröffentlicht 1825 in Brüssel), das in der nächsten Auflage auf päpstliches Geheiß weitgehend umgearbeitet wurde. Der Bischof von Pistoia und Prato, der von den Mißbräuchen im Dominikanerkloster von Sta. Katharina gehört hatte, leitete eine Untersuchung über das Betragen der Nonnen ein, besonders aber über Lehre und Wandel der Leiterin, Schwester Buonamici, der früheren Priorin und späteren Novizenmeisterin, und der Schwester Spighi, ihrer Mitarbeiterin. De Potter's Buch enthält die Original-Verhöre auf italienisch (1381), die in der Schrift des „Abbé Laurent Palli" (1781), des bischöflichen Vikars in Prato enthalten und in den Archiven der Ricci-Familie aufbewahrt sind. Die Lehren der beiden Nonnen kann man wie folgt zusammenfassen: „Gott (I. 413, 418) ist ein erstes Prinzip (primo principio), in dem alle Menschen und alle Dinge zusammengefaßt sind – in Sanskrit Samashti. Dieser allumfassende Meister oder Gott ist die Natur. Da Gott die Totalität des Weltalls, also nichts anderes ist als die Natur, haben wir alle teil am göttlichen Wesen.

Die Seele des Menschen ist ein sterbliches Ding. Sie besteht aus Gedächtnis, Intelligenz und Willen. Sie stirbt mit dem Körper und löst sich auf wie ein Nebelgebilde. Der Mensch ist frei, und niemand kann seinen freien Geist fesseln (I. 428). Der einzige Himmel, die einzige Hölle sind Himmel und Hölle auf dieser Erde. Andere gibt es nicht. Nach dem Tode gibt es weder Freuden noch Leiden. Da der Geist frei ist, macht die Absicht eine Handlung böse. Es genügt (I. 460), den Geist zu Gott zu erheben, dann ist überhaupt keine Handlung mehr Sünde. Es gibt keine Sünde. Gewisse (unreine) Handlungen sind nicht sündig, solange der Geist zu Gott erhoben bleibt. Liebe zu Gott und dem Nächsten ist das einzige Gebot. Der Mann (I. 458), der sich durch die Frau mit Gott vereint, befolgt beide Vorschriften zugleich. Dasselbe gilt für jenen, der in geistiger Erhebung zu Gott mit einem Menschen gleichen Geschlechtes oder allein Befriedigung sucht.

Mit Gott vereint sein, heißt wie Mann und Frau leben. Das ewige Leben der Seele (I. 418) und das Paradies auf Erden ist die Verwandlung (oder Verschmelzung) in der Vereinigung von Mann und Frau. Marie Clodesinde Spighi, die behauptete, das Paradies sei die in der Welt genossene Gottesfreude, wurde gefragt, wie diese erlangt würde. Ihre Antwort war: „durch den Akt, in dem man sich mit Gott vereint". Nochmals befragt, wie diese Vereinigung stattfinde, gab sie die Antwort: „durch das Zusammensein von Mann und Frau, in dem Gott selbst erkannt wird" (I. 428).

Alles sei erlaubt, meinte sie, weil der Mensch frei ist. Auch Trunkenbolde könnten das Gesetz befolgen, das für die allgemeine Beherrschung der Welt gegeben ist. In dem, was wir irrtümlicherweise unrein nennen, liegt von Gott befohlene echte Reinheit. Ohne sie kann der Mensch zu keiner Erkenntnis von Ihm gelangen, der die Wahrheit ist. Auf die Frage, woher diese Lehren stammen, erwiderte die Nonne: „Ich empfing sie aus meiner natürlichen Veranlagung."

Während es nicht notwendig ist, den noch so unwissenden Indern zu erklären, daß dies keine christlichen Lehren sind, ist es doch nötig (wie Sellon's Bemerkung zeigt), den westlichen Leser darüber zu unterrichten, daß solches pantheistisches Freidenkertum nicht tantrisch ist. Ich möchte nicht alle unkeuschen und perversen Handlungen beschreiben, die diese sogenannten „Religiösen" ausüben, es mag vielmehr genügen, daß der Leser sich an das Vorhergehende erinnert, in dem erkennbar wird, daß ihre Lehren sowohl Sodomie, lesbische Liebe wie Selbstbefriedigung zulassen, Sünden, die das Tantra-Shāstra, wie jedes andere, verabscheut. Aus Unwissenheit oder Voreingenommenheit aber wird alles, was mit Frauen zu tun hat und der sexuellen Vereinigung einen religiösen oder sogenannten religiösen Anschein gibt, tantrisch genannt.

Ganz im Gegenteil aber lehrt das Shāstra, daß es Gott ist, der die Natur übersteigt, daß Dharma oder Moral alle Menschen beherrscht, daß es Sünden gibt und die hier erwähnten Handlungen unrein sind und zur Hölle führen. Denn (so wird gelehrt) es gibt Freude und Leid nicht nur in diesem, sondern auch in einem Leben nach dem Tod.

Es genügte Edward Sellon anscheinend die Tatsache, daß diese Frauen die Theorie von der Absicht einer Handlung verkündeten und die körperliche Vereinigung im Gefühl (bhāva) – um eine Sanskrit-Bezeichnung zu gebrauchen –, daß Frau und Mann Teil seien des einen göttlichen Wesens, um ihre Lehren und deren Anwendung für tantrisch zu halten. Oberflächliches Wissen ist gefährlich, wie sich hieraus ergibt. Diese verwerflichen Lehren sind nichts anderes als die religiöse und philosophische Grundlage für ein ungebundenes Leben, das das Tantra-Shāstra ebenso ausdrücklich verurteilt wie jede andere Schrift. Die Riten des Tantra fordern die Sittlichkeit der Sinne, indem rein tierische Triebhandlungen in Akte der Verehrung verwandelt werden. In der Schrift heißt es: „So wie Du Blumen, Weihrauch und ähnliches der Devatā in rajahafter Verehrung darbringst, so weise auch den physischen Funktionen ihren Platz zu und erinnere Dich, daß es Shiva ist, der durch Dich und in Dir wirkt." Die Lehre der „Brüder vom freien Geist" (Delacroix: „Der spekulative Mystizismus in Deutschland im 14. Jahrhundert"), so wie diese tatsächlich Anwendung fand, ähnelt in einigen Punkten den Lehren der Tantras und der Upanịshaden, da beide gemeinsame Grundregeln haben, über die ich noch sprechen will (vgl. auch Preger's „Geschichte der deutschen Mystik im Mittelalter").

Andere Lehren oder Übungen, die man ihnen vorwarf, sind dem Shākta-Darshaṇa und der Sādhanā vollkommen entgegengesetzt. Amalrich von Bena, ein Jünger des Scotus Erigena, hält Gott für alles: für Geschöpf, Schöpfer und das Wesen alles Seienden. Die Seele, die sich in der Kontemplation ihm naht, wird Gott selbst. Es wurde ihm vorgeworfen, daß seiner Lehre nach der Mensch in der Art Gottes nach seinem Belieben handeln und sündlos bleiben könne. Ebenso wurde die Lehre, daß der Brahmajñānī jenseits von Gut und Böse steht, im allgemeinen so mißverstanden, daß – wie immer auch der Fall bei einigen seiner Jünger gewesen sein mag – Vorwürfe gegen ihn in dieser Hinsicht unberechtigt sind.

Auch die Lehre der „Brüder vom freien Geist“ wurde von ihren Gegnern weitergegeben. Man behauptet, sie hätten zwei Arten von Religion gehabt – die eine für Unwissende (mūdha), die andere für die Erleuchteten (prabuddha). Die erste sei die überkommene Religion des Buchstabens gewesen mit den rituellen Vorschriften, die andere die der Freiheit und Geistigkeit. Wenn der Mensch wirklich erfährt, daß die Seele mit Gott wesensgleich ist (Identität von Jīvātma und Paramātma), wird er zu Gott. Dann steht er (als Brahmajñāni) jenseits aller Gesetze (dharma). Die gewöhnlichen Gesetze der Sittlichkeit gelten nur für jene, die nicht über sich hinausschauen und erkennen, daß eine Macht in ihnen wirkt, die all diesen Gesetzen überlegen ist. Mit Gott vereint, genießt der Mensch eine selige Freiheit. Er sieht die Sinnlosigkeit der Gebete, des Fastens und aller demütigen Unterwerfungen, die nichts an der natürlichen Ordnung ändern können. Er ist eins mit dem Geist aller Dinge.

Frei vom Gesetz folgt er seinem eigenen Willen (svechchhāchārī). Was der einfache Mann als Sünde bezeichnet, befleckt ihn nicht. Der Unterschied zwischen der sündigen Handlung und der Sünde besteht in der Absicht, mit der etwas getan wird und die erst Sünde schafft. „Der Engel wäre nicht gefallen, hätte er, was er getan, in guter Absicht vollbracht“. Der Mensch wird zu Gott, einschließlich all seiner Macht wie auch der letzten Elemente seines Körpers. Daher liegt die Weisheit nicht im Verzicht, sondern in der Freude und Befriedigung der Wünsche. Das quälende und unersättliche Begehren nach der Frau ist nur eine Form der unmittelbaren schöpferischen Kraft. Die Würde des Triebes adelt das Fleisch, und wer im Geist mit Gott vereinigt ist, kann straflos die sinnlichen Wünsche seines Körpers befriedigen. Es liegt nicht mehr Sünde in der ehelosen geschlechtlichen Vereinigung als in der ehelichen, und so fort.

Auf Grund der Berichte von diesen Sekten und unserer Kenntnis des Ausmaßes an Mißverständnissen über solche pantheistischen Lehren, können wir mit Recht daran zweifeln, ob diese Vorwürfe der Gegner tatsächlich in allen Einzelheiten die wahre Lehre darstellen.

Es ist höchst wahrscheinlich, daß zumindest einige der verurteilten Ausschweifungen von falschen Brüdern begangen wurden, die diese Lehre als erfreuliche Entschuldigung und Ermunterung für ihre Unkeuschheit nahmen. Wie die Bemerkung von Delacroix erkennen läßt, sollte man eine Lehre – und wir können hier an die Shāktas denken – nach ihren wahren Anhängern beurteilen und nicht nach jenen Betrügern, die sich gern von Sekten angezogen fühlen, deren Lehren die Möglichkeit für Ausschweifungen geben.

Neben einigen Ähnlichkeiten zwischen der Kaula-Lehre und den westlichen pantheistischen Lehren, auf die ich oben hingewiesen habe, bestehen offensichtlich starke Gegensätze. Einige tun so, als ob intellektuelle und moralische Abweichungen charakteristisch für Indien seien. Kein Land entgeht solchen Verirrungen; aber das gedankliche und moralische Chaos des Westens hat die schlimmsten hervorgebracht. Mit Ausnahme der atheistischen Chārvākas und Lokāyatas hat keine indische Sekte die Freude an sinnlichen Genüssen zu eigener Befriedigung gelehrt oder die Begehung irgendeiner (selbst einer nicht gewöhnlichen) Sünde gerechtfertigt. Dies würde auch dem gesamten Denken und aller Moral

Indiens entgegenstehen; denn ihnen zufolge wohnt der Natur allen Seins ein Gesetz (dharma) inne, dessen Verletzung sündhaft ist und durch böses Karma in dieser und in der nächsten Welt (paraloka) bestraft wird.

Man glaubt und lehrt, daß das Ende der Menschheit immerwährende Glückseligkeit ist, die aber nicht durch die Befriedigung weltlicher Wünsche erreicht werden kann. Nach dem Kaula kann Befreiung (mokṣha) überhaupt erst erlangt werden, wenn der Mensch keine weltlichen Wünsche – weder gute noch böse – mehr hat. Neben dem ewigen Dharma (sanātana-dharma), das für alle gleich ist, gibt es noch besondere Formen des Dharma, die bestimmte Körperteile des Menschen beherrschen. Darum sollte der Mensch nicht auf ungesetzliche Weise seine sinnlichen Begierden erfüllen. Die Bedingungen, unter denen eine gesetzmäßige Befriedigung möglich ist, sind nach Form, Grad, Zeit und Ort verschieden. In diesem Sinn ist – nach der Sarvollāsa – die Ehe eine überkommene Vereinbarung (pāribhāshika). Daß die Konvention, der das Individuum unterliegt, befolgt wird, ist sein Dharma.

Sünde, heißt es weiter, liegt in der Absicht, nicht in einem gesonderten physischen Tun. Im anderen Fall würde ein Kind, das den Yoni der Mutter berührt, wenn es ihrem Schoß entwächst, der fürchterlichen Sünde schuldig werden, die Guru-talpaga heißt. Von den verschiedenen Absichten, die der gleichen Handlung zugrunde liegen, gibt die Tantra-Lehre ein Beispiel: die Frau wird mit einem anderen Gefühl geküßt als die Tochter (bhāvena chumbitā kāntā bhāvena duhitānanam). Nach den Worten der Sarvollāsa geht ein Mann, der mit einer Frau lebt und solches für eine Sünde hält, die zur Hölle führt, tatsächlich dorthin. Wenn eine an sich gesetzmäßige Handlung in der Annahme ausgeführt wird, daß sie unrechtmäßig ist, und man die bewußte Absicht hat, etwas Unrechtes zu tun, dann begeht man eine subjektive Sünde.

Die Kaula-Lehre und ihre Anwendung mag, vom Westen aus gesehen, nur in dem Sinne ungesetzlich erscheinen, daß sie, ebenso wie die Upaniṣhaden, annimmt, der Brahmajñāni stehe jenseits von Gut (dharma) und Böse (adharma) und daß einige Übungen dem entgegengesetzt sind, was der durchschnittliche Hindu-Verehrer als gesetzmäßig anerkennt. Darum halten einige das Shākta-Darshaṇa für unvedisch. Das beste aber wäre, dem Westen seine eigene Meinung zu lassen und den Osten von dessen Standpunkt aus zu betrachten.

Wenn auch alles Negative aufgezeigt wurde, so sind doch die Mißbräuche einiger Tantriker weder an sich noch in ihrem Ausmaß mit der im Westen weitverbreiteten schweren Prostitution, Trunkenheit und Gefräßigkeit, mit den sexuellen Perversitäten und den sogenannten pathologischen – in Wirklichkeit aber dämonischen – Ungeheuerlichkeiten zu vergleichen. Um ein Beispiel zu nennen: Ist das Weintrinken einer für das ganze Land geringen Anzahl von Vāmāchārī-Tantrikern etwa mit dem Verbrauch von Whisky in einer einzigen Stadt wie Kalkutta zu vergleichen? Ist dieses Whisky-Trinken weniger verdammenswert, weil es Pashupāna ist, oder weil es die sinnliche Begierde stillen soll? Die dualistische Auffassung, daß die „Würde" einer Religion vermindert wird durch die Verbindung mit natürlichen Funktionen, ist irrig.

Der bekannte englische Schriftsteller Sir Conan Doyle, der zweifellos auf diese und andere Übel anspielt, ist der Meinung, daß wir Abendländer im letzten Viertel des vorigen Jahrhunderts, mit einigen Ausnahmen, in der schlimmsten Epoche der Weltgeschichte lebten. Wie dies auch sein mag: wenn unsere eigenen großen Sünden hier bekannt wären, würden die tatsächlichen oder vermeintlichen Sünden der Tantriker richtiger beurteilt. Auch gäbe es eine wirksamere Antwort auf die ständigen Vorwürfe gegen die Devadāsīs und vermutete oder wirkliche sexuelle Handlungen, die mit der indischen Art der Verehrung verbunden sind.

Im Augenblick ist das Maß an Enthaltsamkeit und sexueller Beherrschung in Indien größer als im Westen. Zweifellos ist es richtig, daß Mißbräuche, die unter einer scheinbaren religiösen Billigung stattfinden, schlimmer sind als ein Übel, das im Bewußtsein seiner Schlechtigkeit getan wird. Ich scheue mich aber nicht, anzunehmen, daß die dauernde Betonung eines besonderen Merkmals des Tantra-Shāstra, die im Unwissen über die besonderen Riten und unter Vernachlässigung aller anderen Inhalte der Āgamas geschieht, nur ein Teil der allgemeinen Angriffe ist, die gegen die indische Religion erhoben werden. Das Tantra-Shāstra wird zweifellos für eine sehr nützliche und schwere Waffe gehalten und deswegen ständig angeschossen. Sicherlich werden einige nicht sogleich annehmen, daß diese Waffe weniger furchterregend ist. Auch will ich nicht bestreiten, daß es Mißbräuche gab und daß einige Riten abstoßend sind und von der Gesellschaft abgelehnt werden sollten. Ebensowenig gebe ich den Rat, daß man irgendwelche Lehren und Übungen annehmen soll, die der heutigen Moral nicht entsprechen.

Meine Meinung ist folgende: wahrscheinlich wäre es im allgemeinen besser, wenn der Mensch niemals Alkohol in Form von Spirituosen tränke oder Fleisch essen würde, das Ursache mancher Krankheiten ist. Wenn es auch heißt, daß „Töten" zu Opferzwecken kein Töten ist, so würde doch unleugbar jeder Abstand vom Schlachten mit Ahiṁsā, der Lehre von der Nichtgewaltsamkeit, besser übereinstimmen. Übrigens wirkt das Fleischessen auf einer bestimmten Stufe abstoßend. Ähnliche Gefühle erwachen auch im Westen, wo selbst der Fleischesser aus Ekel und zunehmendem Gefühl für Anstand die Schlachthäuser in möglichst weiter Entfernung errichtet.

Sexuelle Irrwege sind überall zu beobachten. Was der Einzelne sich aber gestattet, wird er selten für andere fordern – ebensowenig deren Laster stärken.

Auch dies war nicht die Absicht des Shāstra. Es ist wohl bekannt, daß manches scheinbar religiöse Gefühl mit Sinnlichkeit verbunden ist, auch wenn das religiöse Leben nicht nur „eine Ausstrahlung des Zeugungstriebes" ist (vgl. Cohen: „Religion und Trieb"). Ich spreche von der Grundlage, auf der diese Tantra-Übungen beruhen. Das Abstoßende soll durch die Ansicht gerechtfertigt werden, daß der Sādhaka jenseits aller Freuden und Abneigungen steht und Brahman in diesem allen erkennen soll. Die westliche Kritik aber wird einwerfen, daß wir die Ausübungen vom praktischen Standpunkt aus beurteilen müssen. Diese Überlegung bewog Professor de la Vallée Poussin („Studien und Beiträge zum Buddhismus") zu der Feststellung, daß in diesem Land etwas vorherrscht, was Taine „vernünftigen Wahnsinn" nannte. Die Hindu schrecken vor keiner noch so fremdartigen Schlußfolgerung zurück und nehmen auch willig das Widersinnige an. Dies mag übertrieben sein, aber es ist wahr, daß die indische Gemütsart eine unbedingte ist. In solcher Einstellung, die von bezwingender Größe ist, liegen auch die Fehler ihrer Vorzüge. Von diesen Gefahren ist jeder frei, der einen Kompromiß zwischen Leben und Vernunft eingeht. Noch ein Einwand: Einige der Lehren und Übungen, die hier beschrieben wurden, sind niemals für die Allgemeinheit bestimmt gewesen.

Wie schon erwähnt, ist die Frage nach diesem besonderen Ritual weitgehend nur von historischem Wert. Die Übungen haben sich im Lauf der Zeit verändert, wenn sie nicht überhaupt mit anderen rituellen Bräuchen früherer Zeiten zusammen längst vergangen sind. Abgesehen von meinem Wunsch, so weit wie möglich die Vorwürfe fortzuräumen, die schwer auf diesem Land lasten, möchte ich zuerst aufzeigen, daß dieses Ritual keine moderne Erfindung, sondern eine andersartige Fortsetzung der alten vedischen Bräuche ist; zum zweiten, daß es, wie das übrige Ritual, über das ich berichtete, eine Anwendung des Advaitavāda der Upanishaden ist und schließlich, daß ihm – wenn wir allgemein abstoßende und radikale Übungen, die zum Mißbrauch führten, beiseite lassen – ein tiefer Gedanke zugrunde liegt, der in den täglichen körperlichen Handlungen rechtmäßig und fördernd angewendet werden kann, soweit dies der Dharma des Menschen erlaubt. Auf diese Weise mag man ein echter Vīra werden, der – wie es heißt – nicht über starke physische oder sexuelle Kräfte verfügt, der kein großer Kämpfer, Esser, Trinker oder ähnliches ist, sondern

Jitendriyah satyavādt nityānushthāna-tatparah
Kāmādi-validānashchasa vīra iti gīyate.

„Ein Held, der seine Sinne beherrscht hat und die Wahrheit sagt, der in immerwährender Anbetung verharrt und Gier und alle anderen Leidenschaften geopfert hat."

Diese Eigenschaften zu erlangen, ist das Ziel aller tantrischen Sādhanā, was immer auch über einige ihrer Mittel gesagt werden mag.

XXVIII. Kapitel

MATAM RUTRA
Die rechte und die falsche Auslegung

Im Zusammenhang mit der zuvor beschriebenen Lehre und der Sādhanā mag es angemessen sein, die hier folgende Legende aus Tibet zu erwähnen. Sie zeigt, wie Sādhakas sie richtig oder falsch auslegen können, und wie – im letzteren Fall – furchtbares Unheil ausgelöst werden kann.

Der Guru Padma-Saṃbhava, der sogenannte Gründer des „Lamaismus", hatte fünf weibliche Schülerinnen, die Berichte über die Lehren ihrer Meister gesammelt und sie zum Segen künftiger Schüler an verschiedenen Orten verborgen hatten. Eine von ihnen – Khandro Yeshe Tsogyal – stammte aus Tibet. Es hieß, sie hätte über eine so wunderbare Gabe des Gedächtnisses verfügt, daß sie für immer behielt, was ihr ein einziges Mal erzählt wurde. Sie sammelte alles, was sie von ihrem Guru gehört hatte, in einem Buch, das „Padma Thangyig Serteng" oder „Der goldene Rosenkranz der Lebensbeschreibung ihres Guru" genannt wurde. Dieser hieß der Lotus-Geborene (padma-saṃbhava). Das Buch wurde versteckt und vor etwa fünfhundert Jahren von einem Terton durch innere Eingebung wieder aufgefunden.

Das erste Kapitel dieses Werkes handelt von Sukhavatī, dem Reich des Buddha Amitābha. Im zweiten Kapitel wird geschildert, wie Buddha einen Strahl aussendet, der sich zum Heil des Weltalls verkörperte. Das dritte erzählt, daß ein Buddha und Guru in verschiedenen Welten und zu verschiedenen Zeiten zusammen wirkten: Der eine predigte die Sūtras, der andere die Tantras. Im vierten Kapitel wird von den Mantras und den fünf Dhyānī-Buddhas gesprochen (hierzu vgl. das Shrīchakra Sambhara-Tantra in den Tantrik-Texten Ed. Avalon); das fünfte Kapitel enthält das Thema dieses Kapitels: einen Bericht über den Ursprung des Vajrayāna-Glaubens.

Diesem Kapitel liegt eine Übersetzung zugrunde, die Kazi Dawasamdup aus Teilen des Thangyig-Serteng für mich herstellte. Mir wurde hierbei – ich möchte dies betonen – die Hilfe des außerordentlich gelehrten Lama Ugyen-Tanzin zuteil, der mir die innere Bedeutung der Legende erhellte. Ich kann hier nicht auf Einzelheiten eingehen, sondern nur einige Anhaltspunkte geben, die es Fachkundigen ermöglichen werden, das übrige zum großen Teil für sich allein zu erarbeiten. Es ist der Bericht über eine furchtbare Symbolik, in der das Böse um seiner selbst willen dargestellt wird.

Die Geschichte handelt vom Aufstieg und Fall des Selbst. Der Schüler „Übermenschlicher Glaube", der später der Bodhisattva Vajrapāni wurde, stellt den Aufstieg dar, das „Schwarze Heil", das sich als Dämon Rutra verkörperte, den Fall. Es war kein gewöhnlicher Mensch, denn zur Zeit seiner Einweihung hatte er bereits acht der dreizehn Stufen (bhūmikā) erreicht, die zur vollkommenen Buddhaschaft führen. Seine Kräfte waren dementsprechend groß. Aber je höher der Aufstieg, desto tiefer der Fall. Da er – wie so viele andere – die tantrische Lehre mißverstand und falsch anwendete, stürzte er in die Hölle. Außergewöhnliche Menschen, die „dunkle Lehren" verkündeten, wie die des Thubka, „der kaum zu überwältigen war", scheinen nicht versäumt zu haben, die weniger entwickelten Brüder vor den Gefahren zu warnen. Es wird allgemein in Tibet von den sogenannten „heroischen" Übungen des extremen Yoga behauptet, daß diese den Schüler mit größter Schnelligkeit entweder zu den Höhen des Nirvāṇa hinaufführen oder sie in die Tiefen der Hölle stürzen. Der Schüler wird mit einer Schlange verglichen, die einen hohlen Bambus erklettert. Sie muß aufsteigen, doch sich an der Spitze in acht nehmen, daß sie nicht gleich wieder herunterfällt.

Trotz solcher Warnungen sind viele der gemeinen Masse, der Lasterhaften, der Unverständigen oder der Narren, die mit dem Feuer spielen, in Höllen gestürzt, die weit schrecklicher sind als jene, die menschliche Unzulänglichkeiten auf einem langsamen, aber sicher fortschreitenden Lebensweg erwarten. Wenn auch „Schwarzes Heil" ein hochentwickelter Schüler war, mißverstand er doch die Lehre seines Lehrers und identifizierte sich bewußt mit dem Welt-Übel. So stürzte er in die Hölle. Nach einer gewissen Zeit erhob er sich wieder und verkörperte sich zuerst in grobstofflichen Formen, bis er später in der Gestalt eines großen Rutra erschien – als Verkörperung alles Schlechten. Der tibetische Rutra ist dem Sprachgebrauch nach der gleiche wie der indische Rudra, seiner Bedeutung nach aber verschieden. Beide sind wilde und schreckliche Geister. Der hier geschilderte Rutra aber ist seinem Wesen nach böse und ist weder der Gott eines sinnenhaften himmlischen Paradieses, noch die kosmische Shakti, die das Geformte auflöst.

Ein Rutra wird in gewissen geheimen Kreisen (wenn auch in ungrammatischem Sanskrit) Adhātmā genannt, eine Seele auf dem niederen zerstörerischen Pfad. Die allgemeine zerstörende Energie (saṁhāra-shakti) benutzt für ihre Zwecke die zersetzenden Triebe solcher Gestalten. Das Böse, das als Rutra erscheint, ist Ausdruck für verschiedene Arten von Selbstsucht. Matam Rutra ist die Selbstsucht, die dem groben physischen Körper anhaftet. Alle Lebewesen der Welt drücken ihre Gefühle mit Worten aus, wie: „Ich bin glücklich, unglücklich" und so fort. Dies alles verkörpert sich in der Sprache des Rutra als Akar Rutra. Khatram Rutra ist die Selbstsucht der Gedanken, wenn man etwa von einem Gegenstand sagt: „Er gehört mir."

„Schwarzes Heil" wurde ein Rutra von so furchtbarer Macht, daß die Buddhas auftraten, um ihn und die Welt zu retten. Auf vierfache Weise ist die Hilfe der Buddhas und Bodhisattvas möglich: auf friedvolle, auf große oder anziehende Weise, durch Faszination, die den anderen entmächtigt (vashīkaraṇam) oder auf die ernste Art – durch offene und gerade Kraftanwendung. Alle Formen der Selbstsucht müssen zerstört werden, damit das reine „Das, was ist" oder das formlose Bewußtsein erlangt werden kann. „Schwarzes Heil" verkörperte sich als der Stolz der Selbstsucht in seiner schrecklichsten Form. Um ihn zu unterwerfen, mußten die beiden letzten Methoden angewendet werden. Der Eine, Ruhmreiche erlöste ihn durch das Leid, das alle Sünder erwartet. So wurde er zum „Dunklen

Verteidiger des Glaubens", dem er in seinem selbstsüchtigen Abfall abgeschworen hatte und später zum Buddha, der bekannt ist als „Herr der Asche" in der Welt, die die „unmittelbar aus sich selbst geschaffene" heißt. Wie dies geschah, erzählt die Legende:

Nach dem fünften Kapitel des „Goldenen Rosenkranzes" wurde Guru Padma Vajradhara als Bhikṣhu Thubkazhonnu wiedergeboren, das heißt, als „Jüngling, der schwer zu überwältigen ist". Er war ein Anhänger des Tantra, das eine absonderliche Lehre predigte, die in folgenden Strophen zusammengefaßt ist:

„Er, der erreicht hat „Das was ist",
Das unerschaff'ne Ansich-Sein
Bleibt unberührt von den „Vier Dingen",
So wie die Wolke, die am Himmel zieht,
An diesen nicht gebunden ist.
Das ist der Weg des höchsten Yoga.
Es gibt in den drei Welten
Höheres an Weisheit nicht."

Der Guru hatte zwei Schüler, Kuntri und dessen Diener Pramadeva. Diesem wurde in der Einweihung der Name „Übersinnlicher Glaube", jenem der Name „Schwarzes Heil" gegeben. Dieser Name war eine prophetische Voraussage seiner Rettung, die nicht durch friedliche oder erfreuliche Mittel, sondern durch den gerechten Zorn der Jīnas erfolgen sollte. Die wahre Bedeutung der Verse, die Pramadeva gab und die der Guru bestätigte, ist folgende: ‚Das reine Bewußtsein (dagpa-ye-shes) ist die Grundlage des begrenzten Bewußtseins (rnam-shes) und heißt in der Schrift „Das was ist" – nämlich, das echte, unerschaffene „Ansich-Sein". Dieses Selbstsein unberührt und unbewegt erhalten, ist der Pfad des Tantra. Leidenschaften (klesha) sind wie Wolken, die den weiten Horizont durchziehen (diese Wolken heben sich vom Hintergrund des Raumes ab und berühren ihn nicht). So berühren die Leidenschaften die Leere (shūnyatā) nicht, sondern lösen sich in ihr auf. Beim Aufsteigen muß man in der dreifachen Vollendung (Handeln, Nicht-Handeln, vollkommene Ruhe) verharren. Das ist die Bedeutung der Lehre unseres Lehrers Thubka.

Dieses aber wurde vom „Schwarzen Heil" mißverstanden. Er meinte, es bedürfe keinerlei Anstrengung, um sich durch Verdienste zu retten, sondern er sollte sich den vier Handlungen sündiger Freuden – durch Auge, Nase, Zunge und Geschlechtsorgan – hingeben. So geriet er in Streit mit seinem Glaubensbruder Pramadeva und später mit seinem Guru; auf seine Veranlassung wurden beide verfolgt und des Landes verwiesen. Nach einem unbekümmerten und von Sünden verhärteten Leben, in dem er eine Reihe von Jahren die verschiedensten teuflischen Handlungen ausgeübt hatte, starb er reuelos. Er kam in die Hölle und verbrachte dort zahllose Jahre. Am Ende der Zeitperiode des Buddha Dīpakara (Marmedzad oder „Lichtspender") wurde er einige Male als riesiges Seeungeheuer wiedergeboren. Zuletzt wurde er, kurz vor Erscheinen des letzten Buddha Shākya-Muni, als Sohn einer Frau von lockeren Sitten im Land der Rākṣhasas, das Lankāpurī heißt, geboren. Diese Frau pflegte mit drei Geistern eheliche Verbindung: des morgens mit einem Deva, am Nachmittag mit einem Feuergeist und am Abend mit einem Daitya.

„Schwarzes Heil“ wurde im achten Monat als Kind dieser drei Geister geboren – ein schreckliches Ungeheuer von schwarzer Farbe mit drei Köpfen, sechs Händen, vier Füßen und zwei Flügeln. Sein Anblick war furchterregend, und sofort nach seiner Geburt verschwanden alle günstigen Zeichen im Lande, und die achtzehn ungünstigen traten in Erscheinung. Bösartige Epidemien verbreiteten sich über ganz Lankāpurī. Einige starben, andere litten, und überall herrschte Elend. Klagen, Hungersnot und Leid, Krankheiten, Blutvergießen, Brand, Dürre, Überschwemmungen und alles nur mögliche Unheil breitete sich über das Land aus. Selbst die Träume waren voller Schrecken, und unheimliche Vorzeichen einer großen Katastrophe bedrückten jeden. Böse Geister durchstreiften das Land, und das Unheil war so groß, daß es schien, als wären alle guten Taten mit einmal ausgelöscht.

Die Mutter, die dieses Ungeheuer geboren hatte, starb neun Tage nach seiner Geburt. Das Volk beschloß, dieses grauenerregende Kind an den Leichnam seiner Mutter zu binden und mit ihr zu begraben. Diese wurde, das Kind an der Brust, auf einer Tragbahre zum Friedhof gebracht und zu Füßen eines giftigen Baumes niedergesetzt, an dessen Wurzel die Höhle eines Ebers lag. Um die Mitte des Stammes ringelte sich eine giftige Schlange, und ein Raubvogel nistete auf seinen obersten Zweigen. Diese Tiere gelten als Sinnbild der Lust, des Zorns und der Gier, die das Feuer der Ichsucht entfachen.

Auf dem Platz erhob sich ein hohes Grabmal, das von den Rākṣhasas erbaut war, die ihre Toten am Fuße des Baumes liegen ließen. Elefanten und Tiger legten sich hier zum Sterben hin, Schlangen suchten den Ort heim, und hexenartige Geister – Dākinīs und Ghouls genannt – brachten menschliche Körper dorthin.

Nachdem die Träger die Bahre hingestellt und alleingelassen hatten, rettete das Kind sein Leben, indem es aus den Brüsten der mütterlichen Leiche trank. Sieben Tage lang floß eine dünne gelblich-wässrige Flüssigkeit aus ihnen. Dann saugte es das Blut aus dem Körper und lebte eine weitere Woche. Später nagte es an der Brust und lebte eine dritte Woche; dann aß es die Eingeweide und lebte wieder eine Woche. Das äußere Fleisch, das es nun aß, gab ihm eine fünfte Woche Lebensfrist. Zuletzt zerkaute es die Knochen, saugte das Mark aus ihnen, trank die Säfte und das Gehirn und lebte wieder eine Woche lang. Auf diese Weise entwickelte es sich innerhalb von sechs Wochen zu seiner vollkommenen physischen Reife.

Nachdem der nun Herangereifte die vorhandene Nahrung aufgebraucht hatte, ging er umher, und diese Bewegung zerschmetterte das Friedhofs-Gebäude. Er beobachtete die Ghouls und Dākinīs, die menschliche Leichname verzehrten und tat das gleiche. Das menschliche Blut trank er aus den Totenschädeln. Seine Kleidung bestand aus getrockneter menschlicher Haut und den Fellen toter Elefanten, deren Fleisch er verzehrte. Ebenso aß er das Fleisch von Tigern und hüllte seine Lenden in ihr Fell. Aus Schlangen machte er sich Armbänder, Spangen, Halsketten und Girlanden. Seine Lippen waren dick mit kaltem Fett beschmiert und sein Körper bedeckt von der Asche des brennenden Bodens. Er trug, zu einer dreifachen Halskette verschlungen, eine Girlande aus Totenschädeln, eine andere mit frisch abgeschnittenen und eine dritte mit verfaulenden Köpfen. Jede Backe hatte einen Blutfleck.

Seine großen, stets zornerfüllten Köpfe waren dreifarbig, wild und schrecklich anzusehen. Der mittlere Kopf war dunkelblau, der rechte weiß und der linke von roter Farbe. Körper und Glieder waren von gigantischem Wuchs und Maß und sahen aschgrau aus. Seine Haut war rauh, und sein Haar steif wie Schweineborsten. Der weitgeöffnete Mund zeigte Fangzähne, die fürchterlichen Augen starrten unbeweglich. Die Hälfte des dunkelbraunen Haares stand aufrecht und wurde von vier verschiedenen Schlangen zusammengehalten. Die Nägel an den Fingern und Zehen ähnelten den Krallen von Raubvögeln und ergriffen alles, was in ihrer Reichweite war: Tiere und menschliche Leichname, die er zerquetschte und hinunterschluckte.

Er trug einen Dreizack und andere Waffen in seinen rechten Händen, die linken füllten die geleerten Totenschädel mit Blut, das er mit großem Genuß trank. Es war ein Ungetüm an Häßlichkeit, das Lust an allen möglichen gottlosen Dingen hatte. Seine unnatürliche Nahrung bewirkte einen seltsamen Glanz auf seinem Gesicht, das ein mattes und doch starkes, schreckliches Licht ausstrahlte. Sein Atem war so giftig, daß, wer ihn spürte, von Übeln befallen wurde. Seine Nüstern hauchten Krankheit aus. Seine Augen, Ohren, Arme brachten 404 verschiedene Übel hervor. So verbreiteten sich zu gleicher Zeit Paralyse, Epilepsie, Schwellungen, Blasenleiden, Hautkrankheiten, Rheumatismus, Gicht, Koliken, Cholera, Lepra, Krebs, Pocken, Wassersucht und noch viele andere Geschwüre und Beulen. (Denn schlechte Gedanken und Handlungen machen den Lebensgeist krank; daher kommen die großen Übel).

Der Name dieses großen Dämons war Matam Rutra. Er war die Frucht des Karmas der großen Schlechtigkeit seines früheren Lebens als Tharpa-Nagpo.

Zu jener Zeit herrschte in jedem der 24 Pilgerstätten ein mächtiger zerstörerischer Bhairava-Geist. Diese Devas, Gandharvas, Rākshasas, Asuras und Nāgas waren stolze, bösartige und mächtige Geister, herrschsüchtige Bezwinger der Menschen mit starken magischen Kräften der Täuschung und Verwandlung, die die Länder durchstreiften. Sie trugen die acht Grabgewänder, die sechs Arten von Knochen-Schmuck und verschiedene Waffen. Sie wurden von ihren weiblichen Gefährten begleitet und ergötzten sich an aller Art unzüchtiger Orgien. Ihre Hauptbeschäftigung bestand darin, alle Lebewesen zu töten. Nach einer gemeinsamen Beratung wählten diese unmenschlichen Geister Matam Rutra zu ihrem Herrn und wurden seine Diener. Inmitten dieses schrecklichen Gefolges verschlang er weiter menschliche Wesen, bis die Menschheit fast vernichtet und die Städte leer waren. Er war die furchtbarste Geißel, die die Erde jemals gesehen hatte. Alle, die in diesen Tagen starben, fuhren zur Hölle. Matam Rutras Stolz aber kannte keine Grenzen. Er glaubte, daß niemand größer sei als er und brüstete sich laut: „Wer ist größer und mächtiger als ich? Wenn irgendein Gott die Macht hat, mich zu vertreiben, dann will ich mich ihm unterwerfen.“ Da niemand ihm widersprach, wurde die Welt von tiefer Schwermut befallen. Da verkündete Kalī:

„Im Lanka-Land, dem Land der Rākṣhasas,
In einem Teil der Stadt, Koka-Thangmaling genannt,
Auf dem Berg von Malaya, dem Wohnort des Donners,
Lebt der Herr von Lankā, der König der Rākṣhasas,
Ein Jünger des Lichtspenders Buddha.
Sein Ruhm übertrifft weithin den Deinen,
Unbesiegbar ist er im Kampf,
Er schläft in Ruhe und erwacht in Frieden."

Als das der stolze und ruhmsüchtige Dämon hörte, entbrannte er. Sein Körper sandte Flammen aus, mächtig genug, um alle Welten bei der großen Kalpa-Zerstörung zu verzehren. Seine Stimme hallte wie schweres Grollen von tausend Donnerschlägen zugleich, Feuerfunken sprühten mit gewaltiger Kraft aus seinem Mund. Er erfüllte damit alle Himmel, und mit der Schnelligkeit eines Meteors drang er in die Hauptstadt der Rākṣhasas, Koka Thangmaling, ein. Von seinem Lager aus verkündete Matam Rutra stolz seinen Namen, vor dem das ganze Land Lanka wie von einem Erdbeben erzitterte. Die Rākṣhasas – Männer wie Frauen – entsetzten sich sehr. Der König der Rākṣhasas sandte Spione aus, um den Grund für dieses Geschehen zu erfahren.

Diese sahen die furchtbare Kraft des Dämon und brachten, entsetzt von diesem Anblick, die beängstigende Nachricht ihrem König. Dieser versenkte sich eine Weile in Samādhi und weissagte das folgende: „Einer, der das Herz seines Gurus gemartert und das Herz seines Freundes und Bruders gebrochen hat, der hochmütige Sohn, der aus drei Höllen entlassen wurde, wird hier wiedergeboren werden, und mit Sicherheit wird er den Herrn von Lankā unterwerfen. Am Ende aber wird er von vielen Sagatas (den Seligen oder Buddhas) besiegt. Aus diesem Ereignis wird der Anuttara-Vajrayāna-Glauben geboren." Nachdem der Buddha Marmedzad dieses offenbart hatte, wollte er sich überzeugen, ob sich diese Prophezeiung auf den Matram-Rutra-Dämon bezog. So sammelte er eine Truppe von Rākṣhasas, um mit den Mächten des Dämons zu kämpfen. Matam Rutra war darüber sehr erzürnt und rief:

„Ich bin der Große, Unsichtbare ohne Gleichen;
Ich bin Ishvara Māhadeva
Die großen Könige der vier Gegenden sind meine Vasallen,
Die acht verschiedenen Stämme der Geister sind meine Sklaven.
Ich bin der Herr der gesamten Welt.
Wer wagt mir zu widerstehen und mich herauszufordern,
Mich, Rutra, Matra, Marutra!"

Mit diesem Schlachtruf überwältigte er die Truppen der Rākṣhasas. Der König der Rākṣhasas unterwarf sich mit seinem Heer dem König der Dämonen und sprach: „Ich bereue, daß ich Dir Widerstand geleistet habe in der Hoffnung, den Glauben Buddhas aufrechtzuhalten und ihn zu verbreiten. Nun unterwerfe ich mich Dir und werde Dein getreuer Untertan. Ich werde mich nicht wieder gegen Dich erheben."

Nachdem Matram Rutra die Rākṣhasas geschlagen hatte, nahm er den Titel Matamka an: Häuptling aller Rākṣhasas. Sein Stolz wuchs immer höher und er verkündete: „Wer ist größer als ich?"

Nun erregte Kālī in kluger Überlegung erneut seinen Ehrgeiz und Stolz, denn sie sprach zu ihm: „Der Herr, der die Heere der Asuras (Lhamin = das bedeutet „Nicht-Devas") beherrscht, Mahākaru ist mächtiger als Du." Da fiel er mit seiner dämonischen Macht in das Reich der Asuras ein, und alle Asuras wurden von schrecklichen Krankheiten heimgesucht und vermochten nicht mehr, ihm zu widerstehen. Matram Rutra ergriff den König der Asuras am Bein und wirbelte ihn dreimal um seinen Kopf; dann warf er ihn in den Jambudvīpa. Dort fiel er auf eine Stelle, die Ge-ne-gyad heißt, der Ort der acht Verdienste.

Die Asusras, die nicht getötet waren, versuchten nun zusammen mit den acht Planeten (grahas) und den 28 Sternbildern (nakṣhatras) und deren Gefolge nach allen Richtungen hin zu entfliehen. Da sie aber nirgends Zuflucht fanden, kehrten sie zurück und ergaben sich dem Dämon Matram Rutra. Daraufhin geleiteten die Asuras den Rutra und seine Streitkräfte zum Globular-Palast, der wie ein Totenschädel gebaut war und errichteten dort ihre Hauptstadt. In seiner Mitte pflanzte Rutra sein Siegesbanner auf. Zu beiden Seiten des Eingangs waren furchterregende Waffen aufgestellt, und der ganze Platz wurde von zahlreichem Gefolge umgeben, das über magische Kräfte verfügte.

Nach solcher Schaustellung seiner Macht setzte er den König der Berge, Meru, auf die Spitze seines Fingers und wirbelte ihn um seinen Kopf; dabei prahlte er voller Stolz: „Rutra, Matra, Marutra, wer in diesem Weltall ist größer als ich? In allen drei Welten ist keiner mir überlegen, und sollte es einer sein, dann werde ich ihn unterwerfen." Auf diese prahlerischen Worte antwortete Kalī:

„Im dreiunddreißigsten Deva-Loka, in den glücklichen, himmlischen Bereichen des Tuṣhita-Himmels,
Inmitten der goldenen Versammlung seiner Schüler,
Thront der heilige Retter aller Wesen, der Herrscher der Devas (Dampa-Togkar).
Der Gesalbte wird von allen Deva-Königen verehrt und gepriesen.
Er ruft alle Devas zu sich,
Es erklingen die zahlreichen Instrumente der göttlichen Musik.
Umgeben von seinem himmlischen Chor,
Ist er größer als Du!"

Nachdem er dieses vernommen, entflammte der Urdämon, wütend voll Zorn und Stolz und machte sich auf, die Tuṣhita-Himmel zu erobern. Der Bodhisattva (Dampa-Togkar) saß auf seinem Thron aus kostbaren Metallen, inmitten von tausenden von männlichen und weiblichen Devatās, denen er den Dharma predigte. Der Dämon riß ihn von seinem Thron und warf ihn hinab auf die Erde. Alle Devas und Devīs, die um ihn versammelt waren, riefen: „Welch ein Schicksal, o dieser Elende!" Siebenmal riefen sie es aus, Matram Rutra aber schrie voller Zorn:

„Jeder von euch ziehe zwei Kleider an und setze sich auf seinen Sitz – jeder von euch!
Wie könnte ich von euch besiegt werden? Ich, der mächtige Zerstörer, der alle unterjocht!“

(„Zieht zwei Kleider an“, sollte die Verachtung gegenüber den Priestern mit ihren drei Gewändern ausdrücken. Diese waren: ein Überwurf, das Gewand und ein Unterkleid. Dampa-Togkar ist der Bodhisattva, der als Buddha wiederkommen wird, um die Menschen in der Welt zu belehren. Er steigt aus den Tuṣhita-Himmeln herab, in denen er als Herr regiert.)

Als der himmlische Herrscher der Tuṣhita-Himmel (Dampa-Togkar) auf dem Weg war, den Himmel zu verlassen, sprach er zu seinen Schülern die prophetischen Worte:

„Hört auf mich, Ihr meine Schüler,
Dieser abtrünnige Tharpa-Nagpo (‘Schwarzes Heil‘),
Der an die Lehre Buddhas nicht glaubt,
Er wird die Devas und Asuras verführen und sie zwingen unter sein Joch.
Er haßt den vollkommenen Buddha und wird in der Welt viel Böses vollbringen.
Zwei aber vermögen ihn seiner schrecklichen Macht zu berauben:
Thubka-Zhonnu der eine, Dad-Phags der andere (Pramadeva, Arya-Shrāddha, der Übersinnliche Glaube genannt).
Durch sie wird er seiner bösen Taten Früchte in diesem Leben schon schmekken,
Nicht friedvolle, großmütige Mittel werden ihn überwinden,
Besiegen werden ihn Härte und Faszination.“

(Die verschiedenen Mittel der Erlösung sind bereits früher erklärt worden. Thubka, sein gesegneter Schüler „Übersinnlicher Glaube“, der dann zum Buddha Vajra-Sattva wurde, und der Bodhisattva Vajrapāni wurden zu diesem Zweck ausgewählt. Sie nahmen die Gestalten von Devatās mit Pferde-Mähne [hayagrīva] und Saukopf [vajra-vārāhī] an.)

„Wer von den edlen Saṅhas wird bezweifeln,
Daß Hayagrīva und Vajra-Vāhārī ihre Körper ihm geben?“

(„Diese werden ihm ihre Körper geben“ heißt – wie später beschrieben wird –: Sie werden in den Körper Rutras eingehen, seine Gestalt annehmen und sein Leben und seine Natur zerstören. Sie werden ihm ihre göttlichen Körper geben und damit den dämonischen vernichten.)

„Wer wird nicht der Weisheit der Jīnas vertrauen,
Die aufwärts dringend, den Dämon besiegen,
Dem nun der kostbare Nektar entströmt,
Der zur Tugend hinfließt.
In diesem Dämon wird das Gift in Lebenssaft sich verwandeln.“

(„Es gibt mehrere tantrische Methoden, die verschiedenen Naturen angepaßt sind. Das Aufwärts-Dringen (khatar-yar-phig) ist die Weise des Vajrajāna. Sie führt immer höher, das heißt: geradeaus-aufwärts ohne Aufschub und ohne rechts oder links abzubiegen. Gift in Nektar oder Lebenssaft zu verwandeln, ist eine wohlbekannte Grundregel dieser Schulen.)

„Dieser Dämon muß zu Boden geschmettert,
In einem Körper zerstört werden bis ins letzte Atom."

(Es heißt: „In einem Körper", weil gewöhnlich mehrere Leben notwendig sind, aber in diesem Fall und auf diese Art ist die Befreiung in einem einzigen Leben und in einem Körper allein zu erlangen. Nicht ein Atom bleibt im Körper des Rutra, denn die Selbstsucht wird völlig ausgetrieben.)

„Die heilige pferdeköpfige Gottheit (vajra-hayagrīva)
Wird dieses drohende Unglück vertreiben.
Dad-Phags (der Pramadeva, der bei der Einweihung den Namen ‚Übersinnlicher Glaube' erhielt) ist nun Vajrapāni, der Bodhisattva,
Und Thubka-Zhonnu der Buddha Vajrasattva".

Die göttlichen Prophezeiungen der Jīnas sind so zu verstehen:
„Sie werden ihre Gegner ausrotten,
Denn ich selbst werde in Māyā-Devīs Schoße geboren.
Ich will Samādhi üben an der Wurzel des Bodhi-Baumes,
Ich will diesen Glauben nicht bezweifeln,
Denn es wurde verkündet, daß Buddhas Glaube über alles triumphiert.
Und bleiben wird er in Jambudvīpa,
Dank der mystischen Übung der Befreiung und Vereinigung."

(Die hier erwähnte Übung heißt Jordol (sByor sGrol) und hat eine exoterische und eine esoterische Bedeutung. Diese z. B. bezieht sich auf die Vereinigung des Männlichen und Weiblichen der Gottheit, die jede selbstsüchtige Neigung bis zur letzten Wurzel ausreißt. Es ist die Verbindung mit Shūnyatā, deren tiefste Bedeutung das nichtdualistische Bewußtsein ist (gNyismed-yeshes), das die Unwissenheit vertreibt und die Wurzel allen Lebens im Saṁsāra abschneidet, indem es alle Rutra-Formen zerstört. „Weiblich" ist hier Shūnyatā und nicht eine Frau. Wenn man einen gelehrten Lama fragt, warum Geschlechtsbezeichnungen benutzt werden, dann lautet die Antwort: „Es seien Symbole für Thabs (upāya) und Shes-rabs (prajñā), die nicht anders erklärt werden könnten – vgl. Bd. XIII, XIV der Tantrik-Texte, Ed. A. Avalon.)

„Der Matram Rutra, der sich an den Körper klammert als sein Ich, wird ausgetrieben.
Alles Glück und Leid der Welt
Und auch der Sprache Selbstgefallen (akar rutra)
Wird aufgelöst.
Daß irgend etwas mir gehört,
Daß ein Gedanke ‚Ich' sagt (khatram-rutra), gilt nicht mehr.

Das wahre Wesen und die Eigenschaften eines Rutra,
Die äußerlich erscheinen,
Sind im Inneren geheimnisvoll verborgen.
Kurz alle 58 Rutras werden mit Gefolge voll und ganz vernichtet."

(Ich sprach bereits über die Bedeutung des Wortes Rutra. Hier bezieht es sich auf die Selbstsucht des Körpers, der Gefühle und des Denkorgans. Der ruhmreiche Eine wird die physischen und alle anderen Rutras ausrotten, das Ungeheuer der Ichheit in all seinen groben, feinen und ursprünglichen Gestalten.)

„Die Welt, die ohne Freude jetzt,
Wird wieder glücklich sein.
Sie wird erfüllt vom unschätzbaren Dharma
Des Tri-Ratna.
Der rechte Glaube hat nicht abgenommen,
Ist nicht aufgehoben."

(So prophezeite der Herr des Tuṣhita-Himmels das Nahen der Tantra-Lehre, die den Dämon „Selbstsucht" aus der Natur der Schüler des Pfades mit Hilfe des Jordol auszutreiben und zu zerstören vermochte.)

Nachdem er diese Prophezeiung verkündet hatte, verschied er und wurde wiedergeboren im Schoß der Königin Māyā Devī. Der Urdämon hatte inzwischen alle Devas der dreiunddreißig Himmel und des Tuṣhita-Himmels unterworfen und die zwei Dämonen Māra und Devadatta zu seinen Hauptführern ernannt, um Indra und Brahma zu bewältigen. Er selbst nahm Aufenthalt auf dem Malaya-Berg an dem Ort, der „Menschenschädel-Behausung" genannt wird. Er nährte sich von Devas und von Menschenwesen weiblichen und männlichen Geschlechts. Trommeln, Schellen, Zimbeln und alle Arten von Saitenspielen oder andere Instrumente wurden zusammen mit Gesängen und Tänzen in nicht endender Folge zu seiner Unterhaltung gespielt. An jeder Art von Vergnügungen, mit denen die Devas sich zu erfreuen pflegten, ergötzte er sich ohne Unterlaß. (Hier endet das 8. Kapitel).

Das neunte Kapitel handelt von der Vernichtung und Zerstörung des Urdämons Matram Rutra durch die Buddhas der zehn Himmels-Gegenden.

Es versammelten sich der Dharmakāya Buddha Samāntabhadra (Chosku Kuntu Zangpo) mit seinem Gefolge aus dem Wogmin (akaniṣhta) und anderen Himmeln, Sambhoga-kāya Vajra-dhara mit seinem Gefolge und Vajrapāni Nirmānakāya mit seinen Begleitern. Kurz: Aus den zahlreichen Himmeln der zehn Gegenden kamen die verschiedenen Buddhas und Bodhisattvas, um sich untereinander zu beraten. Sie kamen zu folgendem Beschluß:

„Wenn nicht die Macht der Buddhas eingesetzt wird, um den Rutra zu unterwerfen, wird der Glaube an die Buddhas sich nicht mehr ausbreiten, sondern entarten. Dieser Körper, der den Lebewesen soviel Gewaltsamkeiten angetan hat, muß die Todesqualen erdulden, die er durch Waffen zufügte und die gerächt werden müssen. Wenn er nicht die Folgen seiner Taten selbst erfährt, werden die Jīnas, die die Wahrheit verkündet haben, nicht mehr für glaubhaft gehalten. Er soll nicht vernichtet, sondern unterworfen werden." Nach diesem Beschluß suchten die Buddhas mit ihren allwissenden Augen jenen, der dazu bestimmt war, den Rutra zu besiegen. Sie erkannten, daß es Thubka-Zhonnu war, der die Stufe des Buddha Vajra-sattva erreicht hatte, und Dadphags, der ein Vajra-Pāni geworden war, und erkannten auch, daß die Zeit reif war.

So kamen beide mit ihrem Gefolge. Die Buddhas segneten sie und begabten sie mit Kräften. Dann gaben sie ihnen folgende Unterweisung: „Nehmt Gestalt und Geschlecht des Chenrezi und der Dolma (Avalokita und Tārā) an und unterwerft den Feind in der Gestalt der Götter mit der Pferde-Mähne und dem Kopf einer Sau (Haya-grīva und Vajra-Vārāhī). (Letztere ist meist bekannt als die „Diamantene Sau"). Vajra ist die Sanskrit-Bezeichnung für tibetisch Dorje und hat verschiedene Bedeutungen. Es ist Indras Donnerkeil, das Zepter der Lamas, ein Diamant und so fort. Tatsächlich wird es in einem tiefen Sinn für etwas Unzerstörbares, Machtvolles und Unwiderstehliches gebraucht. So wird der Hohepriester, der die tantrischen Riten vollzieht, Dorje-Lopon, der Diamantene, genannt wegen des harten Charakters dieses Edelsteines. In der indischen Tantrik (Verehrung) erscheint Vajra als Vajrapuṣhpa (Vajra-Blume), Vajrabhūmi (Vajra-Erde) und ähnliches, aber es handelt sich nicht um Blumen oder Erde aus Diamanten.

Äußerst interessante Fragen erheben sich hier, die aber den Umfang dieses Kapitels überschreiten würden. Denn die Bezeichnung Vajra, die dieser besonderen Schule (vajrayāna) entstammt, spielt auch eine große Rolle in der Geschichte jener Machtseite der Religion, von der das Shākta-Tantra handelt (vgl. die Einleitung zu Shri-Chakra-Sambhara, herausgegeben von Arthur Avalon, Bd. VII der tantrischen Texte). Hier möchte ich – ohne weitere Erklärung – das Wort Vajra beibehalten und nur noch hinzufügen, daß Harinisa nicht, wie oft angenommen, Vajra-Vārāhī (dorje-phagmo) selbst ist, sondern die Bīja-Mantras (ha, ri, ni, sa) der vier Dākinīs ihres Gefolges.

Vajrasattva und Vajrapāni, Buddha und Bodhisattva des Vajrayāna-Glaubens verwandelten sich in die Gestalt des Haya-Grīva und Vajra-Vārāhī und kleideten sich in die Gewänder der Herukas. (Diese sind eine Art von Vajrayāna-Devatās, mit zum Teil furchterregenden Zügen. Sie werden halbnackt dargestellt mit einem Obergewand aus Menschenhaut und einem Tigerfell um ihre Lenden. Sie haben einen Kopfschmuck aus Totenschädeln, tragen Rosenkränze aus Knochen und einen Stock und Damaru wie Shiva. Die Herukas werden in den tibetischen Büchern als schöne, ehrfurchtgebietende, ernste und majestätische Helden beschrieben.)

Strahlend im Glanz der neun Arten von körperlicher Schönheit schritten sie zu dem Malaya-Berg, der Behausung des Rutra. An den vier Seiten des Berges waren Tore angebracht, die eine Dämonin bewachte, die abwechselnd den Kopf einer Stute, einer Sau, eines Löwen oder eines Hundes trug. Der Herrliche besiegte sie und vereinte sich ihnen in einem Geist der Losgelöstheit. Aus ihrer Verbindung entstanden weibliche Wesen: die mit dem weißen Pferde-Gesicht, die mit dem schwarzen Sau-Gesicht, die Tochter mit dem roten Löwenkopf und die Tochter mit dem grünen Hundekopf. Weiter schritt der Herrliche und begegnete einer anderen Absperrung von Schildwachen, die gleicherweise weiblicher Natur waren.

Sie trugen die Häupter von Löwinnen, Tigerinnen, Füchsinnen, Wölfinnen, von weiblichen Geiern, Kangas, Raben und Eulen. Auch mit diesen weiblichen Dämonen vereinigte sich der Herrliche im Geist der Bindungslosigkeit und segnete diesen Akt. Aus solcher Vereinigung entsprangen weibliche Wesen, die die äußere Gestalt oder Materie der Mutter und den Geist des Vaters annahmen. So wurden die acht Halbgöttinnen geboren: die Löwenköpfige, Tigerköpfige und so fort. Da sie göttlichen Geistes waren, besaßen sie Voraussicht und Weisheit, behielten aber von der Mutter her Gestalt und Gesichtszüge von wilden Tieren.

Weiter ins Innere fortschreitend, begegnete der Glorreiche den Töchtern der Rutras und Rākṣhasas, der Nyobyedma oder „der Tollmachenden", Tagbyedma, „der Furchterregenden", Drimedma, „der Unbefleckten", Kempama, „der Ausdörrenden", Phorthogma, „der Gefäß-Tragenden" und Zhyongthogma, „der Krug-Trägerin".

Der Herrliche verband sich mit ihnen auf die gleiche Weise, und es wurden die acht Mātrikās von den acht Sthānas (heiligen Orten) geboren, die als Gaurīmā und andere bekannt sind. Auch sie besaßen göttliche Weisheit von ihrem Vater her und die schreckenerregende Gestalt und Züge ihrer Mutter.

(Es gibt 24 Sthānas, Stätten der Pilgerfahrten, und acht große Begräbnisstätten, zusammen also 32. An jedem Verbrennungsort wohnte eine mächtige Göttin, Mamo genannt, das heißt Mātrikā. Diese schrecklichen Göttinnen sind nach dem Zhi-Khro: Gaurīmā, Tsaurīmā, Chāndālī, Vetālī, Ghasmarī, Shonamā, Pramo, Puskasī. Sie sind weiß, gelb, gelblichweiß, schwarz, dunkelgrün, tiefblau, rot, rötlichgelb und wohnen im Osten, Süden, Nordwesten, Norden, Südwesten, Nordosten, Westen und Südosten, jeweils als „Nervenblätter der Muschel-Glocken-Behausung" (des Gehirns). Es sind die acht großen Mātrikās der acht großen Begräbnisstätten, zu denen gebetet wird, damit sie, wenn sich die Gestalten verändern und man in den Zwischenbereich eintritt (Bardo, vgl. Dr. Evans-Wentz: „Tibetisches Totenbuch"), den Geist auf den klaren Lichtpfad des Glanzes, hodsal, führen.

Diese verschiedenen Verbindungen bedeuten die Vereinigung des göttlichen Geistes mit der groben Materie. Beim Zusammenwirken mit der Materie bleibt der göttliche Geist unberührt. Das befreite Bewußtsein wirkt weiter, auch wenn es von Bindungen, d. h. von der Begierde (kāma) befreit ist. Der göttliche Geist vereint sich mit schrecklichen Formen der groben Materie, um diese zu seinen Werkzeugen zu machen, in diesem Fall zu Werkzeugen, durch die die niedere Selbstsucht des Rutra bezwungen wird.

Nun drang der Herrliche in die innerste Wohnung ein. Der Rutra war fortgegangen, um Nahrung zu suchen, die aus dem Fleisch von Menschen und Devas bestand. Der Glorreiche nahm die Gestalt des Rutra an und ging zu der Gefährtin des Rutra, zur Rākṣhasī, der Königin Krodheshvarī („Dame des Zorns"). Mit ihr vereinte er sich im gleichen Geist wie zuvor und segnete den Akt. Krodheshvarī schenkte ihm einen Sohn: Bhagavān Vajra-Heruka mit drei Gesichtern und sechs Händen, schrecklich anzusehen. Der Herrliche, Hayagrīva, und seine göttliche Gefährtin Vajra-Vārāhī äußerten ihren Triumph, indem sie dreimal wieherten und grunzten. Als Rutra diese Töne hörte, ergriff ihn tödlicher Schrecken, und er rief:

„Was sagst Du, kleiner Sohn von Hayagrīva und Vajra-Vārāhī:
Die ganze Welt der Devas und Asuras
Verkünden meine Tugenden und singen mir zum Lob.
Ich kann nicht überwunden werden, darum bleibt in Frieden.
Seht voller Demut zu mir auf, verneigt euch tief.
Der Herrscher selbst der Devas
Im seltsamen Gewand des Priesters
Vermöchte mich nicht zu besiegen."

Bei diesen Worten erhob er seine Hände und legte sie auf den Kopf des Jungen. Sogleich ging Hayagrīva auf dem geheimen Pfade (guhya) von unten in den Körper des Rutra ein und durchbohrte ihn senkrecht nach oben. Auf dem Kopf des Rutra erschien sein Pferde-Haupt, den das ölige Fett von Rutras Körper grünlich tönte. Die Mähne, mit Blut getränkt und die Augenbrauen, die von der Galle des Dämons bespritzt wurden, bekamen eine gelbe Farbe. Die Stirn, vom Gehirn befleckt, wurde ganz weiß. So erschien der Herrliche, der die Gestalt und Kleidung des Rutra angenommen hatte, in schrecklicher Majestät.

Zur selben Zeit ging seine Gefährtin, Vajra-Vārāhī, in den Körper der Gefährtin Rutras, Krodheshvarī, ein, durchbohrte sie und spießte sie auf die gleiche Weise auf. Sie drang mit ihrem Saukopf mitten durch den Kopf der Dämonin und überdeckte ihn. Der Saukopf wurde schwarz vom Fett der Rākṣhasī.

Nun umarmten sich die beiden göttlichen Wesen und zeugten einen Sohn, ein göttliches Wesen von furchterregender Art, einen Krodhabhairava. Hierauf wieherte Hayagrīva sechsmal laut und Vajra-Vārāhī grunzte fünfmal tief auf. Nun versammelte sich das Gefolge der Buddhas und der Bodhisattvas, so eng aneinander gedrückt wie Raubvögel auf einem Aas. Sie füllten den ganzen Raum. Sie waren von friedfertiger und zorniger, von halb-friedfertiger und halb-zorniger Art. In unfaßbarer Menge umringten sie den Rutra-Tharpa-Nagpo, der, unfähig die Schmerzen des Auseinander-Gestrecktseins zu ertragen, in Todesnot schrie:

„Ich bin geschlagen!
Das Pferd und die Sau haben den Rutra vernichtet.
Die Buddhas haben die Dämonen geschlagen;
Religion hat den Unglauben besiegt.
Der Saṅgha hat die Tīrthikas überwunden,
Indra die Asuras vernichtet,
Die Asuras haben den Mond,
Der Garuḍa das Meer besiegt.
Feuer zerstört das Brennholz,
Der Wind zerstreut die Wolken,
Der Diamant (vajra) durchbohrt die Metalle.
Ich habe gewußt, daß der nächtliche Traum Böses verkündete,
Töte mich schnell, wenn Du zu töten gewillt bist."

Bei diesen Worten traten unwillkürlich die Eingeweide heraus, und die Ausscheidungen fielen ins Meer. Aus ihnen erhob sich ein kostbarer Sandelholzbaum, ein Wünsche erfüllender Baum. Seine Wurzeln breiteten sich in die Unterwelt der Schlangengeister, sein Laubwerk in die Bereiche der Asuras aus, und die Früchte reichten in die Bereiche der Devas hinein. Sie wurden Amṛita genannt (Essenz und Elixier des Lebens).

Nun führten die Hauptspieler Hayagrīva und Vajra-Vārāhī die freudvollen „Spiele der glücklichen Ursache", den „glücklichen Pfad" und das „glückliche Ergebnis" in den neun herrlichen Ausmaßen aus. (Das sind Spiele, in denen die Spieler glücklich sind, weil sie die männlichen und weiblichen Gottheiten darstellen, in diesem Falle: Hayagrīva und Vajra-Vārāhī). Dies ist der Sinn: Von außen gesehen ist das Spiel nur „Tändelei" (līlā); das Ergebnis aber ist die Zerstörung der Selbstsucht, das heißt die Erleuchtung.

Wie ein Sieger nach der Schlacht, in der er seinen Feind geschlagen hat, Rüstung und Waffen des besiegten Gegners als Siegeszeichen trägt, so nahm auch der Ruhmreiche, nachdem er den Rutra besiegt hatte, die acht Ausrüstungen des Feindes an sich, einschließlich der Flügel und der anderen Ausschmückungen, die diesen so strahlend und großartig erscheinen ließen. Er segnete sie und gab sie den heiligen Göttern zum Gebrauch. Hiernach kehrten Hayagrīva und Vajra-Vārāhī in das Reich der reinen Geister (dharmadhātu) zurück. So geschah es, daß die Gewänder des Rutra von den Göttern angenommen und von ihnen getragen wurden. Die drei Köpfe, die acht Grab-Ornamente und die acht glorreichen Gewänder und Flügel stammen aus dieser Zeit.

Später vervielfältigte sich Pal Chag-na-dorje (Shrī Vajrapāni) in zahllose Avatāras und diese wieder in Myriaden von Avatāras schreckerregender und zorniger Art. Auch der Rutra trug übernatürliche Kräfte zur Schau. Denn er verwandelte sich selbst in ein neunköpfiges Ungeheuer mit achtzehn Händen, die so groß waren wie der Berg Meru. Wer daran zweifelt, daß dieses sündige Wesen noch immer übernatürliche Kräfte besaß, bedenke, daß er ein Bodhisattva des achten Grades war (der acht von dreizehn Bhūmikās oder Stufen der Entwicklung erreicht hatte) und wieder zurückgefallen war. So wurde es selbst den Buddhas schwer, ihn zu unterwerfen, ganz abgesehen von der Erschwernis für Devas und Menschen. Vajrapāni aber manifestierte noch größere und göttliche Kräfte, und alle Buddhas und Bodhisattvas ließen sich nieder auf dem stark vergrößerten und ausgebreiteten Körper des Rutra, der die Todesqual nicht mehr ertrug und vor Schmerzen stöhnte:

„Eilt mir zu Hilfe – Ihr,
Aus den zehn Gegenden
Zur rechten und linken der schädelgleichen Behausung,
Und Ihr, die in Blumen- und Obstgärten wohnt,
Yakshas, Rākṣhasas und Pretas, Millionen an Zahl,
Eilt mir zur Hilfe.
Gefolge und Freunde des Rutra aus vierundzwanzig Orten
Millionen und zehnfach Millionen, und Ländern,
Die Ihr Gehorsam geschworen,
Die Ihr versprochen mir treulich zu dienen,

Ihr aus den grenzenlos weitesten Fernen,
Füllet die Erde und Himmel mit zahllosen Scharen,
Und wie ein einziger Körper kämpft gegen den Feind
Mit den Waffen in Händen;
Und lasset den Schlachtruf ertönen:
Um-ru-lu – rulu!"

Doch niemand gehorchte diesen Befehlen. Alle unterwarfen sich dem Bhagavān Vajra-Heruka: die zweiunddreißig Dākinīs, die sieben Mātrikās und die vier „Schwestern" (sringbzhi), die acht Furien (barmas oder die Flammenden), die acht Genien (Geister oder Gefolge der Devatās) und die vierundsechzig Boten. Der göttliche Sohn (der Krodha-Bhairava) übernahm selbst die Pflicht, den Gottheiten Nahrung zu reichen.

(Dies ist die Gottheit, die gewöhnlich beschworen wird, wenn Riten der Reinigung und religiöse Buß-Handlungen vollzogen werden. So bedeutet das Darreichen der Nahrung an die Gottheiten die Reinigung und Lossprechung des Rutra von seinen Sünden). Vajrapāni, der zehn göttliche Wesen der furchterregenden Art (krodhabhairava) hervorgebracht hatte, gab jedem von ihnen einen Phurpa (dreieckig geformten Dolch) und befahl ihnen, Rutra und sein Gefolge zu vernichten. Wieder erschien Hayagrīva und wieherte dreimal. Die ganze Schar Rutras, die diesen Ton vernahm, wurde in panischen Schrecken versetzt und überwältigt.

„Schwarzes Heil" (Tharpa-Nagpo) und sein Gefolge wurden entmachtet und hilflos. Demütig unterwarfen sie sich und übergaben Häuser, persönlichen Schmuck und ihr Leben mit dem Ausruf:

„Gehorsam Dir im Reich, wo Buddhas Einfluß gilt,
Gehorsam Dir, dem Karma gute Früchte trägt.
Wir alle haben böses Karma ausgesät
Und ernten nun die Früchte, wie es jeder sieht.
Die Zukunft bringt nur, was wir heute säen,
Das Karma folgt uns unerbittlich wie ein Schatten,
Die Frucht muß jeder schmecken dessen, was er tat.
Auch wenn ihn Reue quält und Trauer über seine Taten:
Nichts hilft ihm mehr, dem Karma zu entfliehen.
Wir nun, die uns das Karma zwingt,
Die bittre Schale bis zur Neige auszuleeren,
Wir legen unsere Körper Dir zu Füßen,
Nimm sie als Schemel von uns an."

Nach diesen Worten warfen sie sich vor ihm nieder. Als Symbol hierfür liegt jeder Gottheit ein Rutra zu Füßen.

Nun erhoben die Haupt-Vasallen des Rutra ihre Stimme zum Gebet:

„Wir haben nicht das Recht die Mitte einzunehmen,
Weis' uns die Ränder an des Maṇḍala.
Wir haben nicht das Recht, am Festmahl teilzunehmen,
Schenk uns die Überreste und den Bodensatz der Nahrung und Getränke.

Von nun an sind wir Deine Untertanen und werden niemals ungehorsam sein.
Wir werden Dir gehorchen, was Du auch befiehlst.
Und wie die Mutter liebend ihrem Sohne folgt,
So nahen denen wir, die uns an diesen Treue-Eid gemahnen."

Nachdem sie den Treue-Eid geschworen hatten, durchbohrte Vajrapāna, der Ruhmreiche, der die Mysterien bewahrte, das Herz des hingestreckten Rutra mit dem Phurpa-Dolch und sprach ihn von seinen Verbrechen frei. In diesem Augenblick wurden ihm seine karmischen Sünden und Leidenschaften (klesha) vergeben. Er wurde neu mit Macht begabt, mit Gelübden gesegnet, und das Wasser des Glaubens wurde über ihn ausgegossen. Sein Körper, seine Worte und Gedanken wurden gesegnet und zum göttlichen Dienst geweiht. Der Dorje des Glaubens wurde auf Haupt, Kehle und Herz gelegt. Von nun an hatte er die Macht, Hüter des Glaubens zu sein und sich der „Gute Dunkle" zu nennen. Der geheime Name, der ihm bei seiner Einweihung verliehen wurde, war Mahākāla. In die Vereinigung der Vajrayāna-Gottheiten aufgenommen, wurde ihm offenbart, daß er ein Buddha würde mit dem Namen Thalwai-Wangpo („Herr der Aschen") in der sogenannten „Kod-pa-lhundrup Welt", das heißt: „Der aus sich selbst Entstandenen" oder „mit einem Mal Erschaffenen". Der tote Körper des Rutra wurde auf den Jambu-dvīpa geworfen. Er fiel auf den Rücken, der Kopf nach Siinhala (Ceylon) gewandt, der rechte Arm und die Hand nach dem Thogar-Land, die linke Hand nach Le (Ladak) hin gewendet. Der rechte Schenkel fiel auf Nepal, der linke auf Kaschmir, die Eingeweide auf Zahor. Das Herz fiel auf Urgyen (Cabul), der Lingam auf Magadha. Dies sind die acht Hauptländer. So entstanden die acht Mātrikās der acht Sthānas, deren Haupt unter anderem Gaurīmā ist, die acht natürlichen Stūpas mit dem obersten, dem Potala, die acht okkulten Kräfte der Faszination, die acht bezaubernden weiblichen Hüter, die acht großen Bäume, die acht großen Beschützer der Gebiete (shing-kyong), die acht Seen, die acht großen Nāga-Geister, die acht Wolken und die acht großen Dikpālas (chyogskyong oder Schützer der Richtungen), so wie auch die acht großen Verbrennungsstätten.

Mit dem Schluß des sechsten Kapitels des goldenen Rosenkranzes endet der Bericht über die Vajrayāna Devatās, die erschienen sind, um den Kampf gegen die menschliche Selbstsucht zu unterstützen, die sich in furchtbarer Form im großen Rutra offenbart hatte. Da alle, außer den vollkommen Reinen, in sich Elemente von Rutra tragen, wird ihnen im Vajrayāna geraten, die dort aufgezeigte Art der Reinigung zu befolgen.

XXIX. Kapitel

KUṆḌALINĪ-SHAKTI

Yoga

Das Wort „Yoga“ kommt von der Wurzel „yuj“ = „verbinden“. Im geistigen Sinn ist dies der Vorgang, der den menschlichen Geist in nahe und bewußte Verbindung zu dem göttlichen bringt oder in diesen eintaucht, je nachdem, ob die Natur des menschlichen Geistes sich getrennt vom göttlichen Geist (dvaita, vishiṣhṭādvaita) oder eins mit ihm weiß (ādvaita). Da die Shākta-Lehre, mit der wir uns beschäftigen, letztere Aussage bestätigt, ist Yoga der Vorgang, durch den die Gleichheit der beiden (Jīvātma und Paramātma), die tatsächlich immer vorhanden ist, vom Yogi oder dem Yoga-Schüler erfahren wird. Diese Erfahrung wird erreicht, wenn der Geist den Schleier der Māyā durchdringt, der als Denkorgan und Materie diese Selbst-Erkenntnis verdunkelt. Das Mittel hierzu ist der Yoga-Vorgang, der von Māyā befreit. So sagt die Gheranda-Samhitā, eine Hatha-Yoga-Abhandlung der Tantrik-Schule (Kap. 5.): „Es gibt kein stärkeres Band als das der Māyā und keine größere Kraft es zu zerstören, als den Yoga.“

Vom Advaita- oder monistischen Standpunkt aus gibt es keine letztendliche Vereinigung, da jede Vereinigung den Dualismus des göttlichen und menschlichen Geistes voraussetzt. Hier bezeichnet also Yoga eher den Weg als das Ziel. Werden beide unterschieden, kann Yoga als das Ziel gelten.

Wer Yoga übt, wird „Yogi“ genannt. Nach indischer Vorstellung sind nicht alle für den Yoga geeignet (adhikāri), sondern nur sehr wenige. Man muß zuvor in diesem oder einem anderen Leben durch Karma – rituelle Verehrung – und durch Upāsanā – die Verehrung der Hingabe – hindurchgegangen sein und ihre Früchte geerntet haben. Das heißt: Das Denkorgan muß rein geworden sein (chitta-shuddhi). Dies meint nicht nur, daß die Gedanken frei sein müssen von unreinen sexuellen Vorstellungen, wie man annehmen könnte. Denn diese, wie jede andere gute Eigenschaft, ist die Vorbedingung jeder Sādhanā. Ein Mensch mag rein in Gedanken und doch völlig unfähig sein für Yoga. Chitta-Shuddhi besteht nicht nur in jeglicher Art von moralischer Sauberkeit, sondern auch in Wissen, Bindungslosigkeit, geistiger Klarheit, Aufmerksamkeit und so fort. Wenn das Denkorgan durch Karma und Upāsanā in diesen Zustand versetzt worden ist, und – nach dem Yoga des Veda – auch noch Leidenschaftslosigkeit und Unberührtheit von der Welt und ihren Wünschen erreicht ist, dann ist der Weg offen zur Erfahrung des Tattva-Jñāna, der vollkommenen Wahrheit. Sehr wenige Menschen sind wirklich für Yoga in seinen höheren Formen geeignet. Die Mehrzahl sollte auf dem Pfad des Rituals und der Hingabe die geistige Entwicklung suchen.

Es gibt, nach allgemeiner Ansicht, vier Hauptarten des Yoga: Mantra-Yoga, Hatha-Yoga, Laya-Yoga und Rāja-Yoga, deren wesentliche Merkmale in der

„Schlangenkraft" beschrieben sind. Es sei hier nur noch erwähnt, daß Kuṇḍalinī-Yoga: Laya-Yoga ist. Das achte Kapitel des Sammohana-Tantra spricht allerdings von fünf Arten: von Jñāna-, Rāja-, Laya-, Hatha- und Mantra-Yoga, und nennt Dharma, Kriyā, Bhāva, Jñāna und Yoga die fünf Aspekte des geistigen Lebens. Mantra-Yoga soll von zweierlei Arten sein, je nachdem der Weg durch Kriyā oder Bhāva erfolgt.

Es werden in anderen Büchern auch sieben Sādhanās oder Yoga-Formen angegeben: Shatkarma, Āsana, Mudrā, Pratyāhāra, Prāṇāyāma, Dhyāna und Samādhi. Dies sind: Reinigung des Körpers, Sitz, körperliche Haltungen für Yoga-Stellungen, das Abziehen der Sinne von den Gegenständen ihrer Wahrnehmung, Atembeherrschung (der berühmte Prāṇāyāma), Meditation und Ekstase (samādhi). Diese kann sowohl unvollkommen (savikalpa) d. h. noch dualistisch sein wie vollkommen (nirvikalpa), das heißt: eine ganzheitliche monistische Erfahrung: „Aham Brahmāsmi. Ich bin Brahman." Solche Erkenntnis, im Sinn einer Erfahrung, führt – dies muß beachtet werden – nicht zur Befreiung (mokṣha), sondern ist die Befreiung selbst. Der Samādhi des Laya-Yoga wird Savikalpa-Samādhi und der des vollkommenen Rāja-Yoga Nirvikalpa-Samādhi genannt.

Die ersten vier Vorgänge sind physischer Art, die letzten drei mental oder supramental (vgl. Gheranda-Samhitā-Upadesha, I). Durch diese sieben Vorgänge werden folgende Eigenschaften erworben: Reinheit (shodhana), Festigkeit und Stärke (dṛidhatā), Kraft (sthiratā), Standhaftigkeit (dhairya), Erleuchtung (lāghava), innere Erfahrung (pratyakṣha) und Loslösung, die zur Befreiung führt (nirliptattva).

Der achtgliedrige Yoga (aṣhṭānga-yoga) enthält fünf der oben angeführten Sādhanās (āsana, prānāyāma, pratyāhāra, dhyāna, samādhi) und drei zusätzliche: Yama oder Selbst-Beherrschung durch Keuschheit, Mäßigkeit, Gewaltlosigkeit (ahimsā) and andere Tugenden, Niyama oder religiösen Gehorsam, Barmherzigkeit, Hingabe an Gott (īshvara-pranidhāna) und so fort und Dhārnanā, das Konzentrieren des inneren Organs auf seinen Gehalt. Für weitere Einzelheiten verweise ich den Leser auf meine Einleitung zu dem Buch „Die Schlangenkraft".

Hier will ich mich nur kurz mit Laya-Yoga oder dem Erwecken der Kuṇḍalinī-Shakti beschäftigen. Ohne diese Kenntnis ist vieles von dem Ritual dieses Shāstras nicht zu verstehen. Ich kann aber nicht auf die Einzelheiten eingehen, die ich in der Einführung zu den beiden Sanskrit-Schriften, Shatchakranirūpana und Pādukāpañchaka (die in der „Schlangenkraft" übersetzt sind) gegeben habe. Diese behandeln die Kuṇḍalinī-Shakti und ihr Durchdringen der sechs Körper-Zentren oder Chakras. Die wesentliche Grundregel und Bedeutung des Kuṇḍalinī-Yoga ist bisher noch niemals veröffentlicht worden, und das vorliegende Kapitel ist nur einer kurzen Zusammenfassung dieser beiden Punkte gewidmet.

Alle, die sich für diese Fragen interessieren, sprechen von der Kuṇḍalinī-Shakti, „dieser berühmten Kuṇḍalinī", wie ein französischer Freund sie nennt, oder von den Chakras und der Schlangenkraft, aber es fehlt ihnen das wahre Verständnis ihrer Bedeutung. Dieser Mangel wird, wie üblich, von Geheimnistuerei und mystischem Dunst verdeckt. Gelegentliche Andeutungen heißen: „Ich würde gerne darüber sprechen, wenn es mir erlaubt wäre"; oder „Ich habe den Schlüssel und behalte ihn" – eine dumme, indische Überheblichkeit, wie ich kürzlich las. Wer wirklich den Schlüssel besitzt, ist über jede Prahlerei erhaben. Mystizismus ist oftmals nur wirres, konfuses Denken und dadurch ein fruchtbarer Boden für allen möglichen Unsinn. Natürlich spreche ich nicht von echter Mystik.

Wie alles andere in diesem indischen Shâstra ist auch die Grundlage seines Yoga im wesentlichen rational. Die Gedanken haben – und dies trifft für das Wissen der Alten im Westen und Osten zu – fast immer Form und Glanz eines geschliffenen Edelsteines. Darum sind sie denen so kostbar, die durch den Schlamm moderner Gedanken und Literatur haben waten müssen. Die Form des Yoga ist eine Anwendung der Grundgedanken, die sich auf Shakti beziehen, und über die ich schon gesprochen habe. Es handelt sich um einen theoretischen und einen praktischen Aspekt, der die Anwendung der Lehre ermöglicht. Diese ist aus Büchern nicht zu erlernen, sondern nur durch den Guru zu erfahren, der selbst erfolgreich Yoga geübt hat. Abgesehen von den Schwierigkeiten einer schriftlichen Unterweisung kann man Yoga nicht aus Büchern lernen, weil seine Anwendung ebenso wie die Vorgänge während der Sādhanā von Natur und Fähigkeit des Sādhaka abhängig sind. Wenn mir auch einige allgemeine Grundlinien erklärt wurden, so habe ich doch keinerlei praktische Erfahrung. Ich spreche also nicht als Yogi, sondern als einer, der das Shâstra in diesen Dingen studiert und überdies den Vorteil gehabt hat, es durch mündliche Unterweisungen noch besser verstehen zu lernen.

Fragt man den größten Teil der Menschen, die sich mit Yoga beschäftigen, nach der Kuṇḍalinī-Shakti, so kann man hören: es sei eine Kraft oder Shakti, die wie eine Schlange im Mūlādhāra aufgerollt liegt und nach dem Erwachen durch die Chakras zum Sahasrāra emporsteigt. Aber welche Shakti ist es? Warum ist sie wie eine Schlange aufgerollt? Was ist die Natur dieser Kraft? Warum liegt sie im Mūlādhāra? Was heißt „sie erwecken"? Warum steigt sie nach dem Erwachen aufwärts? Was sind die Chakras? Es ist einfach, sie als Bereiche oder Lotos-Blüten zu bezeichnen. Was aber sind sie an sich? Warum haben sie eine verschiedene Anzahl von Blütenblättern und was bedeuten diese? Warum sind Buchstaben darauf gezeichnet? Warum steigt die Shakti zum Sahasrāra hinauf, und durch welche Kraft geschieht dies?

Diese und ähnliche Fragen erfordern eine Antwort, bevor der Kuṇḍalinī-Yoga verstanden werden kann. Ich habe einiges über die Buchstaben in den Kapiteln: „Shakti als Mantra" und „Varṇamālā" erwähnt und möchte hier lieber über diese und andere allgemeine Fragen als über Einzelheiten der sechs Chakras berichten, die in der „Schlangenkraft" behandelt wurden. Zuerst muß man sich an die bereits erwähnte Grundlehre des Tantra-Shâstra erinnern, nach der der Mensch ein Mikrokosmos ist (kṣhudrabrahmānda). Alles, was im äußeren Weltall vor sich geht, geschieht auch in ihm. Alle Tattvas und Welten sind in ihm; ebenso die höchste Shiva-Shakti.

Der Körper kann in zwei Hauptbereiche eingeteilt werden: einerseits in Kopf und Rumpf und andererseits in die Beine. Das Zentrum des Körpers liegt zwischen diesen beiden Teilen an der untersten Stelle des Rückgrats, wo die Beine beginnen. Den Rumpf und damit auch den ganzen Körper trägt die Wirbelsäule. Sie ist die Achse des Körpers, wie der Berg Meru die Achse der Erde ist. Deshalb wird die Wirbelsäule Merudaṇḍa genannt: Meru oder die Achse. Beine und Füße sind grobe Materie, die weniger Anzeichen von Bewußtsein haben als der Rumpf und das Rückgrat. Diese sind weitgehend dem Kopf untergeordnet, in dem das Denkorgan oder Gehirn mit seiner grauen und weißen Gehirnmasse liegt.

Der Körper und die Beine, die unterhalb des Zentrums liegen, sind die sieben niederen oder unteren Welten, die getragen werden von den erhaltenden Kräften der Shaktis des Weltalls. Vom Zentrum aufwärts manifestiert sich das Bewußtsein mit größerer Freiheit in den Zentren der Wirbelsäule und des Gehirns. Hier liegen die sieben oberen Bereiche oder Lokas, eine Bezeichnung, die nach Satyānanda's Kommentar zu der Isha-Upaniṣhad: „was gesehen wird" bedeutet (lokyante). Dies heißt: was erfahren wird und somit die Frucht des Karma in den verschiedenen Wiedergeburten ist.

Diese Bereiche: Bhūh, Bhuvah, Svah, Tapah, Jana, Mahah und die Satya-Lokas entsprechen den sechs Zentren, von denen fünf in der Wirbelsäule, das sechste im Kleinhirn und das siebente im Hinterhaupt oder Satyaloka, dem Sitz der höchsten Shiva-Shakti, liegen.

Die sechs Zentren sind das Mūlādhāra oder Wurzel-Lotus am Beginn der Wirbelsäule, im Innern zwischen Anus und Genitalien. Darüber liegen im Bereich der Genitalien, des Zwerchfells, des Herzens, der Brust, des Halses und der Stirn zwischen beiden Augen (bhrūmadhye) jeweils das Svādhiṣhṭhāna-, Manipūra-, Anāhata-, Vishuddha- und das Ājñā-Chakra oder die Lotusse (padma). Dies sind die hauptsächlichsten Zentren, wenn auch noch andere erwähnt werden, z. B. die Lalanā-, Manas- und Soma-Chakras. Tatsächlich sind im Advaita Mārtanda, einem neuzeitlichen Sanskrit-Buch, das der verstorbene Guru des Mahārājā von Kaschmir verfaßt hat, einige fünfzig Chakras und Ādhāras genannt. Dennoch sind die sechs die wichtigsten, wie einstimmig behauptet wird. Darum heißt es: „Wie kann Siddhi erlangen, wer nicht die sechs Chakras, die sechzehn Ādhāras, die fünf Äther und die drei Lingas in seinem eigenen Körper kennt?

Der siebente Bereich oberhalb der Chakras im Hinterhaupt ist das höchste Zentrum, in dem sich das Bewußtsein manifestiert; es ist der Sitz der höchsten Shiva-Shakti. Wenn hier von „Sitz" gesprochen wird, bedeutet dies natürlich nicht, daß der Höchste nur hier seinen Ort hat, sonst nirgendwo. Er ist niemals ortsgebunden, nur Seine Manifestationen sind es. Er selbst ist überall, innerhalb und außerhalb seines Körpers. Im Sahasrāra aber wird die höchste Shiva-Shakti verwirklicht. Dies muß so sein, denn Bewußtsein wird erfahren, wenn die höchste Manifestation des Denkorgans, der Sattvamayī-Buddhi durchschritten ist. Über diesem und jenseits von ihm liegt der Ort des Chit und der Chitrūpinī-Shakti selbst. Aus ihrem Shiva-Shakti Tattva-Aspekt entspringt das Denkorgan in Gestalt von Buddhi, Ahamkāra, Manas und den entsprechenden Sinnen (indriyas), deren Zentrum im, wie oberhalb des Ājña-Chakra und unter dem Sahasrāra liegt.

Aus Ahamkāra entspringen die Tanmātras oder Herren der besonderen Sinne, die die fünf Formen der greifbaren Materie (bhūta) entwickeln: Ākāsha („Äther"), Vāyu („Luft"), Agni („Feuer"), Apas („Wasser") und Pṛithivī („Erde"). Diese

Bhūtas sind aber nicht das gleiche wie die Elemente: Wasser, Luft, Feuer und Erde, sondern bezeichnen verschiedene Grade der Materie, von der ätherischen bis zur festen hin. So ist Pṛithivī oder Erde alles, was sich im Pṛithivī-Zustand befindet; das bedeutet, was durch den Geruchsinn erfaßt werden kann. Denkorgan und Materie durchdringen den ganzen Körper. Aber es gibt bestimmte Zentren, in denen sie vorherrschen. So ist Ājñā ein Zentrum des Denkorgans, und die fünf niedrigen Chakras sind Zentren der fünf Bhūtas; Vishuddha ist das Zentrum von Ākāsha; Anāhata von Vāyu; Manipūra von Agni; Svādhiṣhṭhāna von Apas, und Mūlādhāra von Pṛithivī. Kurz gesagt: Der Mensch als Mikrokosmos ist der alles durchdringende Geist (am reinsten im Sahasrāra manifestiert) im Gefäß der Shakti als Denkorgan und Materie, deren Zentren das sechste und die folgenden fünf Chakras sind.

Jedes der sechs Chakras wird mit einem Plexus identifiziert. Vom niedrigsten, dem Mūlādhāra aufwärts gerechnet: mit dem Sacrococcygeus-, dem Sacral-, dem Solar-Plexus (der die große Verbindung von rechtem und linkem Sympathikus-Strang Ida und Piṅgala, mit der Gehirn-Rückenmark-Achse herstellt und mit dem Lumbar-Plexus verbunden ist), mit dem Herz-Plexus (anāhata), dem Kehlkopf-Plexus und schließlich mit dem Cerebral-Plexus (ājñā) und seinen zwei Hirn-Lappen. Darüber liegt das Manas-Chakra oder Sensorium mit seinen sechs Lappen, das Soma-Chakra, das die Hirnmitte umfaßt und zuletzt das Sahasrāra oder übergeordnete Großhirn. Diese Anordnungen sind nur annähernde Entsprechungen und mögen zu einer irrigen Ansicht über die wirkliche Bedeutung der Chakras führen.

Die sechs Chakras sind vitale Zentren in der grauen und weißen Masse der Wirbelsäule. Sie können aber – und tun es wahrscheinlich – den grobstofflichen körperlichen Bereich um die Zentren – zu beiden Seiten der Wirbelsäule – mit beherrschen. Die Chakras sind vitale Kraft, Zentren der Shakti, Zentren der Prāṇa-Shakti, die durch Prāṇavāyu im lebendigen Körper manifestiert werden. Die Devatās, die sie beherrschen, sind Bezeichnungen für das universale Bewußtsein, das sich in Form dieser Zentren manifestiert. Die Chakras sind den groben Sinnen nicht wahrnehmbar, so groß auch die Kraft des Yogi ist, das Jenseits der Sinne (atīndrya) wahrzunehmen. Selbst wenn sie in dem lebenden Körper, den sie mit aufbauen, wahrnehmbar wären, würden sie bei seiner Auflösung im Tode verschwinden.

In einem Artikel über „Die Irrtümer des Hinduismus, die den Körper betreffen" (Kalkutta-Revue XI, 436–440) heißt es: „Es mag unsere Leser überraschen, daß die Hindus, die einen toten Körper nicht anfassen und noch weniger sezieren (was nicht stimmt) überhaupt etwas von Anatomie verstehen wollen. Die Tantras wollen uns Ungewöhnliches über den menschlichen Körper berichten, aber von allen Hindu-Shāstras sind diese Tantras die unverständlichsten. Die tantrische Lehre, auf der der wohlbekannte Yoga „Shatchakrabheda" beruht, glaubt an die Existenz von sechs wesentlichen inneren Organen, Chakras oder Padmas genannt, die eine besondere Ähnlichkeit mit der berühmten Lotus-Blume haben sollen. Diese Chakras sollen übereinander liegen und von drei nur in der Phantasie vorhandenen Ketten, den Sinnbildern des Ganges, der Yamunā und der

Sarasvatī zusammengehalten werden. Die Hartnäckigkeit, mit der die Hindus an diesen irrtümlichen Vorstellungen festhalten, ist so groß, daß sie, wenn man ihnen bei der Sektion das Nicht-Vorhandensein dieser eingebildeten Chakras beweist, lieber Entschuldigungen hervorbringen, gegen die sich der gesunde Menschenverstand empört, als dem Beweis ihrer eigenen Augen zu trauen. Mit beispielloser Unverfrorenheit behaupten sie, daß diese Padmas existieren, so lange der Mensch lebt, aber im Augenblick des Todes verschwinden". Diese „Unverfrorenheit" erinnert mich an die Geschichte eines Arztes, der meinem Vater erzählte, er habe viele Menschen nach dem Tode seziert, aber niemals bisher eine Seele gefunden.

Die Lotus-Blätter sind von verschiedener Zahl. Es sind: 2, 4, 6, 10, 12, 16, wenn man mit Mūlādhāra beginnt und mit Ājñā endet. Im ganzen sind es fünfzig, ebenso wie die Buchstaben des Alphabets, die in den Blättern angeordnet sind. Das heißt, daß die Mātrikās mit den Tattvas verbunden sind, da beide Frucht der schöpferischen Kraft des Kosmos sind, die sich als körperliche oder seelische Funktion offenbart. Es muß beachtet werden, daß die Anzahl der Blätter den Buchstaben entspricht, bei denen Kṣha oder das zweite La ausgelassen ist, und daß diese fünfzig, mit 20 multipliziert, in den tausend Blättern des Sahasrāra vorhanden sind – eine Zahl, die wahrscheinlich nur die Vielheit und Größe bezeichnen soll.

Warum aber – könnte man fragen – ist die Zahl der Blätter verschieden? Warum gibt es zum Beispiel im Mūlādhāra vier und sechs im Svādhiṣhṭāna? Die Antwort lautet, daß die Zahl der Blätter in jedem Chakra bestimmt wird durch die Anzahl der Nāḍis oder „Yoga-Nerven", die um dieses Chakra angeordnet sind. So umgeben vier Nāḍis das Mūlādhāra-Chakra und durchziehen es in seinen vitalen Bewegungen. Dadurch entsteht das Bild einer Lotusblüte mit vier Blättern. Das Bild der Blätter ergibt sich aus der Anordnung der Nāḍis in jedem einzelnen Zentrum.

Diese Nāḍis sind nicht die groben, physischen Nerven, die das Vaidya der medizinischen Shāstras kennt, sondern es sind die Yoga-Nāḍīs, die feinstofflichen Kanäle (vivara), durch die die Prāṇa-Ströme fließen. Nāḍī kommt von „Nād" = Bewegung. Der Körper ist von zahllosen Nāḍīs erfüllt. Wären sie dem Auge sichtbar, wäre der Körper mit einer höchst komplizierten Karte von Meeres-Strömungen zu vergleichen. Oberflächlich betrachtet scheint das Wasser das gleiche zu sein, aber eine Prüfung zeigt, daß es sich mit verschiedener Stärke und nach jeder Richtung hin bewegt.

Alle diese Lotusblüten sind in der Wirbelsäule vorhanden. Ein indischer Arzt und Sanskrit-Forscher schrieb in einer medizinischen Zeitschrift, daß die Tantras eine bessere Anatomie lehren als die rein medizinischen Werke der Hindus. Ich habe andernorts versucht, die heutige und die alte Anatomie und Physiologie miteinander zu verbinden. Ich kann hier aber nur einige wesentliche Punkte erwähnen und möchte zuerst betonen, daß das Shivasvarodaya-Shāstra auf die Nerven-Zentren und Nerven-Ströme (vāyu) und deren Beherrschung Hauptwert legt. Denn diese Lehre dient der Verehrung (upāsanā) und dem Yoga. Ziel und Gegenstand beider Shāstras sind nicht die gleichen.

Merudaṇḍa ist die Wirbelsäule. Westliche Anatomie teilt sie in fünf Bereiche ein, die mit den fünf Chakras übereinstimmen. Das zentrale Nervensystem umfaßt auch das Gehirn oder den Encephalon (in dem das Lalanā, Ājñā-, Manas-, Soma-Chakra und das Sahasrāra liegen); ebenso den Rückenmark-Strang, der sich von der obersten Begrenzung des Atlas unter dem Cerebellum bis zum zweiten Lumbal-Rückenwirbel herunterzieht und hier einen Punkt berührt, den man filum terminale nennt. In diesem Straṇg liegen die fünf niedrigen Chakras. Früher hielt man den filum terminale für eine reine Nerven-Faser, die – so könnte man meinen – kein geeignetes Gefäß ist für das Mūlādhāra-Chakra und die Kuṇḍalinī-Shākti.

Vor kurzem aber haben mikroskopische Untersuchungen gezeigt, daß der filum terminale, der die Lage des Mūlādhāra-Chakra anzeigt, etwas von der höchst sensitiven Rückenmark-Substanz enthält. Im Westen ist wissenschaftlich nachgewiesen, daß die Wirbelsäule nicht nur eine Verbindung zwischen der Peripherie und den Zentren der Empfindung und des Wollens darstellt, sondern selbst ein unabhängiges Zentrum oder eine Gruppe von Zentren ist.

Die Sushumnā ist eine Nāḍī im Zentrum der Wirbelsäule. Ihre Basis heißt Brahmadvāra oder das Tor des Brahman.

Über die physiologischen Beziehungen der Chakras kann mit einem hohen Grad von Gewißheit nur ausgesagt werden, daß die vier oberhalb des Mūlādhāra in Beziehung stehen zu den Absonderungen der Genitalien und den Verdauungs-Funktionen wie zu der Tätigkeit des Herzens und den Atem-Funktionen, und daß die beiden oberen Zentren, das Ājñā-Zentrum (mit den zugehörigen Chakras) und das Sahasrāra verschiedene Arten der Hirntätigkeit aufzeigen, die in die Ruhe des durch Yoga erlangten reinen Bewußtseins einmündet. Die Nāḍīs an jeder Seite, die Iḍā und Pingalā genannt werden, sind die linken und rechten Sympathikus-Stränge, die das Rückgrat von einer Seite zur anderen kreuzen. Im Ājñā-Zentrum bilden sie mit der Sushumnā zusammen einen dreifachen Knoten, Trivenī genannt. Dies ist der Ort in der Medulla, an dem sich die beiden Nerven-Stränge treffen und aus dem sie entspringen. Zusammen mit der doppelt geschlungenen Ājñā und der Sushumnā gleichen die Nāḍīs dem Schlangenstab des Gottes Merkur, der nach Ansicht einiger ihr Abbild ist.

Um diesen Yoga mit anderen zu vergleichen, muß nach den Grundgedanken gefragt werden, auf denen die oben beschriebene Yoga-Übung beruht. Wie vermag das Erwachen der Kuṇḍalinī-Shakti und ihre Vereinigung mit Shiva den Zustand der ekstatischen Vereinigung (samādhi) und die damit verbundene geistige Erfahrung hervorzurufen?

Der Leser, der mit den Hauptgedanken vertraut ist, die im Vorangegangenen zusammengefaßt wurden, wird die Antwort, falls er sie nicht bereits erraten hat, bereitwillig anerkennen.

Zuerst: Es gibt zwei Haupt-Arten von Yoga, den Dhyāna- oder Bhāvanā-Yoga und den Kuṇḍalinī-Yoga, der Gegenstand dieser Arbeit ist. Zwischen beiden besteht ein wesentlicher Unterschied. Durch die erste Yoga-Art wird die Ekstase (samādhī) mit Hilfe von gedanklicher (kriyā-jñāna) Meditation und ähnlichem erreicht. Hierbei können noch Mantra- oder Hatha-Yoga (der ein anderer ist, als das Erwecken der Kuṇḍalinī-Shakti) und der Pfad der Loslösung von der Welt Anwendung finden. Die zweite Yoga-Art steht für sich allein. Sie ist ein Teil des Hatha-Yoga, in dem ohne Vernachlässigung gedanklicher Bemühungen die schöpferische und erhaltende Shakti des ganzen Körpers tatsächlich und wirklich mit ihrem Herrn, dem Bewußtsein, vereint wird. Der Yogi, den sie zu ihrem Herrn führt, genießt durch sie die Seligkeit der Vereinigung. Obgleich er sie erweckt, schenkt sie ihm Jñāna, das sie selbst ist. Der Dhyāna-Yogi erfährt den höchsten Zustand nur in dem Maße, als es seinen eigenen Kräften möglich ist und kennt nicht die Freude der Vereinigung mit Shiva in seiner ursprünglichen Körperkraft und durch sie.

Diese beiden Formen des Yoga unterscheiden sich in Methode wie Erlebnis. Der Hatha-Yogi hält seinen Yoga und dessen Früchte für das höchste. Der Jñāni-Yogi mag ähnliches von seinem Yoga denken. Kuṇḍalinī-Yoga aber ist so berühmt, daß viele ihn kennenlernen wollen. Nachdem ich diese Yoga-Lehre erforscht habe, wurde ich oft gefragt, ob man ohne sie weiterkommen könne. Hierauf ist die Gegenfrage zu stellen, was man erreichen will? Will man die Kuṇḍalinī-Shakti erwecken und durch sie die Glückseligkeit der Vereinigung von Shiva-Shakti und die damit verbundenen Kräfte (siddhi) erlangen, dann ist es offensichtlich, daß zu diesem Ziel – wenn überhaupt – nur der hier beschriebene Yoga führen kann. Wird aber Befreiung ohne den Wunsch nach Vereinigung durch Kuṇḍalinī erstrebt, dann ist dieser Yoga nicht nötig. Denn Befreiung kann durch reinen Jñāna-Yoga erlangt werden, indem man Loslösung und Abschalten des Denkorgans übt, ohne daß die zentrale Körperkraft hierbei eine Rolle spielt. Anstatt von der Welt auszugehen und sich in ihr mit Shiva zu vereinen, löst sich der Jñāna-Yogi, um sein Ziel zu erlangen, von der Welt. Der eine ist der Pfad der Freude, der andere jener der Enthaltsamkeit.

Samādhi kann aber auch auf dem Pfad der Hingabe erreicht werden (bhakti), die in ihrer höchsten Form (parabhakti) nicht von der Erkenntnis verschieden ist. Beide führen zur Verwirklichung. Befreiung kann auf beiden Wegen erreicht werden, aber dennoch bestehen Unterschiede. Ein Dhyāna-Yogi sollte seinen Körper nicht vernachlässigen, da er weiß, daß er sowohl Denkorgan wie Materie ist und beide aufeinander einwirken. Vernachlässigung oder Abtötung des Körpers wird eher ungeordnete Einbildungen als echte geistige Erfahrung hervorrufen.

Der Dhyāna-Yogi beschäftigt sich nicht im gleichen Maße mit dem Körper wie der Hatha-Yogi. Er kann diesen Yoga erfolgreich üben und doch schwach von Körper und Gesundheit sein und eine kurze Lebensdauer haben. Sein Körper, nicht sein Wille, bestimmt, wann er sterben soll. Obgleich er schon im Samādhi ist, schläft die Kuṇḍalinī-Shakti noch im Mūlādhāra, und kein körperliches Anzeichen, keine seelische Glückseligkeit, auch nicht die Kräfte (siddhi), die ihr Erwecken begleiten, treten in Erscheinung. Die Ekstase, die er „Befreiung schon im Leben“ nennt (jīvanmukti) ist nicht ein Zustand echter Befreiung. Er kann noch immer einem leidenden Körper unterworfen sein, dem er erst im Tode entflieht, wenn er überhaupt Befreiung findet. Seine Ekstase gleicht einer Meditation, die in die Leere (bhāvanāsamādhi) übergeht, die hervorgerufen wird durch die Verneinung aller Denkformen (chitta-vṛitti) und die Loslösung von der Welt.

Dies ist ein negativer Vorgang, an dem die positive Erweckung der zentralen Körper-Kraft keinen Anteil hat. Das Denken, das durch Kuṇḍalinī als Prakṛiti-Shakti hervorgerufen ist, wird aus eigener Kraftanstrengung zusammen mit den weltlichen Begierden zur Ruhe gebracht, so daß der Schleier, den die Denktätigkeit bewirkt, vom Bewußtsein abfällt. Im Laya-Yoga bewirkt Kuṇḍalinī selbst, wenn sie vom Yogi erweckt ist (denn solch ein Erwecken ist sein Tun und Anteil), diese Erleuchtung für ihn.

Aber – so mag man fragen – warum soll man sich um den Körper und seine Zentralkraft kümmern, zumal hier ungewöhnliche Gefahren und Schwierigkeiten mit eingeschlossen sind? Die Antwort wurde bereits gegeben: Vollkommenheit und die Gewißheit der geistigen Verwirklichung ist durch die Vermittlung jener Kraft gewährleistet, die Erkenntnis selbst ist. Ebenso werden unmittelbare Kräfte (siddhi) erworben und die endgültige Freude. Diese Antwort kann als eine Grundlehre des Shākta-Tantra noch sinnvoll ausgeführt werden.

Das Shākta-Tantra erhebt den Anspruch, sowohl Freuden (bhukti) in der Welt als auch Befreiung (mukti) von allen Welten zu schenken. Dieser Anspruch beruht auf einer sehr tiefen Wahrheit, der Advaitavāda zugrunde liegt. Wenn die letzte Wirklichkeit der Eine ist, der in zwei Aspekten in Erscheinung tritt – als tatenlose Freude in der Befreiung von allen Formen und in der aktiven Freude an den Gegenständen, das heißt, als reiner Geist und als Geist der Materie –, dann fordert eine vollkommene Einheit mit der Wirklichkeit die Vereinigung mit beiden Aspekten. Man muß beides erfahren, das „hier" (iha) und das „dort" (amutra).

Wenn richtig angewendet und geübt, dann ist die Lehre, man solle das Beste aus beiden Welten machen, wahr. Es gibt keinen wirklichen Unterschied zwischen beiden, wenn man im Einverständnis mit dem alles umfassenden Gesetz der Offenbarung handelt. Falsch ist hiernach die Lehre, daß Seligkeit nach dem Tode nur den erwartet, der sich aller Freuden enthalten oder freiwillig Leiden und Abtötung gesucht hat. Ein und derselbe Shiva erscheint als höchste Seligkeit und im Leben des Menschen als eine Mischung von Freude und Leid. Beides – Glück auf Erden und die Seligkeit der Befreiung hier und danach – sind zu erreichen, wenn die Gleichheit dieser Aspekte Shivas in jeder menschlichen Handlung erkennbar wird; das heißt, wenn jede menschliche Handlung ohne Unterschied zu einem religiösen Akt des Opfers und der Verehrung (yajña) wird.

Die Notwendigkeiten des Körpers vernachlässigen, sie leugnen oder für gottlos halten, heißt das größere Leben, an dem er teilhat, leugnen und die erhabene Lehre von der All-Einheit und der letztgültigen Identität von Materie und Geist fälschen. Selbst die niedrigsten körperlichen Notwendigkeiten sind von kosmischer Bedeutung. Der Körper ist Shakti. Was er bedarf, ist auch der Shakti Bedürfnis. Freut sich der Mensch, so freut sich Shakti durch ihn. In allem, was er erblickt und tut, sieht und handelt die Mutter. Seine Augen und Hände sind die ihren. Der ganze Körper und alle seine Funktionen sind ihre Manifestation. Sie vollkommen erfahren, bedeutet, diese besondere Manifestation von ihr, die er selbst ist, vollkommen machen.

Wenn der Mensch versucht, Herr seiner selbst zu sein, versucht er dies auf allen Ebenen, auf der körperlichen, mentalen und geistigen. Sie sind nicht voneinander zu trennen, da sie, als verschiedene Aspekte des einen allesdurchdringenden Bewußtseins, miteinander verbunden sind. Wer ist göttlicher? Jener, der seinen Körper vernachlässigt und das Denkorgan zu einer eingebildeten geistigen Überlegenheit aufstachelt oder jener, der beide als Erscheinungen des einen Geistes werthält?

Im allgemeinen nimmt man an, daß es im Yoga keinen Bhoga (Freude) gibt; nach der Kaula-Lehre aber ist Yoga Bhoga und Bhoga ist Yoga. Die Welt wird zum Sitz der Befreiung (yoga-bhogāyate, mokshāyate samsārah).

Auf den niederen Stufen des Hatha-Yoga wird das Erlangen eines vollkommenen Körpers erstrebt, der auch ein vollkommenes Werkzeug für die Denkfunktion ist. Das vollkommene Denkorgan nähert sich dem reinen Bewußtsein und versinkt darin im Samādhi. Der Hatha-Yogi erstrebt einen Körper, der stark, stahlhart, gesund, frei von Leiden und deshalb von langer Lebensdauer ist. Als Herr seines Körpers ist er auch Herr über Leben und Tod. Sein strahlender Körper erfreut sich jugendlicher Frische. Er lebt so lange er will und genießt die Welt der Erscheinungen. Sein Tod ist ein „gewollter" (ichchhā-mṛityu); mit der weiten, wunderbar ausdruckstarken Gebärde der Auflösung (samhāra-mudrā) scheidet er auf großartige Weise. Dennoch werden die Hatha-Yogi krank und sterben.

Die vollkommene Körperzucht ist ein Wagnis und kann nur unter der Führung eines erfahrenen Gurus ausgeführt werden. Wie die Gorakṣha-Samhitā darlegt, kann diese Übung, wenn sie ohne Hilfe und ohne Erfolg ausgeführt wird, nicht nur zu Krankheiten, sondern auch zum Tod führen. Wer den Herrn des Todes zu besiegen sucht, geht das Wagnis ein, zu versagen und auf schnellste Weise von ihm besiegt zu werden.

Nicht alle, die diesen Yoga üben, sind erfolgreich oder erlangen das gleiche Maß an Erfolg. Wer aber versagt, erfährt nicht nur die Unzulänglichkeiten des gewöhnlichen Menschen, sondern noch andere, die durch schlecht ausgeführte oder ungeeignete Übungen ausgelöst werden.

Der Erfolg ist verschiedenartig. Man kann sein Leben bis zu dem gesegneten Alter von 84 oder 100 Jahren, vielleicht noch länger ausdehnen. Der Lehre nach verlassen die vollkommenen Hatha-Yogi diese Welt, wann sie wollen. Alle aber haben nicht die gleiche Fähigkeit oder Möglichkeit, weil ihnen die Körper- oder Willenskraft fehlt, oder weil die Umstände dagegen sprechen. Auch werden nicht alle die strengen Regeln, die für den Erfolg notwendig sind, befolgen wollen oder können. Überdies bietet das heutige Leben meist nicht die Möglichkeit zu einer solchen vollkommenen Körper-Schulung.

Es werden auch viele dieses Leben gar nicht wünschen oder es einer solchen Mühe für wert halten. Manche werden den Wunsch haben, so schnell wie möglich von ihrem Körper befreit zu werden. Deshalb heißt es, es sei leichter, Befreiung als Unsterblichkeit zu erlangen. Ersteres kann durch Selbstlosigkeit und Loslösung von der Welt, durch sittliche und geistige Zucht erreicht werden, aber den Tod zu besiegen ist weit schwieriger, hierzu gehören nicht allein solche Eigenschaften und Handlungen. Wer dies vermag, hält in der einen Hand das Leben und – wenn er ein erfolgreicher Yogi ist – in der anderen Hand die Befreiung. Hat er Freude und Befreiung erlangt, dann ist er der Herr der Welt und besitzt eine Seligkeit, die alle Welten übertrifft. So schätzt der Hatha-Yogi jede andere Sādhanā niedriger ein als den Hatha-Yoga.

Der Hatha-Yogi, der an seiner Befreiung arbeitet, tut dies mit Hilfe der Yoga-Sādhanā, die hier beschrieben wurde. Sie gibt beides: Freude und Befreiung. In jedem Zentrum, zu dem der Yogi die Kuṇḍalinī hinaufführt, erfährt er eine besondere Form der Seligkeit (ānanda) und gewinnt besondere Kräfte (siddhi). Erreicht die Kuṇḍalinī Shiva im Zentrum des Gehirns, so erfreut er sich der höchsten Seligkeit. Diese ist ihrer Natur nach die Seligkeit der Befreiung; und wenn sie unaufhörlich wirksam ist, die Befreiung selbst, in der sich Geist und Körper auflösen. Sie, die im Zentrum seines Körpers „wie eine Lichtkette erglänzt“, wie ein leuchtender Blitz, ist die „innere Frau“, auf die sich die Worte beziehen: „Was brauche ich eine irdische Frau, wenn ich in mir selbst eine Frau besitze.“

Der Vīra-(der heroische)Sādhaka, der sich als eine Verkörperune Shivas erkennt (shivo'ham), vereinigt sich mit der Frau als der Verkörperung Shaktis auf der physischen Ebene. Der Divya-(göttliche)Sādhaka oder Yogi vereint in sich selbst das weibliche und männliche Prinzip, die „das Herz Gottes“ sind (hṛidayam paramashituh) oder Shakti und ihr Gottesbewußtsein, Shiva. Beider Verbindung ist die mystische Vereinigung (maithuna) der Tantras.

Es gibt zwei Arten von Vereinigung (sāmarasya): die erste ist die grobstoffliche (sthūla) der physischen Verkörperungen des höchsten Bewußtseins, die zweite ist die feinstoffliche (sūkṣhma) oder die Vereinigung der untätigen und der aktiven Kräfte im Bewußtsein selbst. Diese zweite ist die Befreiung.

Die kosmische Shakti ist die Zusammenfasung (samashti) aller unbewegten und bewegten Energien des Weltalls, während Kuṇḍalinī ihre individuelle Kraft (vyashti) in den besonderen Körpern ist. Da der Körper ein Mikrokosmos (kṣhudrabrahmānda) ist, befindet sich in ihm während der Lebensdauer die gleiche Polarisation wie im Kosmos. Aus Mahākuṇḍalinī ist das Weltall entstanden. In ihrer höchsten Form ist sie, im Zustand der Ruhe, um den Shivabindu gerollt und eins (als Chidrāpinī) mit ihm. Dann beginnt sie sich aufzurollen, um in Erscheinung zu treten. Die drei Windungen, von denen die Tantras sprechen, sind die drei Guṇas, und die dreieinhalb Windungen, auf die das Kubjikā-Tantra anspielt, sind Prakṛiti mit ihren drei Guṇas und die Vikritis. Ihre fünfzig Windungen sind die Buchstaben des Alphabetes.

Wenn sie sich weiter entrollt, gehen aus ihr die Tattvas und Mātrikās, die Mütter der Varṇas hervor. So bewegt sie sich weiter und setzt die Bewegung auch nach der Schöpfung in den erschaffenen Tattvas fort. Denn aus der Bewegung geboren, fahren diese fort, sich zu bewegen. Die ganze Welt (jagat) ist, wie es das Sanskritwort ausdrückt, in Bewegung. Kuṇḍalinī verharrt in schöpferischer Tätigkeit, bis Pṛithivī, das letzte der Tattvas, geboren ist. Zuerst erschafft sie das Denkorgan, dann die Materie, die immer mehr an Dichte zunimmt. Es wurde vermutet, daß die Mahābhūtas die Dichtigkeit sind, von der die heutige Wissenschaft spricht: die Dichtigkeit der Luft, verbunden mit der höchsten Schnelligkeit der Erdschwere; die Dichte des Feuers, verbunden mit der Schnelligkeit des

Lichtes, die Dichte von Wasser oder Flüssigkeit zusammen mit der Schnelligkeit der Moleküle und der Schnelligkeit der Erdumdrehung; die Dichtigkeit der Erde, des Basalts zusammen mit der Newtonschen Schnelligkeit des Schalls.

Wie dem auch sei: es ist klar, daß die Bhūtas eine zunehmende Dichtigkeit der Materie darstellen, bis diese ihre dreidimensionale feste Form erreicht hat. Wenn Shakti dieses letzte, das Pṛithivī-Tantra erschaffen hat, bleibt ihr nichts mehr zu tun. Dann rollt sie sich wieder zusammen, das heißt: sie ruht. „In Ruhe" sein, bedeutet, daß sie eine statische Form annimmt, denn Shakti ist niemals erschöpft, sie hat sich niemals in eine ihrer Gestalten entleert.

Darum ist die Kuṇḍalinī-Shakti an diesem Punkt der Ruhe gewissermaßen die zurückgelassene Shakti (die doch immer Fülle ist), nachdem Pṛithivī, das letzte der Bhūtas, erschaffen wurde.

Die Mahākuṇḍalinī ruht als Chidrūpinī-Shakti im Sahasrāra, dem Ort der absoluten Ruhe. Der Körper aber, in dem das relativ statische Zentrum die ruhende Kuṇḍalinī ist, und die körperlichen Kräfte bewegen sich um dieses Zentrum. Sie sind Shakti, ebenso wie es Kuṇḍalinī ist. Der Unterschied zwischen beiden besteht nur darin, daß sie Shakti in besonderen, unterschiedlichen Formen und in Bewegung sind, Kuṇḍalinī-Shakti aber der ungeschiedene Rest der Shakti im Zustand der Ruhe, das heißt, zusammengerollt ist. Sie ist im Mūlādhāra zusammengerollt als tragende Grundlage. Dies ist zugleich auch der Sitz der Pṛithivī, des letzten festen Tattva und die Stätte der Shakti oder Kuṇḍalinī.

Der Körper kann so mit einem Magneten und seinen beiden Polen verglichen werden. Mūlādhāra, als Sitz der Kuṇḍalinī-Shakti, ist mit seiner vergleichsweise groben Form von Chit (als Chit-Shakti und Māyā-Shakti) der statische Pol in Beziehung zum übrigen Körper, der dynamisch ist. Das „Wirken", das heißt, der Körper setzt notwendigerweise eine solche statische Stütze voraus, daher der Name Mūlādhāra. In einem Sinn muß die statische Shakti im Mūlādhāra mit der erschaffenden, sich entwickelnden Shakti des Körpers zusammen bestehen, da der dynamische Aspekt oder Pol niemals ohne seinen statischen Gegenspieler existieren kann. Im anderen Sinn ist es die Stätte des Shakti nach ihrer Wirksamkeit.

Was aber geschieht im vollkommenen Hatha-Yoga? Die statische Shakti wird durch Prāṇāyāma und andere Yoga-Vorgänge beeinflußt und erwacht zur Tätigkeit. Ist die Dynamik vollkommen wirksam – das heißt, hat Kuṇḍalinī sich mit Shiva im Sahasrāra vereint –, dann tritt die Polarisation des Körpers ein. Die zwei Pole vereinen sich in einem, und der Zustand des Bewußtseins, der Samādhi genannt wird, ist erreicht. Die Polarisierung geht natürlich nur im Bewußtsein vor sich. Der Körper bleibt tatsächlich – allen sichtbar – bestehen. Er führt sein organisches Dasein fort. Aber das Bewußtsein des Körpers und aller anderen Gegenstände ist nicht mehr vorhanden. Das Denkorgan hat seine Tätigkeit eingestellt und sich in seinen Urgrund zurückgezogen, der sein Bewußtsein ist.

Wie wird nun der Körper erhalten? Wenn auch Kuṇḍalinī-Shakti das statische Zentrum des gesamten Körpers als eines vollkommen bewußten Organismus ist, so hat doch jeder Körperteil mit seinen Zellen eigene statische Zentren, die diese erhalten. Überdies lehren die Tantriker, daß Kuṇḍalinī aufsteigt, und der Körper als Gesamtorganismus durch den „Nektar" erhalten wird, der aus der

Vereinigung von Shiva und Shakti im Sahasrāra fließt. Dieser Nektar ist ein Ausfluß der Macht, die aus dieser Verbindung entsteht. Der von mir schon öfter angeführte Freund ist jedoch der Meinung (und es mögen auch Gründe hierfür sprechen), daß die Möglichkeiten der Kuṇḍalinī-Shakti nur zum Teil in die Tätigkeit der Shakti umgewandelt werden. Da Shakti selbst im Mūla-Zentrum unendlich ist, bleibt ihre potentielle Fülle stets unerschöpflich. In diesem Falle ist die dynamische Entsprechung nur die teilweise Umwandlung einer Art von Energie in eine andere. Würde sich dagegen die im Mūla eingerollte Macht völlig entfalten, dann würden sich die drei Körper – der grobe, der feinstoffliche und der ursprüngliche – auflösen, und Videha-Mukti wäre erlangt. Der statische Hintergrund, der in Beziehung steht zu einer besonderen Daseinsform, fiele nun ganz fort. Dies würde die Starre des Körpers erklären, wenn Shakti ihn verläßt. Denn diese ist nicht auf die Erschöpfung oder den Fortfall der statischen Kraft im Mūlādhāra zurückzuführen, sondern auf die Konzentration oder den Zusammenfluß der gewöhnlich über den ganzen Körper verstreuten dynamischen Kraft. Das dynamische Gleichgewicht, das sich gegen den statischen Hintergrund der Kuṇḍalinī-Shakti abhebt, ist hiernach nur der zerstreute fünffache Prāṇa, der sich aus den Geweben des Körpers zurückgezogen und nun längs der Wirbelsäule gesammelt und konzentriert hat. Die gewöhnliche Entsprechung der Kuṇḍalinī-Shakti ist der in alle Gewebe verstreute Prāṇa, der aber im Yoga gesammelt und zur Mittelachse hingeführt wird. In beiden Fällen bleibt die statische Entsprechung der Kuṇḍalinī-Shakti erhalten.

Einige Teile des bereits verfügbaren dynamischen Prāṇa werden im Yoga an der Basis der Wirbelsäule in geeigneter Weise aktiviert. Hierdurch wird das unterste Zentrum, der Mūlādhāra, sozusagen übersättigt und reagiert auf die gesamte zerstreute dynamische Kraft (prāṇa) des Körpers, indem es sie aus den Geweben zurückzieht und an der Wirbelsäule entlang sammelt. Was nach dieser Ansicht aufsteigt, ist nicht die ganze Shakti, sondern ein Ausstrom, einem Blitzstrahl gleich, der das Parama-Shivasthāna erreicht. Hier taucht die zentrale Kraft, die das persönliche Welt-Bewußtsein aufrechthält, in das höchste Bewußtsein ein. Das begrenzte Bewußtsein, das die vergänglichen Vorstellungen des weltlichen Lebens überschreitet, erfaßt unmittelbar die unwandelbare Wirklichkeit, die der ganzen Flut der Erscheinungen zugrunde liegt.

Wenn die Kuṇḍalinī-Shakti im Mūlādhāra schläft, ist der Mensch offen für die Welt; wenn sie erwacht und sich mit dem höchsten statischen Bewußtsein – Shiva – verbindet, dann zieht sich das Bewußtsein für die Welt in Schlaf zurück und vereint sich mit dem Licht aller Dinge.

Läßt man alle Einzelheiten beiseite, scheint folgendes der Hauptgedanke zu sein: wenn erwacht, hört Kuṇḍalinī-Shakti selbst (oder wie mein Freund es ausdrückt: in ihrem Ausstrom) auf, eine statische Kraft zu sein, die das Welt-Bewußtsein trägt. Ihr Inhalt bleibt also nur solange erhalten, als sie „schläft“. Einmal in Bewegung geraten, wird sie zu dem anderen statischen Zentrum im tausendblättrigen Lotus (sahasrāra) hingezogen, das sie selbst in Vereinigung mit dem Shiva-Bewußtsein oder dem Bewußtsein der Ekstase jenseits der Welt der Erscheinungen ist.

Ich möchte, ohne weitere Auseinandersetzungen, zu diesem Thema nur noch hinzufügen, daß Schüler dieses Yoga den Anspruch erheben, daß er jedem anderen überlegen und der durch ihn erlangte Samādhi (Ekstase) von größerer Vollkommenheit sei. Der Grund, den sie hierfür angeben, ist folgender: Im Dhyāna-Yoga tritt die Ekstase durch die Loslösung von der Welt und eine geistige Konzentration ein, die alle gedankliche Tätigkeit (vṛitti) aufhebt, oder in der das reine Bewußtsein aufsteigt, ungehindert von den Beschränkungen des Denkorgans. Wieweit dieses Bewußtsein entschleiert wird, hängt von den Kräften der Meditation (jñāna-shakti) des Sādhaka ab und von dem Ausmaß seiner Loslösung von der Welt.

Auf der anderen Seite bewirkt Kuṇḍalinī, die alle Shaktis auch Jñāna-Shakti ist, wenn sie vom Yogi erweckt wird, vollkommenes Jñāna. Hinzukommt, daß im Samādhi des Dhyāna-Yoga keine Seligkeit und keine besonderen Kräfte (siddhi) durch das Aufsteigen oder die Vereinigung von Kuṇḍalinī-Shakti ausgelöst werden. Der Samādhi des Kuṇḍalinī-Yoga wird nicht nur durch Meditation erreicht, sondern durch die zentrale Kraft des Jīva, die Körper und Denkorgan verstärkt. Wenn auch in beiden Fällen das körperliche Bewußtsein schwindet, so wird im Kuṇḍalinī-Yoga nicht nur das Denkorgan, sondern auch der Körper, insofern er durch seine zentrale Kraft (oder ihren Ausstrom) dargestellt wird, tatsächlich mit Shiva vereint. Er empfindet eine Seligkeit (bhukti), die dem Dhyāna-Yogi nicht zuteil wird. Wenn auch der Divya-Yogī wie der Vīra-Sādhaka Freude erfahren, so soll die Seligkeit des Divya-Yogi doch unendlich viel stärker sein, weil es die Erfahrung der Seligkeit selbst ist. Die Freuden des Vīra-Sādhaka sind nur ihr Widerschein auf der physischen Ebene, ein Durchbrechen der wahren Seligkeit durch die starren Hüllen und Fangnetze der Materie.

Wenn ich nun dieses Thema verlasse, geschieht es in der Hoffnung, daß andere die Erforschung weiter fortführen werden, die ich hier begonnen habe. Diese wie auch andere Fragen des Tantra-Shāstra scheinen mir, was immer auch ihr Wert sein mag, einer Erforschung würdig, die ihnen noch nicht zuteil wurde (vgl. „Geheimnisvolle Kuṇḍalinī" von Dr. Rele, Taraporevala, Bombay, und „Die Chakras" von Dr. Leadbeater, Theosophisches Verlagshaus, Madras).

XXX. Kapitel

ZUSAMMENFASSUNG

Der Brahmanismus oder Hinduismus (wie er später genannt wurde) ist nicht nur eine Religion. Er ist eine sozialökonomische Lehre, deren Grundlage das Gesetz der Kasten und Lebensstufen ist (varṇāshrama-dharma). Aus diesem Grund nahm man allgemein an, daß ein Nicht-Hindu kein Hindu werden kann, weil für ihn kein Platz im Kasten-System ist. Das Hindu-Gesetz aber erkennt seit kurzem die Konversion zum Hinduismus an, durch die der Übergetretene in jeglicher Hinsicht, auch in bezug auf die Ehe, zum Hindu wird.

Zur Lehre des Hinduismus gehören verschiedene religiöse Formen, die die gleiche Grundlage haben. Da wir uns aber hier mit dem religiösen Aspekt des Brahmanismus beschäftigen, können wir sagen, daß dieser, zusammen mit dem Jainismus und dem Buddhismus, einer der drei wichtigsten Religionen Indiens ist, die denen des semitischen Ursprungs gegenüberstehen. Alle drei Religionen haben teil an gemeinsamen Grundbegriffen, die mit den Sanskrit-Bezeichnungen: Karma, Saṁsāra und Mokṣha ausgedrückt werden. Diese Begriffe bilden den gemeinsamen Nenner des indischen Glaubens, wie noch aufgezeigt werden soll.

Das Weltall ist in ständiger Bewegung. (Ein Sanskritausdruck für Welt ist „Jagat", „das sich Bewegende"; das Weltall in fortwährender Bewegung). Nichts Psycho-Physisches ist in Ruhe, sondern wird durch Karma – Handlung – bestimmt. Der augenblickliche Zustand des Menschen ist durch das vergangene Karma festgelegt. Es mag sein eigenes sein oder das der menschlichen Gemeinschaft, deren Glied er ist oder zu der er in Beziehung steht. Es kann aber auch die Auswirkung natürlicher Ursachen sein. In gleicher Weise bestimmt das jetzige Karma das zukünftige. Die Lehre des Karma ist somit die Bestätigung des Gesetzes von Ursache und Wirkung, das nicht nur für dieses Weltall, sondern für eine unendliche Anzahl von Welten gilt. So wie du säst, wirst du auch ernten. Das jetzige Weltall ist nicht das erste und wird auch nicht das letzte sein. Wohl hat dieses besondere Weltall einen Anfang und ein Ende, das Auflösung bedeutet (pralaya), da nichts Geschaffenes ewig ist, aber es steht in einer Reihe, die weder Anfang noch Ende hat. Es gab immer Welten und wird sie immer geben.

Das bewußte Handeln, das nach weltlichen Freuden strebt, selbst wenn diese rechtmäßig sind, bindet den Menschen an die Welten von Geburt und Tod, an die sogenannte Reinkarnation. Die Griechen nannten dies den Kreislauf des Werdens, die Hindu: Saṁsāra, eine Bezeichnung, die wörtlich das endlose „Sich-weiter-Bewegen" oder „Wandern" bedeutet, das heißt, das wiederholte Geborenwerden und Sterben (punarutpatti). Diese Welten umschließen nicht nur die Erde, sondern Himmel und Hölle, in denen die Früchte der menschlichen Handlungen auf Erden geerntet werden. Himmel und Hölle sind Zustände der Freude und des Leides, die sowohl hier auf Erden wie im Zustand nach dem Tode bestehen und Ergebnis der wiederkehrenden guten und schlechten Taten sind. Wenn der Mensch stirbt, gibt es keine Auferstehung des grobstofflichen Körpers mehr, der sich in feinstoffliche Elemente auflöst, so daß die Beziehung zwischen einem Menschen und seinem groben Körper endet. Aber es bleibt noch immer ein Körper bestehen, bis die körperlose Befreiung (videha-mukti) erreicht ist.

Nach dem Tode erfreut sich der Mensch in seinem feinstofflichen Körper jenes Zustandes, der Himmel genannt wird, oder er leidet in der Hölle. Keiner von beiden ist ewig, aber jeder ist ein Teil des Kreislaufs des Werdens. Nachdem der Mensch im Zustand nach dem Tod die himmlischen Freuden in seinem feinstofflichen Körper genossen, oder die Leiden der Hölle erlitten hat – so wie es seinen Verdiensten oder bösen Handlungen entspricht –, wird er in einem grobstofflichen Körper wiedergeboren. Dies geschieht so lange, bis er den Weg aus dem Kreislauf herausgefunden hat und danach verlangt. Das heißt, bis er aufhört, das Leben in der Welt zu begehren. Dann ersehnt er nicht nur die Befreiung vom Leiden und von dem begrenzten Glück im Kreislauf von Tod und Wiedergeburt, sondern wünscht (nach dem Vedānta), das Erhabenste, Wertvollste (paramārtha) zu erlangen: die höchste Glückseligkeit. Nun vollzieht sich eine Umwandlung. Der Mensch ist nach Nietzsche ein Wesen, das sich selbst übersteigt. Aber er kann seinen jetzigen Zustand nicht überschreiten, solange er an ihn gebunden ist und in ihm verharren will.

Seine Befreiung wird Mokṣha oder Mukti genannt. Alle drei Lehren stimmen darin überein, daß der Mensch trotz des Gesetzes von Ursache und Wirkung frei ist, sich selbst aus dem Kreislauf zu lösen. Die Kausalität regiert nur das Leib-Seelische. Der Geist an sich ist frei. Alle drei Lehren nehmen einen Zustand der Befreiung an.

Ob das Weltall als Kräftespiel das Werk eines persönlichen Gottes ist, bleibt eine Frage, die Philosophen des Ostens und des Westens erörtern. Ein Teil der Buddhisten (die Aishvarika-Schule) glaubt, daß die Gottheit alles beherrscht. Ein anderer (die Svabhāvikas – von Svabhāva oder eigene Natur) setzen Svabhāva voraus, das heißt, eine Kraft, die der Natur innewohnt. Sie erblicken in der sogenannten Schöpfung eine unmittelbare Wirkung von Kräften, die ewig der leibseelischen Substanz innewohnen (wie dies Brian Hodgson aufgezeigt hat).

Der Māyāvāda-Vedānta vereint im weiten Ausmaß diese zwei Gesichtspunkte durch seine Lehre, daß der persönliche Brahma oder Gott der selbstlose oder absolute Brahman ist, der der leib-seelischen Erfahrung zugänglich ist, wenn auch dieser als das beziehungslose Absolute nicht der persönliche Brahma ist. In der Shākta-Lehre ist Brahman der Gott oder Schöpfer und Lenker des Weltalls, in seiner eigenen Natur aber ist er mehr als nur dies.

Ob es einen persönlichen Gott oder Herrn (īshvara) gibt, wie einige Lehren behaupten, oder nicht, der Glaube an ihn ist kein wesentlicher Teil der allgemeinen Lehre.

Jainisten und Buddhisten sind Atheisten im Sinne von Gottlosigkeit (nirīshvara), obwohl letztere Lehre in einigen Formen der späteren nördlichen Schulen ein theistisches Gepräge angenommen hat. Tatsächlich ist die Anerkennung eines persönlichen Gottes, selbst im Brahmanismus, nicht unbedingt nötig. Abgesehen von echten Atheisten im westlichen Sinn, so wie es die indischen Chārvakas und Lokāyatas sind, die Gott, Seele, Unsterblichkeit und künftiges Leben leugnen, setzen einige Schulen (Mīmāṃsā und Nirīshvarā-Sāṇkhya) nicht den Glauben an einen persönlichen Gott voraus, während andere dies tun (Seshvara-Sāṇkhya oder die Yoga-Schule, das Nyāya-Vaisheshika und der Vedānta).

Zwei andere Begriffe von wesentlicher Bedeutung sind Dharma und sein Gegensatz Adharma. Sie bedeuten im buddhistischen Sinn rechtes Handeln und sein Gegenteil. Als zwei verschiedene Weisen sind sie mit dem Karma verbunden. Das Wort Dharma stammt von der Wurzel „dhṛi", aufrecht halten und erhalten – Eigenschaften der rechten Tätigkeit. Alle Lehren unterscheiden rechtes (puṇya) und falsches (pāpa) Handeln, deren Ergebnis Wohlbefinden oder Leiden ist.

Dharma ist somit das Gesetz des Seins im Ausdruck der Form. Sittlichkeit ist ein Teil der menschlichen Natur. Man kann deshalb behaupten, daß das Wesentliche der brahmanischen Vorstellungen von allen anerkannt wird. Als technischer Begriff aber gehört Dharma nicht zu den allgemeinen Vorstellungen, da seine Bedeutung im Buddhismus eine eigene ist, während im Jainismus dieses Wort etwas völlig anderes bedeutet – nämlich das Prinzip der Bewegung (dharma), dessen Gegensatz, Adharma, das Prinzip der Ruhe ist.

Jeder Begriff hat seine eigene Note in den verschiedenen Glaubensformen. Dies trifft auch für den Begriff der Wirklichkeit zu. Brahmanismus und Jainismus sind z. B. dem buddhistischen Subjektivismus entgegengesetzt. Ebenso verschieden ist die Auffassung über Mīmāṃsā, Auflösung, Karma und Befreiung. Auch spricht der Jainismus auf ganz besondere Weise über die „Materie".

Befreiung wird im Buddhismus, im Jainismus und in den verschiedenen brahmanischen Schulen unterschiedlich erklärt. Übereinstimmend ist sie das Lösen der Fesseln von Geburt und Tod, von Begrenzung und Leiden. In einigen Lehren (in der Mīmāṃsā, im Sāṇkhya-Yoga und Nyāya-Vaisheshika) aber wird sie nicht ausdrücklich Glückseligkeit genannt, wenn sie auch beschrieben wird als ein völlig leidloser Zustand des „Das", welches sich in Verbindung mit Denkorgan und Materie als das Ich der Erfahrungen manifestiert. Die Jainas betrachten die Befreiung als einen Zustand der Freude. Einige buddhistische Beschreibungen drücken das gleiche aus, wenn auch im allgemeinen Buddhisten Erörterungen über solche unbegreifbaren Dinge nicht schätzen.

Andererseits beschreibt der Vedānta diesen Zustand durchaus als positiv, als eine reine und nicht endende Freude, die durch die Identifizierung des individuellen Selbst mit dem höchsten Selbst oder in der Verbindung mit ihm entsteht. Ihrer Art nach ist sie deshalb von den nichtdualistischen wie den dualistischen Schulen verschieden. Der Brahmanismus fügt den Begriffen von Kreislauf (saṁsāra), von rechtem oder falschem Handeln (dharma, adharma), Kausalität (karma) und Befreiung (mokṣha) noch die Vorstellung von Ātman hinzu. Dieser wird von allen brahmanischen Schulen anerkannt, wenn diese auch verschiedener Ansicht über seine Beschaffenheit sind. Im Nyāya-Vaisheshika ist er der Sitz des Bewußtseins, im Sāṇkhya- und Advaita-Vedānta das Bewußtsein selbst. Es besteht auch ein

Unterschied in der Frage, ob es einen oder mehrere Ātman gibt (wie es im Nyāya-Vaisheshika oder Sāṇkhya-Yoga mehrere Ātmans und Purushas gibt).

Die Schulen der Brahmanen und die Buddhisten streiten darüber, ob es überhaupt einen Ātman gibt (die Jainas bekämpfen auch die buddhistische Lehre des Anātmā). Nach dem Vedānta ist der Ausgangspunkt folgender: Jeder weiß erfahrungsgemäß von einem leib-seelischen Strom, der durch das Individuum und das Weltall fließt. Deshalb wird das Weltall im Sanskrit Jagat – das Bewegende – genannt. Das Weltall ist in ständiger Bewegung, und die Moleküle verwandeln sich in jedem Augenblick. Als Gegenstand sinnlicher Wahrnehmung ist das Weltall vergänglich, wenn es auch Dinge gibt, die längere oder kürzere Zeit als andere bestehen. Die Frage ist nun, ob es außer der leib-seelischen Vergänglichkeit eine immerwährende geistige Wesenskraft im Weltall und im Menschen gibt, die sich als das Selbst der Erfahrung manifestiert und allen Wechsel überdauert.

Es heißt, daß die Buddhisten nur diesen Lebens-Strom kennen und daß sie den Menschen nur für eine körperlich-seelische Zusammensetzung halten, die keinen ruhenden Mittelpunkt besitzt, für eine Reihe von augenblicklichen Zuständen körperlicher oder gedanklicher Art, die in fortwährender Verwandlung auseinander hervorgehen. In diesem Fluß gibt es nichts von Dauer, gibt es keinen Faden, auf dem die Welten wie Perlen aneinandergereiht sind (suträtmā). Der Mensch mag die Überzeugung besitzen, daß er ein Selbst ist, aber dies besagt noch nicht – so heißt es –, daß es einen Ātman als Grundlage dieser Selbst-Erfahrung gibt.

Hier nun stellt der Vedānta die Frage: „Wer wird dann geboren, wer stirbt und wird wiedergeboren?" Und seine Antwort lautet: „Das verkörperte Selbst" (jīvātmā). Dieses wird geboren und stirbt, während der Ātman weder geboren wird noch stirbt. Geburt und Tod werden ihm nur zugesprochen, wenn er in Verbindung mit seelisch-körperlichen Daseinsformen erscheint. Der verkörperte Ātman wird geboren und stirbt. Ātman an sich aber ist in seiner körperlosen Natur ungeboren und ewig.

Veränderlich und unveränderlich sind logische Begriffe und entstammen dualistischem Denken. Sie haben nur Bedeutung in ihrer Wechselbeziehung. Alle Tätigkeit setzt einen Zustand der Ruhe voraus. Das Weltall kann nur bestehen, wenn Tun und Nicht-Tun zusammentreffen. Ohne Aktivität kann kein Weltall entstehen. Ebenso kann ohne Beständigkeit kein Augenblick den Sinnen wahrnehmbar werden. Ātman an sich ist ewig; das Weltall als das Leib-Seelische ist Ausdruck des Ātman als Macht, und als solcher nur von kurzer Dauer.

Der Anschein einer relativen oder begrenzten Beständigkeit wird durch die Immanenz des Ātman hervorgerufen. Ātman manifestiert sich als das verhältnismäßig beständige, sich selbst erfahrende Ich. Das aber, was sich als solches Ich offenbart, ist Brahman, das Wesen des Weltalls, das zugleich der Gegenstand dieses Selbst ist. Denn Ātman und Brahman sind ein und dasselbe.

Nach der zweiten Auffassung ist Ātman der Sitz des Bewußtseins, während er im Vedānta das Bewußtsein selbst ist. Was immer auch der Ursprung der Shākta-Lehre sein mag, über den nichts mit Gewißheit ausgesagt werden kann – die Verehrung der Gottesmutter ist so alt wie die Welt. Im Vedānta wird sie Shakti-Vāda oder Shākta-Vedānta genannt.

Das Kulārṇava-Tantra spricht von jenem „Monismus", den Shiva verkündet (Advaitantu Shivenoktam I, 108. Vgl. auch Mahānirvāṇa-Tantra, Kap. II, 33–34; III, 33–35; 50–64; Prapañchasāra-Tantra II, XIX, XXIX; Advaita bhāvopaniṣhad. Zur Identität von Jīvātmā und Paramātmā in der Befreiung, die der Vedāntasāra Jivabrāhmanoh aikyam nennt, vgl. Mahānirvāṇa-Tantra VIII, 264–265; V, 105. Vgl. auch Prapañchasāra-Tantra II, worin Hrim mit Kuṇḍalinī und Hamsah, und dann mit So'ham identifiziert wird. Vgl. dort auch Kap. XXIV: das Feinstoffliche bin ich – yah sukshma so'ham und Jñānārṇava-Tantra XXI, 10. Zu Brahmāsmi vgl. Kulārnava-Tantra IX, 32, 41: so'ham bhāvena pūjayet. Der Shākta-Schüler, Sādhaka, darf kein Dualist sein; Mahārudrayāmala, I Khanda, Kap. 15; II Khanda, Kap. 2. Ähnlich lehrt das Gandharva-Tantra, Kap. 2, daß er frei sein muß vom Dualismus. Vgl. auch Prāṇatoshinī, 108).

Tatsächlich ist die besondere Art der Verehrung, die dem Kaula-Tantra seinen üblen Ruf eingebracht hat, eine praktische Anwendung des Advaitavāda. Es heißt, das Kaulāchāra folge genau der vollkommenen Erkenntnis der Vedānta-Lehre. Nach dem Shatchakranirūpana (vgl. „Die Schlangenkraft") ist Jīvātmā der verkörperte Geist, der gleiche wie Paramātmātmā oder der höchste Geist, und diese Erkenntnis ist die Wurzel aller Weisheit (mūlavidyā).

Der Shākta-Vedānta gibt seine Lehren von einem praktischen Standpunkt aus, den der Māyāvāda Vyavahārika nennt. Er betont den Begriff der Macht. Ātman ist nicht reines Sein allein. Selbst bei der Auflösung der Welt ist Sein noch Macht, wenn auch diese Macht oder Shakti dann Bewußtsein an sich (chidrupinī) ist. Ātman manifestiert sich als Weltall durch und aus seiner Macht. Ātman und Macht sind niemals getrennt. So heißt es, daß es keinen Shiva ohne Shakti und keine Shakti ohne Shiva gibt. Shiva ohne Macht wäre nur ein „Leichnam". Shiva und Shakti sind von gleicher Beschaffenheit, da sie beide Sein-Bewußtsein-Seligkeit sind. Aber die Macht offenbart sich als Werden oder als das leiblichseelische Weltall.

Macht ist sowohl Sein, Bewahrung und Widerstand gegen den Wechsel als auch die Macht, die zum Weltall wird und ist als materielle Ursache das Weltall selbst. Die Macht zu sein, ist der ruhende Aspekt der Shiva-Shakti, die Macht zu werden ist ihr wechselvoller Aspekt.

Im Māyāvāda heißt es, daß die Welt durch die Macht Gottes oder Īshvara erschaffen wurde. Während aber Īshvara Brahman oder die Gottheit in der Sicht der leiblich-seelischen Erfahrung ist, ist Brahman auch wieder nicht Īshvara. Denn Er steht jenseits (im Sinn von außerhalb) jeder Beziehung zum Weltall und wird deshalb fälschlicherweise von einigen als „unwirklich" und das von Ihm geschaffene Weltall als eine „Täuschung" angesehen. Im Glauben des Shaktivāda aber ist Īshvara nicht nur Brahman, sondern Brahman ist auch Īshvara, und es besteht kein Zweifel an der Wirklichkeit von Īshvara oder der Welt. Wir können also zur gleichen Zeit sagen: die Gottheit ist wirklich, Gott ist wirklich und das Weltall ist wirklich. Das Wort „Täuschung" führt selbst im Māyāvāda zu Mißverständnissen. Nach der genauen Bestimmung von Kamalakānta, einem berühmten Sādhaka, ist Māyā die „Form des Formlosen" (shūnyasya ākara iti māyā). Die Welt ist die Gestalt der göttlichen Mutter. An sich aber ist diese ohne Form.

Erörterungen über die Wirklichkeit der Welt sind oft vergeblich und langweilig, weil das Wort „wirklich" verschiedene Bedeutungen hat und man nicht zuvor festlegt, in welchem Sinn es jeweils angewendet wird. Auch die Worte „absolut" und „übersinnlich" sollten klar bestimmt werden. Davon hängen die Unterschiede von Māyā-Vāda und Shakti-Vāda ab. „Absolut" und „übersinnlich" bedeuten: „Jenseits aller Beziehung". Jenseits kann aber in zweierlei Weise angewendet werden. Es heißt

1. eine Beziehung überschreiten, oder weiter sein als diese,
2. überhaupt keine Beziehung haben.

Im ersten Fall wird die Beziehung nicht geleugnet oder ausgeschlossen; nur ist das Absolute, das die Beziehungen umfaßt, nicht deren Gesamtsumme und wird nicht von ihnen erschöpft. Es überschreitet sie in seinem Sein. Im anderen Fall wird jede Beziehung zum Absoluten geleugnet und angenommen, daß das Absolute weder eine innere noch eine äußere Bezugsetzung hat und die Beziehungen somit keinen Platz im Sein des Absoluten haben.

Der Shakti-Vāda nimmt die erste Ansicht an, der Māyā-Vāda die zweite. Nach dem ersten Standpunkt ist das Absolute sowohl beziehungsloses Sein wie auch Manifestation unendlicher Beziehungen. Dies ist die wahre und vollkommene, an keine Logik gebundene Ganzheit. Soweit das Absolute alle Beziehungen und Gedanken überschreitet, können wir es nicht als erste Ursache, als Wurzel der Schöpfung oder ähnliches bezeichnen. Insofern es aber auch Beziehungen und Gedanken enthält, können wir es die erste Ursache nennen und behaupten, daß eine wirkliche Schöpfung stattgefunden habe.

Der Māyā-Vāda, der der Wirklichkeit Brahmans von seinem transzendenten Standpunkt aus leugnet, muß auch die Wirklichkeit einer Schöpfungs-Ursache und ähnliches leugnen. „Jenseits" bedeutet demnach „überschreiten", „umfassender sein", „nicht erschöpft werden von etwas" oder „ausschließen", „verneinen", „auslöschen".

Nach dem Shakti-Vāda ist die Fülle der höchsten Wirklichkeit umfassender als jede mögliche Begrenzung. Sie ist jenseits von Dualismus und Nicht-Dualismus. Es ist das Gesamt an Erfahrungen, das logisch nicht bestimmt werden kann. Das reine Brahman des Māyā-Vāda aber ist ein Aspekt der höchsten Wirklichkeit, nicht das Ganze (pūrṇa).

Der Ausdruck „umfassender" als jede Beziehung mag so erläutert werden: ich bin in einer Weise auf meine Frau bezogen, in einer anderen auf meine Kinder, in noch anderer Weise auf meine Freunde und so fort. Keine dieser Beziehungen aber drückt aus, wer ich wirklich bin, auch nicht die Zusammenfassung aller Beziehungen zeigt dies. Denn als Teil einer unendlichen Antriebskraft habe ich unendlich viele Beziehungen. Erfahrungsgemäß kenne ich die meisten nicht, und man könnte meinen, daß eine gewisse Art von Beziehung mich von einer anderen Art unterscheidet. Brahman aber, das Absolute, kann keine besondere „Art" von solchen Beziehungen haben. Selbst die unendliche Art von Bezugsetzungen, die den Kosmos ausmachen, können es nicht in vollkommener Weise ausdrücken, da endliche oder unendliche Beziehungen ein logisches und deshalb zergliederndes und bestimmendes Denken voraussetzen, Brahman aber als die absolute ganzheitliche Erfahrung der nicht logisch Faßbare ist. Brahman als ganzheitliche Erfahrung, als Chit, das die Macht des Seins und Werdens ist, gleicht in keiner Weise dem unbekannten und unkennbaren Sein, dem Ding an sich der westlichen Skeptiker und Agnostiker.

Nach allen indischen Lehren ist die Welt wirklich. Das heißt, sie hat für den Denkenden ein objektives Dasein und ist keine Projektion des individuellen Denkorgans. Nach allen diesen Lehren bestehen Denkorgan und Materie nebeneinander, selbst in der Form des Ekajīvavāda, in der Brahman durch seine eigene Kraft der Verschleierung und Beschränkung ein erstes Selbst aus sich hervorbringt und die anderen Selbstheiten nur dessen Widerspiegelungen sind, die außerhalb dieses ersten Selbst kein Dasein besitzen. Die Welt der Materie ist nicht die Projektion eines individuellen Denkorgans, sondern seine Wirklichkeit besteht neben diesem. Beide stammen aus der sich selbst verschleiernden und begrenzenden Tätigkeit des Brahman, die als der eine Jīva oder als das erste Selbst erscheint.

Wenn Brahman als dieses ursprüngliche Selbst sich offenbart, erscheint es zu gleicher Zeit auch als dessen (logischer) Gegenpol, als Nicht-Selbst. Dies ist die ursprüngliche Materie. Sie ist deshalb nicht Ergebnis des ersten oder ursprünglichen Selbst, sondern ist mit diesem zusammen (logisch ausgedrückt) die gemeinsame Äußerung einer allem zugrunde liegenden Tätigkeit des höchsten Selbst, die Verschleiern und Begrenzen ist.

Die übliche Erklärung für Ekajīvavāda, nämlich: daß Ich das eine erste Selbst bin, während du, er und alles übrige, ebenso wie die Welt der Gegenstände, nur die Prokjetion meines Ichs sind, ist nicht stichhaltig, sondern unpsychologisch. Erstens kann „Ich“ (logisch gedacht) nicht vorhanden sein ohne die Ergänzung oder den Gegenpol des „Nicht-Ich“, so daß durch den gleichen Akt, durch den ich mich aus Brahman entwickele, auch mein Gegenpol, die ursprüngliche Materie entstehen muß. Zweitens setzen Projektion, Widerspiegelung und ähnliches nicht nur das projizierende oder widerspiegelnde Sein voraus, sondern auch etwas, auf den diese Projektion oder Spiegelung geworfen wird. Projektion aus nichts und auf nichts spiegelt nichts wider.

Wo Materie besteht, ist auch ein Denkorgan vorhanden. Wo es keine Materie gibt, fehlt auch das Denkorgan. Das eine ist sinnlos ohne das andere. Beide sind gleich wirklich. Keine indische Lehre ist so realistisch, daß sie das Vorhandensein von Materie annimmt, ohne ein Denkorgan mit vorauszusetzen. Ein solcher Zustand wäre unbegreifbar. Wer ihn annimmt, setzt sich selbst an die Stelle des wahrnehmenden Denkorgans.

Nach dem ersten Standpunkt (nyāya-vaisheshika) sind Denkorgan (manas) und die sogenannten „Atome“ der Materie (paramānu) getrennte, klar unterschiedene und voneinander unabhängige Wirklichkeiten (dravya). Die Materie ist nicht vom Denkorgan, noch letzteres von der Materie her abzuleiten.

Nach dem zweiten Standpunkt (Sānkhya-Yoga) sind Materie und Denkorgan gleicherweise wirklich, aber beide stammen aus einer gemeinsamen Quelle, der leib-seelischen Kraft-Möglichkeit (prakṛiti), die an sich keines von beiden ist. „Seelisch“ bedeutet hier das vom Bewußtsein, dem Chit, gesonderte Denkorgan. Diese leib-seelische Kraft-Möglichkeit ist eine Wirklichkeit (Sāṇkhya-Yoga). Sie ist unabhängig vom Bewußtsein, das die andere Wirklichkeit ist.

Der dritte Standpunkt des nicht dualistischen Vedānta ist der gleichen Meinung, hält aber die leib-seelische Möglichkeit nicht für eine unabhängige Wirklichkeit, sondern für die Kraftäußerung der einen höchsten Wirklichkeit, Gott. Die Welt ist hiernach wirklich in dem Sinn, daß sie für die persönliche Erfahrung so lange eine Wirklichkeit darstellt, als diese Erfahrung andauert. Niemand wird dies leugnen.

Die nächste Frage beschäftigt sich mit dem Monismus. Wenn die höchste Wirklichkeit einheitlich ist, wie kann sie dann die Ursache des Weltalls sein und zu diesem werden? Es wird gelehrt, daß die Wirklichkeit einen doppelten Aspekt hat: der eine steht in Beziehung zur Welt als Īshvara, dem Herrn oder Gott; die andere ist jenseits solcher Beziehungen Brahman selbst. Nach dem Māyāvāda ist Īshvara Brahman. Denn Brahman ist Īshvara durch den Schleier der Māyā gesehen – das heißt, in der leib-seelischen Erfahrung. Brahman aber als die absolute, nicht logisch erfaßbare Wirklichkeit ist nicht nur Īshvara. Seine Wirklichkeit wird nicht vom Denkorgan wahrgenommen, sondern besteht an sich jenseits aller Beziehungen.

Die Vorstellung von Gott als dem höchsten Selbst ist die erhabenste, die auf dieses Unbegreifliche angewendet werden kann, das an sich weder ein begrenztes noch ein unbegrenztes Selbst ist. Das Absolute an sich ist keine Ursache. Von einem übersinnlichen Standpunkt aus gibt es weder Schöpfung noch Weltall. Das Absolute ist, und weiter geschieht nichts. Nur in der Erfahrung wird es zur Ursache. In ihr gibt es einen Zusammenhang zwischen Brahman und der Welt, den das Denkorgan wahrnimmt. Was aber ist das Weltall? Die Vorstellung der Täuschung trifft nicht zu. Denn für wen ist es eine Täuschung? Nicht für die leib-seelische Erfahrung, für die es durchaus wirklich ist. Auch nicht für das Gesamt der Erfahrungen. Täuschung ist es nur für die logische Denkart eines Ich, das einen Gegenstand für wirklich oder unwirklich hält. Im Zustand der Befreiung aber gibt es kein Ich. (Nach Ansicht der Buddhisten gibt es im Nirvāṇa nicht einmal das Wissen von der Auflösung der Erscheinungen, in der sie unwirklich werden. Vgl. hierzu Das Gupta: „Indische Philosophie", S. 142). Sinngemäßer müßte es heißen, daß die Welt Māyā ist. Was aber ist Māyā im Māyāvāda? Sie ist nicht wirklich, denn sie ist weder Brahman noch eine unabhängige Wirklichkeit. Sie ist aber auch nicht unwirklich, da sie in der logischen Ordnung Wirklichkeit besitzt. Sie ist nicht zu erklären (anirvachanīya). Darum nennt sie einer der Gelehrten die „Lehre des Unerforschlichen".

Nach der Lehre von der Macht (shaktivāda) ist Māyā die göttliche Mutter-Kraft oder Mahāmāyā. Die beiden Aspekte der Wirklichkeit werden als Brahman und Īshvara erkannt. Der Herr ist wirklich, aber der, den wir „Herr" nennen, ist mehr als das, da das Wirkliche in den Ausdrücken seiner Beziehungen zum Weltall nicht sinnentsprechend bestimmt wird. Es ist „unlogisch", das heißt, jenseits vom Denkorgan und der Sprache. Da die eine höchste Wirklichkeit Īshvara und Brahman ist, ist sie in einem Aspekt die Ursache, im anderen ist sie es nicht. Aber es ist die eine gleiche Wirklichkeit, die als Shiva-Shakti erscheint. Beide sind ebenso wirklich wie ihre Erscheinung als Weltall. Wenn wir sagen, daß das Weltall die Erscheinung von Shiva-Shakti ist, dann setzen wir ein wirkliches Werden voraus, das als Kraft aus ihnen hervorging. Die Wirklichkeit existiert in zwei Aspekten – an sich und als Weltall.

Im Grund sind Saṁsāra oder die Welten von Geburt und Tod und Mokṣha oder Befreiung eins. Denn Shiva-Shakti ist beides: die Erfahrungs-Ganzheit und der Teil, der als Weltall in dieser Ganzheit besteht. Wirklichkeit ist konkrete Einheit in der Zweiheit, und Zweiheit in der Einheit. In der Erfahrung wird der Eine im Vielen und als das Viele erlebt. Ebenso wird die Vielheit als Einheit erfahren. So nimmt sich im Wein-Ritual der Shākta-Verehrer selbst als Shiva-Shakti, als die göttliche Mutter wahr. In der Person des Verehrenden offenbart sie sich und trinkt den Wein, der wiederum sie selbst ist – die Erlösende in Form der Flüssigkeit (tārā dravamayī). Dieser Grundgedanke wird auf alle menschlichen Funktionen angewendet und ist, trotz der bekannten Mißbräuche, vom monistischen Standpunkt aus sehr bedeutsam. Wirklich wird auch im Sinn einer Auszeichnung gebraucht. Wirklich ist das, was für sich selbst besteht und Grund hierzu hat. Das Wirkliche als Gott ist das Vollkommene, das Unwandelbare, das „Gute" (die Bedeutung von Shiva).

Das Weltall hängt von dem „ens realissimus" ab, aus dem es hervorgeht. Es ist unvollkommen, begrenzt, wandelbar und ist in einem Sinn auch das nicht Dauernde, das Unwirkliche. Das Weltall kommt und geht, aber dies geschieht ohne Unterbrechung. Die höchste Ursache ist ewig schöpferisch. So ist Wirklichkeit beides: unendliches, unwandelbares Sein und der Vorgang des Werdens, der ohne Beginn und Ende ist.

Nach solcher Lehre ist das Wirkliche sowohl Sein wie Werden. Das Werden ist keine Schmälerung der eigenen Unwandelbarkeit, sondern gleichsam ein Lebensstrom, dem unaufhörlich Wasser aus einer unerschöpflichen Quelle zufließt. Beides, das Unendliche wie das Endliche sind wirklich.

Wirklich wird auch noch im Sinn von der „Mühe wert" gebraucht. So betet der Verehrende, daß er von der Unwirklichkeit zur Wirklichkeit geführt werde. Dies aber bedeutet nicht, daß die Welt unwirklich ist, sondern nur, daß sie für ihn nicht den höchsten Wert besitzt.

In welchem Sinn auch das Wort „Wirklichkeit" gebraucht wird, es trifft für das Weltall zu. Alles ist wirklich. So heißt es in den Upaniṣhaden: „Das ganze Weltall ist wahrhaft Brahman" (sarvam khalvidam brahma). Das „Ganze", nicht dieses oder jenes, ist eine logisch nicht begreifbare Wirklichkeit, die Einheit in der Zweiheit, die Zweiheit in der Einheit. Es wird darin nicht das Eine noch das Viele aufgegeben. Deshalb sagt Shiva im Kulārṇava-Tantra: „Einige suchen den Dualismus, andere den Nicht-Dualismus, meine Lehre aber ist jenseits von beiden." Das heißt: sie trägt beiden Rechnung und versöhnt den Dualismus mit dem Nicht-Dualismus.

Wirklichkeit ist keine Abstraktion des Denkens, das alles über Bord wirft, was konkret und verschieden ist. Sie ist die Erfahrungs-Ganzheit, deren Objekt sie selbst als Ganzheitliches ist und ist zugleich auch die Teil-Erfahrung in diesem Ganzen. Diese Verbindung von Ganzheit und Teil ist logisch nicht faßbar. Es ist die Einheit einer tatsächlichen Erfahrung, die Einheit von Sein und Werden, Bewußtem und Unbewußtem, von Denkorgan und Körper, Freiheit und Bestimmung, wie von vielen anderen Dualitäten der menschlichen Erfahrung.

ANHANG

DIE ĀGAMAS UND DIE ZUKUNFT

Das folgende ist der Nachdruck eines sehr verständigen Artikels in der „Modernen Rundschau" (Februar 1918) von Dr. James H. Cousins, in dem die zu seiner Zeit veröffentlichten Werke über das Tantra-Shāstra von Arthur Avalon besprochen wurden, die später noch bedeutende Erweiterung fanden.

Indien macht zur Zeit die interessante Erfahrung einer nationalen Erneuerung, die – wie ähnliche Ereignisse – ebensowenig auf Nationalität oder Nationales beschränkt ist, wie eine religiöse Erneuerung auf das Religiöse. Solche Phänomene haben sich im Laufe der Menschheits-Geschichte rückblickend als Energie-Ausbrüche aus verborgenen Quellen des Lebens enthüllt, denen die Zeit-Umstände die zufällige Richtung gaben. Es ist nicht einmal sicher, daß die örtliche Festlegung solcher Bewegungen ihre ursprüngliche Heimat ist. Dies erinnert mich daran, daß G. K. Chesterton in seinem Buch: „Das Viktorianische Zeitalter in der englischen Literatur" mit seiner üblichen „inkonsequenten Tiefgründigkeit" erwähnte, daß „gegen das Ende des achtzehnten Jahrhunderts das wichtigste Ereignis der englischen Geschichte sich in Frankreich abspielte". Das will sagen, daß die Erhebung des menschlichen Bewußtseins und der Gefühle in der französischen Revolution weit davon entfernt war, in seiner Auswirkung und seinen Ergebnissen ausschließlich französisch zu sein. Es war eine Umwälzung der gesamten Welt. Sie bewegte Wordsworth, Byron, Shelley und beeinflußte durch diesen sogar den demokratischen Gedanken, der mit zwingender Einbildungskraft in kommende Zeiten hineinwirkte.

Das gleiche gilt für die indische nationale Wiedergeburt. Man kann schon heute das Ausmaß dieser Erneuerung – vielleicht sogar Revolution – in Drama und Dichtkunst Europas erkennen, wenn man z. B. die Entwicklung der letzten zwanzig Jahre auf der Bühne und in der Literatur Groß-Britanniens und Irlands verfolgt. Dies betrifft nicht nur die große Auflage der Werke von Rabindranath Tagore, sondern auch die Lebensfülle eines Yeats, der die Gesänge seines „Gitañjali" durch die Straßen Dublins und durch die Länder der Normandie erklingen ließ.

Aber auch im eigenen Land kann die indische nationale Erneuerung nicht allein auf die politische Auslegung des Nationalen beschränkt bleiben. Man horcht instinktiv auf den Widerhall in den Künsten, der Wissenschaft, der Religion und wird nicht enttäuscht. Die Maler aus Kalkutta und die Forschungen von Bose machen dies offensichtlich. In der Religion ist es nicht so augenfällig, und doch möchte ich annehmen, daß die Reihe der rotgebundenen dicken Bände, die neben einigen kleineren Schriften während der letzten vier oder fünf Jahre sich in meiner Bibliothek vermehrten, in Zukunft nicht mehr solche literarische Einzelgänger bleiben werden – nur den Sanskrit-Gelehrten als interessante Übersetzungen wichtig –, sondern daß sie einen ergänzenden und vielleicht lebenswichtigen Beitrag zur Erneuerung bilden. Ich meine die vielen Übersetzungen der Werke über das Tantra-Shāstra oder den Āgama, die Arthur Avalon mit Einführungen und Kommentaren versehen hat („Grundlehren der Tantras", 2 Bände; „Das Tantra der großen Befreiung"; „Hymnen an die Göttin"; „Welle der Glückseligkeit"; „Die Größe Shivas"; „Tantrik-Texte", 6 Bände – die Tantrābhidhāna, Shatchakranirūpana, Prapañchasāra im Kulachūdāmani, Kulārṇava und Kālīvilāsa –; „Studien über das Mantra-Shāstra" und verschiedene Essays).

Die Zahl ihrer flüchtigen Leser ist sicherlich klein, die Zahl derer, die sie studieren, sicherlich noch geringer. Aber ich glaube, daß diese Bücher zu den kostbaren Dingen der ersten Jahrzehnte des 20. Jahrhunderts zählen; ebenso, wie dies am Ausklang des 19. Jahrhunderts für die „Geheimlehre" von H. Blavatsky und den „Vollkommenen Pfad" von Dr. Anna Kingsford gilt.

Wenn ich diese Anmerkungen zur ersten Übersetzung dieser verehrungswürdigen Schrift in eine europäische Sprache schreibe, so will ich damit nicht eine Erklärung oder Kritik geben, sondern einige allgemeine Gedanken von einem westlichen Standpunkt aus beitragen. Diese kamen mir, als ich voller Zustimmung die Übersetzungen las. Denn sie befriedigen den Wunsch, außerhalb Indiens den Kontakt religiöser und philosophischer Grundgedanken mit der tatsächlichen Verfassung der Menschheit zu suchen und stärker auf diese einzugehen, als es die allgemein übliche, gefühlsbedingte und unklare Art der westlichen Lehren und ihre wenig erfreuliche Anwendung vermag. Meine erste Berührung mit der Tantrik-Lehre geschah durch eine Fußnote in der „Stimme der Stille", in der Frau Blavatsky sich auf mehrere Sekten von „Zauberern" bezog, die sie für Anhänger der Tantras hielt. Die Annahme, daß hiernach alle Tantriker Zauberer sein müssen, ergibt sich nicht unbedingt aus dieser Fußnote, wenn ich sie jetzt mit mehr Wissen und Erfahrung lese. Und wenn auch H. Blavatsky eine feindliche Haltung den Tantras gegenüber einnahm, ebenso wie sie dies dem Spiritualismus gegenüber tat, so hat doch ihre große Nachfolgerin, Anni Besant, diesen Abgrund zwischen Theosophie und Spiritualismus überbrückt – oder besser gesagt: zwischen den Theosophen und den Spiritualisten, die beide die Verwirklichung der Welten innerer Fähigkeiten und Erfahrungen suchen. Dieses Beispiel mag alle jene ermuntern, die im zunehmenden Licht der modernen Forschung – zu denen die genannten Übersetzungen einen wesentlichen Beitrag liefern – nach den großen Übereinstimmungen fragen, die aller Vielfalt religiöser Gedanken und Erfahrungen zugrunde liegen. Auch dann, wenn sie – wie dies für mich zutrifft – ihren eigenen Pfad zur Mitte hin gefunden haben, der einen anderen Radius entlangführt auf dem weiten Umkreis der Erscheinungsformen.

Ganz abgesehen von der Frage nach dem Vāmāchāra oder nach den Mißbräuchen des tantrischen Shākta-Rituals gegen die Gesetze der allgemeinen Moral (dieses Ritual bezieht sich übrigens nur auf einen Teil der umfangreichen Schrift, die nicht nur die Vāmāchāris, Shāktas und ähnliche, sondern auch andere Schulen beherrscht), zwingt die Tatsache, daß einige der grundlegenden Lehren, Gedanken und Übungen des alten oder neuzeitlichen Hinduismus in den Tantrik-Schriften enthalten sind, diejenigen, die die Bedeutung und die Entwicklung der Religion vorurteilslos und vollkommen verstehen wollen, zum Lesen dieser Bücher.

Ihr Übersetzer sucht eine korrekte Darstellung der Vorgänge zu geben, die bisher nur durch ihre Verurteilung dem Westen bekannt wurden.

„Die Mißbräuche niedrig Denkender", so beklagt er, „nahmen mit der Zeit solches Ausmaß an, daß sie alle anderen Themen der Tantras verdunkelten und ihnen dadurch die notwendige Aufmerksamkeit entzogen." Unglücklicherweise mißt das vorsätzlich kritische Auge gerade solchen Entwicklungen Bedeutung bei. So werden auch dem Islam die Banalitäten der Mohuram-Feste vorgeworfen und darüber vergessen, daß Tiger-Vorführungen und Schwert-Tänze nicht mehr Einfluß auf die Lehren des Koran haben als das „Blinde-Kuh-Spiel" beim Weihnachtsfest auf die Bergpredigt.

Der Übersetzer bemüht sich, zu beweisen, daß hinter der „schwarzen Magie und den sexuellen Riten" im Tantra „eine hohe philosophische Lehre und die Mittel enthalten sind, durch die ihre Wahrheit bei fortschreitender Entwicklung erfahren werden kann". Der Schüler der Tantras, der dieses Namens würdig ist, kann kaum der Schlußfolgerung entgehen, daß der Übersetzer ein großes denkwürdiges Werk vollbracht hat. Dieser Erfolg der Darstellung wird noch erhöht durch den missionarischen und zugleich gerechtfertigten Eifer, mit dem eine verschrieene und mißbrauchte östliche Schrift verteidigt wird. Kipling mag eine noch so große „Schranke" zwischen Westen und Osten auf der Oberfläche der Erde aufgerichtet haben, unter der Oberfläche werden genügend Durchgänge und Kanäle bleiben, und der Gedanke der Wiedergeburt wird ein nützlicher Schlüssel sein.

Die Kritik der Presse, die im Westen auf die erste Veröffentlichung der Übersetzungen folgte, ist ein gutes Beispiel dafür, daß man in allem das herausfindet, wozu man fähig ist, wie es in einer Schrift, die nicht zu den Tantras gehört, heißt: „Der Geschmack des Lebens für das Leben, der Geschmack des Todes für den Tod." Die Zeitschriften, die in Fühlung standen mit den jüngsten westlichen Versuchen, den esoterischen Sinn nicht nur in Mythologie und Theologie zu bewahren, sondern auch in allen Lebensbeziehungen – und deshalb Schicht für Schicht die Sinndeutung und Analogie aus den einfachsten Dingen heraushoben – begrüßten das Werk. Denn es zeugt von tiefem Wissen und behandelt zugleich mit großer Offenheit eine Materie, die auf den Westen ungewöhnlich und daher abstoßend wirkt.

Andere „literarische oder orientalische" Zeitschriften, die meistens nur den äußeren Wert einer Sache betrachten, richteten ihr kritisches Auge auf gewisse Texte des Tantra-Shāstra. Sie fanden einen Fleck auf der Sonne, der ihnen die strahlende Oberfläche verdeckte, und sie erhoben schlimmere Prophezeiungen als die ägyptischen Plagen zur Strafe gegen diese Veröffentlichung der Tantra-Bücher.

Um diese Art von Kritik richtig zu bewerten, muß man sich vorstellen, welchen Eindruck das erstmalige Lesen gewisser Stellen des Alten Testamentes bei den einfachen Anhängern eines sanften und friedliebenden Glaubens hervorrufen mag. Man erinnere sich dabei an den Herausgeber des „Athenaeum", der folgendes schrieb: „Es scheint, daß dieser Psalm Davids erstmalig ins Englische übersetzt wurde. Leider beraubt uns die Ankündigung ähnlicher Übersetzungen der Hoffnung, daß es auch der letzte bleiben wird.“

Der Einwand solcher Zeitschriften gegen eine Veröffentlichung des Tantra-Shāstra mag etwa lauten: „Wir finden die erhabenen Begriffe früher und reiner Glaubensformen oft völlig verdunkelt durch hirnlosen Hokuspokus und entwürdigende sexuelle Riten.“ Das Anrufen von Geistern Verstorbener oder die Erwekkung unsichtbarer Kräfte, die im Osten durch ein Mantra geschieht, wird für Hokuspokus gehalten. Wenn das gleiche aber im Alten Testament durch die Hexe von Endor geschieht, dann ist es natürlich etwas ganz anderes!

Der Einwand nichtchristlicher Leser gegen gewisse Psalmen Davids und bestimmte Ereignisse seines Lebens würde wahrscheinlich mit dem Blutdurst des Dichters begründet, mit seinem Anspruch auf die Alleinherrschaft einer göttlichen Kraft, die eher grausam als göttlich erscheint, und mit einer Sinnlichkeit, die ohne Gewissenszweifel (es sei denn nachträglich, wenn die Folgen entdeckt wurden) zu Verschwörungen, Lügen, selbst zu Mord führte. Dies ist natürlich nicht alles, was zu diesem Thema zu sagen wäre, aber es entspricht der Haltung des „Athenaeum“ dem Tantra gegenüber.

Das „Athenaeum“ würde weiter behaupten, daß die Frevel des Psalmisten ein Teil seiner menschlichen Natur und der Zustände seiner Zeit wären und die Wahrheit der christlichen Lehre nicht beeinträchtigen, ebenso wie ein Verteidiger der Tantras erklären würde, daß vergangene Mißbräuche in der Anwendung einiger allgemeiner Grundlehren des Shākta-Shāstra seine Wahrheiten nicht berühren.

Diese Haltung der Ausschließlichkeit auf beiden Seiten gehört unvermeidlich zur menschlichen Natur und ist eines der interessantesten psychologischen Probleme. Sie ist gleichzeitig das größte Hindernis für die Vereinigung der Religionen und kann nur durch wissenschaftliche und erkenntnismäßige Fortschritte überwunden oder durch eine Intuition übersprungen werden, die der geistigen Erfahrung entstammt. Ich erinnere mich noch an die seltsame, doch in den Dubliner Universitätskreisen vor etwa 20 Jahren sehr geachtete Gestalt eines Professors der orientalischen Sprachen (oder von etwas ähnlichem), dessen Name mir entfallen ist. Das einzige, was ich von seinem Äußeren im Gedächtnis behalten habe, ist seine braune Hautfarbe und ein fremdartiger Haarschnitt. Aber ich weiß noch genau den Eindruck, den mir seine Antwort auf niedrige Neckereien, die gegen ihn erhoben wurden, machte. Man warf ihm heidnische Unwissenheit vor, weil er einen Gott mit drei Köpfen verehrte. Er lächelte und sagte, es sei fast ebenso vom Übel, wie einen Gott zu verehren, der aus drei Personen bestände – ein leiser Vorwurf gegen die Dreifaltigkeit. Es ist leicht für den Abendländer, den „heidnischen Brauch“ zu verdammen, nach dem Ziegen im Tempel Kālīs geschlachtet werden, und es ist ebenso leicht eine Entschuldigung für das Schlachten einer großen Menge von Schafen und Rindern zu finden – nun aber nicht als religiöses Opfer, sondern zum menschlichen Genuß; dies ist seltsam und traurig.

Um solche Punkte drehen sich die Zwillingskreise der Irrlehre („deine Lehre“) und der Rechtgläubigkeit („meine Lehre“)! Es gibt tadelnswerte Übungen, die mit dem tantrischen Ritual zusammenhängen, aber die Wahrheit drängt uns, festzustellen, daß eine Handlung, die scheinbar aus den Tantras hervorgegangen ist mit dem Ziel, okkulte Kräfte oder geistige Erleuchtung zu erlangen, außerhalb des tantrischen Rituals, allein aus dem Wunsch nach Selbstbefriedigung vollzogen, doppelt so verwerflich ist.

Der Unterschied des Standpunktes scheint folgender zu sein: Das Christentum (die Religion der westlichen Kritiker der Tantras, auf die wir uns hauptsächlich beziehen müssen) verengt sich zum Anwalt der sittlichen Vollkommenheit, und da die wahren Nachfolger der christlichen Gebote („vergelte niemals Böses mit Bösem" – am Weltkrieg illustriert) sich in einer augenfällig „mikroskopisch kleinen Minderheit" befinden, beschränkt es die Zahl derer, die an der Seligkeit teilnehmen, auf einen kleinen ausgewählten Kreis. Das Christentum, so wie es allgemein ausgelegt wird, errichtet einen unüberbrückbaren Abgrund zwischen dem Ideal und der menschlichen Natur. Der Āgama dagegen umschließt den ganzen Kreis menschlicher Tätigkeiten. Da er jede Handlung mit Religion verbindet, ist er bestrebt, das menschliche Verhalten von Stufe zu Stufe zu erheben. Das geschieht nicht, indem die Aufmerksamkeit auf die Tätigkeit selbst gerichtet und diese verstärkt wird, sondern durch allmähliches Erwecken des Bewußtseins, das dann zur gegebenen Zeit das Verhalten beeinflußt. Fleischgenuß, berauschende Getränke, Geschlechtsleben werden in die Verehrung eingeschlossen, da diese zu gewissen Stufen der menschlichen Entwicklung gehören. Der Āgama ist überzeugt, daß diese durch die Verbindung mit religiösen Gedanken sicherer überwunden werden, als wenn sie abgesondert bleiben oder im Gegensatz zur Religion stehen.

Ich weiß, daß solche Feststellungen meine westlichen Freunde entsetzen werden. Sie erregen auch die nichtkonformistische Seite meines eigenen Gehirns, die ein Vierteljahrhundert sorgsam entwickelt wurde. Aber ich kann nicht das phallische Element leugnen, das in jeder christlichen Ehe-Zeremonie enthalten ist, und ebensowenig kann ich die Stücke von geschlachteten und gebratenen Tieren auf der Hochzeitstafel vergessen. Alles hängt von der verstandesmäßigen Rechtfertigung ab, von der „Intensität der Vorstellungen", die dem Anstoß von außen antwortet.

Die Mahādevī selbst sah die Entwürdigung der menschlichen Natur im Kālī-Yuga voraus; darum sagt sie zu Shiva: „Ich fürchte, o Gott, daß selbst das, was Du zum Guten der Menschen verordnet hast, von ihnen ins Böse verkehrt wird." Aber es wäre ebenso töricht, die Verfälschung des Tantra-Rituals im Ganzen dem Tantra zuzuschreiben, wie das unmäßige Schlachten und die Völlerei zu Weihnachten den Lehren von Jesus Christus. Hat Er doch selbst Seinen Jüngern geboten, alles in Seinem Namen zu tun.

Das Tantra nimmt dieses „alles" in seinem ganzen Ausmaß. Wir dürfen aber nicht in den gleichen Fehler verfallen, den wir verdammen: daß wir unser Augenmerk allein auf das hinlenken, was in Wirklichkeit nur ein Teil der tantrischen Lehre und Übung in ihrer Shākta-Form ist. Es genügt, den Irrtum der allgemeinen Kritik darzulegen und zu zeigen, daß das Tantra, das die geistigen Unterschiede der menschlichen Entwicklung anerkennt, nicht allein um die „entwürdigenden sinnlichen" Aspekte der menschlichen Natur weiß und sie durch die Religion zu vergeistigen sucht, sondern diejenigen am stärksten verdammt, die an den niederen Riten teilnehmen, wenn sie ihrer Bewußtseinslage nach schon einer höheren Entwicklungsstufe zugehören.

Durch Einbeziehung solcher psychischen Unterscheidungen wendet sich das Tantra immer mehr an die Zukunft; denn die Wissenschaft hat sich nach innen, dem Psychischen zugekehrt und wird die Religion mit der Zeit nachziehen, so daß die Lehren draußen bleiben, die keine psychologische Grundlage für ihren Glauben und ihre Übungen besitzen.

In dieser Hinsicht stehen die Āgamas im Gegensatz zum Christentum, wenn auch der Kern des Christentums demselben geheimnisvollen Baum entsprossen ist wie alle anderen großen Religionen. Aber die Auswüchse haben beim christlichen Glauben und seiner Übung die in der Lehre enthaltene Psychologie durch Sentimentalität verdunkelt. Das Tantra-Shāstra bildet in dieser Hinsicht auch einen Gegensatz zu der anderen verehrungswürdigen Darstellung der Beziehung des Menschlichen zum Göttlichen und dem Weltall: zum Vedānta. Dieser Gegensatz bezieht sich aber nicht auf das Letztgültige, sondern nur auf die Methode. Das „Tantra" gleicht, wie der Herausgeber schreibt, den Monismus und Dualismus des Vedānta aus. Seine Absicht ist es, den Jīva zur Befreiung zu führen mit Hilfe einer Methode, nach der die monistische Wahrheit durch die dualistische Welt hindurch erreicht wird. Dies besagt, daß es den Grundgedanken des einen Absoluten als Ursprung und Ziel der Entwicklung anerkennt, seine Aufmerksamkeit aber auf einen Punkt richtet, der dem menschlichen Vermögen näherliegt. So wird der philosophischen Erörterung eine Übung zugrunde gelegt, die in Beziehung zur relativen Welt steht, wenn auch das Absolute das Ziel bleibt.

Das Tantra bezeugt dem geistigen Kämpfer: „Dein Bestreben, das auf eine harmonische Entwicklung zielt, die als Einheit erscheint, ist ausgezeichnet, aber du wirst dies nicht durch Erörterungen und Meditation allein erreichen. Du mußt, wenn nicht die philosophische Wirklichkeit, so doch die Tatsache des Biceps und des Triceps begreifen und niedersteigen, um gegen Mauern anzukämpfen und dich auf einem einfachen Eisenstück, das auf zwei einfachen hölzernen Stützen liegt, hin- und herbewegen."

Es sagt: „Glaube ist gut, aber es ist nicht weise, die Übung aufzugeben, ehe nicht der Glaube gesichert ist. Geh ans Werk, und der Glaube wird folgen und wird mehr sein als nur Glaube." Dieser Befehl ist nicht weit entfernt vom Gebet Christi an seine Jünger, daß wer das Leben lebt, auch die Lehre wissen wird.

Es gibt noch einen weiteren Unterschied, der beachtet werden muß: Religion allein, so wie dies im Christentum der Fall ist, entfernt Gott von Seiner Schöpfung und entfernt Ihn auch vom Kontakt mit der gesamten Menschheit, da sie Gott ein-geschlechtlich macht. Der Tantrik-Lehrer dagegen erklärt: „Es ist ebenso unmöglich, das Firmament zwischen zwei Lippen zu halten, wie einen eigenschaftslosen Brahman mit dem Denkorgan, das in Eigenschaften denkt." Das Tantra ersetzt das Eigenschaftslose, das Gegenstand der Betrachtung ist, durch Shakti (die schöpferische Energie in allen ihren Erscheinungsformen und in weiblicher Personifizierung), die zum Gegenstand wird und glaubt, daß die höheren

Aspekte der Shakti nur durch ihre körperlichen und ihre Mantra-Formen erreicht werden können.

So vereint das Tantra-Shāstra die religiösen und philosophischen Funktionen der menschlichen Natur, da seine Lehre mit der modernen Psychologie übereinstimmt und die menschlichen Verschiedenheiten im irdischen Bereich wie im Grad der Entwicklung anerkennt. Zugleich verleiht es den menschlichen und außermenschlichen Kräften die Wärme und die Anziehungskraft des Persönlichen. Es ist ebenso monotheistisch wie Christentum oder Islam, wenn auch ein böswilliges Verhängnis mir schon in meiner unwissenden Jugend beibrachte, daß die Hindus „tausend Götter" verehren, während in Wirklichkeit diese tausend Götter (soweit es das Tantra betrifft) nur Namen für Aspekte und Auswirkungen des Mahādeva sind, im Wissen um die „göttliche Immanenz", die langsam aber sicher auch in die fortgeschrittenen Religionen des Westens eindringt.

Der Monotheismus des Shākta-Tantra (das heißt die Vereinigung der Zweiheit von Shiva-Pārvati, die für den Aspekt ihrer Manifestation gilt) ist unerreicht. Dieses Shāstra begeht niemals den Fehler der Inkonsequenz, so daß es dem Einen, Absoluten Handlungen und Eigenschaften zuschreibt, die nur dem Relativen in seinen verschiedenen Graden zugehören. So entgeht es dem Labyrinth der Widersprüche, in denen die orthodoxe christliche Exegese sich verliert (wie Daedalus und Ikarus dies im Labyrinth ihrer eigenen Erfindungen taten). Denn sie nennen Gott den Einen und Einzigen und entwürdigen zugleich diese erhabene Vorstellung durch Vorurteile und Handlungen, die den unvollkommenen Bereichen des Weltalls zugehören. Der Āgama entgeht so auch der Kälte und Unpersönlichkeit der philosophischen Abstraktionen, die nur den wenigen erträglich sind, die in der „eisigen Luft" zu atmen vermögen, die den Weisen umgibt.

Reine Philosophie kennt niemals das persönliche Element der Hingabe; sonst wäre sie keine Philosophie, sondern Religion. Vor langer Zeit hat Cäsar verkündet, daß die Anhänger der Philosophen nicht die Götter verehren. Ein bitteres Urteil für die Philosophie und ihren Einfluß auf die menschliche Entwicklung. Sie bleibt das intellektuelle Interesse der wenigen Gelehrten und hätte doch die vielen Ungelehrten, aber geistig Offenen anregen und erheben können. Was uns künftig fehlen wird, nein, gegenwärtig schon nottut, ist – wie ich in meinem Buch „Die Grundlagen der Theosophie" ausgeführt habe – eine Wiederholung der Wahrheit in einer Form und durch eine Methode, die die Religion zur Philosophie und die Philosophie zur Religion macht. Mir scheint, daß das Tantra-Shāstra, das auf einer erfahrbaren und darstellbaren Psychologie beruht, das belebt wird vom Atem persönlicher Hingabe und auch im täglichen Leben anwendbar ist, einen immer stärkeren Einfluß auf die Menschheit auszuüben vermag und diese allmählich für die Lehren des Shāstra zugänglich wird. Auch umfaßt das Shāstra ein Ritual, über das der Herausgeber in einem Augenblick erfrischender Angriffslust schreibt: „Sicherlich wird dem neuzeitlichen ‚protestantischen' Denken, mag es aus Europa, Arabien oder sonst woher stammen, jedes Ritual als ‚Mummenschanz' erscheinen, mit Ausnahme vielleicht jener besonderen Abart, die er für sich in Anspruch nimmt. Denn selbst der vertrocknetste Protestantismus vermag nicht völlig darauf zu verzichten."

Es heißt, daß das Tantra-Shāstra die Schrift des Kali-Yuga ist. Man glaubt, daß die Degeneration der menschlichen Gesellschaft im augenblicklichen Zeitalter nicht allein durch Ideen und Meditation zu beeinflussen sei, sondern eher noch durch Gedanken-Schulung und Mantra-Übungen, die die materiellen Verkrustungen der Zeit aufzulockern und das Bewußtsein in Tätigkeit zu bringen vermögen. „Das Wort ist nur noch ein Aneinanderreihen von Buchstaben", sagt der Autor im Hinblick auf die rein philosophischen Erörterungen, „während das Mantra eine strahlende Energie ist. Worte geben dem weltlichen Menschen Ratschläge, während Mantras die übermenschliche Shakti erwecken."

Es mag wahr sein, daß ein Volk die Führung erhält, die es verdient; sicher aber bekommt ein Zeitalter nicht die Menge an belehrenden Einflüssen, die ihm nötig wären. Die wirkliche Hilfe ist immer schon weit voraus.

In früheren und weniger sophistischen Zeiten mögen Krankheiten und ihre Heilung nebeneinander bestanden haben; heute aber gibt es ein Ungeheuer (zusammengesetzt aus billiger Literatur und noch schlechterer Erziehung), das manchmal auch „der Mann auf der Straße" heißt. Dieses stellt sich zwischen die reformatorischen Gedanken und ihre Ausführung und stempelt die für die Zeit notwendigen Verbesserungen als „verfrüht" ab. Dies war die Erfahrung der westlichen Reform-Versuche, vor allem in den letzten sechs oder sieben Jahren, in denen es den wenigen Einsichtigen klar wurde, daß die Verallgemeinerung und Materialisation des Lebens, die sich über die ganze Welt ausbreitete (Indien nicht ausgeschlossen), die unmittelbare Folge einer vorherrschend männlichen Haltung und Organisation in allen Angelegenheiten – einschließlich der Religion – war. Daher der Kampf, nicht nur in England und Irland, sondern ebensosehr in Amerika und Rußland und überall sonst –, mit dem leisen Widerhall auch in Indien – zugunsten einer aktiven Teilnahme des weiblichen Elementes in allen Bereichen des Lebens. Dies bezieht sich nicht nur auf Angelegenheiten, die die verschiedenen Geschlechter betreffen, sondern auch auf alle Möglichkeiten der Bewahrung (was nichts mit Konservatismus zu tun hat, wie manche irrtümlicherweise denken), auf die Intuition, die Hingabe und Opferbereitschaft. Sie müssen eine aktive Ergänzung werden zu den männlichen Eigenschaften der Aggression, des Verstandes, des Fragens und des Erwerbssinnes, wenn Haltung und Charakter des Menschen im Gleichgewicht bleiben sollen.

Dieser Kampf hat nicht nur die männliche Ausschließlichkeit der Politik, sein persönliches Leben, seine Interessen und Methoden bedroht, sondern hat auch auf die Kanzeln der Christenheit übergegriffen. Die Frauen spürten so sehr das Fehlen des weiblichen Elements in den üblichen Kirchen, daß sie sich zu einer Kirche von Frauen zusammenfanden, deren Kanzeln aber beiden Geschlechtern offensteht und deren Liturgie und Haltung ganz einfach menschlich ist.

Diese Neuerung bietet – wie ich überzeugt bin – einen wesentlichen Hinweis auf die Ursache dieser einseitigen Ordnung der Dinge: auf die rein männliche Vorstellung der Gottheit und die sich daraus ergebende rein männliche religiöse Organisation mit den Folgen einer rein männlichen sozialen Maschinerie. Das Bewußtsein dieses Mangels nimmt in Europa zu und wird unterstützt durch das letzte große Beispiel des folgerichtigen Endes einer nicht befriedigten männlichen

Aggression – den europäischen Krieg. Die völlige Einbeziehung des weiblichen Elementes in das öffentliche Leben wird der große Kampf der nahen Zukunft sein. Gleichzeitig wird eine echte Demokratie zutage treten (anstelle der Pseudo-Demokratie der Jetztzeit), begründet auf den gleichen Rechten von Mann und Frau in der menschlichen Gemeinschaft des Staates.

Diese Tatsachen und die Art, wie ihnen das Tantra-Shāstra begegnet, verstärkt die Annahme, daß die Grundgedanken dieser frühen Schrift zu den wichtigsten religiösen Einflüssen auf das moderne Leben gehören werden. Nicht unbedingt in dem Sinne, daß es das Christentum im Westen ersetzt, aber in gewissem Sinn als ein Reizmittel, das in der Auster der westlichen und vielleicht auch östlichen Religion die Mutterperle einer vollkommenen und echten religiösen Lehre und Übung hervorbringt.

Alles vermag eine Schrift zu bewirken, deren höchste Personifizierungen, Shiva und Pārvatī, gemeinsam Anweisungen geben und empfangen, und die der weiblichen Seite eine gleiche Bedeutung zuspricht wie der männlichen. „Auf den Knien der Mutter", so schreibt der Autor, „werden alle Streitigkeiten über Dualismus und Nicht-Dualismus geschlichtet. Wenn die Mutter selbst im Herzen ihren Sitz nimmt, dann wird alles, befleckt oder fleckenlos, eine Zier für ihre Lotosfüße. Sie lebt in den Körpern aller Lebewesen, in denen sie als Energie gegenwärtig ist, aber auch in leblosen Dingen, wie Fels und Stein. Es gibt keinen Platz auf Erden, an dem Mahāmāyā nicht ist."

Dies ist eine Vorwegnahme des neuzeitlichen Gedankens des allgemeinen Fortbestandes der Energie. Das Tantra aber sieht in der Energie ein Bewußtseins-Prinzip, eine Kraft, die mit der Person verbunden ist und darum nicht nur wissenschaftlich erforscht, sondern auch verehrt werden kann. Diese Verehrung ist bei den höheren Tantrikern stets verbunden mit der Erfahrung der vergehenden Natur (māyā) und all ihren Begrenzungen im Gegensatz zur höchsten Wirklichkeit.

Wenn ein solches Ideal vorhanden ist wie das des göttlichen Vaters und der göttlichen Mutter, die in jeder Hinsicht gleich sind in ihrer Manifestation und eins sind jenseits von ihr, und wenn man an den Einfluß denkt, den solcher Glauben auf Verhalten und Beschaffenheit des Menschen ausübt, dann möchte man für die Reinheit des tantrischen Rituals beten, damit das Shāstra ohne Hindernis die Zukunfts-Erwartungen erfüllen kann. Denn es ist eine geistige wie physische Wahrheit, daß nur dort, wo Weibliches und Männliches, wenn auch in verschiedenartigen Funktionen, zusammenwirken, die Möglichkeit und das Versprechen der Zukunft liegen.

INHALTSVERZEICHNIS